"十二五"国家重点图书

出版规划项目

清华国学丛书

本书为国家重大社会科学基金项目
"宋代以来长江三角洲环境变迁史研究"
（批准号：09&ZD068）研究成果

水乡生态与江南社会
（9—20世纪）

王建革 著

图书在版编目(CIP)数据

水乡生态与江南社会.9—20世纪/王建革著.—北京:北京大学出版社,2013.2

(清华国学丛书)

ISBN 978-7-301-21971-3

Ⅰ.①水… Ⅱ.①王… Ⅲ.①区域生态环境-关系-社会发展-研究-华东地区-9世纪—20世纪 Ⅳ.①K295

中国版本图书馆CIP数据核字(2013)第011939号

书　　　名：水乡生态与江南社会(9—20世纪)
著作责任者：王建革　著
责 任 编 辑：岳秀坤
标 准 书 号：ISBN 978-7-301-21971-3/K·0931
出 版 发 行：北京大学出版社
地　　　址：北京市海淀区成府路205号　100871
网　　　址：http://www.pup.cn　新浪官方微博:@北京大学出版社
电 子 信 箱：pkuwsz@yahoo.com.cn
电　　　话：邮购部62752015　发行部62750672　出版部62754962
　　　　　　编辑部62752022
印 刷 者：三河市北燕印装有限公司
经 销 者：新华书店
　　　　　　880mm×1230mm　A5　19.875印张　551千字
　　　　　　2013年2月第1版　2013年2月第1次印刷
定　　　价：55.00元

未经许可,不得以任何方式复制或抄袭本书之部分或全部内容。
版权所有,侵权必究
举报电话:010-62752024;电子信箱:fd@pup.pku.edu.cn

《清华国学丛书》总序

在现代中国,"国学研究"就其内容而言即国人对于中国文化之研究。中国文化有几千年连续发展的历史,中国文化的体系博大精深。经过百年来与外来文明的融汇,中国文化不断实现着新的发展与更新。在中国现代化进程不断发展、全球化浪潮冲击世界的今天,更全面、更深入地认识中华文明及其历史发展,发扬优秀的中国传统文化,已经成为新时代的重要使命。清华大学国学研究院的恢复建立,就是要为中华文明的伟大复兴,为中国文化走向世界,为中国学术的卓越发展,为重振清华大学中国文化研究的雄风而尽其努力。

在清华的历史上,1925年曾成立清华研究院国学门,当时亦通称清华国学研究院,后因各种原因,在1929年停办。在短短的四年当中,毕业学生近七十名,其中后来成为我国人文学界著名学者的近五十人。清华国学研究院指导学生的教授王国维、梁启超、陈寅恪、赵元任四位先生,后被称为四大导师,清华国学研究院的研究在当时代表了我国国学研究的最高水平,其教育人才的成就也成为我国近代教育史的一段佳话。

关于老清华国学研究院的宗旨和精神,吴宓在《清华开办研究院之宗旨及经过》中明确地指出:"惟兹所谓国学者,乃指中国学术文化之全体而言。而研究之道,尤注重正确精密之方法,并取材于欧美学者研究东方语言及中国文化之成绩,此又本校研究院之异于国内之研究国学者也。"近代以来,"国学"概念的使用有不同的用法,吴宓的提法代表了当时多数学者的用法。后来清华国学研究院的教研实践也显示出,清华国学研究院对"国学"和国学研究的理解,始终是把国学作为一种学术、教育的概念,明确国学研究的对象即中国传统学术文化,以国学研究作为一种学术研究的体系。在研究方法上,则特别注重吸取当时世界上欧美等国研究中国文化的成果和方法。这表明,老清华国学研究院以研究中国传统文化为本色,但从一开始就不是守旧的,而是追求创新和卓越的,清华国学研究院的学术追求指向的不是限于传统的学术形态与方法,而是通向新的、近代的、世界性的学术发展。

所以,这种求新的世界眼光,是清华国学研究院得以取得如此成就和如此影响的根本原因之一。事实上,在20世纪20年代,在大学里成立国学研究的院所,清华并不是第一家,前有北京大学研究所国学门(1922)、东南大学国学院(1924),后有厦门大学国学研究院(1926)、燕京大学国学研究所(1928),尤其是北京大学国学研究所成立早,人员多,在当时影响广泛,但最终还是清华国学研究院后来居上,声望和成就超出于其他国学院所,成为现代中国学术史的标志。究其原因,除了王国维等人本身是当时我国国学研究冠绝一世的大师外,主要有二:一是清华国学研究院以中西文化融合的文化观作为基础,在中国文化的研究方面,沉潜坚定,不受激进主义的文化观念所影响;二是把国人的国学研究和世界汉学、东方学的研究连成一体,以追求创新和卓越的精神,置身在世界性的中国文化研究前沿,具有世界的学术眼光。

老清华国学研究院是不可复制的,但它的精神和宗旨在今天仍然有其不可磨灭的价值。今天的清华大学国学院,依然承续老清华国学研究院对国学概念的理解和使用,我们也将以"中国主体、世界眼光"为宗旨传承老清华国学研究院的学术精神。"国学研究"是中国学者对自己的历史文化的研究,必须突出中国文化的主体性;但这种文化主体性的挺立,不是闭关自守、自说自话,而是在世界文化和世界性的中国文化研究中确立起自己的地位。

清华大学国学研究院力图秉承老清华研究院国学门的精神,接续20世纪三四十年代清华人文研究的传统,参与新时期以来清华文科的恢复振兴,力求把"清华国学研究院"办成具有世界影响的中国文化研究中心,为中国文化研究提供一个一流的国际化的平台。研究院将依托清华大学现有人文学的多学科条件,关注世界范围内中国研究的进展,内外沟通、交叉并进,既关注传统学术的总体与特色,又着重围绕中国哲学、中国史学、中国美学与文学、世界汉学进行多维度的深入研究,以高端成果、高端讲座、高端刊物、高端丛书为特色,为发展国际化的中国文化研究做出贡献。

《清华国学丛书》是清华大学国学研究院主办的几种高端丛书之一,丛书主要收入本院教授、访问学人的研究成果,及本院策划立项的研究项目成果。这些成果在完成之后,经过遴选而收入本丛书,由北京大学出版社出版。

清华大学国学研究院
2011 年 1 月

目 录

《清华国学丛书》总序 ································· 1

导　言 ·· 1

第一章　水系的变化 ·· 30
　第一节　吴淞江与三江 ·· 31
　第二节　"汇"与吴淞江及其周边塘浦 ························· 49

第二章　大圩、闸与水利体制 ·· 60
　第一节　水流环境与田制 ··· 60
　第二节　宋元时期的置闸 ··· 90
　第三节　宋元时期的河道、圩田与治水体制 ················· 107

第三章　吴中好风景 ··· 135
　第一节　唐末江南农田景观的形成 ······························ 135
　第二节　景观变化与诗风转型 ···································· 160

第四章　泾浜、小圩与乡村社会 ···································· 193
　第一节　9—15世纪的泾、浜发展与圩田体制 ··············· 193
　第二节　坝堰生态与乡村社会（10—16世纪） ·············· 222
　第三节　共同体要素的渐失 ······································· 247

第五章　常熟水网的演化与水利社会 … 284
第一节　明代白茆的水文生态与国家治水 … 285
第二节　常熟水网的发育过程与水利生态(9—17世纪) … 312
第三节　水利单位与地方制度 … 337

第六章　土壤生态与稻作湿地 … 364
第一节　宋元时期的稻作生态与水稻土 … 365
第二节　近代吴淞江流域的土壤生态 … 391
第三节　嘉湖地区土壤史 … 421

第七章　鱼米之乡的环境变迁 … 441
第一节　松江鲈鱼及其水文环境史研究 … 442
第二节　宋元时期的稻田环境 … 463
第三节　明清时期浏河地区的作物与水土环境 … 490

第八章　华阳桥乡的生态系统 … 527
第一节　乡村生态环境 … 528
第二节　物种 … 559
第三节　稻田生态系统的效率分析 … 572

第九章　地方性知识中的人与环境 … 583
第一节　排涝场景中人与环境关系 … 583
第二节　望田头：技术中的观察 … 612

后　记 … 629

导　言

本书主要研究和描述宋代以来太湖东部,特别是吴淞江流域的生态与社会,这一地区是最经典的江南水乡。水乡的环境与社会互动,构成了多姿多态的历史过程。目前,中国的生态环境史研究方兴未艾。就各地区生态环境史研究而言,各地区近现代生态史有丰富的科学内容与史料,但历史深度不够。一些地区文明史较长,但史料较少,相对而言,太湖地区以其千年以来大量的历史资料,可以形成更深层面、多样性更加丰富的生态环境史研究。宋代以来所形成的大量文集与诗歌,大量的关于河道、水利、农业的著述,都使太湖流域成为理想的长尺度生态环境史研究的地区。水是生命的基础,这一地区有丰富的水环境,孕育了中国最为发达的鱼米之乡。当然,江南生态环境史必然涉及这一地区丰厚的史学研究积累,其中包括许多学科,除了传统的历史地理以外,还有水利史、农学史和社会史等内容。

一　三江水学

这一地区的河道研究首源于经学。《禹贡》三江的概念长期存在着争论,三江的概念逐步发生变化,唐代以后,受江南地区经济文化的影响,《禹贡》三江的概念逐步局限于太湖东部的吴淞江流域。到清代,学术界正本清源,大体认定三江分别是长江、吴淞江和钱塘江。在水利方面,明代的金藻本于吴淞江流域的三江地理概念,总结了历史时期这一地区各种各样的水利思想,特别是宋以后的水利思想,提出了三江水学的概念。从内容上讲,三江水学的丰富内容实从北宋昆山一带的民间水利专家郏亶开始。他是最早最重要治水理论的提出者,他的理论被后人称为治田派。郏亶的治田理论起自于对钱氏治水实践的认知,钱氏治水起于以前各代的治河经验,所以,郏亶的理论也是长期的治水实践形成的。

> 古人遂因其地势之高下,井之而为田。其环湖卑下之地,则于江(吴淞江)之南北为纵浦以通于江(吴淞江)。又于浦之东西,为横塘以分其势而棋布之,有圩田之象焉。其塘浦,阔者三十余丈,狭者不下二十余丈。深者二三丈,浅者不下一丈。且苏州除太湖之外,江之南北别无水源。而古人使塘浦深阔若此者,盖欲取土以为堤岸,高厚足以御其湍悍之流。故塘浦因而阔深,水亦因之而流耳。非专为阔其塘浦以决积水也,故古者堤岸高者须及二丈,低者亦不下一丈。借令大水之年,江湖之水,高于民田五七尺;而堤岸尚出于塘浦之外三五尺至一丈。故虽大水,不能入于民田也。民田既不容水,则塘浦之水自高于江,而江之水亦高于海,不须决泄,而水自湍流矣。故三江常浚,而水田常熟。其堢阜之地,亦因江水稍高,得以畎引以灌溉。此古人浚三江,治低田之法也。①

---

① (宋)范成大撰、陆振岳点校:《吴郡志》卷十九,水利上,江苏古籍出版社,1999年,第269—270页。

这里提到的古人之法,是排吴淞江之水入海,同时灌溉圩田的方法。具体的措施是修筑高大圩岸,低地之水可以尽驱入吴淞江,达到以清刷浑的效果。在解决农业旱涝的同时,也解决吴淞江出水与积水问题。郏亶认为五代时期的圩田体系很好地解决了水利生态问题,吴淞江两岸的塘浦系统抬高了水位,太湖水在冈身西汇水吴淞江,最后在冈身上通过吴淞江最后一段出海。以此为纲,当时形成大圩、浚河、置闸三合一的治水技术体系。这种技术使广阔的水流漫散地进入各地区的圩田后,最终以涨溢的方式注入吴淞江,众塘浦充水,吴淞江两岸高地得到了灌溉,最后出水。整个太湖地区是一个以太湖为中心的碟形洼地,太湖西部、南部与北部,水流向太湖汇水,然后从低处向高处流。太湖东部与太湖其他地区不同,东部是一个出水之地,水从低地向高地仰流,进入冈身中的吴淞江故道低地区以后才由高处向低处流出海。除此以外,水流还受潮水的顶托,两种因素使水流总体上呈缓流状态。这种状态看似排水困难,实利于太湖东部的稻作农业。正是这种奇特的出水方式,使最早的江南鱼米之乡出现于太湖东部。浅水缓流的塘浦体系,为圩田开发提供了最佳水环境。聪明的治水者,一定会发现这一原理,使工程技术充用利用缓流的益处。治水者盲目地加快排水,一味排水,往往会导致水利自然生态的破坏,水旱频繁。这就是太湖东部地区的自然水利生态。个体大圩也不足抬高水位,只有统一的地区性统一管理圩田系统才能达到这个效果。这种技术非个人或村庄所能完成,必须依靠国家或地方治水组织的力量。郏亶对钱氏政权下那种引低地灌冈身之田的做法推崇备至。

　　古人为塘浦阔深若此者,盖欲畎引江海之水,周流于墝阜之地。虽大旱之岁,亦可车畎以溉田。而大水之岁,积水或从此而流泄耳。非专为阔深其塘浦,以决低田之积水也。至于地势西流之处,又设堰门、斗门以潴蓄之。是虽大旱之岁,堰阜之地,皆可耕以为田。此古人治高田,蓄雨泽之法也。故低田常无水患,高田常无旱灾,而数百里之地常获丰熟。此古人治低田旱田之法也。①

郏亶也支持具有这种水利效果的水利社会。"古人治田,高下既皆有法。方是时也,田各成圩,圩必有长。每一年或二年,率逐圩之人,修筑堤防,浚治浦港。故低田之堤防常固,旱田之浦港常通也。"郏亶的治田需要强大的政治支持,统一管理所要求的政治成本也很高。钱氏政权后的统一王朝难以支持这种经营,故出现圩岸崩溃的局面。郏亶为政时也想用此法,不但"民以为扰,多逃移",还有人以此闹事,水利工程因而不成。② 治田派的水利理论不是单纯地浚河治河,是在自然水利生态的基础上,追求一种将水利遍及所有的地区水利设计。郏亶当时就反对那种简单地选几条主干河道机械疏导之法,更强调自然水利生态之法。

> 但自来治水者,舍常而求异,忽近而求远,而反谓做岸、固田、浚塘引水之说为浅近。而不肯留意,遂因循至此。今欲知苏州水田、旱田不治之由,观此篇可见其大略。以上水田、旱田、塘浦之迹共七项,总二百六十四条。皆是古人因地之高下,而治田之法也。其低田,则阔其塘浦,高其堤岸以固田。其高田,则深浚港浦,甽引江海以灌田。后之人,不知古人固田、灌田之意,乃

---

① (宋)范成大撰、陆振岳点校:《吴郡志》卷十九,水利上,江苏古籍出版社,1999年,第270页。
② 同上书,第280页。

谓低田、高田之所以阔深其塘浦者,皆欲决泄积水也。更不计量其远近,相视其高下,一例择其塘浦之尤大者十数条以决水。其余差小者,更不浚治。及兴工役,动费国家三五十万贯石,而大塘、大浦终不能决水,其余塘浦之差小者,更不曾开浚也。①

治田派特别重视水流平衡与圩岸建设,而这种水利建设的政治背景已经不存在,后世许多治水者无法理解郏亶的理论。明初姚文灏的《浙西水利书》就不收取郏亶的水利议论。他选取的三江水学奏议,多属实用型工程。"夫浙西之于天下,重也;水利之于浙西,又重也,故为书焉。于宋不取郏议者,为其凿也。"②他认为郏亶的议论过于穿凿附会,他所排斥的正是郏亶水流整体平衡理论与对前代的治水分析。真正的原因是以后的水利建设达不到五代那样的一体化水平,官方只能注重运河和一般主干水道。治田派的理论在以后的官方治水中,往往体现在一些治水能臣的治水实践工作中。林应训是一个治水能臣,明代官方一般单重视疏浚,以排除积水为务,他却能重视治田,同时重视对乡村圩田水利的整治。他的治河思想承袭着郏亶的水流平衡理论要开吴淞江、白茆等河,。他在分析吴淞江形势时这样说:

> 惟吴淞江则不然,其源出于长桥石塘之下,经庞山湖、九里湖而入今长桥石塘二处则湮塞矣。庞山、九里二湖则滩涨矣。其来已微,且其中又为新洋江、夏驾浦等处掣其水以入浏家河,

---

① (宋)范成大撰、陆振岳点校:《吴郡志》卷十九,水利上,江苏古籍出版社,1999年,第279页。
② 姚文灏编辑、汪家伦校注:《浙西水利书校注》,"浙西水利书题",农业出版社,1984年。

其势益弱,及其与潮遇也,安能胜其汹涌之势而涤其浑浊之流耶。日积月累,则其至于淤塞而仅容一线,不惟水失故道,时有淫溢之虞,然巨流既滞,则小港亦壅,旧熟之田半成荒亩。①

他的分析完全与治田派的高圩狭水入塘浦、塘浦注水吴淞江的方法相一致。既然他的思想是如此治河,也有相应的治田措施。他颁布著名的治田六事,亦为后世治水者奉为要典。与郏亶提倡圩长一样,他特意强调乡村社会共同体的作用,尽管明代的圩田已经变小,他同样强调圩甲的作用。圩甲是负责一个自然圩的责任人。

> 设圩甲以齐作止:塘长之设,举一区而言之也。一区之中,各有数圩,若不立甲,何以统众而集事也?计当佥举殷实之家充之。但一时佥报,诸弊俱生。或图展脱,或营冒充,无不至矣。各具不必佥报,即以本圩田多者为之。虽其殷实与否不可知,然其田既甲于一圩之中,则其人自足以当一圩之长矣。兴工之日,塘长责令圩甲,躬行倡率,某日起工,某日完工,庶几有所统领,而无泛散不齐之弊。中有业户不听倡率,听其开名呈治。如圩甲不行正身充当,或至别行代顶,查出枷号示众。是圩之有甲也,专为本圩修浚而立,工完即罢,非如里长有勾摄之苦,亦非如塘长有奔走之烦。虽一时倡率,不无劳费,然利归其田,又非若驱之赴公家之役等也。②

除了林应训以外,还有许多治水之能臣基本上继承了郏亶的理论体系,其中有吕光洵、林文沛等。随着太湖流域开发的加强,公共

---

① 《林应训条陈开浚吴淞江工费疏》,见张国维:《吴中水利全书》卷十四,文渊阁四库全书。
② 《林应训颁布治田六事》(万历五年),见张国维:《吴中水利全书》卷十六。

泄水区愈加减少,清流不旺,吴淞江的排水格局更陷困境。这时,单纯泄水法才愈来愈受官方重视。夏原吉开范家浜后达到了意想不到的后果,太湖东部逐步出现了黄浦江代替吴淞江的水流局面。尽管太湖出水加快,却破坏了原有的水利生态。水归黄浦江以后,黄浦江负担了太湖流域80%的泄水量,吴淞江两岸的圩田不能上水,出现了旱象。许多治水者都试图恢复吴淞江出水干道的地位,目的正是为了使中间的旱地可以复种,这种建议在吴淞江愈淤愈高的情况下不可行了。北部的排水也越来越走简单疏浚之路,以少量塘浦为主干,真正通水的主干只有几条,多数塘浦呈死水化状态,旱涝无常。吕光洵言:

> 昔人治之,高下曲尽其制,既于下流之地疏为塘浦,诸湖之水由此以入于江,江由东以入于海,而又畎引江潮流行于冈陇之外。是以潴洩有法,而水旱皆不为患。近年以来,纵浦横塘多湮塞不治,惟二江颇通,一曰黄浦,一曰刘家河,然太湖诸水源多而势盛,二江不足以洩之,而冈陇枝河又多壅绝,无资灌溉,于是高下俱病。①

他的分析明显继承了古人的水流分析法。县一级的一些治水官员,尽管难以在吴淞江流域全局上有所统辖,却可以根据一个县的特别情况对圩田治理有特殊的贡献。耿橘的治水理论与实践完全也是体现了郏亶的思想。首先,他仍然强调在一个县内进行冈身高地与南部低地的水利工程,以此促进冈身之田得到太湖清水的灌溉。这种水利生态状态一直存在,到明代仍可以进行局部的冈身与低地的

---

① 《监察御史吕光洵水利奏》,见《三吴水考》卷十,文渊阁四库全书。

统一设计。在明代,冈身地区大多数只用人工灌溉,难以在统一灌溉体系下使用南部太湖清水。耿橘言:

> 夫湖水清,灌田田肥,其来也无一息之停。江水浑,灌田田瘠,其来有时,其去有候,来之时虽高于湖水,而去则泯然矣。乃正北、西北、东北、正东一带小民,第知有江海,而不知有湖,不思浚深各河,取湖水无穷之利,第计略通江,待命于潮水之来。当潮之来也,各为小坝以留之,朔望汛大水盛时则争取焉,逾期汛小水微则坐而待之。①

另外,他对每一个区的圩田状态都有详细的调查与治理方案,重新振兴地方水利社会,这些做法都继承了郏亶的治水思想体系。到清代,孙峻在青浦的治水方法又落实在圩田修筑技术上,对具体圩的形态有一套治圩技术与设计。这都是郏亶所开创的治田一派水利理论的进一步发展。

在宋代,三江水学中的单锷一派也强调治河,与后世相比,他的治河思路也不是简单地深浚河道,而是在自然生态的基础上进行强调水流与积蓄。他不同意用运道阻水,认为吴淞江七十二汇的作用必不可少,在另一个层面上讲究水流平衡。以湖泊等共同积水区作为保护对象,也是一种自然水利生态之法。汇是早期水环境中的弯曲河道部分,治水者往往认为汇不利于疏水,多裁弯取直。实际上,弯曲有积极的一面,可以产生蓄水功能,对感潮河系的泄淤减淤起到了作用。利用汇的存在,就是利用天然的水利生态;开汇之后,水流拉直,却出了问题。成汇时期河道多曲,可以在一个很大的范围内感

---

① 耿橘:《常熟县水利书》卷一,水利用湖。稿本。

潮,此道淤塞,另道可通,疏浚不必年年进行,旱资灌溉,涝资蓄水。单锷看到了这个问题:

> 古有七十二汇,盖古之人以为七十二会曲折宛转,无害东流也。若遇东风驾起,海潮汹涌倒注,则于曲折之间,有所回激,而泥沙不深入也。后人不明古人之意,而一皆直之,故或遇东风海潮倒注,则泥沙随流直上,不复有阻。凡临江湖海诸港浦,势皆如此,所谓今日开之,明日复合者,此也。今海浦昔日曲折宛转之势不可不复也。①

单锷的观点在南宋和元代得到许多士大夫的继承。面对大量积水湖泊被豪强侵占,许多官员把水灾后果归咎于豪强侵占公共水域,这一派愈到后期愈微,因公共水域在人口压力下越来越少,治水者丧失了议论所据的资源空间。与以上郏、单二派的自然生态观不同,赵霖提倡置闸,试图以技术手段使塘浦不淤。闸的位置与设计在他的方案里是有讲究的,有"近里"与"近外"之别。赵霖言:

> 今于三十六浦中,寻究得古曾置闸者,才四浦。惟庆安、福山两闸尚存,余皆废弃,故基尚存。古人置闸,本图经久,但以失之近里,未免易埋。治水莫急于开浦,开浦莫急于置闸,置闸莫利于近外。若置闸而又近外,则有五利焉:江海之潮,日两涨落。潮上灌浦,则浦水倒流;潮落浦深,则浦水湍泄。远地积水,早潮退定,方得徐流。几至浦口,则晚潮复上。元未流入江海,又与潮俱还。积水与潮相为往来,何缘减退。今开浦置闸,潮上则闭,潮退即启。外水无自以入,里水日得以出,一利也。外水不

---

① 单锷:《吴中水利书》,清嘉庆墨海金壶本。

入,则泥沙不淤于闸内,使港浦常得通利,免于堙塞,二利也。濒海之地,仰浦水以溉高田,每苦醎潮,多作堰断。若决之使通,则害苗稼,若筑之使塞,则障积水。今置闸启闭,水有泄而无入,闸内之地尽获稼穑之利,三利也。置闸必近外,去江海止可三五里,使闸外之浦,日有澄沙淤积。假令岁事浚治,地里不远,易为工力,四利也。港浦既已深阔,积水既已通流。则泛海浮江,货舡木栰,或遇风作,得以入口住泊,或欲住卖,得以归市出卸。官司遂可以闸为限,拘收税课以助岁计,五利也。①

他讲的五利都是水利利益。不过,他想用工程技术的方法解决清水与潮水的水流平衡问题,这种办法在传统时代实际上没有多大的可行性。以前的四闸已经淤积,赵霖以后所置的闸也旋置旋淤。另外,闸的管理需要官方介入,官方放弃就需要强大的乡村社会力量来管理,而乡村社会难以承担此负担,故常建常废。坝堰因成本小,乡村社会易于管理,故一直流行。置闸一派曾在元代复兴而一度成为主流,首倡者为任仁发,他在吴淞江河道上置闸,结果也不理想。真正的成功是在20世纪以后,现代化技术使古代长期失败的置闸行为获得了成功,却彻底地改变了太湖地区的自然水利生态,传统时代没有的危机又在新的条件下产生了。由于水流被闸与道路所阻,水流不再周流,水网死水化日益严重,污染也日益严重。1949年以后,随着现代技术的引入,出水只集中在几条干河,排水问题基本上解决。放弃了过去的网络状水系,出水只局限于干河,枝体与小河死水化,污染化。四通八达的公路网,再加上地下水管和抽水机的使用,自然水流的交互流动更少,人们不再依靠自然水利生态的作用。仰

---

① 范成大撰、陆振岳点校:《吴郡志》卷十九,水利下,第288—289页。

流与溢流之势已经消失,圩田也消失,支持江南水乡的传统水流不复存在,水流消失必然导致水乡特色的消失。现在,除了河道稍多、稍大一点外,表面上的江南与华北平原似乎没有很大的区别。过于依靠技术,已经导致了局部水流出现死水化与污染化水质的出现,还会出现什么样的不良后果,现在还不得而知。全国许多地区已出现类似的问题,海河平原中的东西二淀与海河流域各河流古代也有类似的周流与缓流作用,1949年以后,过分深挖河渠使泄水速度加快,海河地区地下水位降低,一些传统的稻作水文景观不再呈现。

总之,越到后期,三江治水越忽略了自然生态之法,越来越失去统一的水流概念,多依靠简单的疏河挖渠。明清时期,小区域内仍有乡村水利生态的维持,人们用小的弯曲以防潮淤即为一法。人们为预防旱情,也不轻易深浚一些小河流使之流速加快,以维持溢流漫流局面。这种简单的方法现代已经不见使用。比较而言,这一地区的古代水学却十分重视这种自然生态之法,这毕竟是古人对水流环境的一种理解。

二 历史地理与水利史

吴淞江流域的水利生态是整个地区水环境的核心,要了解水利生态,必先了解这一地区的湖泊与河道变迁的研究成果。这方面的前期成果主要集中在复旦大学历史地理研究所及华东师范大学地理系等单位。从1960年至1982年,谭其骧相继发表了多篇指导性的论文,为深入研究长江三角洲地貌变化过程奠定了科学基础。① 以

---

① 谭其骧:《长水集》(上、下),人民出版社,1987年。

后,王文楚、邹逸麟和满志敏等对三江问题和长江三角洲的一些问题做了研究。邹逸麟对黄浦江与吴淞江在历史时期的转换,也就是江浦转换做出了研究,并对这种转换对港口的影响做了分析。① 张修桂对上海地区海岸线变迁的研究是继谭其骧之后更为细致的成果,分析了长江三角洲南岸的金山卫及其附近一带的海岸线的变迁过程以及长江南岸涨塌变化,杭州湾北岸南部的涨塌过程和西部湖沼平原区的水陆演变过程,还对崇明岛形成的历史过程,长江口沙洲的形成等问题做了分析与探讨。他对上海海岸线的一系列研究集中体现在他《中国历史地貌与古地图研究》一书的第二篇,即"上海地区地貌演变"部分。通过对海岸沙带、古捍海塘的位置考证,重新提出关涉上海地区成陆过程的几条岸线之确切位置和年代,为上海成陆过程的研究构筑了新平台、开创了新局面。② 以陈吉余为核心的华东师范大学地理系有关人员自1950年代以来曾组织多方力量对长江三角洲的地貌进行了大规模的普查工作,为长三角地区环境史的研究奠定了科学基础,其所属的河口海岸研究所对长江三角洲江口段的地形、地貌发育、动力过程以及杭州湾的形成过程、地貌形态特征、动力条件、泥沙流运动及地貌变形等内容都进行了细致的科学分析。这些成果主要集中在陈吉余等人的著作中。③ 褚绍唐的研究成果主要集中于《上海历史地理》一书中④;另外,傅林祥详细考证了吴淞江

---

① 《椿庐史地论稿》,天津古籍出版社,2005年;满志敏:《黄浦江水系:形成和原因》,《历史地理》第15辑,上海人民出版社,1999年。
② 张修桂:《中国历史地貌与古地图研究》,社会科学文献出版社,2006年,自序第2页。
③ 陈吉余:《陈吉余(伊石)2000——从事河口海岸研究55年论文选》,华东师范大学出版社,2000年;陈吉余、沈焕庭、恽才兴等:《长江河口动力过程和地貌演变》,上海科学技术出版社,1988年。
④ 褚绍唐:《上海历史地理》,华中师范大学出版社,1996年。

下游河道的变迁过程,对吴淞江入海口及下游市区河段的演变,提出了自己的看法。①

水利生态的另一个侧面是水利技术史的研究。古代太湖水利技术有两种倾向,或重于治田,或重于治河建闸。有意思的是,20世纪以来对太湖地区水利史的研究似乎也有类似的偏重。水利史专家郑肇经先生很早就对三江水利做过研究,以他为中心的一个研究群体以河道治理和工程技术为问题核心。1987年,郑肇经主编的《太湖水利技术史》一书还是农田水利和工程水利两方面俱全的水利史专著。② 以后,河海大学的水利史研究专家又出版过另一部关于太湖水利史著作,即《太湖水利史稿》;与前一部著作相比,这一部著作更多地集中于水利工程技术方面。③ 南京农业大学的一些专家在农田水利史方面取得了令史学界瞩目的成就,最为典型的是缪启愉先生的成果,他曾受教于郑肇经先生。

缪启愉先生的圩田水利史研究集中体现在《太湖塘浦圩田史研究》中,具有开创性质。④ 缪先生通过一系列的考证,从春秋战国时期一直到唐末钱氏政权时代,将塘浦圩田网络形成过程中的一列疑难问题较为清晰地一一揭示并解决。他在圩田形成初期的一些考证,几乎是开创意义的研究,对湖溇围田的格局形成和变化,也都有详细的分析。继缪先生之后,张芳先生对明清时期几个大圩和一般圩田形态,特别是圩田塍岸系统做了一系列的研究,其代表作是《明

---

① 《吴淞江下游演变新解》,《学术月刊》1998年第8期;《吴淞江两岸大浦考》,《历史地理》第21辑,上海人民出版社,2006年。
② 郑肇经主编:《太湖水利技术史》,农业出版社,1987年。
③ 《太湖水利史稿》编写组:《太湖水利史稿》,河海大学出版社,1993年。
④ 缪启愉:《太湖塘浦圩田史研究》,农业出版社,1985年。

清农田水利研究》。①

江南水利社会史研究的主要成果产生于日本学术界。最早致力于水利社会史研究的是长濑守,他的研究使日本学术界较早地从中国学者长期经营的水利技术史转向水利社会史,这种转向既得益于西方理论界对中国水利与东方专制主义或亚细亚生产关系的分析,还受益于环境与社会关系思潮的影响。在《宋元水利史研究》中,长濑守提出了生态系统史观的概念。他认为水利、农业与传统中国社会的整体是一个复合生态系统(compound ecosystem),这一复合生态系统由自然生态系统和人文生态系统两者整合而成。他认为西方中国史学界的水利专制论类似于一种环境决定论,过度地强调水利的作用,传统史学又相对地忽略环境的因素,他将这两者有机地结合在一起,探索中国社会制度体系中的人与环境关系。长濑守的著作出版于1983年,但亚洲或中国的环境史研究远远落后于这个时间。从方法和内容上看,他的著作更是一种社会史著作,而不是生态环境史著作。他以日本传统水利史学论述历史上中国各地的水利与社会状态。从内容上讲,此书虽是讲宋元时期全中国的水利与社会,实际上主要集中在江南与华北。在论述江南水利时,不但特别地论述了单锷、赵霖和任仁发的水利学说,还重点讲述了水利技术和农业技术体系,长濑守认为这是一种技术与水环境的适应关系。他特别对元代江南地区官田与佃户之间的关系做了较为详细的描述。在地区与水利开发的研究中,他更多地关注到练湖和淀山湖在宋元时期的开发,以及由此所发生的国家权力的介入。另外,长濑守还提出一个水利社会集团的概念。从总体上讲,他似乎更注重自上而下的国家权力

---

① 张芳:《明清农田水利研究》,中国农业科技出版社,1998年。

与水利的关系。① 与长濑守相比,森田明与滨岛敦俊的工作主要集中在明清时期。森田明更关注地方上的水利组织结构,对江南地区圩长组织的结构与功能、水利与治农官,甚至近代上海外国人的浚浦局的作用都做了详细的研究。② 滨岛敦俊对明清时期的江南水利中的许多问题进行了较为深刻地挖掘,提出了许多发人深省的问题。尽管滨岛并没有在环境与社会的关系上为自己的研究定位,所涉及的问题多涉及这一领域,比如说分圩问题、水利共同体问题,等等。滨岛试图在社会史层面上解决问题,实际上这些问题是无法与环境问题分开的。长濑守关注国家权力,滨岛更关注地方的权力,特别是发生在乡村的水利权力。他对里甲制中的共同体机能进行了非常细致的考察,还对均田均役中的一些问题进行了探讨。长期以来,日本学术界使用乡村共同体的概念分析中国农村社会,滨岛认定水利本身较为恒定的问题是排水,明清以来的地主城居加速了乡村中塘长之类责任人的消失。就此而言,他否认了自费孝通以来国际中国学术界所认定的江南乡村水利共同体问题,认为费孝通的家乡在民国时期的共同排水很难构成乡村共同体。由此,滨岛提出了比较大胆的结论,否认地缘上由佃农们所掌握的水利共同体存在的可能性,但他同时认为共同体关系的形成得自以官方的推动。③ 他说:

> 土地所有构造上的这个变动,促成了里甲制度的崩溃,水利面上,旧来的社会关系也瓦解了,对于这个变动后的农村,日本曾有一假说,以为经由佃农们之手,地缘性结合("共同体")自

---

① 长濑守:《宋元水利史研究》,昭和五十八年。
② 森田明:《清代水利史研究》,亚纪书房,1974年;《清代水利社会史研究》,国书刊行会,1990年。
③ 滨岛敦俊:《明代江南农村社会の研究》,东京大学出版会,1982年。

动被形成,水利用益为佃农所掌握,但是据笔者分析的结果,证明是错误的。笔者指出,16世纪前半以来的江南,缺乏水利上的协调关系与共同体关系,为了补足此种缺陷,要求由公权力的介入制定新的水利规范,再由之创出水利上新的社会关系的议论大量出现。到16世纪后半,制定有新水利规范的水利事业增加,而水利面上的空白由于公权力的介入始得填补,新的共同体关系也由之而始被编成。①

总之,滨岛的著作非常前沿性地提出了诸多社会史问题,并用了许多史料进行原因分析,许多提法更具有个人色彩,但与水利史相关的水环境变迁的联系较少涉及。在其他社会史问题中,有些问题几乎肯定涉及到生态环境与共同体关系,特别是江南的官田与重赋问题,宋元时期的制度与环境关系与明代江南官田上的制度与环境关系的差异影响着江南基层社会水利共同体制度体系的走向。至于江南官田与江南重赋,国内外的研究都在1980年代以前就已开始,森正夫的研究更为细致而深入。他并没有将官田与民田纳入水利史与共同体问题进行探讨,官田的区域几乎都集中在优良的水稻田地区,征收的基本上是秋粮,征夏税的田基本上是旱作之田,控制了几乎全部的优良圩田区。②圩田区的稻作仍实行一定的休耕期。早期的圩田与宋代的官田、屯田都是这种好围田,早期的民田则是这一地区的外围新开发,是比较差的田。这样的地理分布到后期产生不同的分化,明代的政治变化使官田与民田混杂,故水利共同体开始寻求新的

---

① 滨岛敦俊:《明代江南农村社会の研究》,东京大学出版会,1982年。第1—19页,附录第2—6页。
② 森正夫:《明代江南土地制度的研究》,同朋舍,1988年。

整合方式。

> 古者什一而税,使民岁不过三日,故天下和平而颂声作。后世未能遽行也,然亦当稍仿其意,使法较然画一而可守。今天下财赋,多出吴中,吴中税法,未有如今日之弊者也,请备言之。吴中有官田,有民田,官田之税一亩有五斗、六斗至七斗者,其外又有加耗主者不免多收,盖几于一石矣。民田五升以上,似不为重,而加耗愈多,又有多收之弊也。田之肥瘠不甚相远,而一丘之内,咫尺之间,或为官,或为民,轻重悬绝。细民转卖,官田价轻,民田价重,贫者利价之重,伪以官为民;富者利粮之轻,甘受其伪而不疑,久之民田多归于豪右,官田多留于贫穷贫者,不能供则散之四方以逃其税,税无所出则摊之里甲,故贫穷多流,里甲坐困去住,相牵同入于困。①

这里出现了一个非常值得重视的现象,就是官民田相混,并且地力相差已经不太大。在这种基础上,与之相适应的共同体水利制度肯定要发生变化。日本学者忽略了这个历史转变的环境层面,而这一问题无疑是环境社会史的一个重大课题。

从总体上看,水利共同体与环境变化的关系有几个关键时期需要做进一步的研究:一是唐宋交替,也就是唐宋之变时期;二是明代中叶,黄浦江地位上升以后水利与社会的变化。这些问题尽管都已经由日本学者提出,但与环境相联系的研究还很少。目前国内学术界更多地集中于明中叶之变。关于这一时期赋税和水利的研究众多,除了滨岛敦俊以外,郁维明专门对周忱的赋税与水利改革也做了

---

① (明)王鏊:《震泽集》卷三十六,吴中赋税书与巡抚李司空,清文渊阁四库全书本。

相应的总体分析。① 除此之外,还有许多涉及到江南地区水利与社会的研究,涉及到环境与历史关系的研究者有冯贤亮、王大学等人。江南的海塘修建特别关涉到水环境与社会运作,王大学关于江南海塘的研究就是这一方面的探索。②

三　农学与土壤学

农学史研究是生态史中最相近的领域之一。在江南,这一地区出现过几部重要的综合型农书,诸如《陈旉农书》、《王祯农书》和《农政全书》,多有太湖地区的农作物与生态环境关系的涉及。长期以来,南京农业大学中国农业遗产研究室和西北农学院古农学研究室对这几部农书校注和研究良多。涉及到太湖东部地区最主要的农书是明代的《补农书》。南京农学院在1950年代末组织力量研究了《补农书》,他们的研究对明代生态环境与嘉湖地区技术体系的揭示达到了极为细致的水平。正因为如此,陈恒力与王达关于《补农书》的校注与研究才得到国外学术界,特别是日本学术界的关注。当时并没有现在人类学与社会学方法,二先生的研究完全是传统的调查研究方法。陈恒力曾跟随着王观澜到嘉兴调查,同时他也极珍视向历史学者学习,努力研究古文献。③ 他说:

> 1956年下半年起,我就诚意读这书,并到北京大学图书馆借阅有关资料(顾炎武《天下郡国利病书》、《嘉兴府志》、《湖州

---

① 郁维明:《明代周忱对江南地区经济社会的改革》,台湾商务印书馆,1990年。
② 冯贤亮:《近世浙西的环境、水利与社会》,中国社会科学出版社,2009年;王大学:《明清"江南海塘"的建设与环境》,上海世纪出版集团,2009年。
③ 陈恒力编著、王达参校:《补农书研究》,农业出版社,1958年,自序。

府志》、《桐乡县志》等书),曾拟就整理这书的提纲,并于1957年2月着手编写。在编写过程中发觉在整理的方法上还有问题,如果不到产生这书的当地农村去从事实地调查,不与今天的农业生产的实际情况相对照,那么,整理这书究竟为了说明与解决什么问题呢?于是与王达同志到浙江嘉兴、桐乡一带(产生这书的地点)从事农村调查,并就在嘉兴市图书馆借阅有关的地方文献,然后再研究这书的各种问题(经济的、技术的),也研究今天当地农村所存在的实际问题,把两个加以对照,才摸到如何整理这书的一些门径。①

在这种基础上,陈、王使得《补农书》的研究更具有实态性,也因此比原书更生动地体现出当时的生态环境与技术。与《补农书》相比,其他明清农书相对简单,在吴淞江流域,清代的农书《浦泖农咨》是一本对地方性经验与知识有较多记载的书。② 其实,真正的民间知识体系比农书更为复杂一些,由于古代知识分子脱离农业,部分知识在农书中得不到反映。1950年代的乡村调查,特别是第一次土壤普查时期的调查,一些地方性环境知识与技术被大量记载。太湖东部各县,有两个县有着深厚的地方农学知识,一个是松江县,另一个是嘉湖地区的桐乡县,分别是《农政全书》和《补农书》作者的家乡,各有着丰富的地方农业知识体系。尽管现在已失去陈恒力当时的调查环境,利用档案仍可以追溯恢复一些地方知识体系。目前,这一地区的传统农业生态方面的已经在生态学家闻大中的开创性研究中有了突破,他利用《补农书》的资料闻大中先生对17世纪嘉湖地区的

---

① 陈恒力编著、王达参校:《补农书研究》,农业出版社,1958年,自序,第1页。
② (清)姜皋:《浦泖农咨》,清道光刻本。

桑基稻田农业生态系统物流与能流产投关系做出了生态学的分析。他的成果主要体现发表在《人类生态学》上。①

　　与国内研究集中于古农书的整理与校注相比,日本学术界与此同时开展了对一些古代较为重要的江南农业技术与环境的研究,这其中最为著名的是一批学者对《汉书》"火耕水耨"的技术体系的研究。西嶋定生、天野元之助和米田贤次郎等人都对这一技术做了研究。② 纵观日本学术界,对江南稻作史做出持续性研究的是天野元之助先生。早在日占时期,他就在松江县进行过南满洲铁道株式会社组织的江南农村社会调查,关于华阳桥乡四个乡村的调查几乎是当时最好的满铁调查之一。其出版的报告充满了对耕作制度、施肥、栽培习惯和各样农具细致的介绍。③ 在大量史料和对中国农村第一手的认识基础上,他写出了《中国农业史研究》一书,在这本书中,中国历史时期的稻作法得到了详尽的展示。关涉到江南稻作的研究,已是当时国内外最高水平的研究。他独特使用了国内佚失的而在日本仍然存留的宋元时期的劝农图画——《耕织图》,系统地复原了宋代江南稻作的各个工作程序与环节。④ 由于众所周知的原因,大陆学术界在完成对《补农书》的校注和研究之后陷入了长期的停滞状

---

① Wen Dazhong and David Pimentel, "Seventeenth Century Organic Agriculture in China: I. corpping systems in Jiaxing Region", *Human Ecology*, 1986. 14(1). 1-14; "Seventeenth Century Organic Agriculture in China: II. Energy Flows through an Agroecosystenm in Jiaxing Region", *Human Ecology*, 1986. 14(1). 15-28.
② 西嶋定生:《火耕水耨について》,首刊于《和田博士還曆記念東洋史論叢》(东京:讲谈社,1951年);天野元之助:《'火耕水耨'の弁—中国古代江南水稻作技术考—》,载《史学雑誌》61—4,山川出版社,1952年;米田贤次郎:①《漢六朝間の稲作技術について—火耕水耨の再検討を併せて—》,载《鷹陵史学》7,1981年;②《陂渠潅溉下の稲作技術》,载《史林》64—3,1981年。
③ 南满洲铁道株式会社上海事务所:《江苏省松江县农村实态报告调查书》,1940年。
④ 天野元之助:《中国农业史研究》增补版,东京:御茶の水书刊,1979年。

态。日本学术界则是在天野等人的推动下,将江南经济社会史的研究提高到了很高的水平。特别是东京大学的中国史研究学者,他们在农业史和经济史资料方面下了很大功夫。周藤吉之在1962年出版了《宋代经济史研究》,对宋代江南水稻品种的资料进行了大量的收集、对比研究。① 在他之后,川胜守进一步对明清时期的水稻品种进行了更为细致的资料收集与对比。另外,他还对明清时期长江流域的春花作物做了非常好的研究,其引用资料之多、研究之细致都达到了很高的水平。② 日本史学界的这些传统成果能在竞争如此激烈的江南史研究中为人称道,一个重要的原因在于资料的细致与学者自然而然的分工。国内学者在一些技术领域仍然取得较为领先的成果,稻作学家丁颖是古代水稻品种研究的领先者,他对中国早、晚稻的分化的理解,特别有利于理解太湖地区的水稻品种分化的次序。

  晚稻和早稻的主要差别是光照阶段发育特性不同。晚稻和华北南野生稻一样,都需要在短日季节完成其光照阶段发育,早稻出穗期则不受光照条件限制,因而从对光长反应特性来看,丁颖教授认为晚稻属于基本类型,早稻是是从晚稻选择驯化出来特适于长日和较低温季节与地带生长的变异类型。③

1980年代以后,对江南水稻品种涉猎较多的是游修龄和曾雄生等人。④ 涉及到生态史研究的农学史起步较晚,与国内相比,日本农

---

① 周藤吉之:《宋代经济史研究》,东京大学出版会,1962年,"三、南宋に於ける稲の種類と品種の地域性",第138—224页。
② 川胜守:《明清江南农业经济史研究》,东京大学出版会,1992年。
③ 《丁颖稻作论文选集》编写组:《丁颖稻作论文选集》,农业出版社,1983年,代序,第3页。
④ 游修龄编著:《中国稻作史》,中国农业出版社,1995年;曾雄生:《试论占城稻对中国古代稻作之影响》,《自然科学史研究》1991年第1期,第61—69页。

学界的渡部忠世、高谷好一的亚洲稻作史研究试图在生态环境史的视野下分析中国稻作,特别是江南稻作。① 目前看,要在生态史上分析水稻品种,必须与现代科学相结合,才有可能在一定程度上将古代品种的生态型变化作一定的分析。1980 年代,继《补农书》研究之后,南京农业大学中国农业遗产研究室一批农史研究人员率先进行了江南农业技术史的整合研究,其主要成果体现在《太湖地区农业史稿》一书中。这在当时几乎是国内最早的区域农业史研究成果。此书广泛地涉及到江南农业在水利、农作物、蚕桑、茶叶、果树、蔬菜、园林和林业、渔业的研究,代表当时最高的研究水平。其中果树与蔬菜的研究为叶静渊先生执笔,长期以来,她几乎是国内唯一的果树与蔬菜种植史的专家。② 李伯重先生对唐代江南进行了当时学术关心问题的研究,特别是亩产量的研究。他提出一种唐代农业变革的说法。③ 在他后来的江南研究之中,他在继续研究亩产量和种植制度的同时,也关注于前期工业化的研究。④ 另外,最近研究江南农业与环境的学者也开始增多,例如,李玉尚就传染病与农田环境的关系⑤,王加华对乡村农业知识体系对环境的认识做了相关研究。⑥

农史学界较多地关注到古代农学的内容,在生态史所涉及的环境诸要素中,土壤也有相关研究,这方面的成果主要来源于土壤学界。在诸多专家中,徐琪先生最先对太湖地区的水稻土的形成进行

---

① 渡部忠世、高谷好一编集:《稻のアジア史》,小学館,1987 年。
② 中国农业遗产研究室:《太湖地区农业史稿》,农业出版社,1990 年。
③ 李伯重:《唐代江南农业的发展》,北京大学出版社,2009 年。
④ 李伯重:《多视角看江南经济史(1250—1850)》,三联书店,2003 年;《江南的早期工业化(1550—1850 年)》,社会科学文献出版社,2000 年。
⑤ 李玉尚:《地理环境与近代江南地区的传染病》,《社会科学研究》2005 年第 6 期。
⑥ 王加华:《节气、物候、农谚与老农:近代江南地区农事活动的运行机制》,《古今农业》2005 年第 3 期。

了最早的研究。在他与他人合著的《中国太湖地区水稻土》中,他利用了农史界,特别是中国农业遗产研究室的研究成果,通过历史时期的耕作制的变化,对太湖地区的水稻土的演化过程进行了判断。①尽管这种研究开创得这么早,长期以来并没有引起重视,自1990年代以后,由于土壤环境变迁的重要性受到重视,许多土壤学家开始重视土壤环境变迁的研究。龚子同等人的研究集中在土壤环境变迁方面,着重于自然科学的方法分析土壤地层中的环境信息②,随着昆山绰墩遗址的发掘,一些学者对太湖地区古代土壤的年代做出许多工作③。另外,日本学者北田英人在研究太湖东部的感潮范围时,也涉及到了土壤的研究。④ 目前的土壤生态环境史的研究,特别需要对现代水稻土形成的历史时期的情况展开工作。特别是结合史料分析近千年的水稻土变化与人们对土壤环境的影响。中国古代的志书、农书和1950年代的档案及地方性知识中,都有关于人与土壤环境关系的大量信息。

四 主要内容

本书共分九章,内容可以分为五个部分,第一部分的内容主要体现在第一章中,对吴淞江流域的主要河道与河网形成时期的水环境

---

① 徐琪等:《中国太湖地区水稻土》,上海科学技术出版社,1980年,第43—45页。
② 龚子同:《土壤环境变化》,中国科学出版社,1992年。
③ 龚子同、刘良梧、张甘霖:《苏南昆山地区全新世土壤与环境》,《土壤学报》2002年9月,第5期;杨用钊:《昆山绰墩古土壤粒度特征及母质判别》,《土壤通报》2007年2月,第1期。
④ 北田英人:《八——十三世紀江南の潮と水利・農業》,《東洋史研究》第47卷4号,1989年。

进行了长时段的历史考察。太湖东部吴淞江流域的水网形成于古代,本书在这里谈了两个重要问题:一是考证太湖东部没有三江,只有逐步形成的吴淞江;二是在吴淞江形成的过程中有汇的发育,周边的塘浦河网对吴淞江上游河道的形成也产生影响。

第二部分包括第二章与第三章,主要讲大圩时期的河道水环境、乡村社会体制以及农田景观,第二章第一节描述吴淞江流域的水环境变化对大小圩转变的影响,学术界多从社会原因分析分圩,本书以环境的变化为原因说明分圩。大圩的存在本质上在于吴淞江一江出水所需要的水文环境。到明代中叶,随着黄浦江的形成,太湖水流主要从黄浦江分水,吴淞江水流不再成为主泓,沿岸地区高大圩岸注江压浑的功能逐步消失,官方才开始拆大圩。水环境与圩田的改制,实是江南许多制度变化的重要原因。第二节讲大圩时代的置闸,置闸是圩田时代与修圩岸、浚河道同等重要的一项水利活动。闸的兴起与衰落与水流变化有莫大的关系。大圩时期,特别是五代时期,国家力量强化,吴淞江两岸广泛置闸。由于水流时淤时塞,疏浚不利,闸的维持成本甚大,常常旋置旋废,最后往往替之以坝堰。这是水流与泥沙的自然生态平衡决定的,在技术与人力常常不及的古代,这种举措很快导致失败。第三节讲大圩时期,特别是宋元时期的河道政治与圩田水利共同体。宋元时期有国家、乡村共同体和豪强多种力量,政府为豪强规定边界,这时期圩田内共同体往往在国家扶持佃户的条件下形成。到元代,国家特设都水庸田司,制定许多法令,就是为了扶持圩田共同体的内聚性。第三章的内容主要讲景观以及景观对文化的影响,对唐宋大圩时期的江南农田景观做了描述。首先对唐代中后期"江南好"景观形成的时代背景与历史过程进行了描述。以圩田棋布为特色的农田景观在六朝时期已成规模,到唐代,随着塘浦圩田的形成达到几近完美的程度:较为整齐的河道、高大圩岸以及各种树木花草与作物。由唐入宋,河道环境发生了重大变化,原来统一有序的方格化横塘纵浦网络被破坏,河网为区域化的泾浜体系网络。在这种基础上,宋代诗人,特别是南宋诗人的景观描述发生很大的变化。诗歌的景观越来越集中在小农环境内,具有小区域化、微妙化、多面化等特征。这种变化也导致了唐宋转型期的一种重要的诗歌特点的形成。

第三部分包括了第四章和第五章,主要描述宋以后小圩与圩田体系的状态及乡村水利社会的特点。第四章论述了泾浜体系的形成与水流状态。塘浦系统自宋代开始瓦解以来,吴淞江流域的泾浜体系就开始发展。在不断的历史发展中,泾浜体系形成具有干枝结构的网络水系,这种结构非常稳定地存在了近500年。这种结构下的圩田水利模式一般是小圩模式。在冈身感潮地区,泾浜体系比较密集,末端水系有弯曲化现象;在低地地区,为了排水的方便,河道的干枝体系较为顺直。在这种网络水系下,治水必须与治田相结合。随着圩田治理的深化,进一步出现了最末端水系——溇。宽大塘浦时期的大闸被坝堰所替代,豪强势力也会利用坝堰形成封闭的局域社会。到明代,由于吴淞江进一步淤塞和丰水环境的不再,坝堰进一步发展。由于大闸的建设成本和维持成本都很高,明代的大闸几近消失。在大圩时期,大圩是共同体依存的实体,有独立的共同体单元;到小圩时期,圩田仍然水利共同体依存的单元,但共同体要整合整片的河道与圩田。内容也发生了变化。明中叶以后,圩田已经非常之小,自然圩的作用也减小,共同体的生态地理依托逐步转向地域,一个区域内的众多圩和河道成为共同体的依托对象,岁修成为共同体的主要活动。县里的官方力量对乡村共同体进行了各种方式的整合,粮长、塘长制度都在一定程度上伤害了水利共同体的独立性。雇佣制度使水利共同体的基层整合能力几乎丧失,江南知识分子也失去了地方议政平台。第五章以常熟县为个案对这个县的河道与水利社会状态进行了较为详细的描述。首先阐述了国家级河道白茆的变迁与治理,明代政府一般直接派大员负责白茆河的治理,对所涉及的各县府进行统一的人夫调动和经费使用。白茆河的河道淤塞与潮水环境有着非常复杂的关系。在治水制度基本上没有变化的条件下,能否处理好水利的生态平衡,取决于治水者的知识素质和行事方式。常熟水网从六朝时期就已经形成,五代时期形成了塘浦水道体系,宋代以后泾浜分化,水网发展成干枝体系。宋元时期就开始出现干强枝弱的发展倾向,政府通过限制湖面的围垦以维持水网水流的旺盛,到明代,冈身河道淤塞严重,坝堰大量兴起,水网的局部化和死水化严重,只在水利大兴时,水网畅通才受到关注。古代常熟的水利社会属于二元体制,官方理干河,民间理枝河、筑圩岸。水利行政单位实际上与赋税制度的单位相一致,到明末,耿橘选择了"区"作为水利单位,并以此基础上整合了枝河流域的水利工程,重筑了自然圩为基础的共同体社会和县域水利集权。

第四部分对稻田生态的历史进行了相对独特的研究,包括第六、第七章和第八章。第六章对土壤生态史进行了研究。首先,本书继承了土壤学家对江南土壤史的看法,将宋代为江南现代水稻土的生成时期。江东犁的出现推动着唐末土壤耕作程度的加强,现代水稻土开始大量出现,并在技术与水环境的变化下进行分化与发展。水流控制与水稻技术的有机结合,使土壤的水旱交替变得可控,水稻土因之大量形成。宋初,吴淞江流域仍有许多圩田内存在着大量的休耕地与不得耕种的积水田,水稻土的脱潜与剖面发育较慢。到了后期,水环境和农作技术都在推动着水稻土剖面的完全形成。随着丰水环境的变化,吴淞江的淤塞使这一地区的旱田化作用增加,脱潜化程度加强。农作技术的发展,特别是搁稻、施肥、翻青和开沟技术,都促进了水稻土的良性发展。吴淞江流域的水稻土在晚近时期的发展图像更加清晰。水环境、农作技术、社会组织都对土壤的变化产生了影响。吴淞江水流改变以后所形成的各样水环境,包括感潮环境、干田化和一系列技术因素,诸如麦稻轮作、施河泥和种植绿肥都对土壤分化产生了影响。铁搭耕作对水稻土的分化尤为明显。几乎所有的技术都是在人口压力下推动下产生的。水利社会的动员、小农经济的结构和乡村阶层等社会因素也对水稻土肥力变化产生影响。在嘉湖地区,1950年代档案中有丰富的土壤史记载。传统精耕细作农业技术得到推广,圩田的土壤结构也不断得到改良。水利工程、水旱轮作和大量施河泥,对良性土壤形成产生了很大的作用。高肥力水稻土甚至对技术与人工的投入形成了依赖,不进行精耕细作,土壤往往会由活变死。第七章是稻田环境史的研究,首先研究鱼米之乡的形态。早期稻田周边,有着宽大的河网,河网中有各样的鱼类。对唐宋诗歌文化起过很大影响的松江鲈鱼产于吴淞江河道。松江鲈鱼四鳃,长七至八寸,吴淞江的感潮环境和河道环境是这种鱼生存的关键,到明代,随着黄浦江代替了吴淞江成为出水干道,感潮环境出现了变化,美味的松江鲈鱼因难以洄游而绝种,剩下的那种小型的四鳃鲈鱼是以前口味比较差的一种鲈鱼。至于稻田,在宋元丰水时期,大部分地区种晚稻,在东部早期种于较高的地段,在西部涝洼地带,晚稻种于高地,低地种早稻以避水灾。稻收后的再生稻也长期存在,吴江一带的再生稻的技术在1950年被有关人员调查清楚。宋元时期的稻田有丰富的植物和小动物。到了明清时期,人口压力与垦殖的加强使共同积水区越来越少,鱼类也减少。东部地区种植棉花,西部地区开始植桑。以浏河为中心的昆山、太仓、嘉定和宝山等县的水稻区在明清时期可分为两种,一种是有坝堰系统形成的蓄清水灌溉区,一种是利用海潮动力的浑水灌溉区。成熟地段一般实施三年种棉、一年种稻的轮作制度,稻麦轮作地地段因着水利和感潮河的淤积变化而变化。棉花不施肥,仅靠河泥的肥力支持。在嘉定,明中叶以后水环境的变化引起大面积的稻作减少,农民靠种棉花和棉织业为生。第八章以松江县华阳桥乡的个案分析稻田生态以及系统投入产出的变化。本书先对乡镇的水乡环境与水利进行了分析,接着对肥料和土壤之间的生态联系为主线分析农村传统农业生态投入的变化。1950—1960年期间,水、肥、土三个要素在传统意义的基础上产生了巨大变化,由于水面整治,大积土杂肥,耕作改制,土壤生态发生了改变,向良性结构发展。由于过度用地,后期向潜育化方向发展。水肥环境的变化对乡村卫生甚至城市环境产生了影响。在品种的适应方面,早、中、晚稻各有不同的生态环境,低地与高地各有不同。为了改良品种,传统时代的农民各自在自己的范围内观察对比,并以此换稻种。对华阳桥四村的生态系统的产投比分析表明,传统时代的农业生态系统的效率远远没有发挥其增产的潜力。1930年代末的投入、产出水平无论从物质上还是能量上都未达到如17世纪《补农书》所记载的水平。

第五部分研究传统生态系统的信息流。传统时代,农民对环境认知与反映构成传统信息流的主流,这涉及到一个广泛的地方性知识体系,由于这个体系过于庞大,本书只选取了两个方面的内容进行分析。首先是人们稻田排涝的地方性知识与排涝过程中的环境识别,以一种特殊的稻田水环境变化为研究对象。圩岸制度也有一系列的地方性知识,乡村对各种圩岸的命名,各种水道,戽水放车的地点,都有一套地方名词。乡村社会也有许多与戽水排涝相关的苗情用词,这些用词非常直观地反映了稻田与水面的关系,也反映了稻苗与灾情的关系。其次是关于水稻生长细节的知识。江南农民有"望田头"的习惯,望田头的农民对苗情有一系列的观察,传统的江南农民几乎是中国最注重精耕细作的农民,他们的技术体系建立在一系列田间地头的观察之上。在水稻栽培技术中,最为精细的是对秧苗环境的观察。农民对各种环境因子——地形、土壤、水层、肥料投入和灾害都有精细的观察,在观察的基础上,做出施肥或灌水的决策。这些观察是传统时代人与环境关系的重要部分,也是江南地方性知识的重要部分。研究这些内容,对理解1950年代以后的江南的乡村社会变化有着重要的意义。像陈永康这样的有丰富地方性知识并善于观察的人,成为一个时代的重要人物。

第一章 水系的变化

江南地域以太湖以东地区的长江三角洲为代表,这一地区以吴淞江为中心,是最经典的江南概念区。与其他大多数地区的河流不同,吴淞江和众塘浦水流的出海有一个由低向高的过程。整个太湖地区是一个碟形盆地,水流以涌涨的方式东流,到达冈身后,才开始由高向低排入大海。太湖西部诸水以洮、滆二湖为中心,经由网络状的水道由高向低注入太湖,南部和北部也基本如此。东部是出水区,众水出海先要从低地地区逐渐抬高水位进入吴淞江,由吴淞江再入冈身。正是太湖与冈身的构成,塑造出独特的水流格局。冈身像整个太湖流域田地保护堰,"横亘百里,殆若天所以限截湖海二水,使不相通耳"。① 吴淞江南北地区的水流以一种外涨的方式溢流,在涨溢与溢流的过程中,支河水流充足,外潮与这种水流相顶托,看似排水困难,却充分滋润了太湖东部,使之成为中国最著名的鱼米之乡。江南水利的特点最典型地体现在吴淞江流域的溢流灌溉网络方面。这种水利、水系格局的形成与发展有二千多年的历史,唐末达到高峰水平,宋以后走下坡路。从两汉到唐末,其主干系统逐步确立,主干水系一般说是三江。三江是怎么一回事?与吴淞江的关系如何?这

---

① 《王圩土冈堰坝考》,见《吴中水利全书》卷十九。

是一个长期争论的问题。

第一节　吴淞江与三江

　　从现代技术绘制的详细地形图上,人们可以看到冈身地带的中间有一个低地区,这就是吴淞江出海的故道区,也是早期的"沪渎"所在。冈身以西的低洼沏淀区,有一个宽约10公里,向西延伸的高地地带,这是历史上吴淞江中下游河道所在。由于海潮的倒流,泥沙沉积,低地中的故道成为高地。这一地带的高程在海拔2.2—2.3米,周边低地在1.7—1.8米左右。故道区与冈身沪渎区相连,沪渎故道的标高在1.8—1.9米左右,冈身标高一般在2.2—3.3米。① 古人讲吴淞古江宽阔,在地图上也可以看出,古河道宽达数里或十里余。郏侨指出:"吴淞古江,故道深广,可敌千浦。向之积潦,尚或壅滞,议者但以开数十浦为策,而不知临江滨海,地势高仰,徒劳无益。"② 凭传统的经验,郏侨认出了吴淞江中下游入冈身之前的高地形势。值得深思的是,在吴淞江南北两边的低洼地区,再没有其他感潮河流的故道隆起,都是低洼圩田,边界整齐地与冈身形成分界,唯有吴淞江故道区出现了隆起。这种地形不禁让人对学术界至今仍然持守的三江入海说表示怀疑。古代三江说中的一说为太湖三江说,

---

① 这一高地的区域在地图东西长20多公里,以外冈、方泰、黄渡、华新一线与冈身地区相连接,东到千灯浦,南北宽约10公里,冈身地带恰有与西部相连的低洼河道区。据张修桂先生鉴定,这是6000 BP—3000BP阶段的古吴淞江河道。参见中国科学院南京地理研究所、水利电力部太湖流域管理局编:《太湖流域水系与地形图》,1987年。
② 范成大撰、陆振岳校点:《吴郡志》卷十九,水利下,江苏古籍出版社,1999年,第282页。

指太湖东部有三条入海的大江,现代地图却只有一条河道有沉积隆起,只有一江出海。现代地理学证据否认了太湖三江说。

一　吴淞江中部的地理形势

长期以来,人们对《禹贡》中"三江底定"的解释基于太湖东部有三水,即吴淞江居中,北有娄江,南有东江,并认为宋以前南、北二江淤塞,只有吴淞江一江出水。1950年代以后,许多人仍在这南北两个方向上寻求东江和娄江的故道。太湖三江的概念,实起于唐代学者考定《禹贡》三江时对太湖三江的认定,以后人们袭为成说,现代仍有学者坚持太湖三江说。其实,清儒已经辨明其非,由于没有地理学实地证据,人们至今仍迷惑于各种似是而非的三江说。现在,有必要结合现代太湖地图地貌证据做进一步论证与阐述。

太湖三江说表面上说从《禹贡》而来,其实萌生于从春秋战国时期的"三江口"概念,而那时还没有娄江和东江的概念。到六朝末,才产生了娄江与东江的概念,结合早期的三江口之概念,由此形成太湖三江学说。三江口的地理位置与吴淞江感潮区相联系。现代太湖水系图上可以看出,吴淞江下游故道高地向西延伸的终点在现代千灯浦以西,吴淞江出太湖口以后,在高地河道区稳定运行了一段后突然进入到了一个较低洼的地带。出太湖后的河流在较高地势上有明显河道,到三江口后,因遭遇东来浑潮,形成一个汇水区,这一汇水区有三个分流方向,一是通过吴淞江高地地区成为吴淞江正泓,南、北两个方向分流进入南北湖泊沼泽地带,这是真正的三江口形势,不是三江分流后三江入海。这一区域入海的河道只有吴淞江一江,其他分水水流多数进入湖泊地带,出湖泊地带后,大部分水流被冈身阻挡后仍沿各塘浦回流到吴淞江下游河道。三江口向东南、东北两侧所连接的,是古代的湖泊群。

东江所连接的湖群主要是澄湖、白蚬湖、淀山湖以及其他一些小湖荡。吴淞江故道以南的东江,并无史实确证。1974年7月,复旦大学历史地理研究室在吴淞江一带调查时,发现了可能为东江故道的河道,与唐张守节《史记正义》中记载的三江口位置相近。但即使是发现者也认为,此故道与《吴地记》和《扬都赋注》中的东江不太一样。原东江在三江口位置以上,大约在吴江县城下十里,不是古文献上讲的七十里,淀山湖以下的东江故道不可考。发现者以水深处确定东江故道,有不妥之处,如果存在着东江故道,必然是一条淤浅地带,这么大的入海大江不可能不感潮。① 褚绍唐先生认为古东江下游是一条"扇形水系",入海通道不止一处②,此说虽近事实,但实际上也否认了东江的存在。真实情况也是这样,吴淞江南部的河流汇水后有的从冈身入海,也只是一条塘浦,与入海的大江善异甚大。明以后形成的黄浦江之所以发生由东西向到南北向的转向,冈身阻挡是一个重要原因。明清时有人称海盐、乍浦一带曾是东江的出海口。同治《苏州府志》载:"钱氏有国时,建治临安,讲悉水利,故数十年无水患。起浙之长安堰至盐官,彻清水浦入海,此即古东江故道。今之海宁,即古盐官、海盐、嘉善及平湖之乍浦,滨海壤高,与内地异,舟路皆通,筑塘拦截"坚闭水门。③ 这种说法只能说明从海盐、乍浦出海的只是一些小塘浦级别的河流。如果是一条与吴淞江相类似的大

---

① 复旦大学历史地理研究室:《太湖以东及东太湖地区历史地理调查考察简报》,《历史地理》创刊号,上海人民出版社,1981年,第187—194页。
② 褚绍唐等:《黄浦江的形成和变迁》,转引自《太湖水利史》编写组:《太湖水利史稿》,河海大学出版社,1993年,第98页。
③ (清)冯桂芬:《(同治)苏州府志》卷一百四十九,杂记六,清光绪九年刊本。

江,如何能筑海塘堵塞之。现今地图上这一带的标高很高,低的有2.2米,许多在2.5米以上。① 据陈吉余先生考证,以前这一地带比海平面的相对位置更高。"乍浦在清代初年,在特殊干潮之下,曾两次发现公元开始的聚落遗址。笔者据当地潮位差推计,2000年至少下沉了5.2米"②。现代太湖的主要出水口黄浦江在这里都要转向,2000年前有更高的位置,水流怎么会直接过冈身而出海呢?

宋代水利书所讲的都是如何疏通纵浦,增强清流,以此保证吴淞江出海通道畅通。追述唐代文献,也没有娄江的痕迹。《吴地记》这样描述三江口:"一江东南流,五十里入小湖;一江东北流,二百六十里,入于海;一江西南流,入震泽,此三江之口也。"③东北流的江是吴淞江,是最北的一条江;西南流入震泽那一条江,带有回流性质,这一带的水流在宋代以前极不稳定;东南流的那一条是东江,也不是入海,而是入于小湖之中,以后就没了下文。唐人此种三江口概念中没有娄江。如果六朝时代有这种东北向的江,也只可能与东南流的一般河流一样,入于周边的湖泊水系之中。至和塘传说是原娄江故道,但在开发之初,至和塘就是从一块湖泊地带中开发出来的,而这一地区在圩田开发以前,本来就是一片沼泽地带。

> 至和塘即娄江故道,又名昆山塘,古连湖瀼,无陆途,甚为民患。宋至道中议欲修治,不果。皇祐中发运使复申前议,命王安石相视,又不果。至和二年主簿丘与权始陈五利,知县钱公纪复

---

① 中国科学院南京地理研究所、水利电力部太湖流域管理局:《太湖流域水系与地形图》,1987年。
② 陈吉余:《陈吉余(伊石)2000——从事河口海岸研究五十年论文选》,华东师范大学出版社,2001年,第27、41页。
③ 陆广微撰,曹林娣校注:《吴地记》,江苏古籍出版社,1999年,第81—82页。

言之,于是兴役。塘成,名曰"至和"。嘉祐六年转运使李复圭知昆山,韩正彦大修治之,盖加完厚,民得立塍埂,以免水患。①

至和塘区域原来就是一片湖瀼,怎么会是娄江故道呢?《梦溪笔谈》这样讲至和塘的形成:"苏州至昆山县,凡六十里,皆浅水无陆途,民颇病涉,久欲为长堤,但苏州皆泽国,无处求土。嘉祐中人有献计,就水中以蘧蒢刍藳为墙,栽两行,相去三尺,去墙六丈又为一墙,亦如此。漉水中淤泥实蘧蒢中,候干,则以水车畎去、两墙之间旧水,墙间六丈,留其半以为堤脚,掘其半为渠,取土以为堤,每三四里则为一桥,以通南北之水。不日堤成,至今为利。"②《吴郡志》认为此河为至和塘。③ 既然自古是积水一片,怎么会是一条大江呢?只能是一片湖泊沼泽。一直到明清时期,有关娄江的考证仍然不清楚。这不奇怪,因为本来就是无中生有。顾祖禹说得很明白:"娄江,昆山县南九里。其上流,自长洲县界接陈湖及阳城湖诸流,又东益汇诸浦港之水,势盛流阔,入太仓州界为浏河口以入海。近志以此为吴淞江,《一统志》以为三江口,皆误也。《辨讹》云:'自唐宋以来,三江之名益乱,东江既湮,而娄江上流亦不可问,土人习闻吴淞江之名,凡水势深阔者即谓之吴淞江,而至和塘自娄门而东,因意以为娄江,所谓差之毫厘,谬以千里也。'"④

《吴地记》中所记的那条东南流的江,时人称东江,此江只是入于小湖之中,出海口毫无线索。五代时钱氏政权为排泄吴淞江以南

---

① 顾炎武:《天下郡国利病书》第四册,苏州上,昆山县,稿本。
② (宋)沈括:《梦溪笔谈》卷十三,权智,四部丛刊续编景明本。
③ 范成大撰、陆振岳校点:《吴郡志》卷十九,水利上,第264页。
④ 顾祖禹撰,贺次君、施和金点校:《读史方舆纪要》,第三册,卷二十四,中华书局,1998年,第1173页。

的积水,在海盐一带修了一条浦以利出水,叫小官浦。"钱氏有国,浚柘湖及新泾塘,由小官浦入海"。可见,入海水道是在塘浦的河道基础上修成的。① 可以推断,冈身上根本没有什么除吴淞江以外的出海大江。宋时尽管吴淞江以南的许多湖泊被开垦,东南方向的出水主流仍汇入湖泊后入塘浦,塘浦北汇吴淞江。《吴地记》的小湖应是蚬湖附近的湖荡。尽管东江与娄江的概念是庾仲初在六朝末期提出的,但可以推断在唐代,娄江与东江的概念都不是入海大江的概念。1974年复旦大学的考察报告中有:"澄湖中存在着一条自北部湖区向南偏西延伸的深槽,宽十多米,深在四米以上。我们在周庄又了解到,白蚬湖中也有一条南北向的深槽,宽二、三十米,深达十米以上,深槽旁边还有残存石堤存在。这两个湖中的深槽大致可以自北而南连成一线。"报告推测这条河道与古东江有关系。② 但宋代一条入吴淞江的纵浦也有几十丈宽,这样的一条河道实际上就是一条塘浦而已。六朝与唐宋之时,吴淞江流域开发不完全,下游有许多汇,三江口南北连着许多湖泊,两侧的沼泽湖泊群很宽大,吴淞江也很宽广,"亡宋时吴淞一江,水势浩渺,绵绵不息,传送入海,狭处尚二里余"。③

总之,三江口自古就存在着的水流分散而广阔的形势,这是三江口概念产生的原因。那时太湖出水口不像现在只是一个河口,而是一个宽大的水面,到了三江口一带,仍是一个很大的水域。水流散入南北湖泊地带后,又通过一般塘浦向中部集中,汇流吴淞江出海。外

---

① 光绪《续修华亭县志》卷二十一,古迹。
② 复旦大学历史地理研究室:《太湖以东及东太湖地区历史地理调查考察简报》,《历史地理》创刊号,上海人民出版社,1981年,第187—194页。
③ (元)任仁发:《水利集》卷五,明钞本。

冈高地会迫使水流又在低洼地带重归吴淞江,然后从冈身出海。低地河道历史上非常明显,吴淞江是唯一的通海大河。东南方向的水流无论从甪直一带入淀山湖,还是从白蚬湖方向进入淀山湖,最终还是经由淀山湖,再入吴淞江出海。千墩浦(以前是千墩汇)、大盈浦(以前是白鹤汇)情况都是如此。南部有部分水量由拦路港入三泖地区,汇嘉兴地区诸水,在黄浦江形成以前,仍然部分北汇吴淞江。宋元时淀山湖围垦,入吴淞江的水流受阻,淀山湖扩大,从拦路港到三泖地区的水流才逐渐增强,这部分水流的增加为黄浦江替代吴淞江创造了条件。宋元时期官方的治水重点,就是清理湖泊围垦区,使塘浦入吴淞江之水通畅。明代淀山湖主流仍是入吴淞江的:"淀山湖,(昆山)县东南八十里,接松江府界。亦曰薛淀湖。东西三十六里,南北十八里,周迥几二百里。下流注于吴淞江。"①从地理形势看,太湖东部没有三条与吴淞江相当的入海大江。不单没有三江,连吴淞江也有变化。太湖东部地区与太湖是一片水泽,吴淞江许多地段的河道不清晰,合于周边湖泊沼泽。上游吴淞江也不是江的概念,而是"笠泽"。太湖东岸,边界常常模糊。下游的"沪渎"倒是十分清楚,这是冈身之间的河道,很早就出现了。"泽"指一片水域,太湖出水的确先处于一大片沼泽之中。到战国时期,吴国对这一带的开发较多,部分地带才堤岸成"江"。《水经注》中有:"《国语》曰:'越伐吴,吴御之笠泽。越军江南,吴军江北者也。'虞氏曰:'松江北去吴国五十里。'"②这明显是说吴淞江上游河道地区的状态。而中游低地部分想必更加广阔,中游河道和上游河道的变化与运河及其周边

---

① 顾祖禹撰,贺次君、施和金点校:《读史方舆纪要》卷二十四,南直六,第1174页。
② 郦道元:《水经注》卷二十九,清武英殿聚珍版丛书本。

塘浦的形成与发展有关。塘浦、圩田增多时,众水就逐步向吴淞江河道处集中,先形成非常宽阔的吴淞江,以后的吴淞江又在运河与塘浦治理过程中逐步变淤、变窄。

二　概念的变化

训诂学意义上的考证也支持地理学上的推断。从江的概念看,早期概念只指长江,到后期,那些汇入长江的河流也称江。汇入处有几水则称几江,别的水不能称江。胡渭言:"唯汉水、彭蠡水与江水会,始称三江;沅、湘等水入洞庭与江水会,始称九江。盖以岷江为主,而总其来会之数以目之,其未合时不得名江也。"到后期,那些入长江的河流,不仅仅只有入江处称江,整体都称江,"后世汉江、章江、湘江、沅江等称,殊乖信义"。① 吴淞江,或说是吴淞江以前的名称松江,有江的概念,必与长江发生关系。《禹贡》是中国几乎最早的书面传世文献文献之一,应该具备这样的概念。《禹贡》中的"三江"一定与长江有关而不与太湖有关。《汉书·地理志》的三江概念是在古扬州域内,三江也应当在这一区域内。丁文江根据地质调查和文献常识推定,赞同吴淞江、长江与钱塘江为三江的三江说。

　　1917 年(民国六年)秋季,北京地质调查所所长丁文江,应上海浚浦局的约请,调查黄浦江及扬子江下游的地质。躬自履勘建平、中坝、高淳、溧阳一带的地势,发觉自高淳至溧阳一带的水道,实由人工开凿而成,绝无江流经行的痕迹。甲派所谓中江的一说(三江为长江的三支流,吴淞江为南江),殊少成立的可能,丁派更为乙派的学说(三江为长江的三源)所举汉岷二江,

---

① 　胡渭:《禹贡锥指》,邹逸麟整理,上海古籍出版社,2006 年,第 18 页。

不在扬州区域以内,自与扬州的三江无涉。丙派(即太湖三江说)所举的江流,不过为太湖的尾闾,而禹贡江字,实一专用名词,其用仅限于扬子江,所以禹贡三江不能求之于扬子江以外。丁氏根据地质上的见解,认为四说中最较近理的,厥维丁说,盖吴淞江的地位曾有一时颇见重要,因其潮汐挟带泥沙而致淤浅,年代尚非甚远。又扬子江与太湖的水道相通,今古未异,在宜兴与常州间的滆湖,必为古昔太湖的一部分,现时两湖固相隔离,中横大片冲淤土,但其冲淤土的成因,必由古代扬子江在常州以北分流入太湖时,逐渐淤积而成,依此推测,则古代扬子江或曾有支流经太湖,由吴淞江东流,而成古昔的所谓中江,再钱塘江与扬子江古代亦必相通,或取道太湖,或取道于其东,所以亦得称之为江,南江似乎非此莫属,北江便是扬子江。①

总之,地理学上比较正确的三江概念是长江、吴淞江和古南江,古南江是与钱塘汇合,而不是出冈身。再看古人对太湖三江看法的变化,就可以得到较为清晰的轮廓,发现其错误的来源。更为重要的是,这一学说也得到了关于太湖起源最新科学研究的支持,太湖湖底的黄土沉积表明以前的太湖为古河道区。② 三江口概念出现于《吴越春秋》,这种三江的概念与真正的《禹贡》的三江概念完全不符。《吴越春秋》讲越师伐吴时,"出三江之口,入五湖之中"。范蠡去越后,"乃乘扁舟出三江,入五湖,人莫知其所适"。吴越交战的前线在三江口一带,这是沼泽湖泊地带,不会是太湖东部沿海冈身一带,而是离太湖岸很近的地方。同书中还有:"越闻吴王久留未归,乃悉士

---

① 吴静山:《吴淞江》,上海市通志馆,1935年,第7页。
② 孙贤才、黄漪平主编:《太湖》,海洋出版社,1993年,第23—27页。

众,……济三江,而欲伐之。"①越伐吴时济三江,极有可能是沿太湖东岸而行,三江即三江口一带。庾仲初(南齐人)注《吴都赋》时,三江口的概念自然在太湖东岸出现了向东延伸二江,娄江和东江。"今太湖东注为松江,下七十里有水口分流,东北入海为娄江,东南入海为东江,与松江而三也。"这就是三江口的三江。尽管东江难以入海,这仍然形成最早的太湖三江说。《水经注》对三江口的注解是:"松江自湖东北流,迳七十里,江水奇分,谓之三江口。"朱谋㙔认为"江水奇分,谓之三江口"为《水经》文字,即三国时期的文字,注文则是郦道元转引庾仲初的三江概念。② 这时的三江口概念很清晰,发达的湖荡群,三江口水势三分,实是对吴淞江古河道凸起点的一个汇水区而已。水流一部分入高地中的吴淞江河道,三江口一带的吴淞江江面元代仍宽达九里。③ 向北向南的两部分水流也应当与这个宽度相差不多,接两大分流的是更广阔的南北湖泊地带。远离三江口时,无论向北向南,只能入于湖泊群中。有了这三股水流奇分的水势,可以称三江口,三国时期《水经》的作者只讲了三江口而不讲吴淞江以外的两江,庾仲初和郦道元很快附会上了娄江与东江,先有三江口概念,后有太湖三江的概念,都不是《尚书》"禹贡"中的三江概念。

  春秋战国时期太湖地区能称之为江的应该只有一条,即现代吴淞江。庾仲初将塘浦称江是在南齐时代,估计当时较大的塘浦亦可以称江。唐宋时期吴淞江的一支分流白鹤江也称江,那不过是一条

---

① (汉)赵晔著,张觉泽注:《吴越春秋》卷五、卷十,贵州人民出版社,1993,第213、223、410—421页。
② 郦道元著,杨守敬、熊会贞疏、段熙仲点校:《水经注疏》卷二九,江苏人民出版社,1999年,第2446页。
③ (元)任仁发:《水利集》卷二、九,明钞本。

塘浦级的河。庾仲初循着三股水流的方向寻求河道,有了东江和娄江。随着两汉六朝时代的开发,娄江和东江等塘浦实际上是随着塘浦圩田产生的河道,原先那里肯定是一片浅水沼泽而无明显的河道。在浅水地区形成圩田,往往随之围筑出河道。三江口南部的湖群是淀泖湖群,湖底与周围一般地面之间的高差仅3—4米。① 两汉、三国时代,塘浦圩田系统并不发达,局部的开发必须在成田与成塘一体化下发展,圩田成,河道亦成。成书于三国时代的《水经》可能只有三江口的概念,南齐时代塘浦圩田系统逐步形成,越来越多的河道被理出,娄江与东江自然可以与三江口相联系了。

到唐代,庾仲初的三江说地位上升,成为对《禹贡》三江的主流解释。唐初,孔颖达还较严谨,注《尚书》时对"三江"这样理解:"下传云:'自彭蠡江分为三,入震泽,遂为北江而入于海'。是孔(孔安国)意江从彭蠡而分为三,又共入震泽,从震泽复分为三,乃入海。"② 这种三江概念是不严谨的推理。胡渭发现这种说法最初见于唐初陆德明的《经典释文》,张守节在《史记正义》中将"三江既入"的意义发扬光大。他甚至考出其概念变化的原因,胡认为唐以后财赋东南出,太湖地区治水的地位提升,客观上也要求以权威的经书以巩固太湖地区的治水。以后治水者为了吸引统治者的注意,"专主仲初之说。元、明以来,浙西之财赋甲于天下,而松江之淤塞日甚。凡言吴中水利者,皆引《禹贡》以自重"。③ 张守节直接用顾夷在《吴地记》中那种传承于庾仲初和《水经注》的三江概念,并在此基础上定为

---

① 陈吉余:《陈吉余(尹石)2000——从事河口海岸研究五十年论文选》,华东师范大学出版社,2001年,第41页。
② 魏了翁:《尚书要义》,卷六。
③ 胡渭:《禹贡锥指》,邹逸麟整理,上海古籍出版社,1996年,第162—163页。

《禹贡》三江。他的言论尽管受到一些后人的怀疑,却没有人细究。一些宋人对三江认识到位,没有受到张守节的影响。黄震言:

> 以今所见,受震泽水东入于海者,惟吴松一江,不见其三也。旧有安亭一江,由青龙镇入海,囷利者虑其走商税,塞之。又有白蚬一江以通青龙,今亦塞而耕稼之。岂禹三江之旧迹在是有可访而复之者耶?①

尽管宋人多有异议,但由于张守节《史记正义》的强大影响,太湖三江即为禹贡三江的学说逐步得到肯定。反对的声音也偶尔存在,徐光启甚至举出唐宋时土著人的观点反对张守节和顾夷:"《史记正义》、《吴地记》所载三江,并难寻究。唐宋土人所称,独指吴淞一江为存耳。"②徐光启具体看到什么样的唐宋文献,后人难以知道。现在方志中,各河道与塘浦没有与东江和娄江相联系的名称。如果有,应该有一些名称联系。清代大兴考据以后,张守节的这种概念错误才被认真考究。

三　对治水的影响

早期江南地区地多人少,积水亦多,排水良好,唐代几乎无大水灾,五代时期圩田系统发达,水利管理到位,水灾也没有形成影响。宋代水利不兴,水灾加剧,治水者开始出谋划策。受张守节三江概念的限制,太湖治水者在《禹贡》三江即太湖三江的影响下,一味疏导出水,导致治水失败。治水者刻意模仿大禹导江治水,开挖已经淤塞的所谓娄江与东江,只能使自然水流生态受到破坏。有意思的是,这

---

① 黄震:《黄氏日钞》卷八十三,策问,浙漕进纳军功策问道。
② 徐光启:《农政全书》卷之十三,水利,东南水利上。

种理念逐步加强的,在宋初,像范仲淹这样的务实名臣还没有如此。

> 太湖纳数郡之水,湖东一派泄入于海,谓之松江。积雨之时,湖溢而江壅,横没诸邑。虽北压扬子江,而东抵巨浸,河渠至多湮塞已久,莫能分其势矣。惟松江退落,漫流始下,或一岁大水,久而未耗,来年暑雨,复为沴焉。人必荐饥,可不经画?今疏导者,不惟使东南入于松江,又使西北入于扬子,入于海也。①

在范的治水理念中,无三江导水概念桎梏。苏轼的三江概念也是汉代《禹贡》的三江概念,他的观点到元代还有影响。"伏详东坡苏先生曰:'夫三江之水潴为太湖,太湖之水溢流吴松江以入海'"。②郏亶是水利专家,不是考据学家,他追求实用,却采纳了太湖三江说,由于他在治水上的大名,这种作法对后人起到了不好的作用。只是当时他很务实,本着一江出水的现实提出经营设想。

> 书云:"三江既入,震泽底定。"今松江在其南,可决水而同归入海。昆山之下驾、新洋、小虞、大虞、朱塘、新渎、平乐、戴墟等十余浦是也。殊不知诸浦虽有决水之道,未能使水必泄于江也;何则?水方汗漫,舆江俱平,虽大决之,而堤防不立,适足以通潮势之冲,急增风波之汹怒耳。③

尽管郏亶认可"三江既入,震泽底定"之说,但他仍坚持太湖东部的自然水利生态之法:修好圩岸,将南北两个方向的积水导入吴淞江出海。但他的儿子郏侨将三江出水与水灾治理联系到一起,把阻

---

① (明)张内蕴、周大韶:《三吴水考》卷八,水议考,范仲淹上宰相书,文渊阁四库全书本。
② 任仁发:《水利集》卷三。
③ 范成大撰、陆振岳校点:《吴郡志》卷十九,水利下,第265页。

塞吴淞江的水利设置视为阻碍,欲借古典经书以论证治水应以疏为主。

> 昔禹治水,凡以三江决此一湖之水,今则二江已绝,唯吴松一江存焉。疏泄之道,既隘于昔,又为权豪[侵]占,植以菰蒲、芦苇;又于吴江之南,筑为石塘,以障太湖东流之势;又于江之中流,多置罾断,以遏水势。是致吴江不能吞来源之瀚漫,日淤月淀,下流浅狭,迨元符初,遽涨潮沙,半为平地。①

郏侨的许多说法都在追溯禹治水的故迹。"某尝论天下之水,以十分率之,自淮南而北五分,由九河入海,《书》所谓:'同为逆河,入于海'是也;自淮而南五分,由三江入海,《书》所谓:'三江既入,震泽底定'是也。三江所决之水,其源甚大。由宣、歙而来,至于浙界。合常、润诸州之水,钟于震泽。震泽之大,几四万顷。导其水而入海,止三江尔?二江已不得见,今止松江,又复浅污不能通泄"。郏侨在地理上找不到其他二江,只好以二江堙塞附会。他并没有像后期治水者那样沿着东江和娄江的方向疏导,而是在继承他父亲"高大圩岸"的理论的基础上,提出治理上游五堰的想法。② 由于二郏对太湖水利非常熟习,虽受太湖三江说的影响,所提出的策略仍有合理性和可行性。朱长文认为禹时三江入海是解决太湖水灾的一个办法,那就是人云亦云了。"昔禹之治水也,因其势之可决者,疏而为三江;因其势之必聚者,潴而为五湖,乃底于定。"③宋元两代的治水者基本

---

① 范成大撰、陆振岳校点:《吴郡志》卷十九,水利下,第281页。
② 同上书,第284页。
③ (宋)朱长文撰、金菊林点校:《吴郡图经续记》卷下,治水,江苏古籍出版社,1999年,第51页。

上以疏浚吴淞江为主,兼之疏浚周边港浦,导诸湖浦之水入吴淞江,然后由吴淞江入海。三江导水入海的理论,只停留在想象阶段。元代张桂荣认定了三江出水的格局,提出的治水举措仍是疏吴淞江之策。

> 三江既入,震泽底定,震泽即太湖也。《吴地记》谓"既入"者,理三江以入海,非入震泽也。水不逆行,《禹贡》作则。逮汉唐而历钱王,皆由堤岸堰闸以致水利,所以年谷屡丰也。至宋端拱年间,堤堰既废于漕舟,故水患频仍。有志于修浚者,无如吴中范文正公、叶内翰、郏漕使,于五湖、盘龙、沪渎、茜泾、白岳等处咸著厥功,遂为民利。……又知自太湖东注吴淞江达海,是为浙西水利第一要处,顷自至元丁亥岁以来,凡吴松江浦皆为潮沙涨淤致见连遭水灾者,盖以堤闸既亏,加之闭塞,太湖水势不有活,病流驶,冲涤潮沙,一至于此也。①

吴淞江淤塞严重,但张桂荣并没有产生向娄东与东江的冈身方向开河的想法。到后期,随着吴淞江的淤塞加重,许多治水者并不太了解太湖水利生态,开始简单地采取禹治水的疏导之法,向南北两个方向上想办法。至任仁发时,这种想法已或多或少地落实到行动上去了。他对娄江出海口的定位就本于三江出海的思想。"今东南有上海浦泄放淀山湖、三泖之水,东北有刘家港、耿泾,疏通昆承等湖之水,吴淞江置闸十座以居其中,潮平则闭闸而拒之,潮退则开闸而放之,滔滔不息,势若建瓴,直趋于海,实疏导潴蓄之上策也。与古之三江,其势相埒。"②实际上,此时的娄江已与宋代吴江长桥建立以后的水流变化有了联系。吴淞江与三江口的淤积变化在宋代出现了明显

---

① 任仁发:《水利集》卷三。
② 任仁发:《水利集》卷二,水利问答。

的变化。由于吴江长桥的修筑和淀山湖的围垦,太湖出水受阻,出现了大面积的淤积。元代的都水庸田使麻合马指出吴江长桥的作用:

> 吴淞江原受太湖、淀山湖诸处湖泖上源,急流冲散潮沙,自古可敌千浦。浙西之水来既有源,去亦有委,是以不成水患。近年以来,因上源吴江一带,桥礔塘岸椿钉坝塞,流水艰涩,又因沿江水面并左右淀山、湖泖等处,权豪种植芦苇,围裹为田,并边近江湖河港隘口沙滩滋生,茭芦阻节上源太湖水势,以致湖水无力,不能渲涤潮沙。遂将东江沙泥塞满江边,虽有江洪,水势不能全复古道。其水性润下,是故湖水就其地所顺下而行,此天地自然之理。今太湖之水不流入江而北流入于至和等塘,经由太仓出刘家等港注入大海。并淀山湖之水,望东南流于大曹港、柘泽塘、东西横泖,泄于新泾并上海浦,注江达海。①

吴江长桥使太湖出水受阻,三江口方向偏北漫流增强。"自吴江石堤,而震泽之水渐以北徙,又由各胥口吐之郡濠,一自徐门之元和塘以北入于江,一自娄门之至和塘,过昆山而东入娄江,计其来源,宋且倍是而有余,今疑半之而不足"。② 这时,不但娄江的概念与以前不一样,三江口的概念也有变化。元代吴淞江的疏浚工程中,三江口具体位置指的是"吴松江口、白鹤江口、青龙江口",白鹤江和青龙江只是吴淞江的一个分支,这时的三江口之三江,也与东江和娄江没有关系了。当时三江口水流仍然很盛,"江面阔九里,地势低于震泽

---

① 《三吴水考》卷八,水议考,都水庸田使麻合马治水方略。
② 张槚:《答晓川太史论水利书略》,见《太仓志》。引自《天下郡国利病书》第五册,苏州下。

三丈。潮水来时,水高三丈到震泽底定"。①

宋元时期许多湖泊消失了,宽泛的三江口已不见,代之以南北多条江和浦。有人将白鹤江和青龙江与三江联系在一起,此说错上加错。吴淞江被淤后,水由北部至和塘入海,至和塘常被人说成是娄江。顾炎武也曾考证过娄江的来历:"自元立松江府于水(吴淞江)之南,而此江遂名吴淞,禹迹之存于今者,此一江而已。娄江,或曰自府城东经昆山、太仓入海,今名'刘家河'者是。今府城东门名娄门,亦其证也。元海运、国初下洋皆由此,崇祯末涨塞。"②那只是一条海运河道。由于元时吴淞江淤塞严重,治水者已经开始从所谓的娄江方向试图寻求出水通道。这样的通道不具备吴淞江那样的清流能力,不能压制浑潮,旋开旋淤。到明代,吴淞江淤塞难用,治水者开启吴淞江以北和吴淞江以南的水道排水。浏家河替代了所谓娄江的位置,治水者甚至准备将浏家河作为主要出海通道,但至和塘和浏家河在水系地位上从来也没有达到过吴淞江那样的水平,治水者的举动只能让浏家河很快淤塞。浏家河在汇入多水后,本身没有那么大的容量,下游也没有像样的低洼河道,仅经几百年即被淤塞。华东师范大学地理系曾调查发现,有一条线形沙带从太湖辐射出来,"从太湖起,通过阳澄湖向东,经现今浏河以北七浦塘以南一带入海,证明古娄江存在及其路线所经。现今昆山以北太仓以西的周墅、双凤等洼地,可能就是古娄江经过的地区。"③这种洼地如何能成为娄江故道,只是宋元时一条普通的塘浦而已,这些塘浦直接入海,或很少直接与海潮联系,宋元时代的塘浦往往通过吴淞江增水以抵御浑潮,吴淞江

---

① 任仁发:《水利集》卷九,稽古论。
② 顾炎武:《天下郡国利病书》,第四册,苏州上,苏州府。
③ 太湖水利史编写组:《太湖水利史稿》,河海大学出版社,1993年,第32页。

已经大部淤塞,沿海的开河基本上无抵御潮淤之能力。明初的夏原吉又在三江疏水的理念上做了进一步的尝试。

> 臣等相视得嘉定之刘家港即古娄江,迳通大海,常熟之白卯港,径入大江,皆系大川,水流迅急,宜浚吴淞南、北两岸安亭等浦,引太湖诸水入刘家、白卯二港,使直注江海。又松江大黄浦乃吴淞要道,今下流壅塞难疏,旁有范家浜至南跄、浦口,可径达海。宜浚令深阔,上接大黄浦以达湖泖之水。此即《禹贡》三江入海之迹矣,既开通,相度地势,各置石闸,以待时启闭。每岁水涸之时,修筑围岸以御暴流,如此则事功可成,于民为便。①

夏原吉在浏河上找到了"古娄江"故道,花了大气力疏通,总算有了一个出海口。北部冈身的努力基本上没有多少成效,那种河是旋开旋淤的。他在东江方向上也有了突破,借范家浜形成了一条东南——西北方向的黄浦江,水流仍沿吴淞江下游的冈身河道入海。荒唐的是,他认为从范家浜那里找到了《禹贡》时代的东江,他的东江实际上仍是吴淞江,因为下口仍以吴淞江故道出海。这种改变使许多北向的塘浦水流转成了东向,一些地区的水灾因此加重,原吴淞江河道地区因淤塞不通,周边地区失去周流的来水,反而受旱。导水的效果比以前吴淞江直接东向入海时更加不如,尽管便于排涝,湍急的水流却使许多地区的丰水环境消失。"近年以来,纵浦横塘,多湮塞不治,惟二江颇通,一曰黄浦,二曰浏家河。然太湖诸水,源多而势盛,二江不足以泄之,……于是高下俱病",许多人埋怨夏原吉。治水专家们也知道南北两地之水重归吴淞江正道有益,却不愿意去否

---

① 《三吴水考》卷十。

定三江入海说。许多治水疏开篇即言《禹贡》三江,总愿意从东江和娄江方向上找出水口,结果总不尽人意。娄江方向的疏水工程几乎屡疏屡堵,黄浦江入海后使原吴淞江下游地区的江流更加弱化,感潮淤积反而越来越重,各塘浦也由于感潮严重而加倍淤积。清流散漫,无力刷浑,这些失败归根结底是严谨治学态度丢弃的结果。当然,也不是所有的知识分子都盲目附合,归有光发现问题后,认真考证,只觉得"吴淞江之所以为利者,盖不止此(灌溉之利),独以其直承太湖之水,以出之海耳","有光诚恐论者不知此江之大,漫与诸浦无别,不辨原委,或泥张守节、顾夷之论,止求太湖下之三江用力,虽劳,反有支离湮汩之患也,但欲复禹之迹,诚骇物听。"①顾炎武重视归有光的看法,他在分析三江时指出:"《松江志》曰:'上海县黄浦枝河曰闸港,闸港之东曰新场,旧有海口。论者指此为东江。'王圻曰:'东江疑在华亭、海盐、平湖界中,后为捍海塘所截。'而归有光则以《禹贡》之文本不相蒙,二江并淞江之支流只有一江,无三江也。"②终明一代,像归有光这样的人太少,有了思想也没能落实到治水上。乾嘉学术人物(像程瑶田)对《禹贡》三江进行了正本清源的研究之后,其实还有些混乱,当丁文江对这些概念进行现代科学清理时,历史的真相才差不多清楚。

第二节 "汇"与吴淞江及其周边塘浦

早期的吴淞江上游一带的淤积程度不甚严重,太湖出水口也很

---

① 《归有光上知府王仪书》,见《吴中水利全书》卷十七。
② 顾炎武:《天下郡国利病书》,苏州上。

广泛,吴淞江河道宽广,水势广泛而强大。在三江口一带,河道在一个低地积水区更加分散,以后过千墩浦,又行于一个高地上。这一高地因长期感潮而形成。感潮强烈,淤积加强,如此不断的淤积和改道,吴淞江河流发育出许多分支和汇。汇的概念有时指河水的汇集,有时指河道的弯曲,有时指集水汇水之区。《禹贡》中的"汇"有汇水、集水之意。① 元代的治水专家任仁发为吴淞江中下游的汇做了如下定义:"汇者,江潮与水相会合之地之谓汇也。"② 这种汇是清水与潮水交汇之地。在大多数时候,汇是指吴淞江或其分枝河道在感潮下的弯曲状态。吴淞江正泓感潮,沙洲发育,久而引起河流分叉,也称汇,但更多的汇是指弯曲状态的汇。"江流自湖至海,凡二百六十里,岸各有浦,凡百数,其间环曲而为汇者甚多,赖疏瀹而后免于水患。"③ 宋元时期的一些大弯曲发生于中游的昆山、青浦一带,这里是低地地带。江堤未成时,吴淞江主泓和支流成汇非常容易。支流成汇时,水流经历弯曲后经其他塘浦重入吴淞江正流。吴淞江宽阔时期的汇,其本身甚至是吴淞江的一部分。在清流和浑潮的交互影响下,不断积沙阻水,分流和外泄也不断发生。吴淞江在古代十分宽阔,一处淤塞,河水即另择他路,清浑交汇之处发生许多曲流。到冈身地带,由于周边塘浦不注吴淞江,直接入海,便没有了中游那样的大汇。宋代以后,吴淞江及周边地区的水环境因汇的治理发生了很大变化,周边河道也因之发生改易。

---

① 《尚书·禹贡》有"东汇为彭蠡","东迤北会于汇"之句。
② 任仁发:《水利集》卷之九,稽古论。
③ 朱长文撰、金菊林校点:《吴郡图经续记》卷中,水。

一 早期的曲汇

吴淞江河道之汇的记载多在宋中叶,早期记载不得而知。早期开发程度低,一片水泽,汇也不引人注意。汇的被关注其实与吴淞江周边地区的农业开发有关。正是农业开发导致塘浦圩田体系的出现,一片沼泽地带中产生了圩田与河道,吴淞江的汇才非常引人关注,汇所引起的水灾才有记载。宋元时期的汇不但影响到了吴淞江的主干河道,还对周边地区的水利环境造成了很大的影响。在多河道区,汇极易泛滥,只是早期的汇泛滥无关紧要,才没有太多的记载。记载出现在宋元时代,任仁发有一个总体论述:

> 若以今者环曲论之,如昆山、嘉定地面,本在江北,松江府地面本在江南。今江南有嘉定白鹤、盘龙,昆山之石浦;江北有松江杨林等处,未必不由开凿诸汇,舍直就曲而然也。及观嘉禾、吴郡二志有白鹤汇者,乃昔嘉祐年间李兵部复圭、崇宁年间郏漕使亶、宣和年间赵提举霖三次开浚。又有顾浦汇者,乃沈谏议主之开浚。又有千墩、金城诸汇者,乃儒者传肱乞行疏决。又有盘龙汇者,按《续图经》云:此汇"其径才十里,而洄穴迂缓逾四十里,江流为之阻遏,盛夏大雨则泛滥旁啮,沦稼穑,坏屋庐,(殆无宁岁)。范公尝经度之,(未遑兴作)。至宝元(元)年中,(太史)叶公清臣漕按本路,(遂建议)酾为新渠,道直流速,其患遂弭。"推原此汇,皆由上源闭塞,湖流迟缓,潮沙积聚而成。今有河沙汇者,涨塞江心,阻水太甚,民尤病之。不比昔年,诸汇近在岸旁,可以浚治。却有新华嘴、分庄嘴、严家嘴,暴涨为害,俱在江边,可以择其要害者凿开。盖嘴即汇之异名也,凿而通之,可

以免水旱。①

宋代盘龙汇的步径的确很大,直径十里,迂回四十里,不但阻遏吴淞江"江流",而且"沦稼穑,坏室庐"。汇的周边地区都是农田与村落,只有农业开发到一定程度才能如此。范仲淹又称盘龙汇为松江一曲,"松江一曲,号曰盘龙,父老传云:'出水尤利'。如总数道而开之,灾必大减"。② 宋初的范仲淹未能治理好盘龙汇,到叶清臣时遂建议"酾为新渠,道直流速,水患遂弭"。白鹤汇为韩正彦所开,其方法与开盘龙汇一样,拉直成为新的河道。当时百姓也准备开"松江之千墩、金城诸浦汇,涤去迂滞"。③ 由此可见,现在著名的千灯浦千年以前也是一个大汇。不治汇,江流受其阻遏,吴淞江河道和周边塘浦都受其影响。

治汇之后,吴淞江河道进一步截弯拉直,汇的一部分可能又成为吴淞江河道的一部分。大部分只成为一条新的塘浦分散于河道网络中。汇的弯曲有横向和纵向两部分,靠近吴淞江的横向河道拉直后就成为吴淞江。在吴淞江的治理中,治水者经常或北或南地选择吴淞江故道作为主流河道。像盘龙汇那种大曲汇,总数道而开之,截弯取直,不是截一段就可以,而是多段取直。数段之中,有的横向,有的纵向,一段可能是吴淞江河道,其他则是塘浦。宋元时期,有名的大汇是安亭汇、白鹤汇、盘龙汇、河沙汇、顾浦汇。除了河沙汇以外,其他四汇都是弯曲的大汇,胡恪将三江与五汇并称。冈身地带有河沙汇,那是吴淞江本身因潮水淤积形成的江中沙洲。元代河沙汇"西

---

① 任仁发:《水利集》卷三。其中任引《续图经》引文有许多错误,括号内是朱长文《吴郡图经续记》原文。
② 《三吴水考》卷八,范仲淹上宰臣书。
③ 朱长文撰、金菊林校点:《吴郡图经续记》卷下,治水,第54页。

至道褐浦六七十里之间,两岸涨沙将与岸平,其中仅存江洪阔不过三二十步,深亦不过三二尺"。① 宋元时代吴淞江下游河道仍然宽阔,却是一种枝杈交错状态。② 至于传统的集水之汇,多是在主干河道的旁边发展起来,因浦泾引潮之故,形成局部水嘴,水退后形成一片水沙区域,治水者可以轻易将其处理掉。

二 演变

吴淞江中下游早期的堤防并不系统,这便为汇的发展提供了条件。《云间志》记录了吴淞江河道以及与汇的关系:

> 今松江自吴江县过甫里,迳华亭,入青龙镇,自湖至海凡二百六十里。若夫有新江、旧江之别者。嘉祐间,吴中水灾,时李兵部复圭为转运使,韩殿省正彦宰昆山,开松江之白鹤汇,如盘龙之法。其后崇宁中,漕使郏亶又浚治之,遂为民利。尝询之父老所以然者松江东注,委蛇曲折,自白鹤汇极于盘龙浦,环曲而为汇,不知其几,水行迂滞,不能迳达于海。今所开松江,自白鹤汇之北,直泻震泽之水,东注于海,略无迂滞处,是以吴中得免水患。③

汇与吴淞江都呈弯曲状态,难以分清哪是主泓,哪是汇。吴淞江河道的取直与治汇有关。汇取直以后,横向部分很容易成为吴淞江正道。泰定年间,松郡就有"吴淞旧江二道"。④ 吴淞江穿越白鹤汇

---

① 任仁发:《水利集》卷之四,卷之九。
② 傅林祥:《吴淞江下游演变新解》,《学术月刊》1998年第8期,第94页。
③ (宋)杨潜撰:《绍熙云间志》卷中,水,明钞本。
④ 孙鼎:《松郡水利志》,张国维:《吴中水利全书》,卷十八。

段可能是多流并行,开白鹤汇后,北部的一条成为吴淞江主干河道,与原来的汇有新旧之别。白鹤江也常修疏。"大德九年,已开西自白鹤江,东至新华三汊口石桥浜,计长三十八里一百八十一步。"文献记载,大德十年续开吴淞江故道工程。① 明人也知道白鹤江"故称白鹤汇,自此至蟠龙环曲为汇不知其几"。② 汇不是一次取直就消失,白鹤汇自李复圭、郏亶以后,"宣和中赵提举霖复浚白鹤汇"。③ 元代,白鹤汇、白鹤江的名字同时出现在任仁发的《水利集》中。取直后其他部分的白鹤汇主要承接南来的淀山湖之清流(大盈浦),注入吴淞江河段(白鹤江),"大盈浦南接淀山湖,自白鹤汇以达吴松江"。④ 赵霖治理吴淞江时,修青龙江也是从白鹤汇开修。"华亭县青龙江,自白鹤汇开修至艾祁塘口,长十三里,面阔十五丈,底阔九丈,深一丈二赤。"⑤至于前面提到的华亭、昆山之间的盘龙汇,吴淞江没有堤防时与吴淞江本为一体。唐代治水者欲修吴淞江堤未果。宋时转运使沈立开顾浦汇、修昆山塘,欲图与吴淞江联通。"堤防不立,风涛相乘,废民畴,阻舟楫,盗剽、盐贾行其间,吏莫能禁。自唐以来,欲修筑,未克也"。⑥ 盘龙汇占有着华亭、昆山之间一个大的范围,北部有很大一部分属于吴淞江故道区。《水利集》中的吴淞江工程有"西自樊浦东至盘龙旧江,计长一十三里二百九十五步三尺,计二万四千八百七十八尺,面阔二十丈,底阔六丈,深一丈五尺"。这条旧江就是盘龙汇开后的一部分,与白鹤汇取直后的新江、旧江有相

---

① 任仁发:《水利集》卷之四。
② 《天下郡国利病书》第四册,苏上。
③ 《东吴水利考》卷之十,上。
④ 任仁发:《水利集》卷之三。
⑤ 《吴郡志》卷十九,水利下,第292页。
⑥ 朱长文撰、金菊林校点:《吴郡图经续记》卷下,治水,第53页。

似之处。治水者在盘龙旧江以东建了一个阻水坝。① 汇是潮水交汇之地,建闸阻潮是常识,同时也说明这条江确是盘龙汇改成。由于汇的广泛发育,吴淞江的感潮区也非常广阔。大多数的汇不像盘龙、白鹤那样大,完全可以横亘在纵浦与吴淞江主干河道之间。这种汇会冲击一般的塘浦和圩田,塘浦被汇所淤,圩田就可能作废。治水者必须经常理顺吴淞江主干河道与塘浦河道,才能保证圩田的稳定。吴淞江以南的汇南接淀山湖来的清流。《云间志》关于大盈浦记载有:"大盈浦,在县西北七十里,南接淀山湖,北自白鹤汇以达于松江。浦阔三十余丈。"②千墩汇到明代称千墩浦,由元时千墩汇变化而来。《三吴水考》这样讲千墩浦:

> 千墩浦,在县治东南三十里,长二十余里。淀山湖水北由此浦泄入于江,最为迅驰。吴淞江昔自浦口以东,直至黄渡镇,淤涨不通。浦引湖源,由漫水港掣入于新洋江而下海,路迂势逆,湖溢为患,坐受其灾;且新洋江引潮水逆行,与吴淞江潮水迎会于木瓜铺之东,两潮相会,沙必淤淀,江之受患,实原于此。③

千墩浦由千墩汇而来,此汇各支流以前与吴淞江河道相会,修直后成千墩浦,北连吴淞江,南引淀山湖清流。原是淤积弯曲,取直后一线入江,虽暂时治水使河道通畅,清流削弱后,淤积加强,终使浦不连江。宋元两代治水者不断地开汇,吴淞江河道也处于不停的更新状态。明代没有开汇的记载,那时吴淞江已被淤塞瓦解,农业的开发更已没有闲地可供河道形成弯曲。以前汇所连的河道,有的归于吴

---

① 任仁发:《水利集》卷之四。
② 《绍熙云间志》卷中。
③ 《三吴水考》卷三,昆山县水道考。

淞江,有的归于塘浦或小径浜,总归纳于吴淞江周边地区的圩田河道系统。地方志讲汇的形态时,远比宋元时期要小很多,或已经名存实亡。以白鹤汇为例,正德年间的《松江府志》上有:"大盈浦在淀山湖东,旧亦直受湖水,自白鹤汇以达于江,阔三十(丈),今起自南曹港口,北折利济桥,至唐行镇,绝横泖与曹港合,历唐行仓、郭家窑、杜村至大盈桥,过青龙江,又过白鹤汇,北入于松江。"同书又有:"白鹤江古称白鹤汇。"另一处讲:"青龙江,《图经》云:昔孙权造青龙战舰于此,故名。在唐宋时其上为巨镇,今镇为丘墟,江亦沮隘如白鹤"。明中叶时,青龙江与白鹤江都很衰弱。①"昔人论湖(淀山湖)水下流必由白鹤汇以达于江,又谓由青龙江以入海,今白鹤、青龙虽以江名,仅同沟浍。"②根据光绪《青浦县志》的记载,大盈浦实际上就是原来的白鹤汇,"大盈浦,俗称白鹤江,即古白鹤汇"。白鹤江后叫"小白鹤江"③,说明已经变小。入吴淞江处的一部分后来称白鹤江,这条江很弱,清代又称之为小白鹤汇,可以推断,白鹤汇瓦解后,有的成为故道吴淞江的一部分,正因古白鹤汇北部和吴淞江白鹤江段的多次变动才产生这种名称变化。吴淞江以南的汇,经过不断的疏浚和裁弯取直,已并于周边地区的塘浦系统中。其中很大的一部分就是大盈浦。大盈浦是吴淞江主要的纵浦,号称五大纵浦之一,由白鹤汇瓦解而来。关于盘龙汇的演变状态,正德《松江府志》的记载明显地表明其已发展成盘龙浦:

> 盘龙浦在崧子浦东,其上流曰盘龙塘,自府城东三里华亭阳

---

① 正德《松江府志》卷二。
② 崇祯《松江府志》卷之五,水。
③ 光绪《青浦县志》卷四,山川。

桥北流,绝俞塘,过六磊塘,过泗泾,绝横塘,又过蒲江塘,遵朱坊桥以入松江,长八十里,其入江处曰"盘龙汇"。①

这已不是原来那个迂洄四十里的盘龙汇。盘龙浦只是截弯后入松江处保留的一个名称而已。四十里的汇并成盘龙浦,与以前大不一样,有时也称江。"盘龙江南通蒲汇塘,北入吴淞江。"②开汇以后,此汇纳入塘浦系统中,郏亶也提到了盘龙浦。"松江南岸,有大浦一十八条:小来浦、盘龙浦、朱市浦、松子浦、野奴浦、张整浦、许浦、鱼浦、上燠浦、丁湾浦、芦子浦、沪渎浦、钉钩浦、上海浦、下海浦、南及浦、江苧浦、烂泥浦。"③盘龙浦只是十八条吴淞江周边诸浦中的一浦。既然是浦,就是纵向通吴淞江的主干支流。明清时代,盘龙浦又称盘龙塘,塘是横向而平行于吴淞江的河,说明河道在不断地变向、逐步瓦解,不断地浅淤。"蟠龙塘在县东北,自盐铁分支从华阳桥北行经北俞塘、六磊塘、泗泾至横塘入青浦界。在县境者,潮沙淤涩,于万历七年自蟠龙桥浚至北蟠龙桥止。"④不断地淤积和堵塞,使原来由汇而来的塘浦也逐步变弱、变小,而且分了南北:"蒲汇之北为北盘龙,南为南盘龙。"⑤盘龙汇在融入地方塘浦系统后,名称上不断变化,其保留的部分刚开始还是一条较大的河,以后越来越成为一条非常普通的河且分散于水系之中。盘龙汇自宋代才开始消融于塘浦系统中,因圩田系统的发展,才将弯曲消化掉。塘浦系统的建立并不是在五代一蹴而就的。直到宋代,塘浦圩田系统仍在持续地完善,随着

---

① 正德《松江府志》卷二。
② 《天下郡国利病书》第六册,苏松。
③ 范成大撰,陆振岳校点:《吴郡志》卷十九,水利上,第277页。
④ 崇祯《松江府志》卷之五,水。
⑤ 光绪《青浦县志》卷四,山川。

开发不断深入,河网逐步细化。塘浦、泾浜体系与吴淞江治理,特别是中游大曲汇与沿江沙嘴治理有很大的关系。河道向吴淞江边延伸的同时,吴淞江也逐步淤塞,塘浦分化,泾浜发展。

三 影响

汇对早期的水环境也有积极的一面,即其蓄水功能。无论是小的集水之汇,还是大的弯曲,都形成了庞大的汇水蓄水能力,对感潮河系的泄淤减淤起到了作用。单锷看到了这个作用:

> 盖以昔视诸浦无倒注之患,而今乃有之。盖昔无吴淞江岸之阻,诸浦虽暂有泥沙之壅,然百川湍流浩急,泥沙自然涤荡,随流以下。今吴江岸阻绝,百川湍流缓慢,缓慢则其势难以涤荡沙泥。设使今日开之,明日复合。又闻秀州青龙镇入海诸浦,古有七十二会,盖古人为七十二会曲折宛转者,盖有深意,以谓水势东倾入海,虽曲折宛转,无害东流也。若遇东风驾起,海潮汹涌倒注,则于曲折之间,有所回激,而泥沙不深入也。后人不明古人之意,而一皆直之,故或遇东风,海潮倒注,则泥沙随流直上,不复有阻。凡临江湖海诸港浦,势皆如此。所谓今日开之,明日复合者,此也。今海浦昔日曲折宛转之势不可不复也。夫利害挂于眉睫之间,而人有所不知。①

成汇时,河道多曲,多曲的河道可以在一个很大的范围内感潮,此河淤塞,另河可通,疏浚不必年年进行。早期人们不治吴淞江,亦可多年无灾,自然容水之处甚多,故不成灾。自然之汇有天然蓄水功

---

① (宋)单锷:《吴中水利书》,文渊阁四库全书本。

能,旱资灌溉,涝资蓄水。河道拉直后,蓄水功能自然减小。由于蓄水水域减少,水旱灾害的缓冲能力下降。总之,汇的水文生态功能不可小视。胡恪的观点基本上与单锷一致:"五汇、三十六浦、四十二湾,常曲为之制,则水有所归,永不为患。"[①]顾汇浦原处于汇中,宋代一百零六年未疏浚[②],因汇分散了水流与感潮的淤积点。后截弯取直,河道直通,潮水也直通,即使建闸也难防河道淤塞。吴淞江河道和沿江塘浦,年年都要维修,灾害不断,早期水灾少、淤塞少与汇的普遍存在有密切关系。弯曲多,行水可能不畅,但却可以增强清水水势,闸外防淤,减少对浦闸的危害。宋前期用自然生态之法,越往后,人为之法太多,越是筑堤浚河,越加重淤积,最后使吴淞江淤塞得难以成为太湖出水主干道。开汇之前吴淞江有一个相对宽泛的水环境,水环境足够丰富,加上大圩狭水,塘浦有能力向吴淞江冲淤,江水无倒灌之患。开汇以后,这些天然的减淤水体基本上消除,吴淞江治理也开始高度地依赖疏浚河道与塘浦圩田系统的维持。而这种维持又很脆弱,常因淤积而崩溃,原有体系的崩溃引起小浜小泾的发展,泾浜体系又推动小圩的发展。放弃了自然自态之法,人往往会依赖强大的水利系统以控制水流,只是人与环境的关系发展常常与人们的意愿相反,水利系统愈加修整,反作用可能越强,这也是世界水利史上普遍存在的问题。

---

① 任仁发:《水利集》卷之九,稽古论。
② 《绍熙云间志》卷下,重开顾会浦记。

第二章 大圩、闸与水利体制

大圩的源起时代非常之早,春秋战国时期就已经形成。圩田、河道的形成过程较长,到唐代才较为一体化地形成整合,使太湖东部地区形成统一的水网格局和圩田制度。大圩水环境主要由河网构成,河网以吴淞江为纲。河网的形成与发展取决于人们对太湖东部地区的开发过程,也取决于吴淞江与塘浦河网的关系。在这一整体的水网中,有三项技术极为重要:一是河道治理,二是闸的设置,三是高大圩岸的管理。这三项技术指标的完善既涉及国家组织,也涉及大圩内部的乡村社会。河道与水环境变化后,与这三项技术相对应的社会也要发生调整。

第一节 水流环境与田制

圩田制度古人称为田制[①],一定程度上来源于早期的井田制,是一种对田地界限管理的制度。圩田制度与河道治理密切相关,是水利史的一部分。自缪启愉先生对圩田网络系统的开创性研究之

---

① 《王祯农书》中的《田制门》描述了不同的田地形态,其中包括围田、区田、柜田、梯田等。小圩在当时称为柜田,大小圩田的变化属于田制的内容。

后①,张芳和滨岛敦俊等人对圩田的微形态及圩田所对应的水利社会史也做了许多后续研究。② 圩田的形态,就是从大圩到小圩分圩的问题,始终是太湖水利史和水利社会史的重要研究课题。这里牵涉到吴淞江水环境的变化。宋初,唐末大圩制度一度崩溃,崩溃后的圩田形态与圩田体制以什么样的形式持续,是一个重要的问题。发生在明代中叶的分圩,日本学者多从乡村水利体制上分析,但相关的环境变化却有失察考。圩田环境实际上就是水流环境,郏亶父子、单锷、任仁发等古代三江水利的治水专家讨论圩田制度时,都离不开对水环境的分析。15世纪的江南圩田制发生了这么大的变化,肯定有水环境变化的背景。

一 大圩的持续

这一问题仍要从太湖东部的水网与水流特点出发。这一带的出水不是从高到低,而是先从低到高,散流漫涨到冈身,再由冈身由高向低出海。长期以来,太湖只靠一江出水,吴淞江河道在感潮淤积的条件下必然逐步提高,治水者修大圩抬高周边地区的塘浦水位,水从周边的塘浦与湖泊地带流入吴淞江,再由吴淞江出水。大圩尽管高厚,却很脆弱,极易在一夕之间崩溃。"江东圩埂、高厚,如大府之城,舟行常仰视之。并驱其上,犹有余地。至水发时,数十百围一时皆破。"③破了修,修了破,周而复始。郏亶考察吴淞江以北大圩时,找到了五代时期大圩的遗迹。"循古今[人]遗迹,或五里、七里而为

---

① 缪启愉:《太湖塘浦圩田史研究》,农业出版社,1985年。
② 张芳:《明清农田水利研究》,中国农业科技出版社,1998年;滨岛敦浚:《明代江南农村社会の研究》,东京大学出版社,1982年。
③ 范成大:《水利图经序》,见顾炎武:《天下郡国利病书》第五册,苏州下。

一纵浦,又七里或十里而为一横塘。因塘浦之土以为堤岸,使塘浦阔深,而堤岸高厚。"他所考察的是吴越时期的塘浦圩田格局,其时大圩之岸即塘浦之岸,纵横有序,有棋盘一样的景观。"于江之南北,为纵浦以通于江。又于浦之东西,为横塘以分其势而棋布之,有圩田之象焉。"北宋时撩浅军废,乡村社会的维护圩岸制度也废。"或因边圩之人,不肯出田与众做岸。或因一圩虽完,傍圩无力,而连延隳坏"。① 这种大圩损坏以后,较大的圩田在宋元时期仍以一定的形态存在着。吴越圩田体系统的崩溃,是有序化的崩溃。原有的有序化靠撩浅军不断地疏浚塘浦,修高圩岸,故河道整齐划一,像棋盘一样有序。撩浅军制度对广大的地域可以统一规划,统一疏浚,统一进行大闸的维护。乡村也在政府的动员下进行水利统一规划。这二者都需要强力的政治维持与服务。宋一统后,没有了战争环境,地方政府难以付出像吴越政府那样大的代价维持水利,大圩因管理强度弱化,一度出现破败,范仲淹把这一点看得很清楚:

> 且如五代群雄争霸之时,本国岁饥则乞籴于邻国,故各兴农利,自至丰足。江南旧有圩田,每一圩方数十里,如大城,中有河渠,外有门闸,旱则开闸引江水之利,潦则闭闸拒江水之害,旱潦不及,为农美利。又浙西地卑,常苦水沴,虽有沟河可以通海,惟时开导,则潮泥不得而堙之。虽有堤塘,可以御患,惟时修固,则无摧坏。臣知苏州日,点检簿书,一州之田,系出税者三万四千顷。中稔之利,每亩得米二石至三石,计出米七百余万石。东南每岁上供之数六百万石,乃一州所出。臣询访高年,则云曩时两浙未归朝廷,苏州有营田军四都,共七八千人,专为田事,导河筑

---

① 范成大撰、陆振岳校点:《吴郡志》卷十九,水利上,第267—271页。

堤，以减水患。于时民间钱五十文籴白米一石。自皇朝一统，江南不稔则取之浙右，浙右不稔则取之淮南，故慢于农政，不复修举。江南圩田、浙西河塘，大半隳废。①

尽管宋初官方的管理强度不如五代，国家仍然动员民间的力量维持农政，以前的制度也时有恢复。撩浅军制度在南宋曾一度恢复，元代又放弃。南宋与吴越同样类似于割据政权，都关注地方水利；元代又与宋初类似，大一统下开始放弃水利关注。"昔钱王时，置都水营田使，有撩浅军四部七八千人专为农田导河筑堤，亡宋初年废弛，至理宗朝归之浙西发运司"，招募"流移农民，立魏江、江湾、福山水军三部，三四千人，专一修浚江湖河塘"。后承包给地方州县，"收没官米，责之州县，自行支用，雇募百姓修浚"。元代一统后，"军散营废，田米归朝廷，被豪强占湖为田；闭塞河港水脉，因此积水不去，农民失修围塍，所以连年水灾，实由于此"。② 宋元时代的大圩政治尽管不像五代时那样有效，却是一种由地方政府不断维持的大圩水利。范仲淹曾"亲历海浜，开浚五河，东南入吴江，东北入于海，用费钱粮一十八万三千五百九十八贯石。自后置农田水利使者，专管湖塘河渠，赵运使任内，用钱米四十三万八千有奇，至理宗朝创立魏江、江湾、福山水军三部，三四千人，专一修江湖河塘工役，仅免水患"。③ 圩长制度在五代以前是这样的："高下既皆有法。方是时也，田各成圩，圩必有长，每一年或二年，率逐圩之人，修筑堤防。"④宋代仍然实行圩长制，元代的大围仍有甲头，平时在水退之后，以一定的分工出

---

① 范仲淹：《上仁宗答诏条陈十事》，见赵汝愚：《宋朝诸臣奏议》卷一百四十七。
② 《水利集》卷之八。
③ 《水利集》卷之三。
④ 范成大撰、陆振岳校点：《吴郡志》卷十九，水利上，第270页。

夫之法,率领农民"浚河取泥做岸,岸上种桑柳"。① 这种体制一定程度上维护了大圩的存在。宋元时期的大圩规模比五代时要稍小一些,圩田系统的整齐度也减少。郏亶时期的塘浦,"阔者三十余丈,狭者不下二十余丈。深之[者]二三丈,浅者不下一丈"。② 按五里、七里的标准,吴越时期一个大圩面积约二万亩左右。六百多年以后,即正德、嘉靖年间,吴江等七县的圩田"每田一圩,多则六七千亩、少则三四千亩,四围高筑圩岸"。③ 这种三四千亩的圩仍属大圩,以后分圩后的圩田多者一二千亩,少者几十亩。④ 这种才是小圩,尽管有变化,大圩却是长期持续的。

二 高圩狭水

真正给大圩带来毁灭的,是水环境变迁以后明中叶况钟的一次破圩举动。为什么郏亶时代视大圩岸崩坏为灾,况钟时期却视大圩岸本身的完好为灾呢?这其中发生了重要的环境变化。影响圩岸变化的是水环境。况钟拆圩的三十年前,夏原吉对太湖水流格局做出了重大改变,将吴淞江一江出水的格局改变为多路治水。夏原吉这次治水使浏河和白茆被疏通,黄浦江逐步出现,并成为替代吴淞江的太湖出水主干道。正是这种水流环境的改变,导致了大圩格局向小圩格局的彻底转变。黄浦江在冈身上北流,形成一个转折,感潮后不会在低地地区形成感潮高地,而吴淞江直通大海,在低地区形成感潮

---

① 《水利集》卷之三。
② 范成大撰、陆振岳校点:《吴郡志》卷十九,水利上,第269页。
③ 《况太守集》吴奈夫等校点,卷九,"修浚田圩及江湖水利奏",江苏人民出版社,1983年,第93—94页。
④ 浜岛敦俊:《明代江南农村社会の研究》,东京大学出版社,1982年,第102—129页。

高地,只要不通过吴淞江一江出水,高大圩岸的水环境维持就可以废掉。

五代时期的大圩出水格局被认为是一个理想的模式。从地形图看,冈身以西的吴淞江故道区高于圩田区,长期的感潮淤积形成了这一高地。海拔高程为 2.2—2.3 米,比周边的圩田低地区高出 0.4—0.5 米左右。① 这一吴淞江故道区宽达数里至十里多,东西长 20 多公里,东与冈身相连接,西到千灯浦,见图 2.1。正是这一淤积形成的河道,才会有排水进入吴淞江的困难,而吴淞江高地又低于冈身,故治水者别无选择,只好通过吴淞江两岸的塘浦系统抬高水位,注水吴淞江,众流汇水吴淞江后,形成太湖清流的优势,然后进入冈身出海。形成这样一种水流动态需要大圩、浚河、置闸三合一的治水手段。疏通各河使水流在各塘浦河道充满,然后以涨溢的方式注入吴淞江,与此同时,吴淞江两岸高地也得到了灌溉。宋初,一些人曾对范仲淹疏浚吴淞江的做法提出质疑:"或曰江水已高,不纳此流;或曰日有潮至,水安得下? 或曰沙因潮至,数年复塞。"② 人们当时已经看到吴淞江故道与低地河流有高差,水位高,周边纵浦水位较低,再加上潮水的作用,客观上存在着排水困境。范仲淹坚持传统三合一手段也是正确的,正因为这种手段,才会形成高圩狭水的局面。提高吴淞江周边几条主干塘浦的水位,塘浦河道的河岸与圩田的圩岸实际上是合一的,低岸不足于抬高水位,单个大圩也不足抬高水位,只有统一的大圩圩田系统才能达到这个效果。这种统一的管理只在五代时出现过,宋初虽然崩溃,但仍为许多治水者所强调。

---

① 中国科学院南京地理研究所、水利电力部太湖流域管理局:《太湖流域水系与地形图》,1987 年 10 月。
② 朱长文撰、金菊林校点:《吴郡图经续记》卷下,治水,第 52 页。

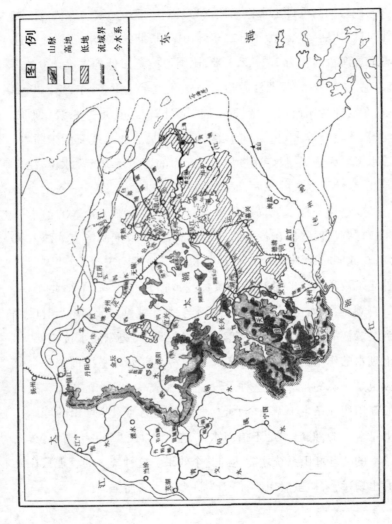

图2-1 太湖地区地势图

在11—12世纪那批太湖治水专家当中,赵霖说得最清楚:"唯高大圩岸,方能与诸州地形相应。昔人筑圩裹田,非谓得以播殖也,将恃此以狭水之所居耳。"①郏亶在讲狭水入江时,讲到了驱水入江的概念:"今二江已塞,而一江(吴淞江)又浅。倘不完复堤岸,驱低田之水尽入于松江,而使江流湍急,但恐数十年之后,松江愈塞。"水不会自动入吴淞江,驱的方式必然需要借助高大圩岸。郏亶把西部低田不治与东部冈身潮灌系统崩溃相联系,实际上也在讲这个道理。"震泽之患,不止于苏州而已矣。此低田不治之由也。其高田之废,始由田法隳坏,民不相率以治港浦,其港浦既浅,地势既高,沿于海者,则海潮不应;沿于江者,又因水田堤防隳坏,水得潴聚于民田之间。而江水渐低,故高田复在江水之上。"他认为五代大圩所形成的高水位可以灌溉冈身,宋初低地大圩隳坏,水积低地田间,不能狭水以注吴淞江,整个低地水位降低,沿江一带的冈身之田出现不灌的现象。② 治水的核心在于用大圩和高圩岸抬高低洼淤淀区的水位,水入塘浦,塘浦入吴淞江,以此水流周流于冈身与低地之间,整个地区可以水田化、稻作化。

> 古人使塘[浦]深阔若此者,盖欲取土以为堤岸,高厚足以御其湍悍之流。故塘浦因而阔深,水亦因之而流耳。非专为阔其塘浦以决积水也。故古者堤岸高者须及二丈,低者亦不下一丈。借令大水之年,江湖之水,高于民田五七尺;而堤岸尚出于塘浦之外三五尺至一丈。故虽大水,不能入于民田也。民田既不容水,则塘浦之水自高于江,而江之水亦高于海,不须决泄,而

---

① 范成大撰、陆振岳校点:《吴郡志》卷十九,水利下,第289页。
② 同上书,水利上,第271页。

水自湍流矣。故三江常浚,而水田常熟。①

郏亶提倡冈身地带深浚塘浦,引流灌溉,低田区高大圩岸,宽大塘浦。他倡修大圩,并合各种塘浦,恢复古人的理想状态,让水流在潮淤与灌溉之间处于一种理想的平衡状态。"系低田,则高作堤岸以防水;系高田,则深浚港浦以灌田。"沿塘浦的高大圩岸是防护的第一层,圩内小塍岸则作用不大,外圩破则全圩破,他因此强调以村庄联合督治大圩,而圩内的小塍岸,由地方人户自理。"立止令逐县令佐,概例劝导,逐位植利。人户一二十家,自作塍岸,各高五尺。"②在重视圩岸的同时,当时的治水者也重视置闸。赵霖是置闸专家,对吴淞江两岸的置闸有特别的研究,郏侨也提倡恢复长江边与吴淞江两边的置闸。

> 今乞措置:一面开导河浦,即便相度松江诸浦,除盐铁塘及大浦开导置闸外,其余小河,一切并为大堰。或设水窦,以防江水,即吴松江水径入东海。而吴之河浦,不为贼水所壅,诸县圩埠,亦免风波所破。某闻钱氏循汉唐法,自吴江县松江而东至于海,又沿海而北至于扬子江。又沿江而西至于常州江阴界,一河一浦,皆有堰闸。所以贼水不[入],久无患害。③

正是大闸在沿江塘浦处按时启闭,才可以在一日两潮的条件下对吴淞江潮水形成冲淤能力。宋元时期的置闸筑圩之术是否成功,答案是肯定的。南宋人曾评价过赵霖的工作成绩,"自赵霖凿吴松

---

① 范成大撰、陆振岳校点:《吴郡志》卷十九,水利上,第270页。
② 同上书,第279、272页。
③ 同上书,水利下,第284页。

江(疏)积潦,三十年来岁,无荐饥"。① 郏亶的儿子郏侨注意到沿江一带驱水入江的必要性:"吴松古江,故道深广,可敌千浦。向之积潦,尚或壅滞。议者但以开数十浦为策,而不知临江浜(滨)海,地势高仰,徒劳无益。"他认为这些高田需要低田区狭水注江才能得到灌溉。吴淞江周边地区的塘浦系统也遭到了破坏,"今止松江,又复浅污不能通泄,且复百姓便于己私,于松江古河之(外),多开沟港。故上流(日)出之水,不能径入于海。支分派别,自三十余浦北入吴郡界内"。② 单锷也提到了郏亶的狭水法,"昔郏亶尝欲使民就深水之中,叠成围岸,夫水行于地中,未能泄积水,而先成田围以狭水道"。③ 除了吴淞江两岸的塘浦以外,常熟一带入长江各浦也需要高水位的太湖清水冲淤。任仁发将吴淞江及其周边的圩田水网分成四个区:吴淞江北岸 56 河;吴淞江南岸 47 河;扬子江南岸 41 河;冈身入海地带 32 河。④ 这四大区实际上长期就是吴淞江两岸几个水流形势不同的圩田区。吴淞江两岸塘浦感吴淞江的海潮,浑潮从吴淞江江口流向各塘浦,清水则从塘浦注入吴淞江,清、浑之水形成互动的平衡。高圩和置闸就是加强塘浦清水的强势,以清压浑。要保证注水吴淞江的纵浦不淤,治水者就要高大圩岸,在纵浦与吴淞江连接处置闸,闸的位置也有讲究,有"近里"与"近外"之别。赵霖言:

> 今于三十六浦中,寻究得古曾置闸者,才四浦。惟庆安、福山两闸尚存,余皆废弃,故基尚存。古人置闸,本图经久,但以失之近里,未免易埋。治水莫急于开浦,开浦莫急于置闸,置闸莫

---

① 姚文灏:《浙西水利书》卷一,范文穆公《水利图序》,民国豫章丛书本。
② 范成大撰、陆振岳校点:《吴郡志》卷十九,水利下,第 282、284 页。
③ 《录进单锷吴中水利书》,见苏轼:《苏文忠公全集》东坡奏议,卷九,明成化本。
④ 任仁发:《水利集》卷七,稿本。

利于近外。若置闸而又近外,则有五利焉:江海之潮,日两涨落。潮上灌浦,则浦水倒流。潮落浦深,则浦水湍泻。远地积水,早潮退定,方得徐流,几至浦口,则晚潮复上。元未流入江海,又与潮俱还。积水与潮,相为往来,何缘减退。今开浦置闸,潮上则闭,潮退即启。外水无自以入,里水日得以出。一利也。外水不入,则泥沙不淤于闸内,使港浦常得通利,免于堙塞。二利也。濒海之地,仰浦水以溉高田,每苦咸潮,多作堰断。若决之使通,则害苗稼。若筑之使塞,则障积水。今置闸启闭,水有泄而无入,闸内之地,尽获稼穑之利,三利也。置闸必近外,去江海止可三五里,使闸外之浦,日有澄沙淤积。假令岁事浚治,地里不远,易为工力。四利也。港浦既已深阔,积水既已通流。则泛海浮江,货船木筏,或遇风作,得以入口住泊。或欲住卖,得以归市出卸。官司遂可以闸为限,拘收税课,以助岁计。五利也。[①]

赵霖属于技术派,只是他的技术可行性小,只置了四闸,不久便淤。大浦之闸,规模甚大,耗费许多。赵霖沿长江与沿海置闸,以此灌溉冈身,与郏亶的办法相比,后者通过低地大圩的水位抬高以灌溉冈身,更重视水流与自然生态。后人也常提到置闸,但实现的机会很少。在更多的时候,治水者根本无力关注这么大地域的水利生态,只是简单疏浚了事。宋代两浙转运使与平江府官员在治理昆山浦塘时,就是疏清流以彻吴淞江。"昆山县开浦四处:新洋江北接百家瀼,南出吴松江;自百瀼口太仓塘,又小虞浦,北接鳗鲡瀼,南至吴松江;自鳗鲡口下南到黄墓村桥,又顾浦,北接斜塘瀼,南至松江;自郭

---

① 范成大撰、陆振岳校点:《吴郡志》卷十九,水利下,第288—289页。

泽塘口,下北及郡迳,又郭泽塘南,夏驾湖东流顾浦路,彻吴松江。"①几条维修路线都是引水注吴淞江、以清抵浑。

吴淞江以北有两部分,第一部分是长江沿岸的冈身地区,其上的河道以纵浦为主,排水入长江。各河道通过塘浦感长江之潮。南部是低地,有湖泊和大量的积水环境。治水者一般是高地深浚其浦,低地高筑圩岸,以清抵浑。最早的塘浦圩田系统其实就发生于这一地区的低地与高地。清代的《常昭合志稿》称:"高乡濒江有二十四浦通潮汐、资灌溉,而旱无忧;低乡田皆筑圩,足以御水,而涝亦不为患,以故岁常熟,而县以名焉。"②南朝末基本形成塘浦圩田系统,以后又扩展形成了三十六浦。"昔人于常熟之北,开二十四浦,疏而导之扬子江。又于昆山之东,开一十二浦,分而纳之海。三十六浦,后为潮汐沙积,而开江之卒亦废,于是民田有淹没之忧。天圣间,漕臣张尝纶于常熟、昆山各开众浦。景祐间,郡守范仲淹亦亲至海浦,浚开五河。政和间,提举官赵霖又开三十余浦。"③一直到宋代,这里一直行大圩之法,甚至明代也有人提倡高圩狭水。杨子器对常熟县水利的看法是:"今按县治低田甚多,水聚不能以时入海,故设塘者防水不得入民田,浦者导水以入江海。本治塘有三十四处,浦有四十二处,塘岸之高率一、二丈,浦之阔大三、五十丈,要使浦高于江,江高于海,水行高处,而吴中可无水患矣。"④低地圩田感潮吴淞江。早期的塘浦在低洼水地狭水筑圩而成,狭水抬高水位。以前所提的至和塘修建就是在积水之地形成的塘路,狭水后不但形成注水局面,还形成以

---

① 任仁发:《水利集》卷之六。
② 光绪《常昭合志稿》卷一。
③ 范成大撰、陆振岳校点:《吴郡志》卷五,第46页。
④ 《杨子器常熟县水利议》,见张国维:《吴中水利全书》卷二十二。

清刷浑的力量。赵霖言:

> 昆山去城七十里,通往来者,至和塘也;常熟去城一百五里,通往来者,常熟塘也。二塘为风浪冲击,塘岸漫灭。往来者动辄守风,往往有覆舟之虞,是皆积水之害。今若开浦置闸之后,先自南乡大筑圩岸,围裹低田使位位相接,以御风涛,以狭水源,治之上也。修作至和、常熟二塘之岸,以限绝东西往来之水,治之次也。凡积水之田,尽令修筑圩岸,使水无所容,治之终也。昨闻熙宁四年大水,众田皆没,独长洲尤甚。昆山陈新、顾晏、陶湛数家之圩高大,了无水患,稻麦两熟。此亦筑岸之验。①

吴淞江以南地带仍感吴淞江之潮,此区属第三区域。赵霖修华亭泖附近的圩岸,"随河两畔筑岸,高阔各六尺止七尺"。这种尺寸都是大圩的尺寸,大盈浦、千墩浦基本上注水吴淞江。三泖地区低洼一些,圩岸六、七尺,东部华亭地区因为地靠冈身,圩岸只有三、五尺。第四个区域是靠近大海的东部冈身地带,直接感海潮。这一地区的水稻田靠潮汐顶托西部的太湖清水形成溢流涌涨而灌溉高田。"古人东取海潮,北取扬子江水灌田,各开入冈阜之地,七里十里或十五里间作横塘一条,通灌诸浦,使水周流于高阜之地,以浸润高田。"吴越国掌握的整体水流技术非常高超,圩田区的溢流涌涨与冈身地带的河道灌溉被有机地联合到一起。高圩岸抬高了吴淞江的水位,冈身地区得到了灌溉。"古者堤岸高者须及二丈,低亦不下一丈。借令大水之年,江湖之水,高于民田五、七尺;而堤岸尚出于塘浦之外三、五尺至一丈,故虽大水,不能入于民田也。民田既不容水,则塘浦

---

① 范成大撰、陆振岳校点:《吴郡志》卷十九,水利下,第289—290页。

之水自高于江,而江之水亦高于海,不须决潟,而水自湍流矣。故三江常浚,而水田常熟。其岗阜之地,亦因江水稍高,得以畎引以灌溉。"① 这种技术成果的确是中国水利史上的巅峰之作,一些学者甚至怀疑郏亶说的太夸张,其实,他讲的都有实际依据:

> 今昆山之东,地名太仓,俗号冈身。冈身之东,有一塘焉。西彻松江,北过常熟,谓之横沥。又有小塘,或二里,或三里。贯横沥而东西流者,多谓之门。若所谓钱门、张冈门、沙堰门、吴冈、顾庙冈、丁冈、李冈门、及斗门之类是也。……是古者堰水于冈身之东,灌溉高田。而又为冈门者,恐水之或壅,则决之而[入]潢沥,所以分其流也。故冈身之东,其田尚有丘亩、经界、沟洫之迹在焉。是皆古之良田,因冈门坏,不能蓄水,而为旱田耳。②

现代地图为当时的情况做了最好的说明。冈身高程标高为2.2米左右,西边低地的标高为1.8米左右。③ 郏亶言当时西部低地由于圩岸崩塌,出现积水。"昆山之所谓邪塘、大泗、黄渎、夷亭、高墟、巴城、雉城、武城、夔家、江家、柏家、鳗鲡等瀼,及常熟之市宅、碧宅、五衢、练塘等村,长洲之长荡、黄天荡之类,皆积水而不耕之田也。其水之深不过五尺,浅者可二、三尺。其间尚有古岸隐见水中,俗谓之老岸。或有古之民家阶甃之遗址在焉。故其地或以城,或以家,或以宅为名。尝求其契券以验,云皆全税之田也,是皆古之良田,而今废

---

① 范成大撰、陆振岳校点:《吴郡志》卷十九,水利上,第270,278,294页。
② 同上书,第266—267页。
③ 中国科学院南京地理研究所、水利电力部太湖流域管理局:《太湖流域水系与地形图》,1987年。

之耳。"① 水深 2—5 尺，即使取中值水平，约 1.7 米左右，加上高程 1.8 米，水位可以达到 3.5 米以上，冈身只有 2.2 米左右的高程，完全可以通过塘浦东流的水流控制而灌溉冈身。

三　水环境的变化

宋元治水者总是试图维持大圩制度，由于其水利管理效率远比吴越为差，有效率的大闸与大圩都难以维持。为了漕运，官方又在吴淞江口修长桥，水流受阻，吴淞江的淤塞程度越来越重。淤塞加重，水灾也加重。当时的治水者除了非常努力地疏水、修圩以外，难有别的办法。治水的主流仍然是高大圩岸以复古制。郑亶高度评价五代的制度，任仁发对南宋强化圩田管理的措施也大加称道：

> 亡宋南渡一百五十余年，止景定年间一、二次水灾，今则或一二年，或四三年，水灾频仍，其故何也？答曰：钱氏有国，亡宋南渡，全籍苏湖常秀数郡所产之米，以为军国之计。当时尽心经理，使高田、低田各有制水之法。其间水利当兴，水害当除，合役军民，不问繁难；合用钱粮，不吝浩大，必然为之。又使名卿重臣专董其事，富豪上户，簧言不能乱其耳，珍货不能动其心。凡利害之可以兴除者，莫不备举。又复七里为一纵浦，十里为一横塘，田连阡陌，位位相乘，悉为膏腴之产。设有水患，人力未尝尽，遂使二三百年间水灾罕见。②

从宋到元，这种舆论导向推动着大圩制度不断延续。南宋时昆山一带仍维持大围，还保持着较好的防护植被。"江东圩埂高厚，如

---

① 范成大撰、陆振岳校点：《吴郡志》卷十九，水利上，第 266 页。
② 任仁发：《水利集》卷二。

大府之城,舟行常仰视之。并驱其上,犹有余地。至水发时,数十百围一时皆破,其有茭葑外护者则往往独存。盖其纷披摇曳,与水周旋而不与之忤。"① 尽管有这种制度,由于大圩的脆弱性,一旦官方和民间力量不兴,水利往往就陷入困境。不过最重要的外在环境影响还是来自于吴淞江水流的变化。从历史上看,导致吴淞江重大的清流减弱事件第一步是吴江长堤、长桥对上流的阻塞;淀山湖一带的开发是第二步;水归黄浦江是第三步。吴江长桥的阻水作用使太湖清流减弱,清不抵浑。单锷言:

> 每至五、六月之间,湍流峻急之时视之,则吴江岸之东,水常低于岸西之水不下一二尺,此堤岸阻水之迹自可览也。又睹岸东江尾与海相接之处汙淀,茭芦丛生,沙泥涨塞,而又江岸之东自筑岸以来,沙涨成一村。昔为湍流奔涌之地,今为民居、宅田、桑枣、场圃,吴江县由是岁增旧赋不少。然增一邑之赋,反损三州之赋不知几百倍耶。夫江尾无茭芦壅障流水,今何致此?盖未筑岸之前,源流东下峻急;筑岸之后,水势迟缓,无以涤荡泥沙,以致增积。而茭芦生,茭芦生则水道狭,水道狭则流泄不快。②

吴淞江清流减弱,清弱浑强,主干道形成淤塞。尽管如此,由于吴淞江一江出水的形势未变。北宋时期水环境仍然丰富,江道淤积难排,整个流域仍处于一种丰水状态。治水者依然行大圩制度,导水入吴淞江,然后排水入海。三江口一带江面宽大,有强大的清流优势。任仁发说:"亡宋时吴松一江,水势浩渺,绵绵不息,传送入海,

---

① 范成大:《水利图经序》,见《天下郡国利病书》第五册,苏下。
② 《录进单锷吴中水利书》,见苏轼:《苏文忠公全集》,东坡奏议,卷九,明成化本。

狭处尚二里余之宽,犹不能吞受太湖之巨浸,朝廷又浚三十六浦以佐之,大水一至,犹有淹没之患。"① 新洋江作为吴淞江的一个分流,"钱氏时尝浚治之,号曰新洋江。既可排流潦以注松江,又可引江流溉冈身也"。② 吴江长桥修建后,"江流缓弱,厥后新洋过于深阔,分泄水势,既无以荡涤浑潮。新洋夏驾倒注之潮,复与海口西行之潮相会合,旋开旋塞,劳费不赀,江流如线"。③ 为了漕运的方便,官方将与运河相连的水道、圩田以及闸坝系统都进行了破坏。郏侨言:

> 浙西,昔有营田司,自唐至钱氏时,其来源去委,悉有堤防、堰闸之制。旁分其支脉之流,不使溢聚,以为腹内畎亩之患。是以钱氏百年间,岁多丰稔。唯长兴中一遭水耳。暨纳土之后,至于今日,其患方剧。盖由端拱中,转运使乔维岳不究堤岸、堰闸之制,与夫沟洫畎浍之利。姑务便于转漕舟楫,一切毁之。初则故道犹存,尚可寻绎。今则去古既久,莫知其利。营田之局,又谓闲司冗职,既已罢废。则堤防之法、疏决之理,无以考据,水害无已。至乾兴、天禧之间,朝廷专遣使者,兴修水利。远来之人,不识三吴。地势高下,与夫水原来历及前人营田之利,皆失旧闻。受命而来,耻于空还,不过遽采愚农道路之言,以为得计。④

在水流、工程与管理都失败的状态下,吴淞江日益不治。江流淤塞,水溢各处,北宋有多汇的发育。开汇后水道取直,汇成了塘浦的一部分或吴淞江直道的一部分,缓冲地带减少,稍淤即灾。由于农业

---

① 任仁发:《水利集》卷五、九。
② 朱长发:《吴郡图经续记》卷中,水,第50页。
③ 张内蕴、周大韶:《三吴水考》卷三,昆山县水道考。
④ 范成大撰、陆振岳校点:《吴郡志》卷十九,水利下,第280—281页。

的进一步开发,南宋时期已经没有什么大汇可开,围垦向吴淞江两岸的湖泊群发展。东南方向湖泊地带的出水大多通过塘浦入吴淞江中下游,湖泊开垦,入吴淞江纵浦的清流自然受阻,所以,吴淞江不但出太湖处清流减少,周边塘浦的清流也减弱。庞湖、淀山湖相继被围垦,各种截水坝也随之兴起,坝堰堵塞了入吴淞江的清流。绍兴年间,淀山湖周边的豪强势力筑坝拦水。"濒湖之地,多为军下兵卒侵据为田,擅利妨农,其害甚大。盖队伍既众,易为施工。号召之行,畚筑并兴,积土增高,长堤弥望,名曰坝田。水源既壅,太湖之积渐与民田隔绝不通。旱则据之以溉,坝田不治其利,则远近泛滥,不得入于湖。"①淳熙十三年,淀山湖外兴起一个阻塞水路的大坝。

湖水自西南趋东北,所赖泄水去处,其大者东有大盈、赵屯、大石三浦,西有千墩、陆虞、道褐三浦,中间南取淀山湖,北取吴松江,凡三十六里。并湖以北,中为一澳,系古来吐吞湖水之地,今名山门溜,东西约五六里,南北约七八里,正当湖流之冲,非众浦比。贯山门溜之中,又有斜路港,上达湖口当斜路之半,又西(过)为小石浦,上达山门溜,下入大石浦。凡斜路港、大小石浦,分为三道,杀泄湖水,并从上而下,通彻吴松江。江湖二水,晓夕往来,疏灌不息,以此浦港通利,无有沙泥壅塞,可以宣导水源。今来顽民,辄于山门溜之南,东取大石浦,西取道褐浦,并缘淀山湖北,筑成大岸,延跨数里,遏截湖水,不使北流,尽将山门溜中围占成田。所谓斜路及大、小石浦泄放湖水去处,并皆筑塞。父老尝言:围岸初筑时,湖水平白涨起丈余,尽壅入西南华亭县界,大、小石浦并斜路港口,既被围断其浦脚一日二潮,则泥

---

① 任仁发:《水利集》卷九。

沙随潮而上,湖水又不下流,无缘荡涤通利。即今淤塞,反高于田,遇水则无处泄泻,遇旱则从取水。①

吴淞江两旁诸浦被淤也引起大闸的废弃。北宋郏侨言:"某闻钱氏循汉唐法,自吴江县松江而东至于海,又沿海而北至于扬子江,又沿江而西至于常州江阴界,一河一浦,皆有堰闸,所以贼水不入,久无患害。"堰闸的管理成本大,治水能臣偶尔复兴堰闸,过后交给地方社会,地方社会却无力承担。"或闻范参政仲淹、叶内翰清臣,昔年开茜泾等浦,亦皆有闸,但无官司管辖。而豪强者保,利于所得,不时启闭,遂致废坏。乡人往往能道其事。"②这种豪强者保代表的就是地方社会。大闸废弃,塘浦无力抬高水位,清水流衰,引发浑流增加,塘浦进一步被淤,形成恶性循环。南宋以降,吴淞江和纵浦被淤变窄。赵屯浦"在淀山湖北,旧直受湖水泻于松江,其阔至五十丈,通江五大浦之一也。今自北曹港分支北流,愈北愈隘"。③吴淞江原来的规模"可敌千浦",随着淤积的加强,浦不通江,吴淞江两岸的高地之田处于干旱隔水状态。高田"因久不浚治,浦底既高,而江水又低,故逐年常患旱也"。④越不通流,淤塞越严重,最后江流如线。淀山湖水北流受阻,相当多的一部分水流东汇华亭三泖,与浙江一带的水流相汇合。治水者常引水从新泾出海。吴淞江淤塞,太湖清水在吴淞江北部也聚集难排,治水者常启动浏家港排水。元代大德年间都水庸田使麻合马嘉认为:"今太湖水不流于江而北流入至和等塘,经由太仓出刘家等港,注入大海。并淀山湖之水东南流于大曹港、柘

---

① 姚文灏:《浙西水利书》卷一,罗文恭公乞开淀湖围田状。
② 范成大撰、陆振岳校点:《吴郡志》卷十九,水利下,第283页。
③ 正德《松江府志》卷之二,水,上。
④ 范成大撰、陆振岳校点:《吴郡志》卷十九,水利上,第277页。

泽塘、东、西横泖,泄于新泾并上海浦,注江达海。"①元时的形势已岌岌可危。

> 东自河沙汇,西至道褐浦,六七十里之间,两岸涨沙将与岸平,其中仅存江洪,阔不过二三十步,深亦不过二三尺,湖水所至,比之旧时万不及一。②

明代的治理者不再分流,竭力导水入一江以利冲淤,由于上游开发日强,江口更加狭窄,下游开发加强,各塘浦的清水日弱。"夫淞江之上流壅,则有泛滥之祸,此昔人所以为苏、松、常、湖、嘉五郡忧者也;淞江之下流塞,则失灌溉之利,此今人所以为嘉、上二邑忧者也。故昔之治江者,导之而南,导之而北,惟恐其不分。而今之论江者,则恶夏驾、新洋之北,恶白蚬诸湖之南,为其流分势杀不足以濡高亢、涤浑潮也。"由于形势越来越难,夏原吉终于放弃了吴淞江。吴淞江淤塞导致周边地区产生了重大的环境变化。在嘉定,宋以前吴淞江"建瓴东注,自安亭港至李家洪,萦纡境内百有余里,塘浦左右股引,足于清水,而亦无壅溢之患,五季以前,江乡号称乐土。自吴江石堤既筑,清水之出于湖口者日微,不足以荡涤潮沙,松江屡浚屡堙"。淤塞的吴淞江已使下游的灌溉受影响,"自淞江既堙,清水罕至,舟楫灌溉,咸资潮水"。"咸资潮水"就是利用自然潮水,不再依赖西部的圩田水利以形成的强大清流。"宋人引清障浊之法,已不可施于今,每岁所开塘浦,还为潮汐之所填淤,三岁而浅,四岁而堙,五岁又须重浚,亦无一劳永逸之术。"③

---

① 任仁发:《水利集》,卷八。
② 《吴执中言顺导水势略》,见《吴中水利全书》卷十五。
③ 《天下郡国利病书》第六册,苏松,张应武:"水利治"。

黄浦江成为主要出海通道后,太湖东部水流大部分直接从南部冈身地区行洪至吴淞江下游故道,东西向河道在三泖低地行洪,无需大圩抬高水位,外水可自然汇入河道。黄浦江主流在冈身转北后,河道刷深,冈身上更没有建大圩岸的必要。由于主体水流在冈身地区拐了个大弯道,低地地区不再感受到强烈的感潮,也就没有必要修大圩注黄浦江。吴淞江尽管仍然保留,地位几等同于塘浦,但两岸长期淤积的高地则因纵浦不再注水吴淞江而失灌,出现旱象。"顷二十年以来,松江日就枯涸。惟独昆山之东、常熟之北,江海高仰之田,岁苦旱灾。腹内之民,宴然不知。逐谓江之通塞,无关利害,今则既见之矣。"①以瓦浦为例,"迩者风汛稍息,开疏瓦浦五十余年湮没之河,一旦通流,连月水势泛滥,凡瓦浦之南相近二十余里,水皆向北而流,百姓皆临流欢诵明公之功德"。②

分流黄浦江以后,淀山湖一部分水流由五大浦入吴淞江,一部分水流进入三泖地带,"注为各塘泾数百余而入于黄浦"③。东南方向上,水流主体已变横向,纵向的大浦岸甚至起到障水的作用,再加上况钟有意打击大圩共同体社会,大圩很快就拆除了。从环境上看,这甚至是适应水流变化的措施。况钟拆圩距夏原吉开黄浦江时间很短,"况钟去夏仅三十年"④,即使他本人认识不到水流的作用,也会发现拆圩对疏水有利。正德年间谢琛讲:"自后七八十年朝廷之贡赋不亏,百姓赖以安堵者,先朝任夏原吉之力也。"⑤由于黄浦江泄水

---

① 《奉熊分司水利集并论今年水灾事宜书》,见《震川先生集》卷之八。
② 《归有光上兵道熊桴水利书》,见张国维:《吴中水利全书》卷十七。
③ 《曹胤儒东南水利议》,见《吴中水利全书》卷二十二。
④ 陈士镔:《明江南治水记》,《丛书集成初编》,中华书局,1985年,第5页。
⑤ 《谢琛兴修水利疏》,正德五年上,见张国维:《吴中水利全书》卷十四。

通畅,官方一时之间只感到受益,由此出现的旱象却由乡村自己负担。排水与治水成为官方的任务时,官员不会顾及农民的利益与区域水利生态。吴淞江以北地区,夏原吉利用刘家河和白茆分水。刘家河东西走向,原纵向导水入吴淞江的纵浦意义不太,反而也要将横向的圩岸拆除以利东西向出水。湖水之清流已难以起到节宣作用,由于黄浦江分水很多,太湖清水减弱,不能抵浑潮。人们用泾浜小圩、小水流和坝堰系统应付浑潮。太湖水力量大大退缩,潮水大盛。在常熟县,明后期只有一小部分能够利用太湖清水灌溉。

> 本县地势,东北滨海,正北、西北滨江,白茆潮水极盛者达于小东门,此海水也。白茆以南,若铛脚港、陆和港、黄浜、湖漕、石撞浜,皆为海水。自白茆抵江阴县金泾、高浦、唐浦、四马泾、吴六泾、东瓦浦、两瓦浦、浒浦、千步泾、中沙泾、海洋塘、野儿漕、耿泾、崔浦、芦浦、福山港、万家港、西洋港、陈浦、钱巷港、奚浦、三丈浦、黄泗浦、新庄港、乌沙港、界泾等港口数十处,皆江水也。江潮最盛者及于城下,县治正西、西南、正南、东南三面而下,东北而注之海注之江者,皆湖水也。①

清流益于水稻种植,"夫湖水清,灌田田肥,其来也,无一息之停。江水浑,灌田田瘠,其来有时,其去有候。来之时虽高于湖水,而去则泯然矣。乃正北、西北、东北、正东一带小民,第知有江海,而不知有湖,不思浚深各河,取湖水无穷之利。第计略通江口,待命于潮水之来,当潮之来也,各为小坝以留之,朔望汛大水盛时则争取焉,逾期汛小水微,则坐而待之"。② 黄浦江改道后整个流域丰水程度降

---

① 耿橘:《常熟县水利书》卷一,水利用湖不用江为第一良法,抄本。
② 同上。

低,北部冈身地区常有旱情发生,正是吴淞江的变化才引起这种水利生态的恶化。

四 小圩的成长

在江南开发史上,早期没有小圩的概念,"圩"都是指联合的大围,是非常有序的大圩联合体的概念。郏亶曾提到五代时水行不乱,"至和二年,前知苏州吕侍郎,开昆山塘而得古闸于夷亭之侧,是古者水不乱行之明验也"。水不乱行与圩田棋布之象相统一,"今昆山之南,向所谓下驾、小虞等浦者,皆决水于松江之道也。其浦之旧迹,阔者二十余丈,狭者十余丈,又有横塘以贯其中而棋布之。是古者既为纵浦以通于江,又为横塘以分其势,使水行于外,田成于内,有圩田之象焉"。① 但这种有序的格局从宋代开始就被破坏。

> 及夫堤防既坏,水乱行于田间,而有所潴容。故苏州得以废其堰,而夷亭亦无所用其闸也。为民者,因利其浦之阔,攘其旁以为田。又利其行舟、安舟之便,决其堤以为泾。今昆山诸浦之间,有半里、或一里、二里而为小泾,命之为某家泾,某家浜者,皆破古潴而为之也,浦日以攘[坏],故水道陻而流迟。泾日以多,故田堤坏而不固。②

大圩崩溃时塘浦分成小泾,以泾为核心的局部水环境在形成,小圩也在这个基础上形成。"古者人户各有田舍,在田圩之中浸以为家。欲其行舟之便,乃凿其圩岸以为小泾、小浜。即臣昨为所陈某家泾、某家浜之类是也。说者谓浜者,安船沟也。泾浜既小,是[堤]岸

---

① 范成大撰、陆振岳校点:《吴郡志》卷十九,水利上,第267页。
② 同上。

不高。"①泾浜之河变小,圩岸也变小,实际上圩也在变小。从水位上讲,大圩时代塘浦的高水位,本身有一种造成周边地区小浜小泾发展的潜力。大圩破坏以后,人们往往只好以小浜小泾水道进行圩岸建设。宋元时代,大水之时大圩岸易于崩溃,一破全破,积水难排,一些治水者认为只有让农户"浚泾浜作圩埠"才行②,这客观上也促进了小圩的发展。但只要太湖出水的格局是靠吴淞江出水,大圩的格局总是不断地得到修复。吴淞江周边地势较高,入淞河道变化频繁,主干塘浦淤塞时,与塘浦相连的大圩往往就会变成小圩。吴淞江流域的低地水深岸高,积水众多,难有小圩。宋代小圩多发生于汇水感潮地区,那里有不断的淤积,可以形成局部水环境。从整体上讲,这也是太湖东部地区首次大规模地出现小圩。

王祯对圩田的概念是:"叠为圩岸,捍护外水。"这其实仍是与水道一体的那种圩田之像,圩岸即河岸,一层叠一层,在河道相隔的环境下的层叠,是一种远看的景观。王祯提到后期几百亩的柜田也开始称圩,这种柜田多缘水修筑,正与吴淞江边或湖边的形势有关。柜田"筑土护田,似围而小,四面俱置滧穴,如柜形制。顺置田段,便于耕莳。若遇水荒,田制既小,坚筑高峻,外水难入,内水则车之易涸"。南宋太湖周边围垦所造之田称"坝田"或"埧田",就是这种小圩。"大至连顷或百亩,内少塍埂殊宽平。牛犁展用易为力,不妨陆耕及水耕。"③吴淞江周边的高地地区,有淤积和泄洪区,有各种各样的汇和小弯曲,个人围垦和小圩在那种地方正可以大量地发生。郏

---

① 范成大撰、陆振岳校点:《吴郡志》卷十九,水利上,第270—271页。
② 同上书,水利下,第282页。
③ 王祯撰、缪启愉译注:《东鲁王氏农书译注》田制门,上海古籍出版社,1994年,第597—598页。

侨言:"今止松江,又复浅污不能通泄,且复百姓便于己私,于松江古河之(外),多开沟港。故上流(日)出之水,不能径入于海。"1116年,两浙提举常平官赵霖也发现了这种状况:"临江之民,每遇潮至,则于浦身开凿小沟以供己用,亦为堰数以留余潮。此常熟诸浦堙塞之由也耳。"①百姓引出的小沟小港,不为别的,正是为几十亩、几百亩、甚至上千亩的小圩所预备的水道。明代中期叶绅乞说:

> 惟是入海之处,潮汐往来,易于湮塞,故前代或置开江之卒,或设撩浅之夫,以时浚治,仅免水患。历岁既久,其法废驰,逐致诸湖巨浸壅遏于中,江河故道淤涨于外。土民利其膏腴,或堰而为田,或筑而为圊。②

这些水患引起的积水之区,逐步发展为小圩,实际上破坏了原有的大圩体系。在淀山湖一带,原有大量的积水之区属于公共泄水区,豪强地主占为己有后形成小圩。郏亶时,地方势力为了抵制官方恢复大圩体系的努力,兴起了一种小圩防涝的舆论。官府力量处于强势时,小圩的坝与堰会被拆除;官方失势之时,小圩就有扩张倾向。北宋时小圩的代表者有很大的声势,郏亶要疏浚吴淞江以及各塘浦河道,效法古人,加高圩岸,恢复大圩。而"议者犹谓:此小塘、小浦亦可泄水,以致朝廷愈不见信。而大小塘浦,一例更不浚治。积岁累年,而水田之堤防尽坏。使二三百里肥腴之地,概为白水。高田之港浦皆塞,而使数百里沃衍潮田,尽为荒芜不毛之地。深可痛惜"!提议"小塘小浦"可以泄水者的"议者",应正是在小圩问题上的既得利益者。他们纠集反对水利工程,郏亶也被迫下台。"吏民二百余人"

---

① 范成大撰、陆振岳校点:《吴郡志》卷十九,水利下,第284、288页。
② 《三吴水考》卷十,吏科给事中叶绅乞治水吴中奏。

在官府"喧哄斥骂",郏亶自己受了伤,小儿亦为人所挈,"遂罢役"。① 在这种情况下,治水者偏安于小圩建设,水灾时大圩崩溃,农民筑小圩自守,"积水之中,有力人户,间能作小塍岸,围裹己田,禾稼无虞。盖积水本不深,而圩岸皆可筑。但民频年重困,无力为之"。大浦淤塞之时,以小泾小沟为依托的小圩会快速增多,治水专家郏侨也认为应"劝民作圩岸,浚泾浜以田"。② 在失修的状态下,大圩高度会日损一日,因为圩岸泥土是稀缺资源。毛节卿讲:

> 今水利久废,江浦围岸外日倾而内日削,高者卑而广者狭。近年大潦,高者仅能平水,低者水浮三四尺,触处崩坍,不可胜举。③

南宋《国朝会要》(水利条)记载有责令地方官员开掘豪强小圩的告示。大理寺丞张抑(淳熙十年四月九日)言:"浙西诸州,豪宗大姓于濒湖陂荡多占为田,名曰塘田,于是旧为田者,始隔绝水出入之地。"又言:"淳熙八年,虽因臣僚劄子,有旨令两浙运司检括。而八年之后,围裹益甚。乞自今责之知县,不得给据;责之县尉,常切巡捕;责之盐司,常切觉察。仍许人告,令下之后,尚复围裹,断然开掘,犯者论如法。"④淀山湖围垦增加,使得纵浦入吴淞江水道受阻,圩田圩岸易破。水入圩田以后,引发的水灾推动次级浜泾的发展,泾浜发展,再进一步促进小圩的发展。徐宜言:"异时港浦礐折以趋海,今近浦之民多取径直。苏、湖、常、秀旧为泽国,比年雨或后至,种且不

---

① 范成大撰、陆振岳校点:《吴郡志》卷十九,水利上,第279—280页。
② 同上书,水利下,第283、290页。
③ 《毛节卿围田议》,张国维:《吴中水利全书》卷二十二。
④ 《水利集》卷之七。

入,盖围田众而疏导多也。小人见利,不畏其害,围于浅水,既为高田;围于茭荡,既为稻田;二俱不已,复为下脚。始之重陂,大半为土;始之良田,背水日晒。十日不雨,农废作业。"围出的圩田众多,都是些小圩。以泾浜为岸,泾浜易于干涸易旱。地的本身价值不被看好,许多是下脚田。①

宋元交替时,水利系统在战争中常被地方豪强的堰坝封闭。"乡村钉塞筑坝,河港皆在田围中。"有些地区存有由豪强把持的独立大围。淀山湖周边地区,官方的疏浚工程要回避豪强占垦区而寻其他路径疏水。"淀山湖东大、小曹港、斜沥口、汊港固是水之尾闾门,今为权豪势要占据为田,此处水路卒难复。"②所占之地是塘浦行水之地,破坏了原有的大圩体系,形成小圩体系。吴淞江以北三十六浦之地,宋元时代有很多因感潮淤塞形成的小塘小浦。"民间私小泾沟又不胜其数,皆所以决壅滞而防泛滥也,后因潮汐往来,泥沙积淤,旧置开江之卒寻亦废去,此大浦所以埋塞,而民田所以淹没也。"这些私小泾沟即是小圩的旁河。元代的地区豪强也有势力,"围湖占江豪富之徒,挟厚贿以赂贪官",使水利工程"成事则难,坏事则易"。小圩到元代进一步向淀山湖沿岸扩张,"淀山湖尤低于苏,彼中富户数十家,于中每岁种植茭芦,埋钉椿笆,填委荇土,围筑埂岸"。至于昆山、常熟以北的三十六浦,"民间私小泾沟,又不胜其数"。③ 这都是由进一步水利崩坏与开发加强引起的。由于元代的吴淞江仍是出水干道,大圩系统也起一些作用,元代的治水者们甚至试图建造大闸。

---

① 《徐宜上水利状》,淳熙十七年上状存略,见张国维:《吴中水利全书》卷十三。
② 《水利集》卷之三。
③ 《水利集》卷二、六。

明永乐年间,夏原吉治水吴淞江。他说:"吴淞江向衮二百余里,广百五十余丈,西接太湖,东通海,前代屡疏导之以当潮汐之冲,沙泥淤积,旋淤旋塞。自吴江长桥至下界浦(即昆山之夏驾浦),约百二十余里,虽稍通流,多有浅窄;又自下界浦抵上海县南跄浦口,可百三十余里潮沙壅障,葭芦丛生,已成平陆,欲即开浚,未易施工。臣相视得嘉定刘家港,即古娄江,径通大海;常熟白茅港,径入大江;皆广川迅流。"他引吴淞江中上游大部分河段的水入这两条江,改变了原来的水流格局。况钟治水时,刘家港和白茆仍常淤塞。① 普通圩田系统在吴淞江被放弃之后,感潮淤积更加严重。

  东江遂堙,惟淀山湖支流北注吴淞江,从刘家港入海。安亭青浦河存一线,而下流壅塞,其水逆趋夏贺浦,亦从浏家港入海。二水北会入娄,夫水势顺则疾,疾则浑泥并行;逆则缓,缓则浑泥停滞。故昆山之东南隅,嘉定之西南隅,青浦之西北隅,华亭之北隅,昔日之沃壤,今皆硗确莫耕。三江塞二,全湖东注之水,独归于刘家港,其势渐不能容,日积月累,行复如二江患矣,识者能无隐忧哉。②

  况钟在夏原吉开江三十年以后拆大圩,当时只考虑疏水问题,以后淤塞发展,以前的丰水环境不再。大圩外河的水位也降低了,小圩更有利于引水灌溉,有更多的治水者提议化大圩为小圩。无论如何,黄浦江的形成使太湖主要水流方向发生了改变,开江以后"九十余年",各处港浦才"仍复湮塞"。③ 黄浦江负担了太湖流域80%的泄

---

① 顾祖禹著、贺次君等点校:《读史方舆纪要》卷十九,南直一,三江,第908页。
② 《天下郡国利病书》第四册,苏上,五湖。
③ 姚文灏:《浙西水利书》卷三,徐尚书治水奏。

水量①,水归黄浦江以后,吴淞江两岸的圩田难以上水,出现了旱象。许多治水者,特别是这一带的江南乡绅,呼吁恢复吴淞江出水干道地位,使"四县不耕之地,可复种矣"②,只是大势已成,无复更改。这种出水格局只以少量塘浦为主干,偏重快速排水,泾浜网络体系的充水效应不断萎缩。水网的萎缩使整个太湖东部的水利生态受到了影响。吕光洵言:

> 昔人治之,高下曲尽其制,既于下流之地疏为塘浦,导诸湖之水由北以入于江,由东以入于海,而又畎引江潮流行于冈陇之外,是以潴泄有法,而水旱皆不为患。近年以来,纵浦横塘多湮塞不治,惟二江颇通,一曰黄浦,一曰刘家河,然太湖诸水源多而势盛,二江不足以泄之,而冈陇枝河又多壅绝,无以资灌溉,于是高下俱病。③

在吴淞江以北,白茆成为主要出水干道。"太湖南自吴淞江入海,北自白茆塘入海,故白茆为水利要紧,与吴淞江同。"治水官员发现,按以前的办法疏浚干道,裁弯取直,挖深开阔,并不能解决问题。海瑞修白茆,"未及十年而淤塞如故"。后期修白茆的工程,只有干支搭配得当,才能防止海潮大入。④ 明后期,吴淞江两岸的许多地方旱象严重,涝时又积水难去。许多治水官员认为夏原吉犯了大错误,多次提议重开吴淞江。水网也经常出问题,周凤鸣言:"盖低乡枝河之水容受众流,比田反高,而田反在枝河水面之下,若非圩岸以围之,

---

① 《太湖水利史稿》编写组:《太湖水利史稿》,河海大学出版社,1993年,第278页。
② 顾炎武:《天上郡国利病书》第五册,苏州下。
③ 《监察御史吕光洵水利奏》,《三吴水考》卷十。
④ 《白茆塘完工疏》,《三吴水考》卷十二。

而枝河不通,则荡然巨浸,遂不可田。"①这时出现了许多分圩筑岸的言论,认为小圩可以调动地方加筑圩岸的积极性,而很少有人知道大格局的变化。归有光叹曰:"议者不循其本,沿流逐末,取目前之小快,别浚浦港以求一时之利,而淞江之势日失。"②他想恢复宋元时期那种以吴淞江为主的治水格局,但条件已经不允许了,潮沙的淤积已使吴淞江与主干塘浦起不到传统的作用,小水即涝,小干即旱。在这种大环境下,民间只好以乡村的泾浜弯曲以防淤淀,这样的发展只能使圩越来越小。

五 小结

从大圩到小圩,历时近六百年,河道与田制变化持续处于互动状态。值得注意的是,与太湖东岸相比,太湖西岸没有这种水流环境的改变,大圩一直存到清代,只有东太湖有这种水流与圩田的变化,太湖西部的水流不是溢流出海,没有这种变化,因此大圩也一直存在。农业开发不是小圩占主导地位的原因,吴淞江排水越来越差才是变化的主因。治水者放弃吴淞江,变化不可逆转。先期大圩狭水,水注吴淞江,助清刷浑。唐末与宋元时期,建圩狭水,形成塘浦圩田河网与吴淞江治水体制是一致的。后期的大圩不但无益于吴淞江排水,还有碍于新形成的排水体系,故被取消。大圩也会产生地区利益冲突,为了防止各地在大圩岸基础上以邻为壑,治水官员往往拆除妨碍全局水环境的大圩。治水者一般只重视吴淞江与周边纵浦是否通畅。明代中后期,吴淞江和周边纵浦被淤到非常严重的程度,以致以

---

① 《大理寺丞周凤鸣水利奏》,《三吴水考》卷十。
② 《天下郡国利病书》第四册,苏州上。

吴淞江为主的治水体制发生了变化。这种水流格局的变化,是后期圩田变得越来越小的主要原因。从况钟、姚文灏等人的议论来看,他们当时看不到这种全局性的水环境变化,只说大圩内部旱涝不均,高处旱,低处涝,提议将原来的六七千亩的大圩分成五六百亩的小圩。有的则坚持要将千亩大圩内部多引小浜小泾以排水灌水,这种圩内开河的作法自然推动了小圩分化。① 只是许多学者单纯根据明人言论,认为明代中期的小圩化只为排灌便利或农业开发,这一认识是片面的。明代放弃吴淞江,官员提倡小圩化,小圩才获得成功,先有水流环境的变化,才有小圩的普遍化。无论是宋元时期大圩体制的崩溃还是明清时期的分圩,都对乡村社会产生了很大的影响。其他地区由于保留着大圩模式,往往也持守住大圩模式所带来的家族性和社会封闭。周藤吉之对宋代江南东路的大圩及其社会关联性的研究,甚至得出当时的圩田社会是庄园制的结论,他所论及的大圩区主要在安徽的宁国府和芜湖一带。② 在吴淞江地区,即使宋代多官圩,也以自由佃农为主。宋代以来的小圩和小农经济,使这一地区很快形成一个适应经济发展和社会转型的乡村社会基础。大圩的分解,在一定程度上阻止了豪强大圩体制的复生,促进了乡村社会的开放。考虑到这些因素,大圩的崩溃与小圩的兴起,又与宋代以后江南社会的一些进步性特点相联系。

第二节　宋元时期的置闸

太湖地区东部的大多数河流是感潮河,控制潮水的最重要方法

---

① 滨岛敦俊:《明代江南农村社会の研究》,东京大学出版社,1982年,第106—107页。
② 周藤吉之:《宋代经济史研究》,东京大学出版会,1962年,第369—431页。

是置闸坝。《越绝书·吴地传》:"江南为方墙,以利朝夕水。"①缪启愉认为"方墙"就是"板墙",就是板闸,可以控制潮汐以利交通。②"沿江近海通潮江浦,汉唐以来悉设官置闸,潮来则闭以澄江潮,退则启闸以泄水,故江无淤淀之患,潮无泛滥之忧。"③闸之设置与水流动态、河道的规模密切相关。置闸的位置往往与大海、长江和吴淞江有密切关系,"旱则开闸引江水之利,潦则闭闸拒江水之害。旱涝不及,为农美利"。④闸控制着塘浦圩田的水流环境,是长期以来江南水利不可或缺的一个要素。郑侨言:

> 钱氏循汉唐法,自吴江县松江而东至于海。又沿海而北至于扬子江。又沿江而西至于常州江阴界。一河一浦,皆有堰闸。所以贼水不入,久无患害。⑤

大闸一般沿吴淞江、长江和冈身的沿海地带分布。置闸道理早已深入民间,"江南水利,最为易晓,虽三尺之童皆知其然,但浚河港必深阔,筑圩岸必高厚,置闸窦必多广"。⑥一条纵浦长达百里,纵浦端上,只安一个大闸,与吴淞江或长江潮水相迎,即可控制一条纵浦所有的圩田水流不受潮淤的侵害。单个圩田的闸是小闸,关乎一围。还有更小的、设置在更小规模河道与圩田上的坝堰。江有源言:"古人于滨江濒海通潮江浦悉设官置闸,潮至则闭闸以澄江潮,退则开闸以泄水。其潮汐不及之水,圩田四围亦设门闸,因旱涝而时启闭焉。

---

① (东汉)袁康:《越绝书》,卷第二,四部丛刊景明双柏堂本。
② 缪启愉:《太湖塘浦圩田史研究》,农业出版社,1985年,第12页。
③ 王圻:《东吴水利考》卷之二。
④ 范仲淹:《政府奏议》,范文正公政府奏议上,答手诏条陈十事,四部丛刊景明翻元刊本。
⑤ 范成大撰、陆振岳校点:《吴郡志》卷十九,水利下,第284页。
⑥ 《水利集》卷二。

港之小者不通舟楫,则筑为坝堰,而穿为斗门,蓄泄启闭,法亦如之。"①坝堰有挡水防潮之功,却不能像闸那样定时开启。五代与宋元时期,大闸的存在与吴淞江两岸的塘浦圩田体系以及丰水环境有关。到了管理松弛的宋元时代,坝堰逐步取代了大闸。

一 塘浦置闸

早期河道没有形成网络化河网,塘浦之闸相对孤立,由屯田军的军事单位单独管理。随着塘浦圩田体系的形成,人们便在纵浦的沿长江、吴淞江和沿海感潮区整体地置闸,防止潮水直接进入圩田。五代官方制度崩溃后,北宋最出色的几位水利专家似乎各有偏重。郏亶主张重修圩岸,单锷主张疏浚河浦,赵霖主张置闸。他说:"一曰开治港浦,二曰置闸启闭;三曰筑圩裹田。三者,阙一不可。"他发现了五代的置闸方位"近里","今于三十六浦中,寻究得古曾置闸者,才四浦。惟庆安、福山两闸尚存,余皆废弃,故基尚存。古人置闸,本图经久,但以失之近里,未免易堙"。所谓"近里",就是置闸的地点远离感潮区域。这种方法在早期是普遍的,特别是在塘浦网络未形成期间,沿江空地较多,为防淤积,远离河口地段置闸,闸所面对的淤泥量相对小,管理方便。缺点是清水冲淤面过大,难以发挥以清刷浑的作用。在冈身地区,置闸近里不近外,可防潮水过快涌入。以前开发地带距长江或海边的距离仍有三、五里,置闸的位置近外以后,大量的沿江、沿海地带可以得到开发。当时恢复置闸的地区以沿长江和冈身地区为主。沿长江是常熟三十六浦之地,长期置大闸防潮,塘浦行于冈身之上,重在引潮灌溉。到宋代,那里的大闸最先消失。

---

① 《江有源请专官治水疏》(万历十五年上),见《吴中水利全书》卷十四。

赵霖只发现二浦之闸尚有残存，以前却是"一河一浦，皆有堰闸"。①前文已述，赵霖在分析置闸利益时，列举了置闸之五利。

赵霖的作法在古代水利建设中可以算是技术工程派，与郏亶的治田派与单锷的治河派不同，他重视工程技术，忽视自然水利生态的作用。在古代，离开水利生态的技术工程往往难以持续。赵霖也发现古代置闸只在少数塘浦上留有遗迹。他的近里与近外的看法只是一家之言。古代的技术手段落后，离开自然水利生态而单纯地依赖技术的工程难以持久。不像现在，由于强大的技术，纵然破坏了地区生态环境，工程仍可以支持一段时间。古代大闸对技术和水环境的要求太高，必然也要求高人工投入以维持。沿江沿海的大闸，既要保护圩田，还要控制交通；按时启闭，还要及时疏浚。这都需要许多人力。五代时期的大闸都有专人管理。郏侨曾以茜泾浦为例论置闸条件。

> 且以茜泾浦在苏州之东南，去海止二十里，泄水甚径。然其地浸高，比之苏州及昆县地形，不啻丈余。而往年开此浦者，但为文具所开，不过三四尺、一二尺而已。又止于以地面为丈尺，不知以水面为丈尺。不问高下，而匀其浅深。欲水之东注，不可得也。水既不东注，兼又浦口不置堰闸，赚入潮沙，无上流水势可冲，遂致浦塞。愚故乞开茜泾等浦，须置堰闸，所以外防潮之涨沙也。或闻范参政仲淹、叶内翰清臣，昔年开茜泾等浦，亦皆有闸，但无官司管辖。而豪强者保，利于所得，不时启闭，遂致废坏。②

---

① 范成大撰、陆振岳校点：《吴郡志》卷十九，水利下，第284、288页。
② 同上书，第283页。

浦口不置闸会淤塞,置闸后不设专人管理,也会淤塞废弃。这种感潮区塘浦的大闸,设官管理非常重要。吴淞江两岸置闸的重要目的在于使水"东注",置闸抬高水位,导水入江入海。范仲淹治理吴淞江时,吴淞江江身已经高于周边地带,故置闸以防河淤。他说:"新导之河,必设诸闸,常时扃之,沙不能塞,每春理其闸外,工减数倍,亦复何患?"①置闸实际上就是冲淤吴淞江,以导积水。郏侨所讲吴淞江沿岸地区五代时的置闸也是一个道理,吴淞江江面宽阔,闸一般只可能置在枝河或周边塘浦上。大圩时的水环境利于置闸,西来太湖清流较盛,吴淞江南北两个方向的湖荡区聚集了很强势的水流,水流纵横交错,注吴淞江后水流沿吴淞江出海。海潮浊流恰与这个方向相反,沿吴淞江西上,从吴淞江分流于各塘浦中。清流与浊流形成相对的势力,吴淞江和沿江地区淤成为高地后,周边塘浦之清流需要有相对的清流强势,才可以维持塘浦圩田系统。治水者不但要浚河浦,还要加高纵浦的圩岸,抬高水位。置闸往往就为满足了抬高水位的要求,闭闸时清水水势增加,以此冲淤,才能出水顺畅。政和四年(1114),青龙江段上有四十八闸,青龙江是吴淞江下游河道。这些闸非常有序地呈东西向排列,明显不会是在干道上置闸。"自篠山达青龙江口二十七里,积水低洼,尽成腴产,置东西四十八闸,闸板尺有一寸,浚月河长三千三百五十五丈,广六尺,浚河工费万有一千二百金,伐取运致木石之数七倍于浚河。"②当时的浚河之费主要用于四十八闸的木石所费,足见这种闸的规模之大。大闸的修建成本非常之高,一般也只置在枝河或塘浦之闸上。宋代的有关人员也发

---

① 朱长文撰、金菊林校点:《吴郡图经续记》卷下,治水,第52页。
② 张国维:《吴中水利全书》卷十四。

现了吴淞江段周边的塘浦有置闸的古迹。"至和二年,前知苏州吕侍郎,开昆山塘而得古闸于夷亭之侧,是古者水不乱行之明验也。及夫堤防既坏,水乱行于田间,而有所潴容。故苏州得以废其堰,而夷亭亦无所用其闸也。"置闸是为了抬高水位,同时也可以将清流和浊流分开,蓄积塘浦清流以冲积淤。五代时塘浦很宽大,"其塘浦,阔者三十余丈,狭者不下二十余丈。深之者二三丈,浅者不下一丈"。① 在这样大的水面上置闸可以积蓄足量的清水。除了上述的夷亭古闸外,宋初昆山县主簿丘与权对吴淞江以北的至和塘地区进行疏导时,还描绘了唯亭发现的古闸。

> 治新洋江,自朱历至于清港。治山塘,自山南至于东。浚渚泾六十四,浦四十四,塘六。于是阳城诸湖若瀼,皆道而及江。田无涝潴,民不病涉矣。初治河至唯亭,得古闸,用柏合抱以为楹,盖古渠况。今深数尺,设闸者以限松江之潮势耳。耆旧莫能详之,乃知昔无水患,由堤防之废则有之。②

这种纵浦长达百里,所顶托的清水量也很大,一开闸就会将清水泄出,形成以清刷浑的动能,五代时治田必先置闸,昆山冈身地区有闸防海潮。"昆山诸浦,通彻东海。沙浓而潮咸,当先置闸后开浦也。闸之侧,各开月河,以堰为限。遇闸闭,小舟不阻往来。"每天的潮一般有潮进潮退二次。"江海之潮,日两涨落。潮上灌浦,则浦水倒流。潮落浦深,则浦水湍泻。远地积水,早潮退定,方得徐流。几至浦口,则晚潮复上。元未流入江海,又与潮俱还,积水与潮,相为往

---

① 范成大撰、陆振岳校点:《吴郡志》卷十九,水利上,第267、269页。
② 同上书,第263—264页。

来。"五代时有专人负责启闭,宋以后逐渐放弃。无人管理,非常易淤。① 华亭一带的高地地区北宋初年置闸十八所。闸设堰上,小的堰有二丈宽,大的九丈多宽,堰上的闸并不宽。以张泾闸为例,此闸南宋隆兴年间兴修,"两址相距常有四尺,深十有八板"。闸板由一块块板组合而成,"板尺有一寸,以时启闭,故咸潮无自而入"。闸旁有月河,张泾闸月河长"三千三百五十有五尺"。"因其土冶高岸,护青墩,傍故水所败田数万亩还为膏腴,为闸在邑东南四十有八里。"这是因排涝兴建的闸。一般治水官员在置闸方面难有大作为。绍兴年间,因一次大水,朝廷重开著名的顾会浦,修浦时,当时官员"历览川源,考视高下,访于父老,谋之邑僚,得顾会港自县之北门至青龙镇,浦凡六十里,南接漕渠,而下属于松江,按上流得故闸基仅存败木,是为旱潦潮水蓄泄之限"。这一次寻得的故闸是庆历二年的故闸,经历了一百零六年,重修时"据上流筑西挟堤,因旧基为闸而新之,复于河之东,阚冶行道,建石梁四十六,通诸小泾,以分东乡之停浸"。在建闸的基础上,建桥引水,将积水排出,这使得长期不能利用的积水之地变为良田。② 乾道二年至七年,这一带的置闸出现了反复,由华亭向青龙江的置闸一度改成坝堰,堰的设置利于挡潮,不利于排水。以后孙大雅给南宋政府上奏以陈利害,张泾偃旁又开月河置闸,由于淤塞严重,仅过了四五年,仍改闸为堰,并内移堰址。③

元帝国一度放松了吴淞江及其塘浦圩田系统的治理,各塘浦淤塞严重。潘应武为了应付水灾危害,至元三十年于太湖东部地区兴修水利,增加"桥梁闸坝九十六处"。当时的治理重点在湖田区,就

---

① 范成大撰、陆振岳校点:《吴郡志》卷十九,水利下,第288—289页。
② 《绍熙云间志》卷下。杨炬:《重开顾会浦记》;许克昌:《华亭县浚河置闸碑》。
③ 郑肇经主编:《太湖水利技术史》,农业出版社,第35页。

是淀山湖周边地区。① 在吴淞江不断淤塞、淀山湖和三泖地区的积水增加的环境下，置闸成为官方工作的重点。这时塘浦变小，泾浜发展，闸也开始变小，小型的坝堰开始替代原来的大闸。从总体水流环境看，任仁发在吴淞江与周边地区的塘浦置闸的失败也与水环境的变化有关。吴淞江南部圩田区的水环境在南宋和元代发生了新变化，太湖清水在吴淞江淤塞后向淀山湖一带汇集，清流势头强劲，由于纵浦的潮淤，形成了新的淤淀，豪强又在那里占田围垦，水灾不断加重。大盈浦和赵屯浦二浦长期是向吴淞江泄水的主要通道，宋代达三十丈到五十丈。任仁发治水时，"渐至淤塞，有若平地"。与淀山湖连接处的淀淤地区也"渐为富豪围占，变其湖为田地。由是二浦与湖相去渐远，而注泄亦迟，不能冲海潮，此即淤塞之因也。今至元甲午年增工开修其赵屯浦，至今通泄。其大盈浦，为因支流沟洫，如李墟泾、孔宅泾、顾坊泾、苏沟、沈麻沥、井亭沥等处，尤欠浚治，兼浦口不曾整置堰闸堤防，潮沙所以复致涨塞"。宋代以后吴淞江南部的纵浦置闸水平很低，不加维护，很快废弃。吴淞江段没有浦水冲淤，淤积更快，这使得江水水流愈加细缓。传统的疏浚之法已不可行。"若欲浙西水势通流，少遇水患，必开吴淞江之故道，复淀山湖之旧规，庶乎可以有济。然而吴淞古江已被湖沙堙涨，后重工多，似非人力可及，其淀山旧湖多为豪户围裹成田，恐亦未易除毁。"② 浦闸的设置没有了意义，吴淞江下游水流比以前细缓。治水者才考虑在吴淞江下游河段直接置闸并在本江河道上以清刷浑。

任仁发集中力量于吴淞江中下游河段多引枝河出海，同时置闸。

---

① 《吴中水利全书》卷十，水治。
② 《水利集》卷四。

麻合马加更致力于开纵浦解决吴淞江泥沙问题。"欲得江道通流,先将江南簳山前通波塘、大盈、赵屯、石浦、道合、陆虞、千墩、西宿浦八处,用工开挑。及将江南通波塘、大盈浦、直、南、黑桥边、江北瓦浦、下驾浦、新洋、小虞浦、界浦、箭浦八处各置一堰,使诸处之水,并归江中,冲渲沙泥。工毕日用艚船一百只,每只梢水手一十八人。"①开浦与置闸相结合,利用高圩抬高水位冲吴淞江之泥沙,再加上倘沙船,成本极大。由于纵浦常淤,大闸更是常淤,吴淞江淤积也因此更加严重,形势逼治水当局不断另想办法,这种局面到明初黄浦江出现后才发生了变化。在感潮地区,任仁发在乌泥泾上也置了闸,这种闸顾及到圩田区的感潮与防淤。② 元代多在吴淞江南部的沿湖泊圩田区置闸。至顺、至元年间,淀山湖——长泖一带只有六闸。"每闸止阔二丈,总计一十二丈",孙鼎认为仅靠这样的少数几个闸"欲泄浩荡无穷之水,岂无滞乎? 兼以随潮启闭一日之间不过数时,去岁至顺元年,天雨连绵,潮泖水涨,其常、湖、平江、嘉兴、杭州诸处之水积于下,为缘诸港闭塞,闸内不能急泄,致将田禾一概淹没,城郭、居民、房屋皆成巨浸。今岁八月间,又值雨水霪霖,复成盈溢,推原其由,盖因石闸启闭有时,水势不能直达下流故也"。由于吴淞江淤积加重,各浦淤塞加重,淀山湖和三泖地区的积水也越来越严重,为了解决那里的感潮淤积问题,以后又置了许多闸。③ 总体上讲,宋以后的圩田置闸是衰退的。

    自归宋之后,慢于农政,不复修举,田围河港大半隳坏。今江浙之米,石不下一贯,比之当时,其贵十倍,民不得不困,国不

---

① 《水利集》卷八。
② 《吴中水利全书》卷十,水治。
③ 《孙鼎松郡水利志七》,见《吴中水利全书》卷十八,志。

得不虚矣。前都水监于江面置闸节水,终非经久良法。且如见置闸三处,本意潮来则拒潮沙之水,潮退则放江水决潮。殊不知江水源筑塞,水势细缓,内水外水,高低无几,又闸之相去不远,决放之水既浅且缓,又乌能冲激潮沙而不积于江也。①

这种闸不像吴淞江两岸的闸那样需要负责吴淞江的河道安全,只负责防护圩田免受潮水淤塞。到了明代,大多数圩田区河道不再置闸,但在沿江一带的主干河道上,仍有人提倡置闸。薛尚质提议在常熟沿江的白茆、许浦和福山港上建闸,其建闸之法及其管理办法,自认为是承续宋人。"置闸之后,即于闸上左建巡司,就使本港巡检,率兵居守;右建营房,即与戍港百户移军屯匝,夹镇津要,如宋开江之卒之例。"这种守闸之夫与军事布置相协同。薛尚质还提到了闸夫之责:"合就弓兵数内,抽出二十名,改充闸夫,立闸石上,刊注潮候,使之按时启闭,亦属巡司约束"。其建闸办法甚至又恢复到早期赵霖反对的近里之法。"殊不知江海之潮,非内河水之等,且如目岁,数月之间,本县(常熟)崩没傍江民田数十余顷。置闸岂宜逼近江海,合无去浦口六七里或八九里,一以杀水势,且避其崩没。闸外抵海口不远,纵有淤塞,就着本司并营卒治之,则事易,永无费国劳动之患。仍于闸旁既凿月河以杀水势,又恐沙土善崩。如福山石闸尚存,其月河三倍阔于本港,何哉? 本为杀水势,反为水啮致深阔也。"②由此可见,以前的大闸崩溃,除了淤积等原因外,还与崩塌有关。置闸离浦口八九里,也是为了保护大闸,与赵霖相比,薛尚质的方法不在乎冲淤,而在乎保护大闸。

---

① 《周文英论三吴水利》,见《吴中水利全书》卷二十一。
② 薛尚质:《常熟水论》,丛书集成初编。

二 吴淞江闸

不仅郏侨提到了吴淞江两岸的置闸,范仲淹也强调吴淞江置闸,并于政和四年置闸。自华亭到青龙江(吴淞江下段河道),"自鄜山达青龙江口二十七里,积水低洼,尽成胏产,置东西四十八闸,闸板尺有一寸,浚月河长三千三百五十五丈,广六尺,浚河工费万有一千二百金,伐取运致木石之数七倍于浚河"。① 任仁发治水时,许多人甚至认为吴淞江自古不置闸,说明元代的吴淞江被淤得已经有了置闸的可能。《水利集》中的议者发出提问:"吴淞江自古无闸,今置之,非法也。"②早期吴淞江江面非常之宽,范仲淹不可能在当时那样浩荡的吴淞江面上置闸,只可能在人工开挖的引河上置闸。

> 治水之法,先度地形之高低,次审水势之逆顺,寻源沂流,各顺其性。古人谓是水归深源,又曰:沙泥随潮而来,清水荡涤而去。今新泾、上海、刘家港等处水深数丈,今所开之河止一丈五尺,若不置闸以限潮沙,则浑潮卷沙而来,清水自归深源而去,新开江道水性来顺兼以河浅,约住沙泥,不数月间必复淤塞。前功俱废,故闸不可不置也。范文正公曰新导之河,必设诸闸,正此谓也。③

任仁发倡导吴淞江置闸,因为当时吴淞江和许多枝河河道相对变窄,水环境与以前相比也有了变化。为了维持吴淞江一江出水的格局,官方不但尽力疏浚吴淞江,还尽力维护大圩体制和置闸。南宋

---

① 张国维:《吴中水利全书》卷九。
② 《水利集》卷二。
③ 同上。

和元代,官方不断在吴淞江有置闸举动,但都不理想。任仁发在吴淞江面上置闸,位置很难考定。当时吴淞江淤塞严重,"吴淞江前时通流,今日何为而塞"。① 任仁发提到的"诸闸"是一丈五尺河上建的闸,至于各闸是怎么联合以横断吴淞江面的,无从说明。与宋时塘浦之闸相比,这种闸也不是一个大闸,因为河道的规模就是以前一个泾浜之水平。新泾、上海、刘家港诸处,新开河与吴淞江是相连的,所置之闸也在相连之处有"江道",江道冲吴淞江的淤积。至正年间浚吴淞江河道时,要求疏浚"各闸旧河直道深阔"。② 这是将闸前的江道和河道取直深阔之意。明代吴淞江的河道已经很窄,严衍提议在吴淞江置闸,位置在接海之处。"欲使浊潮不上,非江尾设闸不可。江尾者,非江之大尾,阔盈十里者,盖指通海之处耳"。他提议在淤塞的宋家渡设一闸,那里原是古道,却已淤塞,这时开旧河置闸,完全可以控制。③ 任仁发在吴淞江置了十几个闸,"开江身二十五丈,置闸十座,每闸阔二丈五尺,可以泄水二十五丈"。又云:"吴松江道面阔二十五丈,上源通彻江浙诸山,众水注入太湖,入吴松江以达于海。今止造闸三座,每座且以二丈言之,三闸止该六丈,岂能尽泄水势。照得台州路管下黄岩小州,止蓄泄溪山些小之水,尚然建闸一十有四,今吴松江拟合造闸一十有三,每闸面阔二丈,方可通彻二十五丈之江水。"这段话的意思不是一字排开地在吴淞江面上置闸,可能是分别分流以置闸。"望乞多差人员,相视下源,必须置闸去处,更造一十座泄去上水,诚为便益。"大德八年,新挑了一段吴淞江河道,"起置石木闸二座"。大德十年,又开了一段吴淞江河道,置闸二座,

---

① 《水利集》卷二。
② 《孙鼎松郡水利志》,见《吴中水利全书》卷十八。
③ 《严衍开吴淞江议》,见《吴中水利全书》卷二十二。

这两闸在相邻两处位置上,"开挑一路至江二里三百三十九步一尺一寸安置木闸一座,一路至江一里四十七步安置木闸一座"。① 这种闸相距一里余,并非一字横排江中。关于任仁发的元代置闸,后人吴恩言:

> 江阔而以闸束之,可乎? 必如任仁发之说:"江二十五丈则十闸乃可。"今言两旁支港置闸,亦妙。但河身必与江等深,而闸口必与江容等例为是。然欲留清水以涤淤沙,则如之何? 谓宜大疏两旁支港,使节节深浚,横置木闸(大则石闸),俟潮来即闭,潮退则开,庶可少得导沙之益矣。然撩浅之夫,则终不能废也。②

这就是当时吴淞江的置闸技术。古人利用水流以置闸,有非常多的经验,运河置闸的经验非常丰富,完全可以移之于吴淞江。大德十年,任仁发在浚江的基础上再添置木闸。"自上海县界赵屯浦、大盈浦、白鹤汇、分庄嘴、樊浦、西浜、盘龙旧江共长三十七里三百二十一步,阔二十丈,深一丈五尺。役夫二百四十五万六千四百十九。又于庙泾西盘龙东开挑出水口并新泾,安置木闸二座。"吴淞旧江多枝多杈,枝杈分并,很容易成为塘浦的一部分,支流上的闸与塘浦闸其实并无二致。泰定三年,任仁发又一次浚吴淞江并置三闸,"泰定三年,任仁发置赵浦、潘家浜、乌泥泾三闸"。当时闸的规制是一条河上可以置两个闸,"赵浦闸二座,嘉定州造潘家浜南闸一座,上海县造北闸一座,崇德、海盐州合造乌泥泾南闸一座,嘉兴县造;北闸一

---

① 《水利集》卷二、四、五。
② 吴恩:《吴中水利》,见徐光启著,石声汉点校:《农政全书校注》卷十三,东南水利上,上海古籍出版社,1979年,第326页。

座,华亭县造"。① 最近出土的上海志丹苑元代水闸应是赵浦闸的北闸,可能是吴淞江的一个枝河的水闸。从现场的规模看,闸的规模很大。② 当时"设官管领,依时启闭,以遏浑潮。使闸内清水一归于海,冲涫江道深阔,浑潮不致傍流入江停淤,去害就利,以图永久"。③ 冲涫江道,就是以清刷浑,傍流入江,当时缓流入江,立生停淤。当时的吴淞江还有其他几个闸,"华漕东河石闸"、"西河石闸"、"小许浦东河木闸"、"封家浜东河石闸"、"新华南木闸"、"东北木闸",这是任仁发第一次所置各闸,各闸在不同的地点,甚至不同的河上。从效果看,大德九年水灾时,吴淞江一带有两个闸和一些减水河起了一定的作用。大德十年,新华之地有石、木二闸起了一定的作用,那是在新挑之河建的闸,小汛时按时启闭以挡潮放水。尽管如此,一些议者仍认为吴淞江上的闸不起作用。④

三 水流改变与坝堰兴起

大闸的崩坏,与宋元时代的浦岸破坏和泾浜发展有很大的联系。在吴淞江北部地区,郏亶列出了塘浦废后泾浜发展的状态。"在塘(至和塘)北者,今犹有其名,而或无其迹。在塘南者,虽存其迹,而并皆狭小断续,不能固田。其间南岸又有朱泾、王村泾,北岸又有司马泾、季泾、周泾、小萧泾、大萧泾、归泾、吴泾、清泾、谭泾、褚泾、杨泾之类,皆是民间自开私浜。即臣向所谓某家泾、某家浜之类是也。"⑤

---

① 《吴中水利全书》卷十,水治。
② 傅林祥:《上海志丹苑水闸遗址考略》,《学术研究》2005 年第 4 期,第 98—103 页。
③ 《孙鼎松郡水利志六》,见《吴中水利全书》卷十八。
④ 《水利集》卷五。
⑤ 范成大撰、陆振岳校点:《吴郡志》卷十九,水利上,第 276 页。

泾浜分水使纵浦的水流强度不够,失去积清刷浑的作用,浑流必然强盛,淤塞也会进一步发展。浦淤塞后变细,置闸也没了必要。另外,小泾浜也并不需要费很大财力兴修大闸,建坝堰和小闸可,置涵洞亦可。塘浦以下的枝河水系在大浦系统崩溃后成长迅速,吴淞江和塘浦系统的淤塞使人们逐步强化对小泾、小浜的利用。浜、泾的治水管理是区域性的、乡村社会层面的。元代江南社会体制松散,豪强横行,地方豪强围田后自己控制水流,私置坝堰。闸的费用甚多,而坝堰有封闭性,自成一体,是生态与社会的独立单位,故豪强纷纷置坝。至元二十八年,军官的军屯区和富户"将那河道闭塞住种田"。① 在水流环境变化和政治松弛的情况下,治水者也不再坚持每浦置闸的原则。堰与窦尽管很难发挥正常的蓄水与冲淤功能,却可以令圩田与河道在相对封闭的水流状态下维持农业灌溉。郏侨建议左沿长江三十六浦之地,建堰坝替代大闸,因坝与堰即可完成浜泾的启与闭。他提倡在盐铁塘一带的小河上设置大堰。"唯盐铁一塘,可直泻水北入扬子江外,其余皆连接于江、湖、瀼,合而为一,非徒无益,为害大矣。今乞措置:一面开导河浦,即便相度松江诸浦,除盐铁塘及大浦开导置闸外,其余小河,一切并为大堰。或设水窦,以防江水,即吴松江水径入东海。"②坝堰只堵水流,功能与大闸相比差得多,赵霖深知这一点。尽管他看到各处都在设置坝堰,但他仍想恢复置闸。

> 今濒海之田,惧咸潮之害,皆作堰坝以隔海潮。里水不得流外,沙日以积。此昆山诸浦堙塞之由也。冈身之民,每缺雨,则恐里水之减,不给灌溉,悉为堰坝,以止流水。临江之民,每遇潮

---

① 《水利集》,卷五。
② 范成大撰、陆振岳校点:《吴郡志》卷十九,水利下,第284页。

至,则于浦身开凿小沟以供己用,亦为堰断以留余潮。此常熟诸浦堙塞之由也。法当置闸,然后可以限水之内外,可以随潮而启闭。①

宋元时代时的治水者总是以五代时期的大圩体系为模式,屡次建议恢复大闸与高圩。由于吴淞江淤塞加强,这些努力都难以起到作用。到明代,黄浦江成为太湖的出水干道。吴淞江淤塞成线,变成黄浦江的一条支流,已没有利用大圩抬升水位入吴淞江的必要。黄浦江出三泖低地后在冈身行水,河道刷深,高圩深浦没有必要,主干河道上更没有什么必要置大闸。元代就有废闸之论,随着东南积水问题在永乐年间以后因黄浦江而大为改善,废闸之论更盛。毛节卿这样讲:"范郏诸公咸云置闸利而废闸害,惟元至顺间乃有废闸之论,我明港浦屡开旋塞,水旱相仍,间有议复古制,节民财者。……今欲置之,必须兼古制,通时宜,每河阔三丈者,置闸一座,六丈者,置闸二座,多寡以此为差。"这样的标准与早期的塘浦大闸差别很大,以前的塘浦宽度达到二三十丈,现在三丈便是大河浦了。这种闸也没有宋元时代的冲淤功能,只能防淤。"每闸各置亭一所,岁拨闸夫二名,和雇近闸居民世掌其事,有失则罪之。每九月至二月常川扃闭,朔望则启中闸以通海船,傍开月河、低堰,以通小舟之行。小港者或湖水溢下,则潮退而悉启之,其间三月至八月高田用水,则启闸以进潮;或雨泽满盈足以灌溉,则亦闭之以清江流。庶舟无往来之阻,田无苦旱之灾,江无淤塞之患。高乡岁免疏浚,而低田亦减三年二水之忧矣。今高乡支河在在湮塞,旱年则从外塘搬水以救苗,民实劳止。"置在小港小泾上的小闸只能限制小规模水域的感潮,费用也很

---

① 范成大撰、陆振岳校点:《吴郡志》卷十九,水利下,第288页。

低"枝河小浦约费银百余两"。费钱百两的闸实在是无关紧要的小闸。他还建议在不通舟的地方造水窦,"约费银四五两",费用更低。至于坝堰,则由堆土而成,连这个成本也没有。坝堰可定时拆建。"令塘长九月朔填坝,三月朔开坝。"在小水系上置坝,可以免半年浑潮之积。① 尽管有如此好处,长期不加管理,枝河水流也有死水化的危险。不过,这种死水毕竟是小区域的。相比较大闸的成本和风险,无论是生态上还是在社会上坝堰更加适应变化后的江南水网世界。

郏侨亦云:汉唐遗法,自松江而东至于海;遵海而北至于扬子江,沿江而西至于江阴界,一浦一港,大者皆有闸,小者皆有堰,以外控江海而内防旱涝也。夫所谓遵海沿江而至于江阴界者,半系常熟地方。自今考之,惟白茆港口、福山港口、七浦之斜堰,仅有闸迹,其他处更不多见,何也?盖有闸必有守闸者。冠盗豪强,不利于大闸者十九,而江海口,地多旷廓,守之为难。况波涛冲蚀,水道又有迁徙之患,势必难存者。此等闸,工费动逾千金,销毁不逾岁月,置而不论可也。至于围田之上流,泾浜之要口,小闸小堰,外抵横流,内泄涨溢,关系旱涝不小,且工费亦不多,如之何其不为之。②

闸的崩溃既有成本原因,也与乡村社会难以形成有效的管理有关。赵霖的《置闸篇》讲了沿长江和沿海三十六浦之地的置闸情况。为了恢复沿长江的三十六浦之闸,他多方筹措经费与材料,"所用材料木植,专辟使臣三员,分往淮南、江南路及温、处等州收买。并辟置监辖造堰闸官,俵散钱粮,巡视催促"。郏侨言:"或闻范参政仲淹、

---

① 《毛节卿江海坝闸论》,见《吴中水利全书》卷二十一。
② 耿橘:《常熟县水利书》卷一,附建闸法,抄本。

叶内翰清臣,昔年开茜泾等浦,亦皆有闸,但无官司管辖。而豪强者保,利于所得,不时启闭,遂致废坏,乡人往往能道其事。"①宋初的治水官员,只是暂时的置闸,由于闸的管理成本很高,维持制度又失效,在强大的感潮水流下,闸很快被淤废。宋代以后的小农经济与乡村水利共同体制度的崩溃,也不利于大闸的安置。与浚河、修筑相等同的置闸举措,只能成为那个时代的水利特色。

第三节　宋元时期的河道、圩田与治水体制

国家与乡村相结合的治水治田体制是从五代开始形成的,唐以前以屯田军制度为主。五代时国家力量崩溃,官圩地区的佃户逐步成为乡村社会的主体,大圩共同体,不再是纯粹的官方特色,逐步具备了官民共治的共同体特征。地域总体上看,官圩与民围仍在许多地区持续存在着。"江淮之间,地多薮泽,或濒水,不时淹没,妨于耕种。其有力之家,度视地形,筑土作堤,环而不断。内容顷亩千百,皆为稼地。后值诸将屯戍,因令兵众分工起土,亦效此制,故官民异属。"②日本学者对宋元时期的塘浦水利与圩田管理做过非常出色的研究③,只是没有对水流环境与乡村社会体制的对应关系进行深入探讨。这里通过宋元时期河道与圩田的管理模式,分析从大圩到小圩转型期的乡村水利体制,以期揭示这一阶段江南农村自然与社会的契合。

---

① 范成大撰、陆振岳校点:《吴郡志》卷十九,水利下,第283、291页。
② 《王祯农书》卷之二十一,农器图谱集之一。
③ 长濑守:《宋元水利史研究》,国书刊行会,昭和五十八年。西冈弘晃:《宋代苏州におはる浦塘管理と圩田构筑》,见中国水利史研究会编:《中国水利史论集》,国书刊行会,昭和五十六年,第122—154页。

一 一体化格局

尽管有各种力量混杂于大圩,吴越政权的塘浦与圩田在设计上仍体现国家文化的意志。钱氏政权按照古代井田制下的理想水利社会模式进行经营。朱长文用《周礼》中的典范评价吴淞江两岸的水系与农田。"自二江故道既废,而五湖所受者多,以百谷钟纳之巨浸,而独泄于松陵之一川,势不能无浸溢之患也。观昔人之智亦勤矣,故以塘行水,以泾均水,以塍御水,以埭储水,遇淫潦可泄以去,逢旱岁可引以灌,故吴人遂其生焉。"① "以泾均水"是仿《周礼》"稻人"条而成:"以潴蓄水,以防止水,以沟荡水,以遂均水。"当时的种稻法是北方种稻法,钱氏政权的建立受封建文化的影响,也致力于建设这种井田景观。郏亶实际上也称当时的圩田网络为井田制。"古人遂因其地势之高下,井之而为田。其环湖卑下之地,则于江之南北,为纵浦以通于江。又于浦之东西,为横塘以分其势而棋布之,有圩田之象焉。"西周时期的井田制与乡村社会合一,圩田体制下的乡村也要求有这样的合一。"古人治田,高下既皆有法。方是时也,田各成圩,圩必有长。每一年或二年,率逐圩之人,修筑堤防,浚治浦港。故低田之堤防常固,旱田之浦港常通也。"人们住在圩中,像是古人居于井田之中,圩岸如同城墙,"人户各有田舍,在田圩之中浸以为家"。总之,塘浦圩田系统是儒家井田制文化与江南水环境相结合的产物。每个自然圩形成以后,以圩长为中心的乡村社会也相对稳定。井田制的崩溃源于废公田、开阡陌所带来的改变。大圩崩溃时也有类似变化,人自私其利,停舟垦岸,圩田失序,泾浜分化。在冈

---

① 朱长文撰、金菊林校点:《吴郡图续记》卷下,治水,第51页。

身,"其高田之废,始由田法隳坏,民不相率以治港浦"。田法就是五代大圩时代的乡村水利岁修制度。乡村无水利常督,整体河道与圩田无人整治,圩中的农民为停舟之便,"或因决破古堤,张捕鱼虾,而渐致破损;或因边圩之人,不肯出田与众做岸。或因一圩虽完,傍圩无力,而连延隳坏。或因贫富同圩而出力不齐;或因公私相咎而因循不治。故堤防尽坏,而低田漫然复在江水之下也"。大圩的破坏在整体水环境上还有进一步的外延,"及夫堤防既坏,水乱行于田间,而无(有)所潴容。故苏州得以废其堰,而夷亭亦无所用其闸也",塘和闸的制度也因此败坏了。塘浦分出小泾,以泾为核心的局部水环境在形成,小圩也在这个基础上形成。"人户各有其田舍,在田圩之中浸以为家。欲其行舟之便,乃凿其圩岸以为小泾、小浜。即臣昨为所陈某家泾、某家浜之类是也。说者谓浜者,安船沟也。泾既小,是〔堤〕岸不高。"①有序格局破坏后,以后产生的治水组织只好依托新形成的小圩与泾浜。在经济上也依托小农经济。这个过程似乎与春秋战国时期北方形势如出一辙。大圩时期的圩长制度也崩坏了,这种制度崩溃后,又产生了两种适应性制度模式。一种是小农的自作塍岸模式,另一种则由地方官员重整圩田系统和水利社会系统。郏亶曾如此上书:

> 自景祐以来,上至朝廷之搢绅,下至农田之匹夫,谋议擘画三四十年。而苏州之田,百未治一二,此治水之失也。惟嘉祐中,两浙转运使王建议:谓苏州民间,一概白水,至深处不过三尺以上,当复修作田位,使位位相接,以御风涛,则自无水患。若不修作塍岸,纵使决尽河水,亦无所济。此说最为切当。又缘当时

① 范成大撰、陆振岳校点:《吴郡志》卷十九,水利上,第269—271页。

建议之时，正值两浙连年治水无效，不知大段擘画，令官中逐年调发夫力，更互修治。及不曾立定逐县治田年额，以办不办为赏罚之格。而止令逐县令佐，概例劝导，逐位植利。人户一二十家，自作塍岸，各高五尺。缘民间所鸠工力不多，盖不能齐整。借令多出工力，则各家所收之利，不偿其所费之本。兼当时都水监立下官员，赏典不重，故上下因循，未曾并聚公私之力，大段修治。臣今欲乞检会王安石所陈利害，却将臣下项擘画，修筑堤岸以固民田。则苏州水灾，可计日而取效也。议者或谓曩年吴及知华亭县，常率逐段人户各自治田，亦不曾烦费官司，而人获其利。今可举用其法，以治苏州水田，不须重烦官司也。①

其中所讲的华亭知县的行动，类似井田制崩溃后以小农经济为基础的中央集权，一二十家自筑塍岸的体制则是一种新体制，在江南地区，这种模式一直持续到民国时期，是带有现代共同体特征的水利社会模式。这种共同体力量在上层产生了响应。当时有一种舆论："使植利户，浚泾浜作圩岸。"赵霖治水之时，修浚主干塘浦，一般圩岸无法兼顾。"昨闻熙宁四年大水，众田皆没，独长洲尤甚。昆山陈新、顾晏、陶湛数家之圩高大，了无水患，稻麦两熟。此亦筑岸之验。目今积水之中，有力人户，间能作小塍岸，围裹己田，禾稼无虞。"这种有力之家，可能不是独立的一家，而是有领袖的圩内共同体。圩内共同体涉及许多事务，如挖河筑圩时的取土用地怎样处置，需要政府出面干预，乡村共同体亦需要政府扶持。赵霖曾考虑圩内共同体的内聚性问题。"民频年重困，无力为之。必官司借贷钱谷，集植利之众，并工戮力，督以必成。或十亩或二十亩地之中，弃一亩，取土为

---

① 范成大撰、陆振岳校点：《吴郡志》卷十九，水利上，第272页。

岸。所取之田,令众户均价偿之。"①吴及在华亭县提供了领导服务,逐段动员人力筑岸,段即圩,位位相接即是一种圩田与圩田,圩岸与圩岸之间的连接,必须先通过基层乡村治圩,然后达到河道的治理。自然圩社会的联合,便会形成位位相接的治河与治田之局面,这需要全县的水利动员,需要地方官员的领导,无形中又加强了官府的集权。

二 河道与权力

随着环境与治水体制的变化,江南的官僚体制逐步理顺了乡间与国家的水利分野。南宋赵子潇在论述水道形势时提到了河道的公私分野。"昔人于常熟之北开二十四浦,疏而导之扬子江;又于昆山之东开一十二浦,分而纳之海。两邑大浦凡三十有六,而民间私下泾港,又不可胜数。"②这话意味着塘浦归官方管理,泾港由私人所有并管理。泾浜可以停舟,可以依之开垦小圩田。为了恢复大圩体系,小圩田与小泾浜常被官方拆除,化私为公。随着开发程度加强,更多河道与湖泊成为豪强侵占的对象,化公为私的现象不断发生。为了节省成本,治水者往往将重点放在干河水系,一般的圩岸之事和圩田的外河归农村管理,官方督催一下了事。"嘉祐三年,转运使沈立开昆山之顾浦,颇为深浚;五年转运使王纯臣请令苏湖常秀修作田塍,位位相接,以御风涛。"这是从上到下的一种动员,终归还是落实到乡村水利共同体内。③ 平时,官方无法深入到圩岸岁修,宋初官方甚至连基本塘浦都不整治。郑瑄言:

---

① 范成大撰、陆振岳校点:《吴郡志》卷十九,水利下,第289—290页。
② 《赵子潇相视水利方略状》,见《吴中水利全书》卷十三,绍兴二十八年上。
③ 正德《姑苏志》卷十一,水利上。

后之人,不知古人固田、灌田之意,乃谓低田、高田之所以阔深其塘浦者,皆欲决泄积水也。更不计量其远近,相视其高下,一例择其塘浦之尤大者十数条以决水。其余差小者,更不浚治。及兴工役,动费国家三五十万贯石,而大塘、大浦终不能泄水。其塘浦之差小者,更不曾开浚也。而议者犹谓:此小塘、小浦亦可泄水,以致朝廷愈不见信。而大小塘浦,一例更不浚治。积岁累年,而水田之堤防尽坏。使二三百里肥腴之地,概为白水。高田之港浦皆塞,而使数百里沃衍潮田,尽为荒芜不毛之地。深可痛惜![①]

宋代中后期,官方对圩田、河道的管理,大半是公文行事,少有建设。官方与乡村在河道上分责也是自然而然的事。政和年间,赵霖没有先治田后治河,而专以关键河道为管理对象,从塘浦入手,并且重视修闸。"秀州、华亭县欲并循古法,尽去诸堰,各置小斗门,常州镇江府望亭镇合依旧置闸。"[②]他对"小堰",也就是小圩的势力进行了清理。宣和年间,赵霖分了几等岸式,这些水利岸式所涉及的都是一些大浦港。

表2.1　赵霖的治河模式

河　名	长度(里)	宽度(丈)	深度(丈)	等　级
青龙江	13	面15 底9	1.2	一
江阴黄田港	20	面6.5 底3	0.7	二
昆山茜泾浦	34	面8 底4.8	0.7	二
昆山堀浦	12	面3 底2.4	0.35	三
常熟崔浦	23	面8 底4.8	0.7	二
常熟黄泗浦-连小山浦	70	面8 底4.8	0.7	二
宜兴百渎	62	面2.5 底1.7—9	0.5	三

资料来源:《吴郡志》卷十九,水利下,第292—294页。

---

① 范成大撰、陆振岳校点:《吴郡志》卷十九,水利上,第279页。
② 《宋会要辑稿》食货七,政和六年八月四日。

青龙江是吴淞江的一部分,是一级河道;塘浦级别的河是二级河道;三级河道是再次一级的河。相互之间的严格界限往往是在工程中产生的。官河与民间的河道之上也会发生利益冲突。官方治河时,遇到豪强占住水面,会转弯别处以回避。在"官河"概念出现的同时,圩田修岸之事和枝河小港的修浚之事,自然由民间负责。

> 窃见本县管下围田尽在西乡,见今茫茫尚成巨浸,未可施工。向后水退,各有田主自系己事,何待官司监督?纵使官吏到乡,不过于官河上经行一遭,取乡保责状一纸而去,僻村小港,何缘遍及,坐守监视,恐无此理。纵一处可监,其余凡几乡几围,安得一一而监之。古有田畯之官,固可往来阡陌,与民无间。时异事殊,百姓畏官如虎。凡欲利之,适以害之,今岁荒歉,被害最甚,诸司重叠,差官简涝诸乡都,分瞳伤旁午。耆保以上应接不暇,吏卒之扰,为官者两耳目尚简,核不及或所差不得其人,则其为扰,朝廷又安得而知。惟有省事即事便民,除此以外,更无他说。况田岸之事小,水利之事大。田岸之事在民,在民者在官不必虑;水利之事在官,在官者在民不得为。必欲利民,使之蒙福,则莫若讲求水利之大者。窃考本县图志,南北东西各有放水之处,东以蒲汇通大海,西以大盈浦通吴淞江,南至通波塘,直至极北亦通吴淞江,此华亭所以常熟。自小人妄献利,便将泄水之地塞为沙田,朝廷不知,一时听信可为利,所得毫末,而华亭一县多被淹没,公私交病,所失甚多,今若准旧开浚,则百姓自然利赖其为修田岸也,大矣!如蒙申请,舍田岸之小,而修水利之大,幸不胜甚。①

---

① 张国维:《吴中水利全书》卷十五,黄震申嘉兴府修田塍状。

官河和具有公共水域性质的湖泊归官方控制,纲举目张。黄震认为田岸之事小,河道之事大。塘浦由于水流不断淤塞变化,治水地位也常发生变化。南宋时期,一位官员将吴淞江以北的三十六浦分为四等。"三十六浦实有四等,如茜泾、下张、崔黄、四七丫浦、掘浦、溪浦、金泾八所为最要;如六鹤、杨浦、千步泾、甘草、六、河、高浦、司马浦、东浦九所又其次也;如浪港、籴浦、五岳、川沙、顾遥、野儿、西陈、水门、溏浦、黄莺、耿泾、丸浦、唐浦、石幢、邬沟、北浦十六所又其次也;如白茆、福山、许浦三所,不大淤塞。欲望浚,旨选官先,次商浙西水势,将三十六浦择切要处科计工役,尽理开浚诸州。"①河道的详细分类表明,治水策略正向抓纲弃枝的方向发展。嘉定年间,官方将吴淞江地区划分为四个大区:吴松江北部、吴松江南岸、扬子江南岸、东海岸四个部分,每个部分又按主干河道细分。② 这些官河还是地方河,运河是国家河,利益至高,地区河不能与运河发生水流或其他方面的冲突。江南圩田体系的破坏与乔维岳以运河为中心的措施有关,即郏侨言"由端拱中,转运使乔维岳不究堤岸、堰闸之制,与夫沟洫畎浍之利。姑务便于转漕舟楫,一切毁之"。由于这种破坏,遗留在宋初乡村田野中的那些大圩岸与大圩田的旧迹,到宋代中期越来越不见踪迹。③ 转运使又以运河为纲破坏原有的河道体系,对江南原有的水利生态产生了很大的破坏。

地方的治水官员很难在官河与民间河道之间做好协调,总是在主干几条官河上疏浚应付。从范仲淹开始,太湖治水者很难全面地实施治田与治河的统一。只是在水灾时"择其塘浦之大者数十条以

---

① 《宋会要辑稿》食货八,隆兴二年八月六日条。
② 任仁发:《水利集》卷七。
③ 范成大撰、陆振岳校点:《吴郡志》卷十九,水利下,第281页。

决水。其余差小者,更不浚活也"。郏亶准备恢复古制,实行治田与治河一体化管理。他把圩田注于塘浦名下,让治水者在治河的同时兼治圩田。"今具苏州、秀州及沿江、沿海水田、旱田,见存塘浦、港沥、堽门之数,凡臣所能记者:总七项,共二百六十五条。并臣擘画将来治田,大约各附逐项之下。"由于圩岸即河岸,治河与治岸存在着一致性。治圩与治河的一体化建设,需要五代那样的水利集权,这种体系与集权崩溃后,大量以自然圩为单位的豪强势力占了河道和湖荡,郏亶欲以治圩为中心完成水利建设,必然遇到这种势力的抗抵。刚上任时,他有点踌躇满志,"治田者先也,决水者后也,臣今究穷得古水治田之本,委可实行"。到苏州兴役,集中了权力,"转运、提刑、皆受其约束"。只是下层豪强不配合,借口"民以为扰"与他作对,治水计划以失败而告终。①

在许多官圩的登记中,田亩数字附在塘浦或湖瀼等水源名下之下,这是一种以河道统圩田的统治方式,负责河流责任的地方水利领袖,也是负责这一区域内圩内筑岸的领袖,这种形式与明代的塘长制类似。乾道元年,平江知府沈度言:"被旨开掘长州县习人乡清沼湖围田一千八百三十九亩,益地乡尚泽塘[荡]围田一千五百亩,苏台乡元潭围田一千五百八十八亩,樊洪瀼围职田三百三十二亩,营田一千九百六十九亩,费村瀼围田一千六百六十二亩。昆山县大虞浦围田二十六亩,小虞浦围田一百六亩,新洋江围田一百七亩,昆塘围田三十三亩,许塘围田二十六亩,六河塘围田一十三亩。常熟县梅里塘围田二亩,白茆浦围田二百三十一亩,自今通泄水势。"②这些圩田阻

---

① 范成大撰、陆振岳校点:《吴郡志》卷十九,水利上,第274、279页。
② 《宋会要辑稿》食货八,水利下,乾道元年二月二十四日。

挡了水流畅通,故开掘之。有的荡地在恢复时要拆除的圩田面积甚大,达到上千亩,有的甚小,仅有几十亩甚至二亩,是民间开出的小圩。因为官方只抓干河,枝河被放弃了,枝河体系上的圩岸与圩田,基本上任乡村自理。官方如果加强集权,仍可以一统河道与圩田系统。

> 昔钱王时,置都水营田使,有撩浅军四部七八千人,专为农田导河筑堤。亡宋初年废弛,至理宗朝,归之浙西发运司。有发运使赵兴笃招募流移农民,立魏江、江湾、福山水军三部三四千人,专一修浚江湖河塘,后因改除,以此军籍归隶枢密院。又为水灾复至,又发运使吴渊拘收没官田米,责之州县,自行支用,雇募百姓修浚。归附后军散营废,田米归朝廷,被豪强占湖为田,闭塞河港水脉,因此积水不去,农民失修围塍,所以连年水灾,实由于此。①

动用军队导河,是五代到两宋时期的一个现象,说明类似官河上的集权成本很大。赵霖修浦时,官方经费短缺,将塘浦的责任分摊到户。"以兴修水利为名,别立价直,将逐浦合用工料,召有力人户出备钱米,官为募夫,监部开修,或一户数户管一浦,候毕工日,计实用钱米纽直。"②这种管理方式具有临时性,难以长久。元代兴工时,官方按团甲之法编役,将水利社会与乡村社区相统一,这样做一方面可以发挥集权办大事的功能;另一方面也可以将地方水利共同体官僚化,对地方社会的自组织功能产生了破坏。总之,由于水利中一直存在着官方与民间两种势力,官方一直在寻求与基层水利社会的界限。

---

① 任仁发:《水利集》卷八。
② 《宋会要辑稿》食货七,政和六年十月六日。

三 界限

长濑守认为宋代中国存在着一个"农业水利集团",这个集团直接受制于从中央到地方的官僚系统。中央一级是工部尚书下的水利郎中;地方由转运使、提点刑狱司、提举常平司负责;再基层是府县政府,府县直接调控乡村社区的农业水利集团。① 上层水利与基层水利的关系是水利社会史研究的一个关键。在北方,官方集中于一条河即可以完成管理,乡村力量可以忽略不计;在江南水网区,只靠官方进行干河管理难以遍及水网,必须有乡村力量负责枝河维护和修浚。汉唐屯田之后,江南的水利社会中一直就存在一个官方与民间社会互动的问题。官民互动在地域上表现为官民的分界。南宋末年,袁甫在华亭县行经界法时,提到一位叫杨君的官员在华亭的成就:

> 置围田局,募甲首、给清册,命之曰抄撩。匿者露,虚者实,乃檄君摄事华亭,君日受讼牒,力究弊源,蠲胥吏白纳之钱,贷民户积欠之赋,驰酒税无艺之征,德意渐孚矣。则以礼属乡官,分任其责,不履亩,不立限,不任吏。每都甲首、乡官择之,每围清册、甲首笔之。田之顷亩,昭然可观。②

这种围田之制是在"都"的基层上设立的。都在圩田以上,当然,都以下仍有甲首,并有围田清册。甲首是乡内长老们选出的人物,统治方式是"不履亩,不立限,不任吏"。这是一种利用乡村水利共同体的统治方式,当时行于刚开发地区。在水利成熟地区,官方管

---

① 长濑守:《宋元水利史研究》,国书刊行会,昭和五十八年,第48—49页。
② 袁甫:《蒙斋集》卷一四。

理的重点在于划分圩田界限,并在分界过程中明确责任。赵霖治水时曾派员到乡村定界限:

> 浙西诸县,各有陂湖沟港、泾浜湖泺,自来蓄水灌溉,及官私舟船往还。今欲就委打量,官遍诣乡村检踏,应有似此去处,打量并见丈尺四至,着望用大石牌雕镌地名、丈尺、四至。以千字文为号,于界省分明标识。仍晓示地分食利人户、常切照管,无令损动、堙塞、请占。县别置簿拘收,县尉遇下乡检察,如有堙塞,即时开浚。①

两宋时期一直存在着划界问题,划界的临时性说明当时的乡村行政单位一直不稳定,水利单位也不稳定。一圩或几圩会形成一定的共同水利利益,圩外水流受到威胁时,共同地域的乡村会因共同利益而制止他圩人干扰水流。宣和三年有诏曰:"江南路官私圩埠,有司希功妄作,或辄将上流闭塞,致下流无水灌溉;或壅遏无所发泄,致邻左例遭水患。及有元供顷亩数多,后来实数不及,辄敷与民户,或勒令等第承佃,或抑配倍纳租赋,因此多致民户流徙。可限十日改正,见妨民户灌溉及壅遏无发泄者,所属监司相度措置"。② 官方一般也通过界限划定制止豪强侵占水面。对于自然圩界限,宣和年间对水灾后的官方管理的办法就是设千字文确定圩田与责任界限。

> 其余远年逃田、天荒田、草莽、茭荡及湖泺退滩、沙涂等地,并打量步亩,立四至、坐落、著望乡村,每围以千字文为号,置簿拘藉,以田邻见纳租课比扑量减分数出榜,限一百日召人实封投

---

① 《宋会要辑稿》食货七,宣和元年二月十四日。
② 《宋会要辑稿》食货六一,宣和三年三月十九日。

状,添租请佃,限满拆封。给租多之人,每户给户帖一纸,开具所佃色步亩,四至、著望、应纳租课,如将来典卖,听依系籍田法,请买印契书填交易。①

圩田与圩田之间以千字文命名,本身有规范边界和序列的功能。南宋时期,千字文格式的圩田排列和界限设置依然存在。绍兴三十一年,江南一带的官圩多被军州统辖,每一圩都是军事共同体,官员按人员给田时制千字文,将田排号。"专委漕臣一员,催促标拨至籍,限今年岁终,须管标拨尽绝,仍开具已标拨过职位、姓名、田亩,关报常平司,依常平法借贷种粮、牛具。或有州军员多田少去处,即行开具以闻。其逐州军所拨田土,须管将乡村比近田段品格、肥浓、瘠连、高下,以千字文为号,每一百亩作一号,鼠尾排定注籍讫,从上拨与先到州军,公参籍定之人如合给田三十亩已上,即行拆号标拨五十亩;如合给七十亩已上,令拨一百亩。若标拨给田,便行住罢请给。窃虑因而失所。"②排号是按田亩排号,圩田内各人的田产由官方拨给,水利管理上当然更加控制。宋元交替时,管理制度依然未变。"官田有公营屯围,诸色名项之伙,亡宋各有承佃管,领县有籍册及鱼鳞图本,给付承之,又有田亩、字号、租额石斗、印、信、簿、书,种田户每岁又有由贴批销,如遇承佃告替,官拘一应文籍,交付新佃执照。"③部分官圩还以植树为界限。"绍兴三十年,张少卿初为漕,徙民于近江,增葺圩岸,官给牛种,始使之就耕。凡圩岸皆如长堤,植榆柳成行,望之如画云。"④南宋时期,围垦向淀山湖一带的湖群扩展,

---

① 《宋会要辑稿》食货六三,农田杂录,宣和元年八月二十四日条。
② 《宋会要辑稿》食货一,绍兴三十一年正月五日。
③ 任仁发:《水利集》卷二。
④ 李心传:《建炎以来朝野杂记》甲集卷十六,圩田。

各种规模的截水坝兴起。地方豪强借坝堰形成相对封闭的水网系统,一个坝就代表了一个封闭的单位。绍兴年间,淀山湖周边的军队豪强势力筑坝拦水,史才言:

> 濒湖之地,多为军下兵卒侵据为田,擅利妨农,其害甚大。盖队伍既众,易为施工;号召之行,奋筑并兴,积土增高,长堤弥望,名曰"坝田"。水源既壅,太湖之积渐与民田隔绝不通。旱则据之以溉坝田,不治其利,水则远近泛滥,不得入于湖。又且决坝田之余于民田,而民田尽没矣!为害如此,臣恐不为之禁,则水利寖废,浙西民田不复有水旱之备。①

乾道二年,吏部侍郎陈之茂奏:"比年以来,泄水之道既多湮塞,重以豪户有力之家,以平时潴水之处,坚筑塍岸,包广田亩,弥望绵亘,不可数计。中下田畴,易成泛滥,岁岁为害,民力重困。数年之后,凡潴为陂泽,尽变为阡陌,而水患恐不止今日也。"皇帝也认识到这一问题:"浙西自围田即有水患,前此屡有人理会,竟为权要所梗。"这种由豪强集团控制的自然圩自六朝以来就存在,只是宋元时代的中央集权更为强大,这些人易受到惩治。尚书省遣漕臣"亲诣逐州县监督开掘,以泄积水,除民害,尚虑形势权要之家,日后依前冒法谋利,复行修筑为害如初,理宜约束。令两浙转运司并逐州县守令,常切检察遵守,如有违犯之人,命官取旨余重作施行"。② 官方河道与私人围垦区有着非常明显的斗争。官方一般在划定界限时介入。为了防范私围扩展,官方要检察水道,拆除私围,设立界限。淳熙十一年,"浙西诸郡应官民户旧来围田去处,明立标记,给榜晓谕,

---

① 任仁发:《水利集》卷九。
② 《宋会要辑稿》食货八,乾道二年四月七日,五月十一日。

不得于标记外再有围裹"。界限确定之后,官方以此检查圩田与水道。水灾后修岸,也会发生界限纷争。"被水围田,向去只计据昨来标记四至,埤补塍岸,不得因而侵占比近水地,其有自昨来标记之后,续行围裹,妨害从共水利去处。既因水淹没,更不得再行修筑,如违,许被害民户越诉,仰监司委请强官相视,具奏取旨。"淳熙年间,官方试图将这种检视成为定例。"乾道五年九月,指挥差官检视应停蓄水河道,有湮塞壅遏去处,照旧来界至悉行开掘,仍每岁巡察,此淳熙三年六月指挥也。令浙西诸郡约束属县,如有给据官民户买佃江湖草荡,围筑田亩,许人户越诉,置之重宪,仍委监司纠劾,此淳熙八年七月指挥也;凡有陂塘,自令下之后,尚复围裹,断然开掘,犯者论如法,给据,与不告捕者并坐罪,此淳熙十年四月指挥也。"字面上看似乎很严格,只是当时有许多当权者仍在围裹田地。① 豪强势力突破圩界后,自设界限,形成封闭的乡村水流系统,国家的管理体系因而失序。淳熙三年四月九日,张抑言:"浙西诸州豪宗大姓,于濒湖陂荡多占为田,名曰塘田,于是旧为田者,始隔绝水出入之地。淳熙八年,虽因臣僚劄子,有旨令两浙运司检括,而八年之后,围裹益甚。乞自今责之知县,不得给据;责之县尉,常切巡捕;责之盐司,常切觉察。仍许人告,令下之后,尚复围裹,断然开掘,犯者论如法。"② 对豪强圩田的打击,是水利集权的一种表现。乾道年间,吏部侍郎陈之茂上奏时这样讲:

> 比年以来,泄水之道既多堙塞,重以豪户有力之家,以平时潴水之处,坚筑塍岸,包广田亩,弥望绵亘,不可数计。中下田

---

① 卫泾:《后乐集》卷十三,论围田劄子。
② 任仁发:《水利集》卷七。

畴,易成泛滥,岁岁为害,民力重困。数年之后,凡潴陂泽尽变为阡陌,而水患恐不止今日也。乞选差疆明郎官一员,同漕臣将日下[将]新围之田,疾速开凿。①

这种豪强围田有碍水流,拆除围田是强化水利集权的一种表现。宁宗二年,太湖东部私围扩展严重,尚书袁说友等奏:"近年以来,浙西诸郡,围田之利既行,而彼塘淹渎皆变为田,年岁既深,围田日广,曩日潴水之地,百不一存。水无所潴,旱无所取,雨则易潦,晴则易旱者,皆四田有以致之也。今浙西乡落围田相望,皆千百亩。陂塘淹渎,悉为田畴。有水则无地之可潴,有旱则无水之可戽,易水易旱,岁岁益甚,今不严为之禁,将不数年水旱、旱易见,又有甚于今日,无复有稔岁矣。"官方制定了一个叫停围田的条例。先将扩圩亩数进行登记,然后确立扩展边界。"其旧田增围者有若干亩,及新创围裹者有若干亩,结罪具申提举司,并行籍记。若尽行开掘,复恐租种者有失业之患,令本司严立赏榜,遍于诸州县城郭乡村,散榜晓谕。自后辄敢将陂塘淹渎等应干潴水之处,增围旧田及新创围田,并虽系旧围之田,如已经浸没,或围岸已倒者,不得再行修围。上件三项,立赏钱一千贯。如有违犯,许诸色人赴提举司陈告。仰追犯人根勘指实,即以所围田委官日下尽堀,并行没官。"②尽管如此,官方对占据河道和湖荡圩田的行为常常态度暧昧,因豪强势力往往还同时提供一点税收。嘉定年间,湖州知州王炎言:

> 本州境内修筑堤岸,变草荡为新田者凡十万亩,亩收三石,则一岁增米三十万硕。前日朝旨决其堤岸而毁之,则一岁损米

---

① 《宋会要辑稿》食货八,水利,乾道二年四月七日。
② 《宋会要辑稿》食货六一,庆元二年八月二日。

三十万石。今既许其修筑，复为新田，然必亩纳一石，然后官始给据。夫先纳米后给据，此富民之利，贫民不便也。不若候其修筑毕工，种艺有收，然后亩纳一石。又况草荡不同，有在官之弃地，有人户之已业。围官荡以为田，责其纳米，彼固无词。若系已业修筑成田，前日坏之，今日葺之，倍有劳费，亦先纳米而后给据，则取之无名。乞下浙西诸州核实，官荡已产，分为二等，不一概责其纳米，而品官之家，限定顷亩，不许多占，庶几稍优贫民。①

所以，真正的水利制度之运行还在于利益集团的权力运行方式。边界实是官方打压地方社会的措施，边界政治执行力度的强或弱，维持水流还是多收税，完全视官方与豪强的博弈而定。王安石变法以前，完全以乡村共同体的领袖主持乡村事务，共同体对圩田与水利有责任，官方对乡村田地的界限也没有强行划分。王安石变法后，保甲法与土地经界法实行，中央集权向乡村渗透，对乡村共同体事务产生了重大影响。在常熟，宋初实行共同体性质较强的体制，熙宁年间"行保甲，罢耆户长、壮丁而法始变。自元祐复耆户长、壮丁，犹以保甲法而大变。自绍圣而后以耆户长、壮丁钱尽归公上而法尽变，民避役如避寇，举世尽然，是邑独甚，端平既正经界，乃汲汲兹事"。② 正经界就是土地登记并分类的过程，这种过程必然带来田间塍岸的变化，因为一些塍岸本来就有标界的作用。界限的变化可能微小，社会因此而发生的变化甚大。经界法与保甲法加强了官府对基层的控制，共同体的控制力减弱，农民的自由度降低，被剥削程度加重。与

---

① 《宋会要辑稿》食货六，嘉定二年正月十五日。
② （宋）孙应时：《（宝祐）重修琴川志》卷六，乡役人。

公共地产处于模糊关系状态的水、田、林界限被定位,肯定对乡村产生了重大的影响。经界法的另一重要特色是小圩的盛行与公田的减少,随着大圩的解体和泾浜体系的增加,为私田产生创造了条件。所以,整个北宋时期必然是一个五代那样的官田区被瓦解的过程。李心传言:"官田,东南旧多有之。"①宋代以前多为大圩与屯田区,土地面积与规划统一,丈量与地租自然易行,也不用官方强调经界之法。宋以后大圩消失,小圩是由泾浜自然分化形成的,有太多的不确定性,形状也不规则,故官方要统一丈量。这时候往往就产生了如下结果:由于个人的田块分散,佃户的赋税与水利出役往往就不受同一个圩约束,而为多个圩约束,赋役分散化的力量对水利共同体也产生削弱的影响。

四 内聚性与基层政区

宋前代的大圩与大家族有关。郏亶指出:"古者,人户各有田舍,在田圩之中浸以为家。欲其行舟之便,乃凿其圩岸以为小泾、小浜。即臣昨来所陈某家浜、某家泾之类是也。说者谓某浜者,安船沟也。泾浜既小,堤岸不高,遂至坏却田圩,都为白水也。今昆山柏家瀼水底之下,尚有民家阶甃之遗址,此古者民在圩中住居之旧迹也。今昆山富户,如陈、顾、辛、晏、陶、沈等,田舍皆在田围之中。每至大水之年,亦是外水高于田舍数尺。此今人在田圩中作田舍之验也。"②这些富户家族规模非常之大,家族本身有内聚性。两宋时期的豪强圩应当与唐时有相似性,自然大圩本身形成了一个强势的家

---

① (宋)李心传撰、徐规点校:《建炎以来朝野杂记》甲集卷十六,中华书局,2000年,第345页。
② 范成大撰、陆振岳校点:《吴郡志》卷十九,水利上,第270—271页。

族联合体。大圩崩溃后,这种强势的联合体也崩溃了。小圩时期的内聚性根植于同一圩内的共同水利利益。圩内各户共同筑岸的事务,要求各户有投入和收益上相对均平才行,不均则会引起内聚性的散失。官方的干预多表现为强化责任的均平。宋初官圩佃户有很强的游移性,内聚性很差。圩内多是休耕之地,休耕地肥力高,佃户挑选肥力高的地块,年年换地,易地种植,因此产生了很强的游移性稻作农业。郏亶言:

> 臣少时见小虞浦及至和塘,并阔三二十丈。累经开淘之后,今小虞浦只阔十余丈,至和塘只阔六七丈,此目所睹也。或因田主只收租课而不修堤岸,或因租户利于易田而故要[致]淹没。吴人以一易再易之田,谓之白涂田,所收倍于常稔之田,而所纳租米,亦依旧数,故租户乐于间年淹没也。①

易地耕种的农民不断地换圩耕种,并不固定在一个地方,也难以负起水利责任,这种圩田无内聚性。宋初的大圩区多流民佃户,佃户不固定,五代时的乡村制度就无法恢复。官方与佃户在相关利益上经常发生冲突。官方以取利为主,哪里有放水之后的休耕地,就在哪里招垦。当年收租后,"自来水乡秋收了当,即放水入田,称是废田,欲出榜招人陈告,其田给予告人。耕田纳税,即已给予告人,后有词诉不得受理"。秋收后就出榜招人,佃户一年一变,没有水利共同体所要求的内聚性。水灾毁圩岸时,官方利用物质和政治手段扶持共同体,稳定圩内农户。"勒食利人户,并工修作,如有贫乏无力用工者,许保正、长保明,以常平钱米量行借贷。"②圩岸遭灾时,农民移到

---

① 范成大撰、陆振岳校点:《吴郡志》卷十九,水利上,第271页。
② 《宋会要辑稿》食货六,绍兴十二年十二月二日。

外地,恢复生产时仍要招佃。乾道六年,"江东诸州圩田,近因雨水冲损圩岸,若候条筑,动经岁月,圩上人户既无田可耕,窃虑失所。其淮西未耕垦田甚多,见行召募人户请佃,理宜措置"。官圩的恢复由官方统一动员圩岸的修筑,官方也会出资帮助私圩。乾道七年,"江东圩田去年被水冲决去处,官圩已令修筑外,民间私圩已降,指挥以田亩十分为率借种一分,尚虑兴工,所借分数不足,仰提举官、逐州守令量增分数,一面及时增修,具已增分数,限半月具实数,并申尚书省"。① 这些方法都是官方促进内聚性的一些手段。乾道五年,李结提倡郏亶的高大圩岸法,建议均贫富以加强圩内共同体的内聚性。

    古人治低田之法也。若知决水而不知治田,则所浚之地,不过积土于两岸之侧,霖雨荡涤,复入塘浦,不五七年,填淤如旧,前功尽弃。为今之务,莫若专务治田。乞诏监司守令,相视苏、湖、常、秀诸州水田塘浦紧切去处,发常平、义仓钱米,随地多寡,量行借贷与田主之家令就此农隙,作堰车水,开浚塘浦,取土修筑两边田岸,立定丈尺,众户相与并力,官司督以必成。且民间筑岸,所患无土,今既开浚塘浦,积土自多。而又塘阔水深,易以流泄,田岸既成,水害自去,此臣所谓敦本之义也。结又以为:百姓非不知筑堤固田之利,然而不能者,或因贫富同段而出力不齐,或因公私相侪而因循不治,非协力不可。百姓所鸠工力有限,必赖官中补助,官非因饥歉,难以募民兴役,非因时不可。②

  圩田内部是否都处于一个圩长领导下,各地差异很大。吴淞江地区文献之中没有个案,宣州地区的大圩中又有小圩,官私杂处,圩

---

① 《宋会要辑稿》食货一,乾道六年闰五月二十五日;乾道七年二月十四日。
② 《宋会要辑稿》食货八,乾道五年十二月十四日条。

岸制度却有明确的规定。当涂县的广济圩很有代表性:

> 所系广济圩长九十三里有余,其圩与私圩五十余所并在一处,坐落青山前,各系低狭,埂外面有大埂埠一条,包套逐圩在内,抵涨湖水。今来逐圩被水损坏,询访人户,只修外面大埂,不惟数倍省工,委是可以抵障水势。所有腹里圩埠,或有损处,听人户自修,寻取会到逐县被水修治官私圩埠体例,系是人户结甲保借常平来自修。今来损坏尤甚。人户工力不胜,不能修治。今措置,欲乞依见今人户结甲,乞保借米粮,自修圩埠,体例不以官私圩人户等纳第苗租钱米充雇工之费,官为代支。①

结甲就是在圩内部形成水利共同体组织单位,吴淞江地区也有结甲。潘应武言:"古来各围田甲头每亩率米二斤,谓之做岸米。每七八月间,水涸之时,击鼓集众庶煮粥接力,各家出力浚河取泥做岸米,……岸上种桑柳,多得两济。"②圩内有甲头,大圩内分许多甲,大围内存在着甲头一级的水利社会单位。明代圩很小,小圩的修圩首领称圩甲。南宋时期,官圩区规定地方豪强不能成为圩田首领,修圩领袖由官方所选择的出资修圩的民户担任,多是上等户与中等户。"两浙西路宣谕胡蒙言:'乞行下两浙诸州军府,委官相度管下县,分乡村劝诱有田产上、中户,量出工料,相度利害,预行补治堤防圩岸等,以备水患'。"③两宋时期,由于大圩的存在,官方仍然试图维系大圩结构下政治单位与水利单位的合一。尽管如此,江南圩田多,乡村社会的修圩时的社会内聚性力量长期难以形成,范成大甚至认为民

---

① 《宋会要辑稿》食货七,绍兴二十三年闰十二月二十七日。
② 任仁发:《水利集》卷三。
③ 《宋会要辑稿》食货七,水利,绍兴四年二月八日条。

间已经没有多少筑圩能力了。"欲为救灾捍患之术,其大概有二:曰作堤,曰疏水;其小概一:曰种菱。今之塍岸,率去水二三尺,人单行犹侧足,其上坎坷断裂,累累如蹲羊伏兔。佃户贫下,至东作时,举质以备粮种,其势无余力以及畚臿之工,妇子持木锹,捸污泥,补缀缺空,累块亭亭,一蹴便损,谓之作岸,实可怜笑。"①自然圩的社会整合能力已经很低。

五 元代的都水庸田

宋元交替之时河道秩序一度大乱,各地纷纷用水坝封闭水域,重新恢复秩序时,官治水道,民治围田的模式又重新恢复。与宋政府相比,元朝更关注官方的集权,官方力图将治河与治田的权利并而为一,都水庸田司的设立,就是在这种状态下产生的。特设这种权力机构利于河道、田岸一体化的控制,这种自上而下的全面控制对乡村水利共同体有促进作用,有时也有打击作用,因为官方的力量过于强大。元代官员先是在他们所认为的混乱中产生了统一管理。"国家收附江南三十余年,浙西河港围岸闸窦,无官整治,遂致水利大坏。"元世祖认为这样不行,"河道田岸,虽常修理,沿河上下,彼疆此界,州界不相统属。围内田土别管,佃户、民、官不能勾摄,人力不齐,事功难就,拟设浙西都水庸田司,总行督责"。② 大德二年,设立都水庸田司。此官既督治河,也督官府劝民筑岸。既要管主干河道,也要管湖泊与河网,对乡村社会的内聚性有一定的干涉。

  司于平江路设置专一修筑田围,疏浚河道、淀山湖等。湖已

---

① 《天下郡国利病书》苏下,范成大水利图序。
② 任仁发:《水利集》卷一、二。

有官定界畔,诸人不得似前侵占,复为民害,违者听庸田司追断。又潮沙淤塞河港,亡宋时设撩浅军人专一撩洗,仰庸田司于二八月内依时督责,如法疏浚,毋致壅遏。合用人工如何措置,可以常久通行,行省更为从长计议。又浙西官田数多,俱系贫难下户种纳,春首缺食,无田主借贷,围岸缺坏,又自行修理。官司不为存恤,以致逃窜,荒废官田。今后管民官司,并不得将此等佃户差充里正、主首及当一切催甲等役,妨废农务。①

元代的吴淞江经常处于淤塞状态,河道、圩田的稳定性受到潮泥威胁。"吴淞古江,已被潮沙湮涨,役重工多,似非人力可及,其淀山旧湖,多为豪户围裹成田,恐亦未易除毁,今太湖之水,迂回宛转,多由新泾及刘家港流注于海。"庸田司的责任在于督责疏浚。这种官僚机构在元代更要求与乡间互动。"近蒙朝廷设都水庸田司,专督其事,敦本防灾,可以良策。每年劝率百姓修筑田围,拯治河道,粗有成效。"庸田司一度被革后,"修浚之责,归于有司"。② 由于吴淞江周边地区仍需要疏浚,又重新设立。"仰庸田司于二、八月内,依时督责,如法疏浚,毋致壅遏。"庸田司继承宋代的管理传统,对淀山湖周边的豪强大圩的围垦定出界限,也扶持圩田社会的组织结构。"浙西官田数多,俱系贫难下户种纳,春首缺食,无田主借贷,围岸缺坏,又自行修理。官司不为存恤,以致逃窜,荒废官田。今后管民官司并不得将此等佃户差充里正主首及当一切催甲等役,妨废农务,失误官租。"③都水庸田司在平时要督视闸坝与河道。麻合马嘉言:

---

① 正德《姑苏志》卷十二,水利下。
② 姚文灏编辑、汪家伦校注:《浙西水利书》卷中,吴执中言顺导水势,农业出版社,第74—75页。
③ 同上书,复立都水庸田司,第77页。

今次必合将浙西诸处应有淤塞河道,通行开浚疏挑,及于边靠江海置立闸坝,阻遏浑潮,蓄泄清水,差拨人夫,专一看守闸坝,时时疏洗河道。如此区处人事既尽,设遇天灾,犹望不为大害。今平江路等七路,合挑河道一百四十一处,已拟照依至元卅一年例。于浙西不以是,何有田户内差夫开挑。若蒙上司准许开挑之后,不立长久法度,又恐数年之后仍复废弛。其浙西边靠江海并运河上下,合置闸坝五十余处,拟于浙西平江等路,亲管户内差取,与免税石一切科役。自备口粮,照依都水监例,差设头目发付本司管领,量各处闸坝紧慢,摽拨专一看守启闭,于闸坝边起盖房舍屋,止及用常。①

麻合马嘉要求军人由都水庸田司统一管理。"摘拨军人,就近(今)千户、百户管领,专隶本司提调,诚为便益。若不准许,拨户差军专一撩洗河道,看守闸坝,本司徒有专司之名,而无调用之实"。地方势力截断了枝河水系,都水庸田司则致力于水流正常流通。"浙西诸湖河道塘岸并所在闸坝房舍各处,管民官常加修理完备,委官看守,依时启闭以节水势,仰都水庸田使司往来巡视,但有废堕作弊,就便究治。"都水庸田司巡视闸坝实际上是水利集权加强的表现,后期则直接对闸坝统一管理,完善水利集权。圩内的共同戽水属于乡村水利共同体份内的事情,都水庸田司也负责督导。"若雨水伤田,则车水出围,或值天旱,则车水入围。其围岸损坏,并车水救田之时,本处官吏头目人等验围,内不以是何户计,种田佃户,务要人力均齐,日夜并工,不致为害。如有田不即救御之人,所在官司就便勾断。各管官吏头目若有怠慢去处,以致伤害田禾,都水庸田使司依例

---

① 任仁发:《水利集》卷八。

究治。"①这种水利集权为河道与水利社会在行政单位上重合创造了条件。"委监司下之郡县,相视水势之高下,推寻陂塘之堙塞,虽小小之沟渠,凡利之可以及民田者,悉循行而周视。趁此农隙,责立近限,申闻监司,以达于朝省,然后于合用派栞钱米之内,分委才敏清强之官,责以开浚疏导之事。募民之无食者役而食之,分团结甲,如庸雇夫役体例,日役若干人,用钱米若干。"②"分团结甲"便是使基层的行政单位在都水庸田领导下进行圩岸修理,基层的结甲与甲头制一致。

> 古来各围田甲头,每亩率米二斤,谓之"做岸米"。七八月间,水涸之时,击鼓集众煮粥接力,各家出力浚河,取泥做岸,岸上种桑柳,多得两济。近回水涝,围岸四、五年不修治,状若缀梳,桑柳枯朽,一遇淫雨,全围淹没,深有可虑。宜下州县委官省谕,河港口两岸田围甲头,候河水减退,不拘时候,随即告报众户,浚河做岸。务要围围相接,除去钉塞坝断去处,使水脉流通,岸上仍种桑柳,如有故违,罪及田主。③

这种甲头应在围长率领下兴工。在一般圩田区,为了加强内聚性,都水庸田司还帮助协调主佃关系,以主户借粮法促使佃户出工修圩。"浙西之田,半非土著之户,往往寄产者多,皆是本处无赖之人,营求管领。间有近理上户,每春修围浚河,自能给借佃户口粮,秋成尚且一本一利拘收。其或为富不仁之家,唯事侵渔,靠损贫佃而已。至于修浚,痛惜小利如拔脊筋,官司若不严加督勒,谁肯发意出粮接

---

① 任仁发:《水利集》,卷一、八。
② 任仁发:《水利集》卷七。
③ 任仁发:《水利集》,卷三。

济。何以言之？富户有田百顷，岁以收米万石为率，纵使一半无收，此年必荒歉，彼乃深藏闭粜，米价决增一倍，增亏相补，何损于他。及有管庄猾干，若主家田土淹没，未至一分，彼则花破太半，反益于己，所以不肯尽心于田畴水利之事，豪民猾干，宜其幸灾乐祸，贫民秋收无望，老小何以卒岁，田畴日渐荒芜。"①为了解决同一圩中贫富差异与水利责任问题，官方想出各种办法分摊主佃双方在兴修水利中的投入。任仁发言：

> 贫民佃种富户之田，春夏之间，青黄不接，多无粮本，递相盘工食用。且如沿江沿海高阜之乡，河道壅塞，每岁必须开挑；又有湖泖低洼之处，围岸被水冲洗坍倒，春间必须修筑。奈何佃户贫富不均，心力不齐，以致不能开挑修筑完备。行监官吏到被唤集，上户即验各佃地亩，依例给付口粮，并工成就。既是高乡，开成河道，遇旱可以车水、低乡筑成围岸，遇涝可以障水。不致旱干水溢而穷民，秋收有望，脱妻子于饥饿，可以保全生息，无沟壑之忧。②

修圩在农闲时进行。为保持地方水利共同体的独立性，官方并不总是派官员下乡督催。官方对江南一带民间修围的分析表现得非常有弹性。"浙西河道闭塞，水害伤田，委官相视开挑河道，高筑围岸堤防。……今访问得田里谙晓农事耆老，说称浙间每岁插种之后，比至六月耘耔已毕，直候秋成。季夏一月，农家颇有闲暇。所修围岸，经值梅雨淋洗，恐有缺损去处。若于此时稍加修补，庶几也。后设有水涨，不致冲湮坍倒。但农民所惧官吏下乡，因缘骚扰。若则之

---

① 任仁发:《水利集》,卷二。
② 同上。

围长从便,劝率农民自行修补,官司不责工程,不差官吏,卒乐然出力,易为成就。""农民惧怕官吏下乡"推动官方促成"围长从便"的制度。围长监督下的水利事工有许多,"围岸一切事,为功不细,今岁修筑,虽已成就,缘一时旋取湿土堆筑,经值春夏雨水,不无少有淋损去处,若季夏一月,略加修浦,又于秋收之后十二月,及来岁正月为始,载行增修,添用椿笆,低者高之,狭者阔之,缺者补之,损者修之。更令田主从便栽种榆柳桑柘,所宜树木三五年后盘结根窠,岸塍赖以坚固,此诚良久之计"。① 这些细处,若一一要求官方派员监督,那是根本办不到的,只有依靠相对独立的乡村水利共同体,才能完成整体的修圩。

六 小结

总体上看,宋元时期的河道与圩田治理仍处于一个由大圩时期向小圩时期转型的过程。这时期,官方在努力寻求适应太湖东部地区的水利管理制度,以河道为纲,逐步理出官修与民修的责任分界。除了吴淞江、白茆几条大河以外,塘浦与一般的泾浜非常不稳定,此淤彼开,故被官方定为二级河道。尽管如此,这些河道也一般归官方负责,二三公里一条,为进水与出水干道。再次级的河道深入乡村,由乡村自主维修。这些次级水系与圩田治理紧密相连,而圩田的管理往往要求形成一套针对水网而不是针对个别河道与圩田的制度。官方在努力地寻求地方水利共同体的稳定性并划出官方与民间的边界。与明代的体制不同,这时期不但大圩体制下的圩长、围长制在一定程度上存在,围下面还有甲头。国家对江南的统治力量也没有明

---

① 任仁发:《水利集》,卷三。

清时期那样强大,乡村社会较为松散,在官圩地区,佃户流动性非常之强。积水区也时常有豪强大圩存在,这时的江南农村有较强的独立性,明中叶大圩拆除,这种现象才消失。无论如何说,由水文生态所规定的大圩制度这时期长期存在,地方自治能力很强,国家权力的渗入程度也不像明清时期那样强。这时期的许多制度也影响了后代,明代的"业食佃力"在就是对宋元时期那种乡村内聚性制度的承传。

第三章　吴中好风景

吴淞江地区从一片沼泽形成纵横塘浦,再从有序的河道不断分化细化,伴随着丰富的景观变化。从自然湿地到人工湿地——水稻田,景观变化非常之大。与明清时期相比,这阶段有着丰水环境,水乡景观更为普遍,各种植物群落的生态演替处处可见。从六朝到宋代,生态景观的变化非常显著。有意思的是,无论是六朝、唐代和宋代,这一地区都集中了当时中国最为出色的一批文人,他们歌颂自然的诗词多源于此地的风景。文人的创作是源于生活的,景观的变化不会不对文学史产生影响,唐宋诗歌和其他文化也深受江南景观的影响。

第一节　唐末江南农田景观的形成

"江南好"的文学意象在唐代形成。经典的江南区域主要是吴淞江流域,不是很广泛。形成"江南好"的景观,却是一个相对漫长的过程。汉时没有人讲江南好,经过六朝的长期积累,河道与农田景观不断地从一片沼泽中形成,唐代才有"江南好"的意象,且发展到"人人尽说江南好"的地步。① 这一带早期的景观是湖沼与大圩,圩

---

① (唐)韦庄著、聂安福笺注:《韦庄集笺注》,《浣花词凡五十四首》,上海古籍出版社,2002年,第410页。

田存在于低浅滩。在普遍的沼泽化状态下,原始的塘浦河道散乱,一些江的河道冲击有规则的水网。冈身地区的塘浦由自然潮沟形成。"当上海地区海岸向进缓慢甚至停顿时,较粗颗粒物质(如细沙和贝壳)富集于潮上带形成相对高起的缓冈。"在这些地段上面,植被也并不是很丰富;低地区的塘浦是"在低地上发育的平行缓冈和海岸的古潮沟,在海岸线不断外移的基础上,逐渐延伸形成一种横向水道"①。由于此地区的丰水环境,许多地区处于一片白茫茫的状态。这种环境无甚美丽可言。在浅滩与沼泽开发以后,笔直的塘浦和圩田形成。六朝末期,常熟一带已经出现了网络化河网,五代时,在区域政治的推动下,形成了整体性较强的网络化景观。河道与河岸上的树木花卉,圩田中的农作物,共同塑造了美好的江南风光。

一 长期的火耕水耨

从早期北方文人的印象看,人们对江南的观感一般就是"火耕水耨"。这种火耕不是伐树的火耕,一片沼泽地带,没有什么树木。火耕之火主要体现在烧杂草上。西嶋定生对火耕水耨作过非常经典性的研究。当时的日本学者并没有将其与圩田内的休耕相联系。对于火耕与野草的来源,应劭注《汉书》"火耕水耨"时讲"烧草下水种稻,草与稻并生"。其实这是两种不同的草,一种是休耕田的草,一种是耕作田中的草。日本学者和清人沈钦韩没有理解到烧草的草从何而来②,其实正是从大圩中的休耕地产生的。当时的大圩是轮休的,像《吴郡志》郑霅水利书所讲的那种休耕一样。③ 休耕存在,火耕

---

① 张修桂:《中国历史地貌与古地图研究》,社会科学文献出版社,2006年,第235页。
② 西嶋定生:《中国经济史研究》,冯佐哲等译,农业出版社,1984年,第133—147页。
③ 范成大撰、陆振岳校点:《吴郡志》卷十九,水利上,第271页。

就在一定程度上存在。元鼎三年,江南水灾,人民被饥。汉武帝言:"今水潦移于江南,迫隆冬至,朕惧其饥寒不活。江南之地,火耕水耨,方下巴蜀之粟致之江陵,遣博士中等分循行,谕告所抵,无令重困。"处于火耕水耨状态的江南人民遭受水灾时,要从巴蜀运粮。与江南相比,江汉平原也有火耕水耨,遇灾后野生资源可以解决饥民的就食问题。"楚有江汉川泽山林之饶;江南(楚地)地广,或火耕水耨。民食鱼稻,以渔猎山伐为业。果蓏蠃蛤,食物常足。"①下游要靠中上游接济的事实表明,太湖周边的圩田开发区由于没有森林环境,环境难以提供更多的野生食物。大片水域中的独零河道、圩田与一些芦苇类的植物就是当时的景观。一旦水灾发生,便是一片汪洋。野生食物被淹于水下,一时无法接济,便会有饥荒之忧。

随着越来越多的水面被开发成圩田与农田,低地先后成为农业区。宋人讲:"昔之赋入,多出于低乡。"②先开发的是低地中的较浅地区,后开发的是深水区和冈身区。较浅的低地有许多沼泽,有许多野生草被,树木景观很少。在这种环境下,人们的景观经营程度很低。《盐铁论》有:"荆扬南有桂林之饶,内有江湖之利,左陵阳之金,右蜀汉之材。伐木而树谷,燔莱而播粟,火耕而水耨。地广而饶材。然后蟞窳偷生,好衣甘食。虽白屋草庐,歌讴鼓琴,日给月单,朝歌暮戚。"③太湖地区有江湖之利,固定村落仍处于一种简单化的"白屋草庐"状态。徐修矩是唐末的一个读书人,家有许多潮田,却并不富裕。"徐修矩,吴人,仕为恩王府记室参军,奕世才贤,承家介洁。守世书万卷,优游自适。有潮田五万,步草屋数间,不复出仕。皮日休

---

① 《汉书》卷六、卷二十八下,中华书局 2005 年标点本,第 130、1327 页。
② 范成大撰、陆振岳校点:《吴郡志》卷十九,水利,第 289 页。
③ 王利器校注:《盐铁论校注》卷一,《通有第三》,中华书局,1992 年,第 41—42 页。

尝就借书读之,与任晦同时。"① 这么多的潮田并没有给他带来多少收入,可见感潮区的生产力水平之。徐修矩的草屋可能是作为记念记载的,其他地区的建筑也许更好一些。皮日休愿意住这种房子,这种草屋到唐末仍是江南乡村的色调之一,在唐代早期,就更是主色调了。田野景观以杂草为主。《晋书·食货志》中记有杜预上疏:

> 诸欲修水田者,皆以火耕水耨为便。非不尔也,然此事施于新田草莱,与百姓居相绝离者耳。往者东南草创人稀,故得火田之利。自顷户口日增,而陂竭岁决,良田变生蒲苇,人居沮泽之际,水陆失宜,放牧绝种,树木立枯,皆陂之害也。②

杜预所讲的是那种较高地段的景观与农田状态,晋时的火耕之田已经远离村庄了,早期刚开发时的火耕田却就在村庄周边。早期的低地圩田也是这样,大圩中心是村落所在地,集约化与施肥主要在村庄周围,村庄周围的田最先发生休耕消失、土地连作的现象,外围仍处于休耕与火耕水耨状态。到隋代,《隋书》"地理志"中仍以火耕水耨称吴越之地。"江南之俗,火耕水耨,食鱼与稻。"③唐代中后期,火耕的场景在江南的大圩中仍然存在。白居易在对他的朋友讲述这一带的风景时指出:"水苗泥易耨,畲粟灰难锄。"④畲田就是烧后存灰的田。说明当时的农田中经常看到烧荒后的场景。由于大圩中有许多休耕地,休耕地是干地,故可以种植麦类和其他杂谷。旱地种植方法也是火耕后播种。真正的水乡稻田景观是在安史之乱以后发展

---

① 范成大撰、陆振岳校点:《吴郡志》卷二十五,人物,第363页。
② 《晋书》卷二十六,志第十六,食货志,中华书局1974年标点本,第788页。
③ 《隋书》卷三十一,志第二十六,《地理志下》,中华书局1973年标点本,第886页。
④ (唐)白居易著、朱金城笺注:《白居易集校》,《和三月三十日四十韵》,上海古籍出版社,1988年,第1471页。

起来的,经过农业人口的增长,经营程度加强,才形成整体化较强的田野景观。

二 大圩的形成与扩展

火耕水耨是在大圩田中进行的,先形成的圩田往往不是单个圩田,而是整体地浅水中修塘筑浦而后成。先有河道在水中的形成,后有圩田在两边分出。《晋书》中有段记载最能说明这个问题。

> 孙休永安四年五月,大雨,水泉涌溢。昔岁作浦里塘,功费无数,而田不可成。①

此段记载可以说明塘田一体化的过程。低地圩田的产生,必然与塘浦的开通有关。人们早期在潮沟上略加分水筑岸,便成塘浦,由此围裹出田地。水面十分丰富,地面的浅水流向深处,围出的田不见得都能种植,北宋时赵霖言:"昔人筑圩裹田,非谓得以播殖也,将恃此以狭水之所居耳。"②土地丰富,人们也没有必要将挤出的河道变得过分狭窄,塘浦可以非常广阔。狭水的过程中,浅水区挖出河泥,堆叠在浅处。后期水灾毁了圩岸,在不断的修建中,塘浦才愈来愈深,圩岸也愈来愈高厚。捞泥筑岸,没有一定的技术和人力规模不行。上文讲孙休筑浦里塘时花费无数而圩田不成,可能就是水利技术不行引起的。"塘"字原本就有筑堤挡水之意,成塘的同时,圩田也形成。早期的河道与圩田相伴而生。春秋战国时期苏州北部的"䢵"是一种早期圩田,这种田本身与河港及河港的堤——"陵道"有关。当时只在一片水域中修出一条单堤,堤两边就修次级河道,以此

---

① 《晋书》卷二十七,志第十七,五行志上,第813页。
② 范成大撰、陆振岳校点:《吴郡志》卷十九,水利下,第289页。

形成围成圩田与小一点的河网,成田、成堤与成河完全是一体化的过程。"疁"字有火烧种田的意思,早期的大圩很大,必然采用休耕的火耕水耨方式。塘岸同时是圩岸和道路,秦汉时期运河在嘉湖沼泽地带兴起时,伴生出现的道路称"陵水道",良田称"摇王田"。① 早期的圩田扩展不是单个圩田的小集团行动,而是与屯兵制下河道修浚与屯兵点布点设置相合一的。其中的火耕水耨与稻作也是国家力量,而不是小农力量的产物。到宋代,由于浅水地带基本上围垦完毕,不得不向深水进军。至和塘的形成也是深水围田。《梦溪笔谈》有:"至和塘,自昆山县达于娄门,凡七十里,自古皆积水无陆途,民颇病涉,久欲为长堤抵郡城,泽国无处求土。嘉祐中,人有献计,就水中以蘧篨(粗竹席)为墙,栽两行相去三尺,去墙六丈,又为一墙,亦如此。漉水中淤泥,实蘧篨中,候干,则以水车畎去两墙间旧水。墙间六丈,皆留半以为堤脚,掘其半为渠,取土以为堤,每三四里,则为一桥,以通南北之水,不日堤成,至今为利。"渠成便为利,因渠成后圩田也成。这种深水大岸有一定的风险性,难经风浪。赵霖言:"二塘(常熟塘与至和塘)为风浪冲击,塘岸漫灭。往来者动辄守风,往往有覆舟之虞,是皆积水之害。"所以,开塘时要对圩田系列进行统一规划。"今若开浦置闸之后,先自南乡,大筑圩岸,围裹低田,使位位相接,以御风涛,以狭水源,治之上也。修作至和、常熟二塘之岸,以限绝东西往来之水,治之次也。凡积水之田,尽令修筑圩岸,使水无所容,治之终也。"②开塘与成田处于协同状态,圩田增多的过程应该是一个塘浦河网形成的过程。一个地区最早的屯田可能只是一条

---

① 缪启愉:《太湖塘浦圩田史研究》,农业出版社,1985年,第9页。
② 范成大撰、陆振岳校点:《吴郡志》卷十九,水利上,第289页。

单堤,堤的一边形成圩田,不远处再造一条单堤,堤的另一面形成圩田,堤与堤之间就形成塘浦河道。人口少,圩田少,塘浦的延伸也不长。人口增加,圩田叠加,塘浦进一步延伸,以此形成网络化的河道与圩田。这种过程非一般小农户所能及,军屯与民屯才有能力作这样的统一布置。屯田不是从无序中产生,是从一条河上分别展开,堆叠延伸。左思在《吴都赋》里很清楚地描述由此形成的景观。

> 屯营栉比,解署棋布。横塘查下,邑屋隆夸。长干延属,飞甍舛互。①

这里提到横塘,提到了屯营的设置,提到了有序而规模相当的聚落建筑,说明这种屯田区是有序的,沿塘浦分布的。当时的农田原野上,也有了相当的有序与丰收的景象。

> 其四野,则畛畷无数,膏腴兼倍。原隰殊品,窊隆异等。象耕鸟耘,此之自兴。稻秀菰穗,于是乎在。②

河道与圩田错落有致,有井田之像。畛为路径,畷为两陌间的道路,"畛畷"是地广道多之意,已初显塘浦圩田的格局。而"窊隆异等"正指出这是说高低不平,外边高,中间低的大圩。这时的圩田尽管不叫圩田,却被许多诗人提到,谢灵运用《诗经》中的"彪池北流"形容东吴之稻田,"连峰竟千仞,背流各百里,滮池溉粳稻,轻云暖松杞"。③ 常熟一带首先形成了塘浦圩田的网络化格局,吴淞江北部的网络格局早于吴淞江南部。战国末期,黄歇就曾在北部沿江地区经

---

① (梁)萧统编、(唐)李善注:《文选》,左思《吴都赋》,上海古籍出版社,2007年,第217页。
② 《文选》,左思《吴都赋》,第215页。
③ 《文选》,谢灵运《会吟行》,第1317页。

营屯田。① 南北朝时此地处于战争前沿,屯田更多,故较早地形成了网络。这一网络兼及低地与高地之间的联系,塘浦河流同时有闸坝体系加以控制。左思言:"百川派别,归海而会。控清引浊,混涛并濑。"②"控清引浊"必是塘浦之置闸才能有的功能,这一带的各塘浦在入海处有闸的控制,高地与低地之间也有闸的控制。低地蓄清,才可以引流灌溉高地。所以说,五代时的大闸,也不是一个时代形成的,屯田开发的基本水流控制技术,在很早就形成了。唐前期,太湖东部的屯田已达到了一定规模。李翰这样讲:

> 浙西观察兼吴郡赞皇公,谨择厥官以对明命,浙西有三屯,嘉禾为之大,(二十七屯,广轮曲折千余里。)乃以大理评事朱自勉主之。元年,冬收若干斛数,与浙西六州租税埒。颂曰:夫伍棋布,沟封绮错;旱则溉之,水则泄焉。曰雨曰霁,以沟为天。③

左思只提到屯田公所棋布,李翰在这里首次提到了圩田棋布,说明五代以前就已经有棋布格局了。吴郡太守谈到了嘉禾三屯,后面又讲二十七屯,屯田的数目二十七个,嘉湖沿远河一带有三屯,还有二十四屯位于吴淞江北部的沿长江一带。长期以来,吴淞江北部的二十四浦可能正与这二十四屯相关,屯田的配置似乎是一浦配一屯。南宋年间范成大曾引一本书时论及时人所提到的常熟之北二十四浦。"又按《中兴小历》:绍兴二十八年,知平江府蒋璨言,太湖者数州之巨浸,而独泄以松江之一川,宜其势有所不逮。是以昔人于常熟

---

① 缪启愉:《太湖塘浦圩田史研究》,农业出版社,1985年,第15页。
② 《文选》,左思《吴都赋》,第205页。
③ (宋)王应麟:《玉海》卷一百七十七,食货。李翰:《苏州嘉兴屯田纪绩》,清文渊阁四库全书本。

之北,开二十四浦,疏而导之扬子江。又于昆山之东,开一十二浦,分而纳之海。三十六浦,后为潮汐沙积,而开江之卒亦废,于民田有淹没之忧。"①"开江之卒"正是屯兵,一浦对一屯相对应的开江之卒分散设置于浦口。二十四浦南联吴淞江北部的低地地区,可以直接影响低地圩田。唐代中期,北部地区的圩田仍有进一步的发展,常熟塘在元和年间修筑,此塘修成以后肯定形成大量的圩田,可以生出许多此河为纲的河道。大圩田位于次一级的次道之间。"盖酾其渠以泄水则有泾,引其流以至江则有浦,其名甚众,而昆湖、阳城湖之水,皆赖以泄焉。"②唐代早期的人们来到吴淞江观景时,往往感慨其宽阔的江身。宋之问的《夜渡吴淞江怀古》中有:"气赤海生日,光摇湖起云。水乡尽天卫,叹息为吴君。"交通用舟,舟在宽大之塘浦中行,人看到一派宽广的景色。"倚棹望兹川,销魂独黯然。乡连江北树,云断日南天。"③他们向南看,看不到塘浦圩田,因吴淞江水系弯曲成汇的地方很多,圩田即使存在,也难以有序。向北眺望,才可以看到有序的圩田排列,这也是常熟一带长期开发形成的农田景观。

    泪尽江楼北望归,田园已陷百重围。
    平芜万里无人去,落日千山空鸟飞。
    孤舟漾漾寒潮小,极浦苍苍远树微。
    白鸥渔父徒相待,未扫才抢懒息机。④

  唐中前期几乎很少有歌颂江南的诗歌。安史之乱未发生时,江

---

① 范成大撰、陆振岳校点:《吴郡志》卷五,第46页。
② 朱长文:《吴郡图经续记》卷中,江苏古籍出版社,1999年点校本,第50页。
③ 范成大撰、陆振岳校点:《吴郡志》卷十八,宋之问:《夜渡吴淞江怀古》、《渡吴江别王长史》,第256页。
④ (唐)刘长卿:《刘随州集》,卷九,《登松江驿楼北望故园》,四部丛刊本。

南的开发还没有到达一定的水平,水景与田野尚未到达一定景观水平。孟浩然是善写景物的大师,在这一带走动时竟没有留下什么名作。刘禹锡在这里也没有什么景物诗,留下许多长江中游的岸景描写。在吴淞江处,他感到人烟不多:"吴越古今路,沧波朝夕流。从来别离地,能使管絃愁。江草带烟暮,海去含雨秋。"①由于安史之乱后朝廷对江南的重视,美丽的江南农田风光才越来越清晰地展现在白居易的诗中。他在杭州做刺史时,常去长洲玩乐。"领郡渐当潦倒年,邻州喜得平生友。长洲草接松江岸,曲水花连镜湖口。"吴淞江附近的水是曲水,河道弯曲成汇的景观被诗人看到,吴淞江两岸的许多塘浦因感潮之故也是弯弯曲曲,晚年的白居易作《池上作》回忆太湖东部环境:"西溪风生竹森森,南潭萍开水沉沉。丛翠万竿湘岸色,空碧一泊松江心。浦派萦回误远近,桥岛向背迷窥临。澄澜方丈若万顷,倒影咫尺如千寻。"②松江一带"浦派萦回",正是指塘浦的弯曲。

  唐代中前期的聚落在圩边与岸边,且多树木。《泊松江》一诗中有:"震泽平芜岸,松江落叶波。"③非常宽阔的吴淞江到处是树叶,自是岸边多树之故。杜牧《泊松江》一诗有"清露白云明月天,与君齐棹木兰船。风波湖雨一相失,夜泊横塘心渺然。"④在淞江上划船,一有风吹,就偏入周围的塘浦中去了,吴淞江与塘浦相联。白居易晚年回忆的江村印象是:有塘有浦,村庄在圩田的中间,村边也有篱笆。

---

① (唐)刘禹锡著、瞿蜕园笺证:《刘禹锡集笺证》外集,卷八,《松江送处州奚使君》,上海古籍出版社,1989年,第1446页。
② 《白居易集校》卷二十三,《苏州李中丞以无日君斋感怀寄微之及予,辄依来篇七言八韵走笔奉答兼呈微之》,第1538页;卷三十,《池上作》,第2075页。
③ 范成大撰、陆振岳校点:《吴郡志》卷十八,白居易:《松江亭携乐观渔》,第257页。
④ 同上书,杜牧:《泊松江》,第256—257页。

"水积春塘晚,阴交夏木繁,舟船如野渡,篱落似江村。"①弯曲地带的圩田,不是屯田之处,而是私圩杂处之地。元朝人王祯回忆圩田格局形成历史时指出:"筑土作围,以绕田也,盖江淮之间,地多薮泽,或濒水,不时淹没,妨于耕种。其有力之家,度视地形,筑土作堤,环而不断,内容顷亩千百,皆为稼地。后值诸将屯戍,因令兵众分工起土,亦效此制。故官民异属。"②正是这种官民异属的格局,使得不同的地点有不同的景观。

三 村落与植物

宋以前聚落位于圩田中央的记载是郏亶做出的,他当时也做了田野考古。"古者,人户各有田舍,在田圩之中浸以为家。欲其行舟之便,乃凿其圩岸以为小泾、小浜。即臣昨来所陈某家浜、某家浜之类是也。说者谓浜者,安船沟也。泾浜既小,是堤岸不高,遂至坏却田圩,都为白水也。今昆山柏家瀼水底之下,尚有民家阶甃之遗址,此古者民在圩中住居之旧迹也。今昆山富户,如陈、顾、辛、晏、陶、沈等,田舍皆在田围之中。每至大水之年,亦是外水高于田舍数尺。此今人在田圩中作田舍之验也。"③住在低地大圩之中,是当时大多数江南人的选择,当时高地的开发不足,傍高地而居的人并不多。陆龟蒙在吴淞江边的一块沙洲隐居,那里几乎处于荒野状态。"病身兼稚子,田舍劣相容。迹共公卿绝,贫须稼穑供。月方行到闰,霜始近来浓。树少栖禽杂,村孤守犬重。汀洲藏晚弋,篱落露寒舂。"条件

---

① 白居易著、朱金城笺注:《白居易集校》,《池上早夏》,第2416页。
② 王祯撰、缪启愉校注:《东鲁王氏农书译注》,农器图谱集之一,田制门,上海古籍出版社,1994年,第597页。
③ 范成大撰、陆振岳校点:《吴郡志》卷十九,水利上,第270—271页。

很简单,属于草创。"今来观刈获,乃在松江并。门外两潮过,波澜光荡漾。都缘新卜筑,是事皆草创。"①大多数人住在圩田,圩田往往以圩外河,即某塘命名。崔颢有《江南曲》一诗曰:"君家定何处,妾住在横塘,停船暂借问,或恐是同乡。"②江南叫横塘的水名甚多,妇女说是住在横塘,实际上很可能就是住在某横塘中的某个圩内村庄,同一河塘的人可能就是同乡。开元时王仙芝的《江南曲》也有类似的描述。

长干斜路北,近浦是儿家。
有意来相访,明朝出浣纱。
发向横塘口,船开值急流。
知郎旧时意,且请拢船头。
昨暝逗南陵,风声波浪阻。
入浦不逢人,归家谁信汝。
未晓已成妆,乘潮去茫茫。③

"近浦是儿家",近浦之地就是住在圩中。"入浦不逢人,归家谁信汝。"入浦见人显然不是进入河道见人,而是进入大圩里面的村庄才见到人。交通几乎完全靠船,横塘口是圩田边缘或河道的转折处。行舟要费很长的时间。"发向横塘口,船开值急流。知郎旧时意,且请拢船头。"集市类村庄或集镇也分布在河道两岸,交通便利才形成集市。白居易有:"风月万家河两岸,笙歌一曲郡西楼。"描写的正是

---

① (唐)陆龟蒙撰,王立群、宋景昌点校:《甫里先生文集》,卷之三,《江野言怀》,《纪事》,河南大学出版社,1996年,第35—39页。
② (清)曹寅:《全唐诗》卷二十六,崔颢:《长干曲四首》,清文渊阁四库全书本。
③ (清)曹寅:《全唐诗》卷十九,丁仙芝:《江南曲》,清文渊阁四库全书本。

这种小市镇景观。由于水环境的丰富,圩田区尽管以农为主,渔业也很发达,渔业也比比皆是。在吴淞江上,由于江宽水多,渔船渔网也特别多,"水面排罾网,船头簇绮罗"。渔户不是少数,在一定地区是多数。晚年白居易回忆时有诗句:"鳞差渔户舍,绮错稻田沟。"①"稻田沟"明显是夸张之意,实际上是指形成圩田的塘浦河道。城市的水景往往与水道中的水栅相联系。张籍有诗曰:

  江南人家多橘树,吴姬舟上织白苎。

  土地卑湿饶虫蛇,连木为牌入江住。

  江村亥日长为市,落帆度桥来浦里。

  清莎覆城竹为屋,无井家家饮潮水。

  长干午日沽春酒,高高酒旗悬江口。

  倡楼两岸悬水栅,夜唱竹枝留北客。

  江南风土欢乐多,悠悠处处尽经过。②

  有市集的江村,坐落于有水栅的圩岸处,水栅一般筑于水流交汇之处,以防盗贼。由于潮水的作用,河水涨涨落落,人们也饮这种河的河水。村庄多有果树,特别是橘树。这种地方,往往有渔户居住,无论什么人家,树木都是很多,与六朝时期的一片水域形成鲜明的对比。张籍笔下的渔户居住地,与竹林相联系。

  渔家在江口,潮水入柴扉。

  行客欲投宿,主人犹未归。

  竹深村路远,月出钓船稀。

---

① 《白居易集校》卷二十四,《城上夜宴》;《松江亭上携乐观渔宴宿》;卷二十七,《想东游五十韵》,第 1666、1681 页。

② (唐)张籍:《张司业诗集》卷一,《江南曲》,四部丛刊景明本。

溪见寻沙岸,风吹动草衣。①

这些茂林景观,正是在圩田的大岸和排水开发后许多旱地露出才发生的。由于土地丰富,野生植被与树木植被非常发达。后期水中辟出田地后多种稻麦,植被单一,这时土地很多,有树木和野生植被,著名的景观点有亭子,需要修建者投入很多的劳动力开渠浚水,然后那里才有了树木。湖洲地区是水环境丰富的地区,水面多且深。"白蘋洲"的风景点因周边的风景绝佳而形成,梁时吴兴太守曾有"汀洲采白蘋"之诗句,也是人工开发而形成。"至大历十一年,颜鲁公真卿为刺史,始剪榛导流,作八角亭以游息焉。旋属灾潦荐至,沼堙台圮。后又数十载,委无隙地。至开成三年,弘农杨君为刺史,乃疏四渠,浚二池,树三园,构五亭。卉木荷竹,舟桥廊室,泊游宴息宿之具,靡不备焉"。②

在圩岸的树木景观中,柳树特别多,因植柳可以固堤。唐初的柳岸主要发生在主干河道,特别是运河两岸。从植物学的角度上讲,柳树,特别是旱柳,是温性的华北植物。华北温性的树种有桑、柳、榆、椿、泡桐等等,江南无高山阻挡,这些植物亦可以很快地适应江南地区。③ 江南平原处于一片沼泽时,这些树种不会多,随着圩田开发,圩岸形成,景观树种才大得推广。新兴的树种与传统中国人的文化有关,柳树是北方文化中有特别意义的人文性树种,《诗经》"杨柳依依"④,表达一种恋家的情怀。杨树不抗水涝,柳树却适合水乡。江

---

① (唐)张籍撰,徐礼节、余恕诚校注:《张籍集系年校注》,卷二,《夜到渔家》,中华书局,2011年,第165—166页。
② 《白居易集校》卷七十一,《白蘋洲五亭记》,第3798—3799页。
③ 章绍尧、丁炳杨:《浙江植物志——总论》,浙江科学技术出版社,1993年,第23页。
④ 《诗经》采薇。

南的开发伴随着北人的北迁,正是人工河道和农田聚落,传播了有北方汉文化特色的柳树。柳树与固堤有关。移民对经营河流的概念和固堤的技术,推动了柳岸的形成。崔融有诗曰:"洛渚问吴潮,吴门想洛桥。夕烟杨柳岸,春水木兰桡。"①白居易有诗:"曾栽杨柳江南岸,一别江南两度春。遥忆青青江岸上,不知攀折是何人。"在杭州一带,许多感潮河岸边也有柳树。"浦乾潮天应,堤湿冻初销,金丝刷柳条,鸭头新绿水,雁齿小红桥。"因为柳与圩岸或河岸的关系,江南柳与其他地区相比显得更多,白居易有这样的看法。"金谷园中黄袅娜,曲江亭畔碧婆婆。老来处处游行篇,不似苏州柳最多。"②苏州的大圩比较多,圩岸多,才形成苏州柳最多的景观。在没有圩田的时代,除了浅水滩地外,没有这种景观。吴淞江流域比较特别的树种是枫树,江边枫林在秋天一片红色,有格外的风光。陆龟蒙有诗曰:"江霜严兮枫叶丹,潮声高兮墟落寒。"③就是说秋天农田潮灌之时,也是江边枫叶红了的时候。许多的中唐诗人已经对江南风光有了如画的感觉。许浑有诗曰:

> 水晚云秋山不穷,自疑身在画屏中。
> 孤舟移棹三江月,高阁卷廉千树风。
> 窗下覆棋残局在,橘边沽酒半坛空。
> 早炊香稻待鲈鲙,南浦未明寻钓翁。④

---

① (唐)崔融:《吴中好风景》,见曹寅:《全唐诗》卷六十八,清文渊阁四库全书本。
② 《白居易集校》,卷十八,《忆江柳》;卷二十三,《新春江次》;卷二十四,《苏州柳》,第1220、1544、1662页。
③ 陆龟蒙撰,王立群、宋景昌点校:《甫里先生文集》卷之十六,《迎潮》,第241页。
④ (唐)许浑撰、(清)许培荣笺注:《丁卯集笺注》卷六十七,言律,《夜归驿楼》,清乾隆二十一年许锺德等刻本。

除了橘树以外,吴淞江地区长洲一带有较多的桃李树种。白居易苏洲咏梅时不忘长洲桃李:"池边新种七株梅,欲到花时点检来。莫怕长洲桃李妒,今年好为使君开。"①树木多,鸟类也多。"南浦桃花亚水红,水边柳絮由春风。"②野生植被也较多,刚刚开发的低地稻田,芦苇之类非常之多,张籍有《江村行》一诗有:

> 南塘水深芦笋齐,下田种稻不作畦。
> 耕场磷磷在水底,短衣半染芦中泥。
> 田头刈莎结为屋,归来系牛还独宿。
> 水淹手足尽为疮,山虻绕衣飞扑扑。
> 桑村椹黑蚕再眠,小姑采桑不饷田。
> 江南热旱天气毒,雨中移秧颜色鲜。③

这种田不但有芦苇,田头还有莎草可供刈割,休耕状态稻田才有的野生植被。大部分冈身被潮之地基本上没有作物,杜预上疏所指水灾过后的情形是:"今者水灾东南特剧,非但五稼不收,居业并损,下田所在停汙,高地皆多硗塉,此即百姓困穷方在来年。虽诏书切告二千石为之设计,而不廓开大制,定其趣舍之宜,恐徒文具,所益盖薄。当今秋夏蔬食之时,而百姓已有不赡,前至冬春,野无青草,则必指仰官谷,以为生命。"④高地硗塉无青草,也没有作物。在低地,太湖吴淞江出口处在唐代仍处于水沼一片,或有孤立的荒野之丘。杜

---

① 《白居易集校》卷二十四,《新栽梅》,第1647页。
② (唐)孟郊著,华忱之、喻学才校注:《孟郊诗集校注》卷一,《南浦篇》,人民文学出版社,1995年,第58页。
③ (唐)张籍撰,徐礼节、余恕诚校注:《张籍集系年校注》,《张司业诗集》卷七,拾遗,江村行,第815页。
④ 《晋书》卷二十六,志第十六,第787页。

牧的《怀吴中冯秀才》讲到长洲城外一片野草荒芜状态:"长洲苑外草萧萧,却篝游程岁月遥。唯有别时今不忘,暮烟秋雨过枫桥。"①野生植被多,作物景观所占比重不是很大。春天泛绿后,一直到夏天,基本上处于一种万花齐放、万绿遍地的状态。"吴中好风景,八月如三月。水荇叶仍香,木莲花未歇。海天微雨散,江郭纤埃灭。暑退衣服干,湖生船舫活。两衙渐多暇,亭午初无热。骑吏语使君,正是游时节。"②水生植物对景观的季节影响特别大。"池中春蒲叶如带,紫菱成角莲子大。"③这些水生植物的种植不会花费农民很多的种植工夫,它们大多处于半野生的状态,稍种即长。可以补充食物,丰富营养。从总体的田野植被变化看,唐代是一个非常关键的时期,之前和之后的树木都较少,只有唐代圩田之岸有更多的树木。到明代,由于农业化程度加强,诗人歌咏江南时看不到非农业类树木:"吴中好风景,最好是农桑。"④只剩下低矮的小桑树,那是一种退化的风景。

早期的太湖流域的圩田开发集中在低地,特别是低地与高地之间的浅水地带。大量的休耕旱地为小麦种植提供了机会。一些地方的小麦特别多,以致江南的夏天景观为之改变。六朝时的中国正处于寒冷之期,有许多小麦冻害的记载。这种大圩里面,宋以前不会有多少稻麦复种,土地是充足的,稻作是休耕的,只整理出相应的田块即可年年种麦。《晋书·郭文传》中讲郭文种菽、麦,大量的麦类作物实际上存在于火耕与休耕并行的低地圩田区。晋元帝太兴二年,

---

① (唐)杜牧:《樊川集》《樊川外集》,《怀吴中冯秀才》,四部丛刊本。
② 《白居易集校》,卷二十一,吴中好风景二首,第1431页。
③ 孟郊著,华忱之、喻学才校注:《孟郊诗集校注》,卷一,《临池曲》,第42页。
④ (明)祝允明:《怀星堂集》卷六,近体,《暮春山行》,清文渊阁四库全书本。

"吴郡吴兴、东阳无麦禾,大饥"。① 小麦与水稻并称,小麦的比重似乎很高。麦稻风光基本上属于不同时段的稻麦两收,白居易辞别苏州时,写下了这样的诗句:

> 朝与府吏别,暮与州民辞。
> 去年到郡日,麦穗黄离离。
> 今年去郡日,稻花白霏霏。
> 为郡已周岁,半岁罹旱饥。②

这样一种有稻又有麦的农田景观非常壮观。白居易在苏州待了一年,看到两次麦黄稻白的场景。他的另一首诗中也有麦稻景观,"四月一日天,花稀叶阴薄。泥新燕影忙,蜜熟蜂声乐。麦风低冉冉,稻水平漠漠。芳节或蹉跎,游心稍牢落。春华信为美,夏景亦未恶"。③ 四月天的夏景中,他看到既有麦,也有稻。大圩内不同的地块有不同的种植,种麦固然很容易,江南的农民一般不种麦,在白居易的叙述中,这种麦稻风光中可能还隐含着旱灾信息,因为无水种稻时,人们才种麦。

四 唐末

由于吴越的经营,唐末五代时期,统一的棋布格局形成了。吴淞江流域的圩田已经不再是弯曲之水,而是纵横棋布的景观。唐末动乱时人民逃亡,地方势力遭到打击。韦庄避难江南时发现富人的稻

---

① 《晋书》卷二十七,志第十七,五行志上,第808页。
② 《白居易集校》,《答刘禹锡白太守行》,第1433页。
③ 《白居易集校》,卷二十一,《和微之四月一日作》,第1430页。

田很易被官方没收,"桑田稻泽今无主,新犯香醪没入官"。① 独立的地方政权有较大的强权,客观上为治水者提供了重整圩田的机会。钱氏取得控制权以后,完善了井田化的横塘纵浦规模。这种景观表现出钱氏对古代井田文化的推崇,也是对客观水利环境的适应。朱长文也用《周礼》中的模式评价圩田体系。"自二江故道既废,而五湖所受者多,以百谷钟纳之巨浸,而独泄于松陵之一川,势不能无浸益之患也。观昔人之智亦勤矣,故以塘行水,以泾均水,以塍御水,以堘储水,遇淫潦可泄以去,逢旱岁可引以灌,故吴人遂其生焉。"② 这种塘浦河道与大圩体系使整个圩田区形成一个系统,低田与高地也有良好的水流互动。

  古人遂因其地势之高下,井之而为田。其环湖卑下之地,则于江(吴淞江)之南北,为纵浦以通于江(吴淞江)。又于浦之东西,为横塘以分其势而棋布之,有圩田之象焉。其塘浦,阔者三十余丈,狭者不下二十余丈。深之[者]二三丈,浅者不下一丈。且苏州除太湖之外,江之南北,别无水源。而古人使塘[浦]深阔若此者,盖欲取土以为堤岸,高厚足以御其湍悍之流。故塘浦因而阔深,水亦因之而流耳。非专为阔其塘浦以决积水也,故古者堤岸高者须及二丈,低者亦不下一丈。借令大水之年,江湖之水,高于民田五七尺;而堤岸尚出于塘浦之外三五尺至一丈。故虽大水,不能入于民田也。民田既不容水,则塘浦之水,自高于江,而江之水亦高于海,不须决泄,而水自湍流矣。故三江常浚,

---

① 韦庄著、聂安福笺注:《韦庄集笺注》卷四,《官庄》,上海古籍出版社,2002年,第166页。
② 朱长文:《吴郡图经续记》卷下,治水,江苏古籍出版社,1999年点校本,第51页。

而水田常熟。①

钱氏政权开了新洋江理顺水流。"新洋江,在昆山县界,本有故道,钱氏时尝浚治之,号曰新洋江,既可排潦以注吴淞江,又可引江流以溉冈身也。"②新洋江南通吴淞江,北入长江诸港,与小虞浦约略平行,其间多有横塘沟通。小虞浦何时开挖无考,但新洋江与小虞浦均系纵浦,两浦之间,多有横塘,在这种基础上,形成横塘纵浦的网络格局。新洋江开浚后,昆山附近的洼地积水可以排入吴淞江,太仓冈身高地也可以得以灌溉。③ 这一格局一直为后人所称赞。"或五里、七里而为一纵浦,又七里或十里而为一横塘。因塘浦之土以为堤岸,使塘浦阔深,而堤岸高厚。"河道顺直,水不乱行。人们有时在塘浦边上建亭休闲,那里也有塘浦之大闸,是塘浦的一个重要景观。"至和二年,前知苏州吕侍郎,开昆山塘而得古闸于夷亭之侧,是古者水不乱行之明验也。"低地与高地之间有闸控制水流,高冈地区地区亦可种稻,由于闸的毁坏,宋初冈身难以种稻,但"尚有丘亩、经界、沟洫之迹在焉。此皆古之良田,因冈门坏,不能蓄水,而为旱田耳"。④ 大圩以内,也存在有序的次级引流河道。张贲曾在这一带与陆龟蒙、皮日休等写诗唱和。"鲈鱼谁与伴,鸥鸟自成群。反照纵横水,斜空断续云。"⑤这里提到了纵横水,是难得一见的关于唐代大圩与圩外笔直塘浦的记载。圩边是河道,因着岸边的各样野花,夏日里充满了香气。罗隐有诗曰:"采香径在人不留,采香径下停叶舟。桃花李花斗

---

① 范成大撰、陆振岳校点:《吴郡志》卷十九,水利上,第269—270页。
② 朱长文:《吴郡图经续记》卷下,治水。第50页。
③ 江南省水利厅水利史研究小组:《太湖水利史》(讨论稿)1964年3月,第58页。
④ 范成大撰、陆振岳校点:《吴郡志》卷十九,水利上,第267页。
⑤ (唐)张贲:《旅泊吴门》,见曹寅:《全唐诗》,卷六百三十一。

红白,山鸟水鸟自献酬。十万梅鋗空寸土,三分孙策竟荒丘。"①

由于人口增多,尽管圩中村占很大的优势,圩岸上的村庄也会随着人口的增多而增加,这种村庄有明显的临水特征。集市中有达官贵人的游乐之地都集中在关隘,关隘是圩田与河道的枢纽之地。白居易有:"吴中好风景,风景旧朝暮。晓色万家烟,秋声八月树。舟移弦管动,桥拥旌旗驻。改号齐云楼,重开武丘路。况当丰熟岁,好是欢游处。州民劝使君,且莫抛官去。"②一般人居住在小圩之岸或孤立的水缘地带。陆龟蒙《南塘曲》有:"妾住东湖下,郎居南浦边。间临烟水望,认得采菱船。""南浦边"与"东湖下"完全是临水的岸边村落,临水聚落有很美的景观。"村边紫豆花垂次,岸上红梨叶战初。"③唐末时,大圩形成一共同体社会。元代王祯曾对这种大圩社会作诗歌颂之。"度地置围田,相兼水陆全。万夫兴力役,千顷入周旋。俯纳环城地,穹悬覆幕天。"大圩社会不是一种小农经济的产物,只有唐时的屯田军可以动员有规模的人力与物力。大圩与大圩之间以号为记,如果其中有民圩,也一同编号。"官民皆纪号,远近不相缘。守望将同井,宽平却类川。隰桑宜叶沃,堤柳要根骈。交往无多径,高居各一廛"。移民参入其中后,很快成为大圩社会的一分子。"偶因成土著,元不异民编。生业团乡社,嚣尘隔市廛。沟渠通灌溉,埭埂互连延。俱乐耕耘便,犹防水旱偏。"大圩社会内,一片丰收景象。"翻车能沃槁,灌穴可抽泉。拥绿秧锄后,均黄刈获前。总

---

① 罗隐:《吴门晚泊寄句曲道友》,见曹寅:《全唐诗》,卷六百六十三。
② 《白居易集校》,卷二十一,吴中好风景二首,第1431页。
③ 《甫里先生文集》,卷之七,《南塘曲》;卷之十二,《江南二首》,第83、166页。

沾新税籍,素表屡丰年。黍稌及亿秭,仓箱累万千。"①此为元诗,唐末也是如此。

　　在吴淞江边或大的塘浦圩岸未涉及的地带,仍有大量的小圩,这种小圩往往也有几百亩。陆龟蒙是一位隐士,隐居松江时选了这种小环境。"一耒而耕,一船而渔。"利用感潮环境灌溉。"余耕稼所在松江南,旁田庐门外有沟,通浦溆,而朝夕之潮至焉。天弗雨,则轧而留之,用以滌濯灌溉。"能够利用感潮灌溉,说明田家与居家完全临水。田地四百亩,"有田奇十万步,吴田一亩当二百五十步。有牛不减四十蹄,有耕夫百余指。而田汙下,暑雨一昼夜,则与江通,无别已田他田也。先生由是苦饥困,仓无斗升蓄积,乃躬负畚锸,率耕夫以为具('具区'之'具')。且每岁波虽狂,不通缉跳吾防,溺吾稼也"。他的田地是小圩之地,"有地数亩,有屋三十楹"。他亲自排水,以个人及家庭的努力,竟然取得了成功。《田舍》赋所形容的这种房屋非常简单:"江上有田,田中有庐,屋以菰蒋,扉以籧篨。笆篱榱微,方窦虚疏,檐卑欹而立伛偻,户偪侧而行越趄。蜗旋顶隆,龟拆旁涂。夕吹入面,朝阳曝肤。左有牛栖,右有鸡居。将行瞪遮,未起啼驱。宜从野逸,反若囚拘。"②这种小圩往往与湖山相连,正是隐居之人的理想所在。宋元时代小圩增多,人们也逐步迁移于岸边。皮日休在太湖边发现了一处独立的小村,有小圩与塍岸。

　　　　崦里何幽奇?膏腴二十顷。
　　　　风吹稻花香,直过毚山顶。

---

① 王祯撰、缪启愉译注:《东鲁王氏农书译注》,田制门,上海古籍出版社,1994年,第597—598页。
② 《甫里先生文集》,卷之十四:《田舍》;卷之十六:《送豆卢处士谒宗丞要序》,《迎潮送潮辞》,《甫里先生传》,第205、230、235、241页。

青苗细腻卧,白羽悠溶静。

塍畔起鵰鹨,田中通舴艋。①

  丰水的环境有较多的野生资源,河水中有丰富的鱼类。吴淞江一带的人可以随意地在河道中围一点木桩和木条,到了时间就可以取鱼。"斩木置水中,枝修互相蔽。寒鱼遂家此,自以为生计。春冰怒融冶,尽取无遗裔,所托成祸机,临川一凝睇。"用这么简单的临时性渔具,在这么小的水面中,竟能捕到这么多的鱼,正可见当时水质清洁,生物资源丰富。春暖花开时,鱼类开始活动,这时候非常容易捉到鱼。"春水渐生鱼易得,莫辞风雨坐多时。"秋天是著名的松江鲈鱼最肥美的时节,陆龟蒙以一叶小舟,"由五泻泾入震泽,穿松陵,抵抗越耳"。游山玩水,船内只有一缸酒,天天钓鲈鱼吃。钓鱼工具极其简单,只一钓鱼杆。鲈鱼是一种以其他鱼类为食的高级鱼种,这种鱼的密度如此之多,其他鱼就更多了。河道遇旱时,鲈鱼到处可有。"江南春旱鱼无泽,岁晏未曾腥鼎鬲。今朝有客卖鲈鲂,手提见我长于尺。呼儿舂取红莲米,轻重相当加十倍。"②一尺长的松江鲈鱼,这是后期不可比的。鱼类丰富与这时期的河道联通有关,河道联通则鱼类洄游路线畅通,繁殖上不受阻,产量自然甚多。许多人都可以像陆龟蒙这样驾一叶小舟到处行走。湖泊资源丰富,河道笔直畅通,一叶小舟足矣。"一船明月一竿竹,家住五湖归去来。"③

  乡村野生植被丰富,唐末有休耕,宋初也有休耕。郑宣言:"吴

---

① (唐)皮日休:《崦里——傍虎山,下有良田二十顷》,见曹寅:《全唐诗》,卷六百一十。

② 《甫里先生文集》,卷之五,《篓》;卷十二,《翠碧》;卷之十七,《食鱼》,卷二十,皮日休:《五贶诗序》,第56、185、293页。

③ 罗隐:《曲江春感》,见曹寅:《全唐诗》,卷六百五十五。

人以一易再易之田,谓之白塗田,所收倍于常稔之田,而所纳租米,亦依旧数,故租户乐于间年淹没也。"① 由于江东犁的推广和人口的增长,后期的休耕肯定是减少了。休耕地少,圩田中的杂草开始减少,放牛地集中到圩岸。陆龟蒙的《放牛歌》中有:"江草秋穷似秋半,十角吴牛放江岸。"陆居住的吴淞江河道周边地区有许多河边沙地,沙地和汇是潮水西上与清水交汇而形成的积沙地,有许多沙嘴,沙嘴上有丰富的植被:"柳下江餐待好风,暂时还得狎渔翁。一生无事烟波足,唯有沙边水勃公。"水面上有浮萍,"晚来风约半池明,重叠侵沙绿罽成"。说的正是绿萍随沙岸扩张的情形。陆诗中有许多"汀",就是指这种沙洲。"柳汀斜对野人窗,零落衰條停晓江。正是霜风飘断处,寒鸦惊起一双双。"小洲上有柳,有鸟类。"波涛漱苦盘根浅,风雨飘多着叶迟。迥出孤烟残照里,鹭鹭相对立高枝。"为了税收,沙地受到官方的密切关注。"渤澥声中涨小堤,官家知后海鸥知。"官家比海鸟知道得更早,官方为了收税是何等的敏感。这种潮水之地的灌溉是潮水的自然顶托灌溉。"江边日晚潮烟上,树里鸦鸦桔槔响。无因得似灌园翁,十亩春蔬一藜杖。"②唐代,嘉湖地区的蚕桑业尚未兴起,吴江一带养蚕业很发达。这时农民种的桑树一般是种在村落旁。"四邻多是老农家,百树维桑半顷麻。"③圩内休耕减少,小麦种植增多,往往麦稻轮作。前年放水种稻,后年排水种麦,稻麦轮作,水稻种植后要排水,排水后就有垅。陆龟蒙的诗中提到了麦垅。

---

① 范成大撰、陆振岳校点:《吴郡志》卷十九,水利上,第271页。
② 《甫里先生文集》,卷之十一,《和松江早春》;卷之十二,《冬柳》、《岛树》、《新沙》、《江边》;卷之十七,《放牛歌》。第150—151、169—170、176、183、251页。
③ 《甫里先生文集》,卷之九,《和夏初袭美见访题小斋韵》,第115页。

  时候频过小雪天,江南寒色未曾偏。
  枫汀尚忆逢人别,麦垅唯凭欠雉眠。
  更拟结茅临水次,偶因行乐到村前。
  邻翁意绪相安慰,多说明年是稔年。①

  这时冬天寒冷,已经下了雪,利于种麦。小麦的播种面积当时应该有很多。陆龟蒙看到了"麦烟"——就是麦浪。"竹外麦烟愁漠漠,短翅啼禽飞魄魄。此时忆著千里人,独坐支颐看花落。"早稻开始大量种植,且常常遇旱。"自春徂秋天弗雨,廉廉早稻才庶亩。芒粒稀疏熟更轻,地上禾头不相拄。"旱灾之时,农田既遭鸟灾也遭鼠灾。"凶年是物即为灾,百阵野凫千穴鼠。平明抱杖入田中,十穗萧然九穗空。"②由于生物资源丰富,旱灾时各种小动物与鸟类也出现不正常的富集或迁飞。尽管麦与稻增加,从河道里看农田,却不是单一的稻麦景色。罗隐曾陪人在圩田河道中游历,看到花红稻黄景观。"水蓼花红稻穗黄,使君兰棹泛迴塘。倚风荇藻先开路,迎旆凫鹭尽着行。"③在太湖周边地区,那里的圩田是一种溇港之间的小圩,河道与太湖水相连。张贲在这里携诗友游历时,看到了深秋时节稻穗、荷花及芦花的景色,水生植物与水稻景观并存。

  疏野林亭震泽西,朗吟闲步喜相携。
  时时风折芦花乱,处处霜摧稻穗低。
  百本败荷鱼不动,一枝寒菊蝶空迷。

---

① 《甫里先生文集》,卷之八,《小雪后书事》,第98页。
② 同上书,卷之十二,《春思二首》;卷之二十,《刈获》,第181—182页。
③ (唐)罗隐:《姑苏城南湖陪曹使君游》,见曹寅:《全唐诗》,卷六百五十五。

今朝偶得高阳伴,从放山翁醉似泥。①

这时的湖溇地区的开始刚开始,出现经典的太湖鱼米之乡的景色。

五 小结

综上所述,唐代中后期形成的农田景观,是长期开发的结果。第一步是在一片沼泽地中形成塘浦与圩田,这种景观不是小农经济的产物,是国家或军队的力量形成的,市场与市镇也在这个基础上形成。钱氏政权时,完全由国家力量整合了塘浦圩田系统。圩岸景观与圩内作物景观的形成是第二步,从火耕时代的杂草在这阶段逐步消失,稻麦种植形成规模,田野从半野生的杂草与稻田相混合的植被转化到以几乎纯粹农作物为主的田间植被,作物景观越加强烈。加上杨柳和其他树木的种植,江南景观开始美丽而壮观。唐代中后期的景观几乎是历史上最美的,这时期大圩与河道大而有序,树木与野生植被多,田野有立体化的风景。野生植物与丰水的环境使人眼界开阔,唐朝诗人以非凡的气度,把江南美的线条与轮廓完全绘出。宋代以后,人们越来越住在小圩以内,野生资源减少,花鸟与树木在生态压力下减少,农作物的种类也比较单调,景观质量相对下降,相应的诗风也为之一变。

第二节 景观变化与诗风转型

尽管唐中叶以后吴淞江流域形成了经典的江南地区,五代时期

---

① 张贲:《奉和袭美题褚家林亭》,见曹寅:《全唐诗》,卷六百三十一。

形成了非常有序的塘浦圩田景观,宋代以后,农田景观发生了新变化。首先,河道与圩田从整齐划一的棋布结构向随意性较强的泾浜格局发展。这一结构的变化必然带来居住、农业等其他景物的景观变化。南宋是江南小农经济大发展时期,这里活动的诗人与文人几乎是最精英的知识分子群体,景观描述非常之多。吟咏的景观既然已经发生了变化,这种变化也不可能不对他们的诗风产生影响。长期以来,史学界关心唐宋转型问题,政治、经济与社会的变化是唐宋之变最主要的内容。这一变化主要发生在江南,变化的背后是文化的变迁,环境对心理的影响可能起着非常重要的作用,环境影响了生活,生活影响了文化,水与田野环境特别对诗的风格变化产生了影响。

一 大圩崩溃与小农环境的形成

吴淞江及其周边的塘浦圩田系统在宋初继承了五代的格局。"五里、七里而为一纵浦,又七里或十里而为一横塘。因塘浦之土以为堤岸,使塘浦阔深,而堤岸高厚。"整体上的圩田是一种整齐的棋布景观。"今昆山之南,向所谓下驾、小虞等浦者,皆决水于松江之道也。其浦之旧迹,阔者二十余丈,狭者十余丈。又有横塘以贯其中而棋布之。是古者既为纵浦以通于江,又为横塘以分其势,使水行于外,田成于内,有圩田之象焉。"①大圩内部像一个方城,"江南旧有圩田,每一圩方数十里,如大城,中有河渠,外有门闸,旱则开闸引江水之利,潦则闭闸拒江水之害,旱潦不及,为农美利"。② 宋统一以后,

---

① 范成大撰、陆振岳校点:《吴郡志》卷十九,水利上,第267—268页。
② 范仲淹:《上仁宗答诏条陈十事》,见赵汝愚:《宋朝诸臣奏议》卷一百四十七。

没有了战争环境,地方水利集权没有必要存在,大圩与塘浦的维持也出了问题。另外,五代的水利集权化与官方的赋役沉重有关系。宋代黄伯思言:"予家吴中,每闻故老言钱氏有国时,赋厚役丛,民不堪生。"①宋以后,国家管理力度放松,民间制度没有自维持机制,圩岸崩坏。熙宁年间,冈身地区水田遗迹仍在:"冈身之东,其田尚有丘亩、经界、沟洫之迹在焉。是皆古之良田,因冈门坏,不能蓄水,而为旱田耳。"有一些地成为荒废之田:"高田之港浦皆塞,而使数百里沃衍潮田,尽为荒芜不毛之地。"高冈之水田废弃与制度的变迁有关。"其高田之废,始由田法隳坏,民不相率以治港浦。其港浦既浅,地势既高。沿于海者,则海潮不应,沿于江者,又因水田堤防隳坏,水得潴聚于民田之间,而江水渐低,故高田复在江水之上。至于西流之处,又因人户利于行舟之便,坏其冈门而不能蓄水,故高田一望尽为旱地。每至四五月间,春水未退,低田尚未能施工,而冈阜之田以干坼矣"。三十六浦入海时,沿海有闸控制海潮入浦,并灌溉农田,荒芜之地可以成为水田。大圩体系崩溃后,以小地域社会为特征的水流分隔与感潮灌溉又占了主流,赵霖言:"今濒海之田,惧咸潮之害,皆作堰坝以隔海潮。里水不得流外,沙日以积,此昆山诸浦埋塞之由也。冈身之民,每缺雨,则恐里水之减,不给灌溉,悉为坝堰,以止流水。临江之民,每遇潮至,则于浦身开凿小沟以供己用,亦为堰断以留余潮。此常熟诸浦埋塞之由也。"在低地地区,五代时期的大圩岸浸于水中,昆山低地在宋代仍有"古岸隐见水中,俗谓之老岸"。低地大圩是塘浦圩田体系脆弱的一环。水利保障一旦松弛,岸塌后水入圩田,便形成积水区。大圩崩溃后形成以泾浜为体系的小枝河。

---

① (宋)黄伯思:《东观余论》卷下,跋钱氏书后,宋刻本。

唐代那种大圩岸与大圩田,在自然和人为的剥损下,越来越不见踪迹。① 这种大圩的崩溃伴随着小农经济的大量产生,形成适合于小农的小环境。

> 为民者,因利其浦之阔,攘其旁以为田。又利其行舟、安舟之便,决其堤以为泾。今昆山诸浦之间,有半里、或一里、二里而为小泾,命之为某家泾,某家浜者,皆破古潴而为之也。浦日以攘[坏],故水道堙塞而流迟。泾日以多,故田堤坏而不固。日隳月坏,遂荡然而为陂湖矣。此古人之迹也。②

从人为的圩田河道景观退化成自然湖荡景观也是乡村水利习惯不行所致,以前的体制不允许这样破坏圩岸。除了个人开浦成田之外,也有个人"张捕鱼虾,而渐致破损"的原因,这是一种自由猎取公共资源而造成的破坏。河道内的鱼是共同资源,任意捕鱼必然破坏圩岸。小农各顾私利,破坏大圩与河道。③ 圩岸既有了破口,水灾之年的破圩也很容易。"江东圩埂,高厚如太府之城,舟行常仰视之。并驱其上,犹有余地。至水发时,数十百围一时皆破"。④ 在这种形势下,唐末的大圩会很快消失。赵霖回忆熙宁四年大水的情形时指出:"昨闻熙宁四年大水,众田皆没,独长洲尤甚。昆山陈新、顾晏、陶湛数家之圩高大,了无水患,稻麦两熟。"只有少数大圩存在,其他的圩岸全部崩溃。"目今积水之中,有力人户,间能作小塍岸,围裹己田,禾稼无虞。"无人管理的共同水资源被"权豪侵占,植以菰蒲、

---

① 范成大撰、陆振岳校点:《吴郡志》卷十九,水利上、下,第 266—272、279、284、288 页。
② 同上书,水利上,第 267 页。
③ 同上书,第 270—272 页。
④ 范成大:《水利图序》,见顾炎武:《天下郡国利病书》第五册,苏下。

芦苇。又于吴江之南,筑为石塘,以障太湖东流之势。又于江之中流,多置罾箺,以遏水势,是致吴江不能吞来源之瀚漫,日淤月淀,下流浅狭"。由于吴淞江淤浅,百姓对这一区域的侵占范围非常之多,侵占水域使水环境进一步分割化。"今止松江,又复浅污不能通泄,且复百姓便于己私,于松江古河之外,多开沟港。故上流日出之水,不能径入于海。支分派别,自三十余浦北入于吴郡界内。"①

为保运河畅通,官方修吴江长堤,水流环境也因此发生了改变。"庆历二年,欲便粮运遂筑北堤,横截江流五六十里。遂致震泽之水常溢而不泄,浸灌三州之田。每至五六月之间湍流峻急之时视之,则吴江岸之东水常低岸西之水不下一二尺,此堤岸阻水之迹,自可览也。又觇岸东江尾与海相接之处,污淀茭芦丛生,沙泥涨塞,而又江岸之东自筑岸以来沙涨成一村,昔为湍流奔涌之地今为民居民田桑枣场圃,吴江县由是岁增旧赋不少。"挽路修筑以前,"三州之田,尚十年之间熟有五六,五堰犹未为大患。自吴江筑岸以后十年之间,熟无一二"。由于清流不畅,这一带的河道也多有淤塞。平时看不出,大旱时景观差异将此显现。熙宁八年,吴淞江口一带的百渎之田在大旱的环境下。"皆鱼游鳖处之地,低洿之甚也。其田去百渎无多远,而田之苗是时亦皆旱死,何哉?盖百渎及旁小港渎历年不遇旱,皆为泥沙堙塞,与平地无异"。在吴江县高地地区,因运道修筑后排水受阻,到处是一片丰水的环境。原来旱地的蓄水塘,已变得无用,塘外成塘,塘内成荒地。单锷言:"切观诸县高原陆野之乡,皆有塘圩或三百亩或五百亩为一圩,盖古之人停蓄水以灌溉民田。以今视之,其塘之外皆水塘之中,未尝蓄水,又未尝植苗,徒牧养牛羊,畜放

---

① 范成大撰、陆振岳校点:《吴郡志》卷十九,水利下,第281、288页。

凫雁而已。塘之所创有何益耶?锷曰:'塘之为塘是犹堰之为堰也,昔日置塘蓄水以防旱岁。今自三州之水久溢而不泄,则置而为无用之地,若决吴江岸泄三州之水,则塘亦不可不开,以蓄诸水,犹堰之不可不复也。"吴江挽路导致吴江县产生了大量的"茭芦之地",沙积处有了居民区。① 尽管垂虹桥一带景观壮丽,许多地区却因此而处于积水状态,许多诗人看到了这种变化。

   昔年过吴江,恋恋不忍去。临江客思尽,廊若埽翳雾。兹为三年留,已厌波涛怒。乃知常人情,趋新方舍故。轧轧田边车,倦倦不得休。出之一寸痕,益以几尺流。扶提暴中野,强作田间讴。车声真哭声,天远将谁尤。②

  太湖沿岸的生态变化使野生景观增多。"草没潮泥土,沙明蟹火然。"由于水淹之地甚多,长洲的许多地区处于这样一种落后的状态:"其土汙潴,其俗轻浮。地无柔桑,野无宿麦。饪渔饭稻,衣葛服卉。人无廉隅,户无储蓄。"长洲唐中叶从吴县分出,北宋初期没有值得文人歌颂的景观。"学校之风久废,诗书之教未行。兼并者僭而骄,贫窭者欺而堕。田赋且重,民力甚虚。租调失期,流亡继踵。或一岁不稔,则鞭楚盈庭,不能辑事矣。至有市男女而塞责者,甚可哀也。"王禹偁到任时,野生景观明显:"雨碧芦枝亚,霜红蓼穗疏。"他致力于开荒,发展农业,将野生景观变成农业景观。北宋中期,情况稍微转变一点,吴县的农田已经井然有序。元祐七年,郭受为吴县县尉,郭受的《记》文中有:"厥今天下经用之所资,百货之所植,东南其外府也。度淮而南,济江以东,督府且十,附城且百。而田畴沃衍,

---

① (宋)苏轼:《苏文忠公全集》东坡奏议,卷九,录进单锷吴中水利书。明成化本。
② 陈思:《两宋名贤小集》卷二百一,宋北山集,杂兴十首,清文渊阁四库全书本。

生齿繁夥,则吴实巨擘焉。予尝登灵岩之巅,俯而四望:畎浍脉分,原田棋布。丘阜之间,灌以机械。沮洳之滨,环以茭楗。则[泻]卤硗确,变为膏泽之野。濒藻葭苇,垦为秔稻之陆。故岁一顺成,则粒米狼戾,四方取给,充然有余。出乎胥口,以临震泽。积水无涯,两山对峙。桑田翳日,木奴连云。"①这时仍可以看到河道棋布的景观,水生植物和水稻的景观。水道与大圩田仍是宋代的主要风格,有序的大圩与河道景观在许多地区仍然存在。许多地区沼泽化扩大,也有地区在积水中重新恢复塘路与圩田。

  沈氏《笔谈》云:至和塘,自昆山县达于娄门,凡七十里,自古皆积水,无陆途,民颇病涉。久欲为长堤,抵郡城,泽国无处求土。嘉祐中,人有献计:就水中以籧篨为墙,栽两行,相去三尺,去墙六丈,又为一墙,亦如此。漉水中淤泥,实籧篨中。候干,则以水车畎去两墙间旧水。墙间六丈,皆留半以为堤脚,掘其半为渠,取土以为堤。每三四里则为一桥,以通南北之水。不日堤成,至今为利。②

  这时期人口密度不高,管小农圩田环境已经形成,但大圩景观仍占很大的比重。修筑河塘时,官方仍种大量的树木以维持景观。至和塘在嘉祐年间建成时"为桥梁五十二,莳榆柳五万七千八百,其贰河植茭"。③ 植茭,即种菰草,这种水生植物可以防风浪冲击堤岸。有序的塘浦之岸与树木成荫的立体景观肯定仍有大量的存在。整齐

---

① 范成大撰,陆振岳点校:《吴郡志》卷三十七,县记;卷四十九,杂咏,第538、539、542、649页。
② 范成大撰、陆振岳校点:《吴郡志》卷十九,水利上,第264页。
③ (宋)凌万顷:《(淳祐)玉峰志》卷上,清黄氏士礼居钞本。

的塘浦上有桥,弯曲的泾浜上也有桥,分枝河越多,越会有众多的"小桥"出现。泾浜体系形成越来越独立的"流水"小环境,居民散居其间,构成江南有名的小桥——流水——人家的景观。朱长文言:"吴郡昔多桥梁,自白乐天诗尝云:'红栏三百九十桥'矣,其名已载《图经》。逮今增建者益多,皆叠石甃甓,工奇致密,不复用红栏矣。"交通的发展,使乡村的同化程度加强,小农经济的流通性也使过去那种大圩的封闭性弱化。桥使人们的居住点远离土地所在地,以吴江三桥为例,"吴江三桥,南曰安民,在新泾;中曰利民,在七里泾;北曰济民,在吴泾。初,澄源乡井漕河有村十七,家居河南,田占河北,民欲济无梁,郡从事夏日长为之建桥"。① 总之,北宋时期江南小农与小环境已经形成了。

北宋时期常熟一带农业景观恢复得最好。"远逼江垠傍海壖,落帆多是往来船;县庭无讼乡闾富,岁岁多收常熟田。"②这一地区河道鱼类丰富,船只众多,春生香径,稻田一派丰收的景象。"土腴沃壤,占籍者众。虽前代与全盛时,犹不可同年语。"由于没有多少人口压力,农业景观仍然像唐代一样有序。在昆山,"疆岸海江,夷旷沃衍者数百里。一山巍然,怪石错立。井井寰阓间,又有室屋林壑之胜。"在嘉定,因为多属于冈身之地,在大圩体系崩溃后,水田变旱地,风气大变,西部地区靠近低地变化尚小,东部地区为冈身之地,变化最大。"东七乡之民,凭恃去县隔绝,敢与官司为敌。不奉命令,不受追呼。殴击承差,毁弃文引。甚而巡尉会合,亦敢结集千百,挟

---

① 朱长文:《吴郡图经续记》卷中,桥梁,江苏古籍出版社,1999年点校本,第23、25页。

② (宋)鲍廉:《琴川志》卷十四,杨备:《题常熟》。

持器杖以相抗拒。自此习成顽俗,莫可谁何。"①大圩支持的地方社会依然存在。"吴中族姓人物之盛,自东汉以来有闻于时,逮魏晋而后,彬彬辈出。左大冲所谓:'高门显贵,魁岸豪杰,虞魏之昆,顾陆之裔。'虽通言吴都,而居华亭者为尤著。盖其地负海枕江,平畴沃野,生民之资用饶衍,得以毕力于所当事。故士奋于学,民兴于仁,代生人才以给时须。"②尽管如此,宋代却是以华亭为中心的江南核心区走向衰退的开始,大圩与屯田基本上结束了,小农经济在主体上支持了江南社会的繁荣,而嘉湖地区更适宜小农经济的进一步发展。

二 水面与葑田

南宋的吴淞江流域是大量移民与文人的避乱之地,人口的增加与开发的加强使农业向北宋时期的深水区进军,浅湖滩地多开发完毕了。"昔之中田,今为上田;昔之下田,今为中田;昔之草荡,今为下田是也。极于宝庆之水,嘉熙之旱,无所措手,大为邑民之病然。"③吴淞江为排水主干道,排水不畅产生了众多零散水面,人口压力的增加又迫使人们加强对水面的利用。在昆山,许多豪强以坝堰的方式围湖造田。"吾邑素号泽国,襟江带湖,朝宗于海,而潮汐又往来于旦昼,故虽闲有水旱而田无不登。比年以来,豪家势户围田湖中者大半,而江湖傍诸浦多为堰,以阻其流,由是水势不相入。中闲屡尝开发而洳堰如故,识者皆病之。"④在华亭一带,感潮区形成沙

---

① 范成大撰、陆振岳点校:《吴郡志》卷十九,卷三十八,县记;卷四十九,杂咏,第551—552、654—655页。
② (宋)魏了翁:《鹤山全集》重校鹤山先生大全文集卷之四十六,华亭县重修学记,四部丛刊景宋本。
③ (宋)孙应时:《(宝佑)重修琴川志》卷五,叙水,水利,清道光景元钞本。
④ (宋)凌万顷:《(淳佑)玉峰志》卷上,水,清黄氏士礼居钞本。

地。黄震言:"窃考本县图志:南北东西各有放水之处,东以蒲汇通大海,西以大盈浦通吴松江,南至通波塘直至极北,亦通吴松江,此华亭所以常熟道。自小人佞献利,便将泄水之地塞为沙田,朝廷不知一时听信,安边所所得毫末,而华亭一县多被湮没。公私交病,所失甚多。"①围田的增加还与南宋时期的水环境变化有一定的关系。

> 议者多谓围田增多,水无归宿,然亦只见得近来之弊。古者治水有方之时,汙下皆成良田。其后堤防既坏之后,平陆亦成川泽。熙宁八年旱,太湖露丘墓街井,今瀼荡等处尚有古岸隐见水中。以此知近来围田不过因旱岁水减,将旧来平地被水处间行筑埭耳。就使围田尽去,水之未能速入海自若也,何能遽益于事,况围田未易去者乎。为今救急省事之策,惟有告谕田主,多发夫工,就塍岸渐露处,次第修筑。各于水中自为堤障,即车水出堤障之外而耕种之。②

由此可见,从五代到北宋的圩田分割与圩田积水,到南宋时期基本上又重新复垦,但圩田已经变小,河道也已细化,这种形势使水环境的封闭性进一步加强。一旦天气异常,水旱之灾必加剧。在常熟,"自绍兴丁卯至今,九十七年泾浦淤塞,至或委曲仅一线之水,既无复开导,而陂湖又多包围成田。故水则下流不能遽泄,遂决溢以成淹,一或告旱而上流去水愈远"。在原有的深积水区,垦围由浅水向深水发展。"自豪右兼并之家既众,始借垦辟之说,并吞包占,创置

---

① (宋)黄震:《黄氏日钞》卷七十一,申明二,初任诸司差委事,权华亭县申嘉兴府辞修田塍状,元后至元刻本。
② (宋)黄震:《黄氏日钞》卷八十四,代平江府回裕斋马相公催泄水书。元后至元刻本。

围田。其初止及陂塘,陂塘多浅水,犹可也;已而侵至江湖,今江湖所存亦无几矣。"封团性加强也强化了小农环境,使野生景观资源进一步减少。江南的浅水区原有各种各样的水草与鱼类,也有动物与鸟类,野生景观最为丰富,变成农田后景观单一,物种减少。小农经济与豪强势力反过来加剧了这种发展。卫泾言:

> 自绍兴末年,始因军中侵夺濒湖水荡,工力易办,创置堤埂,号为坝田。民田已被其害,而犹未至甚者,潴水之地尚多也。隆兴、乾道之后,豪宗大姓相继迭出,广包强占,无岁无之,陂湖之利,日朘月削,已亡几何,而所在围田则遍满矣。以臣耳目所接三十年间,昔之曰江、曰湖、曰草荡者,今皆田也。①

大多数景观向单一化发展,这就是稻作圩田景观。少数地方由于局部人工水环境的改变,出现了优美风景。吴淞江以前处于一片宽阔杂乱的水域之中,吴江长堤和垂虹桥的修建,这一带运河的基本面貌定型。② 西边的太湖风景,东部吴淞江广大的水流区域,在长桥修建后,稳定的水流推动了美丽的水缘景观的出现。垂虹桥一带逐渐成为著名的旅游区和经典的农业风光区。吴淞江连太湖的广阔水景给人以宏伟之感,陈文蔚曾言:"晚过四桥,旁连震泽,渺漭弥茫,无复畔岸。但见帆樯掀舞于其中,真伟观也";又有:"望太湖水阔天低,风急涛怒。纵观移时,真有荡空之势。逼暮不可久,遂历井邑,复登舟,独酌三盃,赋登垂虹";又有:"雄据垂虹,望太湖始知奇观。"③ 唐代时期这里一片水波,行船的河道还不稳定,水面更为广阔,文人

---

① (宋)卫泾:《后乐集》卷十三,论围田劄子,清文渊阁四库全书。
② 郑肇经主编:《太湖水利技术史》,农业出版社,1987年,第171页。
③ (宋)陈文蔚:《克斋集》卷十,游吴江行记,清文渊阁四库全书本。

的描述也会更加开阔。白居易的诗《忆旧游》中有:"江南旧游凡几处,就中最忆吴江隈,长洲花绿柳万树,齐云楼春酒一杯。"①温庭筠的《吴苑行》中也有水天一色的空泛之感。"锦雉双飞梅结子,平春远绿窗中起。吴江澹画水连空,三尺屏风隔千里。"②唐代的开阔之景在江南风光中仍有余留。到了宋代,水环境相对稳定,也有一些淤积成田的陆地,水陆交错与许多植物的景观增多,文人的描述开始更加细致。这一带的松江鲈鱼及其风光是文人关注的重要部分。

松江鲈鱼产于吴江。北宋诗人陈尧佐称此地为鲈鱼乡:"一波渺渺烟苍苍,菰蒲才熟杨柳黄。扁舟系岸不忍去,秋风斜日鲈鱼乡。"菰蒲杨柳,松江鲈鱼与水生植物及树木并列。南宋时期,屯田郎中在这里作亭,命名为鲈乡亭。"中郎台榭据江乡,雅称诗翁赋卒章。莼菜鲈鱼好时节,秋风斜日旧烟光。一杯有味功名小,万事无心岁月长。安得便抛尘网去,钓舟闲倚画栏傍。"③叶茵言:"已受鲈乡招柴车,异尘鞅方春融融。"吴淞江口与太湖连接处的渔业南宋时期已呈现出危机,因为捕鱼的人太多了。"湖滨江浒疏疏村,村村渔家长子孙。为鱼不管波浪恶,出未天明归黄昏。得来鱼可数,妻儿相对语。瓮头罄热,锅中无米煮。昔日鱼多江湖宽,今日江湖半属官。钓筒钓车漫百尺,团罟帆罟空多般。盖蓑腊雪杨柳岸,笼手西风芦荻滩。差差舴艋千百只,尽向其中仰衣食。几谋脱离江湖归犁鉏,似闻岁恶,农家尤费力。"吴淞江边有一些长期垂钓者,多是些失意的文人,靠钓鱼打发时光,因这里有著名的"耕钓境"。"一犁足春雨,一

---

① 白居易著,朱金城笺注:《白居易集校》,卷二十一,《忆旧游》,上海古籍出版社,1988年,第1459页。
② (唐)温庭筠:《温飞卿诗集笺注》卷一,吴苑行,清文渊阁四库全书本。
③ (宋)郑虎臣:《吴都文粹》卷四,鲈乡亭;卷十,吴江,清文渊阁四库全书本。

丝摇晴风。乐此至乐地,其惟蓑笠翁。"小舟作伴,小洲安家,渔耕自乐,唐代陆龟蒙在这里留下的隐居传统一直传到南宋。"草舍密还稀,编篱枕钓矶。鸭群迎棹去,牛背晒衣归。风紧浪千迭,村深柳四围。倚樯无与语,数雁失斜晖。"①至于一般河道,除了个体农户用简单的渔具捕鱼以外,还有联合下网的景观。有"捕鱼图"之画描述了河道的捕鱼:"三人屈竹为屋,三童子踞而起大网,一童从旁出者缚竹跨水上,一人立旁维舟其下有筍者,方舟而下,四人篙而前其舟坐若立者,两童子曳方罟行,水间者缚竹跨水上"。② 与吴江淞江口的鲈鱼相比,吴淞江水网区所盛产的一种河鲀也是宋代的一种美味。"芦笋初生水绕村,河鲀旋煮荐清樽。十年不踏江南岸,杨柳飞花欲断魂。"③南宋时期,大量的文人政客过此入杭州,风景讴歌不断,出现了许多著名的诗句,已成一绝。"太湖缺处束为桥,摠把吴中景色包。去百里间山独立,跨三州地水平交。"④太湖缺处,指的是吴江长堤的吴淞江大缺口处,树景、水色与鲈鱼仍是景观与风情的主体。吴江县宰张子野对于吴淞江口的捕鱼与山水风光描述堪称一绝。

  春后银鱼霜下鲈,远人曾到合思吴。欲图江色不上笔,静觅鸟声深在芦。落日未昏闻市散,青天都净见山孤。桥南水涨虹垂影,清夜澄光合太湖。⑤

---

① 陈起:《江湖小集》卷三十八,叶茵:《顺适堂吟稿》,白发;卷四十一,叶茵:《顺适堂吟稿》,晚年辟地为圃僭用老坡和靖节归田园居六韵,耕钓境,舟中即事;卷四十二,叶茵:《顺适堂吟稿》,渔家行,清文渊阁四库全书本。
② (宋)晁补之:《鸡肋集》卷三十五,捕鱼图序,四部丛刊景明本。
③ (宋)周紫芝:《太仓稊米集》卷三十,食回鱼颇念河鲀戏作二诗,清文渊阁四库全书本。
④ (宋)陈着:《本堂集》卷十三,长桥望湖,清文渊阁四库全书本。
⑤ (宋)龚明之:《中吴纪闻》卷一,张子野吴江诗,清知不足斋丛书本。

到了夏季,这一地区的一般河道与湖泊水面上有丰富的水生植物,秋冬季节往往一空。"移船过九曲,满袖贮西风。木落山容老,荷枯水面空。"①一般村庄的缘水地带有芦苇和菰蒲之类的水生植物。乡村诗人吴惟信在其《题秋江晚照图》中道:"水光只肯净涵虚,分浦通村路却无。风日向低鸿雁落,钓竿一半出菰蒲。"这种钓鱼的地方有菰蒲类植物。他的《野望》一诗有:"闲与芦花立水边,归心客思两茫然。夕阳收尽天风急,一树寒鸦落野田。"②在江南诗人的野外水景描述中,一般都离不了水生植物和水鸟。范成大《野景》诗中有:"菰蒲声里荻花干,鹭立江天水镜宽。画不能成诗不到,笔端无处着荒寒。"③当然,还有一些小湖泊由于水系变迁,水面变浅,出现了大量的浅水水生植物。以柘湖而论,湖泊消失后形成芦苇场。"湖周回五千一百一十九顷,其后湮塞皆为芦苇之场,今为湖者无几。"④由于吴淞江一江出水的局面未变,积水水面仍然很多,人口压力的增加使水面种植加强,出现了葑田。葑田是由腐烂植物组织形成的一种浮动田。历史上的葑田有两种,缪启愉曾做过考证:"湖边上的杂草丛生根土盘结的自然葑田,不是人工浮水面的葑田(架田),徐光启也指出了二者的不同。"⑤这种水面杂草形成的葑田很早就有,苏东坡开西湖时曾清理这种葑田。他讲到这种田的历史:

    孙皓时吴郡上言:"临平湖自汉末草秽壅塞,今忽开通,长

---

① 陈起:《江湖后集》卷八,张榘:《华亭道间》,清文渊阁四库全书。
② 陈思《两宋名贤小集》卷三百三十,菊潭诗集,清文渊阁四库全书本。
③ 范成大著,富寿荪标校:《范石湖集》卷二十八,《野景》,上海古籍出版社,2006年,第394页。
④ (宋)杨潜:《(绍熙)云间志》卷上,古迹,柘湖,清嘉庆十九年古倪园刊本。
⑤ (元)王祯撰,缪启愉注:《东鲁王氏农书译注》农器图谱集之一,上海古籍出版社,1994年,第598—599页。

老相传此湖开,天下平。皓以为己瑞,已而晋武帝平吴。由此观之,陂湖河渠之类,久废复开,事关兴运,虽天道难知,而民心所欲,天必从之。杭州之有西湖,如人之有眉目,盖不可废也。唐长庆中,白居易为刺史,方是时湖溉田千余顷。及钱氏有国,置撩湖兵士千人日夜开浚。自国初以来,稍废不治,水涸草生,渐成葑田。熙宁中,臣通判本州,则湖之葑合盖十二三耳,至今才十六七年之间,遂埋塞其半。父老皆言:十年以来水浅葑横,如云翳空,倏忽便满,更二十年,无西湖矣。①

当时处于一种"葑田如云"状态,"湖南北三十里环湖往来,终日不达"。为了治葑田,苏东坡现修了"积之湖中为长堤,以通南北,则葑田去,而行者便矣"。去葑田后,让"吴人种菱",湖面形成新的生态系统。② 葑田是地理学意义上的漂浮植毡(floating mat)。在有的湖泊中,植物不能直接在水底着生,一些鸢尾属(Iris)和水芋属(Calla)植物的长根茎交织在一起,一面增长其厚度,一面向湖心延伸,逐渐形成漂浮的植毡,其上可以布满苔藓,也可生长草本及木本植物。植物遗体从漂浮植毡脱落后沉积于湖底,这种漂浮植毡自然浮动于水面,不在泥土里扎根。③ 苏东坡讲的那种要封住西湖的植毡也是这种状态的飘浮植毡,只不过植物的类型稍异。以后由于水面开发,飘浮植毡消失,农民才代以架田。到了近现代,一些外来的水生植物,在水体营养化的环境下,繁殖能力特别,会形成类似的植毡。以喜旱莲子草为例,从南美引入我国的喜旱莲子草是一种水陆两栖的

---

① 苏轼:《苏文忠公全集》东坡奏议,卷七,乞开杭州西湖状,明成化本。
② (宋)苏辙:《栾城集》栾城后集,卷二十二,亡兄子瞻端明墓志铭一首,《四部丛刊》景明、嘉靖蜀藩活字本。
③ 胡自治编著:《英汉植物群落名称词典》,甘肃科学技术出版社,2001年,第55页。

外来入侵植物。该物种分布广,常以中空的茎在水面形成漂浮植毡层。陆生型喜旱莲子草的地下根茎系统非常庞大,繁殖能力强。肉质根浸水后产生了大量的不定芽,绝大部分不定芽在土壤中可以分枝。喜旱莲子草漂浮植毡层搁浅在陆地上越冬后,植毡层上层的匍匐茎失水干枯,下层的匍匐茎能正常越冬。在南宋的太湖地区,这种葑田的成分与作用现在仍需要进一步的考证和研究。古籍中所称"茭草"之类的名称,所对应的植物其实应是菰草和其他一些沉水植物。在农史学界,王毓瑚最先将葑田与漂浮植毡相联系,他把苏东坡开西湖时的葑田称为"漂浮植物毡"。

　　他(苏东坡)把这种水草侵湖的现象比做人目的白内障,也很恰当。就是在这样垫高了的"准土地"上以及所谓"飘浮植物毡"上面栽处庄稼,这就叫作"葑田",古人把这些水草统称之曰"茭葑"。有的字书上把"葑"解释为"菰根",大约指的是水上浮生的植物的根部,以及根部相互纠结的情状。不过从水草遮蔽湖面的这一点来猜想,这"葑"字也许是从水草把湖面封闭起来的这个意思上推演出来的。①

南宋时蔡宽夫《诗话》提到一种活动式葑田,"吴中陂湖间,茭蒲所积,岁久,根为水所冲荡,不复与土相着,遂浮水面,动辄数十丈,厚亦数尺,遂可施种植耕凿,人据其上,如木筏然。可撑以往来,所谓葑田是也"。② 从湖边葑田到缚于木排上的架田,有一个变化过程,中间形态就是蔡宽夫《诗话》中讲到的那种盘结可移动的葑田。这种田随湖水而起落,江南诗人周端臣的《早冬湖上》有:"晴湖水落葑田

---

① 王广阳等编:《王毓瑚论文集》,中国农业出版社,2005年,第335—337页。
② (宋)胡仔:《苕溪渔隐丛话前集》卷二十八,清乾隆刻本。

干,白鸟飞来立晚寒。杨柳不知秋已远,尚摇疎翠拂栏杆。"①叶绍翁的咏鹭诗中有:"无事时来立葑田,几回惊去为归船。霜姿不特他人爱,照影沧波亦自怜。"这种名鸟立在葑田上,是江湖的一种景观。武衍藏的《雁奴》诗中有:"断沙残汐葑田枯,寂历寒烟卧雁奴。飞起不知何处落,数声蓦忽隔黄芦。"②居住于吴淞江口一带的范成大也提到了葑田,"春入葑田芦绽笋,雨倾沙岸竹垂鞭"。又有:"污莱一棱水周围,岁岁蜗庐没半扉。不看菱青难护岸,小舟撑取葑田归。"范成大撑着小舟在种植区劳作,取了葑田保护圩岸,这种葑田在深水区,圩田在浅水区。当时的大量葑田与大量的水缘植物共生,"海雨江风浪作堆,时新鱼菜逐春回。荻芽抽笋河鲀上,楝子开花石首来"。这里讲的荻芽是一种商品作物。夏日的水面格外美丽,也有菱的种植。"千顷芙蕖放棹嬉,花深迷路晚忘归家。家人暗识船行处,时有惊忙小鸭飞。采菱辛苦废犁鉏,血指流丹鬼质枯。无力买田聊种水,近来湖面亦收租。"当时的水缘种植很多,"紫青莼菜卷荷香,玉雪芹芽拔薤长。自撷溪毛充晚供,短篷风雨宿横塘。湖莲旧荡藕新翻,小小荷钱没涨痕。斟酌梅天风浪紧,更从外水种芦根"。③范成大提到的菱、藕种植与当时苏东坡开西湖葑田后种菱藕的背景差不多。葑田所种的另外一种蔬菜是茭菜,此菜从汉代起就与松江鲈鱼配菜,是名味佳品。南宋罗愿在考证《尔雅》"蘧蔬"一词时言:"郭氏曰:'蘧蔬似菌,生菰草中,甜滑,今江东啖之。'菰,蒋草也。江

---

① 陈起:《江湖后集》卷三,周端臣《早冬湖上》,清文渊阁四库全书本。
② 陈起:《江湖小集》卷十,叶绍翁《靖逸小集》鹭;卷九十三,武衍藏《拙余稿》雁奴。清文渊阁四库全书本。
③ 范成大著,富寿荪标校:《范石湖集》初约邻人至石湖,以下辛卯,自西掖归吴作;卷二十七,四时田园杂兴六十首:晚春日田园杂兴十二绝,夏日田园杂兴十二绝。第373—374页。

南呼为菱草,根久盘厚,则夏月生菌,菌即谓之菰菜。利五脏,杂鲤为羹。《吕氏春秋》曰:'菜之美者,越骆之菌,'则古者重之久矣。"①菰菜其实就是茭白,是菰草的另一种形式。茭白需要菰草之茎在黑粉菌刺激下长大才称之为茭白。葑田的环境可能恰好促成了黑粉菌的生长环境,葑田上种茭白才流行。美味菰菜与松江鲈鱼相结合的美味多见于文人诗歌中。除了水面减少外,农业的开发也使挖河泥活动加强,水质中的营养物质减少,水面植被的丰度大受影响,葑田也就越来越少。等到近代西方高繁殖能力的植物入侵后,特别是河道富营养化以后,又重新出现。这种现象发生于古代说明唐宋时期的水体营养化程度较高。在无污染状态下出现葑田,说明古代水质一是清,二是富有生物的多样性。

三 微域化景观及其色调

入宋后水道细分化,小生境形成。在这种小场域下,小农的心情与景观审美都发生了变化,生活在这种环境下的诗人也不例外。笔直而宽大的河道圩岸与唐代诗人的豪放气概相结合,唐诗的江南景观给人以宏大的气势。宋代小环境与小农经济使人们的景观受到了影响,正像一个久不出门旅游的现代人一样,压抑的环境不免使心态发生变化,没有开阔的水面与水生植物,诗人的语言与文风也会发生变化。

官河周边存在着许多私有化的小水域,生活在专制政权管辖下的官河和官路区的个体小农或小渔民,经常胆战心惊。"吴中河畔多凿小沼与河相通,架屋其上藏舡其中。"这种小水域活动的舟主,

---

① (宋)罗愿撰、石云孙点校:《尔雅翼》卷六,黄山书社,1991年,第63页。

平时到公共水域捕鱼,官方的巡视人员到了,就藏到私处。"望见官旗衔觖舻,渔舣争入沼中芦。藏舣芦底犹有雨,屋底藏舣雨也无。非港非沟别一涯,茅檐元不是人家。不居黔首居青雀,动地风涛不到他。"①灵活归灵活,心态却会变化。当人们不在大圩中集居,散居在圩岸上,心情也不免孤独。小圩岸上往往只有几户人家,一点的树木,虽有隐秘性,却没有开放性。李纲有诗言:"柴门临小浦,竹径绕幽庄。雨剪葵韭滑,夜舂秔稻香。"曲径通幽使人感到小农的私密性。② 一般诗人发小农环境之微,把小生境的景物写得色彩斑斓。黄文雷有诗言:"荻门临水劣生涯,屋角香浮绕菜花。鸡犬声如深谷长,耰锄力向甫田加。葑填岸步聊凭木,湖入沟塍不用车。惊见茅茨新覆草,东风轻飐酒旗斜。"尽管色彩甚多,总体上仍不免小农经济自给自足的生活意境。"杨柳阴中稻廪,芙蓉花里柴扉。日夕牛羊下垄,老翁稺子同归。田舍鸡豚壮长,江乡鱼蠏鲜肥。是处茅柴新熟,老翁醉倒扶归。"③在一些临山的地区,环境开阔一些。在常熟的开元乡,南宋时的一处宗室的居所"门枕流水,面青山,后环清池,列乔木,佳花、修竹散植前后"。④

宋代的许多公共地区的环境也被人工美化,在小农化、分散化的趋势下,人工景观对整体变化的影响很小。在大圩整体上受到破坏的同时,植柳的景观效果肯定受到影响。但在官路上、圩边或河边,植柳仍使立体化风景非常壮观地呈现。李心传形容运河地区景观如

---

① (宋)杨万里:《诚斋集》,诚斋集卷十三,《藏舣屋》,四部丛刊景宋写本。
② (宋)李纲:《梁溪集》卷五,田家四首,清文渊阁四库全书本。
③ (宋)陈起:《江湖后集》卷二十一,黄文雷:《华亭以北所见》,《华亭道间所见二首》,清文渊阁四库全书。
④ 中国文物研究所、常熟博物馆:《新中国出土墓志·江苏(壹)常熟》下册,文物出版社,2006年,第18页。

画:"凡圩岸皆如长堤,植榆柳成行,望之如画云。"①大多数宋代诗人对柳堤没了感觉。韩元吉《松江感怀》有:"忽忽倦行役,栖栖问穷途。生涯能几何,所抱诗与书。凄凉吴淞路,不到十载余。当年路傍柳,半已阴扶疎,系舟上高桥,春水正满湖。鸥鸟如有情,见人远相呼。"圩岸即道路,不到十年,柳树已经成荫,说明圩岸植柳一直进行着。像现在年年植树不见树一样,当时也处于一种景观衰退状态。诗人讴歌树木景观时,越来越以家庭环境为中心,呈小巧化、精致化趋势。在韩元吉另一首诗中,垂柳更有居家特点:"并舍尽垂柳,出檐多好花。独寻江岸路,静爱野人家。水暖分鱼子,沙晴蹙荻芽。放歌吾亦醉,渔户即生涯。"②这种诗歌缺少了中唐时期白居易那样的气势。杨万里对岸边树木景观的描述更显小农化特色,《岸树》一诗有:"岸头树子直如筠,谁遣相招住水滨。不合镜中贪照影,照来照去总斜身。岸树枝枝秃影中,雪风一半半春风。楝梢落尽黄金弹,犹有纷纷缀弹茸。"③当时北方战事不佳,士大夫诗作中没了唐代的阳刚之气。"扁舟去作江南客,旅雁孤云。万里烟尘回首,中原泪满巾,碧山相映汀洲冷,枫叶芦根日落波,平愁损,辞乡去国人。"④枫叶与落日联系到一起,愁情与水景的阴柔相一致,宋代的诗歌已没有了白居易"日出江花红似火"那种气息,唐诗中那种宏大叙事式的结构与框架也消失了。

咏竹之诗这时大受推崇,士大夫正是种竹以附风雅。这种对竹

---

① 李心传:《建炎以来朝野杂记》甲集,卷十六。
② (宋)韩元吉:《南涧甲乙稿》卷一,松江感怀;卷三,过松江寄观五首,清武英殿聚珍版丛书本。
③ 杨万里:《诚斋集》卷二十九,岸树,四部丛刊景宋写本。
④ (宋)黄升:《中兴以来绝妙词选》卷一,宋词,采桑子:乱后作,四部丛刊景明本。

的审美情趣在六朝时已发展到极高的水平。戴凯之的《竹谱》有："盖竹所生,大抵江东上密防露,下疏来风,连亩接町,疏散岗潭。"①他讲了各种各样的竹,及其在审美中的价值。随着江南圩田遍布,不但山上有大片的竹林,一般农户也有竹林,只是这种竹林只分布在圩岸居所附近,形成小环境的竹林生态。士绅之辈的家庭景观的美化也日趋小型化,与小农化的生态与社会背景一致。"偶种得成阴,翛翛过别林。月寒双鸽睡,风静一蝉吟。映地添苔碧,临池觉水深。贫居来客少,赖尔慰人心。"一般人家也种梅花:"行遍江村未有梅,一花忽向暖枝开。黄蜂何处知消息,便解寻香隔舍来。"②南宋时期,其他地区的士大夫向江浙一带集中,李心传言:"平江、常、润、湖、杭、明、越号为士大夫渊薮,天下贤俊多避地于此望下。"③他们的园林化倾向固然受种植条件的限制,也受文化名人兴趣的影响。"吴中士大夫园圃多种橙橘者,好采东坡诗:'一年好处君须记,正是橙黄橘绿时'之语,名之曰:'好处。'"④太湖地区的橘子种植一般只在太湖中间的山地,也就是洞庭山一带,一般人家种橘较少。明代的王世懋言:"橘性畏寒,值冬霜雪稍盛辄死,植地须北番多竹,霜时以草裹之。"⑤这种成本大且复杂费心的保护方法,非一般农民所愿为。从洞庭向外传播,须得乡绅才有传播动力。叶梦得言:"今吴中橘亦惟洞庭东、西两山最盛,他处好事者园圃仅有之。"⑥洞庭甘橘特别宜于收藏,韩彦直言:"洞庭柑皮细而味美,比之他柑,韵稍不及。熟最

---

① (晋)戴凯之:《竹谱》,宋百川学海本。
② (宋)翁卷:《苇碧轩集》题竹,舍外早梅,汲古阁景宋钞本。
③ 李心传:《建炎以来系年要录》卷二十,清文渊阁四库全书本。
④ (宋)洪迈:《夷坚志》乙卷六,清景宋钞本。
⑤ (明)王世懋:《学圃杂疏》。
⑥ (宋)叶梦得:《避暑录话》卷下,明津逮秘书本。

早,藏之至来岁之春,其色如丹。东坡《洞庭春色赋》有曰:'命黄头之千奴,卷震泽而与还,翠勺银罂,紫络青纶。'物固唯所用,醖酿得宜,真足以佐骚人之清兴耳。"①他看到了洞庭橘传播中文化骚人——士绅的作用。由于士绅群体数量大,影响力大,士绅的庭院与园圃大大影响了江南的景观的个体化走向。一些兼搞农业的士大夫的家园景观更加小农化,他们把耕读生活挂在口头上。范成大在吴淞江口一带居住。"晚岁卜筑于吴江盘门外十里。盖因阖闾所筑越来溪故城之基,随地势高下而为亭榭,所植多名花,而梅尤多。"②这些树木的园林化种植,具有典型的小农环境化色彩。至于一般的农民,往往没有这种闲情雅致。他们只有更加辛苦地劳动以应对生产与生活的艰辛。许多诗也描写了小农的辛苦,环境的局促,体察到农夫的心态。

> 今年粳稻熟苦迟,庶见霜风来几时。霜风来时雨如泻,杷头出菌镰生衣。眼枯泪尽雨不尽,忍见黄穗卧青泥。茅苫一月陇上宿,天晴获稻随车归。汗流肩赪载入市,价贱乞与如糠粞。卖牛纳税拆屋炊,虑浅不及明年饥。官今要钱不要米,西北万里招羌儿。③

私泾私浜增加,水灾防护能力下降,环境的不确定性也增加。宋代文人对小农的环境认识也有了灾害色彩。苏轼之弟以此诗与苏轼唱和时,谈到了水灾危机。"久雨得晴惟恐迟,既晴求雨来何时。今年舟楫委平地,去年蓑笠为裳衣。不知天公谁怨怒,弃置下土尘与

---

① (宋)韩彦直:《橘录》卷上。
② (宋)周密:《齐东野语》卷十,范公石湖,明正德刻本。
③ 苏轼:《苏文忠公全集》卷四,《吴中田妇叹》和贾收韵,明成化本。

泥。丈夫强健四方走,妇女龌龊将安归。塌然四壁倚机杼,收拾遗粒吹糠粞。东邻十日营一炊,西邻谁使救汝饥。"①在高阜地,农人修水塘水柜贮水,小水塘构成高地田野的特色。为防旱灾,人们急于修水柜。"指点炊烟隔莽苍,午餐应可寄前庄。鸡声人语小家乐,木叶草花深巷香。春去已空衣尚絮,雨来何晚稻初芒。秖今农事村村急,第一先陂贮水塘。"在吴松江口一带的淤积沙地,有枫树林与农作物相结合的景观,还有鸟类,这里农业生态系统的复杂性与多样性是少有的。尽管如此,一般农民只有劳苦的份儿,丰年才有喜笑之面。"更无云物起微阴,垄亩人家各好音。岁晚阳和归稻把,夜来霜力到枫林。儿童笑里丰年面,乌乌声中落日心。酿秫炊秔都入手,剩拼腰脚办登临。"②低地的人们重视修圩岸与挖河泥。毛珝的《吴门田家十咏》不但描述了吴淞江一带的景观,也描绘了生活中的劳苦。"竹罾两两夹河泥,近郭沟渠此最肥。载得满船归插种,胜如贾贩岭南归。到处车声转水劳,东乡人事独逍遥。一堤滟滟元非雨,总是吴江淡水潮。今年田事谢苍苍,尽有瓶罂卒岁藏。"到了冬天,人人都要修岸,参加乡村水利事务。"主家文牓又围田,田甲科丁各备船;下得桩深笆土稳,更迁垂柳护围边。"③从这些倾向看,宋代文人注重描写农业细节,而唐代的诗人,除了唐末的陆龟蒙等人外,其他人基本上不关注农业生产的细节。

田园诗人视野下的农民生活,更体现微观化与细致化。范成大是田园诗派的代表,他的诗歌中美丽的田景并不是在开阔的色调下

---

① (宋)邵浩:《坡门酬唱集》卷四,清文渊阁四库全书本。
② 范成大著,富寿荪标校:《范石湖集》卷二十,光福塘上,上沙田舍。上海古籍出版社,2006年,第287页。
③ 陈起:《江湖小集》卷十二,毛珝:《吴门田家十咏》,清文渊阁四库全书。

展开的。《田舍》一诗中描述了农家场景:"呼唤携锄至,安排筑圃忙。儿童眠落叶,鸟雀噪斜阳。烟火村声远,林菁野气香。乐哉今岁事,天末稻云黄。"筑圃即修圩,不是乡村共同体的事,就是小农个人的事。麦收之季是江南花开时节,也是晚稻插秧季节。《刈麦行》一诗描绘了耕作、收获的农忙与梅花、桃花相映的景观。"梅花开时我种麦,桃李花飞麦丛碧。多病经旬不出门,东陂已作黄云色。腰镰刈熟趁晴归,明朝雨来麦沾泥。犁田待雨插晚稻,朝出移秧夜食麨。"对于新开的乡村水道,范成大也有更具个人特色描述。"溪上清风柳万重,绿烟无路月朦胧。船头忽逐回塘转,一水迢迢却向东。"水道有统一的绿色,一直向东流,船却是在个人的控制之下任意而为。《云间湖光亭》一诗有:"万里西风熟秔稻,白云堆里著黄云。"①在植被与水景描述的色调之下,诗人关于动物的描绘才脱离悲观与压抑,产生出动态的乡村趣味。宋代江南诗歌中有牧牛的形象,牧童与牛成为景观的亮点。

    溪深不须忧,吴牛自能浮。童儿踏牛背,安稳如弃舟。寒雨山陂远,参差烟树晚。闻笛翁出迎,儿归牛入圈。②

  这时绘画中的牧牛图就体现小农经济与江南农趣。江南画家朱莹工于牧牛图绘画,其牧牛图极臻其妙然。江南画家董源以太湖的山水画著称,所绘图区域是在吴淞江口的山水之间。水乡无草地,山水之间是放牛的最好去处。他的几幅牛图是:"夏山牧牛图"、"跨牛

---

① 《范石湖集》卷四,田舍,月夜泛舟新塘,云间湖光亭;卷十一,刈麦行;卷二十七,第41、43、47页。
② (宋)陆游:《剑南诗稿》卷四十,牧牛儿,清文渊阁四库全书。

图"、"饮水牧牛图"、"牧牛图"。① 与北方小农相比,江南野地中没有羊。"羊性畏露,晚出而早归。常先于牛。""会稽往岁,贩羊临安,渡浙江,置羊艎版下,羊啮船茹,舟漏而沉溺者甚众,至今人以为戒。"②正因为如此,牛,特别是水牛景观在江南田野中才显得独特。南宋楼俦《耕织图》基本上反映太湖东部地区的小农与农业环境,图中的耕具为耕、耙,动力是牛。从天野元之助所给出的元代版的耕织图看,牛耕景观已经很普遍,圩岸多是小塍岸。在这个场景中,农忙以居住中心的小圩田为中心进行。③ 其他画家也描绘了乡村景物中的圩岸与小型化环境。士雷的画多有小河岸和鸟类。如"春岸初花图"、"桃溪鸥鹭图"、"春江落雁图"、"春晴双鹭图"、"桃溪图"、"暖水戏鹅图"、"春江"、"小景图"、"春岸图"、"莲塘群凫图"、"夏塘戏鸭图"、"夏溪凫鹭图"等等,大多是岸与鸟的小景观。江南画家对竹、鱼等的画法也体现了作家对小景观的审美情趣。一般人画竹画其修直,刘梦松画竹恰画其曲,这也是小环境下士大夫对竹的欣赏到达一定程度的产物。江南画家杨晖善画鱼,"得其扬鬐鼓鬣之态,苹蘩荇藻,映带清浅,浮沉鼓跃,曲尽其性"。这种画所体现出作者对小生态环境的观察功力非常强。他们的画有市场,说明江南人也自我欣赏小生境之美。④ 这些图景也成了江南诗人的诗歌意象,已不是宏观与整体化的意象,而是小型化与精巧化的意象。

---

① (宋)佚名:《宣和画谱》卷十一,山水二,董元;卷十四,畜兽二,明津逮秘书本。
② (宋)施宿:《(嘉泰)会稽志》卷十七,清文渊阁四库全书本。
③ 天野元之助著:《中国农业史研究》增补版,东京:御茶の水書房刊,1979年,第222—227页。
④ (宋)佚名:《宣和画谱》卷九,龙鱼,杨晖;卷十六花鸟二,士雷;卷二十墨竹蔬果,刘梦松。明津逮秘书本。

四　季相变化

唐代江南景观诗所表达的粗线条审美往往忽略了季节的变化。唐诗对春色的描述有气势,却相对单一。刘长卿有:"对水看山别离,孤舟日暮行迟。江北江南春草,独向金陵去时。"①刘禹锡对江南春色的描述更集中于社会生活与城镇景观,他对白居易这样描述:"江南春色何处好,燕子双飞故官道。春城三百七十桥,夹岸朱楼隔柳条。丫头小儿荡画桨,长袂女郎簪翠翘。"②这种描述有俯视江南之感。张籍的《江南春》对杨柳进行了描述,相对简单:"江南杨柳春,日暖地无尘。渡口过新雨,夜来生白蘋。"③至于其他季节,吴融曾描述过平望一带的江南夏景:"江南夏景好,水木多萧疏。此中震泽路,风月弥清虚。"④景观内容缺乏。至于秋冬景观,基本上没有什么描述。以范成大为首的一批田园诗人不但在小环境下细看江南,对一年四季不同侧面的江南风光也进行了多角度的描述,这是宋诗细腻化的一个重要反映。从自然景观看,既然景观的范围变小,人们的审美眼光不免更加细腻,细腻的风光描写在春季中体现得非常之多。柳与小麦的结合是农田景观中最显著的春色。弘治年间顾清的竹枝词中有:"三月吴江柳正青,柳花飞去半为萍。蔬畦麦陇蔷薇架,装点田家作画屏。"三月春色是柳。到了四月,青绿的稻秧出现之后,柳树颜色相对淡化,村边杨树的景观突出。"四月吴江正插

---

① （唐）刘长卿:《刘随州集》卷八,发越州赴润州使院留别鲍侍御,四部丛刊景明正德本。
② 刘禹锡:《刘梦得文集》卷二,乐天寄忆旧送因作报白君以答,四部丛刊景宋本。
③ 张籍:《张文昌文集》卷一,杂诗:江南春,续古逸丛书本景宋蜀本。
④ （唐）吴融:《唐英歌诗》卷下,平望蚊子二十六韵,清文渊阁四库全书本。

田,青秧白水暖生烟。回桡转入深村里,只见重垂杨不见天。"①不同时候开花的作物与树木也有不同的颜色装点圩田与圩岸。从历史上看,早在晚唐时,当地诗人已关注到了这种树木与作物季相的复合。在陆龟蒙的诗中,豆类作物和梨树分别呈紫色与红色,"村边紫荳花垂次,岸上红梨叶战初"。②杨万里曰:"近水人家随处好,上春物色不胜妍。归时二月三吴路,桃杏香中漫过船。"③宋代的江南形成了踏青习俗,有农田景观之美,这样的习俗往往才会兴盛。苏轼有诗曰:"东风陌上惊微尘,游人初乐岁华新。人间正好路旁饮,麦短未游车轮。城中居人厌城郭,喧阗晓出空邻。歌鼓惊山草木动,箪瓢散野鸟鸢驯。"春天的田野处处有踏青的人群,城市外围特别多。杨万里言:"草藉轮蹄翠织成,花围巷陌锦围屏。早来指点游人处,今在游人行处行。女唱儿歌去踏青,阿婆笑语伴渠行。"④圩岸和河道集中了几乎最多的春光与人群。"照人芳树迟迟日,吹面垂杨拂拂风。客思一筇携不尽,鸟声多在落花中。"⑤鸟声与落花,几乎渗入到看不见的场景中,正可见诗人人微入细的描述手法与观察能力。在吴淞江两岸,最早知道春色的人是近水人家和船中客旅。

> 昨夜何缘不峭寒,今晨端要放晴天。窗间波日如楼上,帘外霜风似腊前。近水人家随处好,上春物色不胜妍。返时二月三吴路,桃杏香中慢过舩。⑥

---

① 王利器等辑:《历代竹枝词》,陕西人民出版社,2003年,第179—180页。
② 《唐甫里先生文集》卷之十二,江南二首。
③ 杨万里:《杨万里诗文集》,王畸珍整理,江西人民出版社,2006年,第524页。
④ (清)袁清润撰,甘兰经、吴琴点校:《吴郡岁华纪丽》卷三,苏子瞻《和子由踏青诗》,杨万里《上巳日行散得句》。江苏古籍出版社,1998年,第93页。
⑤ (宋)吴龙翰:《古梅遗稿》卷二,春日吴中,清文渊阁四库全书本。
⑥ 杨万里:《诚斋集》卷二十九,松江晓晴,四部丛刊景宋写本。

小农的阳春感多是小环境的。陆游对阳春三月的风景描述体现在其《倚栏》一诗中："闲岸纱巾小倚栏,吴中三月尚春寒。蜂脾蜜满花初过,燕觜泥新雨未干。老厌簿书思屏迹,病逢节物强追欢。一樽又动流年感,城上斜阳画角残。"①范成大的《春日三首》是小家景与大风景的统一。第一首："药栏花暖小猧眠,雪白晴云水碧天;煮酒青梅寒食过,夕阳庭院锁秋千。"第二首："西窗一雨又斜晖,睡起薰笼换夹衣。莫放珠帘遮洞户,从教燕子作双飞。"第三首的春光更远一些："双鲤无书直万金,画桥新绿一篙深;青苹白芷皆愁思,不独江枫动客心。"其《春日田园杂兴十二绝》的描述顺序是先家庭后田野："柳花深巷午鸡声,桑叶尖新绿未成。坐睡觉来无一事,满窗晴日看蚕生。土膏欲动雨频催,万草千花一饷开;舍后荒畦犹绿秀,邻家鞭笋过墙来。高田二麦接山青,傍水低田绿未耕;桃杏满村春似锦,踏歌椎鼓过清明。"家景、村景与野景依次展开,既有近村处的圩岸、圩田、农作物与野花野草,也有远处的高田作处与更远处的山色,体现出作者以自我家庭为中心的景观审美。又有："今年不欠秧田水,新涨看看拍小桥。桑下春蔬绿满畦,菘心青嫩芥苔肥。"②杨万里是个到处游走的诗人,视野相对开阔,他的春色诗句较为壮观,留有一点唐诗的影子。"无边绿锦织云机,全幅青罗作地衣。个是农家真富贵,雪花销尽麦苗肥。"③夏日五月是果蔬类收获的季节,江南地区水环境丰富,特产丰富。周紫微的诗反映了这种丰富,也带出小农的多样化种植特色。

---

① 陆游:《剑南诗稿》卷十八,倚栏,清文渊阁四库全书。
② 《范石湖集》卷二十七,四时田园杂兴六十首,春日田园杂兴十二绝,第371—372页。
③ 杨万里:《诚斋集》卷二十九,麦田,四部丛刊宋写本。

江南五月菱垂叶,叶底紫菱如紫蕨。梨香溅齿蔗浆寒,瓜熟堆盘水精滑。红姜抹缕杂吴盐,纤手淹梅带微辣。芳林露下摘金桃,入眼臙脂红脸抹。木瓜甘酸天下无,百果论功谁可甲。朱樱万颗滴阶红,满架蒲桃更肥苴。橙香栗大芋如瓯,此品秋来不胜说。老翁空作解嘲诗,但恐年衰左车脱。①

范成大在《夏日田园杂兴十二绝》中所描绘的初夏农田景观意境美好,小农痕迹明显。"梅子金黄杏子肥,麦花雪白菜花稀。日长篱落无人过,惟有蜻蜓蛱蝶飞。五月吴江麦秀寒,移秧披絮尚衣单。稻根科斗行如块,田水今年一尺宽。"五月的夏天还有一丝寒意。夏收的场景也具有丰收气息。"二麦俱秋斗百钱,田家唤作小丰年。饼炉饭甑无饥色,接到西风熟稻天。"这时正值稻作需水的时节,最多的农活是戽水:"下田戽水出江流,高垄翻江逆上沟。地势不齐人力尽,丁男长在踏车头。昼出耘田夜织麻,村庄儿女各当家,童孙未解供耕织,也傍桑阴学种瓜。"②排涝合作是夏日景观,范成大的《围田叹四绝》描述了旱涝时的戽水景象。"万夫陻水水干源,障断江湖极目天。秋潦灌河无泄处,眼看漂尽小家田。山边百亩古民田,田外新围截半川。六七月间天不雨,若为车水到山边?鑿邻冈利一家优,水旱无妨众户愁。浪说新收若干税,不知逋失万新收。台家水利有科条,膏润千年废一朝。安得能言两黄鹄,为君重唱复陂谣。"高田水源被围,得不偿失。在《雨后田舍书事再用前韵》一诗中,他也曾提到过这种围田中的小区与围田边的村居。"村村畦圃蓺新区,处

---

① (宋)周紫芝:《太仓稊米集》卷十九,道卿论吴中夏果,词颇夸,且借苏内相春菜诗韵作诗,仆亦同赋聊为江南解嘲。清文渊阁四库全书本。
② 《范石湖集》卷十一,春日三首,卷二十七,四时田园杂兴六十首,夏日田园杂兴十二绝,第374—375页。

处田庐茸旧居。熟透晚梅红的皪，展开新篁翠扶疎。向来矜寡犹遗秉，此去污邪又满车。"①

秋色之诗多集中于苏州城，城市里的观赏植物在秋天时有美景，走南闯北的江湖派诗人更关注乡间。张榘道："帝城那得见秋容，秋在三吴泽国中。芦未着霜花已白，蓼宜近水影偏红。一行落雁低南浦，万点栖鸦起北风。安得画师模此景，钓鱼矶上着诗翁。"②不少诗人走出城市，到乡间欣赏秋景。吴惟信笔下的吴淞江秋景非常深远："水光只肯净涵虚，分浦通村路却无。风日向低鸿雁落，钓竿一半出菰蒲。"③大而美的河道与山野秋景对乡居诗人意义不大，枫叶红了的秋天有极美的景色，陆游触景生情：

> 九月吴中尚袷衣，江郊策马踏斜晖。荞花慢慢连山路，豆荚离离映版扉。秋风一夜吹桥树，明日来看已非故。
>
> 吴中九月霜尚薄，落叶半随飞鸟去。老人心事感凋零，只欲逢秋醉不醒。范宽用意真难解，偏写丹枫作画屏。④

范成大笔下的秋景是典型的小农秋景，充满了收获与打场的场景。"获稻毕工随晒谷，直须晴到入仓时。中秋全景属潜夫，棹入空明看太湖。身外水天银一色，城中有此月明无？新筑场泥镜面平，家家打稻趁霜晴。笑歌声里轻雷动，一夜连枷响到明。租船满载候开仓，粒粒如珠白似霜。不惜两钟输一斛，尚赢糠核饱儿郎。菽粟瓶罂贮满家，天教将醉作生涯。"菊花与鲈鱼也属秋天的丰盛，"不知新滴

---

① 《范石湖集》卷二十八，《围田叹四绝》；卷三十一，雨后田舍书事，再用前韵，第393页。
② 陈起：《江湖后集》卷八，张榘：帝城。清文渊阁四库全书本。
③ （宋）陈思：《两宋名贤小集》卷三百三十：《菊潭诗集》，题秋江晚照图。清文渊阁四库全书本。
④ 陆游：《剑南诗稿》卷十九，九月初郊行；卷五十五，秋树。清文渊阁四库全书。

堪篘未?今岁重阳有菊花。细捣杻薹买鲙鱼,西风吹上四腮鲈。雪松酥腻千丝缕,除却松江到处无"。四鳃鲈只有松江独有。先谈了这些,然后他才描绘出较为宏大的林木景观:"新霜彻晓报秋深,染尽青林作缬林。惟有橘园风景异,碧丛丛里万黄金。"既有一般的青色树木,更有美丽的橘园风景。秋天时农家整修篱笆。"村村篱落總新修,处处田畴尽有秋。一段农家好风景,稻堆高出屋山头"。这种房前屋后的防御性建筑以后基本上消失了。秋天要备办小农过冬的物件,天气一寒,人们就赶紧备货。"南邻炭未买,北邻绵未装。敢论酒价涌,束薪逾桂芳。岂不解蚕计,善舞须袖长。频年田薄收,十家九空囊。被冻知不免,但恨太匆忙。"忙碌中显出贫寒气息。①

初冬是乡村杂事的季节,各自为过冬而忙。"重云蔽白日,陂港日夜涸。秋风才几时,已见霜雪作。人生各有分,岂必衣狐貉。吴中冬蔬茂,盘箸不寂寞。抟泥治墙屋,伐篠补篱落。薄酒亦醉人,问子胡不乐。"小农家庭这时尤有菊花之色。"吴中霜雪晚,初冬正佳时。丹枫未辞林,黄菊犹残枝。鸣雁过长空,纤鳞泳清池。气和未重裘,临水照须眉。悠然据石坐,亦复出门嬉。野老荷钼至,一笑成幽期。"入冬以后,农作物失去了绿色,蔬菜仍有绿意。"无穷世事浩难量,岁晚沉绵卧草堂。短褐坏图移曲折,故书经蠹失偏傍。卖刀拟买春耕犊,挟笑曾亡旧牧羊。点检生涯还自笑,菜畦残叶带新霜。"一年盘点,富足的吴中小农往往在冬天感到满意。"远游思里巷,久困念耕桑。家酿倾醇碧,园蔬摘矮黄(小槽用绿豆曲。矮黄,吴中菜

---

① 《范石湖集》卷二十七,四时田园杂兴六十首:秋日田园杂兴十二绝;重阳后,半月天气温丽,晦日大雪,乡人御冬之什多未办;卷二十九,颜桥道中。第375—376、398页。

名)。利名因醉远,日月为闲长。今岁虽中熟,吾徒亦小康。"①小康心态体现得一清二楚。范成大《冬日田园杂兴十二绝》中的江南景观稍有宏大场景:"斜日低山片月高,睡余行乐绕江郊。霜风捎尽千林叶,闲倚筇枝数鹳巢。"两宋时的江南时常结冰:"放船闲看雪山晴,风定奇寒晚更凝。坐听一篙珠玉碎,不知湖面已成冰。"许多蔬菜可以适应江南冬季的湿冷:"拨雪挑来踏地菘,味如蜜藕更肥醲。朱门肉食无风味,只作寻常菜把供。"农民的冬季消费也相对富足:"煮酒春前腊后蒸,一年长向瓮头清。廛居何似山居乐,秫米新来禁入城","村巷冬年见俗情,邻翁讲礼拜柴荆。长衫布缕如霜雪,云是家机自织成"。江南多雪,范成大有许多咏雪之诗:"平生爱雪如子猷,江湖乘兴常泛舟。长篙斩冰阴火迸,玉板破碎凝不流。"雪景更多是一种冰冻景象。江南雪景中也有小农家的梅花意境:"只有梅花同调,雪中无限春风。"②

五 唐宋转型中的自然与人文

江南地区两宋时期形成鱼米之乡的小生境,尽管与唐代相较略为逊色,与宋代的北方战乱环境相比,实为各地人理想的居住所在。"雨入青秧水满川,吴侬相对话丰年。时人尽说吴中好,看我苏常买薄田。"③大圩体系的破坏与小圩景观的相对孤独隔离使乡居文人的视野变窄变小,加上人口压力的增长,小环境越来越具有压迫性,人

---

① 陆游:《剑南诗稿》卷二十八,冬晴;卷四十一,岁晚;卷四十八,自适;卷七十九,初寒,清文渊阁四库全书。
② 《范石湖集》卷二十七,四时田园杂兴六十首:冬日田园杂兴十二绝;卷三十三,爱雪歌,寄题林景思雪巢六言三首。
③ (宋)周紫芝:《太仓稊米集》卷三十四,吴中舟行口号七首,自吴归宣出守兴国,清文渊阁四库全书本。

的视野也越来越小型化与微域化。宋以前大圩岸,宽河道与更多的野生水环境,加上唐代诗人的气魄,构成了白居易那种"日出江花红胜火,春来江水绿如蓝"的阳性气质的景观叙述。[①] 唐代的江南处于开拓时期,诗人也有一个开放的心态。到北宋,诗风一变,一派苍凉孤立之感,且多阴性气质。一开始确由少数诗人带动,由于生活、环境与心态都适合于这种转变,这种诗风才大兴。江南以前的诗歌固然有吴歌、吴体的婉约,这种气质并没有在唐代促成诗歌主体的变化。唐中后期有大量的北方文人进入江南,江南的唐诗风格与整体的唐诗风格没有什么大的区别,宏大、开拓、整体之感仍占主导地位。宋代的生活转型促成了这种以阳性、宏大到阴性、细腻的转变。长期以来,唐宋转型是中国传统社会的一个重要转型,吴淞江流域内的景观变化与其人文感觉的转变对这种转型起到了很大的推动作用。长期以来,学术界似乎夸大了这种转型的经济动力。其实,经济推动力可能只会改变部分市场行为,感情因素的变化才真正地推动了文化的转型,改变了的生态环境与人文气氛更有能力改变人的内在世界。多种多样的野生景观无疑有益于心胸开阔,产生豪放的诗风。随着野生景观的减少,小环境的封闭,再加上汉民族与北方少数民族在战争中的被动,士大夫心态消沉,心态变化也推动了文化改变。

---

① 《白居易集笺校》卷三十四,忆江南词三首,第2353页。

第四章　泾浜、小圩与乡村社会

五代时期,大圩与圩间的河道形成了塘浦圩田体系。五里一横塘,七里一纵浦。宋代以后,大圩与塘浦圩田格局逐步崩溃,发展出泾浜体系,原有的大圩被泾浜分割成小圩。从宋到明,随着水环境与开发的进一步加强,圩的发展方向是越来越小,河道也越来越细。吴淞江南北在宋代就形成了一种以泾浜为主体的干枝体系,这种体系到明代越加细化,正是这种河道体系的变化,圩田才越来越小。整治泾浜体系与小圩,是乡村社会的水利共同体活动的基本内容。河道与圩田是江南水利社会的生态基础,河道与圩田的变化,引起乡村社会与地方水利体制的一些变化。

第一节　9—15世纪的泾、浜发展与圩田体制

汉唐时期吴淞江东部没有泾浜水系,泾浜体系是从塘浦体系发展而来,在圩田系统未出现以前有一些塘浦河道。张修桂先生曾认为横塘纵浦是在成陆发展过程中形成的。① 大圩形成的过程中,为了培高圩岸,人们对原河道进行挖掘,原河道的自然特征也必遭改

---

① 张修桂:《中国历史地貌与古地图研究》,社会科学文献出版社,2006年,第235页。

变。在大圩形成的过程中，围出圩田的过程也自然围出水道。“唯高大圩岸，方能与诸州地形相应。昔人筑圩裹田，非谓得以播殖也，将恃此以狭水之所居耳。”①狭水最终形成大圩外的塘浦河道。塘浦是在人为条件下形成的，而泾浜一开始就缘于人工塘浦系统的崩溃，是无人管理下的自然演替。泾浜体系与圩田的关系研究一直没有受到学术界应有的重视，本书从这一点出发，探讨圩田水利与水系格局的关系。从历史上看，泾浜在宋代已经产生，与河道与圩田相协同不断变化，由于吴淞江对周围水系的影响，所有的泾浜、圩田与水流状态都不稳定。明代中期，吴淞江的干道地位被改变，出现大量的分圩活动，一直到明代末期，这种体系一直在发展，河道越分化越细。

一　干枝关系与治水、治田

朱长文对宋以前吴淞江地区水系有如下的观察与推断：

> 自二江故道既废，而五湖所受者多，以百谷钟纳之巨浸，而独泄于松陵之一川，势不能无浸溢之患也。观昔人之智亦勤矣，故以塘行水，以泾均水，以塍御水，以埭储水，遇淫潦可泄以去，逢旱岁可引以灌，故吴人遂其生焉。②

他生硬地把塘浦圩田体系与古代的井田制下的水道体系相匹配，设想出“以泾均水”的格局。仿《周礼》“稻人”条：“以潴蓄水，以防止水，以沟荡水，以遂均水。”他将均水的“泾”，作为次于塘一级的水系，当时的泾其实是圩内水道，塘浦是圩外水道。早期的泾不能纳入河道体系中。塘浦大圩体系崩坏后，泾浜开始成为水系的一部分，

① 范成大撰、陆振岳校点：《吴郡志》卷十九，水利下，第289页。

② 朱长文撰、金菊林校点：《吴郡图经续记》卷下，《治水》，第51页。

且逐步增长。"及夫堤防既坏,水乱行于田间,而有所潴容。故苏州得以废其堰,而夷亭亦无所用其闸也。为民者,因利其浦之阔,攘其旁以为田,又利其行舟、安舟之便,决其堤以为泾。今昆山诸浦之间,有半里、或一里、二里而为小泾,命之为某家泾某家浜者,皆破古潴而为之也,浦日以攘[坏],故水道堙而流迟。泾日以多,故田堤坏而不固。""泾日以多"就是泾浜的分化过程。郏亶列出了吴淞江北部塘浦废弃与泾浜发展的实例。"至和塘两岸塘浦二十四条,在塘北者,今犹有其名,而或无其迹。在塘南者,虽存其迹,而并皆狭小断续,不能固田。其间南岸又有朱泾、王村泾,北岸又有司马泾、季[李]泾、周泾、小萧泾、大萧泾、归泾、吴泾、清泾、谭泾、褚泾、杨泾之类,皆是民间自开私浜。即臣向所谓某家泾、某家浜之类是也。"①横塘变浅变窄,泾浜发展。其中自然有干有枝,形成以泾浜为特色的新河道体系。

宋代的治水者总想维护大圩体制,消灭浜泾与小圩体系,将泾浜再理成塘浦。治水者强干弱枝,完善塘浦,限制泾浜,只是水网的演变趋势难以扭转,最终,一些人也认可了小圩与泾浜。郏侨言:"水为东南患,其来久矣。献其端者,大抵二说:一则以导青龙江,开三十浦为说。一则以使植利户,浚泾浜作圩岸为说。是二者,各得其一偏,未容俱是,何以言之?若止于导江开浦,则必无近效。若止于浚泾作岸,则难以御暴流。"他不满足浚泾浜作岸,也不抵制泾浜体系,一方面建议维持大浦,"开昆山之新安浦、顾浦,使水南入于松江",同时认为乡村农民平日要有在浜泾支流上作小圩的准备。"且复一于开浦决堰,而不知劝民作圩岸,浚泾浜以田,是以不问有水无水之

---

① 范成大撰、陆振岳校点:《吴郡志》卷十九,水利上,第267、276页。

年,苏、湖、常、秀之田,不治十常五六。"①"浚泾浜以田"已是宋代的基本状态。南宋赵子萧论及吴淞江以北三十六浦之地时也提到"民间私下泾港又不可胜数"。② 在宋代,坚持维护公共容水区的建议,实际上有利于塘浦而不利于泾浜。单锷也是一位大圩的倡导者,他认为容水之汇应该保留。

> 古有七十二会,盖古之人以为七十二会曲折宛转者,盖有深意,以谓水随地势东倾入海,虽曲折宛转,无害东流也。若遇东风驾起,海潮汹涌倒注,则于曲折之间,有所回激,而泥沙不深入也。后人不明古人之意,而一皆直之,故或遇东风海潮倒注,则泥沙随流直上,不复有阻。凡临江湖海诸港浦,势皆如此,所谓今日开之,明日复合者,此也!今海浦昔日曲折宛转之势不可不复也。③

单锷反对拉直,强调容水之汇与其他容水湖泊的存在价值。他的学说如果得以执行,客观上也会抑制泾浜体系的滋生,因为小河道与小农开垦的小水泊有关。原水体被保护,肯定有利于原来的河道与湖泊体系,不利于新生的泾浜体系。两宋时期的治水思想主要是抬高水位保持大圩和塘浦的清水能力,以清刷浑。随着吴淞江的淤塞,塘浦无力抬水,政府也会放弃对公共水面的保护和对泾浜发展的人为阻止。明代中叶以后,吴淞江不再成为排水主干,维持大塘浦的必要性更加减弱,客观上促进了干弱枝分,泾浜体系在这个基础上进一步发展。淀山湖和其他一些湖泊在南宋时期出现了一个开垦高

---

① 范成大撰、陆振岳校点:《吴郡志》卷十九,水利下,第282—283页。
② 《赵子潚相视水利方略状》,绍兴二十八年上,见张国维:《吴中水利全书》卷十三。
③ 单锷:《吴中水利书》,见张国维:《吴中水利全书》卷十三。

峰,开垦促进了原有的整体性水面被枝节化河道所取代。淀山湖周边地区感潮现象严重,但清水因筑坝而减弱,浑流因清水弱而加强。海潮淤积又进一步加剧了塘浦淤积,塘浦淤积只能加剧泾浜发展。"每港不过数十丈,一、二里间断有之。"①任仁发在论述这些圩田水系的变化时说:"淀山湖自大盈、赵屯等浦以出吴淞江,与浑潮相接最近,若上源所注不急,则潮沙注湖,渐成淤淀。富家因淤淀围裹成田,由是湖水与诸浦渐远,而所泄益微,若非就湖内围田多开河渠,及时修浚诸浦,则此湖之塞恐不止于是也。"②又有:"湖内围田上多开河道,又时时修浚二浦,并浚近浦诸沟洫,接济通泄,冲涤浑潮。"③多开河渠之法实际人为地发展了泾浜体系,大多数塘浦被瓦解,最后变得与泾浜几乎无差异,只有少数几条大浦成为主要干河。吴淞江出水阻力增加,水流向周边地区扩展的压力增大,泾浜自然发展。运河周边地区也出现了泾浜化现象。因为运道阻水,增加了水势,周边地区必然极易出现小河道的分化。"沿河上塘有小堰数处,积久低陷,无以防遏水势,当以时加修治,兼沿河下岸,泾港极多,其水入长水塘、海盐塘、华亭塘,由六里堰下。私港散漫,悉入江湖,以私港深,运河浅也。"④从低地到吴淞江总体上的出水序列为:泾浜——塘浦——吴淞江,随着水利工程集中于少数的一些干道,水流也相对集中,同时也出现了分化,出现了灌溉之河和排泄之河。

河道除白茆、吴淞江,其余有专主宣泄者,有专主灌溉者。
宣泄之河,正吞湖流,或东或北,自趋入海,其势为纵、为经,其开

---

① 姚文灏:《浙西水利书校注》,汪家伦校注,农业出版社,1984年,第40—41页。
② 《任仁发讲究平江等路水利状》,见张国维:《吴中水利全书》卷十三。
③ 《遵达纳实哩集江湖水利》,见张国维:《吴中水利全书》卷十五。
④ 《托克托等宋史河渠志》,见张国维:《吴中水利全书》卷十八。

挑宜深宜阔。太仓之七浦塘、湖川塘、杨林塘，常熟之梅李塘、福山港、黄泗浦、奚浦、耿泾，江阴之角上湖、谷渎港、蔡港、夏港、芦阜港，武进之旧孟子河、德胜南新河、澡港、顺塘河、新沟，丹阳之九曲河是也；灌溉之河，则入海河之枝流，其势为横、为纬，其开挑仅使水能浃洽，可备旱干即止。①

到明代，除了几条主干的纵浦以外，由于塘浦的不断淤塞、变窄、变曲，大部分河道类似泾浜。"嘉祐所开之新江，其诸浦名互见于郏氏书中，淞江自湖口来入海，两岸皆浦，形如百足。今有见在通流者，或填淤仅如沟渎，或没不复见而地名犹存，皆可寻究。"夏原吉开黄浦江以后吴淞江水势更小，永乐时吴淞江与周边的塘浦"已失水之势矣"。② 一般圩田之水在排水时先将圩内水排入圩外泾浜内，然后由泾浜排入主干塘浦，最后排入吴淞江或白茆等主干河道。容水湖泊和宽大塘浦众多时，河道周围流水畅通，活水常流。水集干河之后，枝河的死水化、淤塞化倾向大增。一般治水者的议案往往会向官方提出一套水利工程方案，这些方案往往不兼及水利生态，只考虑治水成本，故集中于干河治理而少泾浜疏导。只有治水专家才会兼及这些小河系。吕光洵的治水意见是："先治淀山等处一带茭芦之地，导引太湖之水散入阳城、昆承、三泖等湖。又开吴淞江并大石、赵屯等浦泄淀山之水以达于海，浚白茆港并鲇鱼口等处，泄昆承之水以注于江，开七浦、盐铁等塘泄阳城之水以达于江。又导田间之水悉入于小浦，小浦之水悉入于大浦，使流者皆有所归，而潴者皆有所泄。"③

---

① 《林文沛水利兴革事宜款示》，嘉靖元年，见张国维：《吴中水利全书》卷十五。
② 归有光：《淞江南北岸浦》，见《三吴水利录》卷四。
③ 《吕光洵兴修水利疏》，嘉靖二十三年上，见张国维：《吴中水利全书》卷十四。

吕根据已经变化的水系网络做出的排水方案顾及到这些小河系。王同祖言：

> 盖圩田四围皆泾港环绕，或傍江湖，或傍浦塘。曰泾港者，论其概也。泾港之设，有公有私，今则并通舟楫，分利水道，旱则引其水以溉田，潦则决田之水以入泾港，泄诸江湖浦塘，使归于海，其利于农田，最为切要。故凡紧要围田水道，通行开浚，使稍深阔，即取其所开之土以修岸塍，如是则田间之积水可引入泾港，泾港通流，可散灌于浦塘，浦塘决水可疾趋于江海，大小相资，首尾相贯，又何水之足患乎。①

吴淞江淤塞后，两岸高地的泾浜体系逐渐萎缩。"吴淞既塞，故瓦浦、徐公浦皆塞，瓦浦塞则十一、十二保之田不收，重以五六年之旱，沟浍生尘，敖敖待尽而已。"②干河水量决定枝河水量，干河无水，次级泾浜亦无水。明以后不像宋元那样注重大圩岸的修筑与水位的抬高，而是深浚枝河水系，干枝畅流。主要的办法是浚河和筑岸，以前大圩时代，要同时强调浚河、置闸和筑岸。发达的干枝网络需要经常疏浚。"开浚沟洫，修筑围岸，所以为民也。"甚至要在圩田中分出一定的地亩为河道，故提倡"宁捐膏腴之产，而广沟洫之制"。③ 在吴淞江一带，"水之害，害在淤塞，则利在疏通；害在泛滥，则利在停泓。而泛溢之病，又根于淤塞，其要总不出蓄泄二字。故岁修之计，无如深其浜溇，高其岸塍，以治田之法治水"。④ 总体上看，各种枝河水系

---

① 《王同祖治水议》，见张国维：《吴中水利全书》卷二十二。
② 《归有光与昆山知县彭富论水利书》，见张国维：《吴中水利全书》卷十七。
③ 《何布政宜水利策略》，见姚文灏《浙西水利书》卷下，今书。
④ 《周永年复吴江县知县熊开元问水利书》，见张国维：《吴中水利全书》卷十七。

都要畅流才能在总体上达到好的效果,这是理想的水利生态。沈启言:"吴淞江不能尽引也,亚江而为川、为渎、为溪、为浦、为河、为港、为渠、为泾、为溇、为衖、为浜、为洪之类,千计有奇,皆连络而分泄江之不驶者也。"①在实际中,治水一般难以按此行事,往往只疏通干河了事,由于枝河不治,干河也会很快便淤,而干河淤也进一步连带整个地区的枝河进一步缺水,出现死水化和旱田化现象。吕光洵治水期间进行过干枝河的调查。"凡河港共二千二百五十余处。当其时,除民间应浚者不计外,即以应俟官浚之河,仅一百七十余处,及应筑坝闸四十余处。"②说明当时定期出现了大量的死水化和淤塞化河道。

宋初的官方河道一般没有泾浜,随着不断的演化,部分泾浜成为官方干河。官修河道仍分二级,头一级中称某塘、某浦、某河者多,称某泾、某浜的少;在次级官修河道中,称泾、浜、河、港者多,称塘浦者少。以太仓州的顾浦为例,顾浦是头一级,"顾浦一道,长一千八十五丈九尺九寸,底阔三丈,加深三尺;附近邵泾等枝河五道,共长二千零三十九丈,底阔二丈不等,今浚深四尺、三尺不等"。一条主干塘浦与五条次级泾浜都是官修河道,民间修理的泾浜港溇不在此列。有的泾已经发育成一级河,浦反而成第二级的河。长州县的采莲泾"长三百三十丈,底阔一丈五尺不等,加深三尺;附近百丈浦等枝河二道,共长五百一十丈,底阔三丈不等,今浚深四尺、三尺不等"。许多塘浦被淤塞后不如泾浜。③ 受儒家"强干弱枝"政治理论影响,一般

---

① 《沈启吴江水考序》,见张国维:《吴中水利全书》卷二十三。
② 《李涞奏报水利副使许应逵开浚功成疏》,万历十七年上,见张国维:《吴中水利全书》卷十四。
③ 《许应逵开浚过苏松常镇各水利工程数》,万历十七年,见张国维:《吴中水利全书》卷十六。

官员已经习惯性地喜欢"抱干遗枝"的治水方法,只修主干,不理泾浜①,只治河,不治田。这种行为无法维持太湖水网。一些治水者发现了这个问题。金藻认为应从小水系出发。"预与民约,某月至某县,某月至某乡,一月三周,一年三遍,非大寒暑不休息,非大风雨不易期。大约省视一年二年,围岸可成;三年四年,沟洫可深;五年六年,浦渎可通;七年八年,三江可入;至九年,闸窦可完,石堤可备"。②从低级到高级,顺序治水。只是一般治水者只注重眼前利益,关注干河,不浚泾浜。重视枝河也必须与乡村社会的日常管理相结合。维持良好的水利生态,官方与民间水利社会也要按非常有序的规章行事。张衍提议:

> 凡小河曲港,每年九月半为始,皆令有田之家自行开浚。如有豪户阻占者,令其一年一开。其官河、中川如畎浍者,令附近人户二年一开,其大川责令有司申请邻县协开,五年为率。③

干枝结合的治水治田模式在明代逐步确立。有人认为泾浜与圩田的结合有"井田"之像。"古人制田之法,率因水道以正疆界,曰泾、曰溇、曰浜、曰沟,纵横曲直,有井田之象焉。其通也,以泄水;其塞也,以潴水,使不为田害而已。后乃破古堤以通江湖,专小利,而风涛之入,独倚于岸塍,故民日益劳而增筑日益繁矣。"④干河由国家力量完成,乡村对次级河道的治理负责。"凡沟渠浜溇,田地附之蓄泄者多。如木之有枝也,曰枝河。枝河工费轻省,悉资民力,无烦官帑,

---

① 郑肇经主编:《太湖水利技术史》,农业出版社,1987年,第133页。
② 《金藻三江水学》,见《吴中水利全书》卷二十一。
③ 《张衍水利款议》,见张国维:《吴中水利全书》卷二十二。
④ 《张铎围田沟洫说》,见《吴中水利全书》卷二十。

而枝河之通流,全藉大河为之源委,如枝叶有本干也。"① 乡间所挖之河仍由官方验收。

> 经始之时,随所开河浅深,树木为的,工毕之日,量河底阔狭,用滚木一根,以索挽之,循河而往,稍有窒碍,即加究治。罚其再行开挑,勿给工食,决坝之后,拔去的,水复以铁足木鹅浮于水面,验其浅深。其制:大河深一丈二尺,干河深一丈,枝河深八尺。随流而下,稍遇浅淤必即倾仆,于是计其浅淤丈尺之数,于百长千长名下,追其工食。②

官方注重主干河道。在海瑞的时代,太湖出水的主流已归黄浦江,吴淞江清不敌浑,"日积月累,则其至于淤塞而仅容一线,不惟水失故道,时有淫溢之虞,然巨流既滞,则小港亦壅,旧熟之田,半成荒亩"。积水东流黄浦江后,北向的纵浦也逐步退化,治水者加强横向浜泾的输水效率,最终导致三泖一带的泾浜的横向发展。③ 由于泾浜与主干河道之间在水网体系中是互补互通关系,单纯疏浚主干水道的策略越来越难收成效。以福山塘为例,明末"苦被潮沙淤塞,四方商艘不通,半邑粮储难运,水线处仅容一小舟。干涸处则人行,河底四面枝河悉成平陆,以此每岁遇旱,傍塘田亩尚可车戽,腹内禾苗无不枯槁"。干河向枝河供水,干河无水,枝水也无水。"此塘一开,枝河不浚,则势如山上山下,水从低流,其害尤甚,故开大塘则当浚枝河"。不浚枝河,干河也无供水来源。嘉靖年间,国家经常开塘治

---

① 《聂绍昌条上浚筑事宜申》,万历三十六年,见张国维:《吴中水利全书》,卷十六。
② 《吕光洵水利工计款示》,嘉靖二十四年,见张国维:《吴中水利全书》卷十五。
③ 《林应训款陈开浚吴淞江工费疏》,万历五年上,见张国维:《吴中水利全书》卷十四。

河,形势尚不严重。万历年间,河道淤塞严重,开塘后两边杂草丛生,农业无法恢复。在三丈浦,"浚则枝河流布,污邪为上田,淤则各港绝流"。① 干枝并治要求国家与乡村同时开工,干河开工时,乡村要把所负责的枝河上报。陆世仪言:

> 高乡十一月民种麦菜,十二月寒冻,未可役民,必自正月上旬始至三月初放工,则不妨农事。干河将半官督,塘长开报附河支流若干条,支中之支若干条,起某处,尽某处,俱着本处大户倡率,照田开通阔狭,随地所宜,深则必与干河等,以便进水。②

耿橘的治水技术体系非常适合当时的水利生态,重视泾浜和末端水系的治田。《常熟县水利书》所强调的修圩模式是:"围外依形,连搭筑岸,围内随势,一体开河。"耿橘言:"今查各圩疆界,多系犬牙交错,势难逐圩分筑,况又不必于分筑者,惟看地形,四边有河即随河做岸,连搭成围,大者合数十圩,数千百亩共筑一围,小者即一圩数十亩,自筑一围亦可。"圩田的大小完全依水系环境而定。③ 他观察了圩田与所附之河分布的连接状态。"凡田附干河者少,而附枝河者多。盖河有枝干,譬之树焉,千百枝皆附一干而生,是干为重矣;然敷叶、开花、结子功在于枝,不可忽也,彼枝河切近圻圩,灌溉之益,所关非细。若浚干河而不浚枝河,则枝河反高,水势难以逆上,而干河两旁,所及有限,枝河所经之多田,反成荒弃。"官方力求干、枝河同时兴工。耿橘的办法是:"俟干河工完之日,先放各枝河水,放毕,随于

---

① 耿橘:《常熟县水利书》,附录卷上。
② 光绪《宝山县志》卷四,条论。
③ 耿橘:《常熟县水利书》卷一。

各枝河口筑一小坝,俟小坝成,然后决大坝而放湖水,其工有次第焉。"①枝河流布,活水常流,也是治水者追求的目标。积涝之年疏导水势时,要求先导泾浜,"何谓疏导泾港,盖圩田四围,皆泾港环绕,……泾港之设,有公有私,今则并通舟楫,分利水道。旱则引其水以溉田,潦则决田之水以入泾港,泄诸江湖浦塘使归于海,其利于农田,最为切要。故凡紧要围田水道,通行开浚,使稍深阔,即取其所开之土以修岸塍,如是则田间之积水可引入泾港,泾港通流可散灌于浦塘,决水可疾趋于江海"。②

二 感潮水系与环境

泾浜分化因地势而异,冈身与低地各有不同,除泾浜外,还有许多的水环境。"浙西地面,有江、海、河、浦、湖、泖、荡、漾、溪、涧、沟、渠、壕、塘、港、汊、泾、浜、漕、溇等名,水有长流活水,潴定死水,往来潮水,泉石迸水,霖淫雨水,风决涨水,潮泥浑水,两来交水,风潮贼水,海啸潞水等性。河名水性既异,则整治方法亦殊,岂可以唐汉二渠长流水例治之哉。"③五代时期,冈身处于塘浦体系之下,这是冈身塘浦,可以起到灌溉河的作用。借助于西部之水,小河可以截留清水灌溉稻田。"昆山之东,地名太仓,俗号冈身,冈身之东,有一塘焉。西彻松江,北过常熟,谓之横沥。又有小塘,或二里,或三里。贯横沥而东西流者,多谓之门。若谓钱门、张冈门、沙堰门、吴冈、顾庙冈、丁冈、李冈门、及斗门之类是也。……是古者堰水于阜身之东,灌溉高田。而又为冈门者,恐水之或壅,则决之而[入]横沥,所以分其流

---

① 《耿橘议浚白茆等河浦申》,万历三十七年,见张国维:《吴中水利全书》,卷十六。
② 《王同祖治水议》,见张国维:《吴中水利全书》卷二十二。
③ 任仁发:《水利集》卷二。

也。故冈身之东,其田尚有丘亩、经界、沟洫之迹在焉。是皆古之良田,因冈门坏,不能蓄水,而为旱田耳。"①当时的低地水位被塘浦大圩岸抬高。

> 因江水稍高,得以畎引以灌溉。此古人浚三江,治低田之法也。所有治海高仰之地,近于江者,既因江流稍高,可以畎引。近于海者,又有早晚两潮可以灌溉。故亦于沿海之地及江之南北,或五里、七里为一纵浦,又五里、七里为一横塘。港之阔狭,与低田同。而其深,往往过之。且冈阜之地,高于积水之处四五尺至七八尺,远于积水之处四五十里至百余里,固非决水之道也,然古人为塘浦阔深若此者,盖欲畎引江海之水,周流于冈阜之地,虽大旱之岁,亦可车畎以溉田。②

当时冈身的塘浦并不是单纯为排水之用,而是为引水灌溉而设。冈身之地低地圩岸崩溃而不灌。政和六年赵霖言:"冈身之民,每阙雨则恐里水之减,不给灌溉,悉为堰坝以止流水。临江之民,每遇潮至,则于浦身开凿小沟以供己用,亦为堰断以留余潮,此常熟诸浦堙塞之由也。"③这种有自流堰坝体系灌溉的冈身之地,有特别的名称:"沿海地高,开泾浜以通灌,名曰坦田。"④周凤鸣言:"昔人治高田之法,有塘有溇有潭,凡潴水以灌田者,皆是也。"⑤无论以前有规模的塘浦,还是以后的泾浜体系,都为灌溉服务。灌溉的规模大,可以接西部清水,建闸引流;规模小,只能用小河道或利用潮水顶托。张寅

---

① 范成大撰、陆振岳校点:《吴郡志》卷十九,水利上,第266—267页。
② 同上书,第270页。
③ 同上书,水利下,第288页。
④ 《俞谏请留关税浚白茆疏》,正德七年上,见张国维:《吴中水利全书》卷十四。
⑤ 《周凤鸣条上水利事宜疏》,嘉靖十一年上,见张国维:《吴中水利全书》卷十四。

对太仓境内的河道有细臻的分别。"惟太仓环州,境皆水道。纵则有浦,横则有塘,门堰以堤防之,泾沥以疏泄之。小而曰浜曰漕,曰沟曰洭,布列其间,不可胜纪。莫非海潮贯彻如血脉之流通,经纬之联络,周流无滞者也。"干枝互补,湖水与潮水周流,形成冈身地区灌溉的特点。太仓的冈身河道因淤塞而常常变化,"潮汐为州境之利若此,考其入诸港,南则刘家港,入迳昆山,西至信义界;北则七鸦港,入迳任阳西之石牌湾,海水逆流,过斜堰入巴城,此潮汐之大者也。其分注各河,亦二港之水为多"。西向的潮水通过几条主干河道向枝流分送;东向之清水,通过枝河向干河汇流。① 清流的方向从末到干;潮水的方向则相反,由干到枝。由于海塘的阻隔,潮水先进入吴淞江、黄浦江、白茆等主干河流,然后向泾浜分流。灌溉体系东接海潮以引潮灌溉,或西接清流以蓄水灌溉,各有其局部的水环境。与低地相比,冈身河道因为要引水灌溉,必须多开枝河,故越来越密。这种现象在嘉湖地区有所不同,嘉湖地区的地势与昆山一带相比更低,积水更多,却没有因积水多而形成集中的主干河道,形成更多的分枝化水系。② 由于长期的人水争地,土壤资源极为稀缺,开圩田需要深水挖泥。水网与圩田的形成成本很高,需要长期的开发积累。在吴淞江流域的低地感潮区,不缺土壤,潮水淤塞,形成泥土,成田不成问题,关键要常疏常浚,故低地河网较疏,枝河不能太多,以利于排水。冈身地区要防淤蓄水,弯曲的枝河有利于蓄水保水。

高乡多枝河,则海潮倒注,常分而不聚。低乡有围岸,则江

---

① 《张寅海潮论》,见张国维:《吴中水利全书》卷二十一。
② 陈恒力编著、王达参校:《补农书研究》,农业出版社,1958年,第18页。

流顺行,常聚而不分。相反实相济也。①

只是这种东部弯、西部直的现象常造成出水不畅。长洲、昆山一带低地常有积水,遇到东部的弯曲小河,则无法排出。冈身的河道分割也会使高地旱情与低地涝情一并产生。在这种情况下,冈身地区的水稻种植与低洼地区的水稻种植都需要不断地进行河道疏浚。一般的治水者难以理解水利生态对工程设计的高要求,只在清浊交汇处疏浚而已,像郏亶之类的人才有高水平的生态设计。在嘉定,"濒海之地,无山泽之观,沟浍陂池,通灌溉者,皆百折而茹于海,潮汐汛赴乘以浮淤,旋淤旋壅,不浚则病稼,时浚则病民"。嘉定时代经历了一次干旱化过程,因灌溉的需要,河流密度大大地增加,支流密布。万历《嘉定县志》中有:"嘉定幅员不百里,而塘浦陂池大者以数十计,次者以数百计,小者以数千计,复出多歧,纵横纡直,至不胜纪。盖古者治农之官,疆理之密,疏凿之勤,犹可见矣。"②在嘉定方泰,浜从塘浦中分出,沟漕又从泾浜进一步派生。"唐以前,嘉定概为平陆。赵宋时,浚导之功始兴。纵而为沥,衡而为塘,转而为泾,分而为浜,回而为湾,合而为汇,派而为沟为漕,是皆水之由名。然湮没者亦多矣。"③冈身的纵浦和横塘观念与吴淞江一带不同。

> 凡地形以南北为纵,东西为横;而塘浦以东西为纵,南北为横者。水自西下直趋势于海,为宣泄之主,南北之水分受之,以为灌溉之利,舟楫之便,故以东西为纵,南北为横也。遇潦则横塘承沟洫而输之纵浦,汇众流而泄之;遇旱则纵浦引潮水以入横

---
① 顾士琏:《太仓州新浏河志》附集,《高低乡相济论》。
② 万历《嘉定县志》卷之十四,水利考。
③ 嘉庆《方泰志》卷一,水道。

塘而蓄之。于是东南无不贯通之塘浦,而亦无不沾溉之农田,此所以脉络周布,而利遍于阡陌也。①

这就是冈身潮水、清水与各种河道水流的自然水利生态。感潮河在人工的治理下,越来越发育出自己的特色。治水者要对地势与潮水流动状态一清二楚,才能做出合适的决策。任仁发讲:"治水之法,须识潮水之背顺,地形之高低,沙泥之聚散,隘口之缓急,寻源泝流,各得其当。"②如果治理不当,开了不该开的河,水利生态一变,就会造成灾难。新开河水浅,得不到清水冲刷而淤积,新河道清水足盛,潮水无力顶托,也难成自流灌溉。传统的水利生态的确十分微妙,都是治水者难以掌握的事。朱泾自明代以来一直"户口殷繁,闾阎充实"。流经朱泾的河道尽管水浅缓流,却是东接潮水,西接清水。"潮至则引申浦之水蜿蜒以西流,潮退则导泖湖之水纡徐以东泻,不淤不疾,灌溉顺利,而奸宄不得出没其中。"由此可见,缓流利于潮灌,缓流之水的河身往往以"蜿蜒"为特色,在弯曲的状态下,潮水难进,滞水也不得快出,维持了较高的水位,从而使一些田地得到灌溉。清中叶以后,一些"愚民"轻易改了河道,擅自开河,新开河"水道径直,水不停留",水流短路使其他小河缺水。匪徒利用无阻挡的河道快速行动,不但盗匪横行,农村也受旱灾之苦,将河道改回旧样,才恢复生机。③ 吴淞江为出水干道时,吴淞江两岸的低地与冈身连接处是治水的敏感区,搞不好会使稻田出现旱情。黄浦江成为排水主干道后,黄浦江两岸又成为水利难为地区,水利之工常兴常败。

---

① 嘉庆《太仓州志》卷十八,水利。
② 光绪《续修华亭县志》卷三,水利。
③ 《朱泾志》卷三,水利志,修复朱泾买柴湾水道碑记。

浦潮倒灌而邑境之水难治，北境及南境沿海之水犹易治，而濒浦支干各河之水则难治。何则，蓄清敌浑者，治水之常也。邑境受苏浙之水，既以上流淤而来源弱，今惟北境之盘龙塘，南境之运石河，尚引清水以润旁近，而濒浦支干皆为浊流。冲灌倒遏来源，且纵河病在分夺，则此强而彼弱；横河病在会潮，则朝浚而夕淤。于此而议闸水口以御浑，无论怒潮难障，即舟楫尤多不便。或议置夫设器，时为撩浅，而民力不堪常役，故曰难也。①

这种状态自乾隆时代就是如此。大圩时代的置闸可以解决潮水问题，以后大圩和闸制逐步废弃，以清刷浑不行，人们只好用小闸和泾浜枝汊进行小规模的清浊互冲，这是当地的自然生态水利之法。在华亭，"黄浦浊沙，日添一箸。必水流猛迅，泥沙不留，始无淤塞。道在来口去口并归一路，不使分泄，水流自迅。此引用浦水之良法也"。来水与去水并为一路，自然有水流的对冲。一般情况下两干河并浚，并在两干河中的枝河上置小闸，利用此干河的水流冲彼干河的水流。"于干河之密迩者，视其势强弱，别择而专浚之，以杜分夺；其干河之相去较远，势宜并浚者，则于两干河中互通之支，置闸其间，使每干所分之支，出纳各注一干，以免会潮。又复疏导干河使之曲折及远，则虽有乘潮入口之泥沙，而蜿蜒数里其沙渐微。"②这种办法将干河的主要河段用清浊相抵之法防淤，而其他河段仍需用弯曲的办法防淤，图4.1中所表达的是松江县水网末端的弯曲状态。

---

① 光绪《重修华亭县志》卷三，水利。
② 同上。

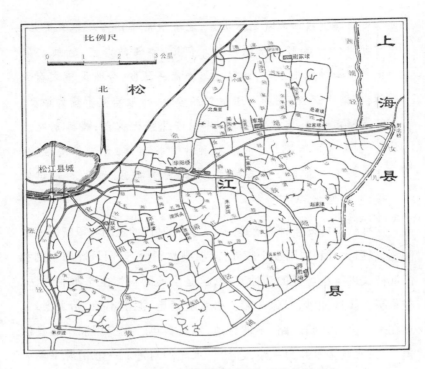

图4.1 松江县东南部的泾浜体系及其末端状态。

资料来源:上海市资源普查队松江队编:《城东人民公社资源普查小结》,1958年12月。松江县档案馆藏,华阳桥乡档案,37—1—58。

在常熟冈身区。"利浦、孟渎、烈塘、横河、五泻之港,通于大江,而中间又各自为支沟断汊,曲绕参错,不以数计"。① 纵浦与冈身垂直,宋以后的治水者往往以疏通这些浦的主要几条干道为重,其他河道越来越沦为泾浜水平。"常熟固吴水之壑也,昔之人于其境纵之以为浦,横之以为泾为浜,大小贯输,棋布而杼织,得古沟洫之遗意甚

---

① 《李珏奏浚常州漕渠修建望亭二闸状》(嘉泰元年上状存略),见张国维:《吴中水利全书》卷十三。

矣"。① 横向的塘变成泾浜,宽大的塘也因感潮而被淤,自然发展出泾浜,新泾浜又经常堙没。白茆是一条主干出水通道,即使像这样的大河,周边河道的发育也不很理想。正德年间"水患相仍,水利无官经管,围防堙没,泾浜壅滞"。干河寻开寻塞,小河因淤塞而相对弯曲。"潮汐泥沙,一日再至,港之命脉,迂曲微缓,不足以冲涤之,遂致停积壅滞,日就淤塞。"如果"不避横沙,疏障碍均别派,弃迂从直,则随浚随塞"。② 明清时坝堰大兴,枝河上的坝堰稳定了枝河水系,感潮泾浜一般建有坝堰以防潮。在白茆的临长江口一带,枝河筑坝利于干河浚后的通水。"沿江大小港浦淤浅者,随急缓浚之,浚之时必于港口筑坝,浚毕而坝不决,湖水不出而江水不入,清浊判于一堤"。在常熟南部,明末有许多地区在干旱时要拆坝。"若大旱之年,湖水竭江水盛,大涝之年,江水低湖水高,不妨决坝以济之。但浚河每先干河而后枝河,枝河未浚而身高,湖水低不能上济江湖,稍高足以济之,则坝亦不得留矣。"许多泾上置了闸,在大滩头一带,主干河道梅李塘常浚常塞,其他枝河上有八条河已安了坝。在七丫浦附近,为防感七丫浦之浑潮,其附近的枝河也都建立了小闸。③ 面对感潮与淤积,小浜、小泾日趋弯曲化,一般港浦也有弯曲的趋势。与小圩相联系的浜泾,淤积时自然会弯曲。水归黄浦江后,太湖东部的干田化趋势愈加强烈,尽管不能出现像北宋那样的大汇,小弯曲却不断增多。当然,尽管小弯曲常被治水者裁直,却不难恢复。

总之,宋以后形成了以泾浜为体系的河网。这种河网的维持一部分靠主干河道的疏浚,但大部分仍靠自然水利生态以维持。

---

① 《邓钹常熟县水利议》,见张国维:《吴中水利全书》卷二十二。
② 《俞谏请留关税浚白茆疏》,正德七年上,见张国维:《吴中水利全书》卷十四。
③ 耿橘:《常熟县水利书》卷一、四、六。

三　水流与小圩

大圩时代的圩田治理需要整个大圩内的人力协同,小圩盛行之后,修圩事情可以由农户自己负责。由于泾浜河道所对应的圩岸往往较小,少量的人也可以疏浚河道。南宋时期,农民秋天疏浚河道,"秋冬水涸,泾浜断流,车畎修筑,尤为省力"。① 小圩圩岸大部分依着河流,"随河做岸,连搭成围,大者合数十圩,数千百亩共筑一围,小者即一圩数十亩,自筑一围,亦可"。大一点的圩内有人工河渠,小圩不用建立圩内河渠。圩内河的开启往往还有一定的原则,"或开十字河,或丁字、一字、月样、弓样等河,小者一道,大者数道,于河口要处建闸一座或数座,旱涝有救,高下俱熟,乃称美田"。耿橘谈到了一些低洼地区的圩内水系状态。"潭塘、任阳、唐市、五瞿、湖南、毕泽诸极低之区,往往田浮水面,四绕塘泾,又圩段延袤,大者千顷,小者五六十顷,中间包络水荡数十百处,河脉既多,而浜溇又深。"在这些地区,采土筑岸是很困难的。② 嘉靖年间,周凤鸣认为三吴水利的重点是浚枝河、修圩岸,因为低乡枝河会在涝灾时首先积水。

> 其治低田之法,则绕田四围。筑防谓之圩,圩者,围也。内以围田,外以围水。盖低乡枝河之水,容受众流,比田反高,而田反在枝河水面之下。若非圩岸以围之,而枝河不通,则荡然巨浸,遂不可田。是故低田赖圩岸枝河,甚于都邑之赖城池也。吴中赋税岁多逋负,固由灾伤,不可尽诿之天时,亦由人力未尽,正

---

① 姚文灏:《浙西水利书》卷上,《围田利害》。
② 《耿橘议浚白茆等河浦申》,万历三十七年,见张国维:《吴中水利全书》卷十六。

谓浚枝河修圩岸是也。近岁既浚吴淞、白茆以泄震泽之水,为今之计,必须开浚枝河积淤之土,因以修筑,旧坍之圩岸,务令坚实高厚,足御湍急之流。①

　　两宋时期,豪强势力在大湖泊的积水地带围湖造田,修建圩田,这种浅滩的圩有时大,有时小。随着这种湖泊的减少,明代的围田活动集中在枝河末端地区,基本上都是小圩。"濒江濒湖去处,风浪险恶,因种护堤茭芦以防坍塌,本为障水,迩来豪右假以护堤为名,不分河港宽狭,辄种茭蒲芦苇,占为茭荡、莲荡。或勾接商人,堆积竹木簰筏,或希图渔利,张打拦扛网籪,停积泥沙,阻坏水利。甚者霸占滩涂,筑成塍围,因而垦为良田。"②这种扩张使不多的枝河沿岸修了小圩,水面更加缩小,水道更加阻塞。泾浜体系也面临着居民占河问题。"各处河道,多被居民立钉椿石、阁板盖房,继以石砌,剥岸,占阔之后,复又立椿占出,又有起造船舫,日渐淤塞,以致河道狭隘,阻遏水势。"清理这些河道障碍也要依赖地方政府,"仰治农官通行查勘,不碍水势者姑且停免,其新砌未成与岸合复立椿石者,不拘新旧俱令拆卸,抗违者申呈拿问"。③动乱时期圩外河道常常被钉栅筑堤,因此产生局部的水系分化。倭寇以前,各主干河道通潮,"涌潮而入,枝河细渠,犹得引注其中,资溉植也。但倭寇初来,虑其夺舟以济,凡于港汊之交,钉栅筑堤,截其冲突。大凡水之为性,急则迅流而去滓,缓则停潴而成淤。年复一年,淤滓日积,渠道之间仰高成阜矣。"④在这些因素作用下,明代浜泾体系经常与整体水系处于隔离

---

① 《大理寺丞周凤鸣水利奏》,《三吴水考》卷十。
② 《周凤鸣条上水利事宜疏》,嘉靖十一年上,见张国维:《吴中水利全书》卷十四。
③ 《林文沛水利兴革事宜款示》,嘉靖元年,见张国维:《吴中水利全书》卷十五。
④ 《翁大立请设治水部臣疏》,嘉靖三十八年上,见张国维:《吴中水利全书》卷十四。

状态。嘉靖年间颜如环言:"各处小民张钉簾籪取鱼,致水流滞缓,壅淤泥沙,妨碍河脉,著令尽数撤去,违者重治。"河脉被阻碍,干枝体系就会出现再分化。官府平日的监管力度很低,到了治水时期才有相对严格的管理,故仍有像宋时那样的取利者。"泄水泾港去处,有等刁诈之徒,往往筑坝阻截,非占作鱼池,则取便往来,遂致旱潦成灾。"①水系的分割往往与旱涝环境有关。"凡小河曲港,多被大户占种觅利,一遇水旱,则阻河道。"②水系已经枝细化到不能再细化的程度,淤塞只能导致水入圩田。"每遇秋霖泛涨,风涛相薄,则河浦之水逆行田间,冲啮为患。"③大水时,积水因泾浜不畅而难以速退。"正德庚午大水,不过三日即去;嘉靖辛酉大水,不下庚午。然自五月至十月乃去。今年之水去辛酉不过三四寸,今尚未去,何正德之水易退而今日之难退也?究其故,正德年间荡田之利未兴,而今日则势家巨室,濒水之田,争占荡利,故河身日小,潴泄无从,水虽欲退,而不可得也。"④可以看出,以缓流为特色的水利生态,由于淤塞而无法正常发挥作用,主要是开发过度、蓄水面积减少引起的。活水周流的水利生态要求一个较丰富的源与库,在蓄水面积大幅度减少的同时,即使没有人为分割,自然的干旱和淤塞也会导致干枝体系的崩溃。

> 盖苏淞地方,……其大河之环列于郡县者,不啻数十,所以吐纳江海之流者也。其枝河之错综于原野者,不啻千数,所以分析大河之派者也。故虽穷乡僻壤,灌溉无遗,诚东南财富之源本也。迩年以来,淤塞日甚,江海之水,不达于大河,其甚者不异于

---

① 《颜如环分理水利条约》,嘉靖元年,见张国维:《吴中水利全书》卷十五。
② 《张衍水利款议》,见张国维:《吴中水利全书》卷二十二。
③ 《吕光洵请治围田疏》,嘉靖二十四年上,见张国维:《吴中水利全书》卷十四。
④ 《沈位吴江水利议》,见张国维:《吴中水利全书》卷二十二。

沟渠矣;大河之水不达于枝河,其甚者悉履为平地矣。故当春耕之时,百姓皇皇无所适从,遇旱则一望枯槁,遇水立成巨浸。①

河道治水只有与治田相结合,才能发挥有效的功效,因为小圩的圩岸即是泾浜的河岸,治理好圩岸与圩田,河网枝节便可畅通,这是基本的水利生态关系。大圩时代要求治水与治田相结合,小圩时代同样如此,一般官员嫌麻烦,只愿意疏浚干河了事。真正思考到吴淞江流域农民利益的治水者往往关注治田。林应训是明代的一位杰出治水者,他重视基层水道疏浚,提倡治田与治水相结合。"浚大川六,支流四十七,港浜之小者九十有一,求圩岸之故迹,尽修筑之,踰年功成,民归如市。"②尽管水流形势与五代时期相比发生了巨大变化,高乡与低乡的圩田与河道关系仍有相似性。低乡要高筑圩岸,冈身一带仍然要以深浚河港为主。"吴中之田,虽有荒熟贵贱之不同,大都低乡病潦,高乡病旱,不出二病而已。病潦者则以修筑圩岸为急,圩岸既各高厚,虽有水溢,自难溃入而淹没之矣;病旱者则以开浚沟洫为急,沟洫既各深通,虽旱干自可引流而灌注之矣。"高乡挖河,使河更深,低乡防涝,田中取土。取土之法多种。"极低乡或近湖荡处难于取土者,就便分别,令民于岸内傍圩之田,起土增筑,岸外再筑子岸一节,高止一半,如阶级之状,岸上遍插水杨,圩外杂植茭芦,以防风浪冲击。"③低乡的泾浜不但有高圩岸,还常有二层岸,低乡河道常种茭芦,高乡却不种。"低乡田岸狭小,河港深阔,湖泖漾水面相接,加之风波冲荡,击损岸塍,及夏雨之际,全仗茭蒲障护岸塍。若高

---

① 《凌云翼请设水利台臣疏》,嘉靖四十五年上,见张国维:《吴中水利全书》卷十四。
② 《徐阶松江府水利圩图序》,见张国维:《吴中水利全书》卷二十三。
③ 《林应训颁行治田六事》,万历五年,见张国维:《吴中水利全书》卷十六。

乡近于江海,潮水出入赖以灌田,况潮水之河浅狭,必一年一浚。若亦种茭,阻遏水利,害民不小,治水者当责令耆塘(塘长)粮里(粮长与里长),将低乡去处,照旧种茭,其高乡潮水河沟,每年秋间许各人户将自己茭草悉皆樵去,毋容阻遏潮水。"①治田是乡村社会之事,圩田与浜泾的关系也涉及到水利的派工,圩田与河道形成不同的形态对应关系时,治水者往往采取不同的派役方法。

> 随其田旁自修沟岸,不若计其畎亩均其工程为善。盖田有长倚泾者,有横出泾者,有不出泾者。用子之法,即长倚泾者用工太多,横出泾者用工太少,不出泾者无工可用,安得为均乎。曰甲治乙田,丁修丙岸,非惟不肯尽心,抑且无凭赏罚。盖不出泾之田,潦则不得泄,旱则不得溉,粪则难于入,敛则难于出。凡有此者,必贫难丁户也。若其横出泾者,与长倚泾者,旱则易于溉,潦则易于泄,粪则便于入,敛则便于出,凡有此者,必殷实有力之家也。②

这里讲的长倚泾,是田地形态最大程度地沿泾浜分布的一种状态。这种田需要田主出力最多。横出泾的田块只有一小部分连着圩外河,修河时田主可以少出劳动力。这两部分的田往往都为富户所有,排灌不便的田往往与泾没有连接,是不出泾者,一般为贫户之田。"不出泾"的贫民没有修圩积极性。河道的淤与浚也会引起圩田水利社会内容的改变。干河被淤,枝河就可能变成干河。变枝为干时,要侵占枝河周边的农田。朱泾地区要"变枝为干"时,官方要用"销圩"之法,即根据变化了的河道重新配置派工派役。"照鱼鳞图册,

---

① 《金处和论疏水种茭》,见张国维:《吴中水利全书》卷二十一。
② 《金藻三江水学或问》,见《吴中水利全书》卷二十一。

销出傍河字圩,限各该公正塘圩长,细报业户,造册呈递,以凭查验分搭,其至和塘、界泾、石婆港、鲁漕等河,旧有浚例。今用销圩法,但田配河丈,必倍朱泾,以宽客区民力,已后浚朱泾,则一体协办"。① 先有浚例,后有销圩法,这是乡村地区适应枝、干变化的办法。

四 溇的出现

永乐年间,夏原吉治理使吴淞江、黄浦江逐步分担了大部分出水,白茆和浏河又分担了吴淞江不多的水势。尽管一时之间多年无水患,水利生态却遭到了大破坏。清弱潮重,淤积严重,一有水患,仍成涝灾。在这个基础上,人们寻求新的排水之法,这时治水者发现已没有必要实行大圩制度。为了排水通畅,反倒盛行分圩。分圩使圩内河与外河水系成为一体,加强了末端水系的结构。明中期以后的分圩实际上进一步分枝化了原有的水网体系。原有的塘浦和泾浜体系进一步分化,泾浜进一步变短。最早提出分圩的人是姚文灏,他在弘治七年(1494年)提出分圩之法。

> 低乡有等大圩,一遇雨水,茫然无收。该管人员,务要督率圩户,于其中多作径塍,分为小圩。大约频淹去处,一圩不过三百亩,间淹去处,一圩不过五百亩,如此则人力易齐,水潦易去。②

分圩也有一些固定规则。"其圩大难涝者,多添径塍,或分作三、四、五圩。田低易淹者,中开十字港或廿字,十字形内外俱洼,四

---

① 顾士琏:《太仓州新刘河志》正集,《浚河条约十六则》。
② 《姚文灏申饬水利事宜条约》,弘治七年,见张国维:《吴中水利全书》卷十五。

面开沟,所取之土,就便筑岸,废田之税,滩派本圩。"①分出小河,也形成小圩岸。"其无径塍者,遇潦难于车戽,是以常年无收,宜谕令田户:凡大围有田三四百亩者,须筑径塍一条;五六百亩者,须筑径塍二条;七八百亩者,如数增筑。"高田也是这样:"高田去河辽远,无水可救者,须于田内计亩开塘,如田一亩开塘一分,有田二亩开塘二分,其三亩四亩以上各宜依数开之,庶可防旱。或有愚民吝惜,不肯将田开塘者,可以善言谕之"。由于圩田过小,在低洼地区,圩田会因渗水的作用而直接处于积水受淹状态。解决的办法是深挖圩外泾浜。

> 围岸田畔,或土脉虚浮,外水渗入,昼虽车干,夜复涨满者。宜于岸塍中心开掘一槽,深入外河之底,随蒇河泥,填及一半,俟其稍干,用杵筑令坚实,又复蒇泥填满,则水无自而入矣。②

这次分圩引起泾浜体系进一步地发生枝节化,出现了更次一级的"溇"。溇的名称很早就有,湖州太湖边有七十二溇,那是指太湖东岸的湖田地带小河道,在太湖周边滩地上,溇、港吐纳着山地之水或太湖之水,形成溇港圩田的布局,各溇深入湖田区,都在深水之中。③ 溇也多出现于积水地区,圩田向淀山湖、承昆湖等湖泊边缘发展时,围田周边地区的水位很高,圩内很容易滋生出新水系,这种新水系往往被称之为溇。吴淞江地区的溇是泾浜下的末端水道,也与圩田内部相联系。孙峻的《筑圩图说》讲低洼地区青浦县的圩田状态,所绘的许多圩田图中都有溇,见图9.1。这种溇沼一般做排水之用,有一种圩田状态称为"水潦无虞图",积水时下塍田的水从溇沼

---

① 《朱衮水利兴革事宜条例》,嘉靖九年,见张国维:《吴中水利全书》卷十五。
② 《何宜水利塘岸说》,见张国维:《吴中水利全书》卷二十。
③ 缪启愉:《太湖塘浦圩田史》,农业出版社,1985年,第44页。

排出,这种溇沼一般是人为开浚,旱时与外水相连,涝时成圩内独立水体。在一些地段,如果没有溇,圩田进出水都会遇到问题。① 溇有时指圩田中心的潴水部分,处于圩心最低处,成为积水之地。圩田进一步分割时,溇逐步与外河泾浜连为一体,成为更低级的缩短水道。由于处于非常边缘的位置,这种水体常常处于死水状态,其流动状态往往需要人工戽水才有所改变。小圩的排水与溇有关,因为溇是圩内的积水之地,溇岸置水车戽水,既可防涝又可防旱。溇口一般要做小坝,以防外水进入。"圩大者分之,或作积水溇横亘于中,阔约一丈,两头加阔,用石砌作车口,遇潦车救。"②

常熟的湖泊低洼地区圩田多出现"溇",文献中有"泾溇"的叫法:"勘得尚湖并昆承、阳城各湖,年久湮塞,泾溇系本港咽喉。"③也有"浜溇"的叫法:"查得卷内先年首告侵占阻塞官河浜溇,及围栽河荡等项,多已批发各属开报。"④为枝河水系的一种,溇与半封闭的圩田相连。水道多变,溇也像以前的泾浜一样,在改河时会成为较高级的水系。在《常熟县水利书》中,耿橘画了牛尾圩的图样,圩外有一条溇没有名称,其他从双侧包围此圩的水系一是梅李塘,一是洪泾。在大滩头一带有一"清水圩",圩田外有溇,称为周家溇,还有杨树溇、新溇、猪头溇、周家溇等四溇。⑤ 在民国时期的乡镇志中,偶尔才可以看到一两个溇的名称。以《钱门塘乡志》为例,乡志所列五十多

---

① (清)孙峻、(明)耿橘撰,汪家伦整理:《筑圩图说及筑圩法》,农业出版社,1980年,第6页。
② 《林文沛水利兴革事宜款示》,嘉靖元年,见张国维:《吴中水利全书》卷十五。
③ 《林文沛分治白茆港等处水利工完呈》,嘉靖二年,见张国维:《吴中水利全书》卷十五。
④ 《朱衮水利兴革事宜条约》,嘉靖九年,见张国维:《吴中水利全书》卷十五。
⑤ 耿橘:《常熟县水利书》卷三、四。

条水道的名称中,只有二条溇,荾溇"东达吴塘,西入顾浦";茅溇"西北通徐公浦,东近顾浦岸"。① 总之,尽管溇很多,列于方志上的溇少之又少。最末级水道微不足志,同时极易消失,只有那些在历次疏浚中被浚成较大河的溇,才有了名称。

河道末道的溇看似多余,在圩田水利中却不可或缺。明末常熟有归字圩,位于沙瘠地段,尽管圩岸曾加高加厚,因"内无近溇,旱不能车救,涝不能泄泻,该地父老诚愿出田开浚十字河,高筑界岸,建造闸座,悉用民力自为,则一千三百亩荒丘日渐或为乐土矣"。万历三十四年,耿橘对"坐居洼下"的任阳圩提出的指导意见就是高筑圩岸,内开水溇。那圩内已有几条不与外界联合的溇,溇处于圩心地带,是最难开发的地段。任阳一带地处洼地,耿橘在调查荒地时,发现"腹内沿溇瘠荒,尚未有起也"。对这种圩内水体,耿橘提倡作小岸以围之,这种岸叫溇岸。不治溇,不修小岸,旱涝时可能出现荒情。"吴刺史、霍港之圩,皆腹下极低圩也。低圩急在筑岸,而该圩之围岸已经段知县筑完,称永利矣。惟内溇未浚,戗岸未筑,是以傍塘之田称稔,而傍溇之田皆荒也。"傍塘之田是圩内靠外河的田,傍溇之田则接近圩心。溇在发展过程中可以形成类似泾浜的河道,唐家溇周围有两个圩田,唐家溇上筑了坝,这条溇已经成为圩外枝河了。二十七图宫字号圩旁边有称为黄泥溇的,这条溇是这一带的水道咽喉。在曾家圩附近,耿橘提议在"高公溇口建一小闸,遇涝堵截以便车救,遇涸通船载土筑岸"。② 溇上的坝会因环境的变化或建或拆。水利施工时,农民取土也涉及到圩内之溇。耿橘言:"若田中有溇、有

---

① 民国《钱门塘乡志》卷二,水利志,水道。
② 耿橘:《常熟县水利书》卷五、六、八。

荡等,原因取土致田深陷者,即用河土填平,若岸边有民房有园亭逼近,不扰挑土者,即令业户自备椿笆于房园边旋筑成岸,亦两利之道也。"他还认为应该根据圩外水道与水利形势进行总体的设计。"其大、小圩内,除原有河渠水通利,及虽无河渠而田形平稳者照旧外,不然者必须相度地势,割田若干亩而开河渠。盖土之不平而水之弗优,或四面高、中心低下如仰盂者,或中心高、而四面下如覆盆形者,或半高半下,或高下宛转。诸不等形者,外岸虽成,其何以救腹里之旱涝。故须医形制宜,或开十字河或丁字、一字、月样、弓样等河,小者一道,大者数道,于河口要处建闸一座或数座,旱涝有救,高下俱熟。"①开河的过程也就是人工之溇形成的过程。这种溇在1949年以后被整掉,为使水网更整齐。在水利生态上,传统的圩田在面临旱灾时,这种溇是非常有利的。溇的消失,在一定程度上加剧了江南农田的旱田化,江南水乡的一些基本特色也消失了。

五　趋势

以泾浜体系为主的结构形成以来,尽管整体的网络经常发生变化,但明代以后泾浜体系稳定,河网结构基本上没有发生变化。枝河水系分分合合,变化无常,干枝结构的比例却相对稳定,一直保持到民国时期。从官修的河道来看,万历年间吕光洵所述次级河道与主干河道的数目比例一般是5∶1—4∶1左右,主干河道长度与总长度的比例一般为2∶1—3∶1左右。② 在嘉定曚东,民国时期干枝各河,干河彼此的距离为3里,大约是五代干河一半的距离,干枝河比例大

---

① 耿橘:《常熟县水利书》卷一、八。
② 《许应逵开浚过苏松常镇各水利工程数》,万历十七年,见张国维:《吴中水利全书》卷十六。

约在43∶9左右,与万历年间的水平几乎一样,明代形成的体系一直保留到20世纪初。嘹东地近海滨,昼夜潮汐往来,泥沙储积,人们在不断地疏浚,此淤彼开。"干河每越十年疏浚一次,枝河虽储积较少,然亦有疏浚之麻烦,疏浚之费,干河由县分年由水利费项下轮拨,枝河由各乡自行筹集。"水网体系相当稳定,"干支各河,均辗转相通,运输便利,水灾较少。枝河吐纳干河,干河均为浏河为吐纳"。①官府与地方分工合作,使这种传统水利生态对应机制保持了近500年。明以前的治水能臣往往是那些能够统筹整个太湖东部河流格局的人物,如范仲淹、赵霖等,他们多在干河上有动作。明以后,这种类型的治水能臣基本上没有起到很大的作用,倒是一些在小水系上下功夫的县官,像耿橘和孙峻,在太湖治水史上做出了突破性的业绩。

第二节 坝堰生态与乡村社会(10—16世纪)

前文已讲,大闸是江南的水利生态中非常重要的一环。为了使太湖出水灌溉更多的圩田,宋代的治水一直沿着高圩、阔浦和大闸三合一的传统。大圩体系下的水闸功能,五代时期发挥得最好。沿江沿海的大闸不但可以阻挡浑潮,保护圩田,还有控制交通的功能。只是大闸对日常管理的要求非常之高,需要按时启闭、及时疏浚。五代时期的大闸都由军队管理,入宋以后,没有这种维持,大闸迅速崩坏,圩田体系也相应地崩溃。小泾小浜兴起,与此同时,坝与堰也兴起。到元代,尽管每个江南人都认识到置闸的重要性。"江南水利,最为易晓,虽三尺之童皆知其然,但浚河港必深阔,筑围岸必高厚,置闸窦

---

① 民国《嘉定嘹东志》卷二,水道。

必多广。"①但大圩崩溃之后的塘浦置闸基本上也崩溃了,只能置坝堰。坝堰不但涉及河流与水环境的变化,乡村社会的一些变化,特别是开放与闭合的变化也与坝堰有关。

一 坝堰普及的水文生态

即使在五代以前,冈身地区的坝堰水利也应该比较发达,因坝堰技术比较简单。"浙西地面,有江、海、河、浦、湖、泖、荡、漾、溪、涧、沟、渠、壕、塘、港、汊、泾、浜、漕、溇等名,水有长流活水,潴定死水,往来潮水,泉石迸水,霖霪雨水,风决涨水,潮泥浑水,两来交水,风潮贼水,海啸谣水等性。河名水性既异,则整治方法亦殊,岂可以唐汉二渠长流水例治之哉。"大的塘浦有大闸与大的坝堰,在小水环境内,闸的形制也有变化,任仁发讲了许多种类的阻水工具。"有水闸、水窦、斗门、埧门、堰门、水硙、水碓、堰、埧、水函、石仓、石囤。"②但总体上讲,大的塘浦上置大闸,小的塘浦上置坝堰。"古人于滨江濒海通潮江浦悉设官置闸,潮至则闭闸以澄江,潮退则开闸以泄水。其潮汐不及之处,圩田四围亦设门闸,因旱涝而时启闭焉,港之小者不通舟楫则筑为坝堰,而穿为斗门蓄泄,启闭法亦如之。又于闸外设撩浅之夫,时常爬疏积滞,轩铁扫帚等船,随潮上下以荡涤浮淤。"③大闸由官方管理,坝堰肯定是民间管理。这种塘浦置闸、小河置坝的体系,在大圩体系崩溃以后,在实践中并不理想。

太湖之水,独泄于一江(吴淞江),其势有所不逮,故于常熟

---

① 《水利集》卷五。
② 《水利集》卷二。
③ 《御史江有源奏略》,见崇祯《松江府志》卷之十七,水利二。

开二十四浦北达扬子江;又于昆山开十二浦疏松江之水东入于海,民间私港又不可胜数。由是高田引以灌溉,低田赖以决泄。至于濒海之田虽高,日惧咸潮之害,因作堰坝,裹水不得外流。而浑潮日积,诸浦渐堙,法宜尽决堰坝,近海置闸,随潮启闭,使有泄无入。闸内港浦常得通流,闸外淤河亦近易为力。若堰坝既决,浦闸既修,苟非厚筑圩岸,一遇大水,湖水随风往来则坏岸,低田与水漫溺。此筑圩裹岸之法。①

宋以后仍有大闸存在于少数干河地段,如果没有足够的清流和日常管理支持,淤废的时间也很短。以白茆为例,白茆在清代的干河地位很强,出水量也很大,如果管理与维持的力度不强,河口闸仍很容易淤积。"闻之乡老,潮之来也,浑入而清出。淀沙日厚一钱,匝岁之期,厚几二尺,河身有限,淤积无穷,旋浚之,旋塞之。民力几何,能常有此水利乎?"②宋代以后沿海、沿江诸塘浦的清水条件经常发生变化,加上维持和管理的失败,大闸更难维持。由于大圩崩溃,泾浜体系普遍发生,河道水流进一步变细变密,清流与原先相比也大大减弱,置闸基本上难以形成蓄清优势。变细的河流本身不需要置闸,建坝堰即可。总之,在水环境变迁的压力下,大闸在江南越来越少。宋初泾浜体系不发达,还没发生大量的置坝堰现象,南宋时吴淞江常淤,小闸和坝堰就开始增多了。在吴淞江以北,元末大量置坝堰,这其中有动乱的原因。"昆山塘,自吴城东阊距昆山七十里,北纳阳城湖南,南吐吴淞江;常熟塘,自齐门北至常熟一百余里,可接泄太湖水势入昆承等湖,注江达海。两塘诸河道各有七十余条,今多坝塞之

---

① 《俞允文治水述》,见张国维:《吴中水利全书》卷二十三。
② 胡景常:《阳江舜河水利备览》卷二。

处。决去坝塞,使之有通无塞,可也。"①两个主干塘浦有七十多条枝河,并在枝河上形成坝堰,这是封闭枝河水流的一种表现。在吴淞江以南的华亭一带,部分地近冈身之地因受咸潮之害,南宋时期增加了许多坝,也置了一闸。

> 古来筑堰以御咸潮,元祐中于新泾塘置闸,复因沙淤废毁。今除十五处筑堰及置石硴外,独有新泾塘、招贤港、徐浦塘三处见有碱潮奔冲,淹塞民田。今依新泾塘置闸一所,又于两旁贴筑鹹塘以防海潮透入民田。其相近徐浦塘,元系小派,自合筑堰。又欲于招贤港更置一石硴。②

黄浦江形成以来,水流形势彻底变化,吴淞江两岸的丰水环境弱化,清不抵浑,塘浦淤塞加重。在冈身以西的低地地带,其河道一时之间不加疏浚即可维持安流,治水者也没有必要像以前那样抬高水位将水流注入吴淞江出海,更没必要修大闸了。与此同时,大浦因清水少而感潮严重,河道变窄变细,只能放弃置闸,改置坝堰或小闸。至于沿着泾浜体系渗透的感潮河流,农民也只能建小闸或坝堰。这种现象自宋代以来就产生了,由于吴淞江长期以来仍然是出水主干道,闸虽淤废,治水者常恢复建闸以图复其旧。黄浦江成为主干通道以后,治水者几乎没有置闸的必要。太湖清流减弱,出海塘浦淤塞严重,冈身沿海地区的置闸更是难行。治水者看不到这种水流的变化,只归因于大闸管理的失败与浚河之不行。陈锡仁言:"入海之处,潮汐易淤,故前代极力浚治,法久令驰,致巨浸壅于中,故道涨于外,土

---

① 《遵达纳实哩集江湖水利》,见张国维:《吴中水利全书》卷十五。
② 《张叔献请筑新泾塘招贤港堰闸状》,淳熙十三年上状存,见张国维:《吴中水利全书》卷十三。

民或堰而为田,筑而为圃"。① 没有关注到地方坝堰体系的大量兴起与黄浦江形成的关系,治水者只发现改流后水患大减。正德年间谢琛认为自永乐夏原吉之后七八十年,"朝廷之贡赋不亏,百姓赖以安堵者,先朝任用夏原吉之力也。"他看到了闸的失败,仍提倡恢复。"一时疏浚之法,亦有次第,惜乎小就,自画而不能为转身之计。旧制板闸夫卒之设,围岸之筑,皆未全备,是以迄今十二三年而诸浦之壅塞如故"。② 板闸之制难以恢复到故时水平,只能任民间增加坝堰。弘治年间,新水流形势下的河道淤塞更加明显。"三江众浦"处于"失道"状态。③ 这时疏水的重点集中在宋以后所形成的干枝体系网络。吴淞江失修则依赖白茆、黄浦江,以此二河为主干,吸纳众多泾浜之水,小圩也越来越普遍。嘉靖年间,吴江七县"每田一圩,多则六七千亩、少则三四千亩,四围高筑圩岸"。由于吴淞江已弃置不用,浏河与黄浦江的排水功能又不强,积水时往往一片汪洋,而局部大围封闭水流,治水者才不断地动员人们兴修小圩,甚至出现了像况钟这样大规模破坏大圩的行动。④ 大圩被破坏,小圩增加,小河道进一步增多,水利工程越来越不用大闸,坝堰的推广更加适应变化了的水环境。

总之,明代有越来越多的塘浦开始弃闸置坝。漫水港、千墩浦、夏驾浦、瓦浦都建坝代替原来的闸。坝也不是单一的坝,而是一系列的坝。"慢水港口、千墩浦、夏驾、瓦浦原议各筑坝一座,又十里筑腰坝一座,今照水势颇长,十里一坝,恐难障捍,议四五里增筑小坝一

---

① 《陈仁锡治水约言》,见张国维:《吴中水利全书》卷二十二。
② 《谢琛兴修水利疏》,正德五年上,于张国维:《吴中水利全书》卷十四。
③ 《秦庆上治水事宜疏》,弘治七年上,见张国维:《吴中水利全书》卷十四。
④ 况钟:《明况太守治苏政绩全集》卷九,兴革利病奏。

座。"置坝的重点在近浦口一段,主要的感潮区就在这一区间。万历年间冯叔吉计划在千墩浦的头一段规划置坝。"如可以腰筑处所,不拘一座、二座,就便增筑以杀水势,委于戽水之功有裨,若头一段已浚深,则二段之水自可泻受,小坝又不必筑矣。"①这种坝一般皆为大坝,由官方兴修。在太湖东南方向出水的湖泊群中,大坝一般筑在太湖出口河的入湖处。筑坝地点在吴家港出口处的庞山湖之南滩上,此坝若开,"湖水涌入"。② 在吴淞江以北,官方在被淤的小徐公浦置闸。在《望仙桥乡志稿》有这样的记载:"《邑志》云:北境干河在顾浦西,自西南境小徐公浦起,北通郭泽塘,是十六都。而小徐公浦云在顾浦西,南受吴淞江水,出口处旧有闸座,北通西北境徐公浦,是十九都。"③尽管水流形势发生了许多变化,治水者往往强调建设较大的闸与坝堰。大塘浦的大闸和石闸的成本都很高,枝河上没有必要安这种石闸。枝河水流小,土坝可以随时拆除。

  姚文灏是重视枝河筑坝的治水专家,他提议将以前有规模的石闸换成土闸。"闸以捍水为蓄泄,古人意至周密,下钉木桩,上甃巨石,万不容(已)易,今欲省费,议为土闸。"④明朝中后期,越来越多的治水者关注坝堰建设。嘉靖元年李充嗣的工程上疏中列举了坝堰的数量,"苏州府常熟等县,并分管太仓州及昆山、吴江二县浚过枝河共五百六十三处,共长三十七万七百三十四丈,筑过官塘圩岸,共三千五百八十三段,共长一百九十一万八千七百一十五丈,造过堰坝九十六处,共长六百六十丈"。在昆山、常熟一带,政府为堰坝建设拨

---

① 《冯叔吉开浚吴淞江详》,万历五年,见张国维:《吴中水利全书》卷十六。
② 《施之藩奉委督浚庞山湖详》,万历五年,见张国维:《吴中水利全书》卷十六。
③ 民国《望仙桥乡志稿》河港。
④ 《姚文灏条上水利款要疏》,弘治九年上,见张国维:《吴中水利全书》卷十四。

了一千两银子。① 由于土坝易坏,修复坝堰的工作由地方社会完成,官方一般只为督修或督建。朱充在嘉靖六年言:

> 吴中田亩,大约高者七分病涝,低者三分病旱,故每忽于高田,以致抛弃赔粮。古人或筑坝堰而蓄水贯通,或置斗闸而随潮起闭,离水远者复开沟渠,所以防亢旱而利灌溉。今皆久废,仰各治农管屯官相度某处应复旧迹,或即估价兴修,某处应增新塘,或令废田开掘。在民者从宜督率,系官者者开报详处。②

坝堰名义上由官家督率,实际上由民间自修。朱隆禧认为地方官应该在农隙之时"躬诣阡陌间,劝课农桑,通浚沟洫堤堰"。③ 修筑纳入岁修之便。随着水流的变化和开发程度的加强,干河淤塞,作用减小,农民只能用小闸或坝堰行权宜之计。在清不抵浑的水流态势下,坝堰利用自身所特有的水利生态,维持一定的水利平衡。"不必置堰闸,以大干河海口而言也,若中干河以下及支浜等,堰闸诚不可无,盖为蓄清水之利也。"④ 支流的堰闸蓄水,可以平衡灌溉和排涝。农户可以完成对坝堰或小闸的操作与管理。清代,人们在更次一级的河道——溇上也建坝,溇常深入到圩田内部圩心的湖荡区,控制一条溇可以控制到一个小圩。青浦县孙峻在发动全县农民筑圩时,讲到了这样一种圩田形态,口心低洼,让农民在"低陷处开挑溇沼,通泾以资蓄泄"。泾是圩外河道,溇沼是圩内河道,"旱年坝塞溇口,蓄水灌溉,水年开通溇口,泄水耕作"。⑤ 这种溇上的坝堰,完全在个体

---

① 《李充嗣奏报开浚各项工完疏》,嘉靖元年上,见张国维:《吴中水利全书》卷十四。
② 《朱衮水利兴革事宜条约》,嘉靖九年,见张国维:《吴中水利全书》卷十五。
③ 《朱隆禧请修水利疏》,嘉靖十二年上,见张国维:《吴中水利全书》卷十四。
④ 顾士琏:《太仓州新浏河志》正集。
⑤ 孙峻:《筑圩图说》。

小农掌控之下。农民在易出旱情的高地也作小闸。

> 松江东乡惧旱,宜闸水以种田,西乡惧潦,宜作堰以截水。然堰之外固沮,外潦不能入堰之内,其水何从而出。盖截水必在于水未长大之先,当下椿作堰,止留一河通舟,既可御水,又能御盗,泥土易取,椿木易办,若临时则费力多而成功少。①

感潮区必须置小闸与坝堰,如果不置,"浊潮灌田,沙积田中,田力日薄,一遇大雨,浮沙渗入禾心,苗生渐槁而所收亦薄"。冈身区潮灌的地方利用潮水的顶托,纳水入河,一日两潮必须常启闭以纳水。小闸比较理想。低地地区外河水位高于圩内田地,要挡住外水内流,大多数做坝堰即可。聂绍昌认为吴人不像宁绍平原的人那样重视闸坝,提议在"丰穰之年,值河身开深处,相度形势,建闸启闭,或有当筑坝堰者,其工料之费,俱于该区田地轮应本年出米浚河数内量取其半,余则助以官帑"。② 感潮区的水利疏浚开旋开旋塞,为了应付危机,置坝亦为感潮区之保守水利之法,且于农田淤肥有利。在常熟一带,传统的常熟二十四浦塘浦系统崩溃之后,坝堰置在众多的泾浜上。"张泾、洋子泾、东杨林、茜泾、双鸣、鹿鸣、浪港、大钱等泾,俱著民力开浚之后,各于两头或作土坝,或建闸斗,以潴清水,以节浑潮,不论大小潮汛,使民田皆得以资灌溉。"昆山一带有海塘和冈身,河流通过河道感潮。感潮河要做坝挡潮,不感潮的地区可以通过坝堰积蓄雨水。"无海潮之冲,而河道皆通其乡,枝河若非舟楫必由之道,俱于雨头作坝,潴水以灌田禾,并获畜鱼之利。"③明中期,常熟的

---

① 《张衍水利款议》,见《吴中水利全书》卷二十二。
② 《聂绍昌条上浚筑事宜申》,万历三十七年,见张国维:《吴中水利全书》卷十六。
③ 《陈王道上水院横塘泖河工揭》,万历六年,见张国维:《吴中水利全书》卷十六。

高地地区"设上浜水匯,关闭其水以自灌溉,则水有所储积,不得反流而趋内,是为措置高亢之地"。① 高地水匯有积水的功能,水匯口处置坝堰或闸。许多时候,坝堰将两种不同的水隔离。耿橘将常熟一带的水环境进行了分类,一类是海潮水,一类是湖水。

> 本县地势,东北滨海,正北、西北滨江。白茆潮水,极盛者达于小东门,此海水也;白茆以南,若铛脚港、陆和港、黄浜、湖漕、石撞浜,皆为海水。自白茆抵江阴县金泾、高浦、唐浦、四马泾、吴六泾、东瓦浦、四瓦浦、浒浦、千步泾、中沙泾、海洋塘、野儿漕、耿泾、雀浦、芦浦、福山港、万家港、西洋港、陈浦、钱巷港、奚浦、三丈浦、黄泗浦、新庄港、乌沙港、界泾等港口数十处,皆江水也。江潮最盛者及于城下,县治正西、西南、正南、东南三面而下东北,而注之海,注之江者皆湖水也。②

这两种水流形成了两种冈身地区的水利生态模式:清水灌溉与江水灌溉。耿橘一方面建议利用南来湖水灌田,同时提倡用坝堵死感潮河流以防潮灾。"夫湖水清,灌田田肥,其来也无一息之停。江水浑,灌田田瘦,其来有时,其去有候,来之时虽高于湖水,而去则泯然矣,乃正北、西北、东北、正东一带小民,第知有江海,而不知有湖,不思浚深各河,取湖水无穷之利。第计略通江,待命于潮水之来,当潮之来也,各为小坝以留之,朔望汛大水盛时,则争取焉;逾期汛小水微,则坐而待之。曾不思县南一带享湖水之利者,无日无夜无时而不可灌其田也。"③小坝引潮留潮,是自然生态之法。清水灌溉必须有

---

① 《杨子器常熟县水利议》,于《吴中水利全书》卷二十二。
② 耿橘:《常熟县水利书》卷一,水利用湖。
③ 同上。

引流的坝堰或闸坝,这需要一定的水利兴工。水利工程往往也不能解决感潮和淤塞问题,甚至会产生局部旱象或其他意想不到的水流变化,民众往往因此退守到自然留潮灌溉的水利水平。任阳一带是低地,也用小闸与坝堰解决水流的问题。耿橘用心勘测水环境与地势条件,试图置一些小闸,使闸与坝堰各有措置,协同发生作用。"任阳六区并极低之地,坐跨七丫大浦,形若仰盂,水能入不能出。其东南一带,系太仓州冈身高地,一遇天雨,水从高建瓴而下,向七丫大浦入海,而浦至太仓沙头镇、七丫口一带,淤浅倒注,西奔则停毒于任阳之间,……向于三县界筑斜堰建大闸以障之,使阳城、傀儡二湖由黄泾下白茆入海,而闸不知于何年全毁。浦口又塞,东海不泄,西湖莫御,一遇水潦,六区之地汇为巨浸,囷为沼民为鱼,非一朝一夕矣。"这一带经历了大闸的破坏与洪涝灾害的加剧,耿橘只好弃大闸修小闸、坝堰。"此中父老议欲访范文正公筑围建闸故事以驱其害。橘尝再四查勘,如于东南陶舍泾、重罡泾、周泾、曲溇等四口,各筑土坝以御太仓冈身之水,使之由吴塘过七浦,循盐铁塘下白茆港入海"。用坝完全堵死原河流,进一步改流太仓之水。在西南地区七条泾浜上,他建议建小闸以防备。①

吴恩在明中后期发现太湖流域可以置大闸的地方只有京口与江阴一带的高地。"盖京口以借江水以通漕,不得不闸以御其去。江阴地居常熟之上,江水尤高,其外潮之入有时,而内水之出也有限,故亦可置闸。"②即使重要位置的工程闸,也会被治水者以坝堰替之,因治水者周期性的置闸往往经历周期性的失败。陈王道发现整个吴淞

---

① 《畎橘任阳水利建闸坝议》,见《吴中水利全书》卷二十二。
② 吴恩:《吴中水利》,见徐光启《农政全书》卷二十三,东南水利上。

江流域已经没有必要置闸了,置坝堰即可。"为今之计,莫如于开浚后各于两头作坝,或作土坝或建闸斗以蓄清水,以节浑潮,不论大小潮汛,均资灌溉,而于内河亦无诸浦杂引潮沙,以致填淤。例如上海、华亭二县之西,亦有三湖四十八荡以及三泖之水,其泄泻出海之路止藉一黄浦,未闻有三十六浦之多也。更有海塘以为障蔽,故无浑潮杂入,而河道皆通其乡,枝河非舟楫必由之道,俱于两头筑坝,潴水以资灌溉。"①他不知唐宋时的水流环境,错误地认为明代的水环境与河网结构与以前相同,其实,正因为黄浦江的改道引起的水流变化,坝堰才大量地兴起。万历年间,江有源仍然以不变的观点看水利,他认为坝堰与大闸长期以来没有什么变化。"古人于滨江濒通潮江浦,悉设官置闸,潮至则闭闸,以澄江潮;退则开闸,以泄水其潮汐不及之水。圩田四周,亦设斗闸,因旱涝而时启闭焉,港之小者,不通舟楫,则筑为坝堰,而穿为斗门,蓄泄启闭法亦如之。"②天启年间,周起元对吴淞江与白茆一带河流置闸的态度是:"应闸者建闸,应堰者筑堰,应石者甃石,"甃石是建一种河道之闸。③ 当然,杰出的水利专家会从实际出发,尽管他们对历史过程不甚清楚。崇祯年间,耿橘发现了置闸衰落之事,考察了郏侨所说的那些置闸地方,分析了大闸与小闸小偃各自特点,找到了原因。

> 惟白茆港口、福山港口、七浦之斜堰,仅有闸迹,其他多不存,何也?盖有闸必有守闸之夫,寇盗豪强不利于大闸者十九,而江海口地多旷廓,守亦似难,且波涛冲蚀,水道又有迁徙之患,

---

① 光绪《宝山县志》卷四,条论。
② 《江有源请专官治水疏》,万历十五年上,见张国维:《吴中水利全书》卷十四。
③ 《周起元请浚吴淞江白茆疏》,天启四年上,见张国维:《吴中水利全书》卷十四。

故难存也。然往日闸工费,动逾千金,销毁不逾岁月,追论可惜。至于围田之上流泾浜之要口,小闸小堰,外抵横流,内泄涨溢,关系旱涝不浅,而工费亦俭,何不为乎?所用工费验田均派,如某区某图应建闸若干座,合用物料银若干两,得利某圩某字号田若干亩,验法每亩该银五厘以下者,民力自为之;倘满一分者,官助二厘,坝堰同此。①

耿橘十分高明,他还发现了清水与浑水的关系,建议南引太湖清水进行灌溉。常熟县临长江的农民用坝堰之法留潮灌溉,耿橘对他们的做法并不满意。"当潮之来也,各为小坝以留之,朔望汛大水盛,则争取焉,愈期汛小水微,则坐而待之。曾不思县南一带,享湖水之利者,无日无夜无时而不可灌其田也。"②从这个意义上讲,坝堰是宋元以后的水流形势变化后不得已的选择。早期清水较强,可以南引清水。黄浦江形成以后,太湖清水难以形成强势,沿江沿海各地留潮灌溉才更加盛行。冈身筑坝是不得已的选择,不选择这种方法,会造成潮水危害。耿建议浚河之后注意筑坝。"沿江大小港浦浅者,随急缓浚之,浚之时必于港口筑坝,浚毕而坝不决,则湖水不出而江水不入,清浊判于一堤,利害悬于霄壤,而此河亦永永无劳再浚。"③总之,冈身之民用坝堰蓄水,堵住浑水的同时,清水也被堵住了,久之清浑相隔。这种自然生态的选择,也是大区域水流背景的结果。

二 地方势力与坝堰

五代以前,圩田与水流上的政治与社会力量特别强大。塘浦圩

---

① 《耿橘议浚白茆等河浦申》,万历三十七年,见张国维:《吴中水利全书》卷十三。
② 耿橘:《大兴水利申》,见徐光启《农政全书》卷之十五,东南水利(下)。
③ 耿橘:《常熟县水利书》卷一。

田区与国家屯田有关,一些单个的大圩往往与豪强势力有关。两宋时期,国家一统,豪强势力稍弱,但他们仍然可以向未开发的水面围垦。在吴淞江两岸,圩田或公或私,皆由个体农民种植。缘水地带的许多未围之地和许多浅水湖荡是共同泄水之区,归官有。在淀山湖周边地区,这些积水之地或称为瀼,或称为荡。北宋时昆山有"所谓邪塘、大泗、黄渎、夷亭、高墟、巴城、雉城、武城、夔家、江家、柏家、鳗鲡等瀼"。其他地区也有各种荡,都是积水之区。有的是长期以来的自然积水区,有的曾是过去的村落,在大圩破坏后,成为积水区。①这些积水区是各种塘浦水道的泄水之地,于水利防御有利。人口进一步增长时,乡村的农业往往就向这些地区扩展,围田种稻。南宋时期,大量的移民来到江南,未开发地区成为地方势力争夺的对象。地方势力以围田形式向低地进军,愈往后愈向深水区发展。"豪右兼并之家既众,始借垦辟之说并吞包占,创置围田,其初止及陂塘,多浅水犹可也;已而侵至江湖,今江湖所存亦无几矣。"这种趋势使当时的农田水环境产生了变化。"自常情观之,似若无用由农事言之,则为甚至急,江湖深广,则潴蓄必多,遇水有所通泄,遇旱可资灌溉,傥或狭隘,则容受必少,则易溢,未免泛滥之忧;旱则易涸,立见焦枯之患"。②围垦势力扩展的工具是坝堰。坝堰有控制水面与水流的功能,也成为社会势力划分地盘的界限标志。

南宋时期,围垦向吴淞江两岸的湖泊群迅速扩展。在东南方向,湖泊地带的出水大多通过纵浦进入吴淞江中下游河道,因湖泊沿岸的圩田发展,入纵浦的清流受阻,吴淞江的潮水浑流也会因清流减弱

---

① 范成大撰、陆振岳校点:《吴郡志》卷十九,水利上。第266页。
② 卫泾:《后乐集》卷十三,论围田劄子。

而增强,从而导致淤塞加强。在庞山湖、淀山湖围垦区,各种截水坝大量兴起,地方豪强在湖泊低地地带快速扩张。绍兴年间,淀山湖周边的军队豪强势力筑坝拦水。史才言:

> 濒湖之地,多为军下兵卒侵据为田。擅利妨农,其害甚大,盖队伍既众,易为施工;号召之行,奋筑并兴,积土增高,长堤弥望,名曰坝田。水源既壅,太湖之积渐与民田隔绝不通。旱则据之以溉,坝田不治其利,水则远近泛滥不得入于湖。又且决坝田之余于民田,而民田尽没矣!为害如此,臣恐不为之禁则水利浸废,浙西民田不复有水旱之备。①

史才还提到了常熟一带也出现了类似的状况,"二十九年,知平江府陈正同言相视到常熟诸浦,旧来虽有潮沙之患,每得上流迅湍,可以推涤不致于塞。后来被人户围里湖瀼为田,认为永业"。② 淳熙十三年,在淀山湖外溢吴淞江塘浦的去水处,兴起一个大坝,阻塞了水路。阻塞以后,清流减弱,纵浦受淤加强,吴淞江也因此淤塞频繁。

> 水自西南趋东北,所赖泄水去处,其大者东有大盈、赵屯、大石三浦,西有千墩、陆虞、道褐三浦,中间南取淀山湖,北取吴淞江,凡三十六里。并湖以北,中为一澳,系古来吐吞湖水之地,今名山门溜。东西约五六里,南北约七八里,正当湖流之冲,非众浦比。贯山门溜之中,又有斜路港上达湖口,当斜路之半,又西为小石浦,上达山门溜,下入大石浦。凡斜路港、大小石浦,分为三道,杀泄湖水,并从上而下,通彻吴淞江。江湖二水,晓夕往

---

① 《水利集》卷九。
② 姚文灏:《浙西水利书》卷上。

来,疏灌不息,以此浦港通利,无有沙泥壅塞,可以宣导水源。今来顽民,辄于山门溜之南,东取大石浦,西取道褐浦,并缘淀山湖北,筑成大岸,延跨数里,褐截湖水,不使北流,尽将山门溜中围占成田。所谓斜路及大、小石浦泄放湖水去处,并皆筑塞。父老尝言:围岸初筑时,湖水平白涨起丈余,尽雍入西南华亭县界。大、小石浦并斜路港口既被围断,其浦一日二潮,则泥沙随潮而上,湖水又不下流,无缘荡涤通利。即今淤塞,反高于田,无水则无处泄泻,遇旱则无处取水。①

  豪强围占积水区,形成大岸与坝堰,这种大岸往往成为一个权势的标志物,一般官员不敢轻易拆掉。南宋时代,地方势力用坝向公共泄水地进军。为防止他人占有泄水区,他们要上下活动,向上勾结官方,向下摆平乡村地区内部关系,必要时还对一般百姓进行打击。"江湖之水,自常情观之,似若无用,由农事言之,则为甚急。江湖深广则潴蓄必多,遇水有所通泄,遇旱可资灌溉。傥或狭隘则容受必少,水则易溢,未免泛滥之忧。旱则易涸,立见焦枯之患,事理虐晓然,州县之官皆可以举职,然豪宗巨族,必有所凭藉,其势足以陵驾公府,非得健吏,莫敢谁何,浸滛滋广,江湖之利,日朘月削,无复向时之旧。围田增租,所入有几,而平岁倍收之田,一罹旱涝,反为不耕之土,常赋所损,可胜计哉。"表面上看,不断地有治水者要求政府拆除水坝,事实上,豪强已经通过多交租或个人贿赂,常常与官方达成默契。坝堰体系在南宋或很长一段时间都与这种豪强封闭水流和单独的圩田有关,这种圩可能大,也可能小,都通过坝堰与他区分隔,在此基础上形成以家族为核心的社会体制,成为相对独立的权力孤岛。

---

① 顾炎武:《天下郡国利病书》苏州备录,上,赵霖上言三说。

一般的知识分子习惯了专制社会的大一统,对这种现象常加批责。卫泾言:"围田之害深矣!议者又曰:围田既广,则增租亦多,其不动声色,邦计不为无补。殊不思缘江并湖,民间良田何啻数千百顷,皆异时之无水旱者,围田一修,修筑塍岸,水所由出入之路顿至隔绝,稍觉旱干,则占据上流,独擅灌溉之利,民田坐视无从取水。逮至水溢,则顺流疏决,复以民田为壑。"①这种豪强力量已经形成了很大的势力,相关民众也与之相呼应,对官方的决策构成博弈。官方得势时,坝堰会被拆除,官方失势之时,私圩就扩张。郏亶要效法古人,疏浚吴淞江以及各塘浦河道,恢复大圩。这些力量的乡绅代表——"议者",也有自己的水利观点。"议者尤谓:此小塘、小浦亦可泄水,以至朝廷愈不见信。而大小塘浦,一例更不浚治。积岁累年,而水田之堤防尽坏,使二三百里肥腴之地,概为白水。高田之港浦皆塞,而使数百里沃衍潮田,尽为荒芜不毛之地。深可痛惜!"②提议"小塘小浦"可以泄水者的议者,是小圩问题上既得利益者,也是地方水利的代表,他们不愿意看到水利大工所带来的赋役危害,故采取对抗行动以阻止。

　　南宋时期的豪强大圩往往是强势家族群体。"围田去处,多在荒僻之乡,必立庄舍,佃户聚居,既广行包占,又欲侵夺侧近民产。多蓄无赖恶少及刑余罪人,号为佃户,实是奸民。"③荒荡区上形成原生性的家族社会组织。随着国家力量的加强,大圩的人户以小农经济的形式纳入国家权力与赋税体系中,水利系统也纳入国家一统的圩田河道体系之中。动乱和人口减少时,类似的社会组织又会产生。

---

① 卫泾:《后乐集》卷十三,论围田劄子。
② 范成大撰、陆振岳校点:《吴郡志》卷十九,水利上,第279页。
③ 卫泾:《后乐集》卷十三,论围田劄子。

太平天国动乱后，江南荡地增加，又一次地出现类似的形态。在青浦县，"邑之东南，地势低洼，兵燹之后，土旷人稀，荡田数百顷，无人播种，弥望丛茅，业户取租极微，谓之草息（荡草可供饲牛及烧窑之用）。光绪初有浙省余姚县人来此垦殖，始略征租籽，嗣陆续来者有河南之信阳、光罗及江北之盐城、兴化，浙之绍兴等处，民人皆利荡田租轻（亩率租一斗），携家筑土屋居此耕作，河南人占十之七八，余俱籍江北绍兴，是为客民。而今人混称曰余姚人者，犹沿其初也。客民推其豪为领袖，一切听指挥，谓之棚头"。这些人有开发低田的特有技术，善筑堤，"堤高寻丈，逐层用檀木捣坚，厚四五尺，遇久雨可捍御"。① 这种高岸与孤立的社会集团，往往是独立的移民团体，形态古老而有生命力。两汉六朝时代有，清代也有。与这种小区域的社会组织相比，已经纳入国家赋税区的小农经济圩田区却没有什么内聚力。那里的圩田大多是官田或租佃之田，治水力量难聚。元代官方管理松弛，民间无力聚合佃户修圩。国家只好设置庸田司专司其事，企图通过加强国家行政管理督促。吴执中申请置庸田司时言："浙西官田数多俱系贫难下户种纳，春首缺食，无田主借贷，围岸缺坏又自行修理，官司不为存恤，以致逃窜荒废。"豪强围田产生了一个强有力的组织体系，这种体系往往与整体河道体系相对抗。吴执中对太湖出水形势非常失望。"吴淞古江，已被潮沙湮涨，役重工多，似非人力可及，其淀山旧湖，多为豪户围里成田，恐亦未易除毁，今太湖之水，迂回宛转，多由新泾及刘家港流往于海。"②

动乱时期，地方势力利用坝堰横断水系与塘浦和大江的联系，封

---

① 民国《青浦县志》卷二十四。
② 姚文灏：《浙西水利书》卷中。

锁了水系,也封闭了社会。宋末元初之际,乡村社会为了自卫,坝堰大兴一时。坝堰阻碍了水道,防止了外船进入,在防止匪盗与流兵的同时,水流也被封闭了。潘应武描述了淀山湖周边地区的现象。"浙西水自丙子年归附时招民,官宪恐哨船入境,掳掠乡村,各自钉塞,地分河港。吴江长桥系三州六县太湖众湖之咽喉,长桥南境,古来水到龙王庙,侧面后后筑塞五十余丈,沿塘三十六座桥道,实乡村河港众流之脉络,多被钉断,日久岁深,浮秽壅塞,亦有桥道被筑实坝,水不通流。所以不流不活,不疾不驶,不能随即涤去淤塞,以致淀山湖东小漕港口、大沥口、汉港口等处,潮沙日壅积岩成数十里之广,三五尺之厚,被权豪势要占据"。豪强势力是筑坝的主力军,挡水之坝使潮水与湖水两不相通,成为死水。统一之后的元王朝对乡村坝堰体系进行一次清理以疏通水道。"去其坝塞,使之有通无塞。"动乱时的封闭系统,对乡村社会的独立有好处,对专制的大一统却是障碍。这种坝塞之区与和平时期抢占荡地的豪强势力不同,本是动乱时期乡村河道水利的一部分。乡村水利共同体社会的自组织体系,往往在动乱时发育良好。潘应武看到了这种乡村水利共同体的运作。"乡村钉塞筑坝,河港皆在田围中间,古来各围田甲头每亩率米二斤,谓之做岸米,七八月间水涸之时,击鼓集众,煮粥接力,各家出力,浚河取泥做岸,岸上种桑柳,多得两济。近回水涝,围岸四五年不修治,状若缀梳,桑柳枯朽。一遇潦雨,全围淹没,深有可虑。宜下州县委官省报,谕河港口两岸田围甲头,候河水减退,不拘时候,随即告众户浚河做岸,备要围围相接,除去钉塞坝断去处,使水脉流通,岸上仍种桑柳,如有故违,罪反田主。"①坝堰之外还有水栅。水栅一般作

---

① 任仁发:《水利集》卷三。

灌溉之拦水工具①,宋元交替之际,水栅成为乡村封闭之具。水栅被豪强用以占地,到明代还持续着,明人这样回忆水栅:

> 甃石筑土为坝,列木通水为栅。于水何利而置之,端为盐盗防,故皆属之巡司建置。之初或出乡村之自卫,或出院司之求备,仓卒应命未必皆险要之地。及县每年差属官点查更陪,其数多寡应否,不知何以复命。且近年海寇内犯,编氓守望,邻邦设险,仓皇不瑕为水谋也。其创建成于四封之内者,尤多乱已,自当釐正,若彼豪强欲擅江湖之利,逋逃欲拒勾摄之人,国有法焉。②

南宋时期地方势力所占据的围田区因着改朝换代或小农经济的发展,逐渐并入国家水利之区,尽管仍有侵占泄水之地的地方势力,由于闲水资源大大减少,豪强势力到明代已大不如以前。共同体的力量因官方的统一管理而衰退。许多时候,民间的力量基本上就是小农的力量,只能偷偷摸摸地占一点河道而已。林智言:"白茆、福山、许浦、七浦等处,潮泥涌浅,久不疏浚,及被豪右将尤泾口拦作斜堰,向东有新村、下射去处,汊港湮塞,又被直塘人家占出半河。其阳城湖东河港坝断,以致上流不通。"③尽管供占的地方少,但占河道比占湖荡会造成更严重的后果。嘉靖年间颜如环言:"泄水泾港去处,有等刁诈之徒,往往筑坝阻截,非占作鱼池,则取便往来,遂致旱潦成灾。"④坝截住的面积很小,坝堰易建,地方豪强以之蓄水取利。由于

---

① 《王祯农书》农器图谱,大水栅。
② 沈启:《吴江水考》卷之二。
③ 《林智勘报苏州府属水利呈》,见张国维:《吴中水利全书》卷十五。
④ 《林文沛水利兴革事宜款示》,嘉靖元年,见张国维:《吴中水利全书》卷十五。

水闲地减少,豪强截留的港浦地段也相对小,往往还主动报官升科。"权豪之家,多因湖荡沮洳,筑岸围护。先入萑苇岁篮,河底淤泥衰雍,不再阅岁,皆成沃壤。黠者恐人举告,先自报官,愿升荡科轻额。有司但知辟赋土,而不知潴水之区日隘,潦水一至,不能容蓄,散入民田,卑土之民,无宁岁矣。其傍浦居民,多因两厓积沙涨滩,壅占围田,而导水之浦,壅塞如沟,两旁禾菽茹茨,而官不加税,民受其害。于是而江海之潮,绝不上浦,亢区之民,又无稔年。"① 居民会暗暗地利用自然方法形成类似坝的隔离之区。与南宋时期相比,由于大部分地区已经成田,荒荡之地很少,侵占这些地区引人注意,为事者也做得隐蔽一些。

三 生态与成本

大闸的成本有二:一是建设成本,二是维持成本。五代时期的大闸系钱氏倾区域力量所为,钱氏设常备军以维持大闸,其成本之大也可想而知。民间即使有能力兴建,也无能力维持。宋代以后,大闸仍由国家负责建设,时兴时衰。在维持方面,闸的维持费用很高,宋元时的闸还要用大船清淤。"在元尝有水监之官,专理其事,每年开挑,各置水闸,作大舟横铁帚随风流行,扫荡沙涨,此最良法,其置闸每处一座。"② 清淤成本加上人工看守,一般乡村无法承担。明时没有军队管理,官方将刚建好的闸交给乡村社会管理。一般乡村无法承担维持的费用,大闸往往很快被废弃。嘉靖年间,常熟一带的出海塘浦基本上已没有大闸,吕光洵只在福山港一带只看到一闸。③ 万

---

① 薛尚质:《常熟水论》。
② 《张祎水利款议》,见《吴中水利全书》卷二十二。
③ 《吕光洵兴修水利疏》,嘉靖二十三年上,见张国维:《吴中水利全书》卷十四。

历年间，林应训对白茆的大闸与一般坝堰作过成本对比，"筑坝三条，应用竹木工料银二百四两七钱六分五厘，又勘横塘口应建闸一座，合用木石灰铁夫工等项该银三千二百六十九钱一分一厘"。闸与坝的成本对比实在太大。① 这种坝还是官方大修工程中修的大坝，一般乡村修坝成本应当更小。明代的治水官员重视白茆这样大河流上置闸，主干河流上的大坝也由官方负责。一般的坝堰，则由官督民办或乡村社会自动修建。

治水者谈论闸时，大都与五代或范仲淹时代的大闸挂上了钩。毛节卿言："范郏诸公咸云置闸利而废闸害，惟元至顺间乃有废闸之论。我明港浦屡开旋塞，水旱相仍，间有议复古之制。"许多人的置闸之论不适应水环境变化的要求。明代的标准为："每河阔三丈者，置闸一座，六丈者，置闸二座，多寡以此为差"。这种闸其实并不大，唐宋时的塘浦二、三十丈，明时三丈便是大塘浦了。明代依靠乡村社会管理。"每闸各置亭一座一所，岁拨闸夫二名和雇近闸居民世掌其事，有失则罪之。每九月至二月常川扃闭，朔望则启，中间以通海船，傍开月河，低堰以通小舟之行。小港者或湖水溢下，则潮退而悉启之。其三月至八月高田用水，则启闸以进潮，或雨泽满盈足以灌溉，则亦闭之以清江流，庶舟无往来之阻，田无苦旱之灾，江无淤塞之患，高乡岁免疏浚而低田亦减三年二水之忧矣。今高乡枝河在在湮塞，旱年则从外塘搬水以救苗，民实劳止。"尽管如此，置闸成本对于一般民众而言仍是难以承受的，"枝河小浦约费银百余两"。为了推广置闸，他建议免河口居民的役钱，"报河口居民，一两家专司启闭，

---

① 《林应训开浚白茆塘工完疏》，万历六年上，见张国维：《吴中水利全书》卷十四。

免其一二十亩丁田役银"。另外,他还责令区域内的"得利大户"出钱。① 由于吴淞江淤塞,吴淞江及其两旁河道也基本上没有筑闸。只在兴大工疏浚时,治水者才造一些引水闸。陈秉忠开浚吴淞江时划分了工程段,"自关桥傍潘家浜起,至东土坝地方港闸口"是第四工程段,这一段的港闸口潮沙涌入,"受害最多,历来费帑劳民,今治病之闸,应建于此口,先要闸完,后可开通,若使二工并举,须银一万三千两,缺亦可以暂缓。且急淘江傍洛枝上澳,连三泾闸,港河塘川洪皆能引水注江,分流入海,所谓借此众口,代江宣泄"。② 这种江闸的功能多,已看不到传统的冲淤刷浑功能,治水者更关注于分洪或交通。在明代,少数的官方筑闸点大部分分布在海口,周大诏曾对常熟的浦口置闸环境困境与成本困境有过论述:

> 于浦口置闸,亦欲拒绝浑潮,意亦善矣。然以土地之宜否,理势之非,便有不必然也。且以一日两至之潮,其在错夜皆以疾风暴雨,冰冻霜雪之时,虽欲以时启闭,谁为司守?况一岁之内,春夏则潦水常多,更且海潮汹涌,闸上一板,则力有不支;秋冬则雨泽少降,而水势枯涸,又不必有闸,此水情必然之理也。自常州以上,地连山脉膊,理坚实,又无潮水之交冲,故可筑闸以获宣泻之利,吕城、孟渎等闸是也;苏州边海,地皆浮沙,海潮湖水内外冲啮,闸底椿木之处一有罅隙,渐次流空而易崩损,白茆、七浦、斜堰等闸是也。故闸虽十设而九废耳。且如桥梁之有便于民者,为地方之利随坏随修,众咸捐财以助之矣。闸果有关于宣泄之具可为旱潦之资,公私曷敢坐视倾颓曾无一人留心于此乎。

---

① 《毛节卿用江海坝闸论》,见《吴中水利全书》卷二十一。
② 《陈秉忠开浚吴淞江事宜经费条议》,见《吴中水利全书》卷二十二。

若必欲置之,须于近浦实田之中,开深倍于河底,纯用砖石,不用木椿,贯以灰沙,筑成之后,仍实以土如田。使无虚处积水,灰沙自然胶融,年余之后,乃开通引水,由闸而行。将旧河坝(这种坝是作坝的底基,与一般的单独坝堰不同)作平地,则闸可永久无虞,又省作坝车水椿木之费,此乃造闸之要法也。其如三十六浦之中,惟七浦、白茆为最,次则杨林、湖川、福山三丈等浦,但宜相时开浚,不可坝截。余如茜泾东、杨林、双鸣、鹿鸣、大钱、周泾、浒浦等河,各于开浚之后,须于两头作坝(这种坝是一般的坝),以节清水,以拒浑潮,旱则潴而蓄之,潦则决而放之,则官不劳于开浚工力艰,民不病于田地抛弃之苦,实为两便也。①

他把置闸的生态与经济成本都讲到了,最后认为只用少数大浦可以筑闸,大部分仍应作坝。在实践中,一般的浦口大闸不兴,仅有的白茆之闸也常兴常废。按薛尚质的意见,置闸之事应设军队管理。"置闸之后,即于闸上左建巡司,就使本港巡检,率兵居守,右建营房,即与戍港百户,移军屯匝,夹镇津要,如宋开江卒之例,加以撩浅之责,重其离次之罪,严守备,慎启闭,不使江洋盗舰盐舶,乘潮入腹,以毒居民。"另外,根据潮候的启闭方法也非常复杂。总共加在一起,需要有很多的兵丁与人力的投入。"合就弓兵数内,抽出二十名,改弃闸夫,立闸石上。刊注潮候,使之按时启闭,亦属巡司约束。"②除了建设成本外,再加上这么大的管理成本,又常受潮淤,必然要频繁兴修,这种强大而持续的成本压力,即使是官方也会逐步放弃。耿橘对常熟一带的闸之兴废也有过议论:

---

① 《周大韶论治水为谋不藏》,见《吴中水利全书》卷二十一。
② 薛尚质:《常熟水论》。

宋臣范仲淹有言：修围、浚河、置闸，三者如鼎足，缺一不可。郏侨亦云：汉唐遗法，自松江而东至于海遵海而北，至于扬子江，沿江而西，至于江阴界，一浦一港，大者皆有闸，小者皆有堰，以外控江海而内控旱涝也。夫所谓遵海沿江而至于江阴界者，半系常熟地方，自今考之，惟白茆港口、福山港口、七浦之斜堰，仅有闸迹，其他处不多见。何也？盖有闸必有守闸者，寇盗豪强，不利于大闸者十九；而江海口地多旷廓，守之者为难，况波涛冲蚀，水道又有迁徙之患，势必难存者（也）。此等闸工费动逾千金，销毁不逾岁月，置而不论可也。至于围田之上流泾浜之要口，小闸小堰外抵横流，内泄涨溢，关系旱涝不小，且工费亦不多，如之何其不为之所用。①

耿橘对大闸的建设成本和维持成本看到一清二楚，闸的维持成本如此之高，常常千金投入数月而毁。坝堰或水窦的成本非常之低，水窦值"银四五两"，坝堰几乎没有成本。管理也十分方便"九月朔填坝，三月朔开坝"。只在用水时期利用坝引水蓄水即可，"吴俗低乡清明浸种，高乡谷雨浸种，至三月则用水矣"。② 三月开坝时稍微废点工，然亦有技术对策。姚文灏曾作开坝歌曰："开河容易坝难通，我有良方不废工，坝里掘潭宽似坝，却疏余土入其中。"③这种中空的坝易开。利用合适的建坝技术，即可收置闸之效。常熟一带有滚水坝，"滚水者，坝基高于水，低于岸，拒潮而不绝潮，略水势，沙积有限，既不病稼，又不淤河，有利无害之术也"。亦可用涵洞之法拒

---

① 耿橘：《常熟县水利书》卷一，建闸法。
② 《毛节卿用江海坝闸论》，见《吴中水利全书》卷二十一。
③ 《姚文灏开坝歌》，见《吴中水利全书》卷二十八。

潮,"涵洞者,作于潮河坝上,有石,有木,木形为凶器,而无前后和,置之土坝中,为通水之沟窦,亦拒潮而不绝潮之法"。① 有了这些技术,坝堰更容易取代大闸甚至小一点的闸,坝堰在明代江南地区的普及就成了易行之事。

四 趋势

在水流形势改变和建筑与管理成本的压力下,坝堰自宋代以后迅速成为江南水乡的一大特色。与五代和宋元时期的大圩、大闸相比,后期小圩与坝堰的流行成为江南水利的一大变局。"今闸不可复矣,而修筑坝堰之策,独不可行耶。圩田之制,随地形之广狭,水道之远近而为之大小。圩之小者岸塍易完,民工易集,时有浸潦,则车戽之功可以朝夕计也。……坝堰臂则关隘也,小圩臂则三里五里(城)也。"②到清代,河流进一步细化,枝流漫延,只好置小闸,大一点的坝都不能置。魏源言:"建闸可施于支流汊港,而不可施于干河,筑坝可施于刘河、白茆,而不可施于吴淞。"③魏源说的汊港之闸完全是更小的闸,白茆之闸是大一点的闸,这种大闸都被治水者认为不可置了。由此可见,水流环境已经不允许大闸大坝的建设了。细小河道的小闸也不是宋元时代那种可以成就乡村豪强霸权的坝堰,只是一种农田水利小设施。到清代,由于泾浜体系中的坝堰更小,成本更低,乡村水利中筑闸筑坝堰的传统已经不是圩田水利的重点之一了。昆山县的陈瑚提到他的家乡蔚村的筑围时谈到了坝堰。"本村坝堰,必在春水将发之时,稍为迟缓,村中水大,每每坝亦无用,最宜

---

① 扬子江水利委员会编:《白茆河水利考略》,民国二十四年。
② 《张铎围田沟洫说》,见《吴中水利全书》卷二十。
③ 魏源:《江南水利全书序》,《增辑皇朝经世文统编》卷九十八。

早备。其小者皆系附近居民看管,其大者如方家桥堰、郭母溇偃、大浜偃、西偃、宋泾堰,则议村中人家田稍多者分任。其应坝堰时,大户量给洒米桩笆,庶使易办。"①他将坝堰列在筑围各项事务的最末一条。宋元时代与疏河、筑围相等同的置闸事务,清代已经不重要了。坝堰与闸的变迁,与河流水系的发育以及水流环境存在着密切关系。

第三节 共同体要素的渐失

前文讲过宋元小圩共同体水利特点,主要是从官方的治水角度分析,这个问题其实也涉及到乡村水利共同体。水利共同体一直是学术界的热点,日本学者对这个问题研究最多,但对水利共同体界定却相对模糊。他们的共同体范围基本上是与编民单位——都(区)、图、里、甲相一致。② 事实上,这些单位只是官方的一个赋税单位,更体现国家的力量。不能将共同体的活动范围与里甲单位完全等同地进行分析。江南水网区多散庄,村庄难成共同体的依托对象,一个区内的河道与圩岸才是水利共同体所依托的自然实体。中国学者对江南水利共同体的研究以费孝通的社会学研究为代表,他以村庄范围内的水面权力为研究对象,不仅发现了水栅对村庄的防卫作用,还发现了村民争水与共同排水问题形成的共同体。他发现水利共同体的单位是自然圩③。这一单位使社会学概念的共同体有了生态与地理

---

① 陈瑚:《筑围说》,乾隆《昆山新阳合志》卷三十六,艺文。
② 滨岛敦俊:《明代江南农村社会的研究》,东京大学出版社,1982 年;森田明:《清代水利史研究》,亚纪书房,1974 年。
③ 费孝通:《江村经济》,商务印书馆,2004 年,第 140—144、155—156 页。

依托。民国时期的自然圩较小,共同卸水的功能也较小,进一步的研究需要对历史时期的水利社会单位的自然实体进行考察。五代以前,江南盛行大圩;明代以后,小圩普遍,小圩本身和一个地域内众多的圩田和河道形成共同体与国家权力的交织。区域水网的疏浚涉及派役与国家政治,属于公共领域的范围,在这一共同领域内,必然存在着实体范围的界定问题。各种类型的水利区内都有国家与地方共同体两种力量的交互影响,乡绅联系着地方与国家,代表百姓在水利方面参与一定的公共议政。在中国北方已经没有多少乡村公共事务的同时,江南仍有这种相对的公共领域,使江南地域社会显其独特特色。笔者从生态与社会入手,对圩田、河道与江南水利社会的一些基本问题进行学术上的清理,并试图对江南社会转型的一些问题进行探讨。

一 明前期的体制与圩长

从历史序列上看,宋以前江南大圩之上的共同体水利不是现代意义上的共同体水利,那是一种与国家专制紧密相连的屯田军体制。与此同时,地方上存在着豪民圩田社会。这些制度更是古代集权体制的一种深入,是原生性的社会组织。大部分的田是官田,民是佃民。钱氏政权在五代战乱期间完成了国家权力的强力渗透与整合,这时形成的地方习惯具有一定的共同体特点。当时"田各成圩,圩必有长。每一年或二年,率逐圩之人,修筑堤防,浚治浦港"。宋初,水利共同体与官方集权一起崩溃,民间维护圩岸的习惯也因多种因素被破坏。第一是开浦行舟之利。小农"利其行舟、安舟之便,决其堤以为泾。今昆山诸浦之间,有半里、或一里、二里而为小泾,命之为某家泾,某家浜者,皆破古潴而为之也,浦日以攘坏,故水道埋塞而流迟。泾日以多,故田堤坏而不固。日隳月坏,遂荡然而为陂湖矣。"在这种圩田河道景观退化成自然湖荡景观的过程中,共同体水利习惯也被破坏了。以前时代肯定不允许这样破坏圩岸。第二是贪,浦边开田之利。"为民者,因利其浦之阔,攘其旁以为田。"第三是"租户利于易田而故要淹没"。这是土壤肥力驱动的破坏。"吴人以一易再易之田,谓之白涂田,所以倍于常稔之田,而所纳租米,亦依旧数,故租户乐于间年淹没也。"休耕期间放水有利于地力恢复。放水时并不是按着圩内的一般用水规则,圩内放水规则可能是按着连作田定的,有统一的灌水时间,休耕田的需水规律与其他田不一样,佃户才违背规则破圩放水,以水养田。这时的佃户已经有一定的自由,在这个基础上形成的共同体,有一定的现代共同体特征。第四是"张捐鱼虾,而渐致破损",也是一种因自由猎取公共资源而造成的一种破坏。河道内的鱼是共同资源,任意捕鱼必然破坏圩岸。第五点是最关键的,小农各顾私利,使岁修机制不存。"或因边圩之人,不肯出田与众作圩。或其一圩虽完,旁圩无力,而连延隳坏。或因贫富同圩而出力不齐。或因公私相吝而因循不治。"①宋初形成了农户对大圩的破坏和对原大圩水利共同习惯的破坏,这正是改朝换代之际原有圩田公共领地被侵占的结果。圩田地区一直存在着官方与圩内成员管理的空间,这些空间就是大圩、河道、圩岸本身。五代或五代以前须依赖国家提供管理与组织。宋初国家的管理力量退出,出现了一次公共水利设施的大破坏。由于官方不再像以前那样实行屯田式的管理,修圩责任转向民间自组织体系。宋元时期的圩田共同体具有这种地方自治特色。至元三十四年平江府官方水利文书中记载:

① 范成大撰、陆振岳点校:《吴郡志》卷十九,水利上,第267、270—271页。

今访问得田里谙晓农事耆老,说称浙间每岁插种之后,比至六月耘耔已毕,直候秋成,季夏一月农家颇有闲暇。所修围岸经值梅雨淋洗,恐有缺损去处,若于此时稍加修补,庶几也。后设有水涨不致冲湮坍倒,但农民所惧官吏下乡,因缘搔忧,若则之围长从便,効率农民自行修,官司不责工程,不差吏卒,乐然出力,易为成就。①

地方害怕官吏下乡剥削,愿意以围长为首领进行修围,说明县单位以下的基层社会可以自行处理水利事宜,并尽量保护自己的利益不受官方盘剥。明代中前期,圩长势力很强,那时的圩比较大,形成的共同体社会也有相对的独立性。夏原吉江南治水时,县里设治农官,乡下设圩长,当时大圩居多,圩长是自然圩的负责人。"永乐年间,浙西大水,朝廷差户部尚书夏原吉,督治水患,明年又差通政司越居宸,至浙设治农官,置圩长,兴修水利,修筑圩岸,栽种桑柳,以固岸址。"基层水利之制很早就形成。"按田圩之制,诸县皆同,明时每区各设耆老数人掌之。成化、万历二志列圩名綦详,今已因时就宜,不尽如旧,惟存其大略而已。"②后期圩长之制远不如前期,也是圩长体制在整个江南地区衰退的一个表现。早期自然圩很大,单个自然圩需要圩长。圩内社会可以巩固岁修,也可以在圩长的带领下把县里所派给的干河段修好。兴修吴淞江和白茆等干河时,官方设立圩长,一方面为完善共同体,一方面也为了在官方干河兴工时修枝河。夏原吉亲至民间,"考求往迹","布衣蔬食,躬亲胼胝"。③"每岁水涸

---

① 任仁发:《水利集》卷三。
② 民国《杭州府志》水利二。
③ 李模:《请浚吴淞白茆并复设治水部臣疏》,见民国《重修昭常合志》卷五,水利志。

之时,修筑围岸,以御暴流"。这时的岁修依赖乡村水利社会,更依赖官方动员与组织。夏原吉表示不愿意轻易发动水利兴工。① 这套基层体系可以是自治的,也可以在官方强制下成为官方的基层组织。许多时候,圩长之制与粮长催督体系合一。夏原吉对每个圩设立了圩长,里长可以直接催督圩长。他对乡村水利社会的动员和组织工作,对后世的影响甚大。明代中期时,吴淞江的出水环境发生了改变,由于淞江不再是主要的太湖出水干道,大圩与高圩岸的必要性降低。大圩可以分成小圩,官方也在这时候开始大量拆圩。宣德七年,况钟言:

> 切见本府吴江等七县地方,滨临湖海,田地低洼。每圩多则六七千亩,少则三四千亩。四围高筑圩岸,圩内各分岸塍。遇有旱涝,傍河车戽。递年多被圩内人民于各处泾河蒿取淤泥浇壅田亩,以致傍河田地渐积高阜,旱涝不堪车戽。傍河高田数少,略得成熟;中间低洼数多,全没无收。似此民难,如蒙准言,乞敕大臣该部计议,行移本府,差落治农官员踏勘,但有此等大圩田地,分作小圩,各以五百亩为率。圩旁深浚泾河,坚筑夹岸,通接外河,以便车戽。②

外界环境刚适应这种变化,就发生了况钟拆圩事件。况钟的拆圩实是为了加强县内的集权统治。地方官吏本质上是一个小集权者,容不下共同体的发展,更不愿意看到乡村自治倾向。明初时粮长与圩长在圩内的田地面积多,对乡村影响力很大,逐步成为官方的眼

---

① 姚文灏:《浙西水利书》下,夏忠靖公治水始末。
② 况钟:《况太守集》卷九,修浚田圩及江湖水利奏,(宣德)七年六月初二日,第93—94页。

中钉。摧毁了大圩,小圩自然难以形成那种较为强势的力量,这种过程类似于中国封建社会井田制崩溃以后的小农经济与专制政权的关系。宣德五年,况钟提议革除圩长。

> 访得所属长洲等七县,先该钦差大理寺卿胡,将各县粮长,每区设立总圩长、圩老六名,通该一千六百七十二名,并小圩长与同粮里提督农务,相兼催办税粮。近年以来,公然接受状词,挟制粮里。而本等差役不当,户内税粮不纳,又行包揽小户粮草,……欲将害民缘由具奏除革,缘圩长、圩老不系朝廷设置人数,拟合多关本府,转达钦差刑部右侍郎成定夺,示下施行。①

宣德七年的拆圩与他宣德五年的作法是一致的,他认为圩长们与治农官构成一股侵渔势力,尾大不掉了。他列出一大堆圩长的毛病,比如包揽词讼等等,都为其拆圩行动自圆其说。实际上,包揽词讼可能正是民间共同体乡里相助的表现,是水利共同体派生出的功能。为了摧毁这样的地方势力,况钟从生态地理上给共同体以釜底抽薪式的打击。大圩与圩长体制受到沉重的打击后,他不得不依靠里甲体制直接统管小圩,尽管小圩上仍有圩甲,但已经没有大圩那样的社会自组织能力。他让县里的治水官和粮长、里长一干人督催圩甲。宣德七年五月水灾时,"人民住居房屋并田圩俱各淹没,难以车救"。他命令"各县着落当该官吏、治农官员督并粮里、粮头、圩甲人等设法车救"。② 圩甲是自然圩之圩长,拆圩后规模很小,圩甲能力有限,需要粮里等人协同督催才能完成戽水行动。

宋元时期,这种大圩共同体多是在官方强制下或扶持下,完全由

---

① 况钟:《况太守集》卷十二,革除圩长示,(宣德)五年十月二十日,第131页。
② 况钟:《况太守集》卷九,题明水灾奏,(宣德)七年五月二十七日,第93页。

圩田上的佃户劳役形成的水利共同体,官田上的租佃户往往是些贫困佃户,甚至因为休耕而不固定,定居不固定时,共同体的水利参与度也小。随着连作制的加强,耕种的固定,宋元的圩田共同体逐渐具有自由农户合作的特色。由于官方对官田的控制,元代的许多官田上的农民仍由贫佃组成。① 明初社会鼎革,大量的豪强之田成了官田,豪强之田原与民田混杂,这时期官民田混杂更加严重。而官田民田的混杂,使官方不再单单针对贫佃进行调整。官田上原由官方负责的水利可能完全交由民间水利共同体完成,而民间水利负责人与国家赋税系统可以完全重合。粮长体制一开始主要用于征收赋税,也兼管水利。一个粮长要负担一万石的税粮,粮长的范围基本上是在都或乡的单位上进行②,这是大于大圩单位的基层组织。粮长兼管水利,兼管本身就会使水利共同体被削弱,促进水利社会与政权体系的吻合。粮长体制在基层社会是有强大的整合作用的。归有光说:"夫粮长乃洪武以来定制。在大诰、诸司职掌、圣谕如此之谆切也。天下亦有不设粮长之处,惟独江南财赋最重,故以粮长督里长,里长督甲首,甲首督人户。百年以来,未有变更。"③而粮长对水利社会的兼管造成许多地区出现了混乱现象。明中后期史鉴言:

> 夫事功之成由委任,委任之方贵专一。伏睹永乐年间,凡兴建水利庶事,皆责成粮长,而官则自为节度之。盖粮长之任,责任在农功赋税而已,其用心必专。自迩年以来,添设塘长,又立耆老,复革去塘长而立图长,又有属官、义官之委。粮长耆老之

---

① 森正夫:《明代江南土地制度的研究》,同朋舍刊,1988年,第161页。
② 梁方仲:《明代粮长制》,上海人民出版社,2001年,第10—17页。
③ 归有光:《震川先生集》卷之九,公移,乞休申文。

总,纷纷多制,一国三公,十羊九牧,民无定志。①

将日常水利事务在粮里体制下整合,况钟有目的地加强了官方集权。宣德七年况钟榜示:"各县高低田地不一,河道有淤塞者,岸塍有崩塌者,该管官吏、粮里人等,随即修渠疏通,毋致误事,有妨农业。"②他这时只谈粮里不谈圩长了。水灾时的催督尤其如此,长洲县宣德七年"居民房屋田圩多被淹没。除已奏知,着落治农官吏督并粮里居民尽力车救外,今续报原淹田地积水尚有三四尺以上者"。③ 宣德八年旱灾,"着落粮长、粮头劝借种谷,于吴塘等河近水去处,总种秧苗,欲候得雨翻耕,分给民人插莳"。④ 由于县下水利体制借粮里体制进行了上下级整合,县里的治农官设置才可能发生作用。"各处州县特设治农官一员,不使干预杂事,专一提督经略。当时居斯任者,多得其人,由其责有所归,不得苦心极力以营治之难。遇年时调润,亦时常往来巡视不怠。"如果基层水利仍由共同体把持,设置这种职位的意义不大。水利事务逐步归于粮里,下面混一,上层才会有治农官的分化。在原体制下,即使无此官职,乡村地区也会自然行使水利职能。治农官是在下层体制混乱的情况下出现的专一督导乡村水利的官职,是官府专权的结果。治农官废除后,共同体仍然脆弱,一有大水,便成水灾,有人这样讲治水官废后的结果:"今年低处岸塍十坏八九,高乡河港鲜有流通,一值久雨、久晴,湖水涨泛,无以抵御潮汐不通,无以灌溉。遂致稻禾淹没枯槁,两皆失之,兼

---

① 史鉴:《西村集》卷六,吴江水利议,清文渊阁四库全书本。
② 况钟:《况太守集》卷十二,严革诸弊榜示,(宣德)七年四月初十日,第134页。
③ 同上书,查报被灾田亩人口示,(宣德)七年七月,第143页。
④ 况钟:《况太守集》卷九,题明旱灾奏,(宣德)八年五月十五日,第98页。

之小民田段四散,缺食无力,父母妻子各东奔西走,营救不暇。"①这不仅是治农官不置的结果,也是基层水利社会崩溃的结果,圩长体制的崩溃使一些积涝地区特别容易受灾。史鉴言:

> 吴江之田,皆居江湖之滨,支流旁出,动成荡漾,不可以名计。苟不致力堤防以捍御之,未见其可也。国朝永乐中,治水东南,尚书夏忠靖公创于前,通政使赵居任继于后,无不注意于堤防。皆妙选官属,分任诸县,而二公则周爱相度而考课焉。其法:常于春初编集民夫,每圩先筑样墩以为式,高广各若干尺,然后筑堤如之,其取土皆于附近之田,又必督民以杵坚筑,务令牢固,即讫工,令民蒭泥填灌。取土之田必使充满,复于堤之内外增广其基,名为"抵水"。盖堤既高峻,无基以培之,则岁久必颓矣。又课民于"抵水"之上,许其种蓝而不许种豆,盖种蓝则必增土,久而日高,种豆则土随根去,久而日低矣。此虽为烦碎难行,然亦可使民由之而不知也。厥后二公去任二三十年间,岂无水患,而不至于大害者,良由堤防犹存之力也。然人亡法废,堤日就倾,水患复作。②

由此可见,江南治水者往往也考虑到基层社区的共同体治水之力量,许多人倾向于培植水利共同体。夏原吉开创明初圩长体制以后,中经况钟废弃,姚文灏又在基层水利社会上重新寻求乡村治水的出路。由于大圩已分,他只能从圩甲共同体与粮长制度的平衡中探索。在地理上,他把自然圩与行政单位调整至吻合。"各图圩岸,俱着排年分管,若本图原有十圩,则每甲一圩;若不及十圩,则将大圩分

---

① 《龚诩再上巡抚周忱水利书》,张国维:《吴中水利全书》,卷十七。
② 史鉴:《西村集》卷六,吴江水利议。

凑之;若十圩以上,则并小圩兼管之。"圩的数目根据图甲组织作调整,将水利与粮里赋税系统很好地吻合,使水利共同体与粮里体系契合,以此使共同体得以复兴。圩甲负责一个自然圩的水利事务,一个图的水利事务则由排年负责,一个都的水利负责人仍是粮长。一般情况下,图与图之间往往以主要的河道为界,行政区往往也与水利区吻合,只是越往上越脱离了像自然圩那样完全整合。较为高级的单位,往往以水利制度和技术标准整合整个区域内的水利。什么级别的河有什么级别河的标准,圩岸也有岸式标准。姚文灏定十分之一面积为圩岸:"不论低田高田,俱以十分为率,低田以一分为堤岸,高田以一分为沟池。则余九分可以永无旱涝。"乡村不定岸式,一切由县里或府州地方官制定。姚文灏所立基层水利职分是排年,负责一个图的水利,管多个小圩。各个自然圩上有封牌,"封牌以石为之,长五尺,阔四方,各一尺五寸。皆竖圩南上二尺五寸,四面刻字,前云:某字圩,后云:某县几都图几甲,排年某人。左云:官民田若干;右云:粮若干。下二尺五寸,培而筑之"。在实行这些官僚化与标准化措施的同时,他也试图加强共同体的内聚性。"或有贫难并逃绝人户田头及沟头岸,则众共修筑其圩心。田户若有径塍者,自修径塍;无径塍者,与众同修逃户及沟头岸。"①周忱也搞过一套标准,县里官员依此检查,乡村共同体在一定程度上也要官方给定标准,给予技术支持与服务。

> 岸高六尺(以平水为定,高下增减。),基阔八尺,面阔四尺,谓之羊坡岸。共内有丈许深者。于大岸稍低处植以桑苎,谓之"抵水";环圩植以茭芦,谓之"护岸";其遇边湖边荡,甃以石块,

---

① 《姚文灏申饬水利事宜条约》,弘治七年,张国维:《吴中水利全书》,卷十五。

谓之"挡浪";又于圩外一、二丈许,列栅作埂,植茭树杨,谓之"外护"。今尽废无遗焉。此周文襄公定制,尤详于二十八九都,盖此最低也,每年县官于农隙时诣看坍损,督塘长、圩甲修之,后官不出民亦不举,乃遂废焉。①

在标准化的基础上,姚文灏与周沈似乎都采取了旨在加强共同体水利的措施,将共同体捆绑在集权体系上。"排年则管修一图圩岸,粮耆则管修一区圩岸,各县治农官则提督一县,各府治农官则提督一府。若一图圩岸不修,罪坐排年,一区圩岸不修,坐罪粮耆,等而上之,一县一府,责各有归。"这种水利制度的设计理念还是基于水利集权。② 金藻言:"一图水利,省视在里长,一区水利,省视在粮长。治农县丞则省视一县,治农通判省视一府,而守令则兼之也。提七郡之纲,而以水功分数为殿最者大臣也;参赞乎上,纲纪乎下者大臣之佐也。若夫相与调剂,以成其事者,巡抚也;相与纠举,以正其法者巡按也。"③总之,明代中期的治水者上逐步把共同体水利纳入官方水利集权,这种体制使乡村水利失去了自维持功能,水利事工要靠县府推动。这种体制为行政体系伤害水利共同体提供了方便之门。督责官僚化,官僚化往往低效化,在某些的时候也会与民为敌,原有的共同体制度因此走向反面。

二 塘长体制

塘长在洪武、永乐年间就已经出现,景泰年间的吴江县的塘长规

---

① 沈启:《吴江水考》卷之二,堤水岸式。
② 《姚文灏申饬水利事宜条约》,弘治七年,张国维:《吴中水利全书》,卷十五。
③ 《松学生金藻"三江水学"》,姚文灏:《浙西水利书》,今书。

模在区或都的范围内,下辖图或里。① 弘治年间,河道出现大量淤塞不治的现象,这时有大量地区设置了塘长,许多地方粮塘并称,分化明显。金藻指出,塘长的设置与水利的需要有关。

  客曰:不用耆塘可也,又用粮里,可乎?
  野人曰:粮里,旧所置也,耆塘,今所增也,不足则增,可也。既足而增,可乎? 所谓十羊九牧者也。②

金藻讲十羊九牧,并没有分出塘长与水利共同体的联系,实际上粮长与塘长各自都有其所辖范围内的共同体功能之依赖,只是与塘长相比,粮长制度更体现官府体制的延伸。基层水利社会必须有一定的独立性,粮长体制要求统一性,粮长与圩长的混一导致混乱。明中叶后设塘长专一督责基层水利,与粮长体系分离,这是加强自主性的体制改革。明中期,人口增长,土地规模减小,大粮长也不再多有,加上县府对地方粮长的打击,国家赋税程度的加重,许多粮长破产。正德以后无人愿意当粮长。③ 弘治中,桑悦在常熟讥讽那些整天忙碌置地的人:"广置田产真可爱,粮长解头专等待。转眼过来三四年,挑在担头无人卖。"不但常熟人畏粮长之差,其他地区的民户也是如此。吴江沈周言:"民家有田二三百者,官师便报作粮长、解户、马头,百亩上下亦有他差。"这种规模的差户,无法应付日益加强的江南重赋。农人逃亡,难以完税,大批人被赋税赔累,逐步破产。④史鉴言:"属官望浅位卑,不知畏义,官总粮总鳌又皆贪猾之人,招权

---

① 森田明:《清代水利史研究》,亚纪书房,1974年,第452—453页。
② 《三江水学或问·下》,姚文灏:《浙西水利书》,今书。
③ 梁方仲:《明代粮长制》,上海人民出版社,2001年,第128—131页。
④ 沈周:《客座新闻》,卷三,桑民怿嘲富翁,清钞本。

纳赂,靡所不为,是皆无益于民,适足以为聚敛之端,张其兼并之势。又况保选耆老、图长皆由粮长,则其人可知矣,倚法为奸,病民尤甚。望将所设诸色尽行革去,专令粮长、圩长管之,粮长管其都,圩长管其圩,县之佐贰咸令分管地方。"①当乡村势力不足以支持粮长所有的业务时,塘长的分化有利于减缓粮长制的崩溃。乡村权威人物已经在官方的压迫下逐步减少,权威人物的减少意味着乡间少有人能够以个人财力或个人威望维持共同体的内聚性。官方的剥削与压迫加大,共同体能力减弱,塘长与粮长分离只是一种以多头的方式减轻官方压力的方法。

尽管如此,塘长制仍呈一种官僚化的发展倾向,并且越来越偏离共同体水利义务。一些学者不愿意政府在治水工程上设塘长。金藻言:"洪惟我太祖高皇帝设立府县司牧、区图粮里,所以重农事也,太宗文皇帝专任户部尚书夏公总督江南水利,数十年来,民蒙其泽,但当时任之不久,而继之无人,所以其功不全,其利不远。今之治水,总之以金宪而已。凡百举动,不得自为,事功难成。愚以为若欲水患消除,必遵祖宗之法:专任大臣,而辅之以所属;责成守令,而催办于粮里;不宜泛遣他官,而堕失厚利,添设耆塘,而扰害良民也。"②离开了共同体的民间自维持功能,塘长制的水利功能大打折扣。应能言:

> 观古人疏导,必使诸水往东南者入于松江,又东北者入于大江,则各府之水可至于海。今为之计,莫先于禁旷职,择耆老,则官得人以专职而无旷者,得人以领工而无废矣。合用人工,必择农隙,就于有田之家,每百亩修岸三丈,淘沙亦然。无田之处,亦

---

① 史鉴:《西村集》卷六,吴江水利议,文渊阁四库全书本。
② 《松学生金藻"三江水学"》,姚文灏:《浙西水利书》,今书。

于正二三月该赈饥之时,每日验口给米三升三合,亦照丈数分拨挑筑。及水利词讼衙门问犯徒杖罪名,俱照后开丈数。勒限押发修筑,不容收赎,食既有粮,而工又有力。若粮塘一年以上,该里仍有岸坏沙积者,罚修水岸一十丈,革役做工二年。①

塘长、粮长完不成定额要被官府责打。明中后期,督责他们岁修的是治农官。嘉靖初年蔡干申言:"窃惟浙西水利为重,莫不皆知,奈所司督理无方,使古人遗法荡无复存,其至官称治农,水乡之高下莫辨;役充塘长,圩岸之至到莫分。今若不严加点视,岂可望水利兴修。"治农官容易腐败,塘长是地方人员,也因之腐败。塘长专为上级服务,逐步成为专制阶梯中的一员。为了推动塘长水利职能的任使,蔡干申规定将塘长的责任写在有关文书上,记明塘长的户籍、年龄、相貌后,再记"该管大河几处,某河自某处起,至某处止,共长若干丈尺,水源上从何来,下从何往,灌溉田若干,桥梁闸若干座,有无通潮,有无茭芦,有无树木"。② 地方里甲制中的区、都行政单位内既有圩田又有旱田,水利事务区与赋税区不重合。粮长与塘长分开已经非常必要。在赋税系统中,无论是征粮还是派役,都是以地区为单位均匀地摊派各户。要求同样出役,各户反应不一样。因旱地与圩田的水利利益不同,近河与远河的利益不同,平均派役必然引发许多水利责任纠纷。金藻对这个问题有研究。

> 客曰:随其田旁自修沟岸,不若计其田亩、钧其工程为善。盖田有长倚泾者,有横出泾者,有不出泾者。用子之法,则长倚泾者用工太多,横出泾者用工太少,不出泾者无工可为,岂得为

---

① 《应能申明水利职掌疏》,弘治年上,张国维:《吴中水利全书》卷十四。
② 《蔡干申饬水利须知案验》,嘉靖四年,张国维:《吴中水利全书》卷十五。

钧乎?

野人曰:旧时鄙见亦如此,然则钧则钧矣,终是甲治乙田,丁修丙岸,非惟不肯尽心,抑且无凭赏罚。思之十年,始遇有识。乃上海陆宗恺,却与华亭曹宪副定庵之意正同。盖不出泾之田,涝则不得泄,旱则不得溉,粪则难于入,敛则难于出。凡有此田者,多是贫难下户,当优恤者也。若其横出泾者与长倚泾者,旱则易于溉,涝则易于泄,粪则便于入,敛则便于出,有此田者,多是殷实有力者也。故定为此法,允惬舆情,使贫乏者既得以安生,而有力者又无计以偷闲;坚固流涤者既得以蒙赏,而淤浅疏脆者又无计以逃罪。愚所谓一尺一步皆有归著,一赏一罚皆得其当者,诚非臆度之言也。①

泾的河道之岸就是圩岸。长倚泾的田地是最大边长贴着河道的田,横出泾的田则相对少。不出泾之田是在圩田当中,靠不着河道,输水运肥都难,金藻认为这种田可以不派役。关注到这样微小水平差异的派役,说明基层农户对水环境有着高度的敏感性。官僚系统借助塘长体制对这种敏感性做出了极大的努力以维持均衡,看似追求公平,实际上对抗了共同体的协同性。如此斤斤计较的管理方法恰恰反映了管区内自治管理的软弱。共同体管理能力强的话,自然会由地方首领将这样的事化解。为这些小事乞求于官方管理,恰恰是地方共同体社会功能失效的表现。官僚总在追求分散化、平均化,同时表现得似乎在进行细致入微的管理,实是一种削弱基层共同体权力方法。古代治水者像一位现代大领导一样地指导工作,恰说明共同体社会的弱化。林应训是一个重视基层共同体水利的人,连他

---

① 《三江水学或问·下》,姚文灏:《浙西水利书》,今书。

都强调"严省视以责成功",基层水利的运行必须靠官员下乡了。

> 访得常年非不议行修浚,而水利之官,多不下乡,乃使各区塘长,至县报数,或朔望递结而已。如此虚文,何益实事?今后兴工之日,各塘长圩甲务要在圩时时催督。开浚工完,未可便行开坝放水,俱听各府县掌印官并水利官,分投亲勘。如一圩不完,责在圩甲;一区不完,责在塘长。轻则惩戒,重则罚治。本院与该道,又不时间出以察之。如一县中有十处不完,责在县官,一府有二十处不完,则官又有不得不任其咎矣。①

作为基层派役的单位负责人,塘长从县府的统一分派得到出役份额。"冬月塘长赴县,照分定每年工册,具认状领工后,随该本县酌。系大工即日亲诣勘段派工,余则或行水利衙官或委别官减从亲行,而勘派之日,塘长该年会同该区粮长,该图排长,眼同分段,务在至公。盖地势、河身,随步换形,若一概云:某河长若干,阔若干,今应浚若干,其间浅深阔狭,难易不同,人情必有不均之叹,工程便无责实之理。故勘河之时,务尽其法,须驾小舟行河中心,用画准丈竿沿河点水,所测浅深即便册记。"塘长督工也有一套程序,开河时"每日塘长执官给白牌,督率一区工役,该年鸣锣,催趣一图人夫。俱要常川在河,不得少懈,至晚该年各就夫椿,将一日浚河人夫填注工单,该年又将一日内该图浚河人夫总数,报之塘长,填注工册"。这种制度下的塘长与村民就是一种派役关系,或说是工头与民工的关系,其腐败模式也与官方政治一样。"法无画一,或差或停,任意行止,或轻或重,任意派拨。于是奸胥窟穴其中,塘长、该年之精神不用于浚筑,而

---

① 林应训:《修筑河圩以备旱涝以重农务事文移》,徐光启:《农政全书》卷之十四,水利,东南水利,中,明崇祯平露堂本。

用之布置百姓之脂膏,不尽之于河岸而尽之使费,此一大弊也。"①塘长依附官方行政时,倘若役不出区,尚有共同体的气息。明代的塘长制甚至出现了像"大跃进"那样的"一平二调"现象,派役出区,塘长更像官府系统的爪牙。

派役出区使高乡与低乡之间产生许多矛盾。高乡主要是浚河,修岸少,水利任务也少,这些地区的塘长瓦解得最快;在低地圩田区,长期有筑圩事务,塘长也长期稳定地发挥作用。万历年间聂绍讲塘长的越区调动完全违背了地方共同体单位的利益。"塘长之苦,苦在拨调远区,其开河动经数十里,工费动及数十金。塘长派之该年,该年敛之人户,今岁不已,而复明岁,此河不已而复彼河,有名无实。"纠正之法是限制官府权力,役不出区。"该区人户各各自开其田边河,自筑其田边岸,人人可以效力,且人人乐于用力,亦可使人户就近赴工,止出人力,不输银米。"②所以,好的治水官员一般强调役不出区,以此稳定岁修共同体。役不出区也是水利社会与地理单位合一性的表达。

塘长的职责范围不是一个圩田,而是一个片的河道与圩田。在共同体机能正常运行的情况下,塘长能否成功地组织共同体岁修,与塘长的个人能力有关。只是塘长到最后越来越没有自己的主动性,像工头,有些地方已经成为枝河的塘长。这些枝河是些以前由县里负责的官河,成为某河的塘长后,其任务就是简单的带领人夫挖河。嘉靖年间巡抚吕光洵提到上海县十六保金汇塘区各塘长的状况,该地按河流的枝河派置塘长。塘长有竹岗长、顾望塘长、横沥长、千步泾长。顾望塘、横沥、千步泾都是历史上有名的枝河。干河各有河

---

① 《聂绍昌条上浚筑事宜申》,万历三十七年,张国维:《吴中水利全书》卷之十六。
② (明)顾炎武:《天下郡国利病书》,苏松,四部丛刊初编本。

长,干河横跨多区,吴淞江在嘉定县的二十二保西区正段有吴淞江长,在二十二保西区副段也有吴淞江长。挖河时派役的工程一般具体到枝河,一般都在一千丈到二千丈之间,按工程段划分。① 很明显,塘长是县府下的工头。

明末,塘长在许多地区仍然存在,但常熟已经没有了,里甲制也已全面崩溃。耿橘整顿水利时在"都"这一级上又启用了粮长(公正)——相当于塘长,并重新制定一套以《水利全书》为范式的水利标准。"各应修浚区分,田亩已经刊载《水利全书》,一一具备,无烦临期勘扰之难,亦纤悉不容公正、里胥人等挪(那)移,隐射作弊。"公正们"将该图圩得利田亩,验法派定。业户某人,田若干,该浚筑若干丈,应佃户某人出力,应派给米若干",一一详细而公开。② 这时的公正也只具备工头的特点,许多公正充当千长。千长的千与河道长度有关,管一百丈河道的工头为百长,管一千丈河道的工头就是千长。"千百长非身家才干兼全者不能服众,三十三年照将尖册,点用十得八九,乃法立弊生。三十四年区书将大户田花分,显小户于册首,点者半系小户。除将该书枷号外,其千长多用该区公正,不足则令公正举报。"③总之,塘长对共同体的整合功能越来越低,但在一些低洼地区,塘长仍有组织能力。吴江一带多积水,"民间圩岸,除高乡土沃,居民自能修筑外,惟滨湖各区最低,患独甚,而民最贫。当于农隙责成塘长、圩甲,计亩兴工,务期筑堤高厚,再植茭芦捍卫,庶洪水不致为患"。④ 嘉靖年间吴江县仍有大量的塘长与圩甲,县里有水

---

① 王圻:《东吴水利考》卷七,吕光洵再疏修理水利,附:开浚吴淞事宜。
② 耿橘:《常熟县水利书》附录卷下,谕民修浚河圩告示。
③ 耿橘:《常熟县水利书》卷一,附用千百长法。
④ 《张国维覆请开浚吴江县长桥𬭼疏》,崇祯九年上,见张国维:《吴中水利全书》卷十四。

利县丞一员,塘长九十三名,自然圩圩长——圩甲共有一千一百五十八名。东部地区因吴淞江被黄浦江代替,修圩事务逐步减少,在这些地区塘长逐步闲置的同时,吴江的沿湖易坍塌地形成的圩田区,塘长仍起着积极的作用。

> 昔人占江湖水田面,乘时旱涸,破波筑土,崇围设堤为此,亩顷动以万计。非所谓圩田、坝田者,与是非大集人力以胜于天不能也,是以今当欲莳之先,已耕之后,一遇淫雨潦涨,必多集桔橰以戽之,名之曰大辊车,动以百数。盖计田派人,计人派车,计车料水,建标立限,时验刻量,更番戽踏,日夜无休。聚散有时,催督有法,此又非大集人力以胜天不能也。是故塘老圩长沿堤分岸,纠察巡警,岸之漏者塞,疏者实,冲者捍,坍者缮,低者崇,隘者培。亦日夜无休。些毫失慎,水走岸崩,百力皆废,民无为生。谓非民以岸为命与?①

塘长整合圩甲,圩甲整合一个自然圩的人群,这种共同体功能几乎在戽水层面完成整合。至于河道事务,塘长越来越以工头形式参加,这些事务多被官方统辖。塘长对修圩的影响力越来越表面化。"二长之设,即官土均、稻人之意,尝观稻人以潴蓄水,以防止水,以沟荡水,以遂均水。土均为掌其平水土之政而率以治之。然则今之塘长遇田塍倾圮,沟浍湮微,梁塘崩损,非所当率其圩长而经葺者乎。缅惟朔望结报于官之法犹存。"圩甲或圩长只管灾时戽水,而塘长只管报表了。② 当然,即使在塘长崩溃后,自然圩的共同体职能仍然保存,这种功能可以脱离官方体制而在共同利益的基础上保持。这是

---

① 沈启:《吴江水考》卷之二。
② 同上。

最基本的共同体单元。明代中后期,河道死水化现象日益严重,一些地区平日水流不通,圩岸也无太大的必要,塘长更是虚设。只有大棚车制度一直保存到清代和民国时期。这种制度以自然圩为基础,自然圩不变,戽水制度也不变。

三　岁修与圩甲

除戽水外,共同体水利最多的业务是岁修。岁修对共同体的重要性也十分明显,只是岁修的必要性不像戽水那样强。岁修与共同体的关系在明代也有一个瓦解的过程。张衍对明代早期的乡村水利岁修有非常清楚的描述:"凡小河曲港,每年九月半为始,皆今有田之家自行开浚。如有豪户阻占者,令其一年一开其官河。中川如畎浍者,令附近人户二年一开;其大川,责令有司申请邻县协开五年为率。"① 每年九月半,共同体的人修小河道,两年一次还要被官方调动修中型河,五年修大型河。行政区内的圩岸与河道岁修长期存在。《农政全书》有:

> 《荒政要览》曰:万历戊子年水大,苏州自沉湖、淀湖、三泖抵松江,一望滔天,河水高出田间数尺。其一二堤岸高厚处,仍有不妨插莳者,乃知大涝时,吴田尽可作湖,百姓生命,寄于堤岸。盖沿河堤围,阻截水势成田,田间各自成圩,又籍圩岸隔断。若堤岸不坚致,卒然崩溃,诸农尽作鱼鳖矣。苏松地形卑下,当震泽委流,数郡山原之水,从此入海。若非年年浚渠筑围,田卒汙莱,在所不免。②

---

① 《张衍水利款议》,张国维:《吴中水利全书》,卷二十二。
② 《农政全书》卷之十四,东南水利,中。

五代时期的河网以吴淞江和周边各塘浦为主,岁修以大圩为单位即可兼顾塘浦。宋以后,河道分化,河网复杂,没有一个像大圩那样的固定区域集合人工。分散的人力只服从官府,在行政区单位内进行征调,甚至修浚不属于本区内河流,加重了乡村负担。役不出区便是一种,在合理的范围内确认整体河道与圩田责任的方法。这时,县里的官河与乡村枝河之间也有边界之分。

> 水利之职督于粮老,粮老督于圩甲,其农隙每区、每圩修之,务必坚厚则自久远,其土取之荒荡,不必取之田中,其夫用之本圩,不必取之他所。自九月半起工,至正月初毕工,庶几不废农事。其修圩之际,凡官塘处所,尽为修筑,腹内地方,全不经心。不知官塘水易车戽,腹内田仍淹没,此粮、里、圩甲之罪也。①

官塘水易戽,腹内地方——属于乡村事务所及的河道,反成了难成之务。官河是干河,水利工程由县里统一负责,泾浜体系下包围的区域不在官方检查之列,这些小河道水利关乎农民的切身利益,属于共同体岁修的事务。水利共同体在满足官河需求和内河需求方面,各有不同的应对。姚文灏为了缓解干河与腹内河的出工矛盾,将水利河工分了几类,大工程可以分好几年完成。"高乡沟渠,粮耆同里老相勘本区该开河几处,某渠为急,某渠次之,依次并工开浚。工程小者,或今年开几渠,明年开几渠;工程大者,或今年开半段,明年开半段,一二年之后,无不通之渠矣。"他在低地常涝之处提议分圩,将这种依靠共同体组织的大圩,分成依靠小农经济或更小范围内共同体可完成任务的小圩。"低乡有等大圩,一遇雨水,茫然无收,该管

---

① 《张衍水利款议》,张国维:《吴中水利全书》,卷二十二。

人员务要督率圩户,于其中多作径塍,分为小圩,大约频淹去处,一圩不过三百亩,间淹去处,一圩不过五百亩,如此则人力易齐,水潦易去。"①这种分圩只能在生态地理上缩小共同体的范围。基层大圩共同体被官方击毁。官方为了减少管理成本,鼓励分圩,在小圩的基础上完成戽水排涝责任。在费孝通考察过的江村,大圩在排水时也以分圩为便,"圩的面积越大,把它纳入集体排水系统的困难越多,为适应紧急需要并提高工作效率,大圩必须分成较小的排水单位。称'墘',各'墘'之间筑了较大的埂。这也是农田里的主要道路"。②河道修浚有官方与共同体的责任之分,圩岸修理主要是共同体的责任。正德年间吴巚言:

> 围田全仗乎岸塍,岸塍常利于修筑,修筑坚完,旱涝有备,否则反是。臣愿自今以后,每岁农隙,治农之官督令田主佃户,各将围岸取土修筑,水涨则专增其里,水涸则兼筑其外,务令高阔坚固,遇旱则车水以入,涝则戽水以出,如此则水旱有备,而高低之田皆熟矣。③

即使是这项任务,也要官方进行督催。明中后期的岁修,一般在治农官督催下给出技术标准,督导乡间水利。明末,林应训发现县里的水利官员传承着明初治农官的传统,每年仍要到乡村"泛然丈量",制定圩岸标准。④ 统一标准的落实人是单个圩田的负责人——圩甲。圩甲的上级可以是粮长,也可以是塘长,县里的官员一般要进

---

① 《姚文灏申饬水利事宜条约》,弘治七年,张国维:《吴中水利全书》,卷十五。
② 费孝通:《江村经济》,商务印书馆,2004年,第144页。
③ 《吴巚条上水利事宜》,正德十三年上,张国维:《吴中水利全书》,卷十四。
④ 林应训:《修筑河圩以备旱涝以重农务事文移》,徐光启:《农政全书》卷之十四,水利中。

行巡视。颜如环规定县里的水利官"务要亲诣到所属,严督各塘图长圩甲人等,督率得利人户,将各圩岸并力兴工修筑。应该增置者,便增置,俱要高厚,仍自本年十二月起至次年三月止,每月初旬将前月督率修筑过圩岸数目开具申报"。① 林文沛特别重视治农官与圩甲的关系。"各处圩岸塌坍者,圩甲开报得利之家,照田出夫,协同修理。泥土地就于傍圩田内起取。本乡都内有义民为众信服者,治农官举报,委之管理,或四五圩,或六七圩。有功者通行奖劳,怠废者治之。工完,府县治农官取其修筑数目造册,以凭查考。其圩内石埠(小堤)无存者,圩甲置补,圩大者分之或作积水溇横亘于中,阔约一丈,两头加阔,用石砌作车口,遇潦车救。"② 县里督催乡村,往往光重督催不重建设。徒然地加强集权,只会加快圩甲制度崩溃。明中后期,圩岸崩溃,圩甲失效,林应训治河时又重设圩甲。

> 塘长之设,举一区而言之也。一区之中,各有数圩,若不立甲,何以统众而集事也？计当佥举殷实之家充之。但一时佥报,诸弊俱生。或图展脱,或营冒充,无不至矣。各县不必佥报,即以本圩田多者为之。虽其殷实与否不可知,然其田既甲于一圩之中,则其人自足以当一圩之长矣。兴工之日,塘长责令圩甲,躬行倡率,某日起工,某日完工,庶几有所统领,而无泛散不齐之弊。中有业户不听倡率,听其开名呈治。如圩甲不行正身充当,或至别行代顶,查出枷号示众。是圩之有甲也,专为本圩修浚而立,工完即罢,非如里长有勾摄之苦,亦非如塘长有奔走之烦。虽一时倡率,不无劳费,然利归其田,又非若驱之赴公家之役

---

① 《颜如环分理水利条约》,嘉靖元年,张国维:《吴中水利全书》,卷十五。
② 《林文沛水利兴革事宜款志》,嘉靖元年,张国维:《吴中水利全书》,卷十五。

者等也。①

林应训在此特别提到了不让圩甲像塘长和里长那样到处奔走，为官府效命。这实际上揭示了正常时期水利共同体与官方的关系。塘长与粮长被官僚体制同化后，圩甲是共同体最后的堡垒，这一组织被破坏，将会导致乡间水利共同体全然失效。在昆山低洼区，陈瑚所在的蔚村有自然圩十五个，与太仓州连界的有三个，制度井然。"内田若干亩，业户某人，田甲某人，画为图式，一样造册三本，一呈县、一送本区大户，一留村。"田甲是圩长，"每圩必有田甲，太仓谓之圩长，即周官土均稻人之遗意。凡田事责成田甲则易办，如治兵之有什伍长也。其间或一人独充，或二人朋充，村中十五圩共二十余人。大约田甲一人，所管佃户十家为率，当严其督课，厚其体恤，免本身工役。田主仍照所种之田给米，以示优异。其有旧无田甲者，金报夫长一名充之"。圩甲被社区官长催督。"田圩既大，工役既众，非择人总理则散而无纪，须于村中公推一、二公直勤慎者，总管其事，仍免田若干亩。起工之日，总管督催田甲，田甲督催佃户，如身之使臂，臂之使指，庶几有所总领，而无涣散不一之弊。"②在常熟的唐市，清代仍有这样的自然圩圩甲制度。"做岸防水以固田，乃为急务；况田各成圩，圩各有甲，每一年或二年，率圩之人修筑堤防，即兼以浚治港浦，督率惟勤，尤在田主，勿因贫富同工而出力不齐，勿因公私相格而因循不治，信如是，庶低区可治，而淫雨无忧。"③在吴江，不但有圩甲，还有圩董。

---

① 林应训：《修筑河圩以备旱涝以重农务事文移》，徐光启：《农政全书》卷之十四，水利，东南水利，中。
② 陈瑚：《筑围说》，见乾隆《昆山新阳合志》卷三十六，艺文。
③ 《唐市志》卷上，山水，水利。

缮修圩田，先由圩甲报明区落，遂于本圩中举一诚实更事之人谓之圩董，偕往履勘。或应筑岸开沟填坝，量见丈尺，佔定工料，即责成圩董督同圩甲村民认真修筑。①

自然圩基础上的大棚车制度一开始无官方控制。"凡春夏之交，梅雨连绵，外涨泛滥，淹没随之。农家结集车戽，号为大棚车。人无老幼，远近毕集，往往击鼓鸣柝，以限作息。"官方督催往往导致粮里干涉，但官方不予关心，这种制度也会受到影响。"周文襄公巡抚之时，令概县排年里长，每名置官车一辆。假如某都某围田被水淹没，则粮长拘集官车若干辆，督令人夫，并工车戽。须臾之间，水去皆尽。而又官给口粮以赈之。自文襄公去后，不复有此良法矣。"②这段话夸大了周忱的作用，大棚车制度其实一直持续着，尽管圩甲共同体平时往往处于一盘散沙状态。为了减少管理成本，官方更愿意缩小戽水规模，故常有分圩现象发生。耿橘在常熟大兴水利时，为了保持大圩，在大圩内行责任制。利用小农的特性，将大圩内的单个小圩——"戗"划分出来，小农在戗的规模上完成戽水。在大圩共同体完好时期，这是不必要的，正是大范围的共同戽水难成，才有这种现象。

围田无论大小，中间必有稍高稍低之别。若不分别彼此，各立戗岸，将一隙受水，遍围汪洋，将彼此推诿，势必难救。稍高者曰："吾祸未甚也"。将观望而不之戽。稍低者曰："吾琐琐者，奈此浩浩何？"将畏难而不敢戽。如此则围岸虽筑，亦属无用。法：于围内细加区分，某高某低，某稍高某稍低，某太高某太低，

---

① （明）沈启：《吴江水考增辑》卷二，堤水岸式，沈氏家藏本。
② 弘治《吴江志》卷五，风俗。

随其形势截断,另筑小岸以防之。盖大围如城垣,小圩如院落,二者不可缺一。万一水溃外围,才及一圩,可以力扞。即多及数圩,亦可以众力扞。乃自家为守,人自为战之法。①

好的共同体制度与大圩相结合,水灾不会常常发生。正是大圩崩溃,共同体崩溃,水环境恶化,才推动小圩的分化与共同体水利管理的小型化、官方化。五代体制崩溃后,治水者一般都重视乡村社会的岁修,夏原吉为了岁修恢复乡村体制。塘长制时期的水环境变化较大,出水加快,高圩岸的必要性下降,同时出现枝河不通、河网死水化大量出现的现象。死水化使年年修圩的必要性下降。凌云翼认为明代早中期一切正常,后期因循淤塞,干枝河关系也出了问题。

> 大河之环列于郡县者,不啻数十,所以吐纳江海之流者也;其枝河之错综于原野者,不啻千数,所以分析大河之派(脉)者也。故虽穷乡僻壤,灌溉无遗,诚东南财赋之源本也。迩年以来,淤塞日甚,江海之水不达于大河,其甚者不异于沟渠矣;大河之水不达于枝河,其甚者悉履为平地矣。故当春耕之时,百姓皇皇,无所适从,遇旱则一望枯槁,遇水则立成巨浸,由水利不修,而惟听命于天时,则雨旸之期岂能适当而无愆乎。故十年之间,水旱之灾,尝居五六,此田地所以日荒芜也。②

这些变化都是明中叶以后水环境变化引起的。圩岸与枝河修浚相一致,圩岸与枝河出了问题,更加影响整体水环境。官方干河得不到维持,枝河也会不畅,枝河不畅会使乡村共同体水利无所作为。明

---

① 耿橘:《大光水利申》,见徐光启:《农政全书》卷之十五,东南水利,下。
② 《凌云翼请设水利台臣疏》,嘉靖四十五年上,张国维:《吴中水利全书》卷十四。

中叶以后的乡村圩岸常常间隔二三十年无修缮。吕光洵在嘉靖二十年时言：

> 臣尝询问故老，以为二三十年以前，民间足食无事，岁时得因其余力营治圩岸，而田益完美。近年民间空乏勤苦，救死不赡，无暇修缮，故田圩渐坏，而岁多水灾。合请旨下该部，转行府道治农等官，务令民间每岁农隙各出其力以治圩岸。岸高则田自固，虽有霖潦，不能为害，且足以制诸湖之水不得漫衍而咸归于河浦，则不待决泄，自然湍流，而冈陇之地亦因江水稍高，又得畎引以资灌溉，盖不但利于低田而已也。①

钱允治言长州的水环境变化时讲到"河身日高，而遇水至即盈，稍旱即涸，不通行处则渐以成陆。不特荄苇丛生而已，岸塍则大者崩削，小者堙废，至于官塘，亦倾圮断缺，行路沮洳矣"。与此相对应的水利体制也产生了变化，"今乡中耆老，皆言三十年前民间食足事简，岁时得因其余力营治圩岸，故田以完固，近年穷苦，救死不赡，不遑修理，故田圩尽坏而水灾加甚。国家额设塘长正为圩岸计也，今则水利官于塘役，则常例是急；塘役于田户，则科敛需索为务。而于上司督促，不过饰虚文，捏故事，应之而已"。② 更多的议者认为乡村社会的内聚力下降造成了岁修的衰落。上文吕光洵讲民间空乏勤苦，才导致圩岸不修。无论是生态还是体制，都与官方有一定的关系，干河不兴会导到地方水利失效，官方不扶持也会导致民间水利衰退。官方为了推卸责任，往往责之于民，责之于大户，民间水利也矛盾重重。耿橘言：

---

① 《吕光洵请治田围疏》，嘉靖二十四年上，张国维：《吴中水利全书》卷十四。
② 《钱允治长洲县水利议》，张国维：《吴中水利全书》卷二十二。

常熟之岸塍，何其多坏而不修耶？询之父老，其故有五：小民困于工力难继，则苟且目前而不修。大户之田，与小民之田，错壤而处，一寸之瑕，并累其百丈之瑜，即大户亦徘徊四顾而不修。又有小民而佃大户之田者，佃者原非己业，业者第取其租，则彼此耽误而亦不修。或业户肯出本矣，而佃户者，心虞其岸成而或有他人更佃也，竟虚应故事而不实修。或工费浩大，望助于官，官又以钱粮无处，厚责于民，则公私相吝，因循苟且而不修。无怪乎田圩日坏也。除一等难修之岸，另圩查议外，其二、三等易修者，即令业户各于秋成之后，出给工本，俾佃户出力修筑，官为省视。高厚坚实，务如规式。或穷户自佃己田者，查果贫难，官给工本。①

湖荡是共同体的公共资源，这项资源往往被大姓占据，一般小民不敢到那里取土培岸，官方要因此做出取土法则保护小民。在私人地界取土时，亦有公共法则。耿橘规定："岸里二丈以外，开沟取土，违者有刑。"河道附近取土时，一般平均分摊。"但所取之沟，论令佃人匀摊田面之土，兼罱外河之泥。"②匀摊田面之土，实际上就是尽可能地将沿圩岸人家的田地纳入开沟取土的范围。总之，基层岁修事务，需要乡村内聚力，也需要官方给予保护和扶持，甚至需要官方给出管理标准，这更没有内聚，一些小事的矛盾会层出不穷。同时像现代集权直接统治下的乡村社会。

四　明末的崩溃

塘长体制成为政府派役工具时，就成为官僚机构的延伸，成为共

---

① 耿橘：《大兴水利申》，见《农政全书》卷之十五，东南水利，下。
② 同上。

同体的侵害者。官方可以提供一定的物质资源,也可以提供法规服务,甚至也可以提供权威服务。提供服务时,共同体会良好地运行。在更多情况下,官僚体制取代了共同体的功能,同化了共同体,最终也破坏了乡村水利。有识之士看到了这一点,试图通过工不出区以杜绝基层水利的官僚化操作。"今之神奸利于乱拨,塘长者不独淆乱派法,挪移影射,役使不均而名曰概县通融,实则丁不着役。盖塘长止是一人,该年亦不过数人,驱而或东或西,无难供命也。而塘长该年所统率之细户,一图不下百人,一区不下千人,小民朝夕营生,不离场亩,岂能群数百千人供役于数十里之外,势不得不搜括囊橐以就泥头之包揽,惟易畚锸春杵而为银钱粟米,于是百孔千窦,从此而出。今定为工不出区之法,家家户户使可含哺餕而事畚锸,率妻孥以相春杵,冬春之交,农事未兴,民间工力乃其所饶,且各各自浚其灌溉之河渠,而自筑其防御之堤岸。"在这种同地域的基础上,聂绍昌还提倡用一种水利手册作为塘长处理水利事务的标准。① 这些措施是一种将水利地方化、共同体化的努力,目的是促进乡村共同体的稳定。官方所设的治农官,原为扶持水利共同体服务,以后移之别用,而共同体失去官方权威督导后也会因小农的自私而处于一种瘫痪状态。姚文灏言:"查得苏松等处府县水利官,虽以治农为职,率皆庸懦无知。询以修治,茫然不省。盖缘吏部循照资格,泛为授任,及任使不称,降斥随之,然地方事悮矣。"不单如此,他们还常被其他差事所占,其扶持水利的力量慢慢消失。"竟营别差,地方亦以为故常,而职业旷废,殊于设官之初意相倍。"②不单如此,治农官还会通过塘长体制形

---

① 《聂绍昌条上浚筑事宜申》,万历三十七年,张国维:《吴中水利全书》卷十六。
② 《姚文灏条上水利款要疏》,弘治九年上,张国维:《吴中水利全书》卷十四。

成严重的腐败。嘉靖年间的朱裒看到了这一点:

> 国家于圩岸、陂塘、桥梁、道路俱仰府州县,官府劝谕于江南,又各设治农官以佐理之,但昧于治体者,正官或忽而不理,该职又弃而之他。甚有索取常例,启塘圩之科害;滥受词状,纵胥吏之吹求。下乡督役,则民畏其扰;入境问农,则事仍久废。似此治农,适以病农。①

况钟对圩长坐大十分担忧,朱裒则为塘长和治农官一体化所产生的腐败而扰心。凌云翼言:"臣每见春耕之时,抚按留心民事亦尝行文郡县矣,然掌印官员漫不经心,不过转行州县佐贰。职既卑微,才复谫劣,其不才者坐索塘长之常例,鞭挞闾阎之穷民,上下相欺,搪塞了事,非徒无益,而更有害。故民间相率避忌,莫敢以休戚闻于抚按,有司遂益致废坏。"塘长被欺被索,水利之事难行。专制政权只有整顿以图恢复,工部对凌云翼的回应是:"咨都察院差人齐付彼处巡盐御史,督率该管水利司道,及各府州县掌印水利等官,带同塘长人等,躬亲相度,如一圩之中,塘岸沟池不烦多费者,即令得业之家量田多寡,出人修筑疏浚。"②这是加强共同体以图水利复兴。为杜绝腐败对共同体的危害,官方只好试图加强塘长人选的道德化选择。"每区都选有行止者为塘长,以图圩之田多者为图长、圩甲,俱听塘长调度。有等营充之人,或指馈送农官,科敛图圩,或假开河筑塘,卖索夫役。"③

---

① 《朱裒水利兴革事宜条约》,嘉靖九年,张国维:《吴中水利全书》卷十五。
② 《凌云翼请设水利台臣疏》,嘉靖四十五年上,工部覆奏附,张国维:《吴中水利全书》卷十四。
③ 《朱裒水利兴革事宜条约》,嘉靖九年,张国维:《吴中水利全书》卷十五。

塘长体制在嘉靖年间因夫役商品化完全崩溃。吕光洵言："频年以来,三吴旱涝相仍,饥馑洊至。小民因极凋瘵,大户亦渐衰微。若欲论田起夫,则田多者难于应酬,田少者苦于扰害;若欲挨户编役,则丁富者或能取足,家贫者何以勾补。不公不均,恐浮议起而阻挠之患生。为今之计,莫若仿雇募赈饥之法,而行之各府州县。"雇佣法使岁修与具内聚力的地方水利事务脱钩。作为雇佣劳动的工头,塘长这时完全成为官方调度的一个棋子。各地的民工由治农官统一纠集、统一安排。"择精壮汰老弱,每夫十名或二十名,取具各都、图、粮、塘、里、老,扶甘结一纸,又须每名官给竹木小牌一面,其一面填写某府州县,委官某,夫长某,部下人夫。某一面填写本管州县字样,下用掌印官火烙花押以便稽考,行令各该掌印官,并治农官点齐,押赴工所。"①许多地区因此废塘长之职。乾隆《娄县志》中有:"塘长,原为本图浚筑,其后差助远方,致各图水利不修,已非初意,明季遂以差助为常。"②这时的塘长已非以前的那种塘长。雇佣体制下的调夫出区打破了共同体的协同关系,雇佣水利成本太高,最终也难有成效。

  以一都之塘长,开十都之河;以十都之塘长,开二都之河。其开而善也,已不蒙其利;开而不善,已不罹其害。谁肯尽心力为他人效胼胝,且近工易成,远工难就,数十里担米负薪趋役,倘遇风雨,坐食四五日,则薪米竭而辄返。一往一还,废时失事,河工终不成。③

  嘉靖年间,塘长管辖的地域变小,官方在"区"、"都"或更小的编

---

① 《吕光洵水利工计款示》,嘉靖二十四年,同上书。
② 乾隆《娄县志》卷七,徭役。
③ 《万任嘉定县开河说》,张国维:《吴中水利全书》卷二十。

民单位上置塘长。一个区往往有几个塘长,有的地方有大塘长与小塘长之分,完全工头化。"起工候有开浚日期,除应提编一年塘长外,其应役大塘长率领小塘长,将各图壮丁每甲数名,开具花名。先送管工官,聚集开浚以待应募人夫,相帮并用,其工食开完一段给一段银,既不愆期散银,又无侵刻。"①大小塘长的分化就是塘长行政单位向下发展的一个表现。到明末,塘长管辖的地域缩小,职能发生变化,最终被包揽制取代。森田明认为这种崩溃是里甲制崩溃所致。水利工程不再靠层层的行政督催,而是批发给泥头。② 乡村农民各自修圩或浚渠,往往在胥吏的指派下兴工,塘长对新的地区不熟识,自然易为包头制开方便之门,最后也被泥头所取代。明末吴大行言:

> 列圣相承,独加意于苏松等七府水利。或设郎中,或遣都御史,或遣工部尚书,或专敕巡抚官或督抚巡盐江御史。而又特下禁令,令秋成时修筑圩岸,疏浚陂塘,以使农作,无非欲使各乡、区、图之役伍,各就其乡井之中,自为修救。高乡则各浚其沟渠,使之深阔,而旱魃不能为之灾;低乡则各自修其圩岸,而阳侯不能为之祟。役不离乡,民各自为(便),庶几世世相承,浸深浸厚以歌丰穰,而成富庶于无穷也。不知何年,始生巨弊,有水利积胥奸宄百出,而又生一种市棍奸滑,号曰"泥头"。为之包揽蠹食以长子孙,遂与积胥朋谋通计,合为一家一体,先将各区各图水利之役,纷纷然散派,令不得守其本乡,以开泥头包揽之门。如高乡之塘长、该年,则自舍其父涸之沟渠,而备派以隔区窵远之圩塘;低乡之塘长、该年,则自舍其父倒之圩岸,而偏派以隔岸

---

① 王圻:《东吴水利考》卷七,吕光洵再疏修理水利,附:开浚吴淞事宜。
② 森田明:《清代水利史研究》,亚纪书房,1974年,第456—458页。

鬻远之河壑。蚩蚩之民,亦各自恋其乡井,而且怅怅于适途,安能裹粮而前,以走数十百里之外而奉公家星火之令。正号恸惊魂,无可如何,而神奸泥头,方且乘其苦而为之承揽。于是塘长派之该年,该年敛之人户,人户遂卖儿鬻身以供包役,不知包役之银一入于塘长,而塘长干没;再输于泥头,而泥头入己。至于泥头入己之时,则已为河工圩工毕事之期日矣。①

吴大行认为官方与胥吏的结合发生异地派工之弊。塘长与泥头相结合,官僚督催共同体的模式变成官僚利用市场的体制。周孔教曾言:"包揽在泥头,一揽得银,辄与胥吏役分受,嘻嘻不顾公事。间一铲去岸草,增高样墩,自以为开河而河塞如故;间一捞起淤泥,略涂岸面,自以为筑圩而圩坏如故,甚至一墩而今年筑,明年又筑,终于不筑;一沟而今年开,明年又开,终于不开。总之,利归于奸胥,害积于地方。"②官僚体制在市场经济下的腐败,必加快共同体水利的崩溃。即使在本乡兴工,许多地区仍行泥头与雇佣制。泥头先在私浚中起作用,私浚的发生也是共同体失位的表现。泥头坐大并被进一步整合于县府水利工程中,塘长的作用就更小,调夫外地的水利任务更被官府交与泥头。江南士大夫把泥头贬得一文不值,也是一种关心水利共同体的心态在起作用。"若调极东之民,开极西之江,劳费数倍,功迄不成,往有役四郡人夫者,其弊可鉴。惟附近募夫,晨聚夕散,晴作雨歇,力省而费寡。乃泥头最不可用,民间私浚,多任此辈,使之募夫,夫工仅得六七,泥头坐享三四,共知其弊。仍习用之者,以夫役散处,主家难集,又群工杂聚,不能无寄托。若公家浚河,有官府

---

① 王圻:《东吴水利考》卷十下,吴大行尔成水利条议,明刻本。
② 《周孔教禁革浚河泥头牌》,万历三十六年,见张国维:《吴中水利全书》卷十六。

为之号召,塘长为之统率。即虑脱逃,又有互保之法。何籍此辈而以耗减工食哉。"①尽管如此,泥头与胥吏结合,瓦解了塘长为中介的官方——乡村体制。也有人在平衡泥头与塘长的关系。

  酌量可久之法,大抵令泥头包工,费给而工完,始于水利实实有济。谚称塘长为"小充军",盖以兴作必于冬时,天寒凛冽,而携锄苛担百里数十里之外。霜栖雪食以赴役,其苦甚也。人情如此,纵严督力作,必不能前,徒虚费时日已耳!何如尽委泥头,坐见其成之为便乎?今议,将一邑河溇关切利赖者,本府亲勘,总计几处,分为五年、次弟浚筑。其致札营求,以掩庇塘长者,一概禁绝。仍计本年浚河若干丈,应泥头工费若干,除塘长实应修筑本区外,得若干名,一照各区田若干亩,应派开浚河段若干丈。有傍近区分新愿赴工者,听其自完。②

  塘长在明末普遍出现了权轻现象,业主、塘长和图长形成许多层面的博弈关系,这些博奕进一步削弱乡村水利。"今之治田地,当以治岸为先也。所可恨者,业主坐享田中之利,而至于修筑之费,茫然不加之,意反使区、图、塘长小民为之。夫塘长之役,不过廿亩之家充之,其家计几何?而况水利衙官,需其常例;衙门书皂,索其酒赏。所费已不能堪,若之何能办此役也!"③塘长像明中叶粮长那样处于一种力不能支的状态。"塘长者,修浚之纲领也,权轻则人不听其呼召,年来更因大户多避役,每以小户充之,小户焉能起大户之夫。故

---

① 《侯峒曾开浚吴淞江考略》,见张国维:《吴中水利全书》卷十九。
② 崇祯《松江府志》卷十一,役法,崇祯已巳华亭郑公友玄塘长议。
③ 《陈仁锡围田议》,见张国维:《吴中水利全书》卷二十二。

为塘长者,往往破家,而河工不就。"①塘长与自然圩的关系也逐步松弛。基层的自然圩岁修,原本需要塘长给予督监推动,私浚后塘长权轻,无人理睬,岁修也处于崩溃状态。沈启言:"塘长、圩长之说,即周官土均稻人之意,尝观稻人以潴蓄水。以防止水,以沟荡水,以遂均水,土均为掌其平水土之政,而率以治水。然则今之塘长遇田塍倾圮,沟洫湮微,梁塘崩损,非所当率其圩长而经茸者乎。缅维朔望,结报于官之法犹存,则植涂通水,修复文襄之政以裨耕稼,以还流移,不在兹欤。"②塘长成了官僚体系中不起作用的一环后,既腐败,又无用。

五 影响

明代乡村水利共同体的崩溃有许多原因,专制政治、商品经济都有一定的作用。以自然圩为基础的共同体水利总是试图断断续续地通过河道向上整合到图长、粮长和塘长,使一个区、图的水利社会具有强烈的共同体特征。这种向上的整合是在官府集权下完成的,而中国专制集权在多数期间又表现为对官方权力的私人占有,故向上整合的集权之路一般会发生变异而成为集权的爪牙而伤害到基层水利共同体。总之,正是人性的腐败与水环境的共同作用,江南水利共同体才在明代几乎彻底瓦解。在一定的时期,官僚力量与乡绅的结合,有时也会使江南县级社会产生一些令人意想不到的共同体效果。乡间士绅借助水利共同体参与县政治。民众影响乡绅,乡绅影响县府治水,进而形成了一种更大范围内的公共议政平台。明代吴淞江

---

① 《万任嘉定县开河说》,见张国维:《吴中水利全书》卷二十。
② 《沈启塘长圩长论》,见张国维:《吴中水利全书》卷二十一。

下游治水受到阻挠,就是大户影响乡绅所致。"江滨大户窥见河底壅高,擅自耕垦,今计七十里内,种茭芦者三之二、三,种棉花禾豆者十之七八,岁收肥利,不下万计,计亩不下数千余顷,一闻开浚之说,辄造诽语谣言,簧鼓缙绅,亦有得坍江之利者,又纵而附和之。以此上官每为疑阻。"①乡绅因利阻挡,也有民间势力的附和,他们是民间势力的代表,有一定的议政能力,这也是江南这一地区乡绅能力的特殊之处。像归有光这样致力于文学的乡绅都会不断为嘉定一个小区域——"三区"的水利与赋税问题与其他人交流意见②,其他的乡绅就更会参与水利议政。随着共同体社会的消失,这些人的意见也会逐步失去官方与民众的关注。由于江南税赋的重要性,水利制度越来越被官僚政治整合,区域社会沦为官方的编民单位时,几乎难有什么人愿意在这种政治空间下做有意义的公益活动。官方与民间共同体水利互动消失对明清时期江南乡绅的自治倾向不能不说是一个很大的破坏。唐宋时期,范仲淹和苏轼都有亲自指导这个区域水利建设的能力,这一地区储备的人才支持了他们的水利工程与水利政策。基层水利共同体也产生过像郑亶和单锷这样的治水人才。官方提供了知识分子知行合一的平台,这种平台上产生的各种水利争论为北宋的文官政治增色不少。这一特色在明代慢慢削弱,尽管明末有徐光启和张国维这样的人物,却已经是尾声了。清代江南乡绅的知行合一能力已经大大降低。他们的活动主要集中于学术研究和经商方面,共同体平台的消失加上乡绅城居,无疑加快了这种转变。江南知识分子尽管在学问上领先,但在与民众的联系方面,开始落后于许多

---

① （明）王圻:《东吴水利考》卷七,开河驳议一通。
② 归有光:《震川先生集》卷之八,论三区赋役水利书。

地区。近代江南知识精英这方面的落伍不得不说是一件非常遗憾的事,这一地区的知识分子长期以来是中国最具理智与建设性的知识分子群体,他们的失位对近代中国的动乱加剧无疑产生了一定的作用。

第五章 常熟水网的演化与水利社会

吴淞江淤塞以后,吴淞江北的一条支流——白茆,越来越成为明清时期河道水利的重点。宋代以后,江南治水者就愈来愈重视白茆。因为每当吴淞江淤塞时,治水者就会向北寻求排水通道。范仲淹是最早发现白茆疏水的人,他"亲至海浦,浚白茆、福山、黄泗、许浦、奚浦、三丈浦及茜泾、下张、七鸦,以疏导诸邑之水,使东南入吴淞江,东北入扬子江与海"。[①] 当时的白茆只是北部冈身诸河中的一条。绍兴年间,吴淞江淤塞严重,白茆的重要性日益提高,成为入江诸浦中最大最重要的一条。"太湖水分为二派,东南一派由松江入于海,西北一派由诸浦注之于江,其沿江泄水诸浦中,惟白茅浦最大。今为沙泥淤塞,每岁若遇暑雨稍多,则东北一派水必壅溢,遂致浸伤农田,欲望令有司相视于农隙,开决白茅浦故道,俾水势分派流畅。"[②] 从常熟入海的河道开始很多,白茆只是其中的一条河道,由于其他诸浦淤塞,白茆逐渐成最大之河。"常熟在汉唐有三十二港以泄全湖建瓴之势,旱则资潮汐,潦则藉分杀,故田常稔而有此名。至元末,独存四港,已东为白茆,尝资为运道,其流最大。稍北为许浦,正北为福山

---

① 康熙《常熟县志》卷之二,水。
② 《宋会要辑稿》食货七之五十一,绍兴二十四年九月十五日条。

港,极西北为三丈浦。至正中亦几湮废,故江南水灾,无日不闻。"①白茆成为最重要的河道,因其占有更为有利的低地地形,且较其他河流更为阔直顺达。"白茆港视他水独广阔而顺达。于此导之,使苏常东北诸水皆由此港以入海,而震泽上源自可减杀横溢之势。"②正是其阔直抗淤的特点,才被治水者选中。以白茆河为主干的水网在明清时期成为水利重点,明代的耿橘在这一地区实施规划,将圩田、水网与乡村社会的关系做了系统的整理与规定。对白茆进行详细的分析和研究,可以更好地理解常熟全局及其吴淞江流域明清时期江南水利社会的官方特点。

第一节 明代白茆的水文生态与国家治水

吴淞江在元代的淤塞程度比南宋更加严重,治水者因而向东北方向寻出水之路。周文英认为白茅浦与浏家港两支可以代替吴淞江。"今弃吴淞江东南涂涨之地,姑置勿论,而专意于江之东北刘家港、白茅浦等处,追寻水脉"。③ 这一设想并没有在元政府领导下实现,白茆在元末仍处于淤塞状态。"元既平宋,军士罢散,浊流淤而渐浅。民茭牧其中久,遂耕为田。长吏因以赋民,水障不得泻,泛滥固其宜也"。白茆港成"芦茅之地"。张士诚读了周文英之计后受到启发,花费巨额资金,对白茆动了大工。"起民夫十万,使其左丞吕珍堑地成港,长亘九十里,广三十丈。"④从此,白茆成为太湖水利重

---

① 《赵用贤与兵道李涞论水利书》,张国维:《吴中水利全书》卷十七。
② 《徐栻三吴水考序》,张国维:《吴中水利全书》卷二十三。
③ 周文英:《三吴水利》,姚文灏:《浙西水利书》,元书。
④ 康熙《常熟县志》卷之二,水。

镇。正德年间,白茆的优势地位已十分明显。当时,吴淞江故道"名虽江而实则浦矣",在南部,太湖靠吴淞江的分支黄浦江出水,而北部的出水几乎全靠白茆。元明时期,吴淞江的淤塞愈加严重,吴淞江北部的水流越来越依靠白茆。"唯白茆一港,自张士诚开后水势汹涌,不下前三路之通泄,是故吴中旱潦之多赖乎此也。"[①]在这种情况下,白茆水利逐步为国家水利所关注。国家与地方政府对白茆的态度,体现了明代政府的水利政治特点,这种集权水利在展示官方意志的同时,也会在一定程度上涉及到自然水文生态。对这两方面进行研究,可以了解明代官方处理水利与环境之间的能力。

一 河道生态与水环境

白茆的来水分两支,一自江阴,此为西来之水;二自南来,这是吴淞江之水。白茆港长期被人们重视,因此河汇多方水流而成泄水之道。"西接昆承湖,东通大海,吴中诸水之北泻者,皆由此出。盖东江既失故道,娄淞浅隘,震泽洪流东指之势渐微,独白茆为尾闾,故宋时言水利者多及之。"徐恪言:"白茆在常熟东南,延长七八十里,上接鲇鱼口与昆城湖。故太湖之水灌于东北诸湖荡者,皆入昆城湖,由鲇鱼口以达于塘而泄入江。故上流奔冲之势大而不竭,是以塘水湍急,潮汐往来汹涌汛激,遂致深阔而汩荡泻泄,益以通利。百年之间,苏常地方旱涝大有所赖。"[②]明初,白茆初开,清流盛,淤塞少。

以白茆港为界,白茆以下感海潮,以上感长江之潮,整个地区的水网也因此分成了两种感潮水网。耿橘观察过白茆与其他河流的潮

---

① 民国《重修常昭合志》卷五,水利志附录,李庆云《开白茆港疏》。
② 杨舫:《白茆水利疏》,《支溪小志》卷六,艺文志。

水。"本县地势东北滨海,正北、西北滨江,白茆海水极盛者,达于小东门,此海水也。"白茆直感海水之潮,白茆以南,常熟东南方向的河流也都感海潮。"白茆以南若铠脚港、陆知港、黄浜、湖漕、石撞浜皆为海水"。以白茆为中界点,白茆西诸河感长江之潮。"自白茆抵江阴县金泾、高浦、唐浦、四马泾、吴六泾、东瓦浦、西瓦浦、浒浦、千步泾、中沙泾、海洋塘、野儿漕、耿泾、崔浦、芦浦、福山港、万家港、西洋港、陈浦、钱巷港、奚浦、三丈浦、黄泗浦、新庄港、乌沙港、界泾等港口数十处,皆江水也。江潮最盛者,及于城下县治正西、西南、正南三面而下东北而注之海。"就灌田水质而言,湖水最好。耿橘提倡冈身灌溉用湖水不用江水①,当然,海水更不可用。白茆港口清浑交汇,使白茆河口和白茆以东的其他河道非常容易受淤,受淤反而阻塞了潮水,有时反为局部之民的便利。民众也深知这一点,明末陈瑚在乡下行路时发现民众为官方将浚白茆而忧,陈不解,一叟言:

> 君未睹浚白茆之害耳!盛夏淫雨,田虽下未遽没也。若浚白茆则海潮入,一遇淫雨势益汹涌,来迅去迟,停蓄内港,助雨之力啮堤冲岸,遂成巨浸,害一;高乡濒海,田多斥卤,性不忌咸。而低乡之田一沾咸味,苗辄损伤,若浚白茆则海潮大上,直注低乡,违其土性,害二;濒海之处介虫族生,螃蜞类蟹两螯铦利,遇稻辄伤。若浚白茆,此物即随潮而上,延及水乡,千百为群,恣其戕贼,其为害三也。②

这位老叟的话准确地阐述了白茆潮盛时所产生的三种外害。一是离海最近之地的生物灾难;二是潮水对冈身田地的盐碱化影响;第

---

① 耿橘:《常熟县水利书》卷一,水利用湖不用江为第一良法。
② 陈瑚:《茆筑坝说》,《支溪小志》卷六,艺文志。

三,潮水可以通过冈身进入低乡,危害低乡之稻作。其中也有利害的平衡,如果白茆不浚,河道阻塞,没有潮水之灾,也难有潮灌。

白茆在明中叶出现了拦门沙。因其上承湖流,下遇海水,清浑交融,海口处淤淀自然会形成拦门沙。宋元时期,白茆只是一条冈身大浦,出水量小,没有什么拦门沙出现。元末开成大河以后,河口拦门沙开始发育。张士诚开河后宽三十余丈,长九十余里,这样的河口会形成堆积。出现拦门沙记载的时间在弘治年间。"弘治七年水患,命工部侍郎徐贯大加开浚,仅得一通,寻复淤塞,嗣是弗葺,隐然成堤矣。"① 这堤就是河口入海处的拦门沙。像白茆这样的强感潮河,不但会形成拦门沙,淤积还会沿着河道向内漫延,大量泥沙上溯,河床逐步隆起。杨循吉认为拦门沙的出现与天顺中的清流弱势有关。"天顺中,潮沙日涨,罕施疏治,港渐狭小,其后又有水之独出七浦,而决坏斜堰者,于是水遂改道,更无流波冲洗潮泥,而涨沙日甚一日,隐然成堤矣。"斜堰是夏原吉为分七浦之清流入白茆而立,斜堰坏,清流少,潮水盛,淤积加强,拦门沙也就出现了。② 对河道的淤塞,官方往往并无长策。一种办法是"斩坝江口",在江口疏浚积淤,从拦门沙中开挑河道。这种方法很费工力,"翻戽开挑则人力烦劳,而塘中软沙恒为之患";另一种是在河口段选择另一条河流改道,"另开一塘以通其流"。这种方法往往"伤田多,而民间墓舍重为之迁"。③

沙积与清流、浊流以及河漕之间会形成相对稳定的动态平衡关系。一定的弯曲与不平,可以阻塞进一步的淤塞,使水流达到一定的平衡。白茆疏浚时,处理不当会出现大面积的快速淤塞。俞谏巡视

---

① 《俞谏请留关税浚白茆疏》,正德七年,张国维:《吴中水利全书》卷十四。
② 《杨循吉浚河志略》,张国维:《吴中水利全书》卷十八。
③ 民国《重修常昭合志》卷五,水利志,附录,徐恪:《白茆水利疏》。

白茆时做了这样一番分析："势趋东北,吞逆海潮,其入处为横沙所梗,承纳处为新田所碍,中流又为盐铁、横沥诸河分流减势居三之二,而潮汐泥沙一日再至,港之命脉迂曲微缓,不足以冲涤之。遂致停积壅滞,日就淤塞。亦其势有不能不然者。今不避横沙,疏障碍,均别瓜,弃迂从直,则随浚随塞,蹈前日之覆辙矣。"俞谏发现,河道疏理得深直,会随浚随塞;河道弯曲,涤沙效果不好。这是一种两难的水利生态选择,弯曲的水道处于一种"其势有不能不然者"的状态。为了回避原河道入海口的拦门沙,俞谏提出另辟新河。"臣看得是港离海约十五里许,旁有姚家浜者,旧开通灌枝河也。东通小湖漕、六尺沟至陶泾入海。其地形颇下,其势趋东南,颇顺其水道,视旧港颇径直,其去横沙亦远。若因而广之深阔与白茆称,复疏通障碍分决中流,会趋驶疾,计必可以涤潮沙而垂久远"。① 河口地段改道是常事,冈身河段却不能轻易改道。杨子器曾为河道弯曲和拦门沙问题要求开一条较为径直的河道。"子器被召入而郎中藏麟来管水事。首理故牍,锐意修举,乃檄通判陈晖,署县事同知何宗理视状,皆言本漕视白茆诚为径直,但缘两傍各有居民庐墓,必须拆卸,方可即工,然理实应开,而工程浩大,计当用夫三万。"商量的结果是仍开白茆原河道,海口壅沙处改道以避之。② 由于周边地势比白茆河更容易淤塞,更换河道难成。杨子器选择的河又名湖漕,本身很窄,也有淤塞,将其替代白茆,河口加宽许多倍,更易淤。《桂村小志》中有:

    湖漕一河,前人云是支川。如程公许称支川发源昆承,横贯江浦,挟以东骛,长四千寻,广一丈。朱佑咸谓湖漕古名支川,傍

---

① 《俞谏请留关税浚白茆疏》,正德七年,张国维:《吴中水利全书》卷十四。
② 《杨循吉浚河志略》,张国维:《吴中水利全书》卷十八。

白茆而东出,白茆寄径于湖漕,自镇至海长四千七百七十三丈。明弘治中,邑令杨子器议开湖漕,以代白茆,则当日之湖漕可以直至海口,而身非浅狭可知。如今之湖漕,其口在支塘东胜桥东半里起,不过十二里至何家市,通横沥,不能至海口,河身甚狭,大概非昔日故道矣。①

可以看出,由于白茆之地势和特殊位置,改道难行。知道这些情况的,往往是地方官员。一般而言,县级或州郡县的水利官员对河道的淤积与开凿比较有经验。徐恪的河道感潮知识也来自基层的"任水利职者"。他在"白茆水利疏"中有:"任水利之职者曰:必穿塘口之横沙,次凿鲇鱼口昆承湖之葑土。"清除拦门沙是治水者首要之事,其次才是疏通上游昆承湖的出水口。处理淤积河槽时,懂水利的人也有一套经验:"凡昔皆水而今成滩田者,察其要害之处,大开沟港,使上下水潮直出直入,通利而不滞。乃于塘中仿宋时李公义浚河之法,而酌量增损之。其水深处,则用舟制铁龙爪;其水之浚浅处,则以徒步用铁搭钉钯之属。多起人夫,给以粮器,因潮落之时爬搜疏汩,使沙泥腾搅不得停定,下泄于江,则沙去而水自深矣。且量夫役多寡,自下而上,以次搜索,直抵湖口,使深于今日浅时丈许乃止。俟日后潮汐往来,当自深阔。如此则用力少而成功多,是塘不患其不通矣。"②如何从槽中挖出一条在通潮以后自我刷深的河道,需要治水者有相当程度的水文生态知识。太湖之水入吴淞江东北诸区的水流皆入昆承湖,然后由鲇鱼口达白茆,白茆清流的变弱与鲇鱼口和昆城湖的占垦与水道阻塞有关。正德八年,方豪曾亲自调查昆承湖的淤

---

① 《桂村小志》水道,白茆港。
② 徐恪:《白茆水利疏》,《双浜小志》,水利。

塞状况,他发现围垦已使两湖的湖泊面积变小,农田增加。

> 豪初至湖上,遍询故老,咸云:"自鲇鱼口以西皆湖,故址湖去鲇鱼口不远。"自不可信,因思郡县二志皆云湖纵横各十八里,乃用二小舟以百步绳互牵之。……阅其东岸甚老而古,意湖之故址在是也。登岸瞻视,见一父老,问之曰:"岸之西即田耶?"曰:"侬生来苐见此岸,岸西皆芰荡非田也。"鄙见遂决。盖人之利于湖也,始则植芰芦以引沙土而享芰芦之利。久而沙土渐积,乃以之为田,而享稼穑之利。故湖之东为田者,旧涨也;田之外为荡者,新涨也。先度其新涨之荡,得五千亩有奇,后度其旧涨之田,得九千亩有奇。①

方豪对昆山界的阳澄湖也做了调查。现代京剧《沙家浜》中的沙家浜村就是常熟县内阳澄湖边上的村庄,那里有许多的芦苇荡,易被垦为稻田。此湖的被垦使湖面变化为三个部分。"自横泾以西,莲花朵以东,夷亭以北,阳城村以南,界于昆山、长洲之间者,为东湖;东莲花朵、阳城村西,有石狮泾、承天庄者,为中湖;官渎在其南,相城在其北,承天庄在其东,邢店港在其西者,为西湖;中湖为大,而东湖次之,西湖又次之,人言湖广七十里,以豪计之,殆不止此"。以前各湖相通,各湖间的河道通畅。东湖与中湖以前有几条通道。正德年间"唯莲花朵、阳城村之间故道犹在,余皆涨为田荡,凡五顷有奇,而渐成平陆矣"。中湖与西湖的通道处开了二顷田;西湖与中湖原以官渎为中通之路,渎口受阻后,"近湖者亦多塞"。② 围垦形成大圩。由于水深难成岸,大圩才经济。创于宋元间的赵段圩是个湖田之圩。

---

① 《方豪勘视昆承湖复治水都御史俞谏揭》,正德八年,张国维:《吴中水利全书》卷十五。
② 同上。

"久而尽圮,无复存者,湖田悉为巨浸,岁屡不秋"。成化年间,在巡抚支持下,常熟县动员民力修筑此围的堤岸。① 昆承湖与阳城湖的围垦淤塞使清流受阻,白茆被淤加速。徐恪对明前期的水流变化有很好的描述:

> 四五十年来,鲇鱼口与昆承湖俱被豪家杂种茭芦,渐满而淤泥渐积;淤泥既积,乃围圩成田以碍水利。由是塘(白茆)与湖隔绝不通。昔日注泄之利,不复可得。塘中滩淤日积,而江滨之流沙涨阜横绝于塘口,使潮水无由出入,塘渐浅塞而涉不濡胫矣。于是境内诸邑之田,旱则潮不能通,雨则水不能出,田禾淹槁,两无所恃。前此二年,大雨连旬,腴田盖为巨浸,经年不得退泄,是虽天灾使然,实则人事未修。②

清流状态与上源水流形势有关。白茆与吴淞江水流互联,吴淞江出水畅,白茆水流就小一些,吴淞江出水不畅,白茆的清流就相对强一些。白茆和吴淞江在明代的发展不是彼强此弱,而是都处于被淤状态,故有浏河的兴起。正德初年,吴淞江已经有六十多年未经疏浚。"白茆潮沙壅积,势若丘阜,吴淞江仅如沟洫,舟楫难行,其傍渠支港亦多埋塞,下流既壅,上流曷归。加以淫雨,能不泛滥,此利害之显然可见者也。"由于白茆的水流关乎全局,治水者往往将白茆的治理与周边地区的圩田治理结合起来。当时各个出海河道,如大黄浦、七浦、浏家河等,皆已深阔,剩下吴淞江与白茆两条大河,治水者往往首选白茆疏浚,因为浚吴淞江的成本更大。③ 嘉靖末年,白茆又塞,

---

① 《黄体勤常熟县赵段筑围记》,成化十年,见张国维:《吴中水利全书》卷二十五。
② 民国《重修常昭合志》卷五,水利志,附录,徐恪:《白茆水利疏》。
③ 《吴巖条上水利事宜疏》,正德十三年,张国维:《吴中水利全书》卷十四。

而吴淞江的淤塞程度更严重,吴淞江以北的积水只能靠白茆泄洪,白茆稍淤就会引起整个地区水灾。海瑞巡视常熟时,"据士民纷纷陈告,白茆港虽经隆庆二年间开挑,只通一线之路,以故三年水患不能流泄。全吴北境一带,地面均受其害,常熟去吴淞江尚三百里,饥民赴工仅有一、二,若于兴工兼赈济一举两利,当开白茆。臣即亲行相视丈验,阔者不过四丈,水深不过四尺;狭者不及二丈,水深不及三尺,果然浅狭。考今三吴入海之道,南止吴淞江,北止白茆港,中止刘家河三道而已。刘家河幸通达无滞,若止开吴淞而不开白茆,难免水患"。①

白茆的修浚,关乎太湖东部水流与农田积涝。嘉靖年间,白茆地位有所下降,治水奏疏中的白茆,多是冈身区的几条重要出水干道之一,不是出水干河。吕光洵言:"近来纵浦横塘多湮塞不治,惟二江颇通,一曰黄浦,一曰刘家河。然太湖诸水,源多而势盛,二江不足以泄之,而冈陇枝河又多壅绝,无以资灌溉,于是高下俱病,岁常告灾。"这里没有提到白茆,嘉靖时白茆的地位已下于浏河。吕光洵提议放弃这些淤积河道,疏导上游和田间的积水以加强清流,以此疏浚别的冈身河道。"先治淀山等处一带菱芦之地,导引太湖之水散入阳城、昆承、三泖等湖。又开吴淞江并大石、赵屯等浦,泄淀山之水以达于海;浚白茆港并鲇鱼口等处,泄昆承之水以注于江;开七浦、盐铁等塘,泄阳城之水以达于江。又导田间之水悉入小浦,小浦之水悉入于大浦。"②在吕的话语中,白茆地位已经不如以前,只是众多泄水通道的一条。姚希孟对白茆评价很有意思,"自筑海塘以来,惟苏州一府当下流,三江故道,渐致湮塞。此八百里之水,皆从太仓州之刘河、

---

① 《海瑞请浚白茆港疏》,隆庆三年,见张国维:《吴中水利全书》卷十四。
② 《吕光洵兴修水利疏》,嘉靖二十三年上。

常熟县白茆塘出海。故二渠通,则数郡共其利;二渠塞,则湖水逆溢于杭、湖,横溢于松、常、嘉者各十三。而顺溢于苏州者独十七。"他认为白茆是北部两大出海通道之一,但他也认为白茆的在排水的地位上开始不如浏河。"查二渠,浏河出口虽淤,大势尚通;白茆塘竟成平陆久矣。又查得万历三十六年洪水,江南几化为鱼,而苏州特甚,此皆白茆塘湮塞之故也。"① 随着海塘的修筑,出水越来越集中于几条干河。由于吴淞江出水功能失效,浏河与白茆哪一个排水功能更强,哪一条河就更受到官方的重视。浏河被重视是因浏河的受淤程度较小,且易于排水。天启年间周起元言:

> 水利之大者莫如吴淞江、娄江与白茆港三道,盖环苏松常与嘉湖数郡之湖泽归畜于此,为宣泄入海之道。近娄江浏家河一线,仅通吐纳,而吴淞江与白茆二水,则淤为平陆。前代屡浚,姑不具论,入熙朝国永乐、正统、天顺、景泰、成化、弘治、正德、嘉靖、隆庆、万历间,并荷明旨专官浚治。惟今四十余年,竟未施工,以致吴淞江自澳塘以至新泾口及东西芦浦三坝等处六七十里淤淀不通,白茆港则梅林塘、墩镇泾等处俱久填塞。②

当吴淞江与白茆皆淤而浏河畅通时,治水者不得不重视浏河。崇祯年间,陈懋德对比三江的各自淤塞状态时做了一番比较。"今水利不兴已数十年,吴淞江入海故道化为平陆矣,白茆、七浦、盐铁等泄水大川仅存一线矣。止刘家河尚通,而潮沙渐淤,亦非故迹"。③

---

① 姚希孟:代当事条奏地方利弊,《明经世文编》卷五百零一。
② 《周起元请浚吴淞、白茆疏》,天启四年上,见张国维:《吴中水利全书》卷十四。
③ 《陈懋德请浚吴淞、白茆等江港疏》,崇祯元年上,见张国维:《吴中水利全书》卷十四。

而白茆之淤难治,超过其他二河。"白茆之易淤,视吴淞、浏河为尤甚,其故安在? 或曰:'白茆地形高仰,导之使北水反南下'。宋臣郏亶之论则然,盖虞山以北,江多涨沙,虑潮汐泥沙之日侵于外也。或曰:'傍河之民,利河之淤,占为农业'。故明臣汪浒尝往浚之,耄倪泣卧堤上,向浒求免,仅凿三堰去丛苇而止,虑占佃升科之日侵于内也;或曰:'塘口为横沙所梗,塘内为新田所碍,塘之左右为横沥、盐铁诸流所分'。故明臣俞谏始议开之,终更难之。虑枝河既多,水分力弱,不足以刷沙也。即建闸海壖,时其启闭,而海水啮之,闸亦尽废。"① 白茆早期河窄,可以置闸,后期宽阔,置闸难有成效。嘉靖年间林文沛言:"各处河道宣泄入海者俱应置闸,白茆病在河阔泥泛,无可施工。其余入江河形,阔不过七八丈上下,因而建造一闸,或二闸,潮至则闭,潮退则启。"② 置闸后管理不当,将会抑制清流,加强淤塞。终明一朝,浏河没有大开,吴淞江又陷入无法可开的地步,故开白茆几乎总是治水者的选择。一段时间内官方总会将白茆修浚当成大事。开白茆难技术复杂,牵扯面广,需要广泛的社会动员和较高级别的资源分配机制,这便要求中央集权对白茆直接管辖。由于白茆的水文生态复杂,对治水者的素质也有一个比较高的要求。

二 制度与权力范围

由于白茆河道涉及一个广大的水环境,白茆兴工需要中央集权对广大地区实行直接管理,这涉及各地区的利益与责任分配。从理论上讲,朝廷和民众在利益上基本一致,开河后农业增收,朝廷增税,

---

① 民国《重修常昭合志》卷五,水利志。
② 《林文沛水利兴革事宜款示》,嘉靖元年,见张国维:《吴中水利全书》卷十五。

只是白茆开浚需要事先投入,国库紧张时,中央王朝不愿浚白茆。浚河也与地方官僚的积极性有一定的关系。官僚受地方乡绅影响,乡绅受共同体的影响。如此互动,构成水利社会的上下联系。李庆云是正德年间积极呼吁开白茆的乡绅,他说:"先时水利通济,田皆膏腴,岁入万租。自从港塞,田渐汙莱,家随落没,以致贫无锥地,是亦坐灾久中之一疲民也。"修白茆不单关乎常熟一邑,也牵涉到东南数郡。① 正因为资源动员的范围很广,一般官员不敢轻易动工。崇祯初年李待问言:"白茆则默林塘、塾镇泾等处俱久湮塞,而有力之家且筑平厫为膏腴矣。滨海一带高在外,洼在内,雨旸时若犹茫茫巨浸,一遇泛涝,则天行之灾十三,而地利之荒已十七矣。"② 由于灾情常存,总有人在呼吁修浚之事。有志绅士甚至敢于对在任官员的水利不作为提出抗议。李庆云言:

> 在上者,惟取夏秋之税,而不知治水之源委;在下者,求遂衣食之愿,而每遭连年之旱涝。况白茆久塞如平地,一遇淫雨,宛若盘盂之受水,有积无泄。由是民穷财尽,不免流离,而逋负动几百万,致使国家仓库虚竭,享爵禄者或莫能给,皆不知究其生财之源在乎水利。尝一究之,添设府州县治农官,暨差按察司佥事,续敕工部主事郎中,又敕都察院右佥御史总督水利,率皆空行榜文一通而已。何尝肯责一府、一州、一县开某一港、立某一闸、筑某一围岸?吴中旱涝自如,且有厚颜坐食两三年,翘望迁陟而去。其职事如此,其志趣如此,其立身扬名又如此,抑怪夫

---

① 李庆云:《上李司空开白茆港策》,民国《双浜小志》水利。
② 《李待问回奏三江水利疏》,崇祯元年,见张国维:《吴中水利全书》卷十四。

居守令者，享一方百姓之供奉，多不肯为其兴利除害。①

中央集权的水利系统平时不能有效地运行，兴大工时，往往才相对显出效率。兴工时要重整机构。嘉靖年间，水利已废驰很久，官方必须重整水利官僚系统。凌云翼要求中央专设督臣："东南水利积废，恳乞圣明专设督理宪臣，以拯民生，以裕国赋。窃惟我国家财赋取给东南，而苏松等府地方古称泽国，必须水利兴修，旱涝有备。"凌云翼建议由驻在南京的御史专管水利。"如御史专理则责有所归，必将留心考求某河当先，某河当缓。孰当大开，或俟积贮钱粮；孰当小开，或俟设法措处，量力而动。以次经理，积以日月，渐获实效。"开白茆属于大区水利工程，需要国家对乡村实行领导与动员。"有田之家，荐罹水旱利害，切身捐赀，挑浚亦所乐从，顾以统率，无人异同惑众"。国家兴工对地方水利也是一个推动。大型水利工程不启动，乡村水利管理系统往往也处于休闲状态。凌云翼发现春耕之时，"掌印官员漫不经心，不过转行州县，佐贰职既卑微，才复谫劣。其不才者，坐索塘长之常例，鞭挞闾阎之穷民，上下相欺，搪塞了事，非徒无益而更有害。故民间相率避忌，莫敢以休戚闻于抚按，有司遂益致废坏"。②李充嗣建议将白茆工程的工役按如下比例分摊："以白茆工役繁重，苏州当任其二，常州、松江分任其一，嘉兴、湖州则协任其一，而常熟以附近独当其半。"③万历年间工程费用的摊派范围较广，出役集中于附近地区。根据开修里数，分配定额，常熟本地人夫很多。"据留知县册报，已佥定有身家耆民五百名，分为上中下三

---

① 李庆云：《上李司空开白茆港策》，民国《双浜小志》水利。
② 《凌云翼请设水利台臣疏》，嘉靖四十五年，见张国维：《吴中水利全书》卷十四。
③ 《李充嗣奏报开浚各项工完疏》，嘉靖元年，同上书。

等,上户一百名每名派开二十七丈,计二千七百丈;中户二百名,每名派开一十八丈,计三千六百丈;下户二百名,每名派开九丈,计一千七百七十九丈。"监督也有分工:"每十里余分为一段,每段委官一员,合委官四员,分段率督耆民监督夫役。"动用的水车非常多:"每十里用水车二百部,共该九百部,据县议令塘长督同图长出办,但车有四人一部者,有二人三人一部者,大约以三人通算,共约车夫二千七百人。每人给米二升,限六日车干,共该米三百二十四石。"① 兴工时其他地区的人工向常熟工地集中。管理以体罚为主,彰显专制政治。陆之裘在诗作中记述了正德年间的一次白茆工程:

> 海风飘,干雪扬。民何役,白茆塘。荷锸别爷娘,唤妇与阿郎。我行尔莫忧,官府须有钱与粮。出门行雪中,手足皲欲红。塘上千夫长,日夜催作工。不畏见司空,但畏见郎中。郎中不爱钱,小杖大杖愁杀侬。人回寄声语我妻,莫使爷娘知。官府自有粮,我腹长忍饥。妻闻大哥去,寄声与我夫。西家无闲丁,雇人东凿河。日费五十钱,泪下机头梭。②

李庆云曾这样策划劳动力的异地调动。"督令粮塘,随民丁之精壮者,报注图甲年貌于册籍。见丁支给工食,以地界之远近为工食之多寡。如本县则工食二分,则本府工食二分半,别府州县则工食又加五厘焉。"③ 崇祯年间,白茆淤塞严重,朝廷内忧外患,无力治水。李模言:"万历以后,水政废弛者愈五十年,吴淞、白茆湮塞阙殆尽,止娄江一道绢绢细流,霖雨经旬,数郡水泙湃而下,沿海地窿高冈,势

---

① 《冯叔吉开浚白茆港条约》,万历五年,见张国维:《吴中水利全书》卷十六。
② 民国《重修常昭合志》卷五,水利志。
③ 李庆云:《代邑博上朱正郎开白茆书》,民国《双浜小志》,水利。

无旁泄,苏松二郡,竟成巨壑;或值亢暘,则又干河淀塞,支港干枯,无计导流以资车戽。水旱交病,十岁九荒,兼以国家多事,蠲贷难请,吴中米贵如珠,生民困苦已极。历该抚臣周起元、李待问,部臣陈懋德先后特疏签恳,奉旨下部覆议而慎始虑终。"①朝廷无力是因为没有经费。除经费外,水流形势与各地利益对治河也产生影响。吴淞江以北,水流由低地向东部或北部冈身流出。七浦一带的水道得到较多疏浚时,大部水流会从东部冈身区泄水,白茆一带的水流就减少,反之亦然。水流少时,河道周边地区灌溉之利也减少。疏浚河道涉及到用水平衡。弘治年间,杨循吉看到了这一点:"常熟东南,输昆湖、承湖、阳城湖而注之海,往时水由是行,其阔六十丈,长亘九十里,通潮往来,吐泄湖泖,然张士诚犹设爬沙之夫,岁加疏浚以为常。入本朝,尚书夏原吉治水时,相度地势,于湖水交会之冲,虑恐水独从七浦入海,因作斜堰障之,分其流注于白茆,欲俾地方各沾其利,一向民有所赖。"②水少时要平衡利益,一体均沾;水灾时七浦要为白茆分洪。越到后期,由于白茆淤塞,东部河流的分洪功能越被加强。

  自元和石塘塌,而昆承湖尽受江阴、无锡建瓴东注之流。自盐铁冈身,处处掘断,冈门久废,而昆承湖又尽受东高乡八千顷沟洫西泻之水,白茆一港旋浚旋淤,往往不及宣泄,所赖七浦一塘为其尾闾,得稍分汪洋之势耳。然遇淫潦之时,石牌、任阳一带形如釜底,终不免荡汩之虞,故此处田亩夙有九年三熟之谣也。③

---

① 《李模请浚吴淞白茆并复设治水部臣疏》,崇祯十年上,见张国维:《吴中水利全书》卷十四。
② 《杨循吉浚河志略》,见张国维:《吴中水利全书》卷十八。
③ 民国《重修常昭合志》卷四,山川志。

水利集权政治对开浚过程中的阻水坝堰会做统一拆除,这些坝堰多是农民自修,水灾时阻止水流漫入己田,旱灾时截水灌溉。未兴大工前,官方听之任之,放任民间水利自由发展。兴大工时,这些小环境必须被统一到国家大水利环境中去。洪武九年水灾,长洲县民俞守仁言:"张氏开白茆港与刘家港,分杀水势,自归附以来十余年间并无水害。今遇霪雨,又山水奔注,江湖增涨,况常熟昆山之民,于白茆四近、昆承湖南诸泾,及至和塘北港汊,尽为堰坝,不使通流。曾差官开浚,被民随开随堰。"民间水利生态的保护者也因河道附近的田地而反对开浚白茆。景泰五年夏大水,"潴浸田禾,经久不退。巡抚侍郎李敏、知府汪浒议当开浚白茆等塘以泄之。浒往常熟县相视时,久不流浚,壅成堤堰,近居耄倪皆卧泣其上以求免。言一开浚,则堰下之田亦就浸矣。浒不许,强之挑浚青墩浦、横沥塘共五六里以通白茆塘,凿开三堰约三四里,引水通鲇鱼口。其海口淤塞,漫生丛苇,仍挑去约千余亩,于是水得归海"。① 官方也修坝堰,其体系与整体水流不冲突。明代白茆河上的大闸作用不大。嘉靖年间,白茆置闸一座,"照海口潮沙易壅,应置石闸一座,以备旱涝,伺秋冬水落,方可兴工"。为了控制上游河道,也修了许多坝堰。"委官以常熟、昆山二县人夫筑斜堰坝,仍备银一千两,发苏州府贮库候坝造闸支用。"② 关于这次浚白茆的果效,周凤鸣在嘉靖十一年作过评价:"近岁尚书李充嗣浚白茆港以入海,而白茆之水尤为驶急,实惟吴中之利。但白茆新浚之时,工程甫毕,潮汐骤至,原留港口堰坝,一时开浚不及,数年以来,浑潮日淀,积有淤沙,横障海口,以至上流势缓,日渐

---

① 《朱存理苏州水利志》,见张国维:《吴中水利全书》卷十八。
② 《李充嗣奏报开浚各项工完疏》,嘉靖元年,见张国维:《吴中水利全书》卷十四。

阻窒。"①由此可见，坝堰技术不讲，白茆水利工程往往会很快失效，统一坝堰体系是集权水利的一种实践表达。成功的治河与治田相联系，官方通过治田将集权水利深入民间。从技术上看，基层坝堰体系是集权延伸的基础。官府兴工时，各个环节都要动员，序列也有讲究，金藻言：

> 昔人以开江、置闸、围岸为第一义，又以河道田围二事可兼修而不可偏废。此皆确论，但惜其失先后之序，故祖之者率多以开江为急，而围岸沟洫漫不之省，是以用力多而成功少。凭以为江，固当开闸，固当置围岸沟洫，则在开江置闸之先，而围岸又当先于沟洫也。修围之法，水涨则专增其里，土不狼籍；水固则兼筑其外，岸方坚固。围大者其中须画界岸，但今低乡围岸荡然无根基，须得椿芭方可。②

耿橘的注意力集中于围岸与小坝小闸的修筑。"盖有闸必有守闸之夫，寇盗豪强不利于大闸者十九，而江海口地多旷廓，守之为难，况波涛冲蚀，水道又有迁徙之患，势必难存也。此等闸工费动逾千金，销毁不逾岁月，置而不论可也。至于圩田之上流，泾浜之要口，小闸小堰，外抵横流，内泄涨溢，关系旱涝不小，而工费亦俭。"小闸费用一般由圩田、河道所处的乡村摊派，官方按一定比例配给经费。③耿橘将坝闸体系深入到昆承湖以南积水严重之区。"昆承湖之南夙号水乡，元和塘以东泄水之道以潭荡为最大，此《水利全书》所以总多为潭荡八区也。谓六十二、二区，六十八、九区，七十七，十一、二、

---

① 《同凤鸣条上水利事宜疏》，嘉靖十一年，张国维：《吴中水利全书》卷十四。
② 《金藻三江水学》，见张国维：《吴中水利全书》卷二十一。
③ 耿橘：《常熟县水利书》卷一，建闸法。

三区。昔时水利修举,水区尤多闸坝以防水患。昆承湖之南,闸则有黄墓闸、殷庄闸、螺蛳泾闸,以上皆沿元和塘。潭荡闸、杨家闸,坝则有王段坝、龙荡坝、池家坝、张港坝,以上皆沿元和塘。狄家坝、赵锵坝、天井坝、辛庄坝、毛泾坝、牛河坝、军装坝诸名,今大半不可考。"①"不可考"指这些坝到民国时期大半消失。这种土坝难以延续三百年。因着水利集权将坝堰深入民间,后期水利集权崩溃,坝也基本上消失了。

三 治水人物

浚河之工不但渗透着治水者的权力运作和地区利益平衡,治水的成效也与治水者的素质有极大的关系。中国的政体属专制集权政体,皇帝可以任意派出朝廷大员。东南地区是朝廷粮食供应的主要来源,灾害连年时,往往有治水大员在灾时派出。叶廷缙言:"思粮储为国家之大用,水患为东南之大害,于廷臣之中选差有才力、通晓水利者一、二员,授以节钺,重其委任,即日前去,合同抚按官讲求民瘼,设法赈恤。"赈恤之后,官员一般要想法治水。"俟民心稍定,民困稍苏,然后指定地方分投相视,询访故老,寻求遗迹,何地为山水入湖之冲,何港为太湖入海之道,自源徂流,一一按究。然后相与度其经费,量其事期,大加浚治。务使下流得以宣泄,而上源不致泛滥可也。"②几次白茆大浚都与治水者的名字联系在一起。"历稽故牒,国初至今,疏浚白茆者,永乐则尚书夏元吉一次,天顺则侍郎李敏一次,弘治则侍郎徐贯一次,嘉靖则尚书李充嗣一次,隆庆则都御史海瑞一

---

① 民国《重修常昭合志》卷四,山川志。
② 叶给事廷缙:《请赈饥治水奏》,姚文灏:《浙西水利书》今书。

次,万历则巡江御史林应训一次。而其余小浚,大约数十年一次,未有废坏之久如迩年者。"①杨子器言:

> 国朝永乐间大水,命尚书夏原吉来治,赖此港疏通积潦。至成化以来,泥沙日渐壅塞,中流如沟,港口海沙适涨,横截潮沙出入,阻滞水患,自是不息。朝廷于府县添设通判、县丞专治水利,又有按察使佥事总为提督,建言欲浚此港者,不下十数。皆曰气运使然,置而不理。弘治四年以来,连遭大水,朝廷遣工部侍郎徐贯主事,祝萃来治。②

最早的一次治水大工的主持者,是夏原吉,此次治水对江南水环境影响极大,也为后期黄浦江形成奠定了基础,更在白茆和其他河道的治理上取得了成效。夏是一位重实效的官员,在治水理论上有清楚的认识,他从明成祖那里得到了水利书。皇帝授书使夏原吉"重其委任,因得殚力成功"。不但亲自观察水流,还向有经验的民间专家调查,对一些技术细节进行民间访谈。他文疏不多,后人却追忆他的行踪。③ 他到任后实地考察,"重贻宵旰之忧,夙夜惊惕,惟劬咨访,钦承圣谕,愧感交集。臣与同事、官属及谙晓水利者,参考舆论,颇得梗概"。④ 在充分了解江南水流形势的基础上,开始整治白茆,并从白茆与吴淞江关系上考虑对策。吴淞江"旋疏旋塞",下口已淤塞得难以疏浚,他开浏河、白茆和黄浦江以分吴淞江之水。⑤ 明末李

---

① 姚希孟:《代当事条奏地方利弊》,《明经世文编》卷五百零一。
② 《杨子器常熟县水利议》,见张国维:《吴中水利全书》卷二十二。
③ 《周起元请浚吴淞白茆疏》,天启四年上,见张国维:《吴中水利全书》卷十四。
④ 夏元吉:《苏松水利疏》,《明经世文编》卷十四。
⑤ 夏原吉:《忠靖集》附录,附治水疏,文渊阁四库全书本。

模曾"考求往迹",发现夏原吉治水时非常辛苦,"布衣蔬食,躬亲胼胝"。① 开白茆是为了在七浦和白茆间进行水流平衡。开后一段时间,白茆仍淤塞,朝廷试图让地方解决问题,地方水利通判在人员、物资调配上不能有效地统辖。又过了一段时间,朝廷才痛下决心派出专员。弘治年间的徐贯治水以先,工科左给事中叶绅提出申请:"绅又请浚湖水入海要道,言尤切激,事下工部,时方病东南潦灾,无策以救。亟是其议为覆奏孝宗皇帝,乃以工部左侍郎徐贯兼都察院右佥都御史与巡抚副都御史何鉴同董厥功,于时六府并遵命旨,一同开浚。"② 徐贯主持的白茆工程是一次较高级别的水利特遣。明代的水利大臣一般有三种,一种是重臣,代表人物是夏原吉、徐贯、俞谏;另一种是部臣,即工部大员;还有一种是地方督抚或其他府郡的官员。李模认为,大臣治水,特重体统,巡抚和其他地方长官皆要听令,许多事情反而办不好。除少数人外,事情不便。地方督抚或府郡官员官职较低,难以控制其他官员。他认为部臣最好。

> 部臣姚文灏、傅潮、林文沛、颜如环四人,专职勤事,劳绩如今未泯。盖部郎甲榜,初硎朝气方锐,事体归一不辞琐屑,又官秩未尊可与巡抚每事咨决;巡按亦得旁察短长,凡出行省视,驺从稀少不縻供亿。③

一般的小浚,地方行政长官可以统辖。地方官的治水水平千差万别。有像耿橘这样的治水能臣,也有许多借水利之机从中渔利的

---

① 李模:《请浚吴淞白茆并复设治水部臣疏》,见民国《重修昭常合志》卷五,水利志。
② 《杨循吉浚河志略》,见张国维:《吴中水利全书》卷十八。
③ 李模:《请浚吴淞白茆并复设治水部臣疏》,民国《重修常昭合志》卷五,水利志,附录。

贪官污吏。李庆云言："近年以来,必有势力者居于泾浦之上,奏请朝廷委该府州县开浚,同农官要索财货,入手方肯莅其地,与之一治。不深不阔,不数年而仍复如旧。此类专为身家谋,无异垄断之徒,欺君蠹民愚,故曰罪浮于鲧也。"有的水利能臣尽心竭力,实为地方之福。李庆云曾谈及嘉定王应鹏的治水成绩:"正德七年十一月,过嘉定访亲,故入其县境,见大小泾河无不开遍。时令乃浙之王公应鹏在任。庆云叹曰:令之贤能概可知已,诚有志之士也!使吴中州县皆如王公,何患水之不治?所以古人重守令之选者,良有以也。虽然令之贤能分其目,又必有守之贤能总其纲,然后凡百举事方易集。惜乎有志者少,故不能不劳疲民奔走数千里,哀鸣于阙下,以动天子南顾之忧?"对于开白茆,他提出了十一条意见,第一条就是"举贤能"。① 在治水者派出之后,朝廷往往还加强基层的水利官员的配置,强化重点区域地方官员的治水权力。就江南地方官员的素质而言,治水能力与素质自宋代就被范仲淹强调,他认为太湖地区的郡守和县令应该是治水能吏,他们负责具体的施工,朝廷的重臣只是为了协调各区的水利。

> 畎浍之事,职在郡县,不时开导,刺史县令之职也。然今之[世有]所兴作,横议先至,非朝廷主之,则无功有毁也。守土之人,恐无建事之意矣。苏、常、湖、秀,膏腴千里,国之仓庾也,浙漕之任,及数郡之守,宜择精心尽力之吏,不可以寻常资格而授之。恐功利不至,重为朝廷之忧,且失东南之利。②

---

① 李庆云:《上李司空开白茆港策》,民国《双浜小志》水利。
② 《宋范仲淹上吕相公并呈中丞咨目》,见徐光启:《农政全书》卷之十三,水利,东南水利,上。

治水官员的素质在于他们对这一地区水利生态的了解程度。范仲淹对江南的水文生态非常了解。他开白茆是为了疏导积水,置闸为了控制水流。"新导之河,必设诸闸,常时扃之,御其潮来,沙石能塞也,每春理其闸外,工减数倍类。旱岁亦扃之,驻水灌田,可救熯涸之灾。潦水则启之,疏积水之患。"①白茆港的规模甚大,弘治七年白茆疏浚后,"阔六十丈,长亘九十里,通潮往来,吐泄湖泖"。为了冲淤之便,官方花了很大的代价,不但在海口处常设爬沙之船与爬沙之夫,上游也筑坝束水,加强清水的冲淤力度。

> 张士诚犹设爬沙之夫,岁加疏浚以为常。入本朝,尚书夏原吉治水时,相度地势,于湖水交会之冲,虑水独从七浦入海,因作斜堰障之,分其流注于白茆,欲俾地方各沾其利一问民有所赖,天顺中,潮沙日涨,罕绝疏治,港渐狭小。其后又有水之独出七浦而决坏斜堰者,于是水遂改道,更无流波冲洗潮泥,而涨沙日甚一日,隐然成堤矣。②

明代中期,白茆河正常发挥作用,这时期的小规模疏浚往往失败。姚文灏是治水专家,治河治田都有一套,也以失败告终。弘治九年,姚文灏命苏州府通判治水,这是以苏州府为单位的小规模治河,通判调动了"旁郡人夫二万余人,即旧河故迹兴工,仅开二载,仍废不治"。大浚的一次是李充嗣治水,从正德十六年开始,一直到嘉靖年间才结束,治水名臣林文沛随从治理。李充嗣很难说是一位水利专家,却极有管理才能,善于采用专家意见,特别采用了常熟县水利

---

① 《宋范仲淹上吕相公并呈中丞咨目》,见徐光启:《农政全书》卷之十三,水利,东南水利,上。
② 《杨循吉濬河志略》,张国维:《吴中水利全书》,卷一八。

官员的意见。这些官员是基层的一批人,有治水有经验。"李充嗣发民夫起常熟县东仓至双庙,浚白茆故道一万三千八百二十余丈,又亲至支塘驻节公廨,咨询士民开出水海口,议论不一。充嗣与苏州府知府徐攒拟循故河疏治,常熟县主簿俞浪独主凿新河,不敢发言。适巡按御史马录来会议,浪于道中陈白,录具告充嗣。相度形势,以簿议为是,意遂决凿新河三千五百五十余丈,又浚尚湖、昆承、阳承等湖枝河一十九道。"修浚时"林文沛身亲董率,暴露风日中,不言劳怠,役夫不敢苟且塞责"。① 疏理湖间通道时,林文沛表现得非常专业。"勘得尚湖并昆承、阳城各湖年久湮塞,泾溇系本港咽喉,又经督同该府(苏州府)通判万奎,并治农县丞赵经等起常熟、长洲、昆山三县得利人夫,开过昆承湖口时泾塘、新开洪、草鞋浜、苏家洪、南北上洲洪、中洪、周家洪、东西钱港、尚湖口、朱泾、河界泾港、阳城湖口、双漕浜、姚黄漕、新开河、稍庙泾、东横泾、张庄溇、武城泾共一十九条,缘阳城湖水经斜堰枝分七浦塘,则白茆水势因之少杀。"在这些地方,林文沛与苏州府通判共同筹划治水;在其他地方,也都有相应的地方水利官员参与。② 由于办事缜密,李充嗣受到了朝廷的认可。嘉靖二十年朝廷要求地方巡抚开白茆时按李充嗣时的治水案例督办。"查议原奏官民合修、分修地方,坐委能干官员责令及时修理。庶几事克有济,尔仍照先年抚臣李充嗣事例,不时躬往督视,务使缓急有备,旱潦无虞,期于一劳而永逸。"③李充嗣治白茆的成功给了皇帝非常好的印象。接下来的一次治水者是大名鼎鼎的海瑞,却在治理白

---

① 张国维:《吴中水利全书》卷十,水治。
② 《林文沛分治白茆港等处水利工完呈》,嘉靖二年,见张国维:《吴中水利全书》卷十五。
③ 张国维:《吴中水利全书》卷十二,敕谕,嘉靖二十五年。

茆时却犯了错误。他的治水思想服从于儒家爱民思想,他讲究以工代赈,动用大量的银两利用饥民开吴淞江。为了赈灾,接着又开了白茆。由于时间紧迫,他没有组织认真的调查就兴了工。在技术上,受其教条化的儒学思想影响,从错误的《禹贡》三江思路上考虑白茆问题。

> 《禹贡》称:"三江既入,震泽底定。"今三吴入海之道,南止吴淞江,北止白茆河,刘家河居其中,三处而已。刘家河原通达无滞,若止开吴淞而不开挑白茆,诚为缺事,难免水患。臣又酌计臣先所题请吴淞江工银尚有余剩,可充他用。吴淞江河因饥民云集,计在二月二十日前后,告成决矣。青黄不接,饥民尚苦无处趁食,官发银米赈济,势之所必然也。臣思与其空行济饥而无益于后,不若仍照吴淞江事例,兴工之中,兼行赈济。既有利于目前之饥民,河道开通,且有望今秋之成熟。①

海瑞的治水更着眼于经典和政治,专业知识与水文技术被他忽略了。他为人耿直,道德形象上是成功的。"昔海忠介治河,布袍缓带冒冲风,往来于荒村野水之间。"这样做的目的不是研究河道水势,而是"亲给钱粮,不扣一厘。而随官人役,亦未尝横索一钱"。②只注意人事而不理技术。按他的性格,在工程设计时极可能按着简单的权力美学要求对河道深直。前已所述,直而宽的河道极易迅速感潮淤塞,因为清流在大面积的河漕上无法取得对强潮流的优势。海瑞也置了闸,"海瑞锐意大开白茆,寻以迁秩不竟,厥功时献计建

---

① 海瑞:《开白茆河疏》,《海瑞集》,陈义钟编校,中华书局,1962年,上册,第232—233页。
② 钱咏:《三吴水利赘言》,《皇朝经世文编》卷一百十一,工政。

闸启闭,节制潮沙"。① 当时的闸很难挡淤,因为清流弱,河漕宽,闸在阻挡潮水的同时,也阻挡了清流,冲淤难成,淤塞更强,闸很快被废。总之,这一次治河是失败的。与海瑞相比,之后的水利专家林应训,治河取得了很大的成功,他治水时的环境考虑非常明显。在置闸的时候,他没有仓促置闸。

> 白茆塘东出大海,西连昆承湖,海潮湖流日必两会,清浊相值,停积浑泥淤塞,自后于农隙水涸,该县量动导河夫银捞洗,庶可永久。今将造完核过工费钱粮文册,呈报到臣,该臣看得白茆塘原议建闸,盖虑浑湖入淀而设此以防之。及臣督同道府厅县亲诣其地,据耆老居民众议,本塘今岁开浚不为不深,而潦水为灾,未能尽泄者,盖因海口旧闸稍碍之,故今若再建横塘新闸,恐于内水有碍,相应停寝。②

他考虑造闸对内水的妨碍,如果闸不能及时开闭,闭闸时必对清流产生妨碍,这样反而会影响冲淤。他最后在白茆港口上置了一闸,费银三千二百六十九两。他还在其他处"筑坝三条",用以控制整个白茆水系的淤塞。当然,林应训更为慎重之处还是对白茆河床本身的处理。针对白茆河口的淤积状态,他提出了一整套的技术方法。"白茆塘为出海巨流,海潮与湖水昼夜必两会。当其会处,则清浊相值,其流稍停,浑泥遂积,日复一日,故易淤塞,今惟于初开之时,务深而不务阔。既开之后,每年以导河银雇夫捞洗,然后可图永利。"③"务深不务阔"的原则是当地人长期摸索出的防淤技术。他对原河

---

① 张国维:《吴中水利全书》卷十,水治。
② 《林应训开浚白茆塘工完疏》,万历六年上,见张国维:《吴中水利全书》卷十四。
③ 同上。

道没有全浚。"查万历七年林公之役,实浚者不过中间四十五里之长,自海口至横塘二十一里,自归家桥至东南门一十五里,当时俱未之淤,未之浚也。夫横塘以东归家桥以西,当时既系深阔,则其中间四十五里之内,定未必如今日之浅狭"。① 实际上这正是他的成功之处。河道形态是河床长期对海潮与湖水交汇的适应形态,利用这样的河槽,可以防止河道开浚后的快速淤塞。原河槽尽管高低不平有弯曲,却可以有效地制止海潮的快速上溯,以此减缓河道淤塞的速度。海瑞似乎只关注到了深阔。"臣即亲行相视丈验,阔者不过四丈,水深不过四尺;狭者不及二丈,水深不及三尺,果然浅狭"。② 他不满意四丈的宽阔,加宽河道就冒了快速淤塞的危险。林应训不是这样,他在调查研究上下足了功夫。"公既弭节境上,则延见诸缙绅父老,讲水源委,一一中綮"③,及时总结前人经验教训,避免了海瑞的失误。为保持白茆清水,还及治通过乡村社会治田,以达到水流的平衡。林应训在太湖治水诸臣中几乎最强调治河与治田并重。由于他在治白茆和治田方面的杰出贡献,后人称他为江南治水"第一人"。④ 耿橘对林应训与海瑞的治水进行了比较。

> 经费有繁简之异,享利有久暂之殊。何耶?自今考之,有调夫旁郡贰万余人者,有大发近郡徒卒工费视前加倍者,皆载在志书。而海公、林公之役,犹有卷可查。海公之役,计费四万有奇,不三年而旋淤。说者谓稽查无法,委任欠当之故,是非卑县之所敢知?林公之役费不过二万五千,而迄今廿余年,吴地无苦大旱

---

① 耿橘:《常熟县水利书》卷三。
② 《海瑞请浚白茆港疏》,隆庆三年,张国维:《吴中水利全书》卷十四。
③ 严讷:《浚白茆塘记》,见《支溪小志》卷六,艺文志。
④ 康熙《常熟县志》卷之二,水。

大涝者,咸颂德林公不衰焉。①

地方社会也对二人的治水留下了不同的评价。尽管海瑞名气更大,但就治水而言,吴淞江一带的民众对他有好评,而白茆一带的民众对林应训更持肯定的态度。海瑞只是在道德方面名声越来越大,官员们多歌颂海瑞而忽视地方社会的评价。赵用贤言:"王焕如曰:海介于隆庆末开吴淞江毕,即疏白茆港,以解任匆迫,不竟厥功,甫数载而白茆淀淤。万历初年,林江台奉特遣至吴,所赐玺书,坐浚白茆,反覆勘估,仓猝竣役,上章累数千言,叙劳勣之绩如画。及梓行册考,谓忠介糜金钱四万余缗而彼仅半之。"赵看到地方民众怀念林应训,就为海瑞鸣不平。他称"列郡黎民,追忠介吴淞之伐"。常熟这一个小地方的人则"谓忠介公之役远逊于江台"。② 上层官员把海瑞的一切都美化了,自然不会追究海瑞的白茆之失了。

四 小结

水利工程是人类改变生态环境的技术手段,其持续性取决于技术与环境的结合。白茆的变迁不单是一条河的历史变化,还是一种人——技术——环境的互动史。在这种人与环境的互动过程中,水利官僚体系与地方社会形态长期以来不发生变化,制度也基本上不关乎治水的成败,治河成败的关键因素在乎治水官员的素质。官员的素质和行为,对白茆的治理起着非常大的作用。他们的治水素质也包括许多方面。包括他们对生态环境与技术的认识,他们的文化偏向,等等。夏原吉、林应训等属于实事型官员,他们对实地生境了

---

① 耿橘:《常熟县水利书》卷三。
② 《赵用贤与兵道李涞论水利书》,见张国维:《吴中水利全书》卷十七。

解程度较高,决策上较为实事求是,治水也颇有成效;文化型官员多求文化上的效果。海瑞属于后一种,这种人在处理环境与技术要求高的工程时,往往会失败。关注白茆河道的环境,并利用现有的条件实行合理的规划与举措,才真正体现官员的素质。学术界在提到中央水利集权时,往往过多地强调环境对制度的决定作用,忽视了文化的作用。事实上,传统时代下的官员文化素质对他们的决策产生着很大的影响。水利工程对生态环境的关系,往往取决于官员的文化偏向以及对环境的态度。

第二节　常熟水网的发育过程与水利生态(9—17世纪)

水网的形成、发育和衰退,类似一种生命过程,人工河网尤其如此。人工河网的形成需要人工的维持与相对稳定的环境。一旦技术和环境都发生了变化,河网自然就会发生衰退。太湖东部水网是在经济开发的推动下,于一片沼泽中形成。人类进入这一地区开发以后,逐步理出河道的干枝网络。唐代以前,苏松地区还以大圩和军屯为主,圩与圩之间为不规则的水域。随着围垦的加强,不规则的水域变化成一条条的塘浦水道,水网体系开始出现,却未发育完全。这时期水网可谓婴儿期。南朝末期,常熟一带出现了最早的局域水网,高地形成二十四浦,与低地河塘连为河网。① 常熟的低地水网以昆承湖为核心,"湖昆承,江浦发源于也。分为支川,横贯于中,挟以东鹜、周泾、团塘、白卯浦、李王泾,咸汇焉"。② 常熟古称琴川,"盖内取

---

① 缪启愉:《太湖地区塘浦圩田史研究》,农业出版社,1985年,第15页。
② 《琴川志》重修琴川志叙;卷五,水利。

七港,外取五浦",有琴形之义,以之命名,说明当时常熟的塘浦有序格局还很特殊。二十四浦与低地诸水相联系,形成高低互动的水网体系。唐末五代时期,太湖东部,特别是吴淞江两岸以及冈身地区的水网骨架基本上形成,这阶段可称之为青年期。宋代以后,水网的次级结构进一步出现,整体结构却出现了分散化、松散化趋势,犹如人在中年。明清时期,水网结构几乎没有什么进一步的细微分化了,分散化与死水化却进一步加强,处于典型的老化状态。长期以来,研究三江水利的学者往往只关心古代治河与治田的技术手段,没有关注河网及其水环境的变化,笔者通过对常熟水网生态的个案研究,为江南学者提供较为清晰的水网与水环境相互关系的过程。另外,还通过对水网结构与人类组织结构关联,探讨人与自然极为复杂化的相互关系。

一 宋元时期

五代水网体系是横塘纵浦体系,"或五里、七里为一纵浦,又五里、七里而为一横塘"。这是在古代大圩基础上发展的河道体系,是太湖东部地区河道最初的整体性的网络,也是一个极佳的水网状态,吴越政权也有一个极佳的水利管理机制。官方对主干河塘有统一的规划,重要之处有军队管理,乡村社会也在大圩体制下有极为有序的水利体制。每一个自然大圩就是一个乡村单位,也是一个水利社会单位。"田各成圩,圩必有长。每一年或二年,率逐圩之人,修筑堤防,浚治浦港。"入宋以后,大圩体制逐步遭到破坏,塘浦系统转向干枝体系下的泾浜体系,水系结构的细微结构开始生长。"及夫堤防既坏,水乱行于田间,而有所潴容。故苏州得以废其堰,而夷亭亦无所用其闸也。为民者,因利其浦之阔,攘其旁以为田,又利其行舟、安舟之便,决其堤以为泾。今昆山诸浦之间,有半里、或一里、二里而为小泾,命之为某家泾者,皆破古潴而为之也,浦日以攘[坏],故水道堙而流迟。泾日以多,故田堤坏而不固。""泾日以多"就是泾浜分化过程,分化是人为的。郑瑄列出了吴淞江北部塘浦废弃与泾浜发展的实例。他在常熟塘一带也发现一些塘的规模与新开泾浜的规模已经差不多了。"常熟塘自苏州齐门,北至常熟县一百余里。东岸有泾二十一条,西岸有泾十二条,是亦七里、十里而为一横塘之迹也。但目今并皆狭小,非大段塘浦。盖古人横塘隳坏,而百姓侵占,及擅开私浜,相杂于其间,即臣所谓某家泾、某家浜之类是也。"①高圩岸所具备的高水位本身就存在着次级水系发育的潜力,稍一破坏就形成了泾浜。横塘变浅变窄,泾浜发展,其中自然有干有枝,这就是以泾浜为特色的新河道体系。

从五代到宋元,水网体系从大圩体系下的网络干河发展到大小圩并存下的干枝水网体系,伴随着水道的变化,河道的分化。除了吴淞江是大河外,塘浦均匀地呈网状分布,干枝体系只分两级,这是一种初步发育的水网结构。大圩崩溃后的泾浜从塘浦中分化而出,水通过泾浜体系自然深入到每个小环境内,水也更多地停在枝节体系中,由于大部分塘浦在宋以后开始大幅度地变窄,水网细化发育,每条河的独立性也增加,河道的联合水平不如五代宽大塘浦时期。赵霖将北部三十六浦之地的河工分为三等。

> 其《开浦篇》曰:高田引以灌溉,低田导以决泄者,浦也。古人大小纵横,设为港浦,若经纬然。按图,于旧得九十处,或名港、浦,或名泾、浜,或谓之塘,或谓之漕。以询究古迹,得其为利

---

① 范成大撰、陆振岳校点:《吴郡志》卷十九,水利上,第270、267、276页。

之大者三十六浦,区为三等:上等工大而利博,在所先也;中等工费可减上等三之二;下等间于上中之间。或自大浦而分枝别派,工料之数又少损焉。①

他在常熟开了许多浦,"崔浦,自陈家庄开修至雉浦塘口,出梅里塘,长二十三里有畸,面阔八丈,底阔四丈八赤,深七赤,通役二十一万四千七百余工。黄泗浦连小山浦,开修至湖口,长七十里有畸,面阔八丈,底阔四丈八赤,深七赤,通役十二万六千九百余工"。② 郏亶曾看到非常之宽的五代塘浦。"其塘浦,阔者三十余丈,狭者不下二十余丈,深之者二三丈,浅之者不下一丈。"③与以前相比,这时发生了水道已经变细、变密并进一步分化。由于失去宽大的塘浦与高深的圩岸,注入吴淞江之清水力度也减弱,太湖东岸的出水是逐步由低向高处的输送过程,吴淞江清水水流不强,海潮浑水的力量加强,吴淞江和主干感潮河道的淤塞程度也加强。宋以后的太湖水网有点像得了高血压的病人,由于血管经常阻塞,环境稍变,则头痛胸闷。人得高血压是在中年以后,这时期的太湖水网也处于中年时期。

除了吴淞江经常堵塞以外,冈身灌溉体系也出了问题。尽管河道进一步密集,好像深入到每一个角落,但河网的水流控制却更难了。圩田体系崩溃后,冈门之闸斗也崩坏,水从低地流入高地后无坝堰阻挡,冈身经常处于失灌状态。在清流减少的情况下,人们只好更多地依赖潮水灌溉,潮水灌溉呈局域化状态。潮水是有特点的,"江海之潮,日两涨落。潮上灌浦,则浦水倒流。潮落浦深,则浦水湍

---

① 范成大撰、陆振岳校点:《吴郡志》卷十九,水利下,第288页。
② 同上书,第292页。
③ 同上书,水利上,第269页。

泻"。"远地积水,早潮退定,方得徐流。几至浦口,则晚潮复上。元未流入江海,又与潮俱还。积水与潮,相为往来,何缘减退。"清水由支脉导向主干的排水河,潮水从主干排水河导向众支脉。水网中西来的清流不盛,潮水淤塞作用加强,泥沙在这种往复水流运动中沉淤河道,淤塞水网。治水者通过疏河与置闸防止淤塞,许多地区惧怕感潮之害,作坝以隔潮,更加分化了水网。"今濒海之田,惧咸潮之害,皆作堰坝以隔海潮。里水不得流外,沙日以积,此昆山诸浦堙塞之由也。"①

低地河道泾、浜分化后,治水者只能从简地追求排泄,集中疏浚关键的河塘,其他措施基本上放弃。前文讲到常熟塘,郑亶建议废小开大,试图恢复大圩下的那种宽大河道。他列出了两岸横泾古道十三条,"今但乞废其小者,择其大者,深开其塘,高修其岸。除西岸自擘画为圩外,其东岸合舆至和塘北,及常熟县南新修纵浦,交加棋布以为圩。自近以及远,则良田渐多,白水渐狭,风涛渐小矣"。② 事实上,他的做法只能将少数河塘发展成主要的泄水河而已。这些主干塘浦以后成为低地水道之纲,"缘塘皆有泾浦入于北江,盖酾其渠以泄水,则有泾引其流;以至江则有浦"。③ 五代之后的治水者无不以五代水网为楷模。尽管治水者很努力,却不能回复到原来的水平,水网的分化与老化成为一种不可逆的趋势。官方只关注少数大江大河的疏导,水网始终向"干强"方向发展。常熟一带的冈身逐步以五河为干。"天禧、天圣间,运使张纶于常熟、昆山各开诸浦,以导积水。景祐间,郡守范仲淹亲至海浦,开浚五河,以疏导诸邑之水,使东南入

---

① 范成大撰、陆振岳校点:《吴郡志》卷十九,水利下,第288—289页。
② 同上书,水利上,第276页。
③ 《琴川志》卷五,水利。

于松江,东北入于扬子江与海。政和间,提举赵霖将命兴修水利,开浚三十六浦,及役工,仅常熟两浦、昆山一浦而罢。迄今四十年,诸浦湮塞,又非前日之比。遂致民田告涝,十岁八九。"①"五河"是少数河,赵霖想修三十六浦,最后只修了四浦。

> 常熟之浦,二十有四,皆北入于江;昆山之浦,十有二,皆东入于海。以太湖居其上流,昔人患松江之不能胜,而使众水径得其归者也;诸泽之兴始于天禧,成于景佑,逮政和间稍已湮废。尝命赵霖浚之,仅能复常熟两浦,昆山二浦而罢。今二邑之间并江濒海小川故道,往往淤滞,不特所谓三十六浦而已,潴水过多而泻之过少,重以今岁淫雨泛滥,识者皆知开浦之利,特以工费甚广,不敢轻议。故近浦置闸,在政和已不能成;开江置卒,在中兴已不能复。②

南宋的赵子潚、任古等治水官员也专注于开五浦。任古说开了这五浦,出水方便多了。"常熟五浦通江,委是快便。"③"东则白茅浦,北许浦,正北福山浦,西北黄泗浦、奚浦。五浦常浚,则潦无涨溢之虞,旱获灌溉之利。"从以前的二十多条冈身干河向少数几条干河集中,这是塘浦的发展趋势。少数几浦最后也常淤塞。许浦"极深阔,实可藏战舰,东出海门,料角之间,势与胶西相直。然比十余年来,许浦淤塞,战舰非凿坞不可容,非潮盛不可浮浦外"。④ 许多人关注到冈身河浦数的减少,赵用贤言:

---

① 赵侍郎:《相视导水方略》,见姚文灏:《浙西水利书》,宋书。
② 《陈弥作开诸浦状》乾道元年,见张国维:《吴中水利全书》卷十三。
③ 《建炎以来系年要录》卷一百八十。
④ 《琴川志》卷一。

常熟在汉唐有三十二港以泄全湖建瓴之势,旱则资潮汐,潦则藉分杀,故田常稔而有此名。至元末,独存四港,巳东为白茆,尝资为运道,其流最大。稍北为许浦,正北为福山港,极西北为三丈浦。至正中亦几湮废,故江南水灾,无日不闻。①

主干河道不畅,其他塘浦的淤塞速度更快,长此以往就变成一般的小河。在常熟一带,白茆浦是重点治理的河道,比普通的冈身出海河更被重视。乾道元年官方招卒开浚时,动用了兵船疏浚。"今依旧招致阙额开江兵卒,次第开浚,不数月诸浦可以渐次通彻,又用兵卒驾船,遇潮退摇荡,随之使沙泥随潮退落,不致停积"。② 与其他大浦河相比,河槽本身也较其他河流更为阔直顺达。白茆处在更有利的地形上,受到治水者们越来越多的关注。"白茆港视他水独广阔而顺达。于此导之,使苏常东北诸水皆由此港以入海,而震泽上源自可减杀。"③元代,吴淞江进一步被淤,治水者向东北方向寻出水之路,实际上是准备给病态的河网进行一次类似外科手术式的改变。周文英认为白茅浦与浏家港可以代替吴淞江。"今弃吴松江东南涂涨之地,姑置勿论,而专意于江之东北刘家港、白茅浦等处,追寻水脉。"④周文英的设想在元政府下没能实现,"元既平宋,军士罢散,浊流淤而渐浅。民茭牧其中久,遂耕为田。长吏因以赋民,水障不得泻,泛滥固其宜也"。白茆港成为"芦茅之地"。张士诚从周文英设想中受到启发,对白茆动工,"起民夫十万,使其左丞吕珍堑地成港,

---

① 《赵用贤与兵道李涞论水利书》,见张国维:《吴中水利全书》卷十七。
② 《宋史·河渠志》,见光绪《昭常合志稿》卷九,水利。
③ 《徐栻三吴水考序》,见张国维:《吴中水利全书》卷二十三。
④ 周文英:《三吴水利》,见姚文灏:《浙西水利书》,元书。

长亘九十里,广三十丈"。① 从此,白茆成为太湖水利重镇、常熟水网中的重中之重。

宋以后,湖泊不断被开垦,数量下降,面积减少,水网损失库容,像人体的排泄系统处于病态一样。为了保证水网畅通,治水者要对水网所依赖的湖泊进行保护,湖泊是清水的蓄集地,可以加强清流的优势。任古关注到了昆承湖对周边塘浦的影响。"赵子潇昨计料开浚崔浦,系决泄昆承湖及民田内水,南自梅里塘距浦口迤逦北入大江,今已干涸。缘浦身迂曲,泄水不快,是致积沙高厚,开浚工倍"。②绍兴年间,平江知府陈正同言:"常熟诸浦,旧来虽有潮沙之患,每得上流迅湍,可以推涤,不致淤塞。后来被人户围裹湖瀼为田,认为永业。乞加禁止。"禁围垦的办法往往是立界管理:"平江府明立界至,约束人户,毋得占射围裹。"③沿湖地区,人少地多,建筑大圩仍有必要。尚湖周边地区的圩田,宋元时期有堤,以后崩溃。成化年间,常熟知县兰玉筑尚湖西北的赵段圩。"上广八尺,而下加三之一,固基本也。地之形势,逶迤若环带。然其外则种木。石以舟计,及二千艘。钱谷之需,累巨万有奇。工役,则五万三千有奇。虽用夥,而民不见扰也。始工于是岁二月二十六日已巳,告成于三月二十九日丙子。工之成,何其速哉! 于是沮洳之乡,变为禾稼。流徙之民,相续而还。"④治水者一般用法律手段限制豪强阻塞水道和湖面,但专制社会的法律只能偶尔起作用,对基础水利社会往往更不起作用。

随着开发程度加强,湖荡继续被围,水网的承水、纳水能力越来

---

① 康熙《常熟县志》卷之二,水。
② 《任古上平江水利状》(三),绍兴二十九年,见张国维:《吴中水利全书》卷十三。
③ 史才:《围田利害》,见姚文灏:《浙西水利书》,宋书。
④ 民国《重修常昭合志》卷五,水利志。

越弱,抵御水旱灾害的能力不断下降。宋元时代的湖区围垦,明代仍然时断时续。围垦堵塞水道,清流不旺,清流不旺则无力冲刷泥沙,导致进一步的淤塞。总之,宋元时期的常熟水网也像整体的吴淞江水网一样,处于一种病态之中,尽管元末开白茆全局水环境有所好转,但排水不畅的毛病直到明代黄浦江形成以后才得以改善。

二 浚河、筑岸与明代的水脉

由于政府禁垦湖泊的法律难以阻止农业扩张,浅水湖泊在明初基本上已开发完毕,水网感潮淤塞在明代更加严重。"每月初二、三、四及十七、八、九六日谓之大信,海口水痕增高四五尺,渐入渐减,至末流则仅尺许,潮沙至此停积最多,以其送之入不能挟之出也。初五、二十以后,潮痕日缩,谓之小信,涨不过二三尺,距口远者竟不至。"① 大汛之时,停积泥沙最多,长江之潮和海潮都可以借水网进入内地。以前常熟诸浦所感之潮是江潮,"昔人于常熟之北,开二十四浦,疏而导之扬子江"。② 在明代,常熟各河有感江潮和感海潮之分。耿橘言:

> 本县地势,东北滨海,正北、西北滨江,白茆潮水极盛者达于小东门,此海水也。白茆以南,若铛脚港、陆和港、黄浜、湖漕、石撞浜,皆为海水。自白茆抵江阴县金泾、高浦、唐浦、四马泾、吴六泾、东瓦浦、西瓦浦、浒浦、千步泾、中沙泾、海洋塘、野儿漕、耿泾、崔浦、芦浦、福山港、万家港、西洋港、陈浦、钱巷港、奚浦、三丈浦、黄泗浦、新庄港、乌沙港、界泾等港数十处,皆江水也。江

---

① 民国《重修常昭合志》卷四,山川志,附录。
② 范成大撰、陆振岳校点:《吴郡志》卷五,第46页。

水潮最盛者,及于城下,县治正西、西南、正南、东南三面而下东北,而注之海,注之江者,皆湖水也。此常熟水利之大经也。①

感潮河周边地区的土壤环境严重恶化。万历年间,北部诸浦周边的农田盐碱化严重,白茆两岸的盐碱化最严重,福山港次之。"白茆以下,田多瘠卤,而福山以下,田多沃美。"②福山港所感之潮是江潮,白茆以东诸浦所感之潮是海潮。感海潮之河的盐碱化程度比较严重,感江潮之河盐碱化程度较轻。但在明代,感江潮的河流附近也出现了盐碱化现象。福山港"受东来直注之水,到江最易,宜与白茆称亚,其旁多良田,顷者渐瘠卤不堪矣"。许多人曾利用江潮灌溉,由于土壤生态的变化,福山港一带的"有势力之家不蓄产于此"。③清流不敌潮流,必然会出现这种现象。感江潮河流附近的农民也知道用湖水灌溉的道理。"湖水清,灌田田肥,其来也,无一息之停;江水浑,灌田田瘦,其来有时,其去有候。来之时虽高于湖水而去之时则泯然矣。乃正北、西北一带小民第知有江海而不知有湖,不思浚深各河取湖水无穷之利。第计略通江口,待命于潮水之来,当潮水之来也,各为小坝以流之。朔望汛大水盛,则争取焉;逾期汛小水微,则坐而待之。曾不思县南一带享湖水之利者,无日无夜无时而不可灌其田也。"耿橘又说:"江水宁,惟利小抑且害大,彼其浮沙,日至则河易淤,来去冲刷,而岸易倒,往往浚未几而塞随之矣,厥害一;江水灌田,沙积田内,田日簿,一遇大雨,浮沙渗入禾心,禾日焦枯,厥害二;河水澄清,底泥淤腐,农夫蒉取壅田,年复一年,田渐美而河渐深,江水浮

---

① 耿橘:《常熟县水利书》卷一,水利用湖不用江为第一良法。
② 《管一德常熟县重浚福山塘记》,万历三十四年,见张国维:《吴中水利全书》卷二十五。
③ 《赵用贤与水利道许应逵论常熟水利书》,见张国维:《吴中水利全书》卷十七。

沙,日积于河而不可取以为用,徒淤河耳,厥害三。"①两种灌溉水流分别对不同区域的土壤产生影响,南部地区的清流使灌溉、浚河、稻作处于良性互动状态下;北部的江水灌溉区却使河道与农田生态处于恶性循环状态。如果能蓄留上游清水,其水利工程应该像五代的体系那样,通过低地筑岸、高地浚河和高低分界处的置闸达到一定的整体平衡。明代只能在小区域内进行高、低地的联合。

水网的水流平衡更多受总体水环境,特别是吴淞江各支流互动的影响。陆树声将吴江长桥一带比做咽喉,吴淞江两侧的湖泊则是胸腹肠胃,冈身塘浦与吴淞江下游则称被称之为尾闾。陆树声言:

> 三吴谓之泽国者,水所钟也。如主于治涝,欲一决而涸之,不几于因噎而废食乎？今吴江而下,浦港支渠分流而东者,谓之西水。西水盛则海潮不能驾越,迩缘枝河浅涩。西水之来者微缓,海潮之至者湍汛。故潮至则势急而退速,潮去则沙留而易凝,退速则无灌输之实,易凝则多淤淀之虞。如仁台所谓水咸泥浊者,或以此也。今所虑者,潮沙日积,河身渐仰,其于蓄泄不无两妨。论者谓吴江长桥之水迤逦而东,由浦港支渠分流放于海而下,犹之自咽喉而达胸腹肠胃以下注尾闾者也。如令咽喉鲠噎,胸腹肠胃壅塞,则尾闾虽通而津液不注关鬲,且将不利矣。故浦港枝河尤宜浚治,务令深下,则停蓄流通无所壅塞。遇涝则水藉以容纳而不至于漫延,遇旱则水得以车戽而不苦于干旱,此两利之道也。乃若田间水道,则责令田户各加疏浚,此又不待言矣。②

---

① 耿橘:《常熟县水利书》卷一,水利用湖不用江为第一良法。
② 《陆树声与巡按李尧民论水利书》,《吴中水利全书》卷十七。

这时的三江水学思想已发展到利用人体系统理解河网。明人聪明地将中医的人体消化排泄系统引到水网分析。将地表、河道与人体相类比。面对这样的有机水网，低区的出水在于修圩岸以抬高水位，防止水入农田的同时，使水入高地河流，然后导水入冈身河道出海。杨子器谈常熟河道时言："今按县治低田甚多，水聚不能以时入海，故设塘者防水不得入民田，浦者导水以入江海。本治塘有三十四处，浦有四十二处，塘岸之高率一二丈，浦之阔大三五十丈，要使浦高于江，江高于海。"① 塘浦在这里又分出了不同的功能。由于湖泊被围，清水不旺，河道淤塞后仍有涝灾。正德年间，"水患相仍，水利无官经管，围防湮没，泾浜壅滞。泾浜壅滞，上流如诸溇百渎，下流如三江诸浦，率极浅淤。以及昆承湖、阳澄诸湖为太湖之所潴蓄者，又被居民围田侵占，日就窒塞，遂使水无止宿。潦则难泄，旱则难灌，一方之民，坐受其弊，公私困乏"。② 冈身诸浦的感潮和淤积使水网的持续力日益减弱。

  滨海之地，每多埋身以致积土如山者，皆缘海潮错入，浑沙填淤，屡经开浚，而渐积以成。若不为区画，使河水常浊，潮沙之淀年浚年加，究其所竟，宁不为夹冈之势乎。故民田之灌溉，必藉海潮大汛，方可车引荫养田禾。一遇小汛，虽有河渠，涓滴无入，束手待毙。故古人开三十六浦于今常熟、太仓境内，为沿海泄放涝水之计，固为救灾之急务。然以三十六浦论之，如三丈、福山、奚浦、许浦、白茆、七浦、杨林、吴川、盐铁、横沥诸塘之外，余如大钱、铠脚、双鸣、鹿鸣、六尺、东杨林、大舍、桃源泾之类，杂

---
① 《杨子器常熟县水利议》，见张国维：《吴中水利全书》卷二十二。
② 《俞谏请留关税浚白茆疏》，正德七年，见张国维：《吴中水利全书》卷十四。

引潮沙,内多淤壅者,虽有形存,欲假之以泄放湖水之溢,殆非所赖也。益阳城、昆、尚诸湖之水,必由白茆、七浦、杨林、湖川等塘而泄入于海。计其经行之路,各七八十里,行至近海之处,其涓涓趋赴之势,孰能御之? 乃开三十六浦以分泄焉,不于湖口多开以杀其怒,乃于海岸多凿浦港以分其流,所假六浦引湖水以冲涤三十浦之潮沙,其多寡强弱,灼然可知。若开三十六浦于上流,则湖水并入白茆、七浦等塘,则湖水强而潮水弱,湖水不患其不泄,而六浦日以深。今开三十六浦于下流,则海潮亦互入于白茆、七浦等塘,湖水少而海水多,故六浦不能不淤而日以塞。①

陈王道把白茆、七浦等清水较盛的塘浦比作"井陉栈道",其中水流比作"车不方轨,骑不成列之兵",三十六浦的浑潮比成平原旷野中的"东冲西突之寇"。"以井陉栈道之兵,欲制胜于东冲西突之寇,岂不难哉。"② 淤塞只能促动政府加强疏浚。政府的大修工程多年一次,水网随着大修而处于一种周期性的疏活和淤塞循环之中。一般的工程县里兴工,大的疏浚工程需要中央王朝特派专员。永乐元年,夏原吉治苏松,"浚常熟县白茆塘、福山塘、耿泾,导昆承、阳承诸湖水入扬子江"。③

由于多次疏浚,明代水网中专主排泄的河道和专主灌溉的河道逐步形成。疏浚和筑岸从枝河和圩岸入手,将枝端水系的水位提高,水流才能缓缓而出。水网中的每条河不是独立的,水网末端深入到基本的小河与圩田,治河须治水网。低区宣泄之河到了高区,一般就

---

① 《陈王道上水院太仓州境水利揭》,万历六年,见张国维:《吴中水利全书》卷十六。
② 同上。
③ 光绪《昭常合志稿》卷九,水利。

成为灌溉之河,如果不能畅通,高区旱情与低区的涝情可能会同时发生。冈身河浦无水,不但无法引潮灌溉,还会引起海水倒灌。"太湖汛溢泄放无门,低乡田亩方患全濟,沿江高仰之区则又不能引潮灌溉,荒弃田地万万亩,亏损钱粮万万石。"主排涝和主灌溉之河状态各异。"除白茆、吴淞江,其余有专主宣泄者,有专主灌溉者。宣泄之河正吞湖流,或东或北趋入海,其势为纵为经,其开挑宜深宜阔"。常熟的宣泄之河是"梅李塘、福山港、黄泗浦、奚浦",其他河多为灌溉之河,通过修坝蓄清进行灌溉。明以后坝堰大兴,多为蓄水灌溉之用。"其主灌溉之河,地形多是中高两下,非天雨,水无由积,仍须两头或置闸,或设窦,斯可为利。"①在这种状态下,主灌溉之河为引水方便,一般为枝河,在坝堰的作用下往往处于相对封闭状态。治水者的责任往往就是让这一水网体系干枝互通,达到排涝和抗旱。有人将干枝互通与中医的饮食理论相连合。

> 即以人身譬之,苟尾闾不通,痞满为患,使医者不以调胃承气等剂推之荡之,而犹倡为纵容消导之说,彼其人可立而毙也。篤尾闾决,而元气虚,饮食调理,其功尤急。所为饮食者,则枝河及时雨也,时雨不敢,必所可尽力者,枝河耳!始予建议挑吴淞以便疏泄,浚枝河以资灌溉,筑圩岸以防泛滥,无日不以是三者而亟举之。且牌行各州县令,悉举境内枝河逐一查勘,当与吴淞并浚而并深,三令五申,文移具在,不谓专吴淞而弃枝河也。如专吴淞而弃枝河者,犹治痞满者,专推荡而不为饮食调理,其人亦立而毙无益也。②

---

① 《林文沛水利兴革事宜款示》,嘉靖元年,见张国维:《吴中水利全书》卷十五。
② 《许应逵吴淞江或问》,《吴中水利全书》卷二十一。

干枝并举要求治河与治田相结合。在明代,只有水利工程大兴时,官方的治河才深入到基层河道,这时的水网才干枝互通。干河水流对枝河水流的起着决定性的作用,枝河水流的畅通,可以帮助主干排水河道以清刷浑。三丈浦是一个小干河,明末"乃西北要津,首连杨子大江,尾通三县水口,东流奚浦、西洋,西接新庄、横浦、百里,旱涝所系,亿万农命所关。浚则枝河流布,而汙邪为上田,淤则各港绝流,而上田为瓯脱。论征由供半邑之赋税,言利病实万姓之咽喉。若举大工,岂曰小补"。万历七年,这一带"延亘百余里,蒿茆满目,烟火萧条。居民逋逃,有田无主,积堕钱粮动以千计"。① 此河有众多支流,干河疏浚,要求枝河体系随之互动,否则干、枝河的水位差会使水网不通。"盖大河以通舟楫,而枝河切近圩埧,故不浚则已,若浚大河而不及枝河,由枝河反高,而水势难以逆上,凡田之属枝河者,皆成荒弃矣。"②水流对地形是敏感的,稍有差异就会改变旱涝形势,开河时理顺干枝关系对工程影响尤大。官方开干河,乡间必开枝河。干河对枝河的的水流关系要求县府与乡村的政治关系相互动。官员往往只关注干河疏通,成功的治水官员在疏浚干河时还督催乡间枝河的兴修。俞谏兴修白茆时,"委官先将高乡淤塞泾漕浜溇,低乡坍没圩岸堤防,逐一查勘。照田多寡,分派丈尺,督令得利之人趋时浚筑。及将前项诸溇百泾江塘河港以次开浚,随宜修举"。③ 林应训非常理解治岸的重要性,"各乡沟洫圩岸,虽有长短广狭不齐,然不过为一圩之田而设也。故田少则圩必小,田多则必大,而环圩之沟洫因之"。他制定了一系列的圩岸法则,将一些大圩变成小圩,使低乡水

---

① 耿橘:《常熟县水利书》附录卷上,里排乞浚三丈浦呈。
② 同上书,钱刺史回书(讳国华号珍凡)。
③ 《俞谏请留关税浚白茆疏》,正德七年,见张国维:《吴中水利全书》卷十四。

道在筑岸的基础上进一步细化。"又有一等低洼田亩,嵌坐中心,无从蓄。有愿开凿通河、运泥增高者听。"开凿通河延展了基层水道,水网的末端更加细化。林还对干扰乡间水网的豪强做出了反应。"访得各乡水利,原自疏通。近多豪家,适己自便,于上流要害,广种茭菱。稍有淤垫,即谋佃为田。所司不察,轻付执照。亦有居民贪图小利,竭泽而渔,沿流置簖。及有挑出田内泥土、增广田圩,堆放竹排木排,横截河港。甚至上乡全赖潮水灌溉,奸滑人户,乃于浦口下流,设堰横截,百般刁难,然后放水入内。又其甚者,假以报税起科,遂侵为己物,潴水专利,以致内地灌溉无资。若不通行严禁,终为水道之梗。今后各府县水利官,责令各塘长圩甲,凡有侵截之家,即便报出,姑令改正免罪"。① 豪强人物对乡间水网的侵占多种多样,再加上水环境的变化和官方的浚河不时,水网不断崩溃,又不断地修复。明末,圩岸又处于普遍的崩坏状态。耿橘这样分析常熟潭塘八区的水脉:

> 潭塘八区自县翼京、迎春两门外,南抵长洲县界,纵长三十有五里,昆承湖逼其左腋,华荡冲其右臂,元和塘、陶荡循其两股,若西、若西北、若西南、江阴、无锡二县之水由蠡湖者,由尚湖者,由王港荡者,由宛山荡者,由佳菱荡者,俱会于华荡而奔入于潭塘,至昆承湖下白茆港入海。若南、若西南长洲县境以南之水由阳城湖者,由傀儡荡者,散漫北流,缘元和塘、陶荡诸处,亦经潭塘会昆承下白茆入海。譬之人身,潭塘,胸膈也;昆承,肠胃也;白茆,尾闾也;华荡、元和塘、陶荡皆咽喉要路,而华荡为尤

---

① 林应训:《修筑河圩以备旱潦以重农务事文移》,见徐光启:《农政全书》卷之十四,东南水利,中。

甚。养生者,咽喉纳,肠胃蓄,尾闾泻,则胸膈快畅而无恙。乃今白茆入海之通渠日就淤塞,昆承湖蓄极不通,势且返溢,则腹里大港分乡泾、新安塘诸水又为潭塘翻胃之道,纳者奔滔,泻者涓滴,反溢者弥漫而莫稽,则潭塘危矣,田荒民窘,岂得已哉。①

耿橘指出:在白茆入海之道淤塞的大环境下,上游蓄水湖泊昆承湖不通,这一区的整体水流状况便出问题。他深知从干枝关系入手整治乡村水网,对干枝关系,他理解得更深刻一些,将水网与树的干枝进行了对比论述。

> 凡田附干河者少,而附枝河者多,盖河有枝干,譬之树焉。千百枝皆附一干而生,是干为重矣;然敷叶、开花、结子,功在于枝,不可忽也。彼枝河切近圩圩,灌溉之益,所关非细。若浚干河而不浚枝河,则枝河反高,水势难以逆上,而干河两旁,所及有限,枝河所经之多田,反成荒弃。即干河之水,又焉用之?法当于干河半工之时,即专官料理枝河。责令各枝河得利业户,俱照田论工,一齐并举。仍责令该枝河千百长催督,务要先期料理停妥。俟干河工完之日,先放各枝河水,放毕,随于各枝河口筑一小坝,俟小坝成,然后决大坝而放湖水,其工之次第如此。盖浚干河时,凡干河之水悉放之枝河,而后大工可就。浚枝河时,凡枝河之水,悉归之干河,而后众小工易成,况枝河高,干河低,不过一决之力。若先放湖水,则方浚之初,水势必大,此时枝河不能直入,必假车戽,劳费钜矣。浚河者,往往于干河告成之后,心懒力疲,置枝河于不问;为民者,亦曰:"姑俟异日也",而前工荒

---

① 《耿橘潭塘水利建闸坝议》,《吴中水利全书》卷二十二。

矣。盖机不可失,而劳不可辞。其工之始终又如此。干河之大者,量给官银。枝河则专用民力焉。①

无论是用人体结构分析埂塘八区水脉,还是用树状结构分析干枝关系,耿橘都用动态与生命态分析常熟水脉。在理解水脉的基础上,耿橘试图重建自然圩。"围外依形连搭筑岸,围内一体开河。"根据水网末端的河形和地势设计圩岸。"各圩疆界,多系犬牙交错,势难逐圩分筑,况又不必于分筑者,惟看地形,四边有河,即随河做岸,连搭成围。大者合数十圩,数千百亩,共筑一围。小者即一圩数十亩,自筑一围亦可。但外筑圈岸,内筑㽞岸,务合规式,不得卤莽。"主张通过开渠使水网细化,"大小围内,除原有河渠水势通利,及虽无河渠而田形平稳者照旧外,不然者必须相度地势,割田若干亩而开河渠"。潭塘、任阳、唐市、五瞿、湖南、毕泽六个极低之乡,"田浮于水面,四边纯是塘泾。又圩段延袤,大者千顷,小者五六十顷,中间包络水荡数十处,河渠既多,而浜溇又深,无撮土可取也"。耿橘就此制定了取土法则。"本县再四思维,此等处须查本地有老板荒田,其粮已入缓征项下,年久无人告垦者,查明丘段丈尺,出示听民采土筑岸"。② 耿橘代表官方给予了如此多的细节指导与政策支持,说明水网区的政治集权也可以随时达到水网末节。

三 局域化

宋代以来治水方略不出疏河、置闸、筑圩,这种治水者长期使用的三合一水网管理技术,在明代仍然持续地被利用。

---

① 耿橘:《大兴水利申》,见徐光启:《农政全书》卷之十五。
② 耿橘:《常熟县水利书》卷一,筑岸法。

昔人以开江、置闸、围岸为第一义,又以河道田围二事可兼修,而不可偏废。此皆确论,但惜其失先后之序,故祖之者率多以开江为急,而围岸沟洫漫不之省,是以用力多而成功少。凭以为江,固当开闸,固当置围岸沟洫,则在开江置闸之先,而围岸又当先于沟洫也。修围之法,水涨则专修其里,土不狼籍;水涸则兼筑其外,岸方坚固。围大者其中须画界岸,但今低乡围岸荡然无根基,须得椿笆方可。①

前已所述,随着冈身大多数河浦淤塞,宋代以后的国家治水逐步集中到白茆等大河上。一般的感潮河或引潮河,只置闸和坝堰。沿海有闸以控制潮水,低地有坝堰截留清水以防止回流。闸和坝堰有蓄清挡浑的作用,也有分割水系的作用。水系的分割使水网产生局域化发展倾向。五代时期的冈身与低地间的斗门以及沿海、沿江的置闸,虽在一定程度上分割水流,却在挡浑蓄清方面起到了很好的作用,有利于清水水流的水网一体化。宋初浦口之闸被废,塘浦淤塞,反而有碍水网畅通,到后期清流不盛,所剩无几的海口置闸,效果也非常不好。"边海地皆浮沙,海潮湖水,内外冲啮,闸底椿木之处,一有罅隙,渐次流空而易崩损,白茆、七浦、斜堰等闸是也,故闸虽十设而九废耳。"②沿海地方旋淤旋废。以白茆而论:"白茆病在河阔泥泛,无可施工。其余入江河形,阔不过七、八丈上下,因而建造一闸或二闸,潮至则闭,潮退则启。使浑水不得入,而清水蓄积得以洗其闸外之淤。"③适合于细小化河道体系的坝堰增多也引起一些问题,因

---

① 《金藻三江水学》,见张国维:《吴中水利全书》卷二十一。
② 《周大韶论治水为谋不臧》,见张国维:《吴中水利全书》卷二十一。
③ 《林文沛水利兴革事宜款示》,嘉靖元年,见张国维:《吴中水利全书》卷十五。

坝堰必须一年一拆,要不然水网的局部封闭性会越加强化。闸坝的用途往往纯为灌溉,蓄清刷浑的功能较弱。毛节卿认为置闸时应"兼古制,通时宜,每河阔三丈者,置闸一座;六丈者,置闸二座,多寡以是为差"。他发现当时的高乡已不再置闸贮水,旱情严重。"今高乡枝河在在湮塞,旱年则从外塘搬水以救苗,民寔劳止。"①旱年水网急剧萎缩,田地难得外水。冈身地区农民"两头或作土坝,或建闸斗以潴清水,以节浑潮,不论大小潮汛,使民田均得以资灌溉。而于七浦、湖川、杨林等大塘,亦无诸浦杂引潮沙以致填淤也"。② 这些现象都引起水流局域化。耿橘反对建大闸:"盖有闸必有守闸之夫,寇盗豪强不利于大闸者十九,而江海口地多旷廓,守亦假难,且波涛冲蚀,水道又有迁徙之患,故难存也。然往日闸工费动逾千金,销毁不逾岁月,追论可惜。"他提倡小闸:"至于圩田之上流,泾浜之要口,小闸小堰,外抵横流,内泄涨溢,关系旱涝不浅,而工费亦俭。"③耿橘提倡用坝堰引湖水灌溉,仅在一定程度上促进清水水流区域扩展。"沿江大小港浦淤浅者随急缓浚之,浚时必于港口筑坝,浚毕而坝不决,则湖水不出而江水不入,清浊判于一堤,利害悬于霄壤,而此河亦永永无劳再浚矣。何也?县以南凡用湖水者未闻有塞河也,此不待大智而后见也。独无良之民偷坝兴谣大为可虑,然此亦论其常耳。"时机和地形也与坝的开启与闭合相关。"若大旱之年湖水竭,江水盛;大涝之年江水低,湖水高,不妨决坝以济之。但浚河每先干河而后枝河,未浚而身高,湖水低,不能上济江潮,稍高足以济之,则坝亦不得

---

① 《毛节卿江海坝闸论》,《吴中水利全书》卷二十一。
② 《陈王道上水院太仓州境水利揭》,万历六年,见张国维:《吴中水利全书》卷十六。
③ 耿橘:《常熟县水利书》卷一,建闸法。

留矣。福山港小坝正坐此弊,吁! 安得并举枝干而成此悠远之利乎。"①稍一变化或管理不及时,坝堰就会封闭水网。由坝形成的蓄水水柜可以抗旱,却是一种封闭状态。杨子器言:"县治有高阜之地必设为上浜水匦,关闭其水以自灌溉,则水有所储积,不得反流而趋内。是为措置高亢之地。"②在大多数时期内,坝堰基本上是逐步导致了水网的局域化和死水化。黄浦江形成后,太湖东部出水较快,丰水环境不再,河道系统不再讲求其泄水功能,人们更不愿意拆坝修圩,水环境的封闭化倾向进一步加强。总之,小闸或坝堰可以在一定的条件下促成局部水网畅通,却使水网分割,呈局部化或死水状态。耿橘以后,少有细致的农田工程。大多数地区只能靠自然的潮水顶托灌溉,河道淤塞,水网不通,清水难进河道。潮水灌溉所对应的局域灌溉水网也很小。也有实行车戽提水的,甚至是层层戽水。杨尖地是一块很高的地块,"戽水灌苗或叠三四龙骨车乃达于田"。③只用这种方法毕竟难以扩大水网的能力,涝年潮水引起水灾,一般筑坝防之。干旱时,农民在干河抢水,枝河或圩田内的水道基本上没有水。清代常熟朱王鋐言:

> 按潮为邑患,惟老农之明地理者知之,其余多不能知,以其害非身受。而通水济田之说,又足以惑世俗而箝说者之口也。今试为释之。夫水之济田有蓄有泄,今欲用潮以为蓄,而内地之河尽为浑潮所灌,沙积河底已成平陆矣。潮虽至,无河身可以留之,惟有任其去来。来之时骤长二三尺,农夫拚命抢水,刻不容

---

① 耿橘:《常熟县水利书》卷一,水利用湖不用江为第一良法。
② 《杨子器常熟水利议》,见张国维:《吴中水利全书》卷二十二。
③ 民国《重修常昭合志》卷四,山川志。

缓。及至潮退,河中之水又复涓滴不存,人皆袖手歇车。一日做不及半日之工,况又有小汐为之间哉。此东乡之田所以不能常稔也。若欲通海以为泄,必使高地之水,流行低洼之处,以为尾闾之宣泄。今县海壖高于内,地形如仰盂,势决不能使内地之水,逆流以泄于海。其所泄者,不过适才所上之潮,时来时去耳。彼居地者十余年来,从不见清水随潮出口,是其证也。且更有可虞者,古之治田,高乡惟疏浚塘河以蓄水,低乡惟修筑围岸以御水。圩岸高于浦塘,浦塘高于江海。水潦之年,车戽低田所积雨水,入于浦塘以达海,势如建瓴,极为便利。惟有潮上,敌住浦塘所下之水,两不得逞,谓之斗水。斗水常至,横决堤岸溃水入田,故历年淹没,必在大汐之后,皆潮水之害也。缅稽占(古)制,凡海口二十四浦,皆置闸以拒潮。年久闸废,潮乃阑入。今县半壁之河塞田芜,皆因浦口不置闸,无以拒潮之害也。①

低洼区的干枝流动被小闸和坝堰控制,耿橘重视昆承湖以南闸坝体系。"昆承湖之南夙号水乡,元和塘以东泄水之道以潭荡为最大,此《水利全书》所以总多为潭荡八区也。谓六十二、二区,六十八、九区,七十七、十一、二、三区。昔时水利修举,水区尤多闸坝以防水患。昆承湖之南,闸则有黄墓闸、殷庄闸、螺蛳泾闸,以上皆沿元和塘。潭荡闸、杨家闸,坝则有王段坝、龙荡坝、池家坝、张港坝,以上皆沿元和塘。狄家坝、赵锵坝、天井坝、辛庄坝、毛泾坝、牛河坝、军装坝诸名,今大半不可考。"②以上是民国地方志的话,"不可考"意指到民国时期大半坝都消失了,这种土坝难以持续三百年。任阳六区是耿

---

① 矢王鋐:《论潮为邑患说》,民国《重修常昭合志》卷五,水利志附录。
② 民国《重修常昭合志》卷四,山川志。

橘非常得意的治理区,接近冈身,圩田受西部清流之水和太仓冈身倒灌之水的影响,耿橘用坝和小闸控制东西水流。

> 在东南陶舍泾、重罡泾、周泾、曲溇等四口各建小闸,龙池泾前后、黄泾、马池泾等四口各筑土坝以御太仓冈身之水,使之由吴塘过七浦,循盐铁塘下白茆港入海。西南如沈家浜、丁泽泾、坞丘泾、石灰泾、周泾、南梢西鹅泾、南梢西斜塘、七口各建小闸防备。溇口筑一土坝,以西御南斜塘、界泾、太湖泾、巴城湖之水,而东御潘泾、太仓、高处之水,北御毛沙塘、七浦之水,使其水西由毛沙塘过七浦,尊黄泾俱下白茆港入海,则三面西来之水不能犯任阳一滴矣。再于七浦两岸,如古全泾、西鹅泾北梢、东鹅泾北梢、周泾、倒插泾、瓦屑泾、黄旻泾、横塘八口各建小闸,新开河、荡泾二口各筑土坝,使七鸦大浦之水,不能南害东四十都、南四十都、正副四区。如山泾、大周泾、小周泾、蒲渐泾、庙泾、北横塘六口各建一小闸,使七鸦大浦之水不能北害北四十都、正副二区,则任阳六区如金瓯然。①

低区只能筑岸防水,闸建于高区与低区之间的高区一侧。在任阳等地,人们建闸时"相度地势,依高区开河事例,验田设处"。② 设坝的地理位置一般在"围田之上流,泾浜之要口。耿候有言:外抵横流,内泄涨溢,小闸小堰之关系旱潦不小。今各乡堰坝大者近年亦少修复,农田蓄泄率用小坝为启闭,每随围岸时修时治之,无或废也"。③ 坝越小,成本越低,大坝越来越少。"旧坝用土,民力尚自不

---

① 耿橘:《常熟县水利书》卷六。
② 耿橘:《常熟县水利书》附录卷上,任阳潭塘公正里排建闸呈。
③ 民国《重修常昭合志》卷四,山川志。

胜,滚水坝用砖石,民力益难办耳。"① 随着坝堰变小,所圈的水域也变小。无论在高区还是低区,人们利用坝堰控制水流的同时,也封闭水流,使水流在干枝河流间的流动性减弱,形成相对的封闭水环境。动乱时期,国家权力无威慑之力,地方社会各筑坝堰,水网封闭。五代末、宋末和元末都有类似的封闭现象发生。元末动乱时,河道内堰坝四起,到洪武九年,国家才下令统一整顿低地坝堰。是年八月,"长洲县民俞守仁等诣县状言:今夏淫雨,江湖增涨。常熟、昆山之民,于白茆四近昆承湖南诸泾,及至和塘北港汊,尽为堰坝,不使通流,虽曾差官开浚,彼民随开随堰,至令上水不能走泄,田圩易为淹没,告乞施行。"② 到明代中后期,随着水环境的变化,局部地区已经不用高筑圩岸以提高水位了,小坝小堰又一次大量兴起,水环境的局部化和封闭化也越来越强,水网日益老化,水流日益呈死水化状态。

四 趋势

9—17 世纪的水网变化趋势很清楚:伴随着主干河道的加强,枝河分化越来越强,由于干强枝弱,整个水网也呈现出衰退之象。这种状态与人类活动密不可分,日益严重的湖泊开垦,使清水日益减弱,潮淤日益加强,水网越来越呈病态。黄浦江形成以后,整个太湖东部的丰水环境不再,干田化趋势加剧,内涝状态减轻,旱涝不均的状态却加强。由于水位降低,清水不盛,加上坝堰的大量兴起,死水化现象不断发生,水网处于周期性的病态发作状态,水利体制也出现了相

---

① 朱王鋑:《论潮为邑患说》,民国《重修常昭合志》卷五,水利志附录。
② 民国《重修常昭合志》卷五,水利志。

应的同构现象。乡村水利体制同样处于僵化、老化状态,日常岁修制度也不再运行了。吴韶言:

> 禾生于水,溺之则腐。苏松水田卑下,暴水每高于田,不可无塍以障水也。然一塍之间,田连千亩,业非一主,不有官司督役,孰先为之。自正德来,水利全废,塘长人役不复知水利为何事。旧塍高六七尺者或与田平,水无所限,遇潦已不足言。稍遇旱暵,向来塍岸塌土成滩,水不可到畎,庤无资,禾亦就萎。饥莩盈涂率由于是。又况塍坍浪洗,田亩日亏,不免以亏田粮而加之。见田粮愈重,而民逃又不免。以逃户差而加之,见户赋役日繁,民斯辗转,良可叹息。①

关于正德以后的水利崩溃,日本学者森田明和滨岛敦俊认为这是由地主城居后乡村里甲制崩溃而起。② 这种观点片面地强调了乡绅的作用。事实上,真正地引起农业产量大幅度下降的水利失修一旦存在,官方和民间会有及时的修正。吴韶所讲的水利败坏和塘长失位应是水环境变化所致,这是一种死水化下涝灾或旱灾时的状态。平常年的死水化不影响产量,人们才不再管理圩岸与枝河,圩岸都塌土成滩,没有大涝也影响不大,因为沟洫亦可排水灌水。黄浦江分担了大部分出水以后,水位普遍降低,丰水环境不再,河网走向僵化、老化、分割化、局部化。在分割化水网环境下,乡村社会的日常修圩任务不再像以前那样重要。坝堰大量兴起后,水网分割使岁修与筑岸的必要性大大降低,正是这种情况导致了不熟悉水利的塘长出现。

---

① 张国维:《吴中水利全书》卷二十,《吴韶水利修圩说》。
② 森田明:《清代水利史研究》,亚纪书房,1974 年,第 450—467 页。滨岛敦俊:《明代江南农村社会の研究》,东京大学出版社,1982 年,第 95—96 页。

旱涝不均加剧,只好通过加强个体家庭的戽水以代水利共同体的合作。政府重整水网的时间往往几十年一次,且一般在大灾之后才兴工将残破的水网重新整合修复一次。

第三节　水利单位与地方制度

日本学者关注江南水利社会共同体已经有很久的历史,他们对宋元时期塘浦水利社会与晚期水网区的里甲社会均使用了共同体的概念,将编民单位的都、区、图、里、甲基本上等同于水利共同体的社会单元。长濑守认为共同体包括了村庄社会、阶级关系、国家权力、人的自律性等内容。① 这种定义常常抹杀了水利共同体的地缘特征。实际上,学术史上的共同体的概念一开始就有地缘,欧洲的共同体有教会和公地,有乡村界限,界限内的农民有共同的习惯。春秋战国以后,中国北方几乎没有公地了,村庄本身仍可作为一定程度的乡村共同体依托。江南水网区的村庄多是散庄,难成依托对象,真正有依托性质的对象是河道与圩岸。费孝通观察到村庄范围内水面权力,水栅对村庄的防卫,村民争水与共同排水诸问题。他发现了自然圩的共同排水特点②,但这种小圩排水,不是共同体的全部。五代时期的国家水网管理以大圩为单位,基层社会与地理单元完全整合划一。每一个自然大圩是一个自然村,也是一个水利社会单位。北宋时期,大圩体制逐步遭到破坏,水网也随之发生变化,塘浦发生泾浜

---

① 长濑守:《宋元水利史研究》,东京:国书刊行会,昭和五十八年,第14—15页。西冈弘晃:《宋代苏州におはる浦塘管理と圩田构筑》,中国水利史研究会编:《中国水利史论集》,国书刊行会,昭和56年,第122—154页。

② 费孝通:《江村经济》,商务印书馆,2004年,第140—144,155—156页。

分化,演变成复杂的干枝体系。一个地域内的水利社会不再依托大圩,而是依托一个地域内所有的圩田与河道,但最基本的单元仍是自然圩共同体,以此向上整合,将一个区域内的河道网络整合成一个区域。向上整合时往往与都、图合一。由于国家权力的正规统辖单位只到县,都、图单位往往兼具地方与国家两种力量,客观存在着国家与社会种种关系和多种官民分野在这些单位中的表达。本节立足于常熟县的个案研究,试图对水利社会单元与基层水网所涉及的区域社会做详细的研究,以期揭示太湖水网体系中生态环境与乡村社会的关系。万历年间,耿橘在常熟兴治水利,编纂有《常熟县水利全书》,此书篇幅较大,对常熟县的水利记载详细到每一个区,甚至每一个圩,对基层水利单位的研究非常有益。

一 官民分责

明代社会江南的基层水利社会所负责的水利责任不单是筑圩,还有浚河与筑坝、闸,守着宋代以来筑圩、浚河、修闸的三合一治理模式。筑圩需要的水利社会区域最小,自然圩即可形成一个社会聚合体;浚河则需要更大的区域整合,一条泾或一条浜,在都、区还是里甲的区域内整合,都涉及到整个地域的社会力量与社会组织。干河需要一个县或几个县的协调才能完成。干河不整,水网紊乱,水灾频仍;枝河不整,干河也无法得到治理。国家与乡村关系非常密切,国家不能单独统辖,必须依赖地方的合作,这是区别于北方水利社会的地方。北方大河可以完全由国家统之,小河则完全由乡村或水利联合体统之,互不干涉。江南却需要不同规模相互配合的官民分野。屯田时期,单个大圩与河道本身即带有水利集权,治田与治河紧密地结合。吴越的水利集权时各大圩四周就是国家之河,圩外河修好了,整体上的河网也畅通了。各个重要的区域又有官方和军队把持,水利行政在集权下管理有序。这种区域水利集权在宋一统后崩溃了,国家不再全面地实施控制,县以上的区域行政长官间歇地对运河水道或其他水道进行修浚,集权松散。郏亶言:"自国朝统御以来,百余年间,除十数条大者间或浚治外,其余塘浦,官中则不曾浚治。"①一旦成灾,即出现了圩崩河淤现象。作为赋税重地,国家不会长久放弃江南治水,治水者逐步掌握了一套官方与乡村相互配合的社会互动整合机制。官方修干河,相应的乡村社会与之配合修枝河,治河与治岸并重。"嘉祐三年,转运使沈立开昆山之顾浦,颇为深浚;五年,转运使王纯臣建议请令苏湖常秀修作田塍,位位相接,以御风涛。"上一位治了河,下一位必须治岸。②但是,国家力量常常无法深入基层,在这种形势下,官方逐步制定出一套官民分责的管理制度。制度分化体现在河道分级方面逐步有了"官河"的概念。这一概念在黄震那里被阐述得非常清楚。

> 窃见本县管下围田尽在西乡,见今茫茫尚成巨浸,未可施工,向后水退,各有田主自系己事,何待官司监督,纵使官吏到乡,不过于官河上经行一遭,取乡保责状一纸而去。僻村小港,何缘遍及,坐守监视,恐无此理,纵一处可监,其余凡几乡几围,安得一一而监之。古有田畯之官,固可往来阡陌,与民无间,时异事殊,百姓畏官如虎。凡欲利之,适以害之,今岁荒歉,被害最甚,诸司重叠,差官简涝诸乡都,分疃伤旁午者保以上,迎接不暇。吏卒之扰,为官者两耳目尚简核不及,或所差不得其人,则

---

① 范成大撰、陆振岳点校:《吴郡志》卷十九,水利上,第279页。
② 正德《姑苏志》卷十一,水利上。

其为扰,朝廷又安得而知。惟有省事即事便民,除此以外,更无他说。况田岸之事小,水利之事大。田岸之事在民,在民者在官不必虑;水利之事在官,在官者在民不得为。必欲利民,使之蒙福,则莫若讲求水利之大者。窃考本县图志,南北东西各有放水之处,东以蒲汇通大海,西以大盈浦通吴淞江,南至通波塘,直至极北亦通吴淞江,此华亭所以常熟。自小人妄献利,便将泄水之地塞为沙田,朝廷不知,一时听信可为利,所得毫末,而华亭一县多被淹没,公私交病,所失甚多。今若准旧开浚,则百姓自然利赖其为修田岸也,大矣!如蒙申请,舍田岸之小,而修水利之大,幸不胜甚。①

黄震认为田岸之事小,是乡村水利之事,话中隐含着官方与乡村的责任分野。公共湖泊在名义上属官方占有,也是官方责任所在,在这些地域遇到有规模的豪民抵抗,官方也往往回避。在水网区,开河工程有选择性,此河不行,可开另一河。水利政治模式完全不是北方的那种强权式的水利整合,往往是地方利益集团和一般民众都要参与的运作。宋代的官方水利权势比后期小许多,民间共同体在水利方面的权势却逐步增加。嘉定年间,叶凯疏浚常熟小娘子泾。"泾之循县而西者,皆居民也,覆屋其上,湮塞岁久,开浚必动众,未易轻议。至若贯县桥而东者,一河横亘,……役夫浚治,不日通流。"②官方回避了易与地方起冲突的地域。黄浦江形成后,大圩被进一步分割,而小圩又使水利共同体在自组织规模上处于非常弱势的地位,没有力量与官方对抗,也难有力量被组织起来配合官方疏河。官方开

---

① 张国维:《吴中水利全书》卷十五,《黄震申嘉兴府修田塍状》。
② (宋)鲍廉:《琴川志》卷五。

河时,派官员下乡,动员民众与之配合。能否成功,看治水之臣的水平。治水能臣统御时,乡村枝河也会兴工。在常熟,县境内还有一条国家在更高层级上统一治理的大河,即白茆。白茆动工时,不但全县干枝河俱动,邻县也要牵涉其间。一般的县级塘浦往往连着几个都或区。一般而言,河的级别越大,对基层的动员能力可能越强。俞谏修白茆时,就对乡间的圩田系统进行了一次整治。"各属委官,先将高乡淤塞泾漕浜溇,低乡坍没圩岸堤防,逐一查勘。照田多寡,分派丈尺,督令得利之人趋时浚筑。及将前项诸溇百渎江塘河港以次开浚,随宜修举。"①俞谏在高乡统计淤塞的河道,低乡统计坍塌圩岸,合计形成水利任务的总量,以此分配给有关区域。政府出钱,社会出力,按里甲单位下派。"各将围岸取土修筑,水涨则专增其里,水涸则兼筑其外,务令高阔坚固,遇旱则车水以入,涝则戽水以出。"共同体之上的官僚常常腐败,里甲体系有扰民之害。吴岩说:"凡遇工程一槩科敛,则未免府县派之里甲,里甲派之细民,骚动乡村,鲜有不怨。"②

由于明代的水利共同体处于弱势状态,为了保护乡民,许多县官干脆放弃水利管理。林应训治水之前,"水利之官,多不下乡,乃使各区塘长,至县报数,或朔望递结而已。此如虚文,何益实事"。为了恢复水利,他仍然要先恢复以圩甲为单位的自然圩共同体,然后将官员差遣下乡"泛然丈量",制定标准。"干河支港,工力浩大者,官为处置兴工外,至于田间水道,应该民力自尽。为此酌定式则,出给简明告示,缘圩张挂,仍刻成书册,给散粮里,令民一体遵守施行。"

---

① 张国维:《吴中水利全书》卷十四,《俞谏请留关税浚白茆疏》,正德七年。
② 张国维:《吴中水利全书》卷十四,《吴岩条上水利事宜疏》,正德十三年。

在这些标准中,先是低乡与高乡的开河序列:"分别孰为低乡,当急修圩,孰为高乡,当急开渠";然后才是岸式标准:"议定开筑之法。如开沟洫,不论旧时疏通与否,其阔即以两旁老岸为主,其深务以一丈二尺为率"。① 民间共同体需要官方扶持才能正常运行。明清时期,弱势乡村社会依赖乡绅的组织动员能力。干河疏浚时,乡绅要根据利益状态向县里提出申请,县令考虑税收和其他成本之后,决定是否开河。明末福山塘开工前,二十四等都里排王忠、魏赞、曹和、张镜、褚应元等先提出申请:

> 为疏浚极要水道,以利民生,以裨国计事。窃惟县有福山大塘,北接海潮,南通湖水,其东西则有九浙、屈塘、方浜等枝河二十余条。喉舌塞则食不下咽矣,大塘淤则枝河不通矣。忆昔年间,动兴大工,勤于开浚不至淤浅。近自万历十七年开后,两旁芦草交加,似无河影,水底泥沙,壅塞涸如丘垤。即如今岁,自夏至秋,旱干太甚,民皆待命于斯而竟无勺水之停矣!……详请抚按道府动用通县有力大户为之首倡,官给其工费之五六,民用其力者三四,庶事可济而功可能。②

乡绅提出申请的背后可能有自己的水利利益,乡绅也愿意在这种事上表明自己是地方利益的代表。在什么编民单位上形成利益认同,或在什么单位上履行代表职责,这似乎是一个官民分责与区域分野的问题。乡绅的利益诉求往往并不限于自己所在的"都",不同都的乡绅也会相互呼应,他们的议政空间往往以某条河为中心,因为官

---

① (明)徐光启著,石声汉校注:《农政全书校注》卷之十四,林应训:《修筑河圩以备旱涝,以重农务事文移》,上海古籍出版社,1979年,第345—349页。
② 耿橘:《常熟县水利书》附录卷上,《里排乞浚福山塘呈》。

方的开河工程往往集中人力、物力于一、二条县内大河上。福山塘南通四十五都,北经十四都,正是四十五都与二十四都的乡绅相呼应,为福山塘的水利工程形成联合申请。"公正吴光复、王用、蒋奉益、钱得懋等"连名上书。他们对福山塘的淤塞状况讲得很仔细,将灾情描述得很严重。"本塘枝河不下及百余条,四通八达,乃邑中之第一紧要干河也,两旁田地不啻数百万顷,国课民生实所攸关。近年来苦被潮沙淤塞,四方商艘不通,半邑粮储难运,水线处仅容一小舟,干涸处则人行河底,四面枝河悉成平陆。以此每岁遇旱,旁塘田亩尚可车救,腹内禾苗无不枯槁。"陈述危机后,他们谋划了包括经费开支在内的许多细节。"嘉靖、万历间工程一倍,今为三四倍矣。切思万姓值此水旱频仍之后,民力告匮之时,况各枝河并举,当此大工,民不堪任。然各枝河例用民力开运,其大塘非领官帑,曷克有终。"经费细节都讲了,肯定有乡绅的合谋与协商。乡绅与官方合作一般按江南水利惯例进行,官方疏干河,民间疏枝河。官方常利用一些荣耀诱导绅民,公文引邻县乡绅和民众的积极表现激励本地绅民。"太仓王相公为缙绅首倡,不论官民,一体用力。嘉定则专用民力,不及缙绅。夫太仓之缙绅,肯先劳于民,而嘉定之百姓,肯先劳于己,信皆贤而可爱者。"①表扬了太仓与嘉定的人,目的是为了激励常熟的有关人员。

乡绅参与是一方面,官方对各区的协调更重要。福山塘区与区之间的联合需要县级官方协调,三丈浦也是这样。"三丈浦坐落六、七、八、九、十一及上十四、中十四、下十四等区,则开三丈浦者,惟照此八区之田而余区不相涉也。"一河之内地势不同,既有利益不均

---

① 耿橘:《常熟县水利书》附录卷上,《与通邑缙绅书》。

衡,也有相互斗争。按整条河派役时,高乡、低乡有利益的冲突。低乡要治岸,高乡要深浚,工程量相差大,派役也就有了区域纷争。乡绅钱侍御上书建议官方应该分别对待高低乡的利益差异。"治生(作者自称)九都人也。治生一户有九都田,有六、七、八、十四等都田,则皆应派者。若别收各区之田,则与该浦何与?而亦混派乎?辟如低乡自有筑岸之事,与高乡无干,治生田在低乡,而亦派及,则低乡之民可俱派乎?若低乡之民有田在此八区者,则亦当计亩照派。如治生虽远离福山港,而有田在彼都,则仍派开福山港,无辞也。治生一户,以十分为率,田坐八区内者,十之六七,在各区收入者,十之三四。此责令各总书查报销圩细数,不能隐蔽,若户内有弟男子侄并入者,只照都分尽派。治生名下,治生另通融计算,分派弟男子侄。总之,了治生一户事而后止。"钱提到了"都分",可能指用在每一都的份额。一条河横穿低地与冈身,低田区和高田区有不同的治河任务,最好的办法是各自为政。钱在三丈浦区域多个都内有田,他要求在三丈浦各区内分出高乡与低乡,认为这样才"至公至平,土俗人情,允宜允合"。① 另一位乡民言,"盖在高乡则疏浚塘河,在低乡则修筑圩岸。不肖(乡民自称)田坐潭塘极低水区,岁以水涝为忧,岁以修筑为望。老父母(县官)此举诚为地方兴水利。小民幸甚,不肖幸甚。若为通邑计,不如高区专任开河以防旱灾,低区专任筑岸以防水患"。② 乡绅在这方面基本上代表区域利益讲话,水利利益本身构成了区域水利共同体的一种力量。

---

① 耿橘:《常熟县水利书》附录卷上,《钱侍御回书》。
② 同上。

二 自然圩与里甲制的边界

尽管在责任和利益上存在着一个较大区域的水利共同体,落实到自然界限时,最基本的单位仍是圩田。五代自然圩的内聚性依托的对象定格在大圩上,圩长是基层社会的行政负责人,水利任务就是持续性地修圩浚河。明初的大圩规模也很大,圩长有一定的权力。宣德年间,苏州知府况钟破坏了乡村水利共同体,他认为这种圩长已经坐大。其实,况钟时期的大圩与后期的都、区之规模相当一致。圩长权力坐大,实际上是水利与赋税征收系统合一引起的,两种系统的合一加强了水利共同体在乡间的影响力,圩长成为官方的眼中钉。为了摧毁大圩长的势力,况钟大量地拆除大圩分成小圩,破坏了共同体。到明中叶以后,圩田规模变小,与河道的联系也相对松散。"圩田之制,随地形之广狭,水道之远近而为之大小圩。"大小圩原没有一定规制,治水者却愿意分圩以治。"小者岸塍易完,民工易集,时有浸潦,则车戽之功可以朝夕计也。圩之大者,岸塍既广,工力不及,积水经月而实粟者将化而为泡腐矣。度其势而分之,使一劳而永逸,事半而功倍。"①尽管如此,小圩田本身也有其共同体单位的意义,一个圩的圩甲就是本圩水利的组织者。粮长、塘长、图长之下圩长一般就是自然圩的圩长,基层水利离不开这种小圩社会的自组织。自然圩之圩长也称圩甲。张衍言:

> 水利之职,督于粮老,粮老督于圩甲,其农隙每区每圩修之,务必坚厚,则自久远。其土取之荒荡,不必取之田中,其夫用之本圩,不必取之他所。自九月半起工,至正月初毕工,庶几不废

---

① 张国维:《吴中水利全书》卷二十,《张铎围田沟洫说》。

农事。其修圩之际，凡官塘处所，尽为修筑，腹内地方，全不经心，不知官塘水易车戽，腹内田仍淹没，此粮里圩甲之罪也。①

圩甲以自然圩为单位，大圩分作小圩后，都、区、图的规模与水利的自然分区并不一致。与水利利益一致的单位应该是自然圩之上的河道。都、区内的枝河规模较小，县内枝河规模较大，并且存在着共同的民众利益整合，但这种整合在组织上很少存在。为了都与区的边界往往与关键性河道的位置相整合，这种自然与社会的整合已属不易，需要官方介入进行管理。水利与赋税区域的差异毕竟很大，以塘长统水利，塘长的管理区域往往因着赋税系统被整合。由于自然圩的不可分割性，真正的治水名家一般首重圩甲，其次才整合区、都内的塘长。万历年间，林应训提出设立圩甲以整顿基层水利。

> 塘长之设，举一区而言之也。一区之中，各有数圩，若不立甲，何以统众而集事也？计当佥举殷实之家充之。但一时佥报，诸弊俱生。或图展脱，或营冒充，无不至矣。各具不必佥报，即以本圩田多者为之。虽其殷实与否不可知，然其田既甲于一圩之中，则其人自足以当一圩之长矣。兴工之日，塘长责令圩甲，躬行倡率，某日起工，某日完工，庶几有所统领，而无泛散不齐之弊。中有业户不听倡率，听其开名呈治。如圩甲不行正身充当，或至别行代顶，查出枷号示众。是圩之有甲也，专为本圩修浚而立，工完即罢。非如里长有勾摄之苦，亦非如塘长有奔走之烦。虽一时倡率，不无劳费，然利归其田，又非若驱之赴公家之役等也。②

---

① 张国维：《吴中水利全书》卷二十二，《张衎水利款议》。
② 徐光启著，石声汉校注：《农政全书》卷之十四，林应训《修筑河圩以备旱涝，以重农务事文移》，第345—349页。

由此可见,圩甲是最基本的利益共同体,其上又有图里负责水利的职责人该年,区、都的水利负责人塘长。五代时期的大圩与社会整合是最好的,因为那样的整合非常吻合。由于河网圩田众多,水利责任复杂,赋税与水利的派役区域可能重合也可能不重合,治水者会尽量将两者统一。姚文灏言:"各图圩岸,俱著排年分管,若本图原有十圩,则每甲一圩;若不及十圩,则将大圩分凑之;若十圩以上,则并小圩兼管之。"①在自然圩以上,与地理相一致的单位空间是没有行政组织的,有组织的是里甲制的图、都、区等单位。乡绅一般在都、区等更大的规模基础上进行利益博弈,区、都以下,似乎也存在着由更小的河道形成的利益共同体。每一条小枝河也可以形成一个单独的利益认同,范围只限于一个村或一个里(图)。里睦与衡浦就是这样两条相邻的小河,每一条小河都有其责任范围内的农田。张孝廉言:

> 论田起夫,开河以济田也。开里睦则里睦之田任之,开衡浦则衡浦之田任之,通开则通两河之田任之,吾何知有归徐哉?举大工兴大众,未有不平。其心平,其政而能令众志输服者,即有强梗,又何避焉?查徐氏之田居里睦者七,衡浦者三;归氏之田居衡浦者七,里睦者三,而工力则两河大不相侔耳。以本河之田为本河法之,至平而情之至顺。②

张孝廉说出了共同体的实情:"开里睦则里睦之田任之,开衡浦则衡浦之田任之。"各河各有其以河流为依托的区域社会。通开一次两河之田,需要两个共同体合作。相邻二河的农户,更多的人既在此村有田,也在彼村有田。一个官员可以将两条枝河流域的小地域

---

① 张国维:《吴中水利全书》卷十五,《姚文灏申饬水利事宜条约》,弘治七年。
② 耿橘:《常熟县水利书》附录卷上,《张孝廉回书》。

合起来一起兴工,派役时又按各河的地亩派役,按在各河中所有田的数量比例派役再合理不过了。只是这种小河流的利益共同体一般情况下并不明显,江南地区河网密集,相互之间交叉开放,利益范围也并不固定。

在区、都一级,只有乡绅会为一个区域的水利责任发表议论,塘长、圩长等则没有那么大的话语权。从表面上看,塘长似乎完全可以代表共同体的利益"每区都选有行止者为塘长,以图圩之田多者为图长,圩甲俱听塘长调度"。① 塘长文册上有几项内容:一是,"某都保区图塘长某人年貌籍贯";再是"该管大河几处,某河自某处起至某处止,共长若干丈尺。水源:上从何来,下从何往。灌溉田若干;桥梁闸若干座,有无通潮,有无茭芦,有无树木";其次是枝河几条,圩岸长短等内容。② 这些都是官僚应负的责任,完全从属于官僚体制。"有等营充之人,或指馈送农官科敛图圩,或假开河筑塘卖索夫役。又有市民冒尅,全不下乡劝率,止令佃仆应官,其诸粮老虽曾督责,慢不协理,仰各奉公守法,勤紧兴修。"③另外,由于县下专制链条相对松散,塘长层级的治水管理人员也是些松散的群体,组合单位也经常变化。万历年间聂绍昌言:"每图岁轮,该年一名,率作人夫,协力浚筑。有六、七图为一区者,有十余图为一区者。有该年数名,该年之内经充领区总催即为塘长,专主督率各图人夫轮修本区水利。"塘长越区调动人力,完全违背地方利益。"塘长之苦,苦在拨调远区,其开河动经数十里,工费动及数十金。塘长派之该年,该年敛之人户,今岁不已,而复明岁,此河不已而复彼河,有名无实。"塘长本人只是

---

① 张国维:《吴中水利全书》卷十五,《朱纨水利兴革事宜条约》,嘉靖九年。
② 同上书,《蔡干申饬水利须知案验》,嘉靖四年。
③ 同上书,《朱纨水利兴革事宜条约》,嘉靖九年。

一个民间大户,不是官僚环节中的一员,却要承担官僚的责任,因此常因赋役牵累而破产。县府也试图通过保护地方利益以维持共同体人员参与水利积极性,尽量役不出区,利用塘长所在地区的共同体特征以维持。在这种情况下,塘长所辖之区,又具有水利共同体单位的特征。"该区人户各各自开其田边河,自筑其田边岸,人人可以效力,且人人乐于用力,亦可使人户就近赴工,止出人力,不输银米。"①动乱时期,地域内的河流因闸坝体系的闭合形成对外封闭的社会共同体。坝堰全封闭,水栅可启可闭。元明交替之际,水栅被豪强利用,以此侵占荒闭的水荡资源。明代的水栅仍具有封闭一个区域的作用。豪强势力侵占泄水之地形成单独的权力单位在宋元时很多,当时的泄水之地相对丰富,随着开发的加强,明代的共同泄水之地已经很少,民间的有势力人物只能偷占一点河道。林智言:"白茆、福山、许浦、七浦等处,潮泥涌浅,久不疏浚,及被豪右将尤泾口拦作斜堰,向东有新村、下射去处,汊港湮塞,又被直塘人家占出半河。其阳城湖东,河港坝断,以致上流不通。"②豪强势力在河网中单独地为自己形成一个水利单位,实际上侵害了一个地区的共同体利益。权豪之家围圩筑坝,也形成一个独立的社会单元。

> 权豪之家,多因湖荡沮洳,筑岸围护。先入萑苇岁篮,河底淤泥衮壅,不再阅岁,皆成沃壤。黠者恐人举告,先自报官,愿升荡科轻额,有司但知辟赋土,而不知潴水之区日隘,潦水一至,不能容蓄,散入民田,卑土之民,无宁岁矣。其傍浦居民,多因两岸积沙涨滩,壅占围田,而导水之浦,隘塞如沟,两旁禾菽如茨,而

---

① (明)顾炎武:《天下郡国利病书》苏松备录。
② 张国维:《吴中水利全书》卷十五,《林智勘报苏州府属水利呈》。

官不加税,民受其害,于是而江海之潮,绝不上浦,亢区之民,又无稔年。①

小圩之上的共同体水利社会单位多种多样,既不稳定也不固定。赋税征收系统意在强制,要求一种自上而下的压力,水利体制则要求共同体人员的参入,要求一种横向的参与,正是这种横向的关系,才是共同体的活力所在。明政府将二者合一,实际上是毁坏了共同体与基层水利的正常运行。官方本想分开以动员民力,却出现粮长、塘长、区长、图长等责任人混乱的现象。"永乐间凡兴建水利,皆责成粮长而官为节度之。盖粮长任在赋税,其用心必专,近年添设塘长,又设立耆老,复革去塘长而立图长,又有属官、义官之委,纷纷多制,十羊九牧。"②"纷纷多制",是水网与水网社会关系的复杂联系所致。况钟毁大圩共同体,主要是为了加强集权专制的利益。以后治水官员要整合水利系统,而水利动员模式容易被官僚体制整合而成为扰民单位,经常出现跨区调工的现象,类似于人民公社时期的一平二调。人民公社不稳定,塘长制也不稳定。崩溃后的重整往往又要从自然圩开始。林应训的整顿是一种崩溃后的重整,他先定小圩的标准,然后定图。据林应训的设计,自然圩的大小为五百亩,一圩定一图。

如田过五百亩以上者,便要从中增筑一界岸,一千亩以上者,便要从中增筑两界岸。每界岸底阔四尺,面阔二尺,高与外圩平。岸之两傍,仍可栽种豆、麦。如极低乡,或近河荡深处难于取土者,就便分别令民于圩内傍圩之田,起土增筑。岸外再筑圩岸一层,高止一半,如阶级之状。岸上遍插水杨,圩外杂植茭

---

① (明)薛尚质:《常熟水论》,民国丛书集成本。
② 张国维:《吴中水利全书》卷二十,《史鉴吴江水利说》。

芦,以防风浪冲激。取土之田,计其所损,量派各田出银津贴,俟后陆续罱取河泥填平,……照此式样,给示遍谕。委官分投区画,每一圩为一图,明白贴说前件,每一图作二本,一送县备照,一付圩甲谕众。①

为了便于管理,他考虑到了圩岸的相对位置,按自然圩内的田地解决夫役。"各乡沟洫圩岸,虽有长短广狭不齐,然不过为一圩之田而设也。故田少则圩必小,田多则圩必大,而环圩之沟洫因之。此水利此圩之田,则当役此圩有田之户矣。"林应训的办法无疑促进了共同体的恢复。没有小圩与圩甲,就不会有共同体水利社会。"随田起役,各自施工",照顾了各自的地区利益。他根据圩内田亩定出役工量。"横阔十丈者,筑岸十丈。开河亦然,对河两家,各开其半。沟头岸侧,非一家所能办者,计亩出夫,众共协力,挨序编号,置簿稽查,仍备载前图之后。兴工之日,塘长亦不必沿门催夫,徒取需求科派之议。先期五日,插标分段,责令圩甲播告各户,某日兴工,听其至期各行照段用力,如式挑筑。"他甚至将乡村每年的岁修实行层层责任制,固定人员。"今后开工之日,各塘长、圩甲务要在圩时时催督。开浚工完,未可便行开坝放水,俱听各府县掌印官并水利官,分投亲勘。如一圩不完,责在圩甲,一区不完,责在塘长。轻则惩戒,重则罚治。本院与该道,又不时间出以察之。如一县中有十处不完,责在县官,一府有二十处不完,则官又有不得不任其咎矣。"②层层责任制是官僚体制的运行法则,基层共同体的自组织功能在这种官方究责下

---

① 徐光启著、石声汉校注:《农政全书》卷之十四,水利,林应训:《修筑河圩以备旱潦,以重农务事文移》,第346—347页。
② 同上书,第345—349页。

会丧失殆尽。圩长一开始还有管理自然圩与共同体的功能,最后变成一个收税单位,等同于官方行政中的里甲。且只顾榨取不提供服务。基层组织官僚化,必然无农民主动参与,维持成本也必然增大。由于官方的机构只在县一级维持,基层水利社会丧失了组织功能以后,经常崩溃。明中后期,太湖东部普遍存在着里甲制崩溃问题,里甲崩溃之时,水利也往往因之崩溃。官方破坏了民间自为的共同体组织,官方撤出后,民间的力量也涣散无力。吕光洵言:"臣尝询问故老,以为'二三十年以前,民间足食无事,岁时得因其余力,营治圩岸,而田益完美。近年民间空乏勤苦,救死不赡,无暇修缮。'"①黄浦江分担了大部分出水以后,丰水环境不复存在,筑圩必要性相对减少,基层的负责人会敏感地察觉到当年没有收益的投入是无效的,里甲制下的塘长们马上不再组织兴工,也不再过问水利。只有到几十年一次的大水灾发生时,整体水网的问题才被重视,这时才有几十年一次的整治。滨岛错误地估计了乡绅的作用,把地主城居的作用夸大得那么大。其实,乡绅也不是城居,往往是住在接近乡村的乡镇,这不妨碍乡伸在水利中的作用。以圩甲为核心的民间自组织力量崩溃才是水利岁修机制崩溃的直接因素。

三 耿橘时期的复兴

明代中后期的里甲制往往处于崩溃状态。耿橘临任时,粮、塘长制度以及区、都、图等单位已经不起作用。"筑城外画为乡,乡之中有都,都之中有图,乡又名并图,又名里。都之大者又为扇,以分辖各图,扇又名区,厥制旧矣。"他提到旧志中载有9乡,50都,589图,图

---

① 张国维:《吴中水利全书》卷十四,《吕光洵靖治国田疏》,嘉靖二十四年。

单位多数"漫无可考"。有名称的图只有158个。他发现"田粮书'科则数'所载为里者,四百八十二,为半里者六。"各图册中里的数目相差不一,具体出了什么问题呢?"今昔异致,吾诚不得其故矣。"他重点研究了区的问题,"至于扇与区,二名古志新志俱无之,惟'田粮科则数'实载。乡城捌拾伍扇,与今比,薄各册数合,今公私通用之扇,即区也。而呼区者为多,顾不以地方名,而以粮户名,甚不雅驯。本县此举原为水利,非地志也,然水由池中行,地志不明,水胡以定。故斟酌古今通其变,将城乡八十五区,次第排之"。① 他重新进行行政地理的划分。区、都、扇在水利运作中都已不起作用,只有图、里稍有作用。在马墅河一带,常熟县有几个图与邻县因筑坝阻水形成水利争端,文献中以图为单位陈述水利利益。"四都一图、三图幸有杨尖河深阔,引华荡有源之水,入黄存、邵婆、马墅三河,浇灌两图之地,乃上天不弃我民而赐之生活也。顾一图地稍低,又低于杨尖河,即黄存、邵婆、马墅三河俱横经其内三图之地,既稍高尚,仰息于马墅一河焉。"一图有奸民"借口蓄积北来雨水,将马墅南稍筑一大坝,阻绝华荡杨尖之水,使不通于三图。本县查勘至此,见一图之禾稼盛茂,人民殷富,与三图之枯槁萧条若殊天渊"。冈身区因独特的生态条件形成独特的水利社会,那里有筑坝蓄水而引起的争端,也有"豪右专利"。② 由于图太多,不利于县府整体统辖,他选择了区建制,以区辖图。区一级的粮长,也就是公正,被他重新利用起来。在区的基础上,耿橘"照田起夫",建立起派役制度。照田起夫的政策体现耿橘对河网区水利利益的理解与规划,他认为干枝体系下的所

---

① 耿橘:《常熟县水利书》卷三。
② 耿橘:《常熟县水利书》卷三,耿橘:《常熟县水利书》《附录》卷下,《马墅河马野庵偶书》;《邑人陈国华拜手跋》。

有田地基本上应该均一化派役。

> 照田起夫,亦难言矣。说者谓有近水利者,远水利者,不得水利者,及田止十亩以下者,分为四等。除十亩以下者免役外,余以三等为伸缩。盖往年之役如此,职深以为不然。全邑之田,本有不藉水而成者,但河有枝干之殊,水有大小之异耳。彼干河引江湖之水,而枝河非引干河之水者乎。田近干河者称利矣,田近枝河者非干河之利乎?①

士绅田地较多,常在水利派役中作弊。"上户挪而为中户,中户挪而为下户,下户近利挪而为远利,远利挪而为不得利。而田少愚弱之氓反差重役,即有控告,而堂高帘远,下情难达。官即知矣,亦苦于查算之难,将置之而不问"。耿橘的照田起夫原则抑制了弊端,使乡绅的优免权丧失。"水利不论优免,浚河以备旱涝,便转输也。论田而士夫之田多于小民,河成而灌运之利亦多于小民。故同心协力,举地方之大利,在士夫原有此意矣。……尤若论士夫而优免之,则小民独受其苦,大室安享其利,恐徒滋怨望而事难成。职客岁开浚福山河,以此意白之本县士夫,士夫各乐从,兴工之日,倡率鼓午,工反先于百姓,而百姓蒸蒸无不来,趋事争先恐后,已有成绩。"所以,他提议排斥土地等级派役,以田亩为准,尽力按图册派工。"田多者领夫,田少者凑补。"②以前塘长制度崩溃,在于兴役全由县级调配劳役,越区派役,水利不成利益反成负担。按图圩派役,役不出区,实际上是共同体的重建。劳役地方化后,可以将高、低乡不同的水利特色在水利共同体的基础上发挥出来,耿橘言:

---

① 耿橘:《常熟县水利书》,卷一,《照田起夫量工给食,水利不论优免》。
② 耿橘:《常熟县水利书》《附录》,卷一,《照田起夫量工给食,水利不论优免》。

> 高区浚河,低区筑岸,各随民便。语云:"种田先治岸,种地先治沟",不易之道也。夫享河之利自宜浚其河,享岸之利自宜筑其岸,情之至顺也。本县正西、西北、正北、东北尽高地,而正东南、正南、西南尽低田。高低既异,风土人情亦顿殊,驱低区之民而为高地浚河,驱高区之民而为低田筑岸,是使舟耕牛航也,必不可矣。况各方相去动逾百而遥,裹粮而越宿而趋他人不急之役,其谁堪之?①

基层社区很长时间不修圩岸,恢复地方化的力役制度后,共同体的自组织能力加强,岁修制度也因此恢复。耿橘在谈到八十区的圩岸建设时说:"低乡之河不患其不通,患圩岸不能久而无坏也,补筑之法,宜岁一督之。"②更重要的是,役不出区和论田起夫的制度恢复了共同体本身的平等,使内聚力加强。

> 常熟之岸塍,何其多坏而不修耶?询诸父老,其故有五:小民困于工力难继,则苟且目前而不修;大户之田,与小民之田,错壤而处,一寸之瑕,并累其百丈之瑜,即大户亦徘徊四顾而不修;又有小民而佃大户之田者,佃者原非已业,业者第取其租,则彼此耽误而亦不修;或业户肯出本矣,而佃户者,心虞其岸成而或有他人更佃也,竟虚应故事而不实修;或工费浩大,望助于官,官又以钱粮无处,厚责于民,则公私相咨,因循苟且而不修,无怪乎日圩日坏而岁多水旱之灾也。③

耿橘重建自然圩和圩田法度以图恢复乡村水利共同体。"围外

---

① 耿橘:《常熟县水利书》《附录》,卷一,《高区浚河低区筑岸,各随民便》。
② 同上书,卷十。
③ 耿橘:《常熟县水利书》,卷一,《筑岸法》。

依形连搭筑岸,围内一体开河。"依河岸和地势,设计围岸。"各圩疆界,多系犬牙交错,势难逐圩分筑,况又不必于分筑者,惟看地形,四边有河,即随河做岸,连搭成围。大者合数十圩,数千百亩,共筑一围。小者即一圩数十亩,自筑一围亦可。但外筑围岸,内筑戗岸,务合规式,不得卤莽。其大小围内,除原有河渠水势通利,及虽无河渠,而田形平稳者照旧外,不然者,必须相度地势,割田若干亩而开河渠。"①在潭塘、任阳、唐市、五瞿、湖南、毕泽诸极低之乡,开圩有一定难度,那里"田浮水面,四边纯是塘泾。又圩段延袤,大者千顷,小者五六十顷,中间包络水荡数十百处,河渠既多,而浜溇又深,无撮土可取也"。耿橘想了办法,"本县再四思维,此等处,须查本地有老板荒田,其粮已入缓征项下。年久无人告垦者,查明丘段丈尺,出示听民采土筑岸"。一般的圩田,令人在圩岸向里的部分开沟取土。"令民于岸里二丈以外开沟取土,其沟宁广无深,深不过二尺,违者有刑。"这种方法容易造成沟深侵岸。"夫就岸取土,岸高沟深,内外水侵岸,旋为土法之所深忌也。但离岸远,则岸址宽而沟水未能即侵,沟身浅,则受水少而填塞后易为力。如尤泾岸,隆庆初年故事,乃万万不得已之计。但所取之沟,谕令佃人匀滩田面之土,兼蒻外河之泥,一年内务填平满,无令损year。"耿橘对常熟低地的各种土壤类型与筑岸功能也非常清楚,特别指出三种不能用的土壤。"低乡土胍有三色,不堪用者有乌山土(现在土壤学称"乌珊土"),有灰萝土,有竖门土。乌山土性坚硬而质腴,种禾茂且多实,但凑理疏而透水。以之筑岸,易高;以之障水,不密。灰萝土即乌山之根(还原状态),入田一二尺,其色如灰,握之不成团,浸之则漫漶,无论障水,不能即杵之,亦

---

① 耿橘:《常熟县水利书》,卷一,围外依形连搭筑岸,围内随势一体开河。

不必坚矣。竖门土其性不横而直,其脉自于水底贯穿围岸,虽固水,却从田底溢出,欲围而救之,无益也。此三者。筑法,必从岸脚先掘成沟深三尺,或用潮泥,或取别境白土实之,然后以本土筑岸。"①取土技术如此细致。在取土滩派上,他还提出一种特别的方法,称之为"鱼鳞取土法"。

> 田面上四散挑土,俗呼为抽田肋,高乡以此法换土插田。挑田肋置于岸边,蒚河泥盖于田面,而田益熟矣。其法:方一尺取一锹,四散掘之,如鱼鳞相似,此法亦可取土筑岸,但用力多,见功少。②

此法用力多见功少,却兼顾到共同体内部的公平。除了取土制度外,又有堆土制度,根椐各种地形及原岸状态处置,堆土之法又有不同。

> 于河岸平坦之处,务令远挑二十步之外,照鱼鳞法层层散堆,若有懒夫就便乱抛者,重究;若有古岸高出田上者,即挑土岸内相帮以固子岸亦可。其平岸之处,不得援此为例。若岸有半坯之处,即宜挑土补塞,筑成高岸。挑土一层,坚筑一番,层层而上,岸必坚牢,一举两得,不可姑置岸上等后日筑之,后来日久,人玩贻害河道不小也!若田中有溇荡,或原因取土致田深陷者,即用河土填平,若岸边有民房,有园亭逼近不便挑土者,即令业户自备椿笆于房园边,旋筑成岸,亦两利之道也。若河狭则不 可耳。③

---

① 耿橘:《常熟县水利书》,卷一,《筑岸法》;《筑岸务实及取土法》。
② 同上书,《附鱼鳞取土法》。
③ 同上书,《堆土法》。

既有堆土制度,也有取土制度。圩田区筑堤用的土壤一般也是稀缺资料,共同体如何摊派这项资源,是处理好水利共同体内部非常重要的一项措施。规定得如此仔细,正是共同体高度依赖官方扶持的表现。高度依赖官方推动的共同体,更体现出一种水利集权下的乡村共同体弱化的状态。重建自然圩时,他建立了一系列的标准。《水利全书》不单单是一个浚河筑岸的技术手册,也是水利规划、水利统治的标准,是针对各区的水利律法,公务人员必须依而行之。"各应修浚区分、田亩已经刊载《水利全书》,一一具备,无烦临期勘扰之难,亦纤悉不容公正、里胥人等挪(那)移、隐射、作弊。"正是这些标准,使水利共同体可以在基层社会中正常地运行。业主出食,佃户出工,公正等人也有很具体的派定检察标准。"将该图圩得利田亩,验法派定。业户某人,田若干,该浚筑若干丈,应佃户某人出力,应派给米若干,"都一一详细而公开执行。①

　　表现自然圩的共同体特征最多的工作是戽水。耿橘对此的关注体现在《常熟水利全书》对每个圩排水问题的重视上。第六十六区辖七个图(里),有河三十八道,圩三十个。其中第二十九图有低洼需筑岸的"曾家圩、化字号圩、盖字号圩等三圩"。就此三圩水利问题,耿橘布置了具体的任务:"化字号岸一千七百三十丈,盖字号岸九十九丈,均用民力急宜修筑,其曾家圩即据字号也。计田不满二十顷,而腹里所包水面不下十五顷。每遇水涝,业户并力车救,然以二十顷之力,而戽十五顷之水,尽缩夜盈,退寸进尺,何以能济之?必将周围圩岸一千四百一十六丈督民修筑,高厚再于高公溇口建一小闸,遇涝堵截,以便车救,遇涸通船,载土筑岸,三五年后岸日高而田日

---

① 耿橘:《常熟县水利书》,附录卷下,《谕民浚筑告示》。

肥,民渐聚而地愈阔矣。"①化字圩面积两千亩,一千七百三十丈,算是大圩,盖字号九十九丈,估计只有百亩左右。由于各区生态条件不同,耿橘的指导不像强权政治的一刀切,更像一种因地制宜的完善共同体规范的指导。在第九区,开河可以扩大灌溉面积。"耿知县查看得本区系西北高处。村镇联络,民居稠密,可称殷阜之地。盖由护塘、白马浜、谢庄塘等河深阔,疏通可资灌溉贰万余亩,故壹、贰图之民无亢旱之忧。至若蔡塘、横塘枝河,久困沙淤,而肆图之高田万亩坐嵌腹内,非大水之年,往往枯槁,而莫之能救。司民牧者,宁忍坐视,设法开浚,不敢不汲汲也。"在此区,他指点哪里该开河,哪里该筑圩,连小圩也指挥。牛尾圩位于城周,"查得看宾汤门外牛尾圩,势甚低洼,每受水患。丈见周围圩岸三百九十丈,督民修筑"。② 政府在区的基础上统一指导管理,统一河道、闸坝、圩岸,体现了区一级的水利共同体社会应该完成的责任。

耿橘动员人力的方式有官僚特色。他用的是"公正",这一地方事务群体。在水利工程中,公正有时参与管理,有时充当千长。一百丈河道的工头为百长,一千丈河道的工头为千长。"千百长非身家才干兼全者不能服众,三十三年照将尖册,点用十得八九,乃法立弊生。三十四年区书将大户田花分,显小户于册首,点者半系小户,除将该书枷号外,其千长多用该区公正。不足则令公正举报。"③可以看出,区内的水利督催人有固定化趋势,除公正外,其他涉及公务的人员,也都会参与水利事务。滨岛认为耿橘的作法是改革④,其实他

---

① 耿橘:《常熟县水利书》《附录》,卷九。
② 同上书,卷三。
③ 同上书,卷一,《附用千百长法》。
④ 滨岛敦俊:《明代江南农村社会の研究》,东京大学出版社,1882年,第426—429页。

只是在试图恢复以前的水利制度而已。以区为基本单位是明代长期以来的传统,林应训等人也都推广过类似的岸式标准。耿橘《水利全书》的岸式标准,使得基层共同体的管理具有数字化与标准化特征。

> 各区应浚泾河,必要开报身长若干,面阔若干,应开深若干,两旁得利田若干。

他试图这样建立永久性的可持续发展的水利社会,在告示中他称:

> 本县念汝,为汝等安佚富足永计,昼夜孳孳,尤恐耳目未周。据各区公正造报应浚河道,应建坝闸,应筑围岸等图圩文册,集成《水利全书》。业有端绪,展卷而阅,洞如指掌,由今传后,不惟当事者便于省览,而若辈之子孙皆可以坐照地方之休戚矣。①

尽管如此,耿橘的水利制度是为赋税服务的。为了水利制度的推广,他对各区的公正(粮长)进行过统一的整顿,并将农村中各种游闲人员驱之归农。白茆一带商业发达,他甚至下令禁止商品经济。

> 本县滨江海,兼以白茆、浒浦、福山、三丈诸港,与通泰、海门各盐场径对。风帆一过,俄顷可达。且于彼,每盐一斤,价不过一厘几毫,于此,则五六厘矣;且于彼,衣布米豆之属,咸可相贸,于此,则银钱始售矣。无耕耨获刈之劳,而立享数倍之利,此贩盐者之所以纷纷也。卑县除一面责令巡盐主簿,巡检司巡检,以至本县练兵,福山把总等官各严缉拿。外,除拒捕者斩绞,列械者遣配,毫无姑息。外,其小船无械与无船有盐等小贩,合无杖

---

① 耿橘:《常熟县水利书》,附录卷下,《谕民浚筑告示》。

之,以惩其过,发之开荒,以遂其生,仍令该区公正收管。季终赴县,递《改行从善结状》,仍随乡约会听讲。夫大贩必除,小贩归耕,日渐月化,草亦有垦矣。①

总之,耿橘的改革似乎反映了江南水网区的共同体水利复兴甚至需要强权人物扶持。在当时的环境下,共同体难以靠民众自身的力量完成整合。耿橘具备两方面能力,一是不顾官僚的利益复兴地方水利共同体,二是强化从县到基层的水利管理能力。体制赋予他后一种职能,前一种功能并不是处处皆有。这种既"民主"又"集中"的能力,几乎是现代社会对管理要求的翻版,在传统农耕社会里,其操作难度可想而知。故士绅给耿橘立了许多功德碑,把他描述成勤政伟人。诸如"精习水利,其于邑中诸港,操小舟遍度形势";②"公戴星出入,朝西北而暮东南,陆行而乘马,水行而载舟,泥行而蹈橇。视慰劳其勤事者,而问抉其其不勉者。虽然有长吏之属分督其间,而躬为总揽者,则公也。"③士人秉承传统的儒家文化,对做过利民大事的官员歌功颂德。钱时俊在《重浚奚浦记》上这样叙述耿橘以前的光景:"民穷皆坐赋重,赋逋坐土瘠,土瘠坐水利壅。"耿橘来到后,"甫下车,廉民间疾苦,谓治田必先治水。循行阡陌,尽历邑中要害之区"。水利成功后,田间景观发生了改变。归绍庆在《浚衡浦记》中记叙:"田间父老,睹河之支分脉贯,靡不欣欣满郏,以为耿公田云。"④国家也想广泛地推广耿橘之法。徐昌祚的《里睦塘碑记》中有这样记载:"公又不恃其才,集通邑父老画地里水道图凡十册,靡应

---

① 耿橘:《常熟县水利书》,卷一,《开荒申》。
② 顾镇:《白茆港疏治事宜》,见民国《重修常昭合志》卷五,水利志附录。
③ 耿橘:《常熟县水利书》《附录》卷下,管一德:《横沥湖漕等河碑》。
④ 民国《重修常昭合志》卷五,水利志。

不周。图而上之监司,监司曰:'善',颁行江南诸郡,邑长以下悉以公为彀的,江南诸吏无不奔走效公行事。"①以明末江南水利状态而言,他的经验几乎不能推广,即使在常熟,也难以持续。清初,常熟水利又一落千丈。"雍正初年,知县劳公必达浚李墓塘、洋塘。时洋塘望贤桥西,有朱斌建议:向来开河例皆落甲发帑,则人夫可以应募,落甲无害;若民间自开,则落甲深为不便。盖甲内之田与人户,大半非土著,以他乡之人开此地之河,而本图之人反逍遥事外,人情不甘,故官即倡而下不应。今当坐图开浚,令圩长作坝,坊长唤夫,业主给食,佃户出力,则土人休戚相关,自然踊跃从事。从之,浃旬告竣。"②乡村水利社会重回一盘散沙状态。耿橘靠个人努力成功于一时,最终却人离政息。由于县下政治不是常态政治,没有支持必然崩溃。

四 小结

从常熟的个案研究中可以看出,长期困扰学术界的共同体地缘问题实际可以从资料上得到明晰的图像。水利区划的讨论中,水环境与三种水利单位息息相关,一是河流的区域,这种区域存在官方与乡村社会的分责;二是水利出工的单位,耿橘以区为单位;三是自然圩。自然圩结构的水利社会是最基本的单位,自然圩结构与水网的复合是江南水网的基本结构,这种结构决定了江南水网区基本的生态—社会复合。这种复合以圩甲为基本单位,向上复合里甲或区一级的单位。这种结构与官僚组织结构有重合的区域。也正因这种复合与重合,水利共同体极易受到官僚体制的伤害,国家统制性却越来

---

① 《里睦小志》集文,徐昌祚:《里睦塘碑记》。
② 《里睦小志》,水利志。

越强,水利—社会组合的地方性越来越少。在常熟,三种水利单位在明末都已式微,由于耿橘的出现才造成局部复兴。常熟地区白茆河治理也是这样,有才能的治水官员的出现才能挽救系统的崩溃,但过后仍然处于半瘫痪状态。

第六章 土壤生态与稻作湿地

自沼泽化环境被圩田化环境取代后,太湖东部形成了以稻田湿地为主的生态系统。这个湿地生态系统不但对太湖地区的农业产出提供了源源不断的可持续生产力,也为全国的气候和生态稳定做出一定程度的贡献。能够使这一稳定湿地生态系统持续下去的基础条件是稳定的水稻土,保水保肥的水稻土是江南地区自然与精耕细作传统农业技术相结合的产物。就成土母质而言,太湖东部的土壤形成与冈身和低地的形成有关。冈身形成的时间在公元前3000—4000年左右,潮沙的沉积物不利于水稻土肥力的形成。感潮河道通过冈身之河,深入到低洼之地,使沙质沉积物留在低地圩田区,潮沙沉积对低洼地的水稻土的影响,一直通过感潮河道影响着。人类的活动通过两方面作用于水稻土的发育,一是水利技术体系下的水环境改变对水稻土发育的产生影响,二是农业技术对水面、生物和土壤表层扰动所产生的影响。关于太湖地区圩田水稻土的形成与耕作技术的关系,土壤学家徐琪先生已经做了开创性的研究。他将太湖地区水稻土的发展划分了四个阶段,第一阶段从史前到汉代,这时期"火耕水耨",水稻土尚未形成。这时期没有干湿交替,也就没有水稻土所特有的氧化还原层;六朝到唐代为第二阶段,这时期有系统的圩田网络,只种一季水稻,冬天积水,为冬沤的水稻土;第三阶段是稻麦两熟阶段;第四个阶段在建国后,由于双季稻的推广,淹水时间加长,水稻土土壤又向滞水方向发展,部分良性水稻土的犁底层以下又形成青泥层。① 这是徐先生根据当时农史研究的成果所做出的判断。随着后人研究成果的增加,特别是关于稻麦两熟和宋代休耕等问题的认识改变,各时期的土壤生态问题应重新进行史学考察。

第一节 宋元时期的稻作生态与水稻土

昆山绰墩遗址的古土壤属于新石器时期,已出土的 44 块远古灌溉田是迄今为止世界上最早的灌溉稻田群,成为国际公认的水稻土起源地之一。古水稻土核磁共振分析及孢粉谱研究结果表明,新石器时期先民的灌溉稻作技术与"火耕水耨"相符。这时期人们也有能力控制水流,却还不至于使用水旱交替和一系列影响耕作层的技术。远古的土壤实际上只有种植水稻的意义,对土壤的影响,很难说比野生稻强多少。现代水稻土要求一个氧化还原层,那是一种高强度的土壤扰动过程的产物。史前水稻土表层全氮(N)量明显低于现代表层水稻土,全磷(P)量则相反。现代水稻土的有效态养分均大于史前水稻土,这是施肥和耕作的结果。水稻土剖面上铁锰氧化物的迁移、淀积,都在 700 年前——宋元时期大规模发生。② 远古时期先民的地面耕作有限,水耕程度不足,氧化还原层很难固定地形成,绰墩遗址应该属于这个阶段的产物。真正地形成现代耕作水稻土的时期,还是在宋代以后。龚子同等人的研究也表明,昆山一带的土壤

---

① 徐琪等:《中国太湖地区水稻土》,上海科学技术出版社,1980 年,第 44—45、79 页。
② 吴克宁:《土地生态史与土壤历史档案记录和文化遗产功能》,见复旦大学历史地理研究中心主办"区域生态史研究学术讨论会"论文集(未刊),2009 年 3 月 28 日。

上部是近千年水耕条件的产物。这一层土壤的有机质比较丰富,中上层为早期的湖沼地带,有机质含量相对较低,中下部更低。① 徐琪先生在提到这个问题时也指出,史前到汉代的稻作农业一直处于"火耕水耨"状态,在这种状态下,没有干湿交替,没有稳定的氧化还原层,水稻土发育不完善。什么是水稻土?"具有耕层、犁底层与渗渍层的稻田土壤方能称为水稻土,而具有耕层、犁底层、渗渍层(氧化层)与淀积斑状潜育层(还原层)的水稻土是乃是典型的水稻土土体构型。"② 耕层与犁底层都是人类长期耕作形成的,在灌排条件下完成土壤的渗与渍,最后在耕作影响下,淀积层中产生氧化还原层。不是种植水稻的土壤就叫水稻土,有氧化还原层的水稻土壤才叫水稻土。火耕水耨时期土壤长年积水,难有耕层分化,也很难有排水干田的技术措施,基本上没有剖面分化。实际上,直到唐代末期,随着江南大规模地控制水流,低地与高地的水流被纳入到一体化的水利系统中,这时干田化过程才能普遍实行。由于人口的增长,稻田不再休耕,火耕逐步消失,耕作动土才可能大规模进行,唐末江东犁就是在这种情况下产生的。江南犁推动着土壤耕作程度的进一步加强,促进了江南水稻土的耕层分化和干湿交替。与江南相比,许多北方地区的犁耕稻作与水稻土倒是可能更早就形成了。由于江南圩田内可能存在着大量的旱地与稻田,火耕的条件存在,水稻土的形成便大大地推迟了。人口增长、水利技术与农业集约化相结合,推动了土壤的水旱交替,水稻土才可以大量形成。宋元时期水稻土在江南普遍

---

① 龚子同:《苏南昆山地区全新世土壤与环境》,《土壤学报》39卷5期,2002年9月,第618页。
② 徐琪等:《中国太湖地区水稻土》,上海科学技术出版社,1980年,第44—45,54页。

形成,这是生态史上的一件大事,本章从土壤变化的技术与环境因素出发,寻求这一生态事件的人文与自然背景。

一 休耕的残存

火耕水耨的技术形态一直存在着学术上的争论,事实上,分析这种技术的环境可能更为重要。从生态上讲,火耕水耨是一种保持原生沼泽湿地状态的耕作方式,在这种方式下,物种与环境都得以最大化的保持。《史记·平准书》提到元鼎二年(公元前115年)汉武帝就江南涝灾而下达的诏令:"江南火耕水耨,令饥民得流就食江淮间。"应劭注"火耕水耨"条有:"火耕水耨:烧草,下水种稻,草与稻并生,高七八寸,因悉芟去,复下水灌之,草死,独稻长,所谓火耕水耨也。"①西嶋定生认为"火耕水耨"是不耕地和不整地的农作法。农民的工具是镢、锸等掘土工具,非铁犁和畜力耕作。土地利用的方式是休闲农作制,休闲时期杂草众多,水环境充盈。关键的技术内容为直播、轮休②,不晒田,杀草时的灌水也不在干田环境下进行,只在浅水下灌水淹草,水上加水。从总体上看,日本学者对火耕水耨的研究还没有将大圩时期的水环境考虑在内,这限制了对火耕水耨全貌的探索。宋代大圩区仍有这种技术的遗存,郑宣言:"吴人以一易再易之田,谓之白涂田,所收倍于常稔之田,而所纳租米,亦依旧数,故租户乐间年淹没也。"③再易之田的休耕时间长达二年,休耕期间没有放

---

① 《史记集解》平准书,应劭注。
② 西嶋定生:《火耕水耨について》,首刊于《和田博士還暦記念東洋史論叢》(东京:讲谈社,1951),后经修订以《火耕水耨について——江淮水稻農業の展開過程》之名收入他所著《中国経済史研究》(东京大学出版,1966)。
③ 范成大撰、陆振岳校点:《吴郡志》卷十九,水利上,第271页。

水。由于大圩特别大,一般是此处放水、彼处干田,干田时植被恢复,为以后放火烧荒积累干物质材料。烧荒后土壤有效氮素增长,种稻可以暂时不施肥。到宋代,火耕的程度减少,农民实行翻耕压青,自然形成更多的土壤氮素。一些地抛荒休耕,这形成剩余的火耕水耨。越在早期,火耕地越多。宋初佃户挑选肥力高的地块——休耕灌水之地,年年易地而种,在游移中选择耕地,休耕地因自然恢复而肥力提高。

这种大圩内的火耕水耨明显地用到感潮水。《淮南子》"地形训"中有"江水肥而宜稻"之说,字面上看可能是指长江,但长江水往往不是肥而宜稻的,肥而宜稻的水是太湖清水。在《淮南子》的时代,太湖上游即使接长江支流之水,但经太湖淀积,到吴淞江的区域内才可以肥稻,故当时的江有可能有更宽泛的意义。当时大圩内河道、灌水区、杂草区混杂,水生动物也相当丰富。由于河水感潮,在海水与湖水交汇的地区,蟹类非常之多。宋人高似孙在《蟹略》中提到许多描述这一地区多蟹的诗。梅尧臣诗中有:"秋来鱼蟹不知数","秋叶萧萧蟹应老"。陆游有诗曰:"稻肥初籭蟹,桑密不通鸦。"这里所暗示的背景,是一种有树木有水流的水陆交错区。他的另一首诗中有"水落枯萍粘蟹籪"。① 河流中水生生物丰富。当时的生物状态不像现在河道那样处于一种富营养化状态,而是一种富有河蟹的环境,水环境清洁有氧,鱼蟹类小动物才众多。这得益于大圩足够的空闲地,圩内、圩外也有足够的河流与水泊,与休耕地交叉共存,才构成这种良性的生态环境。

《齐民要术》"水稻第十一"的部分内容与太湖流域有关,其中的

---

① 高似孙:《蟹略》卷二。

水稻品种部分,贾思勰引用了太湖流域人士周处的《风土记》,水稻栽培技术也可能参照这一带的栽培技术。实际上,他记载了两种水稻栽培技术。

稻无所缘,唯岁易为良。选地欲近上流。地无良薄,水清则稻美也。

三月种者为上时,四月上旬为中时,中旬为下时。

先放水,十日后,曳陆轴十遍。遍数唯多为良。地既熟,净淘种子。浮者不去,秋则生稗。渍经三宿,漉出,内草籥(市规反)中裛之。复经三宿,芽生,长二分,一亩三升掷。三日之中,令人驱雀。

稻苗长七八寸,陈草复起,以镰侵水芟之,草悉脓死,稻苗渐长,复须薅。拔草曰薅(虎高切),薅讫,决去水,曝根令坚。量时水旱而溉之。将熟,又去水。

霜降获之。早刈米青而不坚晚,晚刈零落而损收。

北土高原,本无陂泽。随逐隈曲而田者,二月冰解地干,烧而耕之,仍即下水。十日,块既散液,持木斫平之。①

在上面引述的文献中,"北土高原"以后的种稻习惯是北方的习惯,以前的部分讲的是南方的稻作技术。"稻无所缘,唯岁易为良。"岁易的就是岁岁休耕,可能是指太湖地区火耕水耨下的休耕。北方灌溉地本来不多,难以"岁易"。易田种稻也不会有很高的产量,一年休耕地的杂草有限,烧荒后的土壤肥力增长也有限,第二年产量不会有多大的优势。在南方地区,由于水环境的局限,其他地区也不会

---

① (后魏)贾思勰著、缪启愉校释:《齐民要术校释》,中国农业出版社,1998年,第138页。

用有限的水田岁易,一般年年施肥以满足需求。岁易的条件将可能种植的地区局限在有水流控制的大圩田区。"水稻第十一"第二句话,"选地欲近上流,地无良溥,水清则稻美也",这里实际上隐含着太湖流域的区域特色。在北方那种缺少灌溉地的田地,上流与下流没有什么区别。水清稻美,北方各地几乎找不到什么地方支持这种证据,长江中上游的几个地区也没有这种现象,符合"近上流"而"水清稻美"环境的只有太湖地区东部。上流是靠近太湖清水来源,水清而稻美;相反方向潮水,带泥带盐,没有能力使土壤肥力增加,反而破坏土壤肥力。"水稻第十一"前面的技术也在《王祯农书》中被认可为江南技术。王祯在讲水稻技术时,以此讲述江南稻作。王祯还特意注解"水稻第十一"关于霜降收获水稻中的水稻种类是晚稻。"南方水地,多种稻秋。早禾则宜早收,六月、七月则收早禾,其余则至八月、九月。《诗》云:'十月获稻'。《齐民要术》曰:稻至'霜降获之',此皆言晚禾大稻也,故稻有早晚大小之别。"[①]宋代以前,太湖流域只种这种晚熟的水稻。

在塘浦没有形成网络的汉唐时代,海塘体系也没有形成,沿海沿江一带的感潮现象十分严重。一条河从开挖成功到完全淤塞,只需几年,泥沙堆积完全可以改变这一带的土壤结构与土壤生态。一般人不愿意经营受潮灾影响比较严重的土地,开发重点集中在低地与半低地的地区。徐修矩是唐末的一个读书人,有许多的潮田,却并不富裕。"徐修矩,吴人,仕为恩王府记室参军,奕世才贤,承家介洁。守世书万卷,优游自适。有潮田五万,步草屋数间,不复出仕。皮日休

---

① 《王祯农书》农桑通诀集之四,收获第十一;农桑通通诀集之六,水稻。王祯在引了《齐民要术》的这部分内容以后,又增加了一些他自己确认的江南稻作新技术,如插秧技术等。

尝就借书读之，与任晦同时。"①这么多的潮田没有给他带来多少收入，因为感潮地的生产力水平很低。浊泥入田后，对水稻的生长特别有害。在吴淞江以北，有两种感潮砂土，都与感潮有关系。

  一种俗称潮泥地。沿浏河、温草浜、吴淞江、界泾、杨泾等潮水干河两岸，约占全县耕地的10%，即6万亩左右。这种土地富有腐殖质，但肥料容易流失，施肥水平高，适宜栽种棉花，水稻产量低。习惯多年旱作，一年水稻。另一种俗称潮沟干地。在东部和北部，即练祁以北，横沥以东，潮水到达地区，约占全县耕地的40%，即24万亩左右，这类土地含沙量和施肥水平略低于潮泥地，也是富有腐殖质的壤土，种植棉稻都较适宜，习惯二年旱作一年水稻，或多年旱作一年水稻。②

清水与浊水的交界之地形成潮沙淤积，使河道本身形成许多的汇。这种汇不断地进入到传统的大圩之区，使大圩之区的土壤发生变化。"有盘龙汇者，介于华亭、昆山之间，步其径才十里，而洄穴迂缓逾四十里，江流为之阻遏，盛夏大雨，则泛滥旁啮，沦稼穑，坏室庐，殆无宁岁。范公尝经度之，未遑兴作。宝元元年，太史叶公清臣漕按本路，遂建议酾为新渠，道直流速，水患遂弭。厥后，转运使沈立之又开昆山之顾浦，颇为深浚。"③治理汇使水稻土的水流环境改善，便于形成高肥力水稻土。早期水利水平较弱，大圩的重要性可能更在于使水稻土不受浊流泥沙的侵蚀，以此保证土壤肥力。宋元之前，水利

---

① 范成大撰、陆振岳校点：《吴郡志》卷二十五，人物，第362页。
② 嘉定县人民委员会：《嘉定县十年来农、林、牧、付、渔生产总结初稿（1949—1959年）》，1959年10月1日。上海市嘉定区档案馆藏，农业局档案，44—1—31。
③ 朱长文：《吴郡图经续记》卷下，治水。

系统和海塘建设水平较差,感潮影响范围广,潮水之灾广泛存在。宋初的潮水几乎覆盖到吴淞江流域的所有地区。

> 民田既容水,故水与江平,江与海平,而海潮直至苏州之东一二十里之地,反与江、湖、民田之水相接,故水不能湍流,而三江不浚。①

所有太湖东部地区都可能受到潮水的影响。抵制这种潮水影响的是圩田系统,灌清抵浑圩田系统保证了火耕水耨下的稻作。《齐民要术》讲"拽陆轴十遍",据缪启愉先生考证,这种陆轴与《王祯农书》中的一种水田耕作工具相同,外有列齿,用于水田时"破块滓,溷泥涂也"。由于没有翻耕,这种耙地的动土深度有限,可以促进水稻土的发育,不会像后期那些大。至于除草,《齐民要术》复述《周礼》的内容:"凡稼泽,夏以水殄草而芟夷之。"这是一种不动土的除草方式。又有《礼记》月令篇中的内容:"大雨时行,乃烧、薙、行水,利以杀草,如以热汤"。烧指烧草,薙指割草,《齐民要术》引郑玄注以解其意:"先薙其草,草干,烧之,至此月,大雨流潦,畜于其中,则草不生。"②总之,无论是播前整地,还是播后杀草,基本上不动土,或动土较浅,这时实行休耕制度,不会有很好的水稻土剖面的形成。

二 水稻土的早期发育与沤田

宋代时有休耕的残存,但很快消失了,水稻土开始大量形成。连作制的推广和大圩休耕的结束迫使农民采取冬沤的方式恢复地力。

---

① 范成大撰、陆振岳校点:《吴郡志》卷十九,水利上。第271页。
② 贾思勰著、缪启愉校释:《齐民要术》水稻第十一。

"浙中田遇冬月有水在田,至春至大熟。谚云谓之'过冬水',广人谓之'寒水'。"① 干湿交替主要发生在水稻生长期间,与干湿交替一起出现的还有一系列土壤耕作技术,这些技术使土壤出现了氧化还原层,使土壤为标准的水稻土。首先是犁耕的推广,唐代犁耕的代表性技术是著名的江东犁,江东犁的记叙者是陆龟蒙。犁耕使动土量增加,形成耕作层和犁底层,并为进一步的水耕熟化创造条件。随着耕——耙——耖土壤耕作体系的完善,动土程度加强,细土粒向下淀积加速,淀积层发育,氧化还原层也随之出现。动土的机会多,干湿交替的机会也多,干干湿湿便使氧化还原层出现。宋人对水稻土的淀积层已经有一定的认识,陈师道言:"田理有横有立,间谓之立土。横土、立土不可稻,为其不停水也。"② 认识到不可稻与不停水的关系。有好的淀积层,就可以停水,止住漏水。休耕阶段只有"水耨",没有"耘",播种前也没有"耕",只有类似"耙"的环节,动土强度肯定不够。江东犁推广后,耕的环节出现,又有了秧田和非常精细的秧田耕作。"今夫种谷,必先修治秧田。于秋冬即再三深耕之,俾霜雪冻冱,土壤苏碎。又积腐藁败叶,划薙枯朽根荄,徧铺烧治,即土暖且爽。于始春又再耕耙转,以粪壅之"。一般田地也有耕作,"平陂易野,平耕而深浸,即草不生,而水亦积肥矣。俚语有之曰:'春浊不如冬清,殆谓是也'"。③ 唐代中后期,昆山诗人孟郊描述了在水中耕作的稻农形象:"退身何所食,败力不能闲。种稻耕白水,负薪斫青山。"④

---

① (宋)吴攒:《种艺必用》,明永乐大典本。
② 陈师道:《后山谈丛》卷二。
③ 万国鼎校注:《陈旉农书校注》,《善其根苗篇》,农业出版社,1965年,第45页。
④ 孟郊著,华忱之、喻学才校注:《孟郊诗集校注》,卷二,《退居》,人民文学出版社,1995年,第81页。

耕白水是一种耘田作业。江东犁的推广使一些难以种稻的板结土或强硬的青紫泥得以利用。以吴江县的青紫泥为例,这种土是一种难以耕作的土壤。

> 锄时成块,群众用"敲敲一个洞,锄锄一条缝"来形容它的耕性。有水还好耕些、犁垡不断成条(每条都有3—4尺)晒干后,坚硬不碎,刺脚痛,上水,耥耙泥滑,粘农具,易沉清,一牛一天深耕7—8寸,只能耕3—4分,土块硬、僵、不易耙碎,插秧困难,秧苗入土时要"滑脱",遇大泥块,即移滑入空隙里。①

江东犁的出现明显加快了这种土壤改良的速度。至于耘田,大田插秧后,"苗高七、八寸则耘之"。耕、耙、耖(耘)齐全后,水稻土会越来越形成良好的耕层,耕层上有泥糊,下有团块,大气中的氧不断地流入根际,土壤养分供应得到协调。这时还有了更重要的搁田(晒田)技术,晒田加强了短时间内的干湿交替,促进了水稻土氧化还原层发育。"耘毕,放水熇之。欲秀,复用水浸之。苗既长茂,复事薅拨,以去稂莠。"②娄元礼在其《田家五行》中也讲到烤田。"六月不热,五谷不结,老农云:大抵三伏中,正是稿(熇)稻天气,又当下壅之时,最要晴而热为得力也。"③水旱轮作和干湿交替有利于水稻土发育。北宋时期,稻麦复种的数量很少。宋代的高斯得提到过苏湖熟的原因时,将太湖东部平原的农业技术与土壤加以联系:

> 见浙人治田,比蜀中尤精。土膏既发,地力有余,深耕熟犁,壤细如面。故其种入土坚致而不疏苗。既茂矣,大暑之时,决去

---

① 江苏省吴江县土壤普查办公室编:《吴江县土壤志》,1959年11月,第32页。
② 《王祯农书》百谷集之一,水稻。
③ 《田家五行》六月类。

其水,使日曝之,固其根,名曰靠田根。既固矣,复车水入田,名曰还水。其劳如此,还水之后,苗日以盛。虽遇旱暵,可保无忧。其熟也,上田一亩,收五、六石,故谚曰:"苏湖熟,天下足"。虽其田之膏腴,亦由人力之尽也。①

土壤被整得细如面,说明水稻土的淀积层和滞水层已经形成并托住了地表水。他讲到烤田水平的精细,正好说明在淀积层形成的基础上可能已经出现发达的氧化还原层。可以推断,现代水稻土的形成才支撑了"苏湖熟、天下足"的局面。由于不再有土地以供休耕,这时期人们常利用淹水环境进行冬沤。为了恢复地力,冬季开始灌水冬沤。水稻收割后放水入田,稻田受积水覆盖,营养物质分解后进入土壤里面而不会轻易挥发。在淹水状态下,有机质矿质化程度减弱,腐殖化过程增强,土壤有机质可以提高。这阶段施肥还没有广泛地推广,农民实际上用沤田替代施肥。古人也认识到放水灌田有利于土壤肥力的保持。南宋时期,这一地区有"春浊不如冬清"的俚语②,即春季灌水不如冬季灌水之意。吴淞江流域的施肥并不普遍,通过休耕恢复地力可以倍于常稔之田。常稔之田是年年耕种田,需要施肥。冬沤是常稔之田保持地力的一种手段,尽管这时的土壤有了氧化还原层,但由于长期积水,土壤潜育化现象仍然很严重。年年耕种的水稻土有较多的稻秆,病虫害借稻秆寄生,灌水后虫害被除。灌水还会使土体软烂,便于耕作。③南宋时期,这种灌水田在官田中非常普遍,"自来水乡秋收了,当即放水入田,称是废田,欲出榜召人

---

① (宋)高斯得:《耻堂存稿》卷五,宁国府劝农文。
② 万国鼎校注:《陈旉农书校注》,《善其根苗篇》,第45页。
③ 朱鹤健:《水稻土》,农业出版社,1985年,第340—341页。

陈告其田,给予告人耕田纳税,即已经予告人后,有词讼不得受理"。① 放水之后官方就等明年招佃,放水田是连作田。佃户往往就在官田上挑选肥力高的地块种植,种完后官方灌水休耕,明年佃户再挑选其他地块耕种,或者在积水的前茬地上连作。在灌水后的稻田上,前茬作物所留下养分不会轻易挥发掉。到近代,这种方法仍是江南农民恢复地力的手段。当时处丰水环境,圩田积水难排,这种耕作手段使得土壤处于潜育化状态,大水时期尤其如此。赵霖言:

> 缘平江水田以低为胜,昔之赋入多出于低乡,今低乡之田,为积水漫没,十已八九。当时田圩未坏,水有限隔,风不成浪。今田圩殆尽,水通为一。遇东南风,则太湖、松江与昆山积水尽奔常熟;遇西北风,则常熟之水东赴者亦然。正如盛盂中水,随风往来,未尝停息。尝陟昆山与常熟山之巅,四顾水与天接。父老皆曰:水底,十五年前皆良田也。今若不筑圩岸,围裹民田,车畎以取水底之地,是弃良田以与水也。况平江之地,低于诸州,唯高大圩岸,方能与诸州地形相应。昔人筑圩裹田,非谓得以播殖也,将恃此以狭水之所居耳。昆山去城七十里,通往来者,至和塘也。常熟去城一百五里,通往来者,常熟塘也。二塘为风浪冲击,塘岸漫灭,往来者动辄守风,往往有覆舟之虞,是皆积水之害。今若开浦置闸之后,先自南乡大筑圩岸,围裹低田,使位位相接,以御风涛,以狭水源,治之上也。修作至和、常熟二塘之岸,以限绝东西往来之水,治之次也。凡积水之田,尽令修筑圩岸,使水无所容,治之终也。昨闻熙宁四年大水,众田皆没,独长洲尤甚,昆山、陈新、顾晏、淘湛数家之圩高大,了无水患,稻麦两

---

① 《宋会要辑稿》食货六,经界,绍兴十二年十二月二日。

熟。此亦筑岸之验,目今积水之中,有力人户间能作小塍岸,围裹己田,禾稼无虞。盖积水本不深,而圩岸皆可筑。但民频年重困,无力为之。必官司借贷钱穀,集植利之众,并工戮力,督以必成。或十亩或二十亩地之中弃一亩取土为岸,所取之田令众户均价偿之。①

积水难排必然带来水稻土大面积潜育化,反过来使土壤生产力受到影响。在高大圩岸、排水良好的地区,稻麦两熟或稻麦两收增加,反而有利于生产力的提高,出现"稻麦两熟"的现象。在这种地区,水稻土因水旱轮作走向良性发育。当时人追求的往往是水旱两收,垫高圩岸才会有水旱两收,垫高圩岸也促进水稻土进一步脱潜。稻麦两熟或稻麦两收,水旱轮作肯定加强,今年种稻明年种麦,或几年种稻后再种一季麦子,也会达到这种效果。种稻时灌水浸田,种麦时开沟排水,水旱轮作使水稻土脱潜。尽管如此,长期的积水环境仍然使得低地潜育化长期维持,潜育化土壤区的乡民多称之为青泥土和黄泥土。② 以湖积物为主,长期潜育化的土壤称青泥土,脱潜到一定程度被称为黄泥土。一直到20世纪,土壤仍在淹水、排水的环境下相互转化。以昆山为例,1949年以后仍大面积地存在着潜育化水稻土。

> 昆北地势低洼,地下水位高,土壤粘重瘠薄。土壤以青土类型为主,土壤受潜育作用很大,秋熟作物以种稻中稻为主,常因地势低洼遭受内涝为害,故产量不高。解放以来,经大力兴修水利和建立机电灌溉以来,目前水利条件得到改变,低洼田都由一

---

① 范成大撰、陆振岳校点:《吴郡志》卷十九,水利下,第289—290页。
② 熊毅、李庆逵:《中国土壤》(第二版),科学出版社,1987年12月,第13页。

熟改为二熟,产量逐年上升。目前本县土壤分布,通过今春土壤普查,大体分为灰土、黄土、乌山土、青土、小粉土等几种类型。其中灰土占4.145%,黄土43.2%,大部分分布在昆南及昆北的较高田块。土质疏松肥沃,黑黄色,大多属壤土;乌山土占6.7%,青土占42。5%,大多分布在中部。土质粘性,肥力中等,土青色,大多属粘土,白螺蛳土、小粉土,占3.35%,大多分布在昆北低洼区,土质粘重板结,低产田大部分集中在这类田。①

昆山低洼地区的黄土与灰土属于良性土壤,是长期排水与耕作形成的。还有大量的积水土壤处于潜育化状态下,这种水稻土是青紫泥。青紫泥等潜育化土壤在水旱轮作的环境下向黄土和灰土等土壤转化。低地土壤在开垦之初,地下水位很高,又经常沤田,全剖面几乎总是处于还原状态。随着耕作时间的增长,定期的排水、灌溉、施肥、耕作,灌溉水与地下水不断分离,氧化还原层和其他层次开始发育得明显,成为良性水稻土。淀积层处于青色的时候是一种还原状态,黄色的处于氧化状态,相互之间可以转化。这样的地区行麦稻两熟,同一地区的土壤分化会更加严重。"在长江三角洲平原湖荡地区,由于小地形和地下水位所决定的土壤颜色是反映稻麦轮作水稻土的标志,因而分出青泥土、黄泥土和白土等。"②分化的时间表往往就是土地排水与开垦的时间表。宋元时期新形成的水稻土土壤多在淀山湖和阳澄湖的边缘发展,以吴江县的土壤为例。吴江县东北

---

① 昆山县农林局:《昆山县改良土壤工作初步总结》,1959年12月15日。昆山市档案馆藏,农林局档案,334—1—9。
② 熊毅、李庆逵:《中国土壤》(第二版),第13、213、216页。

部土壤实际上是宋元以后在低地开发基础上形成的水稻土,这里开发时间长,已逐步脱潜;沿湖地区是近代以后开垦的,脱潜正在进行中。《吴江县土壤志》有:

> 土壤是历史自然体,一种土壤形成和人的生长有年龄一样,需要相当长一段时间,并在不断变样,不是一朝一夕的事情。我县是太湖地区的一部分,土壤形成主要是湖港淤积成陆被人们垦殖利用变成的。它(他)的年龄较轻,历史较短,不及东北地区历史悠久。现有的土壤也继续受到各种因子的影响,经过一段时间,逐渐演变,如群众经验白土变为灰土要4—5年时间,因此说时间因子对成土作用也有它一定的影响的。①

施肥对水稻土发育的影响是众所周知的。正由于各种施肥措施的加强,人们才会脱离对冬沤的依赖。徐琪指出:"从现代某些耕作制度看,在粘质土壤上,如不采用绿肥轮作或施用足够的有机肥料,冬沤往往是维持地力的保守的耕作方法之一。由于冬沤,便促进了表潜作用的发展,形成表潜水稻田或沤田。"②冬沤的取消是加强施肥和种植绿肥的结果。随着麦稻两收与稻麦两熟增多,江南地区开始大量地施用泥肥、绿肥,泥肥使水稻土的表面粘粒增多,在水耕的搅动下,粘粒不断向下移动,淀积层发育加速,氧化还原层也会因之加强。宋元时期的泥肥使用没有像明清时期那样广泛。《农政全书》仍引元代《农桑辑要》中泥肥的作用:"壅田或河泥,或麻、豆饼或灰粪,各随其地土所宜。"③《王祯农书》有:"又有泥粪,于沟港内,乘

---

① 江苏省吴江县土壤普查办公室编:《吴江县土壤志》1959年11月,第68页。
② 徐琪等:《中国太湖地区水稻土》,上海科学技术出版社,1980年9月,第44页。
③ 《农政全书》卷六,农事,营治上。现在出版的《农桑辑要》中无此条。

船以竹夹取青泥,枚泼岸上;凝定,裁成块子,担去与大粪和用,比常粪得力甚多。"①泥肥与其他肥料不一样,由于其使用量大,既增加土壤的供氮能力,还增加土壤的粘粒水平,大大加厚了耕作层。代表这一技术转型的是南宋陈旉的《农书》,陈在江南施肥的基础上形成了地力常新的理论。《陈旉农书》也提到了低区高大圩岸的问题,"其下地易以淹浸,必视其水势冲突趋向之处,高大圩岸环绕之"。另外,江南农民这时已经开始有了一个置粪屋的习惯,"凡农居之侧,必置粪屋。低为檐楹,以避风雨飘浸。且粪露星月,亦不肥矣。粪屋之中,凿为深池,甃以砖甓,勿使渗漏"。② 这种景观和生活习惯在江南的出现是稻田普遍施肥的标志。

> 凡扫除之土,烧燃之灰,簸扬之糠粃,断稿落叶,积而焚之,沃以粪汁,积之既久,不觉其多。凡欲播种,筛去瓦石,取其细(标准)者,和匀种子,疏把撮之,待其苗长,又撒以壅之。何患收成不倍厚也哉。

> 或谓上敝则草木不长,气衰则生物不遂,凡田土种二五年,其力已乏。斯语殆不然也,是未深思也。若能时加新沃之土壤,以粪治之,则益清熟肥美,其力常新壮矣,仰何敝何衰之有。③

单从以上的理解看,施肥几乎到了物尽其力的水平。实际并不如此,陈旉所介绍的农田环境是:"凡田土种二五年,其力已乏"。说明当时的大多数农田仍可能重回休耕的状态,人们还不怎么习惯施

---

① 《王祯农书》卷三,农桑通诀三。
② 万国鼎校注:《陈旉农书校注》,《地势之宜篇第二》,《粪田之宜篇第七》,第25、34页。
③ 万国鼎校注:《陈旉农书校注》,《粪田之宜篇第七》,第34页。

肥。不行休耕,出现了地力下降的状态,这时人们急于寻求不休耕的办法。积肥的办法不多,对作物秸秆和杂草,人们一般会就地焚烧以形成土壤肥力。清人这样记载:

> 严霜杀草,陈根就枯,牧火偶遇,燎原莫遏,红卷半天,斜阳照影,所谓野烧是也。古有火种之法,烧取枯荄,积灰为壅,春来番种,土脉益肥。钱澄之诗云:"呼儿且唤牛,吾去烧东菑。"此亦《周礼》草人土化之遗则也。①

清人既说这是古法,宋时肯定有大量的烧荒田地。火烧其实还可以杀死土壤中的病虫害。另外,尽管江南之雪不多,但瑞雪的杀虫能力仍引起人们的重视。

> 腊月雪谓之腊雪,亦曰瑞雪,能杀蝗子,主来年岁稔。谚云:"腊天一尺雪,蝗入地一尺。"又腊中见三白(腊前三番雪),则宜麦。东坡雪诗云:"遗蝗入地应千尺,宿麦连云有万家。"可证也。②

《王祯农书》记载当时的江南人仍不会利用杂草积肥。"礼者曰:仲夏之月,利以杀草,可以粪田畴,可以美土疆。今农夫不知此,乃以其耘除之草,弃置他处,殊不知和泥渥漉,深理禾苗根下,沤罨既久,则草腐而土肥美也。今江南三月草长,则刈以踏稻田,岁岁如此,地力常盛。"③元代农民不像明代农民那样会利用杂草沤制杂肥,主要手段是养猪积肥。"尝谓江南水地多湖泊,取萍藻及近水诸物,可

---

① (清)袁景澜撰,甘兰经、吴琴校点:《吴郡岁华纪丽》卷十一,烧畬,江苏古籍出版社,1998年,第326页。
② 《吴郡岁华纪丽》卷十一,腊雪,第326页。
③ 《农政全书》卷三,农桑通诀集之三,粪壤篇第八。

以饲之。"人们将广泛的水生植物转化成猪肉和有机肥,也是一种生态的循环利用。挖河泥是江南水稻土土壤改良的重要途径,毛珝有:"竹罾两两夹河泥,近郭沟渠此最肥。载得满船归插种,胜如贾贩岭南归"。① 当时人重视挖河泥,认为挖河泥强于到外面买肥料。挖河泥技术在低地比较成功,绿肥技术在高地取得了成效。上文提到"江南三月草长,则刈以踏稻田,岁岁如此,地力常盛",指绿肥翻青以维持高肥力性状。农学家用阴阳理论理解水稻土施肥。王祯言:"其火粪,积土同草堆叠,烧之;土熟冷定,用碌碡细用之,江南水多地冷,故用火粪。种麦、种蔬尤佳。又凡退下一切禽兽毛羽亲肌之物,最为肥泽,积之为粪,胜于草木。下水田冷,亦有用石灰为粪,则土暖而苗易发。"②将某种肥料定为阳,将水稻土定为阴,这固然是人原始阶段的概念,但这种作法的确利于冷浸田有机碳的增加,增强了氧化作用。土温升高也对作物生长有利。

三 水环境的影响

北宋时的吴淞江非常宽广,两边塘浦也很宽,东流清水在宽广河道中强盛,抑制了浑潮所携带的大量泥沙进入河道和农田。随着吴淞江淤塞得越来越窄,塘浦也越来越窄,下游水灾与潮淤加剧。范成大曾这样形容昆山一带的水环境与土壤,"昆山常受三江具区之委以入于海,其野甚平而善淤,苦于霖潦,时至则水多,高居必以横塘纵浦疏瀹四出,然后民得污邪而稼之,今岁久弗浚,涂泥满沟,夫地愈益

---

① 陈起:《江湖小集》卷十二,毛珝:《吾竹小藁》,吴门田家十咏,清文渊阁四库全书本。
② 《王祯农书》,农桑通诀集之三,粪壤篇第八。

下而脉络壅底,则其沉澉独甚于它邑"。① 污邪之土是感潮形成的潮淤之泥,没有多少肥力,对稻田有害。关于潮水对土壤的影响,日本学者北田英人曾做出过一定的描述②,需要进一步深入研究的是潮水对水稻土发育的影响,感潮区与非感潮不同。在感潮区,这种影响自北宋时吴江长桥被堵塞时就开始了,到南宋和元代,吴淞江流域几乎总处于严重的淤积状态,丰水环境已经不再,圩田有大量的潮积淤泥进入。

> 浙西田土多藉太湖之水灌溉,厥利甚大,若河港闭塞,不能通流湖水,稍遇大雨便致泛溢,湮没田禾,为害不轻。其吴淞江元受太湖淀山湖诸处湖泖,上源急流,冲散潮沙,自古可敌千浦。浙西之水来既有源,去亦有委,是以不成水患。近年以来因上源吴江州一带桥䃹塘岸,椿钉坝塞,流水艰涩,又因沿江水面并左右淀山湖等处权豪种植芦苇,围裹为田,并边近江湖河港隘口沙滩滋生茭芦,阻节上源太湖水势,以致湖水无力不能渲涤潮沙。③

潮沙淤塞地带的先锋植被通常是芦苇等植物,被权豪垦占后,他们一般先在水面上种一些水生经济植物,比如茭芦荷菱之类,最终围成田,种植水稻。在淀山湖一带,低地开垦后的水稻土变迁过程基本上就是一种青泥土被潮沙改良的过程。权豪利用整体水环境的变化,在小地域改变水稻土环境的例子在宋元时期有许多。南宋末年,

---

① 嘉靖《昆山县志》卷十五,范成大:《新开塘浦记》。
② 北田英人:《八——十三世纪江南の潮と水利·農業》,《东洋史研究》第47卷4号,1989年。
③ 《水利集》卷八,大德三年六月都水庸田使麻合马嘉议讲吴淞江堙塞合急治略。

由于各处河道被钉塞,潮水淤积的速度更加快速。至元二十九年潘应武言:

> 今日浙西水,自丙子年归附时,招民官虑恐哨船入境,掳掠乡村,各自钉塞,地分河港。吴江长桥系三州六县太湖众水之咽喉,长桥南塊,古来水到龙王庙侧,又被筑塞五十余丈,沿塘三十六座桥道,实乡村河港众流之脉络,多被钉断,日久岁深,浮秽壅塞。亦有桥道被筑实,坝水不通流,所以不流不活,不疾不驶,不能随即涤去淤塞,以致淀山湖东小曹港口、大沥口、汊港口等处潮沙日壅,积成数十里之广,三五尺之厚,被权豪势要占据为(田),湖水、潮水不相往来。①

潮水淤塞淀泊一带时,潮泥的粗沙质已经大大减少了,垦殖以后会很快变成肥沃水稻土。湖泊一带沉积的淤泥基本上是太湖水形成的肥沃淤泥。任仁发这样讲淀山湖一带冲淤区的水稻土:"富户数十家,于中每岁种植茭芦,埋钉椿笆,填委蓺土,围筑硬岸,岂非逆土之性?何为今日尽成膏腴之田,此明效大验,不可掩也。既是淀山最低之湖,经营尚可以为田。"②这种水稻土在形成时一方面得益于潮水,一方面与豪强侵占有关系。元时"淀山湖东向与潮相接,先为东南积淤塞潮泥,渐为富豪围占,变其湖为田地"。由于潮沙较多,这些田块土壤的保水保肥能力较差,到明代一直都不行。"自淀山湖筑围成田,吴淞江潮沙湮塞,水不通泄,每遇霖潦,诸水所会即成一壑,设旬日不雨则旱熯为虐。畎亩龟坼,损田逋课,无岁无之。"③一

---

① 任仁发:《水利集》卷三。
② 任仁发:《水利集》卷二。
③ 万历《青浦县志》卷之六,水利下。

到干旱时就开裂,这种低地水稻土仍没有良好的可耕性与结构。在湖岸与沼泽地带,积水环境的问题比淤塞区要严重,存在大面积的表潜化现象。南宋时期人口增加,淀山湖等地被围湖造田,由于土壤肥沃,这样的田会被人为地加速改良并形成水旱轮作。如果施肥与耕作得当,就会形成高产的水稻田。淳熙六年,"浙西提举颜师鲁言:田野日辟,治世盛事,今乡民于自己硗确之地开垦,以成田亩"。① 许多草荡田被垦成新田,嘉定二年,湖州王炎奏:"本州境内修筑堤岸,变草荡为新田者凡十万亩,亩收三石,则一岁增米三十万硕。"② 亩收三石的水稻土应是水旱轮作、高产稳产的水稻土。不过,大多数地区只有一熟。开发最好的黄泥土水稻田属于潴育性水稻田。在近湖的溇港地区,耕作性状往往较差,土壤表潜(有积水),僵硬板结的状态往往要持续一段时间,由于氧化还原层的供肥能力相对较差,对作物有晚发的特点。晚发就是指土壤在水稻生长的后期有较强的供肥能力,早期则供肥不足,早发田与此相反。早发田与晚发田有区别。"在太湖地区,鳝血黄泥土是早发田,肥力水平较高;僵板黄泥土是晚发田,肥力较低。"③ 一熟状态下,普遍是晚发田,只有水旱轮作加强,耕作加强,才会把水稻田由晚发田开发成早发田。早期的田多为晚发的田,后期的田有大量的早发田。早发田加上勤施肥料,可以支持江南二熟制。这种变化的大前提是积水的环境得到改变,明代以后黄浦江形成后,吴淞江流域的丰水环境不再,才会出现这样的深度开发。在宋元时期,丰水环境造成的大面积潜育化,使得低地水稻土改良受限制。

---

① 《宋会要辑稿》食货六,淳熙六年五月十八日。
② 同上书,嘉定二年正月十五日。
③ 中国科学院南京土壤研究所:《太湖地区水稻土肥力研究论文集》(摘要),1979年2月,第2页。

四　水旱轮作的影响

无论如何,宋代以后旱地作物对土壤产生了很大的影响。只要有旱地作物加入到水田种植序列,水旱轮作就在一定程度上产生,水稻土的剖面结构也会改善。需要指出的是:北宋初旱地作物非常少,发生旱灾时,以致连补种的旱作物都没有。"宋太宗时,言者谓:'江北之民杂植诸谷,江南专种秔稻。虽土风各有所宜,至于参植以防水旱,亦古之制。于是诏江南、两浙、荆湖、岭南、福建诸州长吏,劝民益种诸谷,民乏粟、麦、黍、豆种者,于淮北州郡给之。"当时水稻以一熟制为主,难见旱地作物是正常的。冈身一带基本上也没有旱地作物种植,不同水平的稻麦参差种植也很少。经过宋元两代四百年的开发,江南开始有非常复杂的水旱种植。"宋太宗诏江南之民种诸谷,江北之民种秔稻,真宗取占城稻种,散诸民间,……今世江南之民,皆杂莳诸谷,江北民亦兼种秔稻。昔之秔稻,惟秋一收,今又有早禾焉。"①其实,宋代官方的作用不见得这么大,正是人口增长与开发加强才形成这样的转变。在旱地作物推广的同时,人们对水稻早晚分化的要求也增强,因为这样可以将稻作与旱作在农时上分开,合理地搭配劳动力。早稻与晚稻的品种分化必然随之增多。《吴郡图经续记》言:"其稼,则刈麦种禾,一岁再熟。稻有早晚,其名品甚繁,农民随其力所及,择其土所宜,以次种焉。"②朱长文在这里讲的是一岁再熟,也可能是稻麦两收。在不同的地块上分别种了稻与麦,亦即一年内可在同一地块上麦稻复种。直到民国时期,稻麦复种仍不多。无

---

① 《大学衍义补》卷十四。
② 《吴郡图经续记》卷上,物产。

论何种方式,麦稻轮作的程度加强,水稻土向良好剖面演替的速度加快了。稻麦轮作推广的时候,土壤耕作技术也有相应的发展,水旱轮作技术在元代已经很成熟,中国农业科技史上著名的开塍作沟技术出现在这一时期,这一技术对水稻土氧化还原层的出现起到非常重要的促进作用。

> 南方水田泥耕,其田高下阔狭不等。一犁用一年挽之,作止回旋,惟入所便。高田早熟,八月燥耕而焊之,以种二麦。其法:起坡为畽,两畽之间,自成一畎。一段耕毕,以锄横截其畽,泄利其水,谓之"腰沟"。二麦既收,然后平沟畎,蓄水深耕,谓之"再熟田"也。下田熟晚,十月收刈既毕,即乘天晴无水而耕之。节其水之浅深,常令块坡半出水面,日曝雪冻,土乃酥碎。仲春土膏脉起,即再耕治。又有一等水田,泥淖极深,能陷牛畜,则以木杠横亘田中,人立其上而锄之。南方人畜耐暑,其耕,四时皆以中昼。①

很明显,这种再熟田是复种制下的二熟田,水旱轮作使土壤肥力提高。至于"下田晚熟",是指一熟的田是下田,肥力不好。这种田容易积水,潜育化环境更明显一些。在吴淞江的中下游地区,因为河流进入冈身地带,以前基本上没有什么种植,现在应该有了旱作,同时有灌溉的稻作,这种地区成为稻麦轮作最早的地区。以嘉定为例,这一地区的沙质壤土分布在吴淞江两岸,沙质壤土又有两种,既可以用之于旱作,也可以用之作水田,一般是多年旱作后加一年水田。

> 一种俗称潮泥地。沿浏河、温草浜、吴淞江、界泾、杨泾等潮水干河两岸,约占全县耕地的 10%,即 6 万亩左右。这种土地

---

① 《王祯农书》,农桑通诀集之二,垦耕篇第四。

富有腐殖质,但肥料容易流失,施肥水平高,适宜栽种棉花,水稻产量低。习惯多年旱作,一年水稻。另一种俗称潮沟干地。在东部和北部,即练祁以北,横沥以东,潮水到达地区,约占全县耕地的40%,即24万亩左右,这类土地含沙量和施肥水平略低于潮泥地,也是富有腐殖质的壤土,种植棉稻都较适宜,习惯二年旱作一年水稻,或多年旱作一年水稻。①

随着土地利用程度的提高,冬天放水沤田机会越来越少,土壤肥力开始依赖有机肥的施用、绿肥的种植和挖河泥。泥肥施用的加强推动着耕作层快速演替。在整个东太湖平原上,由施泥肥形成的堆叠层各处不一。在吴淞江下游,排水的功能降低与潮淤的增加,使得水旱轮作很早开始普及。人们加强河道疏浚,潮沙土堆叠于两岸,不断的疏浚意味着两边水稻土的土层堆叠作用加强,土壤质地沙壤化倾向进一步增加。宋元时期的堆叠大大影响了现代地貌,形成了大量的半干旱化高地。在嘉定县,"全县地势平坦,是一个冲积平原。地面高度一般在3.8—4公尺。东北部因受潮汐影响,历年大量疏浚河道,积土较多,因此地势略高"。在吴淞江和较宽大的河道两岸都有高地突起,"一般高度在5公尺以上,最高达10公尺左右。这种高地约有15万亩。另有高度在5公尺以上,最高达10公尺左右。这种高地约有15万亩。另有高度在3.5公尺以下的小块低地约4万亩左右分布在各处,其中在3.2公尺以上的洼地有14块5000亩,以朱桥公社的沥江、外冈公社的钱门和黄渡公社的松滨为最低"。② 正

---

① 嘉定县农林水利局:《嘉定县十年来农、林、牧、付、渔生产总结初稿(1949—1959年)》,1959年10月1日。嘉定区档案馆藏,嘉定县农业局档案,44—1—31。
② 同上。

是河网密布和淤塞与疏淤加强,高低差异的土壤景观才得以形成。在一些浅水地区,堆叠很快引起旱作物的推广,在一些深水圩田区,这种堆叠使圩田边缘地带成为稻麦两熟或稻麦两收的田地。徐琪认为:"随着河泥的施用,圩区田面不断垫高;沿江平原多引江水灌溉,淤积作用明显,河泥堆垫的稻田与淤灌加厚土层的稻田,由于不断耕耙,土体内多含螺壳碎片(河塘中多螺蛳)与侵入体,而平原稻田与丘陵稻梯田,所用泥肥或农家肥多是就地挖土垫圈,堆叠作用较弱,土层增厚不显。"堆叠作用使水稻土的 A 层(耕作层)不断发生变化。在一个圩内的不同田位上,不同的堆叠有不同的影响。圩边缘的头进田,河泥堆叠的影响最大,圩心田受河泥的堆叠程度最少,影响也小,圩田逐步形成一种外缘高、中心低的结构。送河泥的船向内圩输送河泥的成本也是越往里越高,"以村庄与渠道为起点,借舟楫之利运送河泥是先近村近岸农田,而后逐步扩展至远田,久而久之圩区出现了头进、二进、三进田与圩心田的空间分异。在垫高土层超过 50cm,土壤地下水位降至 50cm 之下,稻麦(油)轮作体系方得以稳步发展"。① 大圩崩溃之后,人的聚落居住点从围心转向缘河地带,居住地附近形成堆叠加强。伴随着圩田新结构与圩田土壤新格局的产生,旱地作物自然首先在头进田推广,头进田自然也成了稻麦轮作的地方,围心往往只能种一季水稻,甚至由于长期积季水而不种植。在这一段时期,江南也出现了成熟期较早的早稻,早稻的种植地区并不是先在大圩田里发生,一些边缘地区的小圩田才较早地出现这种早稻。那些长期淹水的小圩,也种植一种叫作黄穋稻的水稻品种。王祯言:

---

① 徐琪:《论水稻土肥力进化与土壤质量——以太湖地区为例》,《长江流域资源与环境》2001 年第 10 卷 4 期,第 325—326 页。

筑土护田,似围而小,四面俱置溅穴,如柜形制。顺置田段,便于耕莳。若遇水荒,田制既小,坚筑高峻,外水难入,内水则车之易涸,浅浸处,宜种黄穋稻。《周礼》谓:"泽草所生,种之芒种。"黄穋稻是也。黄穋稻自种至收,不过六十日则熟,以避溢水患。如水过,泽草自生,穋稗可收,高涸处,亦宜陆种诸物,皆可济饥。此救水荒之上法。[①]

由此可见,早熟之早稻并没有先在高地或在一般的大田种植,而是在水灾普发,或易涝地段种植。这些地块多是小圩区,这种田一般在水边,青泥土发育程度较高。随着稻麦轮作的推广,稻作土壤才得以改善。

五 小结

宋元时期江南水稻土大面积的发育与这个时期的水环境与农作技术有密切关系。大圩内一开始有大面积的休耕,休耕条件下水稻土发育较慢。唐宋以前,休耕环境下的稻作使现代水稻土的剖面结构不能形成。随着人口的增加和土地的垦殖,宋代以后的大部分地区开始年年耕作,水稻土开始形成,但这时的潜育化程度较高,存在着大面积的冬沤田和潜育化水稻土。随着耕作水平与动土水平提高,良性水稻土的剖面结构进一步发育。宋元时期的旱地作物开始普及,这种普及使水旱轮作加强,推动水稻土氧化还原层出现。与此同时,由于吴淞江的淤塞,开始形成大量的高地。这种高地的出现对这一地区的干田化和旱地作物的推广也起到了推动作用。

---

① 《王祯农书》农器图谱集之一,田制门,柜田。

第二节　近代吴淞江流域的土壤生态

明中叶以后,黄浦江分担了太湖大部分出水,丰水环境不再,小圩大量出现,客观上促成了干田化过程。干田化过程使水稻土脱潜明显加快。由于人口压力增加和两熟制以及植棉的推广,干湿交替也更加增加,水稻土的发育和分化进一步加快。1950年代的土壤调查资料有许多内容涉及清代以来的土壤环境史,这一部分内容有许多是古代农书没有涉及的地方性知识。调查员发现农民对周边环境的各种土壤有自己的分类:"农民把自己周围的土壤加以分类,并且用这些大家所习用的名称来称呼它们,乍听起来,似乎各处的土壤都是一样的,无非是这么几个名称(黄泥土、乌栅土、鳝血土等等),其实各个土区和分区里的同一名称的土壤在形态上的特征和生产上的特性既有共同性又有差异,各有其特点。"①农民的地方知识体系都是几百年,甚至上千年的知识积累。利用这些材料,再加上各种史料,可以对近世吴淞江流域的土壤生态史进行系统的分析。清代中期人口增加,土地垦殖,土壤处于稳定的开发状态,这是传统土壤生态最后一个时代,随着化肥和现代化投入的施用,土壤环境才发生大改变。

一　水流

近世吴淞江流域的农田水稻土仍受三种水流的影响。第一种水流是太湖清水,第二种是长江水,第三种是潮水。太湖清水对水稻土

---

① 江苏省常熟县土壤普查委员会编:《常熟县土壤志》,1959年,第16页。

的影响是良性的。湖泥的"有机质含量为0.6%—2.6%；无机氮为0.56%—0.67%；无机磷为0.079%—0.73%；钾为1.7%—4.6%"；"湖泥所含的有机养分虽不及水稻土高,但其速效肥高于水稻土。"湖泥与河泥是江南农村传统时代的主要肥源。"凡泥质较佳、质地较软、含有机质养成分较高的湖泥中,同时含有水生物之活体及其排泄物,故胶体性能强,容重较轻,罱时成浆状,色黑而青,干后遇水易散。罱后放置数日,即色暗而臭味重,其表面又多水生动物及其爬行路迹,剖开多孔,这类湖泥群众称之为白湖泥；如拌以水草或绿肥,入塘沤制即成为人们所熟知的草塘泥,它是苏南水稻田主要的肥源"。① 捞取湖泥在清代江南低地地区已经成为一种景观。农民用"竹罱捞取湖泥,满载至垯畔曝干,和以水草,俟其腐烂,以为壅田之需。二月中,江乡村农驾舟群出,柳绿洲边,桃红渚外,方舟出浦,接若渔衔,双竹横波,分如燕尾,橹声人语,联络往还"。② 与湖泥相比,海潮与江潮的沉积物往往有害于土壤,对良性水稻土的发育构成威胁。江潮稍好,但由于江水没有经过沉淀过滤,水质相对差。太湖清水的作用,自古被人们所认识。治水者特别注意避开江水和海水,尽量用太湖清水。在松江一带,人们罱泥也注意到湖泥和潮泥的不同。"罱淤泥以臭黑者为上,通潮水者无用也。"③常熟上游受太湖清水影响,下游受江潮和海潮的影响。常熟各河有感江潮和感海潮之分。耿橘言：

> 本县地势东北滨海,正北、西北滨江,白茆潮水极盛者达于

---

① 中国科学院南京地理研究所湖泊室编著：《江苏湖泊志》,江苏科学技术出版社,1982年,第37页。
② 袁景澜：《吴郡岁华纪丽》卷二,罱泥,江南古籍出版社,第78页。
③ 姜皋：《浦泖农咨》,道光十四年刻本。

小东门,此海水也。白茆以南,若铛脚港、陆和港、黄浜、湖漕、石橦浜,皆为海水。自白茆抵江阴县金泾、高浦、唐浦、四马泾、吴六泾、东瓦浦、西瓦浦、浒浦、千步泾、中沙泾、海洋塘、野儿漕、耿泾、崔浦、芦浦、福山港、万家港、西洋港、陈浦、钱巷港、奚浦、三丈浦、黄泗浦、新庄港、乌沙港、界泾等港口数十处,皆江水也。江水潮最盛者,及于城下,县治正西、西南、正南、东南三面而下东北,而注之海。注之江者,皆湖水也。此常熟水利之大经也。①

感潮河周边的土壤环境相对恶化,北部诸浦万历年间盐碱化严重。白茆两岸的盐碱化最严重,福山港次之。"白茆以下,田多瘠卤,而福山以下,田多沃美。"②福山港感江潮,白茆以东诸浦感海潮。感海潮之区域区盐碱化程度比较严重,感江潮河流影响虽然较轻,也出现了盐碱化现象。福山港"受东来直注之水,到江最易,宜与白茆称亚,其旁多良田,顷者渐瘠卤不堪矣"。福山港的江潮灌溉引起土壤的恶化,"有势力之家不蓄产于此。"③作为有治水才能的县令,耿橘对此很清楚。"湖水清,灌田田肥,其来也,无一息之停;江水浑,灌田田瘦,其来有时,其去有候。来之时虽高于湖水而去之时则泯然矣。乃正北、西北一带小民第知有江海,而不知有湖,不思浚深各河,取湖水无穷之利。第计略通江口,待命于潮水之来,当潮水之来也,各为小坝以流之。朔望汛大水盛,则争取焉;逾期汛小水微,则坐而待之。曾不思县南一带享湖水之利者,无日无夜无时而不可灌其田

---

① 耿橘:《常熟县水利书》卷一,《水利用湖不用江为第一良法》。
② 《笪一德常熟县重浚福山塘记》,万历三十四年,见张国维:《吴中水利全书》卷二十五。
③ 《赵用贤与水利道许应逵论常熟水利书》,见张国维:《吴中水利全书》卷十七。

也。"耿橘还观察到江水灌溉所引发的浮沙危害。"江水宁,惟利小抑且害大,彼其浮沙,日至则河易淤,来去冲刷,而岸易倒,往往浚未几而塞随之矣,厥害一;江水灌田,沙积田内,田日薄,一遇大雨,浮沙渗入禾心,禾日枯,厥害二;湖水澄清,底泥淤腐,农夫莳取壅田,年复一年,田愈美而河愈深,江水浮沙,日积于河而不可取以为用,徒淤其河,厥害三。"①由于水利工程失修,常熟南部的太湖湖水难以引到北部,沿江仍然依托江潮进行灌溉。金村人认为通潮利于灌溉。"江潮至金村,从福山塘、竺塘而来,但竺塘淤浅,潮汐或至或不至。若深治竺塘,则便舟楫,利灌溉,饮流清洁。近年里人,更创议从市东开四坝,直达陆家桥,果能有成,其利非浅鲜也。"②1950年代初,沿江的水利工程以防止江潮倒灌为主。"1952年的水利工程,主要是克服内潦灾害,防止江水倒灌为灾。"③湖水在高区入江,清水与感潮河交汇,各种类型的土壤也交互分布。人们用江潮所形成的带沙的潮泥改良低地的粘重土壤,把清水河的土掺到高地的棉田里。"粘土加砂土或砂土加粘土,低田地区是结合兴修水利,将潮泥施在粘性重的田里,棉田的沙土施清水河泥。"④在常熟县,"潮泥土分布于沿塘的头排田中,原为乌山土多年施用潮沙河泥,田土板结而得名,为二等田,面积不太大"。这类土壤"土肉较疏松,砂性,耕作容易,一般耕深5—6寸,耕后土块小。灌水后表土板结,干后但不崩拆,不漏水,

---

① 耿橘:《常熟县水利书》卷一,水利用湖不用江为第一良法。
② 民国《金村小志》卷一。
③ 常熟县人民政府:《关于常熟县一九五二年农业生产计划》。常熟市档案馆,县政府档案,G18—3—21。
④ 《常熟县一九五九年平整土地及土壤改良经验总结》(初稿)。常熟县档案馆,人民委员会档案,G18—1—12。

三寸水能维持三天"。① 在嘉定一带,宋以后出现旱田化趋势。

> 松江位二江之中,载地既高,而江形又直,建瓴东注,自安亭港至李家洪,萦迂境内,百有余里。塘浦左右股引,足于清水而亦无壅溢之患。五季以前,江乡号称乐土。自吴江石堤既筑,清水之出于湖口者日微,不足以荡涤潮沙,松江屡浚屡堙。②

明中叶以后,黄浦江形成,吴淞江水南分,水势更加减弱,潮泥加速淤积,以致两岸许多地区不再成为能种稻的水稻土。"夫水势顺则疾,疾则浑泥并行,逆则缓缓,则浑泥停滞。故昆山之东南隅,嘉定之西南隅,青浦之西北隅,华亭之北隅,昔日沃壤,今皆硗确莫耕。"③ 这四县的高起地区,正是吴淞江中下游四周的高地地区,如前文所述,在地图上可以看出有明显表现。越到晚期,吴淞江感潮淤成的田地越多,原来的水稻土变成旱地,明代的人称这种土地为漏沙,一般只种棉花。崇祯年间的严衍曰:"嘉土本漏沙,朝庠夕便涸。稻既不堪栽,麦豆亦纤维薄,吉贝仅相宜,又患飓风虐。"④ 在矖东,由于潮汐往来,所积泥沙"一日一夜有一铜钱之厚",人们只好置闸以防泥沙入河。⑤ 有些地区的河道泥沙肥力更强一些,在石冈、广福一带,地面的土壤已经有许多不宜水稻而宜棉花了。这一地区的泥肥资源不像西部那样多,人们往往深浚河道以图河泥。"河道中贯,而漾洄停蓄,积年不塞,兼之农民漉泥溉田,不浚自深。故里中塘浦,从未开

---

① 江苏省常熟县土壤普查委员会编:《常熟县土壤志》,1959 年,第 116 页。
② 万历《嘉定县志》卷之十九,文苑。张应武:《水利论》。
③ 康熙《娄江志》卷下,吴荃原三江。
④ 光绪《嘉定县志》,农产,土壤。
⑤ 民国《嘉定矖东志》卷二。

浚。"①尽管清水无害,土壤长期积水,会发生潜育化作用。潜育化使肥力下降,作物的呼吸作用受阻,形成渍害。道光年间松江一带许多亩产三石的高肥力水稻土,因一场大水不排,发生了渍害。姜皋言:

> 天时旱潦,岁不常有也,吾所忧者,地力之不复耳。昔时田有三百个稻者,获米三十斗,所谓"三石田稻"是也。自癸末大水后,田脚遂薄,有力膏壅者,所收亦仅二石;下者苟且插种,其所收,往往获不偿费矣。地气薄而农民困,农民困而收成益寡,故近今十年无岁不称暗荒也。②

一次大水之后,土壤环境常常大变。渍害被土人称为暗荒,那是表面看不见的土壤次生潜育化引起的。耕作层下部渍滞引起还原作用加剧,出现土色发青的青泥层,渍积严重的青泥层不仅使土壤的通气性降低,还会有亚铁的毒害。水稻受到了次生潜育化的影响,会迟发贪青,无效分蘖增多,空秕粒高。暗荒一旦形成,产量下降也是自然而然的事。在昆山县,低洼地的渍害一直持续到1980年代,这种地块仍占到全部耕地的1/3左右。解决的办法只有一家一户地挖排水沟。1950年代,政府曾推广一整套整治渍害的方法。③ 有渍害的地区限制着熟制的提高,如果提高熟制,则会引起土壤环境的恶化。"西部有些地区,由于地下水位高,排水不畅通,农田水利条件还未改善,土体内排水不良,湿害很严重,原来只能勉强种三麦,麦稻两熟产量就不高。现在改种三熟制,连年水稻未换茬,土壤泡水时间

---

① 清《石冈广福合志》卷一,水利考。
② 姜皋:《浦泖农咨》。
③ 《昆山市农业志》编辑委员会:《昆山市农业志》,上海科学技术文献出版社,1994年,第58页。

比单季稻加长,加上湿耕湿耙,更加重土壤湿害,破坏土壤的微团聚体(1—0.05毫米微结构),使结构破散,土粒呈分散排列,土壤趋于粘化,并堵塞土壤的孔隙。"①暗荒在抽水机推广的时代应该越来越少。

二 圩田结构

圩田的不同位置有不同的水环境和种植制度,形成不同的土壤肥力。大圩时期人居圩中,靠近村落部分的土壤是最为肥沃的水稻土。"古者,人户各有田舍,在田圩之中浸以为家。"由于休耕地的大量存在,休耕使土壤肥力自然恢复。可以推断的是,随着时间的推移,中心村庄周边地区的土地会先成为年年耕作的"常稔之田",远离村庄的土地由于工作距离远,常处于休耕状态。外围地区休耕,土壤会很肥沃。宋初,外围的田地肥沃,人贪圩岸附近的田地,导致圩田毁坏。"或因租户请谢下角而废其堤。"②宋以后,形势开始发生变化;明中叶以后,吴淞江流域的丰水环境不再,人们的居住地也从圩中心迁到小圩岸上,圩中心区往往成为积水区,且不宜居住。以常熟县昆承湖边的金家大圩为例,这个大圩面积达25平方公里。"全圩地势中间低四边高,俗称'锅底田',最低的仅有吴淞零上二点四公尺,比内河常水位低五公寸左右,是阳澄低区内涝灾害重点之一。因此,'有水必有灾',生产无保障,农民重副业,轻农业,种植面积缩小,两熟田面积只有八三二九亩,其余均种单季早稻。"在这种低洼的中心圩区,许多村庄的卫生条件极差,"血吸虫繁殖较快,平均

---

① 李玉毅:《掌握客观规律建立合理的农业结构》,上海市土壤肥料学会、上海市农科院土肥所合编:《土壤肥料论文选(1979—1980)》,1981年7月2日,第3页。
② 范成大撰、陆振岳校点:《吴郡志》卷十九,水利上,第271页。

患者占总人口百分之七〇,严重的达百分之九十,合同村八十九户,三三三人,在五二年一年中死掉三十三人,群众一般体弱,生产力不足,生活贫困。"由于长期的灾害,居住也并不稳定。九年三熟,农民吃糠喝粥,这时必然流浪。三年二熟是丰收的年景,这时地可以稳定,"造船砌屋"。① 居住与生存如此困难,土壤改良更是非常之难。

随着人们越来越多地住在圩岸地区,使用泥肥加上运粪方便,使得距圩岸与外河愈近的土壤,得到愈多的改良机会,土壤肥力逐步与圩岸的距离产生关系。分圩使更多的圩内积水地成为近圩岸之地,土壤肥力的改造过程也向内展开。耿橘言:"患无可用之土,果有宜开十字、丁字等河渠者,查议的确申明开凿,取土以筑其岸,计无便于此者。田价:众户均出遗粮,申入缓征项下,候有升科抵补。不然,即查附近有何浜、溇淤浅可浚者,斩坝戽水,就其中取土筑岸。"许多河道已无土可取,耿橘命令人到一些荒荡之地取土做岸,将一些暂时不征粮的新荒田与板荒田放出,查议其地"的确粮入缓征项下,俱听民采土筑岸"。还有一种"茭芦场之介居水次,止收草利止征荡税者,申免其税,听民采土做岸"。没有这些资源时,耿橘便让民众从田中开沟取土。"令民于岸里二丈以外,开沟取土。"② 林应训的方案是先在圩田内取土,然后在岸上植树固土,巩固后,再从河道里罱泥补齐原有的取土处。"如极低之乡或近湖荡处难于取土者,就便分别令民于岸内傍圩之田,起土增筑,岸外再筑子岸一节,高止一半,如阶级之状。岸上遍插水杨,圩外杂植茭芦以防风浪冲击。取土之田,计其

---

① 常熟县金家大圩机械排灌工程处:《常熟县金家大圩机械排灌工程总结报告》,1955年6月。常熟县档案馆,农林类档案,G18—3—34。
② 耿橘:《常熟县水利全书》卷一,大兴水利申。

所损,量派各田出银津贴。俟后陆续罱取河泥填平,照旧耕种,永无后患。"植树造林后的圩岸可以坚固到足以抵挡河道挖深后不会塌陷。林应训还指出分圩后圩岸两旁土壤的旱化与作物的改变。"如田过五百亩以上者,便要从中增筑一界岸,一千亩以上者,便要从中增筑二界岸,每界岸底阔四尺,面阔二尺,高与外圩平,岸之两旁仍可栽种豆麦。"[①]清代以后,人口压力推动着人们越来越多地散住在各处大小圩岸上。聚落的分布与演变过程各处不一,松江一带农民的定居史似乎与乾隆时期人口增长有关。光绪《张泽志》记载的许多村庄是乾隆年间村庄开创者到某圩定居而产生的。光绪年间,几乎每个小圩都有几户人家,只有"八图之余字圩、二十一图之宙字圩无居民,其余皆鳞次栉比,鸡犬相闻"。[②] 当然,太平天国后人口又一次重建,圩田的开发与土壤生态的重建也会重新出现。无论怎么讲,多余的人要迁到其他圩子上去。由于人居住在圩岸上,圩田的肥力分布就以村庄为中心,由近及远递减。

以村庄与渠道为起点,借舟楫之利运送河泥是先近村近岸农田,而后逐步扩展至远田,久而久之圩区出现了头进、二进、三进田与圩心田的空间分异。在垫高土层超过50cm,土壤地下水位降至50cm之下,稻麦(油)轮作体系方得以稳步发展。[③]

由于河泥的堆叠,靠近圩岸的水稻土可以较早地脱离因积水形成的潜育化现象,圩中之田由于长期积水,往往依然处于潜育化状

---

① 张国维:《吴中水利全书》卷十六,《林应训颁行治田六事》,万历五年。
② 光绪《张泽志》卷三,村庄。
③ 徐琪:《论水稻土肥力进化与土壤质量——以太湖地区为例》,《长江流域资源与环境》2001年第10卷4期,第325—326页。

态。离村庄远,工作距离远,其田地的土壤改良的机会便少,会长期处于潜育化状态。昆山的潜育型水稻土到现在仍分布在低洼湖荡区,特别是阳澄湖低洼圩区的三进田和锅底田内。[①] 就吴淞江中西部的青紫泥脱潜而言,头进的青紫泥一般称青紫土。青浦是低地地区,脱潜状态较强的黄泥头和一些鳝血土类分布在"出港的头圩田,面积较大,地下水位较低,适宜种不小熟"。潜育状态下的青紫泥广泛分布于二进田和三进田中。青紫泥又分几等,上等青紫泥分布"在各公社的二圩田"有五个土种;中等青紫泥"分布在三圩田";下等青紫泥分布"在低荡地区,面积较大"。除了水稻外,高田或头进田还可以播种三麦、红花草,二、三进田可以播种蚕豆、油菜,低荡田一般处于休闲状态。[②] 分布在不同田位上的同一种土壤,其土壤肥力也是有差异的。1980年代,上海地区一些分布在头圩田的青紫泥,大部分土体已经较为爽水,有机质含量在3%—4.5%左右,全氮含量在0.2%左右。潜育性较强的青紫泥分布在二进田上,"常与荡田相邻,地形部位略低或农田排水不畅。土壤处于水耕熟化的脱沼潜阶段,由囊水性转化为滞水性。有机质含量在3.5%—5%,全氮含量在0.25%"。尽管二圩田上的青紫泥有机质较高,但反而是因开发不充分和积水造成的。分布在二进田或三进田的青紫泥,其供肥能力不如有机质含量相对低的头进田同种土壤。"上海郊区的青紫泥,有机质含量达4%以上,但它的供肥能力却不如有机质含量为2%—3%的黄泥头土壤。因此,有机质含量的多寡,还不能正确反映

---

① 《昆山市农业志》编辑委员会:《昆山市农业志》,上海科学技术文献出版社,1994年5月,第69页。
② 青浦县土壤普查鉴定办公室:《青浦县土壤普查鉴定工作初步总结》,1959年5月。青浦县档案馆,农林水利局档案,23—1—22。

土壤肥力高低,这里有一个有机质的质量问题。"① 黄泥头往往由青紫泥转化而成。在松江,低区一直是高产地区,水稻土发育较强,田亩价值高;冈身区旱作程度大,价值较低。高价值的地块往往与人口稠密和优良的水环境相一致。

> 若村落稠密,人户殷繁,进水出水便当,即下田亦如上田之值。惟田亩窄狭者,虽田脚膏腴而农人多恶之,不愿承种。至近今三年,弃田、赖租、抛荒者众矣。②

进出水便当,水稻土功能可以正常发挥。即使是下田,培肥后亦可以变成高产水稻土。村落稠密,运肥方便,可促进水稻土的肥力培育。在环境不好的地区,运肥困难,原有土壤肥力即使很高,因改良困难,对佃户也难有吸引力。青浦、松江一带有一种叫黑泥头的土壤,主要分布在市镇和村庄附近。"对黄泥头、青紫泥和沟干泥施用河泥、绿肥、猪榭等后,都可能转变成黑泥头。质地比黄泥头沾重,保水、保肥能力强。全氮量 0.36%—0.49%,全磷量 0.16%—0.21%,全钾量 2.6%,有机质含量高达 6.9%—8.5%。"这是上海市最为肥沃的水稻土。③ 长三角地区明清时期就出现了发达的市镇网络,这些市镇的人口富集高于其他地区,人口的富集必然形成有机肥的富集,使城镇周边地区形成高肥力土壤。上海兴起后,巨大的人口所形成的人粪富集通过河网向郊区或农村地区输送肥力,一般的河岸田地会首先得益于这种外肥的输入。越是在大圩田内,边圩头进田与

---

① 王麟祥等:《水稻土的次生潜育作用及其对稻麦生长的影响》,顾仲兰:《易氧化有机质对土壤肥力的影响》,上海市土壤肥料学会、上海市农科院土肥所合编:《土壤肥料论文选(1979—1980)》,1981 年 7 月 2 日,第 21、79 页。
② 姜皋:《浦泖农咨》。
③ 段绍伯:《上海自然环境》,上海科学技术文献出版社,1988 年,第 77 页。

二、三进田的土壤差异也越明显,大圩分成小圩,中心地区的水稻土脱潜就相对易行。明代的分圩对西部积水圩田区的土壤转化起到了很大的推动作用。以儒林六都为例,清代的儒林六都几乎都是小圩了。"吾里土势甚高,又皆小圩,无有合二三千亩为一圩者。圩小则人力易齐,而便于车救,土高则小水难犯,而常获丰收。"伴随着小圩的大量出现,土壤基本上得到普遍的培肥。《儒林六都志》的作者认为当地的土壤都很肥沃,田赋之征收不分等。"诚以上地、中地、下地之不可概也,吾邑素称腴壤,然低洼者辄患水潦,六都圩小而田高,土肥而物茂,诚沃土也。"因为圩小,各处土壤的进出水方便,才利于培肥。只有少量土壤由于沙质太多,漏水,才稍微差一点。"更有傍岸漏墢之田,潦则漏水于内,其苗易淹;旱则漏水于外,其田易涸,此又美中不足也。善治田者,填阔其岸,方无漏水之患耳。"这种土壤也是靠近圩岸的土壤。太湖地区的侧渗水稻土主要发生在山地,在儒林六都这样的低地地区,圩岸附近也有少量的发生,大部分边圩一带土壤发育良好,稻麦两熟。"刈稻之后,得以广种菜、麦、蚕豆,以为春熟。盖其田高,即有春水,可以开通沟道,放之出河,而不能为害也。故号早'二熟田'云。"应该指出,这种土壤在水旱轮作二熟制下长期改良后,有很高的土壤肥力,租额也很高。"田之上等租额,米二石或一石九斗。以其土高而肥,若遇丰年每亩可收三石余,年之次者,亩可收二石五六斗,年之下者,亦可收二石一二斗。以无淹没之患,且种菜、麦亦必丰收,故其租独重。"下等租额的田,产量较低,水肥性能相对差一点的土壤,相对远离圩岸,"其田必远非近岸傍河者"。①

---

① 乾隆《儒林六都志》,土田。

三 技术

施肥对土壤发育的影响最大。宋代的地力常新壮之理念基本上成为常识。"凡田种植,递年培养,亦递年稔熟。倘有间断,丰草是宅,从而荒废,不得收割禾稻,次年恒多弃置,以为荒田难以加工也。不知日夜所息,雨露所润,天膏地力,滋长可冀。重加粪,除嘉种,仍得丰收。此一熟之后,若再惰农失时,则天功不得屡贪,岂能长此丰稔乎! 谚若曰:'人不可以自弃,荒田尚有一熟稻也;人不可以自恃,荒田止有一熟稻也。'"① 不但如此,农民会对个别土种进行个别培养,除了鳝血土以外,其他高产土壤也离不了施肥技术。据1950年代的农民反映,只要在黄松土上多种花草,任何作物都很适宜,"历年产量较高,一般水稻800斤/亩,麦200斤/亩。"② 黄松土是一种良性水稻土,人力投入、施肥和精耕细作程度都比较高。这种土壤对各种外在因素都相当敏感,水环境、投入、技术一旦发生变化,高肥力状态就很快会消失。《儒林六都志》讲的那种白土肥力与投入密切相关,"间有土之白者,灰色者,为力差薄,所收必减"。③ 1950年代的调查表明这种土"一般分布于屋前屋后,常施灰肥,土色深带灰,土质疏松,剖面一般可分为四层,深达1000公分许"。这种厚度也可以看出这种低地地区的高地已经被长期耕垦,其耕性的特点为:"耕翻后土块虽大,但耙后就碎,上水易烂,干时不硬,湿时不粘,也不淀浆、板结。"水稻亩产可以达到450—500斤,小麦一般只有50—80斤。④

---

① 王有光:《吴下谚联》卷四,荒田一熟稻。
② 江苏省吴江县土壤普查办公室编:《吴江县土壤志》,1959年11月,第24页。
③ 乾隆《儒林六都志》土田。
④ 江苏省吴江县土壤普查办公室编:《吴江县土壤志》,1959年11月,第25—26页。

江南人已经认识到,水面覆盖的水稻田可以对有效养分形成保护。这是水田的一大特色。

> 粪,所以美土疆,清者力薄,浓者力厚,此自然之势。何松江之一清如水者,反胜于上海之浓厚,以铁搭垄取者乎?盖上海土高宜麦,与华、娄产稻之乡异。松江人每嘲为东乡吃麦饭,故其粪无力。松江人心思尖锐,不似上海人直遂,上洋人每嘲松江人从肚肠中刮出脂油,故粪虽清薄而有力。①

在常熟的外冈江水灌溉区,高产能手也种红花草以补肥力不足,他们也施河泥。1951 年,官方对这一带的一位亩产水稻上千斤的种植能手的调查表明,他在水稻的前作部分种了红花草。其丰产面积为 3.3 亩的大黄稻中,2.8 亩种了菜花,红花草的面积只有 0.5 亩。仅有红花草是不足的,种植户施还要用 80 担草河泥,由于是江水河泥,河泥的肥性明显不足,故还要施其他肥料才能保证高产。② 一般情况下,稻麦复种要与稻肥轮作相结合才具有持续性。在常熟的藕渠公社东羿大队,"大跃进"时期过度使用稻麦两熟,1960 年代初总结经验时发现由于"连年稻麦叠种,丢弃了'麦无肥,年年换茬'的轮作制度,使地力不能得到恢复"。③ 复种制的限制是肥料,就泥肥而言,低地地区的泥肥资源充足,高田地区的泥肥资源较少。在政府制定的 1952 计划中,要求"高田地区草河泥每亩五十担,低田地区河泥

---

① 王有光:《吴下谚联》卷二,松江清水粪胜如上海铁搭垄。
② 《水稻丰产典型户钱香宝调查报告》,1951 年。常熟县档案馆,人民委员会档案,G18—3—13。
③ 顾祖兴:《常熟县藕渠公社东羿大队农业生产情况初步调查》,1962 年 5 月 18 日。常熟县档案馆,农林局档案,G18—3—73。

一百十担"。① 由于土壤中沙质较多,冈身地区什么样的土壤都可以施肥料以增强土壤的保肥性,特别是河泥。以太仓的垄泥土为例,此种土壤保肥性好,但保水性比较差,"一天打一田水,水深2寸,当天不打水,当天开尺(裂缝),不能脱水,二天不打水,裂缝有一个指头大,犁得多少多深,开尺就有那样深。再打水后仍能合垅,但要多费一半人工"。在这种情况下,施泥肥当然有利于改善土壤的粘性,增加粘粒淀积,有利于形成水稻土的淀积层。1949年以前"每亩施入河泥100担,猪羊灰10担,豆并2张。大熟水稻550斤左右,棉花130斤左右(小棉)。小熟小麦300斤左右,蚕豆350斤左右,适合任何作物,产量都很高,不论哪种肥料施下都好,但以河泥灰为最适宜"。②

复种与轮作是两种对土壤影响甚大的耕作技术,只是这两种制度很大程度上是人口压力的产物。由于人口压力,清代的再熟田增加了,松江地区形成了长期的稻肥轮作和稻棉轮作。光绪初年,松江府"有隰殖之利,府东西北大圩、小圩钩衔箪逐,为顷五万,泉甘土沃,去山池涂荡十三,不可耕;十三,一稔;十四,再熟"。十分之四的田是再熟之田,包括双季稻和稻麦两熟,这都需要施大量的有机肥,特别是豆饼。一熟田也有稻麦来年轮作的田,这些田大多介于冈身与低地之间,"种稻者曰水田,种棉豆者曰旱田,今岁种稻,明岁棉豆者曰翻田"。还有一种田一年内稻肥二熟,宋以后太湖地区就形成

---

① 《1952年苏南苏州专区农业生产计划纲要初步意见》,常熟县档案馆,县政府档案,G18—3—21。
② 《太仓县陆渡公社土壤普查初步签定》,1959年4月16日。太仓市档案馆,陆渡公社档案,510—1—16。

了水稻与绿肥的轮作技术,稻肥轮作下的土壤肥力非常高。①

地处黄浦江段的松江地区,潮水、泥肥与绿肥都在一定程度上影响着水稻土的发育。复种程度的提高加上河泥与绿肥的增加,有利于良性水稻土的发展。这里的土壤种类有许多:"第一类是有机质含量较多,地力较肥的黑泥";第二类是黄沙土,又可分为两小类,一是"黄泥头"——"质地比较疏松,含有一定有机质,地下水位低,肥力较高",二是"铁板沙"——"含沙较多,有机质少,渗水性大,肥力差,分布在沿海一带";第三类是"有机质含量较多,土质比较粘重的'青脂(紫)泥'";第四类为"沟干泥":"有机质少,一般地下水位高,土壤粘重,理化性差,肥力不高。"值得注意的是,这一带的土壤可以在不同的技术条件下相互转化。黄泥头和黑泥是氧化还原状态比较好的水稻土,青紫泥和沟干泥是还原状态的水稻土,在水旱轮作情况下,可以转化成黑泥和黄泥头,在不良的耕作条件下,会向不好的方向转化。②

对水稻土改良起重要作用的水旱轮作主要有稻麦两熟和棉稻两熟。宋代以来关于麦稻两熟的记载数量很少。正德年间,稻麦复种的程度很难判明有多少,从收税的数字来看,数量是极少的。华亭县宣德七年的夏税只有"四千四百八十石"多一点,秋粮炕米的数量却达到"四十七万三千六百一十四石"。③稻麦轮作难行,在于土壤肥力的限制,难以供应两季的需求。种麦需肥量很大,松江的人很清楚这一点。"二麦极耗田力,盖一经种麦,本年之稻必然歉薄,得此失

---

① 光绪《松江府续志》卷五,疆域志。
② 松江县农林局编:《松江县1958年单季晚粳稻丰产经验》,农业出版社,1959年,第4页。
③ 正德《松江府志》卷七。

彼,吾乡多不为焉。"① 黄浦江在明中叶以后在上海一带成为主流,潮水也浸入到这一区域,一些地段便成为不堪稻作的棉作之田。"上海县治当黄浦、吴淞合流处,势极浩瀚然,地形高亢,支港为潮泥所壅,水田绝少仅宜木棉。"② 由于沙性土壤利于作物的透气,外冈地区植棉大有益处。棉稻轮作要求肥料投入较多,传统时代的投入有限,土壤结构的发育也受限。在嘉定黄渡公社,土壤有机质非常之低,1950年代初也只有1%左右,有一些土坡的有机质含量甚至接近于零,由于有机质含量低,土壤的结构差,植物生长也不好。③ 在棉花与棉纺织业市场旺盛的时候,种棉较多,随着北方和其他地区植棉的兴起,该地植棉衰落,水稻土又重新扩展。

> 嘉土沙瘠,不宜于禾,外冈地势高阜,尤不宜于禾。往时皆种木棉,近因米价昂贵,每石有五两外者,始多种稻。又贪两熟,刈麦然后种插秧,若种棉必须旱田,故今花稻参半矣。然无论花稻,田高沙积,戽水芟草,必须力勤而功倍,故吾镇之民较他处独苦。④

从只种棉花到棉稻两熟,这种宜棉宜稻区水稻土的扩展意味着农民要投入更多的劳动力。伴随着劳动力的大量投入,棉稻复种形式也多种多样,不同方式的复种对水稻土的影响不一样。在盘龙塘一带的紫堤村,水稻是"择田之近水者种之,然后间年一种,名曰翻更"。这种间年进行的水旱交替有利于水稻土的发育。当地还有另

---

① 姜皋《浦泖农咨》。
② 同治《上海县志》卷一,形胜。
③ 黄渡公社土壤普查鉴定工作组:《上海市嘉定县黄渡人民公社土壤普查鉴定成果报告》,1959年8月16日,上海市嘉定区档案馆,农林局档案,44—2—63。
④ 清《续外冈志》卷一,风俗。

一种方式,"又有早稻,植于棉田沟中,熟时将取其穗,然亦仅见"。①这种方式对水稻土的影响程度相对较轻,因为水旱轮作所涉及到的土壤面积较小。土壤不同,稻棉轮作程度也不同,不同土壤要求不同的棉稻比例。越向低地圩田区,棉比重越小,稻的比重越大。因为沙性土壤愈近江边、海边愈多,愈向低地越少;粘性土壤越近江边越少,越向低地越多。1970年代,"江边地区棉稻各半,到中部调整为棉4稻7,而在与圩区交界处则为稻8棉2"。② 至于冈身灌溉下的稻棉轮作,灌溉是利于棉还是利于稻,情况比较复杂。1950年代初,政府有关人员曾对常熟县城南一农民进行调查,有感江潮的砂田,可棉可稻。"因潮水涨落,港沟河道,易于淤塞,一雨数天,积水难泄,易成内涝。但干旱时可以利用潮水灌溉田亩,所以这里耕种患水而不患旱的。"③引水灌稻时,水稻土得到发育。长寿乡大港村是一江水灌溉区,土壤沙质成分较大,漏水,下大雨也难形成内涝。"潮水涨落,灌溉极为便利。"耥稻时,留二寸水,浅了会因草泥附着而草易活;晒田时,一般把水排干,田干了有裂缝,因带沙质的水稻土容易出现裂缝,所以易晒。晒后引水灌田,水深要有三寸。干干湿湿,水环境与沙质水稻土在稻作方面配合得相当好。④ 积极的稻作技术利于沙质土壤向水稻土转化,即使不是种稻之地,冈身之民对棉花轮作的选择也非常复杂,主要是基于前茬作物对土壤影响。

---

① 《紫堤村志》卷二,土产。
② 徐琪等:《中国太湖地区水稻土》,上海科学技术出版社,1980年9月,第76页。
③ 《棉花丰产典型户孙宰明调查报告》,1951年。常熟县档案馆,人民委员会档案,G18—3—13。
④ 《水稻丰产典型户钱香宝调查报告》,1951年。常熟县档案馆,人民委员会档案,G18—3—13。

种棉之地约分两等:一曰无春熟之地,一曰有春熟之地,有春熟之地有种油菜、蚕豆麦、草等之别,其田有烂沙、狗肝、铁屑泥等名,于此种棉。宜细审土宜,土有肥瘠,泥有粘松,所贵因地制宜,不可拘执成法,无春熟之地亦然。①

黄宗坚认为"油菜地拔土膏",这是对作物耗肥能力的认识。由于种稻时的肥力投入较多,下一茬后种棉最适。"上年种过稻者,俗称稻版地,种棉最为得宜。"对于无春熟作物的土地,可视为休耕之地,又称旱地。黄宗坚言:"旱地。即无春熟之地也,此地种棉最稳。谚云:'歇田当一熟。'言息地力者,惟旱地虑虫伤,须于寒冬犁起其土,然又恐泥太浮松,雨灌易萎。故种棉之法:未种欲泥松,既种欲泥实,须以碌碡碾平之。"②总之,当地农民已经非常善于识别各种土壤的肥力状态。

稻麦轮作和施肥也与相应的圩田结构相对应,特别要求与运肥时间相适应。西湾圩位于常熟县县城附近,是一个3369亩的大圩,长期内涝。1950年代,村庄在不同的熟制下安排不同的水流封闭或开放状态。"大熟大包围,小熟小包围。"其作法是:稻作期间并大圩,采取大包围的办法可以扩大水面积,预降水位,将圩外河的水排入内河,内河用坝堰堵塞,以利灌水入田。只要内河坝堰不开,就形成一个只有环形圩外河的大圩。长期这样,住在外河岸上的居民就难以用小船将肥料运到田中各小圩中,影响了运肥和水旱轮作。为了解决这个问题,当地人在小熟时,就是冬季收稻之后、种麦之前,把内河坝堰开放,形成了许多不同小圩,便于向田间运肥,这就是小包

---

① (清)黄宗坚:《种棉实验说》,清光绪上海总农会石印本。
② 同上。

围。这种小包围实际上还利于麦田排水,麦田积水逐步由内河向外排出。①

至于土壤耕作技术,传统的江南农民对各种耕法都很熟识。"盖田之未耕者曰生,已耕者曰熟,初耕曰塌,再耕曰转。"②生与熟是民间的肥力概念,对不同耕作水平的土壤作如此的命名,说明古人看重耕作与肥力的关系。明清时期,人口压力使牛耕被铁搭替代,这种替代表面上不利于节省劳动力,却利于土壤改良。早期人少地多,犁耕的推广利于提高效率;后期利用铁搭,在于追求深耕,增加单产。"牛犁之后,复以刀耕,制如锄而四齿,俗呼为铁搭,每人日可一亩,率十人当一牛。"③在常熟冈身与低地交错地区,1950年代的资料也证明人力耕作较深。

> 南部低田稻区,牛多而瘦弱,高田稻区,牛力强壮,平均每头负担耕地20—30亩,平均每天负担耕地2—3亩。由于牛多,基本上可以解决问题。高田稻区,牛力强壮,每头牛负担耕地80—100亩,每天可耕5—6亩。但牛力缺乏,不能解决全部耕地问题,要抽调部分劳力进行垡田。田少人多的城郊,藕渠等公社,每人只种九分田,他们都用劳力垡地;东乡棉区旱地,历来无耕牛,土质疏松,全部用人力垡地;沙州稻棉轮作区,耕牛亦很少,大部用人力垡田。过去耕田,一般牛耕的在3寸上下,人垡的较深,达4—5寸。④

---

① 《把高产的红旗插在低涝渍区——常熟县西湾圩治涝经验介绍》1958年10月7日,中国科学院南京地理研究所资料室藏。
② 姜皋《浦泖农咨》。
③ 崇祯《松江府志》卷七。
④ 江苏省常熟县土壤普查委员会编:《常熟县土壤志》,1959年,第7页。

土壤耕性的改变需要相应的技术,耕性改变后,供肥能力大大增高。《儒林六都志》讲"发苗最快",就是指供肥能力强,稻苗生长快。在太湖地区,各种类型水稻土的发苗水平是不一样的。熊毅认为:爽水型水稻土既发小苗,又发老苗,这种水稻土的供肥时间很长;潜育性水稻土,由于长期处于淹水状态,即不发小苗,也不发老苗。① 其他水稻土有的发小苗,有的发老苗。圩田积水地带的青紫泥属于潜育性的水稻土。吴江和青浦一带的开发历史很复杂,长期以积水沤田为主,不耕不晒有其合理性。水旱轮作会使许多土壤的基本物理性状难以保持。干田时土壤会"耕作困难,锄时成块,群众用'敲敲一个洞,锄锄一条缝,来形容它的耕性。有水还好耕些,犁垡不断成条(每条都有3—4尺),晒干后,坚硬不碎,刺脚疼;上水,稠耙泥滑,沾农具,易沉清,一年一天深耕7—8寸,只能耕3—4分。土块硬、僵、不易耙碎,插秧困难。"历史时期长期处于沤田状态土壤,潜育化严重,也是不得已的事情。"原浆田若排水措施跟不上,冬耕曝晒往往不易晒透,成'搭浆'状,更难操作,也不利水稻生长,不如浸水沤田。生长期烤田只能烤到鸡脚纹,过干则开裂漏水。"② 清流为主的低洼区如此,潮接长江之水的部分也不易冬耕。昆山北部的低洼地带,受长江长期泛滥的影响,母质多有长江冲积物,含粉砂。1949 年以后仍多以一熟沤田存在。③ 由于砂土肥力易流失,不支持二熟,沤田恰可以维持肥力。在这种田块内,犁耕困难,较为简单的耕作技

---

① 中国科学院南京土壤研究所编:《太湖地区水稻土肥力研究论文集》(摘要),1979年2月,第1—8页。
② 吴江县土壤普查办公室编:《吴江县土壤志》,1959年11月,第32页。
③ 《昆山市农业志》编辑委员会:《昆山市农业志》,上海科学技术文献出版社,1994年5月,第67页。

术——铁搭耕地反而较好。宋应星言:"吴郡力田者,以锄代耜,不藉牛力。愚见贫农之家,会计牛值与水草之资、窃盗死病之变,不若人力亦便。"①

四 鳝血土

《儒林六都志》中讲了一种近岸傍河的高肥力土壤,声称这是当地最好的土壤:

> 田之土色黄而带赤者为多,得水漫之,粘腻如膏,发苗最快。②

这就是现代水稻工作者所定义的高肥力的水稻土——鳝血土。这部乾隆年间的《儒林六都志》是最早记载鳝血土特性的文献。色黄是指这种土壤在水旱轮作下已经脱潜,如果低地长期淹水,只能处于一种灰青状态;"带赤"的"赤",指鳝血土形成时的红色铁络合物。当时可能还没有鳝血土的称谓,只对红色有认识。在青浦,人们只称黄泥头中的一种土叫红泥、红筋泥、血筋泥,没有鳝血土的称谓。③这红色实际上由于水稻土长期施肥,水旱轮作加强而出现的红色胶膜,"一种有机铁的络合物,形成于淹水季节,在稻田排水落干过程中,土壤由还原状态转入氧化状态,土壤溶液不断浓缩,再因犁底层的滞留,这类有机络合物,多附着于亚耕层土团间之裂隙面或孔壁上"。红色胶膜是不稳定的,各类土如果出现这种现象,即可称为某

---

① 《天工开物》卷上,乃粒第一,明崇祯刻本。
② 乾隆《儒林六都志》,土田。
③ 青浦县土壤普查鉴定办公室:《青浦县土壤普查鉴定工作初步总结》1959年5月。青浦县档案馆,农林水利局档案,23—1—22。

种土的鳝血土。"附着于耕层孔隙或土团结构面上的一种鲜红色胶膜,这是太湖地区,甚至是长江中下游地区农民判断肥沃水稻土的指标。凡是耕层出现鳝血的水稻土,水气状况比较协调,耕层结构好,养分含量比较高,具备爽水水稻土的特征。"徐琪指出,具有鳝血的水稻土剖面,一般耕层深厚,犁底层较为发育,有垂直节理明显的心土层与保水性较好的底土层。这种鳝血的特征是在土壤的耕层有机质达到2%—3.5%的水平下,与各种条件相配合才出现。由于这种条件的稳定性不高,出现鳝血也是不稳定的。① "种田要种鳝血土",已成为太湖地区农民识别肥沃水稻土的形态指标。鳝血土可以根据来源土种分为鳝血黄泥土、鳝血白土或乌山土,等等。源生土壤的土壤结构好,有机质含量高,形成的鳝血土质量也好。有一种假性的鳝血土,那是因有机质含量少,质地紧实,仅有少量"鳝血"。由于络合物与土壤的紧密度差,一旦暴露在空气中,这种鳝血就会由红棕色变成橙黄色②,这是"鳝血"不稳定的原因。各地农民对鳝血土都有一定的认识。在常熟,农民认为鳝血是"气脉",必须有大量的有机肥才行,他们通过观察分析,发现在有绿肥的积水中会出现红水,绿肥少或发酵不够都不会有红水,这种红水与鳝血土有关系。"田里多施绿肥、青草、猪窠灰、垃圾等有机肥料后,就会逐渐出现鳝血,田脚也就壮了。施河泥、人粪、化肥等肥料则不能形成鳝血。"鳝血只出现于水稻田中,排水不好的水稻田也不会出现鳝血,在干湿交替的水稻田内,排水干燥时才出现鳝血性状。③ 总之,鳝血土对环境有高度

---

① 徐琪等:《中国太湖地区水稻土》,上海科学技术出版社,1980年9月,第50—52页。
② 顾新运、李淑秋:《水稻土中"鳝血"特性的研究》,见中国科学院南京土壤研究所编:《太湖地区水稻土肥力研究论文集》(摘要),1979年2月。第51—53页。
③ 江苏省常熟县土壤普查委员会编:《常熟县土壤志》,1959年,第108—111页。

的敏感性。

鳝血土的形成需要较好的土壤结构并施有机肥。除了分布在村边外,也分布在河浜周边,也就是头进田地区。在常熟梅塘中部地区,"鳝血土(鳝血黄泥土和鳝血乌山土)也大致的沿河浜及绕村分布,但面积比低田区大得多"。中部地区地势较高,土壤脱潜能力强,低田地区脱潜能力差,故中部地区鳝血土为多。"鳝血黄泥土多分布在白茆塘及盐铁塘两岸或近村庄的地方,成片分布,以支塘、董浜二公社最多。它的特点是耕层多红筋,是人们精耕细作,加工培养的土壤。肥力高,田底壮,比黄泥土还省肥,更易发棵,宜稻麦二进制熟,也可以种瓜类等。"① 乌山土在常熟分布于"靠近河浜村庄周围,分布零星,面积不大,为一等田",可以培肥而形成鳝血土。"耕层肥壮,耕层中含有很多红筋,耕性好,产量也高,稻麦二熟。"在黄泥土基础上,施有机肥形成的鳝血土是黄泥土鳝血土。白茆公社的黄泥土鳝血土的耕性比一般黄泥土"更松软,耕作方便,田脚壮,稻子返青活棵快(仅快1—2天),发棵更好"。除了施有机肥外,培养鳝血土还需要把土层垫高到一定程度。② 在常熟的阳澄湖圩区,鳝血土分布在圩田的外围高地上。在藕渠公社东羿大队,其情形是:

> 河荡网布,围田呈圩。地面真高自2.8—3.2公尺(吴淞零点),沿圩都为高田,逐向圩心地势越低,谓"锅底田"。高低悬殊1市尺左右,高田有旱患,低田有涝害。地势高低与土质形成密切关连。高田沿河近田,田脚好,稻麦两熟稳定高产,称之"鳝血土"、"黄泥土",约占耕地34%;低地路远,运肥不便,施肥

---

① 江苏省常熟县土壤普查委员会编:《常熟县土壤志》,1959年,第97—100页。
② 同上书,第29页。

少,渍水,土质差,一般只种一点水稻,有部分田秋种油菜,称之"青紫泥"、"竖头乌山土"(一种圩心田)约占40%;一般的"乌山土",约占26%。①

这个地区当时每个劳动力平均占有11亩以上的土地,地多人少,常有人多地少地区的外地人到此干活。外地人种的田叫客田,客田的位置在哪里呢? 正在圩田的中间。"地势低洼,土质很差,离开宅基又远,耕种不方便,费工花本大,产量也不保险。"由此可见,尽管江南已经人多地少,但在局部人少地多的地区,精耕细作的区域更集中在村庄附近。公社时代统一调整,这些田又都归到这个大队,每个劳动力负担的耕地增多,这些以前外乡人种的客田多抛荒成杂荒田。"干部嫌它是'累赘',群众说它是'负担',把近几年减产全部归咎于'田种得太多',说'头顶犁尖头,也难种杂田','多种不多收,已成滥田荒'。"对这种田地改造时,一般的投入水平不能成功。尽管如此,这个大队平均50亩就有一条罱泥的船,土壤改良所投入的劳动力很多。②

在白茆,形成鳝血土的条件有三:一是土壤必须含有丰富的有机质。村庄河塘边的土地,往往施用大量草塘泥,这种泥与一般的河泥不同,有大量的杂草,还有红花草等绿肥;二是田位必须高,排水良好。高出周围田块5—10寸。在一些田块里,尽管二进田也产生了鳝血土,那种二进田的田位也高出周围田地5寸左右;三是土壤质地要粘沙适中,沾沙适中包括了土壤的通气通水,同时又可以保肥保

---

① 顾祖兴:《常熟县藕渠公社东羿大队农业生产情况初步调查》,1962年5月18日。常熟县档案馆,农林局档案,G18—3—73。

② 同上。

土。常熟县曾对鳝血土出现前后的产量做过统计,在白茆公社,4块乌山土田块在未出现鳝血前的产量一般在400斤左右,出现鳝血之后的产量一般达到600—700斤;一块田未出现鳝血前产量为210斤,出现鳝血后达到400斤。一般的三麦产量在200斤左右,出现鳝血之后达到300斤左右,在传统时代,这是不得了的产量提高幅度。①

老农有多种培肥鳝血土的经验。包括大施有机肥,用客土掺本地土壤以改良土壤结构,开沟排水,多耕多耙,合理换茬,等等。白茆乡第一大队第九小队的张和喃老人有一块名叫横丘的田,共八亩。"原来是低田乌山土,土肉坚韧,发乌黑,耕耙困难,耕后土垡大,不易敲细。灌水后不起浆,干后开裂大,田脚不壮,稻小,活根返青(慢),发棵都较慢。产量不高;水稻470斤/亩,三麦220斤/亩。但由于他每年大熟施河泥100担/亩,黄粪10担/亩,小熟施猪羊灰10担/亩,并以早稻——小麦——早稻——绿肥拉茬轮作,超过25年以后田面垫高一尺许,土壤出现鳝血。土色乌中带红,土肉松软,干湿都易耕,耕后土垡细、易碎,灌水后起浆,泥块易化散,干后开裂细小,土性暖,田脚壮省肥。稻子活棵返青所需时间从12天减少至7天,发棵好,产量高而稳定,稻产700斤/亩,麦产350斤/亩。"从1930年代开始,这位老农用25年的时间,培育成有鳝血土的土壤。在白茆公社八大队邬福生那里,有一块4.5亩的竖头乌山土的田块。"已种32年,年年施草泥120担,田位提高8寸以上,有鳝血,水稻产量从常年450斤增高到700斤,并可种小麦亩产220多斤。邻丘田周根元户,同样的竖头乌山土,年年施猪灰,20—30担,肥力不相上下,水稻产量差不多,但田位没有提高,要比邬福生田低7、8寸,仍不能种

---

① 江苏省常熟县土壤普查委员会编:《常熟县土壤志》,1959年,第48—51、97页。

小熟。"邻田尽管种了32年,仍没有出现鳝血,这是田位没有垫高之故。尽管施河泥对鳝血可能没有直接影响,垫高田面改善土壤的水分与结构状态,自然也为鳝血土的形成准备了条件。也有7—8年就显出对比的,1949年土改以后,大义公社汤巷有一块四亩的头白土田,"土改后分给汤狗狗、赵兴宝二人种,汤狗狗三年种二次红花,二年施一次河泥,7、8年耕层厚达8寸,小粉白土已变成了鳝血白土;赵兴宝还是年年稻麦,小粉白土越种越不好"①。

五 乡村社会

综上所述,江南水稻土的改良对劳动力、水利依赖非常之大,社会组织不可能不对土壤的形成与发育产生影响。水利与土壤环境最密切,乡村水利社会的动员可以影响到土壤发育。一次大的水利兴工,大量的积水排干,潜育化水稻土得以改良,河流被疏浚,河流沿岸的土壤结构发生变化。即使是在小区域内,影响依然明显。在冈身地区,旱作土与水稻土因水利环境的变化而转化。青浦县的盘龙镇宋以后经历了沧海巨变。"东乡塘浦纵横,大半淤浅,淫雨则泛滥四溢,稍旱则车戽无资。欲筹疏浚之功,自塘浦始,次及内港,斯旱涝无困。棉豆易为嘉禾,瘠土无非沃壤,郑白渠成,讴歌四播。"②在嘉定的厂头镇,"地以沙瘠,不宜稻而宜棉,然必一年植稻,乃可三年植棉。若常以植棉,则花为草窃,久雨则芰荑不能尽矣。近又沟渠淤塞,不能植稻,以致棉屡歉收。而小民惮于赴工,不敢轻议疏浚,殊可悯也"。③ 在低地积水区,土壤脱潜需要水利建设。金泽"四面距湖,

---

① 江苏省常熟县土壤普查委员会编:《常熟县土壤志》,1959年,第44、46、50页。
② 清《盘龙镇志》,凡例。
③ 同治《厂头镇志》卷八,风俗。

涵浸相属,土厚而肥,民饶而俭,水乡中乐土也,非水利曷以至此"?①

所属的阶层不同,农民对土壤的技术影响力也不一样,土壤环境也会因之发生变化。清代以后松江绿肥种植主要集中在"高田"地块,一年二熟的稻肥复种。"肥田者俗谓膏壅,上农用三通,头通红花草也,然非上等高田不能撒草。"低地种草,撒草种后遇雨则"田中放水,则草子漂去,冬春雨雪,田有积水,草亦消萎"。绿肥是旱地植物,稻肥轮作属于水旱轮作,种红花草的时间是上一年的寒露前后。"将草子撒于稻肋内,到斫稻时,草子已青,冬生春长,三月而花,蔓衍满田,垦田时翻压于土下,不日即烂肥不可言。"稻肥二熟在清代已成为当地农民的生产习惯:"种田种到老,不要忘记草。"第二遍施肥用的是猪践,就是养猪所积累的粪肥。第三遍施用的是豆饼。只是这些投入不是人人可以达到的,只有富农才能实施。"三通膏壅惟富农有之,若贫荒秋糊口尚艰,奚假买草子撒田为来岁膏壅。计又无力养猪,只赊豆饼壅田,其壅力暂而土易坚,故其收成每歉。"贫农只能施豆饼。阶层差异使高地水稻土显出差异。低地也有差异,但低地有河泥,贫农可以多投入劳力挖河泥以减少差异。"秋末冬初,无工之时,罱成堆于田旁,将杂草扰和令其臭腐,然后松敲散于田内,亦可抵红花草之半。"②

在常熟的大义,不同土种上甚至行不同的租佃制度。优良的水稻土,诸如黄泥土和乌山土,一般都是自耕田。土壤肥力较差的小粉土上才有租佃制度。小粉区叫白土,一般是远田或是圩心田,土壤改良的成本大,有这种田地的地主,一般放租出佃。对这种田,农民也

---

① 清《金泽小志》卷之一,水利。
② 光绪《松江府续志》卷五,疆域志。

不想精耕细作,一旦"把田种好了,地主就要抬租收田,佃农就不愿意把田脚种好"。地主经常换佃,也无法使地力提高,土性改变,因佃户种田是不注意土壤改良的。"尖丘是块好田,五年换了四户,也就变成了白土。"很明显,佃户对土地没有培养的心,容易使地力下降。贫农的自种地,也会因耕种习惯而导致肥力下降。"旧社会小农经济时农民种田,产量低、租税高,为了要吃饭,年年种粮食,土地得不到轮作或休闲。如五一大队七小队30户,除5户中农1户地主小熟能轮种植绿肥外,其他24户贫雇农年年种稻麦。"贫农黄毛四说:"只种不施,田脚拔枯,越种越枯,越种越坏,产量减收,自己肚里也有数,但被迫得无法解决。"贫人只种不养,粗放经营,难以使土壤发生变化。小队长汤二保讲:"做生意要独行,种田人要合帮。旧社会穷人种田一不互助、二无农船,草泥垃圾施不上,只施一点化肥,田如何种得发,不是白土也会变成白土。"①在松江县,1950年代初发现原贫农的土地增产潜力最大,因贫农的土壤质量很差。②

因为个体农民投入的数量与技术存在差异,圩田内的土壤复域才会在江南成为普遍现象。土壤复域是大区内小地块上的土壤肥力性状差异明显并不断重复的现象。北方土壤一般不会这种现象,小环境内因经营的不同而出现不同水稻土性状的现象在江南十分明显。许多因素推动这种复域化,圩田内头进田、二进田、三进田的差异,不同的农民的投入水平,都加速了这种现象的蔓延。在常熟,这种现象在1950年代的土壤调查中非常明显地显示出来。"土壤分布是非常复杂的,往往上一坵田是黄泥土,而下一坵田就是乌山土。甚

---

① 江苏省常熟县土壤普查委员会编:《常熟县土壤志》,1959年,第46页。
② 松江县一九五五年农业生产计划(修正稿),1955年5月9日。上海松江区档案馆,政府档案,5—7—11。

至在同一坵田,一头是乌山土,一头是鳝血乌山土。"农民对这种现象的认识不一,有人认为土壤不会变,种几十年地土壤依旧如此;许多人认为是可以变的。农民对水稻土的可变性基本上有普遍的认识。"土是会变的,种得好,田就发,种不好田就坏。"①小农的投入水平与土壤改造能力相关,少则几年,多则几十年,土壤可以产生很大的变化,这种变化使得其土壤的结构与性状与周边他人的土壤形成差异。复域结构尽管在集体化后有一定程度的改变,土壤种类与村庄位置的关系仍旧持续着。近村田的人为活动强,白土层已经消失,演变为爽水型水稻土;远村田的人为影响轻,淋溶作用明显,白土层会普遍出现,耕层之下即见白土层,成为滞水型水稻土。农田方格化以后,以前的性状仍有保留,形成了棋盘化格局。某一田块是一种土壤,四邻田块可能是另一种土壤。尽管如此,土壤学家仍然肯定复域主要是由过去时代"个体农业长期经营的结果",随着集体化时期农田方格化的普及,"土壤微域分布已逐步为方格式所代替,但过去造成的土壤肥力差异目前仍然存在"。②

六 小结

从以上分析可以得知,传统社会末期吴淞江流域水稻土的发展特色与传统社会环境和社会关系密切,不但各环境因素对水稻土发育有影响,社会和政治因素也会对之产生很大的影响。在历史过程中,有几项因素是关键的。首先是水利和开垦对水稻土的发展起着关键作用。水环境变化导致了大量的分圩,分圩使圩田中部长期没

---

① 江苏省常熟县土壤普查委员会编:《常熟县土壤志》,1959年,第26页。
② 徐琪等:《中国太湖地区水稻土》,上海科学技术出版社,1980年9月,第74页。

有得到开发的土壤得到了改良。"干田化"过程的同时伴随着水稻土的分化。其次是农作技术。由于人们努力向土地投入更多的劳动力以维护耕作与肥力,所以出现许多优良性质的水稻土,特别是鳝血土。就土壤生态而言,局部地区的确出现了垦殖与土壤生态协同提高的现象,鳝血土的产生就是在生产提高、技术进步下出现的生态进步。生态进步往往是一些不为人所知的知识体系引发的,地方性农业知识的复杂性和多样性不为常人所理解。江南小地域地方知识的复杂性几乎达到了令人难以理解的程度。在这种情况下,任何一种规范化的技术推广反而会引起灾难性后果。灾难性后果在"大跃进"时期尤其明显。在现代,工业化的农业技术体系基本上取代了传统的技术,随着传统技术的消失,灾难性的土壤环境破坏处处可现,要维护现在的食品安全,确保安全的土壤环境,决策者应该重视太湖东部地区的这种极为复杂的生态——地方知识体系以及相适应的各种环境。

第三节　嘉湖地区土壤史

　　嘉湖地区主要包括菱湖以东的地区,包括湖州、德清、桐乡、嘉兴以及嘉善,这是历史上著名的稻桑区,也是中国传统农业最为发达的地区。从水流上看,嘉湖地区与吴淞江上游水体有明显的联系,甚至可以说是吴淞江水系的一部分。1949年以前,这一地区有大量的冬水田,冬沤一熟是保持土壤肥力的重要方法,是非常古老的土技术。桐乡的石门、炉头、乌镇等地在1900年左右仍有大量冬水田,水稻收割后灌水120天左右,再翻耕栽种。农民们认为这种灌水的农田土壤肥沃,种田省肥,耕作容易。冬沤时一些有机物被分解进入土壤。

春天时土壤温度提高,田里有小气泡出现,土壤也逐渐发臭、发黑而变肥。在石门公社的河山区,1956 年左右的单季水稻高产田一般都是冬水田。桐乡县许多不种春花作物的"里进田",都实行这种办法使土壤变肥。如果连年灌水,土壤氧化程度减少,还原性物质增多,也会影响土壤肥力。① 嘉湖地区土壤发育的另一个特点是堆叠性强,这是由植桑引起的土壤环境变化。高大圩岸时期土壤紧实,可以对桑树形成稳定的供肥能力。"雨水时至,高大其堤,深阔其中,俾宽广足以有容。堤之上疏植桑、柘,可以系牛。牛得阴而逐性,堤得牛践而坚实,桑得肥水而沃美。"②圩岸种桑,圩内种稻。为了应付水灾的加剧,官方也频频动员农民挖土修岸。蚕丝兴盛推动了植桑,而植桑的推展推动了圩岸扩展。"浙西之利,茧丝为大。近河之田,积土可以成地,不三四年而条桑可食矣。桑之未成,菽麦之利未尝无也,况一圩之田所损者少,所益者多。"③徐琪先生说 300 年的堆叠就会形成一米高的耕层④,这种推断在嘉湖地区是保守的,因为这里的植桑极有利于圩岸土壤的堆叠。

一 头进田与二进田

古人对水稻土的评价标准往往根据其与河道和水位的关系进行衡量。明代的严讷指出了因水位和水利关系而成的两种基本水稻土。一种是不好的,其状况是:"岸或呕隙莫御,而田且沛泽矣,其田之最高阜去水远而水不及溉者,则又终古洿卤。"这是一种难上水的

---

① 嘉兴专区土壤普查土地规划工作委员会编:《土壤志》,1959 年 10 月,第 32 页。
② 《陈旉农书》,地势之宜篇。
③ 光绪《桐乡县志》,卷十三,人物上。
④ 徐琪等:《中国太湖地区水稻土》,上海科学技术出版社,1980 年 9 月,第 44—45 页。

高田,四周圩岸实际上没有必要存在。这种水稻田尽管干田化程度很高,但不是优良的水稻田。真正优良的水稻田是第二种,"田在上下壤之间,土厚而水深,则号称膏腴"。上、下壤之间,实际上就是指不高不低的圩田利于排水。嘉湖地区多数水田就是这样的。"以其得水蓄泄,可为旱涝备。而所谓能蓄泄者,以有圩岸耳。岁苦旱则河之水续桔槔而上以入于田,河不龟坼,田不乏溉;岁苦潦则戽水出于河而岸障之。"①良好的水稻土能抗旱排涝,周边有良好的圩岸。明清时期,春花作物增多,水旱交替程度加强。那些经过成功改造、土壤肥力在人为耕作下提高的水稻田,往往就是那些经过水利整治,对圩岸和圩内小塍岸进行了整治的圩田土壤。

> 明农者因势利导,大者堤,小者塘,界以埂,分为塍,久之皆成沃壤也。②

在嘉湖地区,有一种圩荡田,分布于葑淤较慢的湖泊洼地,四周挖河泥,垫高田面,形成岛状陆地,水面积几乎占一半或更多。这种岛形水稻田也是四周高,中心低,同一般圩田一样形成了头进田、二进田与圩心田。徐琪先生认为荡田的各进田土壤分化程度不一。头进田多为爽水水稻田,堆叠土厚度达1米以上;二进田的堆叠土厚度达0.5—0.8米,三进田与圩心田的堆叠厚度只有0.3—0.5米。③ 明清以来,圩荡田仍然持续不断地开发。嘉兴县康熙年间有人组织人力、物力在一些"荒荡"种上水稻。④ 这种田极易受涝灾影响,通常四

---

① 《续文献通考》卷三,田赋三。
② 民国《南浔志》卷四,河渠。
③ 徐琪等:《中国太湖地区水稻土》,上海科学技术出版社,1980年9月,第77页。
④ 光绪《嘉兴府志》卷二十九,水利。

周全是水,围出的一点田像水中孤岛,一个水中圩田的单位叫作圩头。① 也有的荡田在高处,乌青镇清末的荡田由客民开垦,"多种早稻,直暑前后即可收谷。土厚田高,不畏水潦,乡民所种晚稻,往往荒歉,而早稻则常丰收"。这种荡田常为客民所种,"荡田高,水田低,荡田出水,常以水田为邻国之壑,故每遇一沟洫之争,土客交涉,有涉讼经年不鲜者"。② 这一地区东部都是排水良好的一般围田,圩岸是堆叠土,其上植桑。

离村越远的土壤,肥力水平越低,这是耕作距离所导致的精耕细作程度差异引起的。村庄一般离头进田较近,头进田有较短的耕作距离,肥力也较高。圩田内的田块有多级结构,头进田与大圩岸相连,位于第一级台阶,二进田位于第二级台阶,头进田与二进田中间有塍岸相隔。三进田一般是圩心田,不过有的四进田才是圩心田。圩心位于圩田的中央地带,易积水,脱潜程度小。头进田和二进田易排水,水旱耕作程度大,水稻土发育良好。情况也不是全都如此。屠甸公社 2 管理区 5 生产队,与头进田相联系的外部水源有的是"河",有的是"浜","河"为较高一级水道,"浜"为低一级水道,一般而言,以浜为排水区的头进田可能处于低洼地带,以河为排水区的田也有排水不畅的。"堂于头"是一块以河道为水源的头进田,"出水不便利"。"一亩三"的地块水源为"浜",水利条件很好。"出水近,进水近,种水稻好,春花不来(种不来,即不宜适之意)不好"。圩田的圩心田往往就是三进田,与圩心田相联系的水源一般称"溇"。③

---

① 嘉兴专区土壤普查土地规划工作委员会编:《土壤志》,1959 年 10 月。
② 民国《乌青镇志》农桑。
③ 屠甸公社 2 管理区 5 生产队:《水田、旱地(旱地)土壤普查表》,1959 年 3—4 月。桐乡县档案馆,87—1—138。

"溇"是最低的水道支系,可以直通圩外河道。而二进田往往要通过与头进田之间的排水沟才能排水。这种排水沟在孙峻的《筑圩图说》中被称为倒沟①。头进田与二进田排水条件好,往往可以种植春花作物。明清时期,旱地作物一般就在外进田中种植。《农事幼闻》中有:"油菜小麦谓之春花,自吴郡以东,地高种麦为多。我乡(南浔)洼下,种菜为宜。"种油菜的田块往往是外进田,在耕作中要开沟与之配套。"刈稻之后,垦田为高棱,旁界小沟或撒麦,令自出。或栽麦苗,或菜,则必取秧培种,种后俟其生发,用包铁木铲再浚其沟,即以土壅菜麦旁,一取沟深,虽干不致大伤,一取沟底,泥肥也。"②在开沟技术配合下,春花作物和水稻形成一年二熟。明清时期,由于肥力的限制,麦稻二熟是很少的,因满足二熟制的土壤要求有极高的供肥能力。

> 田极熟,米每亩三石,春花一石有半,然间有之。大约共三石为常耳。下路湖田,有亩收四、五石者,田宽而土滋也,故止收此。③

4—5石的产量接近亩产千斤,非头进田、二进田莫属,这几乎是明清时期传统农业所能达到的最高产量。这背后的土壤肥力支持条件,也就是"土滋"的水平,并不是一般田块可以达到的。这种高肥力与长期的施河泥有关,不精耕细作就会导致"田脚变瘦"。为了肥力的持续,传统的农民必须学会及时发现土壤肥力的变化。农民在传统实践的基础上建立了一套观察技术,不但可观察水稻的苗色,也

---

① (清)孙峻:《筑圩图说》,清同治刻本。
② 民国《南浔志》卷三十,农桑。
③ 张履祥辑补:《补农书校释》,陈恒立、王达校释,农业出版社,1983年,第101页。

可观察土壤的颜色,判断土壤是否达到了完熟状态。值得一提的是对鳝血土的观察,这种土一般分布在头进田和二进田中,因耕层有锈斑,以鳝血比喻之。由于长期的水旱轮作外加施河泥,铁质经常处于氧化还原的交替状态。这里的农民会观察鳝血土。鳝血土与大量施泥肥有关。作者曾问过徐琪先生,他认为江南的鳝血土主要分布在村庄周围,村边头进田和二进田也由于工作距离,近而达到了较高的用地和养地水平。农民还用"死"与"活"称水稻土,为"死土"的土壤,往往是远离村庄的头进田或二进田。"死"的土壤往往积水较多,物理性状差,潜育化程度高,不利于作物生长。通过精耕细作,死土可以变活土。以白土为例,死白土的耕层厚度只有3寸,改造好的"死白土"会成为灰白土,耕作层达6寸,"死白土"的有机质含量只有1.8%左右,灰白土的有机质含量达3%。① 死变活是恢复土壤的一般生产能力。在吴兴县太湖公社,村旁的土统称为灰土,包括鳝血土、青紫泥和灰白土;离村庄中等距离的土壤是白土;远离村庄的是死鳝血土和死白土。从村边到远处,肥力依次从好到差,产量从高到低,颜色由深到浅,土壤由"活"变"死",技术从精耕细作转化为粗放经营。② 农民们对"死"土的识别多种多样,他们不仅会观察,也会感觉。③ 以青紫泥为例,农民有多种多样的方法识别活青紫泥与死青紫泥:根据颜色,活青紫泥因多施有机肥故颜色较深;根据空间,死青

---

① 嘉兴专区土壤普查土地规划工作委员会编:《土壤志》,1959年,第56页。
② 《吴兴县太湖人民公社土壤鉴定土地规划报告》,1959年4月。湖州市档案馆,W73—12—55。
③ 长期以来的江南有机农业正与这上千年的农民经验有关,这些经验农书不载,却在1950年代的土壤普查中被人为地发掘出来了。当时的嘉兴地区有关部门找到了有关老农进行座谈,得到了第一手的资料。见嘉兴专区土壤普查土地规划工作委员会编:《土壤志》,1959年10月。

紫泥由于不施肥,离村庄较远;根据土层深厚,肥田土层厚,死田耕作层浅;根据烤田时的状态,"肥田裂开一条缝,瘦田崩开一条弄"。肥田有机质含量高,土质疏松,裂缝细小而多,瘦田却不是这样;根据感觉,人走在肥田上"软脱脱";根据工作难易程度,肥田不粘犁,犁地时轻巧省力,土块碎如"松糕",灌水后"糊烂"。瘦田死板,耕作难,"生活难做";根据秧苗长势,肥田插秧后转青快,生长茂盛,由于群体好,个体反而一般。瘦田,总体上产量低,成熟不齐,但"瘦田里虽然长得臭(差),可是几颗谷子总是长得胖胖的";根据土地里的植物,有些杂草长在肥田里,有些则长在瘦田里。传统的指示植物不但标记肥力的好坏,而且还标记哪一种是好土,哪一种是坏土;根据鱼类、田螺和一些土壤中的小动物的指示功能,肥田泥鳅叫"粉鳅",肥胖、行动迟缓,瘦田泥鳅瘦小、活泼善跳;还有许多。①

愈荣梁对嘉湖地区陆家湾村农业生态系统的研究表明。河泥的氮素投入量为6斤/亩,高于水草、稻草还田、垃圾、菜籽饼和人粪尿的氮素投入,低于猪粪、羊栏肥和化肥。② 泥肥中的养分含量,以市镇、村庄附近为高。河泥含有许多的无机和有机胶体,能调节营养元素的平衡,提高土温,加厚耕作层。③ "生泥能解水土之寒,能解粪力之热,使实繁而不蠹。"④在吴兴县太湖公社,老农有"隔冬河泥最肥田"的经验。⑤ 隔冬的河泥中的还原性物质养分因氧化得到了释放。

---

① 嘉兴专区土壤普查土地规划工作委员会编:《土壤志》,1959年,第149—157页。
② 愈荣梁:《建立生态农业是农业现代化的必由之路——《补农书》的启示》,《农业考古》1985年第1期,第9—19页。
③ 中国农业科学院土肥所:《中国肥料概论》,上海科学技术出版社,1962年,第131—132页。
④ 徐光启:《农政全书》卷三十五。
⑤ 《吴兴县太湖人民公社土壤壤鉴定土地规划报告》,1959年4月。湖州市档案馆,W73—12—55。

长期不施河泥,水稻土的表层土长期淹水,还原性强,不利于水稻根系生长。所以,"进泥"的难易程度成为评价田地价值的一个指标。桐乡县屠甸公社 2 管理区 5 队有一块叫"北池浜"的落进田,缺点就是"进泥远",头进田与二进田没有这个问题。一块田叫"北南田"的青紫泥二进田:"进水进泥近";同属二进田的"河北田":"进泥近,进出水近,种水稻不发棵。"①头进田也不都是进泥近,桃园 9 队有一块头进田:"进出水远,进河泥远,田瘦不发棵。"②至于泥肥的数量,屠甸公社 1 区 11 队其他肥料的数量不过几百担或几千担,河泥却达到了 55000 担。③嘉善县老农鲁长友认为,"单季稻达到千斤田,每亩必须 300 担河泥",这个数量会使田面增高许多。嘉湖地区河泥资源丰富,劳动力成本在 1949 年以前可能尚需考虑,集体化时代就不存在这个问题了。当时嘉兴专区的领导在分析挖河泥的潜力时,考虑的是船,而不是人。"当前增积河泥并不是没有潜力可挖而是现有船只设备还没有充分使用起来,如像嘉善县杨庙乡联丰社 125 只船,积肥的不到一半。"④自圩田开发以来,罱泥一直是一项重要的活动。《补农书》所列各月都讲罱泥,向秧田中施河泥称为"罱田泥",在 1 月和 2 月的阴雨天进行;"挑草泥"是将河泥拌以杂草和绿肥,腐熟后挑于田间,这项工作开展于 5 月的阴雨天。1956 年,陈恒立和王达两位先生在桐乡一带调查,发现这一带的罱泥工作已占到农田工

---

① 屠甸公社 2 管理区 5 生产队:《水田、旱地(水田)土壤普查表》,1959 年 3 月 12 日。桐乡县档案馆,87—1—138。
② 屠甸公社桃园管理区 8 生产队:《水田、旱地(田)土壤普查表》,1959 年 3 月 11 日。桐乡县档案馆,87—1—138。
③ 《桐乡县屠甸公社肥源调查表——屠甸公社 1 区 11 小队》,1959 年 3 月到 4 月。桐乡县档案馆,87—1—134。
④ 浙江省嘉兴专署农业局:《关于大力征积土肥确保农业丰收》,1957 年。湖州市档案馆,68—9—14。

作的 1/3 左右。① 吴兴县太湖公社农民有将施河泥与人身体的"补"相联系的思想,"人补桂园栗子,田补河泥草子"。②明清时期的麦稻二熟并不多,许多是绿肥和水稻的两熟,水旱轮作比冬水田更有利于水稻土物理性状的改良。麦作时"开塝作沟",使整个土壤剖面的氧化还原作用加强。开塝作沟自宋代就存在,愈到后期愈加完善。作沟技术与稻田的耕、耙、耖、耘相结合,这是中国南方特有的水旱轮耕技术。这种技术于抬高田面、排出积水、改善土壤的理化性状特别有效。③《补农书》对"塝燥"和"土疏"有特别的要求:

> 壅麦之法略与梅豆相似,但豆只需撒灰,麦则灰粪兼用。麦根直下而浅,灰粪俱要着根,而早壅方有益,壅泥亦然。
>
> 垦沟、揪沟亦宜早,俗谓"冬至垦为金沟,大寒前垦为银沟,立春后垦为水沟"。揪至两遍更好,沟深则塝土厚,而脱水尽,田亦愈熟故也。④

早垦使土壤早脱水,风化程度高,还原性的养分被分解出来,能为作物所利用,还可以为下茬水稻确立良好的耕性。《补农书》中的那种亩斤 4—5 石的高产田是麦稻两熟的"极熟"田,"下路湖田,有亩收四、五石者,田宽而土滋也"。当时的湖田具有水旱轮作下良好的耕作层。⑤ 1950 年代,已经开始推广双季稻,麦稻两熟仍在一些头进田和二进田实施,但已不是最好的地。屠甸公社麦稻轮作的田块

---

① 《补农书校释》,第 11—24 页。
② 《吴兴县太湖人民公社土壤壤鉴定土地规划报告》,1959 年 5 月。湖州市档案馆,W73—12—55。
③ 郭文韬:《中国耕作制度史研究》,河海大学出版社,1994 年,第 58 页。
④ 《补农书校释》,第 114 页。
⑤ 同上书,第 101 页。

往往在不好的红砂土(黄斑土)上进行。桃园区 8 队一块红砂土质的头进田:"宜种晚稻、小麦,田脚瘦,缺肥,要多积河泥";还有一块"宜种晚稻、油菜"的红砂土头进田。① 头进田和二进田中的好田块往往改种双季稻田了。白雀公社耕性好的半白土耕作制度是:第一年:双季稻——绿肥;第二年,单晚稻——油菜。耕性差的河沙土则不种双季稻,行水物与旱地作物的水旱轮作:第一年:单晚——蚕豆;第二年,糯稻——小麦或油菜。②

明清民国时期,土壤的"活"与"死"还与租佃制度有关。那些离村庄较远的地块,耕作程度差,田脚就容易变瘦。1950 年代的土壤调查者发现了许多由"封建社会不合理的租佃制度造成"的土壤退化现象。③ 土壤普查人员对低产田查病根时,往往要追问低产田的耕作史。南浔的一位社员按当时的政治流行语说:"我们那些低产田,解放前在反动政府统治下的社会里,俗话讲得好:'土地浇肥,群众无米。'那里我们种地主的田,今年下了肥,明年是否得种,也不一定。同时也用不起,所以根本谈不到改良土壤。"④实际上,许多情况并不是这样,有些佃户为了贪利,将地主的活土变成死土。在嘉兴魏兴公社,有青紫泥的低产田——"番薯田"。土壤是青紫泥和黄斑土,清末民初,这些田地附近地区人少地多,有许多荒田。1927 年以后,有移民迁此耕种这些地。由于种水稻要缴租,种甘薯可以白种白

---

① 屠甸公社桃园管理区 8 生产队:《水田、旱地(田)土壤普查表》,1959 年 3 月 11 日。桐乡县档案馆,87—1—138。
② 《吴兴县白雀人民公社土壤鉴定报告》,1959 年 5 月。湖州档案馆,W73—12—17。
③ 嘉兴专区土壤普查土地规划工作委员会编:《土壤志》,1959 年 10 月。第 30—33,67 页。
④ 《吴兴县南浔人民公社第 1—4 大队土壤普查试点工作总结》(初稿),1958 年 10 月。湖州市档案馆,W73—11—13。

收,许多喜种甘薯的温台人来此开深沟、筑高畦,连续种植20—30年的甘薯,将地力拔光后,表层土遭冲刷,肥土变成了瘦田,1949年后欲恢复成水稻田都难。这个村还有一种瘦田是佃农们利用不正当手段造成的。租期将满时,佃农用石膏和食盐把地力耗尽,名为"吊田脚"。这个公社的庆丰大队三连莫家浜塘,有30多亩这样的田。原来是头进田,肥力好,后因施石膏,田脚越来越瘦。只有精耕细作,才可以将"死"土变"活",反之则"活"土变"死"。嘉兴王店公社仙家桥傅茂祥在1946年时种8.3亩黄斑土,"因整天上茶馆,田脚荒芜,变成了死黄斑土,只收稻谷1.2担/亩,1948年转给种田内行张加兴耕种,他当年就施10多担羊灰/亩,50担/亩白河泥,耕深5寸(原耕层仅3寸),就收到稻谷2担/亩。第二年扎草子(种绿肥)就很好,再施干河泥150亩/担,耕深5寸,收稻谷500斤/亩,土壤也变成了黄斑土"。①

三 里进田

从头进田到圩心田,土壤肥力由肥变瘦,由活变死。在吴兴县太湖公社,从圩头到圩心,从上水头到下水头,土壤依次为鳝血土——青紫泥——白土——死白土。保水蓄肥能力由好转差,土温由低到高,耕层深度由深到浅。② 在白雀公社,河头到圩心的土壤序列是:地松泥——黄土——半青紫——青紫泥——死青紫泥。村边头进田

---

① 嘉兴专区土壤普查土地规划工作委员会编:《土壤志》,1959年10月。第30—33,67页。
② 《吴兴县太湖人民公社土壤壤鉴定土地规划报告》,1959年4月。湖州市档案馆,W73—12—55。

到圩心的序列是:灰土——青紫泥——死青紫。① 青紫泥开发历史比较长。在菱湖一带,1950年代仍可以从当时的圩田中看到早期围湖垦田留下的大围田痕迹,当地的圩田仍沿袭旧有的"湖田"和"圩荡田"等名称。活青紫泥的供肥保肥能力比较强,适宜推广双季稻。愈向圩田里面,青紫泥的脱潜程度越差,愈发黑;土壤愈粘,犁底下的黑泥层越厚。死青紫泥的耕性很差,群众称之为"大泥",干时坚硬,湿时糊烂。"湿时一团糟,干时一把刀。"青紫泥变"死",一般是缺肥(河泥)、积水和缺少耕作引起的。里进田的排水困难,很容易形成死土。积水环境下,农民不去加强管理,粗放耕作,便会加剧死土的形成。由于排水条件方便,头进田的青紫泥的心土和底土中经常干湿交替,形成较为明显的柱状结构。"铁塔垒下去,心土会整块吊起来"。虽然容易漏水漏肥,但在多加河泥并多耕、多耙、多耖以后,粘粒的下沉,土壤结构就会明显好转,也容易耕作。无论是头进田还是里进田,青紫泥的变活都要经过排水和耕作。头进田和二进田的青紫泥在1949年以前基本上已经被小农改造得差不多了,1950年代的青紫泥改造指向圩心区。嘉兴魏塘公社车站大队第8生产队有一块田是三进田,死青紫泥,水放不出,施肥不便。1949年以前只有200—250斤/亩,农民称之为"石二老相公"。他们先建了一条冷水沟排水,再种上了蚕豆作绿肥,排水加水旱轮作。到1954年,土壤开始发松,1958年成为活青紫,亩产600多斤。② 桐乡屠甸2管理区5队的三进田改良措施也是"加土开浜"③,挖排水沟加上施河泥。在

---

① 《吴兴县白雀人民公社土壤鉴定报告》,1959年5月。湖州档案馆,W73—12—17。
② 嘉兴专区土壤普查土地规划工作委员会编:《土壤志》,1959年10月,第81页。
③ 屠甸公社2管理区5生产队:《水田、旱地(水田)土壤普查表》1959年3月12日。桐乡县档案馆,87—1—138。

南浔公社马腰大队的各类低产田中,圩心田的水利处理一是开设渠道,二是整平田坑,整平田坑就是改变圩心田高低不平的田面,使积水排出快,干田容易。①

  湖州道场公社的荒漾圩,大约100亩左右,圩心田是白土。因位于圩心,离村庄远,大约有2.5公里,耕作、施肥不便,圩心田的田脚逐渐变瘦。清末变成死白土时,只用了5—6年的时间,从肥田变成了当地有名的"饿煞田"。当地人不愿意费力改造这块田,只有那些生路少的外地人,敢于全力以赴。1907年,湖南的顾阿三兄弟三人,迁居本地。先种了40亩,亩产只有200斤。他们迁居到圩心,搭上草棚,养了2头牛、3只猪,还有140—150只鸡鸭,增加了肥料来源。另外,还施大量的地脚泥,冬季也种上绿肥,逐年加深耕作。门前的20多亩田每年施猪羊灰20担/亩,过了3年,也就是1910年,产量就提高到400斤/亩。然后继续深耕施肥,由于木犁不能深耕,便改作铁塔,深耕至7—8寸。到1914年,产量达500—600斤/亩,1918年,单季稻亩产700—800斤,土壤也改良成最好的灰白土了。顾氏兄弟只改良了一部分田地,他们家屋后10亩左右的田地,由于深耕和施肥程度差,土地一直没有恢复过来。另有60亩左右的死白土,直到1959年还没有完成改良。这个案例表明,改土需要精耕细作,且需要投入大量的劳动力。为了动员人力,集体化时期的地方政府反对农民"坐茶馆"。"老农张加兴说得好:'要改良土有二条,一条靠思想,要有决心,如整天坐茶馆,一生一世也改不好;第二条要看肥料,二年河泥二年花草,加上多施猪羊灰,耕深点,总可把死土转成活

---

① 《吴兴县南浔人民公社第1—4大队土壤普查试点工作总结》(初稿),1958年10月。湖州市档案馆,W73—11—13。

土"。当时有口号:"只有懒人,没有懒田。"1950年代的死土是不少的,单嘉兴地区就有65万亩。① 政府利用群众运动向这些死土"进军"。桐乡县在土壤普查后,"向全县发出号召'向42000亩低产圩大进军'",这些田基本上就是圩心田。仆院公社1956年以后"把12只低产圩,其中8只120多亩迅速用加热土进行改造"。崇福公社"把176只低产圩排队,归纳出了'远'、'里进田'、'田身低'、'漏'、'高低不平'等五大病根,采取不同的措施进行改良"。既然"里进田"都已成为一个病根,政府的意思是消灭里进田。主要的措施就是开"出水沟、地水沟、渠道、降低地下水位,彻底改变里进田、田过田、港脚田、盆子田、锅子田的落后面貌"。桐乡县也相应进行了一些平整土地和小圩并大圩的工程。②

四 圩岸桑园土

严格意义上讲,圩田区的大部分旱地应该是圩岸。由几户人家组成的小聚落所在地就是圩岸,门前是稻田,周边有桑树。桑园与旱地有区别。吴兴县白雀公社的旱地和桑园不属一类。③ 一些地区区分不严格,民国时期乌青镇的"墙下澹隙"之处是种桑区域,只有良地和不良地之分。④ 在桐乡县,桑树几乎种在任何旱地上,不是所有的地都叫桑地,达到100株/亩的地才叫"专业桑",50—100株的叫"白花地"(百花地,意即间作各种开花的作物),50株以下的算做白

---

① 嘉兴专区土壤普查土地规划工作委员会编:《土壤志》,1959年10月。第8,29,31页。
② 桐乡县普规委员会:《我们怎样在公社级普规工作基本结束基础上转入全民性改土运动》,1959年。桐乡县档案馆,55—1—58。
③ 《吴兴县白雀人民公社土壤鉴定报告》,1959年5月。湖州档案馆,W73—12—17。
④ 民国《乌青镇志》卷七,农桑。

地,白地才算是旱地。桑田培肥后才能成良地。许多村庄除了房子外,其空地基本上就是桑地。在双林镇,圩岸上只有"屋居、桑地"两种。① 一般圩岸或较宽阔的地方的桑地叫"大地",圩田中的桑地往往像是孤岛式的土丘或小田埂,两边都是水稻田,叫"埂地"。② 从桐乡县屠甸公社第1管理区第9生产队的几份桑园调查表来看,桑地的名称各异,诸如"屋基老地"、"屋后头地"、"屋基西面",等等,这些地在房前屋后,属村边桑地,最易于施肥。农民们认为长期的专业桑园"不大好,不寿长",要杂以烟叶和蚕豆才好。叫"大地"的桑地一般在宽阔之处,名称有"里坟头"、"西坟头"、"高墩老",等等,往往是些圩中高地,桑树的密度往往达到200多株/亩。③ 清代中后期,嘉湖一带蚕丝之利大兴,稻田甚至都辟为桑田,圩岸更被扩展。圩岸种桑种树,于水利也有益。一些地区没有圩岸,长期受水灾困扰,圩岸的培养要先种树。张舟山回忆离太湖很近的"直北诸圩",以前"皆有夹塘,今人皆怠惰废弛不修整,一遇旱潦,仓皇庨救,率皆不及,此大病也"。为了恢复圩岸,他认为要先在浅水或季节干田时种树木,以此培养土壤的紧实程度。在以前"夹塘之有根脚者(旧塘圩岸的残迹),于春间或水浅时,先令乡人放芦,傍种杨树。俟其长大繁茂,渐灌以土,年年帮补,久久筑实,不数年而成堤矣"。堤成以后,"视其圩岸之浅薄者,汇用之孤单者,两面增筑",并要不断地"渐帮渐阔,树以桑枝,其利亦薄"。④

---

① 民国《双林镇志补》艺文。
② 《补农书校释》,第59页。
③ 《桐乡县屠甸公社一管理区九生产队双桑林什地土壤普查表》,1959年3月11日制,桐乡县档案馆,87—1—135。
④ 民国《南浔志》卷四,河渠。

圩岸上撩浅堆叠的土叫堆叠土。明清以来的桑田扩展以"培基"为基础进行。所培之基有二种,一是房基,二是地基,地基就是桑基。"凿池之土,可以培基。基不必高,池必以深。"由此可见,撩浅土的来源往往就是附近池中之河泥。陈恒力和王达认为,从明代起,嘉湖一带开始培植桑基,到清末,桑基的扩展使地形发生了很大的变化。① 种上了桑树以后,加上农业耕作,水肥条件就会发生改变。在德清县三桥公社的一块桑地上,长期的湖桑培育与施肥传统形成了良好的互动,这块地有 15 年的壮桑,有 3—5 年的青年桑,也有 1—2 年的草桑,每年念春泥、施蚕沙,同时也有冬耕与浅削松土等动土措施。这种桑地有良好的桑树植被,桑树成林,形成了"拳多条密"的环境。② 这种地形成的遮阴环境对土壤熟化和有机质积累有利。在湖州菱湖星火生产队,1959 年当地有桑树桑龄达到百年,在一块共 550 株桑树的小块地上,有百年桑龄的达 10 株。老桑林的产量可能下降,但当地的人可以通过养拳的办法使之萌发新枝以维持产量。只有到老树的生产力确实大幅度下降时,才将老桑树挖掉,重栽新桑树。尽管如此,足见通过养拳的方法可以长期地维持老树产量,这种老树的树根粗,吸肥快。1959 年当地人通过嫁接更新枝条,老树更大地提高了产量。③ 这种老树的存在,可以使圩岸的堆叠土得到长期保护,不受雨水冲蚀之害。

嘉湖地区大体上以三种土为主:青紫泥、小粉土和黄斑土,这三

---

① 《补农书校释》,第 179 页。
② 《三桥人民公社龙山大队二小队九分地亩产桑叶一一二七一斤》,1958 年 10 月 22 日,湖州市档案馆,农业局档案,68—10—17。
③ 菱湖公社农业技术推广站:《老农邱阿龙老树更新经验——治好萎缩病,老树还童,出叶快,产量高》,见吴兴县农林局编:《吴兴县 1959 年蚕桑生产典型经验》,第三期,1960 年 2 月。湖州市档案馆,农林局档案,W73—12—7。

种土都会成为堆叠土的母质。中部和北部分布着青紫泥,青紫泥的母质与湖积物有关,长期处于淹水状态,发青。氧化性稍高一点的是小粉土,由河流冲积而生;中间水平的土壤是黄斑土。① 最好的桑地土壤是旱地青紫泥,蓄水能力强。在张履祥的老家——桐乡县炉头公社,农民称这种土壤为老虎土。"下雨天青紫土地里不能生产,做了也没用,天气一干都变成了大块,还是要重新捣碎。"② 张履祥认为桑田上的土壤耕作"非天色极晴不可"。种桑地土壤要求相对干燥,"桑性喜燥,易于茂旺"。不断地耜泥,桑园土的表层处于松软状态,有一个很干燥松软的耕作层。不耜泥则会使之陷入湿硬状态,"若不耜泥之地,经雨则土烂如腐,嫩根不行,老根必露,纵有肥壅,亦不全盛"。桑地的土壤耕作技术像稻田一样精细。"垦地(桑田)须在冬至之前,取其冬月严寒——风日晒燥。必照垦田(稻田)法,二三层起深。桑之细根,断亦无害,只要棱层空敞。""二、三层起深",意思就是在垦翻过的地上再补充垦翻1—2次,翻1次,耕作深度5—6寸,再加1—2次,耕深增加到1尺左右。一般要耕4次,另外还有倒地、锄地等动土。冬天耕地时要把草根翻到上面,将草冻死,春天倒地时再把草根翻到下面,这样便于杂草腐烂,成为土壤有机质。"寒则浪,热则藏"是一种很高的土壤培肥技术。由于圩岸常处于湿润状态,宽的桑地还要挖排水沟。在垦倒和其他耕作中,人们十分注意不将所起的土落入圩田或河流中。除了河泥之外,明清时期的农民会收集各种各样的垃圾土壅于桑地,每亩垃圾施用量达30—40担。他们也到外地去买农家厩肥施于桑地,叫做谢桑肥。明

---

① 嘉兴专区土壤普查土地规划工作委员会编:《土壤志》,1959年10月,第87页。
② 同上。

清时期桑地上的耕作与施肥已达到了很高的程度,这当然与嘉湖平原的蚕丝业在国际市场上的地位有关。丝织业大盛之时,圩岸种桑,甚至农田也种桑,并产生了像桑基鱼塘这种生态循环施肥法。明清时期是传统桑地土壤的肥力培育高峰期。由于丝织业的衰落,桑园土上的耕作强度才在抗日战争时期出现了衰退。①

小粉土由冲积或湖积母质组成,大多分布在水田四周或是圩头周围,并不像青紫泥堆叠土那样是理想的桑园土。一般高出田面1—4米,畜肥能力不强。在这种土壤上,幼年桑生长迅速,由于后期养分不继,一般长不高,且容易出现烂根、烂叶。桑梗田也有小粉土类型的,这种田孤立而突出地分布在水田中央,由挑土堆积而成。这种土实际上更适合于小麦、络麻、烟片、菊花等作物。黄斑土也是这样,生产性能也介于二者之间。这种地被当地人称为"百花之地",那种有少量桑并有许多作物间作于其间的旱地黄斑土被称为"花白桑地"。不种桑树的地可以一年二熟,冬季种植大小麦和蚕豆,夏季种植甘薯、络麻、黄豆、烟片。② 桐乡县屠甸公社太平管理区第18生产队的农民将青紫土的耕性定为"大泥",就是较为粘重、湿润之意,可以种桑,也可以种春花。在那些沙性的疏松土壤上,一般就只种春花作物。③ 4管理区第15生产队的旱地大部分是小粉土和夹沙土,适种春花作物。各种地块因其水位和土壤耕作的差异,春花作物的种植又有不同。在一块小粉土的地块上,农民认为此地水位高时"春花不发";另一块有"板结泥"耕性的小粉土的地块的特点是:"平

---

① 《补农书校释》,第42—59页。
② 嘉兴专区土壤普查土地规划工作委员会编:《土壤志》,第60、72页。
③ 屠甸公社太平管理区18生产队:《本社太平管理区关于水田、旱地土壤普查、调查总汇表》,1959年3月—1959年4月。桐乡县档案馆,87—1—136。

常年间,春花还好,宜种小麦、黄豆";一块"板结泥"的土壤因地下水位较低。"春花不好"、"宜种林木",应该"加土深耕"。① 4管理区第14生产队的地形高,一块地"不宜种蚕豆,宜种小麦",这是一块土壤肥力不高的红沙地,"常年精耕不够,春花不发。今后应加土肥,及有机质肥料,加强做好深耕工作,宜种小麦、黄豆";在一块积水的小粉土地上,技术人员建议整治水道,"开通地浜"、"深耕"。② 1950年代的土壤档案对土壤利用有较多的记载。这些经验不单是搞运动的结果,也是长期积累的技术体系。

五　小结

精耕细作和传统农业潜力的最大化挖掘发生在1950年代,农民对土壤进行了较大程度的改良,由于用地程度较强,土壤生态并不在最佳状态,水稻土发展最好的时期应该是在明清时期。1950年代以后,传统农业越来越少,1980年代还有人挖河泥,以后就没人挖河泥了,水旱轮作也在逐步消失,江南农民现在大多只种一季晚稻。随着农村工业化进程的加快,污水开始进入农田,有机、生态的江南风光几乎成为记忆了。现代的旅游者在乌镇和南浔看到的江南景色,不是传统江南的主色调,传统的主色调在农村,是圩田、秧苗、桑树、鱼塘和不断农忙的人群。中国的传统农业起源于北方,由于水环境的限制,华北的精耕细作潜力远远没有发挥。同样,由于没有水环境的限制,江南的精耕细作达到了一个更高的水平,客观上也有许多通过

---

① 屠甸公社四管理区15生产队:《水田、旱地(旱地)土壤普查表》,1959年3月—4月。桐乡县档案馆,87—1—136。
② 屠甸公社四管理区14生产队:《水田、旱地(旱地)土壤普查表》,1959年3月—4月。桐乡县档案馆,87—1—136。

提高土壤肥力引起产量增长的技术。1950年代各地仍存在大量"死"土,传统的潜力可能一直未达到高峰。水稻土的"死""活"变化很快,精耕细作程度下降,土壤很快就会变死。经典的江南是农民通过精耕细作创造的。在江南的农业传统中,也形成了一种对粗放经营习惯的排斥,因懒惰就会导致土壤变死,产量也会因之大幅度下降。嘉湖一带的农民几乎是中国最繁忙的农民,他们的精耕细作长期支持着中央政府的粮食供应,也支持了中国最发达的市镇经济,这一切都与这块土地上特殊的水稻土及其环境有关。

第七章 鱼米之乡的环境变迁

吴淞江流域最早形成了鱼米之乡的称号。由于早期的稻田物种非常丰富,外围的河道中有各样的鱼类。稻田中除了早晚稻以外,早期的稻田还有许多植物和小动物。越到后期,在轮作制和连作制的影响下,稻田生境中的杂草和其他物种也越来越少。在唐宋江南地区的河道里,有着丰富的水生植物和鱼类。江南地区出现了非常有名的水稻品种与特色鱼类,这就是红莲稻和松江鲈鱼。红莲稻是一种特别有名的水稻,松江鲈鱼则是吴淞江与吴江地区的形象符号。这是中国最具有鱼米之乡特色的典型地区,千年以来,物种与水环境存在着相对的平衡与变化,影响稻田与河道环境的有水利、农业集约化程度、渔业、乡村畜牧业等多种因素。鱼类与河道治理有关,水稻品种与农业的集约化程度有关。在集体化时代,连作使稻田养鱼大量减少,圩岸植被也大大减少,田中植物只有水稻与小麦。由于大力积肥与挖河肥,鱼类种群也发生变化,由于提倡养猪积肥,河道也种植一些外来植物,稻田环境又为之一变,这都属于稻田湿地的生境变化。由于内容太多,本章主要对历史时期稻田生境的几个细节做一定的研究。

第一节　松江鲈鱼及其水文环境史研究

松江鲈鱼又称四鳃鲈,学名 Trachidermus fasciatus Heckel。尽管只是一种小型鲈鱼,却在上个世纪与黄河鲤、松花江鳜及兴凯湖白鱼并称中国四大名鱼。2010 年,几乎绝种二十年的松江鲈鱼在复旦大学生物科学家的努力下终于重回松江县水域。此种鲈鱼的绝种年代是 1980 年左右,原因是当时江南河网与水环境封闭化。"随着造闸建坝的增多,松江鲈鱼的洄游路线被破坏,加上严重的水源污染,松江鲈在二十多年前绝迹上海。"为了寻求松江鲈鱼,科研人员遍及东西沿海地区寻找此鱼,"最终找到几十尾野生松江鲈鱼",经过努力,可以批量生产。[①] 松江鲈鱼对水环境有着较强的敏感性。为了更好地理解这种松江鲈鱼的文化与生态,有必要对松江鲈鱼的历史及其生存的水环境作进一步的研究。目前需要辨析的第一问题是,这种鲈鱼与古代江南文化中讴歌的那种松江鲈鱼是不是一回事,江南水环境在历史时期发生了很大的变化,越是名贵的鱼种,对水环境的变化越敏感。为了更好地理解松江鲈鱼,有必要对历史上大量的关于松江鲈鱼的资料作一番整理,对松江鲈鱼的历史描述进行辨析,以此分析江南水环境对物种的作用。

一　3—9 世纪:丰水环境

现代松江鲈鱼是溯河性洄游鱼类,平时栖息于近海,至秋冬性腺

[①] 孙国根:《三代复旦人接力,松江鲈绝迹廿年重返松江》,《复旦》第 842 期,2010 年 1 月 14 日。

接近成熟,成群溯河作产卵洄游,形成较大的鱼汛。洄游的河道是黄浦江——三泖一带。此种鲈鱼处于河道底部食物链的顶端,以小鱼虾为食。民国时期的研究者已经发现松江鲈鱼属于海产、咸淡水鱼类。五六月时,幼鱼溯河至崇明岛吴淞附近及松江的河川中,生殖时至江河下游或河口。日人田中茂穗认为松江鲈鱼在河口产卵,洄游时上溯河川一段距离。① 明代以前,太湖出水的主干道是吴淞江,松江鲈鱼也主要在吴淞江活动。后期黄浦江泄水快,吴淞江感潮强,出水慢,松江鲈鱼洄游难度高,而早期吴淞江的水环境要更利于此种鱼的洄游。唐代以前,由于没有大规模的农业开发,太湖东部丰水环境,松江鲈鱼洄游与肥育的水流条件和营养条件都很好。关于美味松江鲈鱼的最早发生于晋代,其记载如下。

> 翰谓同郡顾荣曰:"天下纷纷,祸难未已。夫有四海之名者,求退良难。吾本山林间人,无望于时。子善以明防前,以智虑后。"荣执其手,怆然曰:"吾亦与子采南山蕨,饮三江水耳。"翰因见秋风起,乃思吴中菰菜、莼羹、鲈鱼脍,曰:"人生贵得适志,何能羁宦数千里以要名爵乎!"遂命驾而归。②

张翰是吴郡人,他的家乡在吴淞江的上游一带。鲈鱼最多的地方就是在吴淞江与太湖相接之处,这时的松江鲈鱼上溯吴淞江时几乎畅通无阻。相对分割的水域出现了不同的鲈鱼种类,太湖有三鳃鲈,大部分是普通的二鳃鲈鱼,四鳃鱼独产于吴淞江。"鲈鱼,生松江,尤宜脍。洁白松软,又不腥,在诸鱼之上。江与太湖相接,湖中亦

---

① 邵炳绪:《松江鲈的生态初步观察》,《复旦大学(自然科学版)》1959年9月,第2期,第213—218页。
② 《晋书》卷九十二,文苑,张翰,中华书局标点本,1974年,第2384页。

有鲈。俗传江鱼四鳃,湖鱼止三鳃,味辄不及。秋初鱼出,吴中好事者竞买之,或有游松江就脍之者。"正是这种相对独立的水环境促成了不同鲈鱼的生态型。乐史考证过吴淞江与松江鲈鱼的关系。"梁开平三年,两浙奏析吴县,于松江置吴江。本名松江,又名松陵,又名笠泽,其江出太湖二源,一江东五十里入小湖,一江东二百六十里入大海,至秋月多生鲈鱼,张翰思鲈鲙之所也"。① 早期的吴淞江宽大,多汇多曲,鲈鱼的近海洄游非常方便。到唐代,吴淞江地区的圩浦圩田系统逐步形成,许多浅滩之地变成圩田,人口增多,文化发达,大量的文人集中于此,许多文人开始在诗歌中大量地提到松江鲈鱼。杜牧有诗言:"彩服鲜华觐渚宫,车马衣服不尚鲜华。鲈鱼新熟别江东,刘郎浦夜侵船月,宋玉亭前弄袖风。"②鲈鱼新熟是在秋季,大量鲈鱼出现在水道中,初秋季节在这时已为鲈鱼活动的物候标志。北方诗人高适将鲈鱼看作吴越之地的地区标志。"传有东南别,题诗报客居。江山知不厌,州县复何如。莫恨吴歈曲,当看《越绝书》。今朝欲乘兴,随尔食鲈鱼。"③李贺诗中描述的松江鲈鱼非常之多:

  江中绿雾起凉波,天上迭巘红嵯峨。水风浦云生老竹,渚暝蒲帆犹一幅。鲈鱼千头酒百斛,酒中倒卧南山绿。吴歈越吟未终曲,江上团团帖寒玉。④

以吴淞江为中心,松江鲈鱼有两个产鱼中心,一是昆山,二是吴

---

① (宋)乐史撰、王文楚等点校:《太平寰宇记》卷九十一,江南东道三。中华书局,2007年,第1822、1828—1829页。
② 杜牧撰、(清)冯集梧注:《樊川诗集注》诗集卷三,送刘秀才归江陵,清嘉庆德裕堂刻本。
③ (唐)高适《高常侍集》卷六,送崔功曹赴越,四部丛刊景明活字本。
④ (唐)李贺撰、(清)丘象随解:《昌谷集句解》卷二,江南弄,清初丘象随西轩刻本。

江。在昆山,"平原之谷水,昆山鲈鱼莼菜,海错陆产,彼何人而不知"。① 这里,鲈鱼的洄游路线比吴江一带近,从海迴游的鲈鱼上溯冈身河道后,先在一片低地丰水环境中形成一个产地。《吴郡志》对鲈鱼洄游进行过考证,"《金谷园记》谓:鲈鱼常以仲秋从海入江。菰叶,南越人以箭笋和为羹,甚珍。鱼白如玉,菜黄如金,隋人已呼为金羹玉脍。大业中,吴郡尝献鲈脍、丝脍"。② 冈身区河道较浅,水流缓慢,潮水力量较强。当时吴淞江非常宽泛,许多地方没有筑堤,江身就是一片宽泛的水域。元代任仁发的《水利集》中记载一些人对古代吴淞江的议论,"古者,吴松江狭处尚二里余"。③ 从昆山低地到三江口一段在古代还没有束堤,水流漫,这样一种浅水地带有丰富的饵料,非常利于鲈鱼的繁殖与长大。又有发达的塘浦系统通到各个圩田区,外可通海,没有很大的阻拦,故可顺利地洄游。许浑有诗言三江口一带的水环境与鲈鱼:"水晚云秋山不穷,自疑身在画屏中。孤舟移棹三江月,高阁卷廉千树风。窗下覆棋残局在,橘边沽酒半坛空。早炊香稻待鲈鲙,南浦未明寻钓翁。"④三江口一带水面宽泛,水面大的地方难有钓鱼的立足之地,在像"南浦"这样的塘浦圩田区河道钓鲈鱼比较合适,因鲈鱼可以轻易地从吴淞江进入两边宽大的塘浦之中。

其塘浦,阔者三十余丈,狭者二十余丈。深之者二三丈,浅者不下一丈。且苏州除太湖之外,江之南北,别无水源。而古人

---

① (唐)顾况:《华阳集》卷下,华亭县令延陵包公壁记,清文渊阁四库全书本。
② 范成大撰、陆振岳点校:《吴郡志》卷二十九,土物,第435页。
③ (元)任仁发:《水利集》卷二。
④ (唐)许浑撰、(清)许培荣笺注:《丁卯集笺注》卷六七言律,夜归驿楼,清乾隆二十一年许锺德等刻本。

使塘浦深阔若此者,盖欲取土以为堤岸,高厚足以御其湍浡之流。故塘浦因而阔深,水亦因之而流耳。①

宽大的塘浦在六朝与唐代的大部分时期内只是浅水沼泽的一部分。有一部分田野仍处于低洼湿地状态,没有被开发成圩田,低洼之水有大量的水生植物和小鱼小虾,这些都是丰富的饵料,孕育出吴淞江丰富的鱼类资源。白居易言:"震泽平芜岸,松江落叶波。在官常梦想,为客始经过。水面排罾网,船头簇绮罗。朝盘鲙红鲤,夜烛舞青娥。雁断知风急,潮平见月多。繁丝与促管,不解和渔歌。"②他讲的区域在吴江一带,水面宽阔,河道与沼泽环境大面积地存在,还是交通要道,不单是鲈鱼生产中心,还是消费中心。在黄浦江形成之前,这个中心一直是松江鲈鱼最重要的生产中心。陆龟蒙在吴淞江口一带以耕钓为乐,那里有各种配鲈鱼的菜肴。"笠泽卧孤云,桐江钓明月。盈筐盛芡荙,满釜煮鲈鳜。"又有:"采江之鱼兮,朝船有鲈;采江之疏兮,暮筐有蒲。"③当时他所钓上的鲈鱼为半尺。

> 记室千年翰墨孤,唯君才学似应徐。五丁驱得神功尽,二酉搜来秘检松。炀帝帆樯留泽国,淮王笺奏入班书。清词醉草无因见,但钓寒江半尺鲈。④

这里他提到了半尺长的松江鲈鱼,明显与20世纪的松江鲈鱼不

---

① 范成大撰、陆振岳点校:《吴郡志》卷十九,水利上,第269—270页。
② 白居易著、朱金城笺注:《白居易集校》卷二十四,《松江亭携乐观渔宴宿》,上海古籍出版社,1988年,第1681页。
③ 陆龟蒙撰,王立群、宋景昌点校:《甫里先生文集》卷一,《奉酬袭美先辈吴中苦雨一百韵》;卷之八,《润州送人往长洲》;卷之十七,《紫溪翁歌》。河南大学出版社,1996年,第109页。
④ 陆龟蒙撰,王立群、宋景昌点校:《甫里先生文集》卷之八,《寄淮南郑窦书记》,第98页。

同。《中国农业百科全书·水产》这样记载当代的松江鲈鱼："松江鲈为降海产卵小型鱼类。每年4—6月幼鱼从海溯河进入淡水生长肥育,栖息于清澈流水的底层。日间潜伏,夜晚活动。体长在40毫米以下的幼鱼,多以枝角类为主要食饵,40—70毫米者主食虾类,成鱼捕食虾和小鱼。"又讲:"刚孵出的仔鱼全长5.3—6.3毫米,常静卧于水底,偶作垂直运动。仔鱼出膜后卵黄囊约需14天吸收完毕,幼鱼在成长发育过程中洄游至淡水肥育。从4月旬开始向近岸移动,5月中旬出现高峰,6月以后逐渐减少,溯河进入淡水。6个月的幼鱼长至20—30毫米,到9个月可长至50—85毫米,12个月可达120—150毫米。"①20世纪的松江鲈鱼最长为15厘米,陆龟蒙轻易钓到半尺长的松江鲈鱼,这个尺寸几乎是现代松江鲈鱼中最大的尺寸。他还讲到一尺长的松江鲈鱼,《食鱼》一诗中有:

> 江南春旱鱼无泽,岁晏未曾腥鼎鬲。今朝有客卖鲈鲂,手提见我长于尺。呼儿舂取红莲米,轻重相当加十倍。且作吴羹助早飡,饱卧晴檐曝寒背。横戈负羽正纷纷,只用骁雄不用文。争如晓夕讴吟樣,好伴沧洲白鸟群。②

这种半尺到一尺的鲈鱼才是真正的闻名于历史时期的文化名鱼,是唐宋文人一直讴歌的对象。有些文献描述的松江所产的鲈鱼达到二、三尺,那是另外一种鲈鱼。当时的水流平缓,可以让一尺长的松江鲈鱼正常洄游,不像后期的黄浦江急流那样,大型鲈鱼难以洄游。吴淞江外口与冈身外围有良好的产卵环境,松江鲈鱼的减少正

---

① 畲逢俊主编:《中国农业百科全书·水产业卷》,农业出版社,1994年,第488—489页。
② 陆龟蒙撰,王立群、宋景昌点校:《甫里先生文集》卷之十七,《食鱼》,第254页。

与这种丰水环境和产卵环境的改变有关。这种降海洄游型鱼类,产卵场在潮间带,产卵期为二月中旬至三月中旬。一般雄鱼先达产卵场,钻入牡蛎壳堆成的洞穴中,等待雌鱼前来产卵。繁殖后雌鱼离去,至近岸索饵,雄鱼护卵,需要在洞穴中逗留一段时间再到近岸索饵。① 鲈鱼短距离洄游即可进入昆山一带。当时的气温和海平面都较高,鲈鱼可以更好地凭借海潮之力洄游。丰水环境与丰富的饵料,完全可以养活这么大的食小鱼、小虾类的松江鲈鱼。吴淞江江口有一个非常开阔的水域与各河相通,松江鲈鱼可以因此进入太湖东部的许多地区。每到秋天鲈鱼肥时,陆龟蒙便乘一小舟,从吴淞江口五泻向南,一直达到杭嘉湖地区,一路上都可以钓到鲈鱼。皮日休这样描述陆的行踪:

> 江南秋风时,鲈肥而难钓,菰脆而易挽,不过乘短舸(《方言》曰:舡短而深者谓之舺,音步),载一甀酒,加以隐具,由五泻泾入震泽,穿松陵抵杭越耳。②

配菜的菰菜是一种什么样的菜,长期以来一直有争论。从如下这些诗句中,可以判断是茭白。唐宋人一般是这种认识,范成大在著《吴郡志》时肯定了这种观点。"菰叶羹,晋张翰所思者。按:菰即茭也。菰首,吴谓之茭白,甘美可羹,而叶殊不可啜,疑'叶'衍或误。今人作鲈羹乃茈以纯,尤有风味。"③除了钓具以外,捕鱼的工具还有网,在吴淞江一带,主要的渔具是簖。"簖以竹扎成,模贯江中,以阻

---

① 邵炳绪等:《松江鲈鱼繁殖习性的调查研究》,《水产学报》1980年3月,第4卷,第1期,第81—86页。
② 陆龟蒙撰,王立群、宋景昌点校:《甫里先生文集》卷之二十,皮日休:《五贶诗序》,第293页。
③ 范成大撰、陆振岳点校:《吴郡志》卷二十九,土物,第438页。

挡鱼蟹去路,在簖底设置篮篓,以便鱼蟹在前进受阻时窜入,捕取之。"①鲈鱼是洄游性鱼类,这种工具应当十分有效。陆龟蒙曾为簖作过一首诗,簖之名原先就叫作"沪",吴淞江下游河段以前就叫作沪渎,吴淞江的命名从一开始就与鲈鱼有关系。②

二 两宋时期的鲈乡与诗

从宋代到明中叶时期,吴淞江仍是太湖的出水通道。水环境略有变化,淀山湖水域在元代的扩展,使吴淞江不断淤塞,河塘变窄,由于人们在中游地区和上游地区不断地筑堤束水,吴淞江河道本身的丰水环境不像以前那么丰富。在这种环境下,尽管松江鲈鱼的产量可能受到了影响,由于两宋时期的人口增长,松江四鳃鲈鱼成为有名之物,文献记载更多。吴则礼讲到一般松江鲈鱼是一尺长。"淮山清夜,镜面平铺,纤月挂端,是生还同。倚西风十二栏,休论往事,投老相逢真梦寐,两鬓疎疎,好在松江一尺鲈。"③两宋时期出现了大、小松江鲈鱼的分化。《(嘉定)赤城志》中记载了两种松江鲈。"鲈:肉脆者曰脆鲈,味极珍;又有江鲈差小。"嘉定有许多鲈鱼,"秋风海上来,霜清鲈正肥,行寻越溪畔,息此尘外机"。④ 在这种情况下,人们开始将四鳃鲈鱼与其他鲈鱼分开。"味极珍"的才是真正的松江鲈鱼,而那种差小的江鲈,并不美味,但在形状上,应该与美味的松江鲈鱼只是大小的差别。常州地区也出现了类似的记载。南宋末年

---

① 畲逢俊主编:《中国农业百科全书·水产业卷》,农业出版社,1994年,第489页。
② 陆龟蒙撰,王立群、宋景昌点校:《甫里先生文集》卷之五,《沪——吴人今谓之簖》,第56页。
③ (宋)吴则礼:《北湖集》北湖集卷四,前调,贻亢之,涵芬楼秘籍本。
④ (宋)陈耆卿:《(嘉定)赤城志》卷二十二,山水门四;卷三十六,风土门一,清文渊阁四库全书本。

《重修毗陵志》也记载了这两种鱼品种的差异。"鲈,鳞细肉脆而味珍出江中,其小者生于陂泽。隋炀帝所谓金齑玉鲙,东南之佳味,盖毡之似橙缕也。"①这时期有杨迁秀的诗,他在形态上有更好的描述,称松江鲈鱼为"玉尺银梭"。玉尺的意义说明松江鲈鱼在一尺左右。

> 玉尺银梭。鲈出鲈乡芦叶前,垂虹亭上不论钱,买来一一如何短,铸出一一直是圆。白质黑章三四点,细鳞巨口一双鲜。秋风想见真风味,只是春风已迥然。②

当然,有些较大的鲈鱼也称松江鲈鱼,只不过已不是那种珍味松江鲈鱼了。《太平广记》中有这样的记载:"吴郡献松江鲈鱼干鲙六瓶,瓶容一斗,作鲙法一同鲩鱼。然作鲈鱼鲙,须八、九月霜下之时,收鲈鱼三尺以下者,作干鲙。浸渍讫,布裹沥水,令尽散置盘内,取香柔花叶相间细切和鲙,拨令调匀。霜后鲈鱼肉白如雪不腥,所谓金齑玉鲙,东南之佳味也。"③普通的鲈鱼可以达到二、三尺,可以用之作鲙,由于普通鲈鱼在精加工的基础上也具备一定的美味,后人将一般的鲈鱼与那种一尺左右珍味四鳃鲈相混。宋代以前,与松江珍味鲈鱼相配高贵之菜是茭白,当时茭白尚未大量推广,平常人只用莼菜作鱼。"莼生水中,叶似凫葵,春夏细长、肥滑,三月至八月为丝莼,九月至十一月为猪莼,又曰龟莼,又有石莼丝。繁者,本草诸菜之中莼为第一,四月莼生茎而未叶,名雉莼。第一肥美,叶舒长名丝尊。"④

---

① (宋)史能之:《(咸淳)重修毗陵志》卷十三,风土,鳞介之属,明初刻本。
② (宋)谢维新:《事类备要》别集卷,八十七水族门,清文渊阁四库全书本。
③ (宋)李昉:《太平广记》卷二百三十四,食,民国景明嘉靖谈恺刻本。
④ (宋)陈景沂:《全芳备祖》后集,卷二十七,蔬部,莼菜,明毛氏汲古阁钞本。

另一处记载有:"江南人谓之莼菜,或谓之水葵,诸陂泽水中皆有。郑小同亦云:'江南名之莼菜,生陂泽水中',但今莼小于荇。陆玑所说莼则大于荇,今莼菜自三月至八月茎细如钗,股黄赤色,短长随水深浅,名为丝莼。九月、十月渐麤硬,十一月萌在泥中。麤短名瑰莼,味苦体涩,取以为羹。"①这种莼菜属睡莲科,古籍中又称茆,是一种相对珍贵的水生植物,对水环境的清洁度十分敏感,古代水清,太湖东西水域中有自然的分布。古人用之作鱼之配菜也是自然而然的事。莼菜要长时间的煮炖,才能产生美味的效果。有诗曰:"为爱秋风吹弊庐,忽然诗思满江湖。橙香梦泽团脐蟹,莼老吴江巨口鲈。"②

大运河是南北往来的文人集中地。多少文人在吴淞江口享受正宗松江鲈鱼的美味,并对鲈鱼进行讴歌。范仲淹有:"江上往来人,但爱鲈鱼美。君看一叶舟,出没风波里。"③梅尧臣《送裴如晦宰吴江》一诗也言及吴淞江上游一带的鲈鱼之盛:"吴江田有粳,粳香春作雪。吴江下有鲈,鲈肥脍堪切。炊粳调橙齑,饱食不为饕。"苏轼和范成大等也有咏鲈之诗,其他人的鲈鱼诗句就更多了。陈尧佐有名诗留世:"平波渺渺烟苍苍,菰蒲才熟杨柳黄。扁舟系岸不忍去,秋风斜日鲈鱼乡。"④南宋时期,屯田郎中在这里作亭,命名为鲈乡亭:"中郎台榭据江乡,雅称诗翁赋卒章。莼菜鲈鱼好时节,秋风斜日旧烟光。一杯有味功名小,万事无心岁月长。安得便抛尘网去,钓舟闲倚画栏傍。"⑤人们称吴淞江口地区的居住区为鲈乡。胡仲弓的

---

① (宋)罗愿:《尔雅翼》卷五,清文渊阁四库全书本。
② (宋)苏洞:《泠然斋诗集》卷八七言,次韵九兄秋吟五首,绝句,清文渊阁四库全书本。
③ 范仲淹:《范文正公文集》卷二,江上渔者,四部丛刊景明本。
④ 范成大撰、陆振岳点校:《吴郡志》卷十八,川;四十九,杂咏。第257—258、654页。
⑤ (宋)郑虎臣:《吴都文粹》卷四,鲈乡亭;卷十,吴江。清文渊阁四库全书本。

《寄鲈乡主人》一诗言道:"天北天南独雁飞,别君动是来年期。尺书久欠鲈乡便,寸步难邀马足驰。"①当然,也有的人称整个吴淞江地区为鲈乡,叶茵称吴淞江为"莼鲈里社":"占得中吴第一清,莼鲈里社可鸥盟。"②吴淞江口的七十二连桥在北宋时期已经建立,西有太湖风景,东有吴淞江宽广的水域,此地成为著名的旅游区。松江鲈鱼成为这一风景区内的宠儿,文人乘舟经过运河,在此地逗留,吟诗作赋。有《鲈鱼赋》讴歌松江鲈鱼,其中有:

> 吴江拍天,浩浩无垠,中有嘉鱼,绝类超伦。匪鳣匪鲔,波行鳞鳞,白质黑章,巨口细鳞,馨尾玉洁,腹腴冰纹。松江既秋,笠泽尚春,弄菰根于水渚,吹苇絮于江滨,避曲钩之新月,惊沈网之行云。白鸟熟睨以延颈,渔篓临羡而逡巡,退结网于江皋,进鸣榔于水津,看玉尺之横罟,引银梭而出纶。③

这里提到的巨口细鳞就是松江鲈鱼的基本特点。"玉尺之横罟",无疑指鲈鱼的尺寸。由于丰水的环境,吴淞江口盛产美味的松江鲈鱼。杨万里言:"鲈出鲈乡芦叶前,垂虹亭上不论钱。买来玉尺如何短,铸出银梭直是圆。白质黑章三四点,细鳞巨口一双鲜。秋风想见真风味,只是春风已迥然(鲈鱼以七八寸为佳)。"④以七、八寸为佳的鲈鱼,正是美味松江鲈鱼的标准尺寸。其他尺寸的鲈鱼,特别是小型鲈鱼,口味相对较差。与美味松江鲈鱼配菜的茭白生产在两宋时期也出现一定的增长,当时人们开始利用葑田种植茭白。

---

① 陈起:《江湖后集》卷十二,胡仲弓:《寄鲈乡主人》,清文渊阁四库全书本。
② 陈起:《江湖小集》卷四十二,叶茵:《顺适堂吟稿》松江,清文渊阁四库全书。
③ (宋)吕浦:《竹溪稿》卷上,鲈鱼赋,民国续金华丛书本。
④ 杨万里:《诚斋集》卷二十九,松江鲈鱼,四部丛刊景宋写本。

《荆楚岁时记》:"九月九日事中,称菰菜、地菌之流,作羹甚美。鲈鱼作脍白如玉,一时之珍。张季鹰在洛,忽思吴中鲈鱼菰菜,请假而反,斯之谓也。"此明亦用菰菜茭鲈羹,今说者或云翰(张翰)所思是莼菜,恐不然尔。《说文》曰:"菰,蒋也,"蒋即谓此菌,然非《诗》所谓蒋菲者。陈藏器乃云:"菰,蒋上如菌,蒋是菰根,岁久浮水上者。"今菰首亦佳蔬,可食。①

茭白上的菌,是茭白黑粉菌,是一种寄生地茭白植株内的真菌,属黑粉菌科。由于寄生的黑粉菌菌丝体产生一种植物生长激素IAA,刺激寄主幼茎过度生长而使之膨大,原有的茭白在这种生长发育过程中完成了驯化和新品种的形成。正是蒋田上的黑粉菌创造了茭白形成的条件。唐宋以前,茭白的驯化尚未完成,上贡的茭白很少。《吴郡图经续记》记载隋代吴郡上贡二百斤:"又献菰菜裹二百斤,其菜生于菰蒋根下,形如细菌,色黄,赤如金,梗叶鲜嫩,和鱼肉甚美。七、八月生,薄盐裹之入献"。② 晋时张翰所思菰菜,也是这种茭白。叶静渊先生认为中国茭白的驯化过程在晋代以前产生。③ 在普通洼地大规模地栽培很晚才进行。以后正宗的松江鲈鱼很少,茭白生产倒是进入到大田生产了。宋代蒋田大量推广时,茭白才有一定的增长。双味都稀,才形成绝配。《太平御览》中有:"吴中以鲈鱼作鲈菰菜为羹。鱼白如玉,菜黄若金。称为金羹玉鲈。"④许多人歌颂配菜,袁说友有:"青丝簇钉莼羹味,白雪堆盘缕鲙鲈。我向松江

---

① (宋)罗愿:《尔雅翼》卷六,第63—64页。
② 朱长文撰、金菊林校点:《吴郡图经续记》卷下,第81页。
③ 叶静渊:《我国水生蔬菜栽培史略》,《古今农业》1992年第1期,第13—21页。
④ (宋)李昉:《太平御览》卷八百六十二饮食部,脍,四部丛刊三编景宋本。

鲜美,菜肠今更食新菰。"①松江鲈鱼还常与青橘相配,"破除暮色惟荒菊,荐送秋华有嫩蔬。料得故园分社酒,小苞青橘四腮鲈"。② 鲈脍制作有时也用美味松江鲈。叶茵的《鲈脍》一诗有:"四腮传雅咏,巨口窃嘉名。误上迁翁钓,因陪楚客觥。甘腴殊机肉,鲜脆厌侯鲭。银鲫将同调,丝莼久共盟。只缘乡味重,自觉宦情轻。"③

在南宋时期,大量文人经吴江运河到杭州履职,逗留时的赋诗各有特色。心情得意的官员夸松江鲈之美味,落魄的官员则寄归隐之情于松江鲈鱼。借张翰思鲈的典故,文人兴起大量的归隐诗歌,丰富了宋代文学。欧阳澈的《醉中食鲙歌》首段有:"君不见,秋风未发鲈正肥,张翰思归心欲飞。又不见,田文有客歌弹铗,为叹无鱼声激烈。水晶细鲙落金盘,须信江南味中绝。山谷曾名醒酒水,一筯未尝延俗客。助盘橙橘荐甘酸,入口琼瑶碎牙郏。扶起嵇康颓玉山,涤破乐天醉吟魄。"末段有:"平生逸气射牛斗,功名未必常蹉跎。醉来击剑歌白雪。闲愁万斛俱消磨,俗态翻云仍覆雨,世情炙手复张罗。丈夫富贵当自致,耻傍权门效女萝。雄图自许羞俯仰,请看毫端食鲙歌。"④松江鲈鱼是公家待客的用品,受款待的官僚文人一般随即留下咏鲈作品。"公家旧物是莼鲈,好个归休便入吴。唯有五湖供放旷,也无三径可荒芜。酒樽倾倒随风月,诗句流传入画图。烟水悠悠来不尽,高名千古与之俱。"⑤一些诗是应景之作,张镃曾《吴江鲊户献鲈》一诗中言:"旧过吴淞屡买鱼,未曾专咏四腮鲈。鳞铺雪片银光细,腹

---

① (宋)袁说友《东塘集》卷六,泊吴江食莼鲈菰菜二首,清文渊阁四库全书本。
② 陈思:《两宋名贤小集》卷二百七十九,《端平诗隽》:浣纱秋日五首,清文渊阁四库全书本。
③ 陈起:《江湖小集》卷三十八,叶茵顺适堂吟稿,鲈脍。
④ 陈思:《两宋名贤小集》卷一百二十九,《飘然集》,《醉中食鲙歌》。
⑤ (宋)许景衡:《横塘集》卷五,清文渊阁四库全书本。

点星文墨晕黰。西塞鳜肥空入画,汉江鳊美阻供厨。季鹰莫道休官去,只解思渠绝世无。"①有人送鲈鱼,他才作诗,以前吃过许多自买的鲈鱼,却没有生出诗情。倒是有女性诗人之情怀更深一些,苏州女子沈清友曾做了一首描绘垂虹桥畔渔者的诗:"晚天移棹泊垂虹,闲倚篷窗问钓翁。为底鲈鱼低价卖,年来朝市怕秋风。"②

除了吴淞江,其他地区在宋代基本上没有这种美味的松江鲈鱼。湖州有类似的记载,配菜有所不同,所配的是紫色莼菜。"江外饶佳郡,吴兴天下稀;莼羹紫丝滑,鲈脍雪花肥。"③这是不是那种巨口细鳞的松江鲈鱼,不得而知。陆游的家乡在浙江,也常讴歌松江鲈鱼。"车荡比邻例馈鱼,流涎对此四腮鲈。北窗雨过凉如水,消得先生一醉无。"④四鳃鲈为外地人所送。总之,只有吴淞江才有美味松江鲈鱼。"细捣枨齑买鲙鱼,西风吹上四腮鲈;雪松酥腻千丝缕,除却松江到处无。"⑤又有:"鲈,松江鱼之美者也。语曰:'四腮鲈出得松江天下无'"。⑥ 许多人文人都认为松江鲈鱼只产于吴淞江。辛弃疾言:

> 莫避春阴上马迟,春来未有不阴时。人情展转闲中看,客路崎岖倦后知。梅似雪,柳如丝,试听别语慰相思。短蓬吹饭鲈鱼熟,除却松江枉费诗。⑦

---

① (宋)张镃:《南湖集》卷六,吴江鲊户献鲈,清文渊阁四库全书本。
② (宋)陈世崇:《随隐漫录》卷之五,明稗海本。
③ 陈思:《两宋名贤小集》卷四十四,独乐园稿,送章伯镇知湖州。
④ 陆游著、钱仲联校注:《剑南诗稿》卷二十五,秋日郊居,上海古籍出版社,2005年,第1782页。
⑤ 范成大著、富寿荪标校:《范石湖集》卷二十七,四时田园杂兴六十首,秋日田园杂兴十二绝,上海古籍出版社,2006年,第375页。
⑥ (宋)陆佃:《增修埤雅广要》卷十一品物门,鳞族类,鲈,明万历三十八年孙弘范刻本。
⑦ (宋)辛弃疾:《稼轩长短句》卷九,送欧阳国瑞入吴中,元大德三年刊本。

北宋时期，吴淞江口一带的鲈鱼有多种，最好的四鳃鲈在吴江长桥南部。"松江鲈鱼，长桥南所出者四腮。天生脍材也，味美肉紧，切至终日，色不变。桥北近昆山大江入海所出者，三腮，味带咸，肉稍慢回，不及松江所出。"①随着吴淞江在南宋时期淤塞程度的加强，鲈鱼洄游受阻，13世纪吴淞江口一带的美味鲈已经比较稀少了。方岳言："风借吴松十幅蒲，春愁渺渺际烟芜。傍船时有能言鸭，举网今无巨口鲈。"另一首诗表明他长久没有吃到松江鲈鱼："频年岁入少生计，何日诏下蠲田租。甑尘但忧脱粟饭，瓯滑未议羹莼鲈。"②郭祥正有："何必腰黄金，自享千载贵。鲈鱼秋正熟，云泉味尤美。"③秋天收获的鲈鱼要用黄金购买，正是稀少之故。与此相反，小鲈鱼却增多，小鲈鱼口味之差使人对松江鲈鱼产生了怀疑。复式之有："夜听枫桥钟，晓汲松江水。客行信忽忽，少住亦可喜。且食鳜鱼肥，莫问鲈鱼美。"④短期停留不能问鲈鱼之美，因一时之间难以捕到正宗松江鲈鱼，吃到的鲈鱼口味又不行，只好不加细究。

三 13—18世纪：松江鲈鱼的消失

元代吴淞江严重淤塞，江流变窄而分散，影响了松江鲈鱼的借潮洄游。任仁发甚至还在吴淞江上置闸，许多人认为吴淞江自古不置闸。议者提问："吴淞江自古无闸，今置之，非常也。"以前的吴淞江江面非常之宽，江面变窄才可以置闸，这更进一步影响了鲈鱼的洄

---

① （宋）孔平仲：《谈苑》卷一，民国景明宝颜堂秘籍本。
② （宋）方岳：《秋崖集》卷十一，过吴江；卷十五，次韵徐宰雪句。清文渊阁四库全书本。
③ （宋）郭祥正：《青山集》卷二，歌行，姑苏行送胡唐臣入幕。清文渊阁四库全书本。
④ 陈思：《两宋名贤小集》卷二百七十三，石屏续集。

游。以当时水流形势而论,"新泾、上海、刘家港等处水深数丈,今所开之河止一丈五尺,若不置闸以限潮沙,则浑潮卷沙而来,清水自归深源而去,新开江道水性来顺兼以河浅约住沙泥,不数月间必复淤塞"。① 各处的海塘也修建甚多,松江鲈鱼的其他入海通道也被堵塞。由于太湖出水仍靠吴淞江,此鱼仍可通过海潮进入吴淞江主干道。

  吴松江水是莼羹,汝独南归不忆兄。问讯泥尘骑马出,曾如箫鼓擢船行。潮通海浦鲈先到,雨湿书芸蠹未生。好葺鸭栏当宅后,吾来同汝醉春城。②

由于水环境的变迁,松江鲈鱼的文献明显减少。人们对松江鲈鱼也极为保护,视其为珍物。成廷珪言:

  松江之鲈长似人,网罟未敢伤其鳞。今年八月欲上市,谢侯先得江之津。筠篮息脚走相送,侑以菊露之清醇。鲁阴先生不得吃,隔屋大叫呼西邻。庖丁迎笑老饕喜,汲井洗出色胜银。筛香捣辣给妇,去头截尾娱众宾。③

捕鱼者连松江鲈鱼的鳞都不敢伤,足可见此鱼的娇贵珍稀。尽管仍有许多人歌咏松江鲈鱼,但更多的是文化的传承,且只是停留在前代鲈鱼典故或经典诗句的模仿的水平上,已脱离真实的生活。有一些诗歌较能反映现实,王恽言:

  鲈鱼昔人贵,我行次吴江。秋风时已过,满意莼鲈香。初非

---

① (元)任仁发:《水利集》卷二。
② (元)马祖常:《石田文集》卷三,送四弟元学南归。至元五年扬州路儒学刻本。
③ (元)成廷珪:《居竹轩诗集》卷一,谢雪坡送饶介之鲈鱼,介之,有歌索次其韵。清文渊阁四库全书本。

为口腹,物异可阙尝。口哆郟重出,鳞纤雪争光。背华点玳斑,或圆或斜方。一脊无乱骨,食免刺鲠防。肉腻胜海蒴,味佳掩河鲂。灯前不放箸,愈啖味愈长。张翰为尔逝,我今赴官忙。出处要义在,不须论行藏。倚装足朝睡,且快所欲偿。梦惊听吴歌,海日方苍凉。①

到元代,真正的松江鲈鱼非常珍贵,且难以寻找。大部分所谓的松江鲈鱼应是那种小型、口味较差的鲈鱼。从王恽的描述看,这种小型鱼类正是民国时期的现代松江鲈鱼。一些诗词中的鲈鱼已难辨是什么品种,谢应芳有诗:"梦绕淞江太湖上,旧家邻里古渔矶。长腰秔米家家熟,巨口鲈鱼侗个肥。"②这里提到的巨口鲈鱼是不是那种珍味鲈鱼呢?《至顺镇江志》也记载长江中有巨口鲈鱼,"鲈:巨口细鳞,出扬子江中。然有二种,曰脆鲈、曰烂鲈。"③谢应芳诗中的巨口细鳞难是正宗的松江鲈鱼。但从元代到明代中前期,正宗的松江鲈鱼仍然存在。松江鲈鱼对外省人的销售地点仍在大运河两岸,特别是垂虹桥一带。

山光自献一螺青,人立垂虹酒乍醒。两界星河涵倒景,千家楼阁载浮萍。倚檣侧柁冲风劲,密网疎罾刮浪腥。正为鲈鱼忘世味,随方吾亦具笭箵。④

《正德姑苏志》中所记载的松江鲈鱼与以前一样:"鲈鱼即四腮鲈,出吴江长桥南者味美,肉紧缕,而为鲙经日不变;出桥北者,三腮

---

① (元)王恽:《秋涧集》卷四,食鲈鱼。四部丛刊景明本。
② (元)谢应芳:《龟巢稿》卷二,和苏竹逸秋日还乡。四部丛刊三编钞本。
③ (元)俞希鲁:《至顺镇江志》卷四。清嘉庆宛委别藏本。
④ (元)柳贯:《待制集》卷之六,垂虹亭晚眺。四部丛刊景元本。

味咸肉慢。"①在正德年间,吴淞江水系发生了一次足以影响松江鲈鱼命运的大事,吴淞江原来的水流转移到黄浦江,东部的出水通道开始归黄浦江。吴淞江中下游河道水流细微、河道淤塞,洄游难行,吴淞江内正宗的松江鲈鱼这时加速减少。黄浦江水流湍急,稍大一点的松江鲈鱼基本上难以洄游。至此,珍味松江鲈鱼绝种的条件已完全具备。陈鉴的《江南鱼鲜品》中没有提到珍味松江鲈鱼,只记了两种其他鲈鱼,一种是二、三尺长的大鲈鱼,另外一种是现代小型鲈鱼。

> 有鲈鱼,巨口细鳞,味甚腴,长至二三尺者。又有菜花小鲈,仅长四寸而四鳃。产松江,苏子所谓松江之鲈也。②

这时期不用珍味松江鲈鱼做鲙,一般用二、三尺的大鲈鱼做鲙。"吴郡鲈鱼鲙,八九月霜下时收鲈三尺以下劈作鲙。浸洗布包,沥水令尽散置盘内,取香柔花叶相间。细切和鲙拌令匀,霜鲈肉白如雪,且不作腥。"③小型鲈鱼有四鳃,由于洄游路线的改变,产生于黄浦江冈身与低地交错的三泖地区。"三泖之水有上泖、中泖、下泖,冬温夏凉,是生鲈鱼莼菜,厥鲈四腮。"④原吴淞江尽管已成中型河道,但仍有小型松江鲈鱼。李时珍言:"鲈出吴中,淞江尤盛,四五月方出长仅数寸,状微似鳜,而色白有黑点,巨口细鳞,有四鳃。"⑤其主要的产区位于三泖一带。彭大翼言:"松江府昆山西有华亭谷,谷有水萦

---

① 王鏊:《(正德)姑苏志》卷十四。清文渊阁四库全书本。
② (明)陈鉴:《江南鱼鲜品》。清檀几丛书本。
③ (明)高濂:《遵生八笺》卷之十一,饮馔服食笺上。明万历刻本。
④ (明)何乔远:《名山藏》卷四十六,舆地记。明崇祯刻本。
⑤ (明)李时珍:《本草纲目》卷四十四。清文渊阁四库全书本。

绕百余里,出鲈鱼莼菜。"①《万历青浦县志》上也有:"三泖,宜云谷水道,昆山西者出鲈鱼莼菜。"②那种名贵的一尺松江鲈在记载中很少出现。有位士人讲述家事,提到雇人在吴淞江网到一鲈鱼。"我姑施夫人或庶几大人乞恩休归居田里,间我夫妇二人遣一力持网走吴淞江上,网一巨口鲈,芼莼丝,新妇手盐豉,视咸淡适可,即子妇相率至大人前拜起荐进。"③这种巨口鲈可能是大一点的鲈鱼,做法也是莼菜配鲈,以此宣传孝道,说明难以捕到这种鱼。许多迹象表明,七、八寸长的美味松江鲈在明中叶以后逐步消失。李豫享曾言:

> 吾松有四鳃鲈,即苏子所称巨口细鳞者,其鱼于夏初放子着芦菁间。如水旱,则子得日晒化而成鱼,水涝则子不得晒,尽成芦菁,是岁鲈遂艰得。嘉靖四十年,东吴肆祲三四年间,鲈几绝种,以此也。④

李豫的分析基本上不符合现代科学常识。但他对宋代松江鲈鱼消失的记载却清清楚楚。越是在这种水旱灾害期间,鲈鱼的洄游越加困难。少量的正宗松江鲈鱼就绝了种。面对许多文人在歌咏鲈鱼时的作假,少数追求真相的文人向虚假的现象发起挑战,因他们实实在在找不到过去的松江鲈,连小型松江四鳃鲈鱼也难寻。由于产地的转移,大运河处也没有这种小型鲈鱼。有的文人干脆质问有无过去的那种美味松江鲈鱼。陶安曰:"人家住处近菰蒲,

---

① (明)彭大翼:《山堂肆考》卷二十六地理,谷,华亭。清文渊阁四库全书本。
② (明)王圻:《(万历)青浦县志》卷一。明万历刊本。
③ (明)何良俊:《何翰林集》卷二十四,明寻甸太守周款江配顾孺人行状。明嘉靖四十四年刻本。
④ (明)李豫亨:《推篷寤语》卷二,测微篇,下。明隆庆五年李氏思敬堂刻本。

咫尺风涛隔太湖。暂泊征桡问渔父,如今可有四腮鲈。"①王穉登有诗言:"归舟远望长桥外,白鸟丹枫秋一带。钓雪滩头结网人,不知可有鲈鱼卖。"吴兴地区甚至有民谣讥讽吴江的鲈鱼文化:"苍茫片水尽菰芦,苕霅分流入大湖。二尺槎头三尺鳜,松江空说四鳃鲈。"②空说四鳃鲈鱼是一种文化现象。一则史料说明松江人把虾虎鱼称为松江鲈鱼。

> 赤壁赋谓"巨口细鳞",乃鳜鱼也。松江鲈紫腮,亦曰四腮,俗名"吹沙",惟松江有之。若巨口细鳞之鲈,则处处皆是。何止于苏东坡,既以赤鼻为赤壁,独不可以鳜鱼为鲈鱼乎?今人又以虾虎为鲈鱼,误之误矣。③

许多证据表明,所谓的虾虎鱼就是现今存在的小型松江鲈鱼,当地人将这种小型鱼类以虾虎鱼之名称之,实在有轻视之意,这种鱼与美味的松江鲈对比实在太不上档次了。没有了美味,小型的四鳃鲈才被人们称为松江鲈鱼。到了清代,有人对此有清楚的认识。

> 张翰思鲈脍而归松江。松江之鲈,巨口细鳞,小者六、七寸许,大者尺许,其腮有四。今松人不称四腮鲈者,以虾虎鱼夺之也。虾虎善食虾,故原名虾虎,大者四、五寸,不勘作脍,非鲈也。其腮自暴于外,左右各二焉,人一望而见之,曰四腮。口亦巨,鳞亦细,故得冒为四腮,而真四腮鲈隐矣。吴中士大夫称大鲈但曰鲈,称虾虎曰四腮鲈,承讹袭伪,不知几何世矣。素史氏曾撰

---

① (明)陶安:《陶学士集》卷八,过吴江。清文渊阁四库全书本。
② (明)王穉登:《王百谷集十九种》越吟卷下,过垂虹;清苕集卷下,吴兴谣十六首。明刻本。
③ (明)宋懋澄:《九钥集》续集卷十。明万历刻本。

《百物志》,手取大鲈,启其腮;左右各四焉,因鲈自藏其腮,人不及见,隐其实,不得标其名也。松江华、奉、娄、金、上、南、青七属,非吴淞江也。其鲈左右各四腮,并计而八。若苏、太属界,其鲈左右各三腮,并计而六,故曰:"四腮鲈,除了松江天下无。"①

这段话讲得再明白不过了,虾虎鱼的特征完全与近代所谓的四、五寸松江鲈鱼一样。这种鱼有四腮,近海洄游,只是一种比较一般的四腮鲈鱼。当然这里王有光所说的吴淞江里的大鲈鱼也不是正宗的松江鲈鱼。一个残酷的事实是:历史上的那种珍味松江鲈鱼早在明代就消失了。

四 结论

综上所述,复旦大学所做的工作是恢复了清代、民国时期的松江鲈鱼,作为历史名产的松江鲈鱼已经在明代中后期消失了。许多人错误地引用宋代文人的诗词庆祝松江鲈鱼的恢复,可谓引喻失义。尽管如此,小型松江鲈鱼的恢复也值得庆祝。明清时期的文人并不太深究此事,情愿用这种小型鱼承载原松江鲈鱼所代表的文化。对生物学家而言,必须实事求是,复旦大学松江鲈鱼的课题研究似乎应该进一步探索是否存在着找到或恢复真正松江鲈鱼的可能性。就目前的河道与水环境而言,小型松江鲈鱼的保护也是一件难事。所以,整治太湖东部地区的水利环境,将死水变成活水,挽救江南面临濒危的各种鱼类是一件更有意义的事。

---

① (清)王有光撰,石继日点校:《吴下谚联》卷四,四腮鲈,中华书局,1982年,第106页。

第二节 宋元时期的稻田环境

江南的稻作环境一开始处于生物多样性的圩田环境中。大圩和稻田休耕提供了生物多样性的基础。在稻田生态环境中,最重要的生物是水稻,水稻种植水平对稻田生态起着很大的作用。稻作的休耕在两宋时期已经基本上消失,少数地方甚至达到了两熟。《隆兴府劝农文》有:"吴中厥壤沃,厥田腴,稻一岁再熟,蚕一年八育。"田地开垦也达到了高水平;"吴中之民,开荒垦洼,种粳稻又种菜麦麻豆,耕无废圩,刈无遗陇。"人力投入也达到了高水平。"吴中之农,专事人力,故谚曰:'苏湖熟,天下足',勤所致也。"[1]水稻耕作制的形态往往表现在两个方面,一是稻作自身可以形成不同的熟制,单季稻是一熟,双季稻是两熟;二是稻作与小麦或其他作物可以形成二熟。关于麦稻二熟,李根蟠、李伯重和曾雄生等作了探讨[2],郭文韬就其土壤耕作制基础作了详细的研究。[3] 在种植制度发生变化的同时,稻作品种也出现分化,各种各样的水稻品种更体现江南鱼米之乡的特点。以红莲稻为例,尽管这一品种自古就有,两宋时期推广程度很大。"红莲稻,从古有之。陆鲁望《别墅怀归》诗云:'遥为晚花吟白菊,近炊香稻识红莲。'至今以此为佳种。"[4]优良稻作品种得以推广,

---

[1] (宋)吴泳:《鹤林集》卷三十九,杂著,隆兴府劝农文,清文渊阁四库全书本。
[2] 李根蟠:《长江下游稻麦复种制的形成和发展——以唐宋时代为中心的讨论》,《历史研究》2002年第5期;李伯重:《宋末明初江南农业技术的变化》,《中国农史》1998年第1期,第22页;曾雄生:《宋代的双季稻》,《自然科学史研究》2002年,第3期,第255—268页。
[3] 郭文韬:《中国耕作制度史研究》,河海大学出版社,1994年。
[4] (宋)龚明之:《中吴纪闻》卷一,清知不足斋丛书本。

也是稻田物种生态演替的表现。在陆龟蒙和其他人的诗歌中,红莲稻持续地构成江南稻田的一个重要品种特色。吴淞江流域的稻作与稻文化已经成为当地的主要风景。水稻生长时期,田野一派绿色或黄色的景像,收稻时家家户户为稻而忙。范成大的《颜桥道中》一诗中有"村村篱落總新修,处处田畴尽有秋。一段农家好风景,稻堆高出屋山头"。《上沙舍舟》一诗有:"村北村南打稻声,竹舆随处歇柴荆。斜阳倒景天如醉,明日山行更好晴。"①以品种为特色的稻田生态是现代稻田生态的特征,宋元时的稻田已经具备了品种演替特色,稻田也具备生物多样性。总之,宋元时的稻作在一个生物多样性的环境下形成,不单稻作品种多样,生物环境也富多样性。

一　高低、水旱与稻麦轮作

宋初休耕制,间年耕作不见得就是一年一熟,亦可能是一年二熟。前已所述,宋人称休耕田的土壤为白涂田,积水是休耕中的积水,到了时候便可耕种,这是一般圩田的田,以后人口增加,圩田、积水田自然都变成连作田。西部低洼地带常处于积水状态,旱年才得种植,幸得一熟。这种地块的土壤往往带有青黑色,属于还原质状态,旱年能种稻,平年常积水。东部地力高的休耕之田是旱涝保收之田,农民会在不休耕的年份提高复种指数,形成一年二熟。麦稻两熟实际上正在那些传统的圩田区,特别是吴淞江两岸产生。五代以后,这一地区有相当多的田块实行麦稻复种。正因如此,《吴郡图经续记》才称吴中之地的麦稻二熟为平常,"吴中地沃而物多,其原隰之

---

① 范成大著,富寿荪标校:《范石湖集》卷二十九,上海古籍出版社,2006年,第398页。

所育,湖海之所出,不可得而殚其名也。其稼,则刈麦种禾,一岁再熟,稻有早晚。其名品甚繁,农民随其力之所及,择其土之所宜,以次种焉"。① 至于土壤耕作技术,用于麦稻两熟的起垅技术早在唐代就具备了。陆龟蒙有诗谈到了江南的麦垅:

> 时候频过小雪天,江南寒色未曾偏。枫汀尚忆逢人别,麦垅唯应欠雉眠。②

目前学术界对江南稻麦两熟的争论只局限于文字推敲。其实,圩田开发程度与地势更影响到耕作制的形态。江南最早开发的圩田区位于河流沿岸的较高地段,有较好的旱作条件,可以稻麦两熟。常熟三十六浦和华亭一带是最早开发的地区,也应是稻麦两熟最早出现的地区。华亭是宋人眼中的最肥沃之地。"华亭负海枕江,原野衍沃,川陆之产,兼而有焉,李翰《屯田纪绩》颂谓:嘉禾,在全吴之壤最腴,且有'嘉禾一穰,江淮为之康'等语。今华亭稼穑之利,田宜麦禾,陆宜麻豆,其在嘉禾之邑,则又最腴者也。"华亭之地不是积水区,宜稻宜麦,时人称其土壤最上。冈身地区宜旱地作物,五代时亦可通过塘浦圩田系统灌溉。宋元以后,西部之水难以周流冈身,古冈身之地"宜种艺菽麦"③,也有麦稻两收和麦稻两熟。在圩田区,压倒性的优势作物是水稻。范仲淹言:"东南之田,所植惟稻。"④圩内种麦当然也很多,北方移民刚到江南时,在传统的饮食习惯压力下,也会稻后种麦。移民浪潮一过,天下承平,北方人变成南方人了,又会

---

① 朱长文撰、金菊林校点:《吴郡图经续记》卷上,物产,第九页。
② 陆龟蒙著、宋景昌、王立群点校:《唐甫里先生文集》卷八,小雪后书事,河南大学出版社,1996年,第98页。
③ 绍熙《云间志》上,物产,古迹。
④ 姚文灏:《浙西水利书》卷一,范文正仅此吕相拜呈中丞谘目。

出现苏东坡所说的"浙中无麦"现象。①《鸡肋编》所说的种麦之利"倍于种稻"的现象,只能在有北方流民压力时才能出现。尽管客观上有"种麦之利,独归客户"②,由于种麦要放弃水稻种植前的休耕,土壤培肥受影响,土壤培肥对水稻产量影响甚大,人们不会轻易放弃季节性灌水休耕,因而放弃了麦作。从口味上讲,一旦移民适应了新环境,习惯吃稻米后,种麦动力就会下降。至于人口压力对麦类推广的促进,基本上是南宋以后的事了。③ 13 世纪初,吴泳形容吴中地区的形势:

> 吴中之民,开荒垦洼,种粳稻,又种菜、麦、麻豆,耕无废圩,刈无遗陇。④

麦、麻、豆是太湖农民在人口压力下见缝插针式提高土地利用率的方法。麦稻分布是高地种麦,低田收稻。在吴江一带,"高田二麦接山青,傍水低田绿未耕,桃杏满村春似锦,踏歌椎鼓过清明"。⑤ 那么,麦稻两熟易产生于高田还是低田呢?这要看具体水环境如何。五代时期,冈身之地有发达的灌溉,高田会有两熟;到后期,由于河道的淤塞,冈身旱象,两熟的可能性变小了。吴淞江北部常熟一带是传统三十六浦之地,为最早的塘浦圩田区,其北部福山一带处于冈身之地,唐代时得灌溉之利,旱作与稻作皆可。正是在这种地方,治平年间《常熟县新建顺民仓记》这样形容常熟:"大县也。考其民版之数,

---

① 苏轼:《上执政乞度牒赈济因修廨宇书》,《东坡全集》卷七十六。
② 庄绰:《鸡肋编》卷上。
③ 李根蟠:《长江下游稻麦复种制的形成和发展——以唐宋时代为中心的讨论》,《历史研究》2002 年第 5 期。
④ 吴泳《鹤林集》卷三十九,《兴隆府劝农文》。
⑤ 范成大《石湖居士诗集》卷二十七,四时田园杂兴六十首。

至四万户。岁输之粟,至八万石。有仓,污库迫窄,才容四分之一。滨江之民,远者百里。水浮陆走,稇载而至。"如此大的丰收,冈身之区常常处于多熟状态,"杨备《题常熟县诗》:远逼江垠傍海堧,落帆多是两来船。县廷无讼乡间富,岁岁多收常熟田"。① 岁岁多收之地是冈身的灌溉地,也应是麦稻两熟或麦稻两收之地。

由于吴淞江和各塘浦的淤塞,宋代以后的水环境变化甚大。泾浦淤塞以后,入海之水与潮水相抵,涝时积水严重,旱时湖水不能下达,抗水旱灾害能力下降。水环境与圩田位置发生了很大的变化,"昔之中田,今为上田;昔之下田,今为中田;昔之草荡,今为下田是也。极于宝庆之水、嘉熙之旱,无所措手,大为邑民之病"。② 在这种状态下,麦稻复种或麦稻两收的状况有所改变,因冈身的灌溉系统遭到破坏,吴淞江两岸的高地也处于经常旱涝状态。昆山一带吴淞江两边高地地区,积水之年低田难收,风调雨顺时往往高低田皆有收。"去秋仅有年,高田尚停潦,今幸风雨调,皆话天时好。"③至于一般地块,宋初水患肯定影响到麦稻两收。"高田者常欲水,今水乃流而不蓄,故常患旱也。唯若景祐、皇祐、嘉祐中,则一大熟耳。水田者常患水,今西南既有太湖数州之水;而东北又有昆山、常熟二县冈身之流,故常患水也。唯若康定、至和中,则一大熟尔。但水田多而高田少,水田近于城郭,为人所见,而税复重。高田远于城郭,人所不见,而税复轻。"④水灾时高田大熟,故大水成灾时,政府让高田和低田退水土地都上报,"高田无水与水退可耕之地,各约若干,并令诣实申奏,不

---

① 范成大撰、陆振岳校点:《吴郡志》卷三十八,县记,第548—549页。
② 《宝祐琴川志》卷五。
③ 张方平:《昆山初秋观稼回县署与同僚及示姑苏幕府》,(宋)龚昱:《昆山杂咏》上。
④ 范成大撰、陆振岳校点:《吴郡志》卷十九,水利上,第266页。

得相关"。① 这种地成为官方灾年征收租赋的对象。在一般年景下，高田常旱，难以维持一年二熟或二收。到明代，归有光讲到安亭一带的高田形势，"田高，枯不蓄水，卒然雨潦，又无所泄。屡经水旱，百姓愁苦失业"。② 一熟都难，何况二熟。在排水状况较好的低地圩田区，二熟或二收的可能性较大，特别是圩内外塍田，由于地势相对较高，可以麦稻两收。《王祯农书》记载的高田早熟而种麦，应是圩内高田。

> 高田早熟，八月燥耕而暵之，以种二麦。其法：起坡为瞵，两瞵之间，自成一畎。一段耕毕，以锄横截其瞵，泄利其水，谓之"腰沟"。二麦既收，然后平沟畎，蓄水深耕，俗谓之"再熟田"。下田既熟，十月收刈既毕，即乘天晴无水而耕之，节其水之浅深，常令块垡半出水面，日曝雪冻，土乃酥碎。仲春土膏脉起，即再耕治。③

苏州一带的圩田往往地近城郭，人力投入较多，税负又重，容易增加复种指数。北宋时期，低地圩田有较好的收成。赵霖言："天下之地，豪腴莫美于水田。水田利倍，莫盛于平江。缘平江水田，以低为胜。昔之赋入，多出于低乡。"只是低地一旦水灾，除非有好的圩岸，否则不可能二熟。"昨闻熙宁四年大水，众田皆没，独长洲尤甚。昆山陈新、顾晏、陶湛数家之圩高大，了无水患，稻麦两熟。"④ 在圩岸系统健全的情况下，稻麦两熟不在乎高地或低地，大水之年仍可以稻

---

① 范祖禹：《上哲宗封还臣寮论浙西赈济事》，见赵汝愚：《宋朝诸臣奏议》卷一百六。
② 归有光：《震川先生集》卷之二十四，安亭镇揭主簿德政碑。
③ 《王祯农书》，农桑通诀集之二。
④ 范成大撰、陆振岳校点：《吴郡志》卷十九，水利下，第289—290页。

麦两熟。麦稻都需要一个良好的灌溉系统,在没有良好灌溉系统的高地,旱年种麦也不行,麦稻两熟更难成。倒是低地的圩田区,无论旱年与否都可以形成稻麦两收或稻麦两熟。大德十年中书省上奏称江阴一带的情况:

> 常州镇江江阴未开河道十四处,适遇霖雨相防,又值农忙,兼有江阴州妄言开河作坝,淹死菜麦。①

作坝可以淹死菜麦,说明菜麦种在高地,没有圩岸围之。范成大言:"五月吴江麦秀寒,移秧披絮尚衣单;稻根科斗行如块,田水今年一尺宽。"②田水适量,才能既可以保证麦田灌溉,使小麦秀穗,也可以维持田地插秧的水面。大水之时,积水无法排除,则会影响到种麦。即使来年种植水稻与小麦,也会因水受限。大水不能排,首先影响到种麦。任古论述江南水势时言:"平江府积水,经今已两月余日未退。已妨种麦,若不于农隙之际支给钱米,雇夫开治,深恐来岁春雨积水愈甚,亏失常赋。"③这部分高地较多,圩边田地可以种旱作物。宋以后吴淞江淤塞严重,吴淞江两岸旱作化形势不断加强。单锷曾看到吴江长桥以东,"江尾与海相接之处污淀,茭芦丛生,沙泥涨塞。而又江岸之东,自筑堤以来,沙涨成一村,昔为湍流奔涌之地,今为民居民田,桑枣场圃。吴江县由是岁增旧赋不少"。④ 高地为麦稻两熟创造了条件。到元代,吴淞江淤塞严重,高田难以上水,常出现旱象。延祐七年六月到七月,淞南一带"雨水绝无潮又竭,欲求一

---

① 任仁发:《水利集》卷五。
② 范成大:《夏日田园东兴十二绝》,《石湖居士诗集》卷二十七,四部丛刊景清受浣堂本。
③ 《宋会要辑稿》食货七(靖康二十八年八月二日)。
④ 单锷:《吴中水利书》。

点两点水,却比农夫眼中血,滔滔黄浦如沟渠,农家争水如争珠。数车相接接不到,种田一旦成沙涂"。旱情使"高田尽荒低田丰"。① 圩田内的高田与低田由塍岸所界定。外塍高田可以旱作。除了种麦以外,还可以种豆、棉。明末林应训言:

> 附近有低田堪以培高者,即以其培之,亦可至于极高。地方不用堤岸,而土无堆放者,亦即就靠内一边摊放。盖高乡多种豆棉,一时不妨陆种,挑得河深,则灌溉自利,内中田亩仍自不妨于水种也。②

高低适度的圩田并不多。淀山湖地区宋时圩田大扩展,新扩展的圩田是湖荡区圩田,并不适合种麦。这种地方一开始多种芦苇和水生植物,以后逐步水旱轮作,才成为较好的土壤。任仁发言"浙西之地,低于天下,而苏湖又低于浙西,淀山湖又低于苏湖。彼中富户数千家,每岁种植葜芦,编钉椿筱,围筑埂岸,岂非逆土之性,何为今日尽成膏腴之田"。③ 由此可见,淀山湖周围的低地开发为围田后,南宋富户豪强先种芦苇等喜水植物,然后才水旱轮作,改良土壤,最后培肥成高肥力的水稻田。圩田向低地发展,稻麦两熟的比重不会太多。明中期以后,随着黄浦江的形成,吴淞江两岸和许多地区的干田化形势加强,稻麦复种有了较大的增长空间。在吴淞江北部阳澄湖和昆承湖湖区,宋元时期围湖造田,人们种植多种水生植物。嘉靖年间发生的一件事可以作参照,谭晓、谭照两兄弟当时在常熟湖区开出的万亩大围,大部分不能种植水稻。通过筑圩、开河、凿池等工事,

---

① 陶宗仪:《南村缀耕录》卷之二十三,四部丛刊三编景元本。
② 张国维:《吴中水利全书》卷十六,《林应训颁行治田六事》万历五年。
③ 姚文灏:《浙西水利书》卷中,任都水水利议答。

他们因地制宜,分区种植,将全圩划分为六大区。第一区是由沼泽地转化而成的菱芡水草区,用以养鱼和积肥;第二区是烂水区,种植茭白、慈菇、荸荠等蔬菜,这一区又称菰蒲区;第三区为低田稻作区;第四区为高平田蔬菜和旱地作物区;第五区为堤岸区,种植果木;第六区为养鱼和养禽区。① 嘉靖年间江南的人口压力远过宋元时代,围湖造田尚不能全种水稻,宋元时期当更有多样化种植,麦稻两熟肯定很少。低洼区的改造需要长时间的施河泥垫高田面。在一些地方,地势改变,种植也改变,吴淞江起头处的庞山原是"松江之滨一平坡,数千亩而已,旧传厥地最卑下,土亦疏瘠,居民常苦涔溺,日徙豪土培筑,浸成一邑之隆壤,吴江盖泽国,邑人特崇其高遂以山名之"。②

麦收时间一般在阴历五月,收麦种稻、插秧也在这个时候。无论同一地块上的麦稻二熟,还是不同地块的麦稻两收,都会出现青黄两种颜色。呈绿色时,与山色、水色衬托,"潮到灵桥绿绕船,海边力穑屡丰年。淡青山色深黄稻,恰似胥门九月天"。范成大很清晰地描述了稻麦两熟的景色:"梅花开时我种麦,桃李花飞麦丛碧。多病经旬不出门,东陂已作黄云色。腰镰刈熟趋晴归,明朝雨来麦沾泥。犁田待雨插晚稻,朝出移秧夜食麨。"③这时梅花与桃花开放,红花与绿丛相映,构成乡村独特的景观。天旱之时,两种景色尤其明显。旱年种稻时:"莫愁尘土厌天飞,六月栽禾未是迟。待得麦麻收拾后,通

---

① 光绪《常昭合志稿》卷四十八,轶闻。
② (元)高德基:《平江记事》。
③ 《范石湖集》卷十一,刘麦行;卷二十一,东门外观刈熟,民间租米船相衔入门,喜作二道,上海古籍出版社,1999年,第139、303页。

宵好雨定知时。"①尽管麦茬作物因旱而减产,麦收之后却可以种稻以增产,一年两熟。如果种早稻,则要持续到秋天才收获,比小麦更易受到天旱的打击。"自春徂秋天弗雨,廉廉早稻才遮亩;芒粒稀疏熟更轻,地与禾头不相拄。"②南宋时期,江南多雪,对早稻影响甚大。小麦喜冬春之雪,故种小麦不成灾。范成大言:"瑞叶飞来麦已青,更烦膏雨发欣荣。东风不是厌滕六,却怕雪天容易晴。"③昆山农民一般在梅雨时节插种晚稻,南宋时正值气候寒冷期,五月的吴江一带寒冷冻人,麦收与插种晚稻之时,农民畏冷。"梅黄时节怯衣单,五月江吴麦秀寒。"在丰水的环境下插秧,又冷又湿。"梅霖倾泻九河翻,百渎交流海面宽。良苦吴农田下湿,年年披絮插秧寒。"④同一首诗中前后出现这样的两段内容,基本上表明昆山处于麦稻两收或稻麦两熟的水平。

二 早晚稻与再生稻

据丁颖研究,早稻在中国早就存在,早稻对短日照处理的反应极少或全无反应,对长日照的处理也基本上无反应,对长日照处理有反应的是晚稻。⑤ 目前一般的观点认为宋元以后才有早稻与晚稻的分化。多人根据宋代引种占城籼判断江南那时有了早稻,其实江南早稻一直存在,只是种植以晚稻为主,人们才不关心早稻。周滕吉之认

---

① 黄干:《喜雨用前韵四首》,《勉斋集》卷四十。
② 陆龟蒙著、宋景昌、王立群点校:《唐甫里先生文集》卷十七,刈获,第253页。
③ 范成大:《石湖居士诗集》卷二十一,雪后雨作。
④ 范成大:《石湖居士诗集》卷二十六,芒种后积雨骤冷三绝。
⑤ 《丁颖稻作论文选集》编写组编:《丁颖稻作论文选集》,农业出版社,1983年,第32页。

为太湖地区早有早、晚稻分化,主要种类是晚稻。① 由于较长的生育期,晚稻更加高产、优质。以晚稻为主的种植方式一直持续到民国时期。宋代早稻进入记载的原因是一些旱地和未被利用的地可以通过栽培早稻获得产量,占城稻恰在这时进入江南,所以才有占城稻是早稻先锋的印象。的确,占城稻比以前的早稻更易在旱地推广。在常州,《咸淳毗陵志》上称早熟者为"早禾",晚熟者为"晚禾"。② 在湖州,尽管有早稻的种植,但人们一般不重视早禾,将早稻当作马料。开禧三年(1207年),湖州知州王炎说:"本州管内,多系晚田,少有早稻可充料谷。兼之早稻去年尽被蝗虫噢损,每年收籴已自艰难,目今小民饥饿,赴诉于官,乞行赈救。若更如每年收籴马料之数,夺民之食,充马口腹,小民必然饥饿。"③江南无粟,只能用成熟时期较短、质量较差的早稻作马料。早、中、晚稻的分化直到明代才有记载,洪武《苏州府志》有中稻的记载:"《吴门事类》曰:吴俗以春分节后种,大暑节后刈者为早稻;芒种节后及夏至节后种,至白露节后刈者为中稻;夏至节月后十日内种,至寒露节刈者为晚稻。"④早、晚稻分化的科学标准依据水稻的感光性,农民所选的种类却多种多样,不见得为麦稻两熟。许多时候,农民为防避淹水而种早稻,早种早获,可以得到产量。早稻一般要在梅雨到来前种植,"插秧先插早籼稻,少忍数旬蒸米成"。⑤ 宋元时期的水稻品种多样性不但体现在早晚稻方面,其他方面的特性分化也很明显。范成大曾这样罗列吴地水稻品种的多样性:

---

① 周藤吉之:《宋代经济史研究》,东京大学出版会,1962年,第144—147页。
② (宋)《咸淳毗陵志》土产,谷之属,稻。
③ (宋)王炎:《双溪类稿》卷二三,申省论巴料剳子(开禧三年)。
④ 洪武《苏州府志》卷四十二,土产。
⑤ 范成大著、富寿荪标校:《范石湖集》卷二十六,梅雨五绝,上海古籍出版社,2006年,第369页。

我知吴农事,请为峡农言。吴田黑壤腴,吴米玉粒鲜。长腰
匏犀瘦,齐头珠颗圆。红莲胜雕胡,香子馥秋兰。或收虞舜余,
或自占城传。早籼与晚[稉],滥吹甑甑间。(长腰米:狭长,亦
名"箭子";齐头:白圆、净如珠;红莲:色微赤;香子:亦名九里
香,斗米入数合作饭,芳香满案;舜王稻:焦头无须,俗传瞽瞍烧
种以与之;占城种:来自海南;穤稏:籼禾,价最贱。以上皆吴中
米品也。)①

在常熟,《琴川志》记载秔(粳)稻有 21 个品种,糯稻 8 个品种,
籼稻 4 个品种。一些著名的品种也出现了早期的分化,红莲稻有早
晚的分化,"红莲米之最佳者,芒红粒大,有早晚二种"。② 常熟《琴川
志》、昆山《玉峰志》和后期洪武《苏州府志》关于水稻品种的记载有
许多是普遍推广的品种,晚熟品种中著名的有红莲稻、箭子稻、闪西
风等,这几个品种各地都有。③ 这些品种的特点是什么,难以确知。
因这些水稻品种到明清时期基本上又在各地分化出新的品种,且有
了新名,原名不再,难以从已有的传统品种中确定其特性。红莲稻在
后期没有固定的名字,原红莲稻的特点分布于许多品种中,特征是芒
红或稃壳红。20 世纪中期仍有一些地方品种保持着红色,以上海市
的地方品种为例,红色的晚熟水稻品种当时有红壳、红芒沙粳、红芒
木樨球、李子红、红芒绿种、曲当种、任种、小绿种、红芒种、红芒大种、
练塘种等等。红芒品种在松江和青浦都有分布,分蘖多,宜高肥力地

---

① 范成大著、富寿荪标校:《范石湖集》卷一六,劳畲耕并序,第 217—218 页。
② (宋)孙应时:《(宝佑)重修琴川志》卷九,叙产。
③ 孙应时:《(宝佑)重修琴川志》卷九,叙产;(宋)凌万顷:《(淳佑)玉峰志》卷下,土
产;洪武《苏州府志》卷四十二,土产。周藤吉之:《宋代经济史研究》,东京大学出
版会,1962 年,第 175—185 页。

块;小绿种有红褐色顶芒,较耐涝,但不耐旱;红芒木樨球有抗风、抗倒性特点,耐旱、耐涝,分蘖力强,宜于在排水良好的黄泥土上种植。① 当时吴淞江东部地区早稻种在旱地,晚稻一般种在低地,红稻多是晚稻;太湖出水口处的吴江湖田区晚稻种在高地,早稻种在田里。1951年吴江县的一份档案中有这样的描述:

> 本县稻子有二种:一种是早稻,二种是晚稻,早稻是专种在湖田里的,高裡种早稻也可,但收获量少,故早稻高田不种之。晚稻是种在高田里的,收获期晚,稻在湖田里恐怕秋水,故湖田不种之。今年湖田全部淹没,早稻种子一粒无存。所以,湖田的稻种来源实是一严重的问题,并且种子问题定要在清明前一星期内解决下种,才不误农时。②

早晚稻的分化很早就存在,早期的大多数品种应该是晚稻,有名的品种一般都是晚稻,红莲稻也是一种在低地地区丰产的晚稻。如何判断呢?通过对现代红稻品种的分析可以判断。在杭嘉湖地区的传统水稻品种中,红稻类水稻更有适应低地水田的特点,耐涝不耐旱,是晚粳稻。一篇1964年的文章这样讲述红稻的生态习性:

> 根据当地老农回忆,60年前已有红稻的栽培,品种有长乌稻,粗秆荔枝红等。经过这许多年的自然和人工选择,红稻类型的许多品种也更能适应当地的低田环境条件。当把他们引种到杭嘉湖的高田区种植时,尤其在干旱年份,常常谷壳颜色变浅,

---

① 上海市农业科学院作物育种栽培研究所、上海市农村工作委员会种子站合编:《上海水稻品种志》,上海科学技术出版社,1961年,第26—32、99—106、119页。
② 《对恢复太湖农田生产条例》(草案),1951年。吴江市档案馆,农业局档案,2011—7—10。

叶色转淡,瘪谷增加,粒重降低,出米率下降,螟害加重,在抽穗期如遇闷天气,穗颈稻热病和枝梗稻热病增加,产量下降。1960年平湖县(高田区)试种红稻类型的荔枝红,在生育期间受旱即发生了上述不育情况。产量要比在当地种植历史较久的黄稻类型品种老虎稻为低。所以说红稻类型的晚粳品种,较适应于杭嘉湖低田区的生态环境,可认为属于晚粳稻的低田生态型。[①]

这与宋代相对丰水环境下红莲稻的特征相合。耐涝和分蘖力强促成了低地的丰产。陆龟蒙所居之地是吴江县的低地地区,红莲稻有大量的种植,他住在低地中的高地。作为晚稻的红莲稻,有一支在清代分化成耐旱的早稻,被称为"早红莲"。《苏州府志》中有:"六十日稻,四月种六月熟,米小色白,迟者八十日熟,又名'早红莲',又名'救工饥'"。[②] 还有一种野生稻,"野稻赤芒,早晚二种"。[③] 这种品种可能有一定的野生稻特点,也出现了早晚稻分化,估计是刚刚驯化的野生稻,这也说明当时有大量的非农田环境下的野生稻存在。最好的圩田是官田,官田水稻往往只是一年一熟。大水灾时佃户逃尽,几年后水退,官方才又重新招人。苏东坡论吴中水灾时说太湖东部已经有"二年不退之水"了[④],再加上一年的积水,农田在三四年内都处于水淹状态。水淹之下的圩田,在景观上一片白茫茫,低地圩田区尤其如此。

每春夏之交,天雨未盈尺,湖水未涨二三尺,而苏州低田,一

---

① 何南扬、叶福初:《杭嘉湖地区晚粳稻品种生态型的初步研究》,《浙江农业科学》1964年第5期,第217—221页。
② 同治《苏州府志》卷二十,物产。
③ (宋)孙应时:《(宝佑)重修琴川志》卷九,叙产。
④ 姚文灏:《浙西水利书》卷一,苏文忠公进单锷吴中水利书状。

抹尽为白水。其间虽有堤岸,亦皆狭小沉在水底,不能固田。唯大旱之岁,常、润、杭、秀之田,及苏州冈阜之地,并皆枯旱,其堤岸方始露见。而苏州水田,幸得一熟耳。①

"幸得一熟",指积水被排以后,高肥力的土壤才得一熟。南宋时期是圩田区向外大扩张的时期,原先的公共水资源被大量侵占。那里有放水之后的休耕地,官方就在那里招垦,放水田只休耕了一季。"自来水乡秋收了,当即放水入田,称是废田,欲出榜招人陈告,其田给予告人耕田纳税,即已经予告人后,有词讼不得受理。"②放水之后就等明年招佃,说明放水田是连作田。南宋时的新开垦地往往是次等地。淀山湖等地围湖造田,湖田马上就成为一熟连作之区。淳熙六年,"浙西提举颜师鲁言:田野日辟,治世盛事,今乡民于自己硗确之地,开垦以成田亩"。③许多草荡田被垦成新田,嘉定二年,湖州王炎奏:"本州岛境内修筑堤岸,变草荡为新田者凡十万亩,亩收三石,则一岁增米三十万硕。"④亩收三石的产量水平,应该是二熟制。稻田收获后放水,一般只能是一年一熟。如果是种麦,则要排水。稻后种麦,要开塍作沟,清理圩田的水环境。如果稻麦轮作是一年一熟,收稻后放水,明年春天才排水。这时期田面有积水,有再生稻的发生。宋元时期仍有大量关于再生稻的记载,《吴郡志》中有:

>《吴都赋》:"乡贡再熟之稻"。蒋堂《登吴江亭》诗云:"向日草青牛引犊,经秋田熟稻生孙。"注云:"是年有再生稻。"细考

---

① 范成大撰、陆振岳校点:《吴郡志》卷十九,水利上。第271页。
② 《宋会要辑稿》食货六,经界,绍兴十二年十二月二日。
③ 同上书,淳熙六年五月十八日。
④ 同上书,嘉定二年正月十五日。

之,当在皇佑间。今田间丰岁已刈,而稻根复蒸,苗极易长,旋复成实,可掠取,谓之再撩稻。恐古所谓再熟稻者即此。①

所谓"稻根复蒸",应是一种湿地环境下的再发生。吴郡之地河网密布,收稻后放水,丰水环境处处皆有,再生稻现象非常普遍。在昆山,也有再熟稻的记载,这种稻必须在第一季丰收之后才有,"再熟稻,田家遇丰岁,苗根复蒸,长旋复成实,可掠取,俗谓之再撩稻"。② 既然是丰收年头,也必然有合适的水肥条件,稻根才容易再次萌发。在其他地区,再生稻的出现往往与雨水适当有关,与收稻后的湿地环境有关。曾雄生曾提到一些其他地区有关再生稻的史料③,往往都与雨水有关。杨亿在《贺再熟稻表》中讲浙东处州等地有雨水后产生再生稻:"据本州岛丽水等县状申,今年人户所种早稻自秋初刈后,为雨水调适,元根再发青苗,结实成熟。"④朱熹讲浙江临海一带再生稻时讲:"臣所经历去处,得雨之后,晚稻未全损者,并皆长茂,可望收成,但民间所种不多,仅当早稻之十之一、二。其早稻未全损者,亦皆抽茎结实,土人谓之'二稻'"。⑤ 明初《苏州府志》也强调再生稻遇雨而生的特性,这种稻一般是早稻。早稻收获后有足够长的生长季节,才会发生再生稻,这种早稻还应有很好的育苗和插秧时机。

早稻即占城稻,其法:南方地暖,二月中旬至三月上旬,用竹笼周以稻秆,置稻种其中,约五斗许,又覆以秆,入池浸三日,伺

---

① 范成大撰、陆振岳校点:《吴郡志》卷三十,第443页。
② (宋)凌万顷:《(淳佑)玉峰志》卷下,土产。
③ 曾雄生:《宋代的双季稻》,《自然科学史研究》2002年,第3期,第255—268页。
④ 杨亿:《武夷新集》卷十二。
⑤ 朱熹:《晦庵集》卷十八。

微熟如甲柝状,则出而布于地,及苗与谷等,别用宽竹器贮之于耕过田,细土、停水许二寸许,布之三日,决去水,至五日视苗长二寸许,复引水浸一日,乃插莳。至八月熟,刈后频得雨,往往再生,所谓再熟稻是也。①

总之,再生稻的环境首先是一熟制为主体的种植制度,其次是丰水湿地环境,条件俱备,早稻完全可以有再生稻发生。再熟稻应多是早稻再生,感光性不明显,种后再生,农民以此得到收获。

> 种早稻似乎有益,此间谓之赤米,亦曰籼米。五月而种,七月而熟。然极丰之年,每亩所收不过一石四五斗,所费工本与晚稻不相上下,而既刈之后,稻根之旁生者虽亦青葱满地,然终不能秀实。颇闻他处有再熟之种,吾侪岂不愿之而究,未得种植之法。数年前有试之者,种数粒于盆盎之中,时雨旸而搬移,如灌花然,五月底,居然成熟,而下种于田内者,春分节后一夜微霜,稻芽即萎,其后谷皆糜烂矣。②

在松江一带,早稻不多种,故再生稻不多见。那里的水环境又相对干旱,后期的品种和熟制往往都不允许让再生稻在田间大量地发生。吴江一带环境积水,20世纪仍有大量的再生稻现象。吴江县南厍乡有大量的湖田,1954年仍有大量的再生稻,前已所述,那里低地常种早稻。

> 湖田农民称再生稻为"翻身稻"、"二稻",他们说:"老地主大老阔,种田不在乎,放鸭子到旁人田里,我们不敢说半句话,也

---

① 洪武《苏州府志》卷四十二,土产。
② 姜皋:《浦泖农咨》,清道光刻本。

收不到二稻。"去年有的农民看到"二苗"长得好,半途留心保护起来,收到了"二稻"。①

可以看出,即使是在1949年以前的,也是多有再生稻生产。只是二稻产量的形成在当时的湖田的环境下需要许多条件。除了一熟以外,不能有鸭子入田,因为鸭子可以轻易地将再生稻的产量破坏掉。另外,这再生稻如果要有产量,早期得有苗情的表现。1953年,南厍乡收到再生稻的农户共七户,共55亩,3060斤。在其他地区,有许多再生稻产量更高的农户,产量甚至高达237斤。调查人员还发现一位叫施香其的人,其家在1934年所收的再生稻单产达229斤,1936年也收到了再生稻,亩产57斤。总之,环太湖地区再生稻发生的地区很广,历史也很悠久。

低洼湖田区再生稻的发生条件有许多。产量高低主要取决于肥料、水分与稻种,在收获再生稻的各农户中,中、晚粳再生稻较少,只占7%,其他品种似乎都可以发生再生稻。前茬稻收获时机也很重要,各地的情况表明,八月二十日左右以后秋收的田、瘦田、草多的田及收割得低的田,再生稻生长慢,植株容易莠且不实。水分条件也很关键,在积水湖田区,相对干旱的条件有时反而有利于再生稻。"湖田收再生稻的年头,均是旱年头,如五三年、三四年、二六年。"原因为何?"旱年田里烤得足,秋收时稻根、稻桩损伤少,更不会有稻棒浸烂,而且地温高,生长就快,因此只要注意少受损伤稻根、稻桩,把荡排好,水旱年头一样可以收再生稻。"长期以来,农民有一些收获再生稻的技术,尽管他们一般以随遇而安的态度对待再生稻。一位

---

① 吴江县人民政府农建科:《城厢区南厍乡再生稻调查报告》吴江县市档案馆,农林局档案,2011—1—11。

有经验的农民秋收割稻时掌握八分熟,"这样茎子青,再生有力量,并且也只有八分熟时,收割最合算,都熟了,落粒多,反而不合算"。割时秸秆青,稻根有再生力,黄的就没有再生力。为了保护稻桩,不能在稻田里掼稻。割稻时用的镰刀要锋利,割口要平整,不要倾斜,各棵稻桩留桩要一样高,这样可以保丛齐,节芽损伤少。烤田更为重要。这一系列的技术,农民称为葆青。① 在不同的地区,再生稻要求不一样,关键是前茬稻的植株条件要好。吴淞江东部地区较为干旱,前茬稻因干田时间较长,根系扎根较深不成问题,收稻后水环境的条件难以保证,往往有雨才有再生稻。吴江湖田区一片积水,干田才能促进深扎根,深根才容易形成再生稻。

三 水稻与田野植物

圩田区的水稻与高地的小麦以及湖荡区的芦苇等水生植物和其他圩边树木与植物,构成农田植被。吴淞江一带大部分由圩田与水泊构成,芦苇是仅次于农作物秸秆的一种燃料资源。由于江南无树木,这种燃料一直盛行。

> 薪樵而爨,比户必需。吾乡无山陵林麓,惟藉水滨萑苇与田中种植落实所取之材,而煮海为盐,亦全赖此。故吾郡之薪较贵于邻郡。②

宋元时期豪强地主占据积水空地后,随即种植芦苇和其他水生植物。"疏泄之道,既隘于昔。又为权豪侵占,植以菰蒲萝苇。"③南

---

① 吴江县人民政府农建科:《城厢区南厍乡再生稻调查报告》吴江县市档案馆,农林局档案,2011—1—11。
② 叶梦珠:《阅世编》卷七,食货六。
③ 《吴郡志》卷十九,水利下。

宋时期,农民在乡村的湖荡区进行多样化种植。范成大的开湖荒诗有:"种木二十年,手开南野荒。苒苒新岁月,依依旧林塘。污莱擅下湿,岑蔚骄众芳。菱母尚能瘦,竹孙如许长。忆初学圃时,刀笠冒风霜。"在范成大家乡周边的吴县与吴江一带,水面种植很发达。"湖莲旧荡藕新翻,小小荷钱没涨痕,斟酌梅天风浪紧,更从外水种芦根。"由于湖面种植越来越多,官方也开始在湖面上收租。"采菱辛苦废犁锄,血指流丹鬼质枯,无力买田聊种水,近来湖面亦收租。"①湖荡区的多样化种植已经引起了官方的注意,说明湖荡区的种植比例很高。水生植物一般沿塘浦、湖泊分布,一旦塘浦和湖泊的水环境发生变化,分布与种植程度也会发生变化。水利开河之时,兴工者一般先要除掉"茭芦",而平时人们愿意在这种公共的水面上种植这种植物。这种水面种植往往与野生植物相杂,构成当时稻田周边的植被。两宋时期地方豪强关注的重点是大的湖泊积水地带,明代依然如此,只是规模有所缩小。

> 濒江濒湖去处,风浪险恶,因种护堤茭芦以防坍塌,本为障水。迩来豪右假以护堤为名,不分河港宽狭,辄种茭蒲芦苇占为茭荡、莲荡,或勾接商人堆贮竹木簰筏,或希图渔利,张钉拦江网簖,停积泥沙,阻坏水利。甚者霸占滩涂,筑成塍围,因而垦为良田。②

至于圩岸,可以种各种树木以固土。唐代就已形成了圩岸的立体景观。至和年间,丘与权在其关于开至和塘《记》中称"为桥梁五

---

① 范成大《石湖居士诗集》卷二十七,四时田园杂兴六十首;卷二十八,三月十六日石湖书事三首。
② 《周凤鸣条上水利事宜疏》,嘉靖十一年上,见张国维:《吴中水利全书》卷十四。

十二,苟榆柳五万七千八百,其二河植茭蒲、芙蕖称是"。① 从沼泽到圩岸,各种植物、树木与稻田相配合,在农田周边地区形成多样性的生境。唐宋时期,吴淞江很宽泛,江边多树。"震泽平芜岸,松江落叶波"②,正可见树木之多。《姑苏志》所记之路,大部分都是"滨于"某河、某塘。③ 杨万里言:"古来圩岸护堤防,岸岸行行种绿杨。岁久树根无寸土,绿杨走入水中央。"④这是指圩岸崩溃之后,树在田间的景象。南宋时期,淀山湖一带私人大圩的圩岸也种着杨柳。卫泾有"始觉舟移杨柳岸"之句⑤,即指淀山湖旁的圩岸之柳树比比皆是。也有野生的梅花,如宋初梅尧臣在《华亭道中》中说,"隔水野梅三四株"。⑥ 范仲淹把梅与柳并列以表达江南特色:"梅淡柳黄春不浅,王孙归思满江南。"⑦桑、柳或其他树种也种在大圩岸上,与麦稻相配合,这属于林粮间作。这种林粮间作也有益于牧牛。

春夏之交,雨水时至,高大其堤,深阔其中,俾宽广足以有容。堤之上疏植桑、柘,可以系牛。牛得凉荫而遂性,堤得牛践而坚实,桑得肥水而沃美。旱得决水以灌溉,潦即不致于弥漫而害稼。高田旱稻,自种至收不过五、六月,其间旱干灌溉不过四、五次,此可力致其常稔也。又田方耕时,大为塍垄,俾牛可牧其上,践踏坚实而无渗漏,若其塍垄地势高下适等,即并合之,使田丘阔而缓,牛犁易以转侧也。其下地易以淹浸,必视其水势冲突

---

① 《吴郡志》卷十九,水利上。
② 白居易:《松江亭携乐观渔宴宿》,见《白氏长庆集》卷二十四。
③ 正德《姑苏志》卷二,桥道志。
④ 杨万里:《杨万里诗文集》王畴珍整理,江西人民出版社,2006年,第564页。
⑤ 嘉靖《昆山县志》卷十六,卫泾:过淀湖。
⑥ 梅尧臣:《过华亭》,见《宛陵集》卷十。
⑦ 范仲淹:《送常熟钱尉》,《范文正集》卷三。

趋向之处,高大圩岸环绕之。其欹斜坡陁之处,可种蔬、茹、麦、粟、豆,而傍亦可种桑牧牛。①

前文中讲了宋代圩岸植树与小地域环境的关系。许多小地域的景观是官方规划引起的,规范的种植使堤岸有了整齐划一的景观。"绍兴三十年,张少卿初为漕,徙民于近江,增葺圩岸,官给牛种,始使之就耕。凡圩岸皆如长堤,植榆柳成行,望之如画云。"②元代潘应武提到的圩岸树种是桑柳,"古来各围田甲头每亩率米二斤,谓之做岸米。七八月间,水涸之时,击鼓集众煮粥接力,各家出力浚河,取泥做岸,岸上种桑柳,多得两济"。水环境影响到桑柳生长,"浙西在水中做世界,官司常常深浚水路,居民常常修筑围塍,自丙子年水政废弛,积水不去,一遇淫雨,桑柳枯朽"。植树由乡村的围长负责组织。"围岸一事,为功不细,今岁修筑,虽已成就,缘一时旋取湿土堆筑,经值春夏雨水,不无少有淋损去处,若季夏一月,略加修浦,又于秋收之后十二月及来岁正月为始,载行增修,添用椿笆,低者高之,狭者阔之,缺者补之,损者修之,更令田主从便,栽种榆、柳、桑、柘所宜树木,三五年后,盘结根窠,岸塍赖以坚固,此诚良久之计。"③圩上树木成行,自然也成了圩田的标记。《王祯农书》有:"隰桑宜叶沃,堤柳要根骈。交往无多径,高居各一廛。偶因成土著,元不异民编。"④这里的植桑种柳与编民结合到一起,因圩田不同形成不同的编民单位。诗人眼中柳树,其景观美化作用更强。在吴淞江边,陆龟蒙言:"秋来频上向吴亭,每上思归意剩生。废苑池台烟里色,夜村蓑笠雨中

---

① 《陈旉农书》,地势之宜篇。
② 李心传:《建炎以来朝野杂记》甲集卷十六。
③ 任仁发:《水利集》卷三。
④ 《王祯农书》农器图谱集之一,田制门。

声。汀洲月下菱船疾,杨柳风高酒旗轻。君住松江多少日,为尝鲈鲙兴莼羹。"①塘浦之岸往往是官河之岸,岸树非常有序。范成大对南浦的描述是"细雨垂杨系画船"。② 杨柳植于河岸上,河岸也是大圩岸,这里的树木与稻田在生态上也构成了林粮间作的关系。

不同的林粮间作与立体化种植构成不同的人与环境、生物与生物的生态互动,盛夏农作的农民也得荫庇。柳可与水稻形成搭配,更与积水池或湖边的水生植被形成对比:"菰蒲才熟杨柳黄。"③这是江南农田与河道湖泊生物多样性的表达。种竹也是一种立体化种植,陆龟蒙有"纤洪动丝竹,水陆供鲙炙"之句。由于多种经营与立体种植,一年四季都很忙。"安知勤播植,卒岁无闲暇,种以春鳶初,获从秋隼下,专专望穜(先种后熟的谷类)稑(后种先熟的谷类),捐捐条桑柘。"④作物和圩岸之桑生长期相对错开,人们在不同的时间可以分别忙于农耕和蚕桑,同时也欣赏不同的自然风光。与圩田区或灌溉区稳定的稻作相比,旱作区的作物和岸上树种相对易变。东部圩田区在小圩盛行后逐步就没有树了。冈身地带的旱地作物也出现快速的变化,小麦的优势到后期减少,其他经济作物兴旺。吴淞江以南的乌泥泾因土壤不宜种稻,宋末率先引种了棉花:

> 松江府东去五十里许,曰乌泥泾。其地土田硗瘠,民食不给,因谋树艺,以资生业,遂觅木棉之种种于彼。⑤

---

① 《唐甫里先生文集》卷八,润州送人往长洲。
② 范成大:《石湖居士诗集》卷三,横塘。
③ 陈尧佐:《吴江》,见北京大学古文献研究所编:《全宋诗》第二册,卷九七,北京大学出版社,1997年,第1085页。
④ 《唐甫里先生文集》卷三。
⑤ 陶宗仪:《南村缀耕录》卷之二十四,黄道婆。

黄道婆借此推广了植棉与纺织。棉与麦开始争地。徐光启言："吾乡向称早种者,在立夏前,迟或至小满后。询其缘由,皆不获已,其一为惜麦。北方地宽,绝无麦底,花得早种,吾乡间种麦杂花者,不得不迟。今请无惜麦,必用荒田底。即种麦,亦宜穴种,可得早种花,后收麦,旋以厚壅起之也。"①这一带的麦棉种植原是以麦杂花——麦田套种棉花。徐光启要求真正地实现麦棉轮作,不杂其他。种棉花以后,农民锄地程度加强,原先的潮湿、多草环境也得到了改善。

四 稻田小动物

宋元时期树木众多,河道卫生条件也好,水清而鱼蟹多。除了松江鲈鱼外,还有许多现今已经绝种的名贵鱼种。当时太湖与吴淞江一带有一种银鱼："春后银鱼霜后鲈,远人曾到合思吴。欲图江色不上笔,静觅鸟声深在芦。落日未昏闻市散,青天都净见山孤。墙南水涨虹垂影,清夜澄光照太湖。"②银鱼与松江鲈鱼分别在春末与秋末上市,是当地的名贵鱼类资源。只是银鱼不像松江鲈鱼那样限于吴淞江河道,许多地点都有这种鱼。河道的草被丰富,以草为食的草鱼与鲢鱼相当多,尽管后期丰富的鱼类品种会相对减少,但一直到民国时期仍然大量存在。徐光启对稻田附近的各种鱼类的活动十分了解,并根据一些经验,判断其与天气变化的关系。"车沟内,鱼来攻水逆上,得鲇,主晴;得鲤,主水。谚云:'鲇干鲤湿。'"尽管没有实施稻田养鱼,稻田水环境中仍有鲇鱼和鲤鱼,这两种鱼对空气湿度和气压的敏感也被农民们观察到了。徐光启还观察到稻田或水池中一些

---

① 徐光启:《农政全书》卷之三十五,蚕桑广类,木棉。
② 陈思:《两宋名贤小集》卷四十八,张都官集,吴江。

鱼类的生态链关系,"鯶(草鱼)食羊豕之恶(排泄之物)而肥,鲢食鯶之恶而肥也"。① 张扩这样形容华亭一带的秋天:"阴云薄薄漏秋辉,晓露含光湿翠微。旁舍系牛尝社酒,荒城捣练给征衣。净如扫迹蚊无几,多不论钱蟹正肥。定是水乡差可乐,不应潦倒未成归。"②

宋元时期,农业生态系统处于扩张时期,江南物种在农业扩张的压力下出现了不稳定现象。在平时,鸟类或是其他小动物与丰富的自然资源相共生,一旦气候环境有变,鸟类或其他动物就会出现短期集体觅食的现象。这种鸟类增多的现象在汉代就出现了。"方言曰:'齐、宋之间,凡物盛多谓之寇。'注云:'今江东有小凫,其多无数,俗谓寇凫'"。③陆龟蒙的《禽暴》一诗,正为野凫害稼而作。"冬十月予视获于甫里,旱苗离离,年无以揩。忧伤盈怀,夜不能寐。往往声类暴雨而疾至者,一夕凡数四。明日讯其畋,曰:'凫鹥也,其曹蔽天而下,盖田所留之禾,必竭穗而后去。'"这种鸟类成灾的环境往往在水稻歉收时出现。其他小动物也会集体出动。鼠类在旱灾与歉收时出动,特别是大旱之岁出动。陆龟蒙这样记载一次稻田鼠群的活动:"干符己亥岁,震泽之东曰吴兴,自三月不雨至于七月。当时汙沮洳者,埃堨尘勃;濯溉支派者,入扉屦无所污。农民转远流渐,稻本昼夜如乳赤子,欠欠然救渴不暇,仅得葩拆,穗结十无一二焉。无何,群鼠夜出齿而僵之,信宿食殆尽。虽庐守版击,殴而骇之,不能胜。"④

---

① 徐光启:《农政全书》卷十一,农事,卷二十,水利。
② 张扩:《华亭秋日》,《东窗集》卷四。
③ 方勺:《泊宅编》卷七。
④ 《唐甫里先生文集》卷之十九,禽暴,稻鼠,河南大学出版社,1996年,第282—284页。

明清时期,人们不再提这种现象,因这些鸟类栖息的林地和浅水湖泊已经很少。即使是水生动物,在圩岸树林减少的状况下,由于有机物和其他营养成分减少,很难出现蟹类或其他较大鱼群突然爆发。早期鱼类丰富,稻田不养鱼,也有许多蟹类。有一则民间传说中既有臆测也有观察,其内容显示出蟹与稻田环境的关系。

> 蟹始窟穴于沮洳中,秋冬交,必大出。江东人曰:相传稻之登也,率执一穗以朝其魁,然后从其所之,早夜麇沸指江而奔。渔者纬箫承其流而障之,曰"蟹断",其江之道焉尔。然后扳援越轶,遁而去者十六七。既入于江,则形质浸大于旧。自江复趋于海,如江之状,渔者又断而求之,其越轶遁去者又加多焉。既入于海,形质益大,海人亦异其称谓矣。①

唐末开发加强,稻田增多,稻田与江浦及沿海地带中迁移的蟹类众多。高似孙的《蟹略》中讲到稻蟹。"彭器资诗:'玉粒稻初熟,霜螯蟹正肥。'强至诗:'潊浪樯乌急,吴霜稻蟹肥。'又诗:'木奴竞熟饶千树,稻蟹初肥嗜二螯。'陆放翁诗:'稻蟹泖中尽,海气秋后空。'"②正常之蟹可以成为人们的食物,这种小蟹不堪食用,密集成灾。在冈身地区,农田里有许多小蟹,冈身地区常有小蟹的聚集。棉花引进后,长期锄地,微生态环境改善,才达到"蟹患虫灾绝迹无"的光景。③宋代的野地与积水地多,田野有许多野生动物。绿头鸭有家养与野生两种,其生存环境为:"绕菰蒲而相逐,隔州渚而相闻。"陆龟蒙在唐末养了许多绿头鸭。"绿头鸭,水禽,村人皆养之。养者名家鸭,

---

① 《唐甫里先生文集》卷之十九,蟹志,第283页。
② (宋)高似孙:《蟹略》卷二,稻蟹,清文渊阁四库全书本。
③ 吴伟业:《吴梅村全集》,上海古籍出版社,1990年,第279页。

野生者名野鸭。野鸭多绿头。世传陆龟蒙居笠泽,有内养使杭州,舟出舍下。龟蒙家童以小舟驱群鸭出,内养弹其一,折颈。"①野鸭与家鸭都在野外稻田边的河道与圩岸采食,成为稻田周边的一种重要景观。因积水之地少被扰动,积水之地往往还有许多葑田。飘浮在水面的葑田还有一个作用,就是可以作为鱼类的产卵地。不同的草类可以诱捕不同的鱼种。现代的太湖渔民仍利用茭草草把引诱不同季节的鱼类产卵,然后下网捕鱼。② 当时的葑田肯定会吸引许多鱼类,松江鲈鱼难找,但一般的草鱼类应该常有。除了鱼类,鸡犬也常入稻田。黄文雷有诗言:"荻门临水劣生涯,屋角香浮绕菜花。鸡犬声如深谷长,耰锄力向甫田加。葑填岸步聊凭木,湖入沟塍不用车。惊见茅茨新覆草,东风轻飐酒旗斜。"稻田中更有牛羊等大牲畜,黄文雷又有:"杨柳阴中稻廪,芙蓉花里柴扉。日夕牛羊下垄,老翁稺子同归。田舍鸡豚壮长,江乡鱼蟹鲜肥。是处茅柴新熟,老翁醉倒扶归。"③江南多半的时期,是一个物种丰富,小农富裕的时代。

五 变化趋势

综上所述,宋元时期的农田环境与后期不一样,这阶段前承唐代的生物多样性特点,农作物的多样性开始增加。不单有丰富的水稻品种,还有不同熟期的品种。在水稻田中,仍有大量的野生资源,或属圩荡,或属休耕期的植被,以此构成唐宋时期稻田生态环境的多样性。小麦与水稻在良好的圩田水环境中可以麦稻两熟或麦稻两收,

---

① 《吴郡志》卷二十九,土物,江南古籍出版社,1999年,第433—434页。
② 《吴县水产志》编纂委员会:《吴县水产志》,上海人民出版社,1989年,182页。
③ 陈起:《江湖后集》卷二十一,黄文雷:《华亭以北所见,华亭道间记所见二首》,清文渊阁四库全书本。

小麦种植与高地、低地的分化有关。由于人地关系宽松,稻田也有大量的野生小动物,有丰富的鱼类资源,在气候波动时,小动物会形成灾害。宋元以后,随着人口压力的增加,开发强度加强,这种物种丰富的稻作环境不再。河道内丰富的食物资源在早期一直是江南集约化程度不高的原因,因火耕水耨期的食物资源丰富,人与环境的关系相对稳定,国家也难以对这个地区实施太多的压榨。宋元以后,国家对这一地区的剩余榨取也加强,单一化的稻作生态系统使这一地区的农业产量提高,生态系统单一,这是一千多年来太湖地区生态系统变化的主要特点。集约化时代,稻田被整平,一望平川,皆为水稻和小麦。以吴江县的平望公社幸福大队为例,以前"有不少荒地,高低不平,荒坟林立,潭沟密布"。这是民国时期的景观,这种景观承续明清时期,却与唐宋时期有很大的不同。对这样的田地,人民公社进行了"四整四变"。"土墩变成田,荒地整成田。废潭整成田,废墐整成田。"这样做肯定相对好看,形成四变,"低田变高田、横田变直田、斜田变正田、瘦田变良田"。[①] 尽管如此,生境上的改变却难以预测,因许多物种已经绝迹了。

第三节　明清时期浏河地区的作物与水土环境

明清时期生态多样性大不如以前,与早期相比,稻田的单一性越来越加强,生态系统也越来越单一。太湖东部地区的田野有三种植物组合。在中部低地地区,生产强化的表达是春花作物与早、中、晚

[①] 《关于平望公社幸福大队平整土地的情况总结》,1959 年 11 月 16 日。吴江市档案馆,农业局档案,2011—7—101。

稻相配合。春化作物有小麦与油菜等。湖州的许旦复曾言："油花、小麦谓之春花，自吴郡以东高地，种麦为多，我乡洼下，种菜为宜。"①在吴淞江低地区，种油菜和小麦一般是在圩田上的头进田部分，明代油菜种植普遍，崇祯《吴县志》中记载着有诗人讲到："一溪流水镜光绿，四野菜花云锦香。"②绿的地方如同镜面，那是低地的水田，田地有油菜花，那是高地或圩田中的高塍田。清代尤侗有诗形容吴淞江上游一带的菜花景观：

　　菜色惊看布地黄，春风习习更吹香。
　　东边吃酒西边唱，三月田家作戏场。
　　桃花未放菜花黄，桃花落尽菜花香。
　　千红万紫风流尽，不及田园趣味长。③

太湖岸附近的低地湖田区种麦困难。明清时期植桑养蚕替代了春花作物，实现了集约化强化。自嘉湖地区实行植桑养蚕的生产强化以后，吴淞江口的低地湖田区也在植桑养蚕的推动下出现高度的集约化农业经营。乾隆《震泽县》志中有："邑中田多洼下，不堪艺菽麦，凡折色地丁之课，及夏秋日用，皆惟蚕丝是赖，故视蚕事极重。"④第三种作物组合主要出现在冈身地区，配稻作的作物是棉花，且与家庭棉纺织业相结合。依靠棉纺织业，江南人在赋税压力和生态压力下，把生产推向一个非常高的水平。徐光启把这一点看得很清楚。

---

① 咸丰：《南浔镇志》卷二十一，家桑，许旦复《农事幼闻》。
② 崇祯《吴县志》卷二十九，物产，蔬之属。
③ （清）袁景澜：《吴郡岁华纪丽》卷三，尤侗：《南园菜花》，江南古籍出版社，1998年，第124页。
④ 乾隆《震泽县志》卷二十五，生业。

> 尝考宋绍兴中,松郡税粮十八万石耳,今平米九十七万石。会计加编,征收耗剩、起解、铺垫、诸色役费,当复称是,是十倍宋也。壤地广袤,不过百里而遥;农亩之入,非能有加于他郡邑也。所由供百万之赋,三百年而尚存视息者,全赖此一机一杼而已。非独松也,苏、杭、常、镇之币帛枲紵,嘉湖之丝纩,皆恃此女红末业,以上供赋税,下给俯仰。若求诸田亩之收,则必不可办。①

浏河流域地区位于吴淞江的北部地区,低地的组合是春花—水稻,冈身地区是稻作与棉作区。春花作物、棉花与水稻的平衡之中有水利、土壤与肥料的平衡,也有各种社会因素的平衡,农田生态变化中包含着江南环境与社会互动关系的变化。

一 潮水与水稻

吴淞江以北又可以细分出常熟河网区和浏河河网区,常熟河网区的主干河道是白茆,出水入长江,通过长江感潮;浏河河网区以浏河为主干,出水归海,感海潮。这一流域包括冈身和低地两部分,同处一个水网系统。常熟河网区与浏河河网区的差异在宋代已经很明显。

> 绍兴二十八年,知平江府蒋璨言:太湖者数州之巨浸,而独泄以松江之一川,宜其势有所不逮。是以昔人于常熟之北,开二十四浦,疏而导之扬子江。又于昆山之东,开一十二浦,分而纳之海。三十六浦后为湖汐沙积,而开江之卒亦废。于是民田有淹没之忧。②

---

① 徐光启《农政全书》卷之三十五,蚕桑,木棉。
② 范成大撰、陆振岳校点:《吴郡志》卷五,第46页。

一十二浦之地的昆山之东包括现代的昆山、太仓、嘉定与宝山之地,连接着冈身和低地。昆山的大部处于低地地区,其他几个县的大部处于冈身地带。郏亶以五代时北部冈身地状况与低地的灌溉排水系统为模板,详细地描述五代时冈身与低地之间相联系的灌溉系统:"今昆山之东,地名太仓,俗号冈身。冈身之东,有一塘焉。西彻松江,北过常熟,谓之横沥。又有小塘,或二里,或三里。贯横沥而东西流者,多谓之门。若所谓钱门、张冈门、沙堰门、吴冈、顾庙冈、丁冈、李冈门、及斗门之类是也。夫南北其塘,则谓之横沥;东西其塘,则谓之冈门、堰门、斗门者,是古者堰水于冈身之东,灌溉高田。而又为冈门者,恐水之或壅,则决之而入横沥,所以分其流也。"这一灌溉系统在郏亶时已经崩溃,当时仍有过去的遗迹,"古之良田,因冈门坏,不能蓄水,而为旱田耳"。① 旱地生态系统相对于水田生态系统是一种退化。冈身与低地水流灌溉处于一体化时期,冈身以水稻种植为主,麦稻两熟或稻麦两收,系统崩溃后,低地与冈身之间仍可以通过水利关系实现局部的联系,小规模的潮水灌溉仍是水稻生产的主体。但大部已出现旱像,难以稻作。长期以来,冈身的旱地农民与西部低地的农民对天气的反应有明显的差异。

  老农云:"晴雨各以本境所致为占候也。"幼闻父老言:前宋时平江府昆山县作水灾,邻县常熟却称旱。上司谓:"接境一般高下之地,岂有水旱如此相背之理。"不准后申。其里人赴于朝,欣闻诸史丞相,丞相怪问,亦然。众人因泣下而告曰:"昆山日日雨,常熟只闻雷。"丞相谓:"有此理。"悉听所陈。至今吴中

---

① 范成大撰、陆振岳校点:《吴郡志》卷十九,水利上,第267页。

相传以为古谚。又谚云："夏雨隔田塍。"①

由于降水的不确定，人们追求灌溉以图稳定的产量。没有灌溉水源的高地，人们往往放弃种稻，植棉以保收入。明中叶以后，越来越多的旱地种棉花。在冈身与低地之间，小流域内的水利整治后，启动闸坝系统，仍可以利用低地的清流引灌冈身，扩大水稻种植面积，只是规模较小。水利失修时，坝堰的蓄水灌溉或引潮灌溉一般都是零星分散的，没有规模。这一带东西向的主干河道一般是纵浦，南北向是横塘。"南北横塘贯彻东西纵浦之间，纵达海潮，横贯支脉，过潦则横塘承沟洫而输之纵浦，汇众流而泻之，遇旱则纵浦引潮水以入横塘而蓄之，于是东南无不贯通之塘浦，亦无不得水利之农田。此古人所以干河既浚，随浚枝河使之脉络周布，而水利兴也。"②在局部的河网体系中，闸与坝的作用明显。光绪十六年，嘉定仍然在唐家桥建闸，这个闸初设于"咸丰九年，建闸唐家桥，以捍蕰草浜浑潮，旋被冲损，至是改在唐家桥迤西，走马塘口内重建，附建守闸房二间"。③ 清代昆山县的一位士绅这样评价冈身与西部地区的水利关系：

> 吴中田赋，全资水利。昆地洼下，西来诸水，昆独承之，太嘉沿海冈身，其水反流，昆又承之，昆邑若釜底然。若能疏其淤，通其流，修其堰闸，固其圩岸，时其蓄泄，但资水之利，不受水之害，则田皆为美田。今者吴淞江既埋，浏河复塞，所藉以入海者，不过太仓之七丫浦，常熟之白茆荡，皆纡回细流耳。高田之沟洫不

---

① （明）娄元礼：《田家五行》附田家五行拾遗，明张师说校订本。
② 民国《镇洋县志》卷三，水利。
③ 民国《嘉定县续志》卷四，治迹。

通,低田之堰闸久废,围岸尽坍,旱无可潴,潦无可泻。①

吴淞江水流与浏河水流是互动的。早期治水者分水吴淞江时,向娄江(后期的浏河)分流,明清时期依旧如此。吴淞江是感潮河,吴淞江清水与浏河地区的各河流相通,潮淤也此消彼长。吴淞江水旺时,浏河一带的清水可能转弱,浏河下游潮淤可能加强。为了平衡,治水者一般将吴淞江与浏河并治。"青浦四江口以下,一日两潮,沙泥停积,虽江而尚宽,而河底浅窄。今娄、淞并治,若不将吴淞下段大加工力,则水势必由新洋、下驾诸浦全入娄江,而吴淞下段无清驶之水为之荡涤,必至日见淤垫。"②明清时期,东部冈身地区的旱灾与西部低地地区的涝灾常相关联,冈身河道的淤塞必然导致西部出水不畅。"长昆两县多积水,太仓高乡乏灌溉。"在这种情况下,冈身地区与低洼地区的水稻种植都需要不断治理与疏浚河道。冈身的河流形势与西部低地不同。"高乡多枝河,则海潮倒注,常分而不聚。低乡有围岸,则江流顺行,常聚而不分。相反实相济也。"③由于清水不力,常易形成倒流。"高乡东忌浑潮,西忌倒流,又虑小汛潮涸,能建闸柜水,由干达支,旱则不妨进潮,涝则放溜冲涤,使高乡常有无穷水利,则土膏其滋,易棉为稻。"④浏河一旦倒流,会引起冈身缺水不灌。清初太仓知州白登明这样描述:

> 自浏河塞而邑之东南皆成石田,冈身之水倒注西北,是高低俱困也,且浏河泄郡城震泽诸水,自下流淤,而上江岁溢。⑤

---

① 康熙《娄江志》卷上。
② 清《黄渡镇志》卷四,水利下。
③ 顾士琏:《太仓州新浏河志》附集。
④ 同上。
⑤ 嘉庆《直隶太仓州志》卷十九,水利中,开浚。

一旦河道淤塞,旱涝之灾易成,种稻也就难行。白登明为了扩展冈身种稻,对朱泾进行了一次整治,以清刷浑。乾隆五十五年官方浚七丫浦时,清水不力,浑潮之势难抵,"七浦受西来之水,以泄于海,自西水渐塞,力不足以刷沙,故疏之甚难,而淤之甚易。若非留东坝以堵浑潮,则一日两至之沙,踰年而以尺计,欲其不淤淀成陆,岂可得哉"。① 最好的冈身灌溉是利用西流清水,一般情况下高乡只用潮水,无法用湖水。顾士琏在《论海口勤浚》中讲:"低乡湖水清澈,又因鬻泥致深。海口一日两潮,每潮淀积一箸,一岁积七百二十箸。又无湖水冲涤,潮益浑,一升水,二合泥。来强去弱,最易淤浅。"②潮淤环境使稻田充满了带盐的淤泥,用清水灌溉才能去盐种稻。引西流太湖清水是最受治水者推荐的方法。"河之兴废,止在潮水、湖水之别,古来明水学者,止用湖水,不用潮水。潮水碱,灌田田瘠;湖水淡,灌田田肥。湖水澄泥,可菁壅田,所以长昆两邑,水田倍收。高乡潮沙,只堪棉豆也。"引西流清水必须兴修水利,把冈身与低地通过水流连为一体。顾士琏认为:"欲使东方高亢,转为水乡地脉。卑在有蓄水,亩亩可栽秧。唯拒潮水,引湖水乎?潮水有来而有去,湖水日引而不穷。其法:须深浚东方干河须一丈五尺,枝河须一丈二尺。干河东尽之通潮者,设闸严启,非大旱不可进潮,非大涝不决水,其枝河非通舟者,皆坝水作斗门,务令由干达支,支更达支,一引湖水注满,则遍亩可栽秧矣。盖种棉地方日薄,种稻地方地力自肥。东方佃户,不肯种稻,归咎无水,若令在在通流,夫又何辞。此拒潮水,引湖水,用天地自然之利也。"清水与潮水的分野造成土壤肥力的差异。"潮

---

① 民国《太仓州志》卷五,水利上。
② 光绪《月浦志》卷之三。

(湖)水浑,灌田田瘠;湖水清,灌田田肥。潮水夹泥塞河,沙渗苗心,苗为之稿,湖水澄泥淤腐,蒭取壅田,河为之深。"为了利用清水,一般河流往往筑坝或修闸偃。"不必置堰闸,以大干河海口而言也。若中干河以下,及支浜等,堰闸诚不可无,盖为蓄湖水之利也。"①朝廷也提倡蓄水灌溉。康熙年间皇帝下诏,要求"酌量建闸,多蓄一二尺水,既可灌高一二尺之田。多蓄四五尺水,即可灌高四五尺之田"。② 另一种灌溉是利用潮水顶托的潮灌,这是冈身区自然灌溉之法。尽管太仓之地多半感海潮,但由于各地与江水的混合不同,潮水的质量也有所区别。

> 自州境至崇明,海水清驶,盖上承西来诸水,奔腾宣泄,名虽为海而实江水,故味淡不可以煮盐,而可以灌田。至咸潮所浸灌,则不宜于耕牧,而宜于煮盐。滨海之地,潮有江海之分,水有咸淡之别。如宝山之堵塞海口,固为咸潮起见,至崇明则诸沙之在南者,与扬子江、白茅塘、吴淞、黄浦诸江衔接,其水江多而海少,故民得以资灌种。至新灶、永宁诸沙而北,咸潮浸灌,半属不毛。③

这里特别提到了崇明沙州灌溉的水流差异。许多冈身区"多高仰之田,非资海润,莫适灌溉"。太仓一带的"海水环州境入诸港灌田,利莫大焉"。由于顶托灌溉会带来潮水淤泥,经常疏浚才能恢复生产。潮灌的水道系统仍是干支分流系统。"太仓环州境皆水道,纵则有浦,横则有塘,门、堰以堤防之,泾、沥以流泄之。小而曰浜,曰

---

① 顾士琏:《太仓州新浏河志》附集。
② 嘉庆《直隶太仓州志》卷一,恩旨。
③ (清)王昶:《(嘉庆)直隶太仓州志》卷十八,水利上。

漕,曰沟,曰潭,布列其间,不可胜记,莫非海潮贯澈。如血脉之流通,经纬之联络,周流无滞者也。"在这种环境下,"田无涝潴必因潮之盈缩,其导引汲取,家至户到,则备物致用之无穷"。① 潮水灌溉也是相当受限的。

> 民田之灌溉,必藉海潮大汛,方可车引,荫养田禾。一遇小汛,虽有河渠,涓滴无入,束手待也。故古人开二十四浦于常熟,十二浦于太仓,为沿海泄放涝水之计,固为救灾之切务。意善功着矣。然而湖水弱,海水强;湖水寡,海水众,势必以弱敌强,以寡敌众,以至杂引潮沙,内多淤塞,要必年年开浚而后可。②

潮水大小对水稻种植影响甚大。柏学源有《种稻行》一诗,"种稻复种稻,七分晚禾三分早;浦西花田尚省工,浦东种稻更难保;大潮诚恐没禾田,小潮又恐禾田槁,旧年处处苦水荒,江东幸得收成好;何当县吏催赋急,家家粟米净如扫"。③ 大汛和小汛都可能对水稻产生影响。顾士琏认为用潮水灌溉者多是惰农。"盖贪潮水有二种,唯惰农不肯浚河,奸商思运大舟,故偷闸偷坝,靡所不为。"④在宝山,沿海几条河出海口在清中叶尚堵塞,后期人们开通引潮以为利。"以内港久淤亢旱,不足资灌溉,水潦不足资宣泄。如钱家浜、顾泾之出口,则开通为利矣,此时势之不同也。一方以开通为利,而一方则以蓄清捍浑为主。"尽管潮灌对土壤肥力不利,却可以解决一时之旱。一些人甚至挖海塘引潮。在盛桥、月浦交界处,"嘉庆十九年,亢旱

---

① 嘉靖《太仓州志》卷二。
② 民国《月浦里志》卷二,水利志。
③ 光绪《宝山县志》卷十四,风俗。
④ 顾士琏:《太仓州新浏河志》附集。

农民私挖塘脚引潮以灌田禾"。天旱潮小之时,土坝也极易被开。"天时稍旱,又逢小汛,月浦一带,戽水为难,农民集众潜将土坝开通,因此城市与月浦始则同情请愿,继则互争通塞。"①

在嘉定,冈身西部种稻较多,因西部低洼,水环境丰富。钱门塘乡位于冈身与低地之间,低洼多水,种稻多于种棉花。在吴塘,宋代就为潮水所影响。"稻随秋雨熟,水带晚潮浑。"明清时期,此区仍有别于冈身大部分地区。"嘉邑土产,以棉花为大宗,而我乡稻多于棉。无他,田势低洼故也。所惜农民蹈常袭故,除拘守成法外,不能相土宜而尽地力,盖藏鲜少"。钱门塘乡要经常地修圩。"防潦之法,莫妙于修圩。冈身以西,岸高于田,俗称高地,此古人圩岸遗迹。岁久失修,断续缺陷,低田无以捍水,尤易淹没。道光己酉大水,师北三图老农张某集众修圩,圩中田四百余亩,独获丰收,此筑圩之明效。"②嘉定的轮作制度一般是"二年种棉,一年种稻",这种地块称为"成熟之田"。种稻的前茬作物称为"小熟",水稻秋获才称"大熟"。③ 为了提高地力,种稻前须种绿肥作物。在宝山,"种稻前栽种小熟者,西境市乡为多,东境市乡则都栽种苜蓿等绿肥作物"。④ 在宝山的江湾,"水稻占十之三,棉居十之七"。种稻时要不停地灌溉,潮灌可以在一种不戽水的自流灌溉下进行。"其濒近蕴藻河一带之田,辄利用海潮灌入,种稻不需戽水,人工省而便利多。"⑤大部分地区仍需戽水,特别是在小汛的时候,戽水都难见效。陈王道的《水利

---

① 民国《宝山县续志》卷二,涵洞。
② 民国《钱门塘乡志》卷一,土产;卷二,水利志。
③ 民国《嘉定县续志》卷五。
④ 民国《宝山县再续志》卷六,农业。
⑤ 民国《江湾里志》卷五,实业志,农业。

揭略》有:"民田之灌溉,必藉海潮,大汛方可车引,一遇小汛,虽有沟渠,涓滴无入,束手待焉。"治水者多提倡清水灌溉。陆世仪认为一些冈身水坝不能轻易开启,这种水坝"一则蓄养清水,以为灌田之资,一则拒绝浑潮,不使侵入为害"。顾士琏也是清水灌溉提倡者,他认为清水灌溉需要兴修水利,修水利的时机是春天。①

高乡十一月民种麦菜,十二月寒冻,未可役民。必自正月上旬始,至三月初放工,则不妨农事,干河将半。官督塘长开报附河支流,若干条中之支,若干条起某处,尽某处,俱着本处大户倡率,照田开通阔狭,随地所宜,深则必与干河等,以便进水。②

由于感潮和蓄水的局部性,冈身也因之出现区域性的贫富分化。"弓塘湾、薛家滩皆沙涨成田,地洼宜稻,太嘉上腴也。多为势家之业,圩内居民数百家宅旁流水,堤岸盈桃柽,无甚贫之民。"③水稻田四周仍有类似围岸一样的挡水高地。稻田与各种河道相联系,或称河,或称港,最末一级的河道叫浜,"头港不通者曰浜"。④ 对于引潮而产生的水流,不同的地形有不同的对策。"田有高低,高者断乎无患,低者亦仅可筑圩。"⑤低地圩田区稻作稳定,明代的水稻已有早、中、晚分化,可以搭配种植。"吴俗以春分节后种,大暑节后刈者为早稻;芒种节后夏至节后种,至白露节后刈者为中稻;夏至节日后十日内种至寒露节后刈者为晚稻。若过夏至后一十日,虽种不收

---

① 光绪《宝山县志》卷四,条论。
② 同上。
③ 康熙《娄江志》卷上。
④ 民国《太仓州志》卷三,风土。
⑤ 民国《月浦里志》卷二,水利志。

矣。"①在望仙桥,本来"地形低洼,禾多于棉",水稻品种是早晚稻。民国六年的一次暴风雨中,"早稻已实,损伤不多。晚稻正值开花秀穗之际,受此风雨,将来瘪必多"。② 农民可以适当地调整品种以适应生态条件。在昆山县,水稻似乎首重早稻品种,一年一熟为主,有像"长水红"这样耐水品种出现。③ 水稻对潮水也有感应,六月正是水稻的需水期,这时有风潮恰好,故有"六月风潮是个宝"之俗语。④ 水稻品种依各地的水土环境而异,以信义地区为例,清水之地肥沃的土壤,出产的水稻品种也优。

> 物产视乎土性,信义中隔一塘,而塘北之米粒大色洁,权之亦重,塘南莫及也。说者谓阳城湖泥粪田,其力肥厚。⑤

冈身在历史上曾推广过旱稻,清代仍重视旱稻。就一般水稻而言,由于高地多沙积,稻根易生,杂草易除,故只有一次或二次荡田,而其他地区的一般耘荡次数却达到三次。⑥ 种稻辛苦,但即使种旱稻也比种棉、麦有收。在月浦一带,旱稻白色或黑紫色,"北方高仰处多有之"。⑦ 对一般农民而言,太仓一带旱稻有收,比其他种类的旱地作物更有利,"州地高仰,又水利不修。若觅得旱稻种,给佃人治冈身地。苟亩收半石,已倍棉花矣"。⑧ 民国时期,旱稻数量已经不多。在宝山,旱稻"米性亦柔,微香,种不需水,极省人力,每种瓜

---

① 洪武《苏州府志》卷四十二,土产。
② 民国《望仙桥乡志续稿》赋役志第三。
③ 光绪《昆新两县续修合志》卷八,物产。
④ 民国《昆新两县续补合志》卷一,风俗。
⑤ 宣统《信义志稿》卷十六。
⑥ 顾士琏:《太仓州新浏河志》正集。
⑦ 光绪《月浦志》卷之九,物产。
⑧ (清)王昶:《(嘉庆)直隶太仓州志》卷十七,风土下,清嘉庆七年刻本。

菜畦旁及木棉田畔,只有秔而无秫,成熟时亦有早晚之分,唯种者居少数"。① 宋代推广的占城稻是一种旱稻。崇祯《太仓州志》所附旱稻的特点是:"耐旱而繁实,且可久蓄,高原种之,岁岁足食。种法大率如种麦,治地毕,豫浸一宿,然后打潭下子,用稻草灰和水浇之,每锄草一次,浇粪水一次,至于三,即秀矣。"无论种什么稻,都要浇水。由于地势较高,太仓农人的戽水程度高于他乡。稻田中不易生草。"栽稻二十余日,用木板丛铁钉,上置长竹柄,名曰'荡',以疏稻两旁,令根易行,若上农则荡后数日复芸无再芸者。考《农书》芸凡三,再芸为下,农艺师一之弗茀。我乡岁收即种稻不得望他邑。然戽水比他邑十倍,实无余力从事,非尽农惰也。"②高地稻作伴随着高劳动力投入。

二 植棉环境

棉花最先引入到上海一带,然后向北传播到太仓。太仓人吴伟业言:"自上海、练川以延及吾州,冈身高仰,合于土宜,隆、万中闽商大至,州赖以饶。今累岁弗登,价贱如土,不足以供常赋矣。"③太仓之地尤宜植棉,清代《直隶太仓州志》上有:

> 木棉本名吉贝,出林邑国,三、四月下种,茎弱如蔓萁,高三四尺不等。初秋开黄花如葵而小,结实名铃。子中有白绵,俗名棉花。亦有紫色紫绵者,元至正间始传此种。太仓冈身地仰,三分宜稻,七分宜花,故有稻秕之别。收花时贩客云集,通商利用,以此为最。④

---

① 民国《嘉定县续志》卷五,物产。
② 崇祯《太仓州志》卷五,物产。
③ 吴伟业:《吴梅村全集》,上海古籍出版社,1990年,第278页。
④ (清)王昶:《(嘉庆)直隶太仓州志》卷十七,风土下,货之属食物附,清嘉庆七年刻本。

民国《太仓州志》上有："娄地滨海，冈身硗瘠，自城而东距于海，其田亩钟，其种宜棉。"民国初年，棉花仍占主导地位。"州县地不下八千余顷，大率种木棉者十之七，种稻者十之二，豆菽杂粮十之一，而城内外弃地甚多。"①张朝桂的《木棉花谣》讲到了这一问题。"野田日炙风萧萧，木棉花开雪满条。我乡沙土不宜稻，稻宜下湿花宜高。今年夏雨有时节，秋来海上无风潮。花铃磊落大于栗，前村后村俱满包。"②在嘉定疁东，棉花的亩产量通常只有七、八十斤，占播种面积的三分之二，其他作物主要是水稻。"稻作占三分之一，即三年中一年种稻，二年种棉。"③在宝山厂头镇，轮作制度为一年水稻，三年棉花，一旦水稻因水利条件失种，棉花也难有收成，因为种棉花期间田内的杂草较多，一年种稻期间以水杀草，使土壤的杂草生发程度大大降低。"地以沙瘠，不宜稻而宜棉，然必一年植稻，乃可三年植棉。若常以植棉，则花为草窃，久雨即芟夷不能尽矣。近又沟渠淤塞，不能植稻，以致棉屡欠收。"④由此可见，植稻的稻田生态与植棉的稻田生态完全不同，一种有大量的杂草，一种则很少杂草。正是种稻的淹水环境利用除草，也为种棉带来好处。一旦大雨，棉花田即被草淹。道光二十九年，夏日大雨，"三江两湖皆成水灾，棉田草没。有买秧改种稻者，早者有收，晚则不及。有于七月初翻种绿豆者，每亩可收五、六斗"。⑤ 太仓一带的杂草种类，以禾本科杂草和莎草科杂草为

---

① 民国《太仓州志》卷三，风土。
② 光绪《月浦志》卷之九，风俗志。
③ 民国《嘉定疁东志》卷五，物产。
④ 同治《厂头镇志》卷之八，风俗。
⑤ 同治《上海县志》卷三十，杂记一。

多,优势草种多为耳叶水苋、鸭舌草、稗草、千金子、空心莲子等。①这些杂草在稻田阶段会被反复耘荡措施所清除。在旱地的雨后,则会快速的生长,形成草害。在嘉定的钱门塘乡,道光三年的大水之后,田间杂草竟成了救灾之物。积水之下的土地成为湿地,植被丰富。"木棉虽荒,而田间之草芃芃然,穷民日刈芟之以给食牛家,易钱以自给。"②植棉与植稻对土壤环境产生的影响不同。明代王在晋指出:"高田无灌溉则枯,低田逢水潦则没故。茜泾一带,几成圩莽,舟航既阨,桔槔多废,迩年郊原四望遍地皆棉,种棉久则土膏竭,而腴田化为瘠壤,一逢水旱虫螟尽仰藉于转籴。"③到清代,地方人士更有此认识。

> 顾殷重从州守白公开浚朱泾、刘家港,著《娄江志》、《新刘河志》,于乡党之利病得失,盖拳拳矣。是时滨河之田二、八、九、十都俱沃衍肥美,称上产。今河道淤塞,田日瘠,民日贫,岁收不及向时远甚。向田一亩价十千者,今裁得三之一,二、八、九、十遂为下产,则水利之不修也。论者谓太仓地宜木棉,喜燥而恶湿,似水利在所缓,此甚不然,稻可岁岁种,而棉不可岁岁种,种棉久则土瘠,而棉恶善治田者。间一、二岁易之,以均田之肥瘠而休养。其粪种戽水之费,盖木棉不喜粪壅,如遇雨泽平均,草莱不起之岁,种棉一亩不过费缗钱一贯而已足,种稻之费四之。水治田熟,民岁有蓄积,其力足以粪田,故种稻者多稻,多则田沃,田沃则岁收常倍。水利不修则田入少,民无蓄积,力不

---

① 周子骥等:《苏太仓市稻田杂草发生情况及防除措施》,《杂草科学》2001年第1期,第44—46页。
② 民国《钱门塘乡志稿》卷十二,杂录志。朱日佩:《水灾续记》。
③ 顾炎武:《天下郡国利病书》稿本,苏下,王在晋水利说。

能种稻则种棉,种棉久而土无力,收亦日薄,民亦愈贫。①

当地人非常清楚旱田土壤肥力的培育程度远不如水田。水环境是关键,常种水稻之地水土环境好,常种棉的土壤则相对较差。宝山沿海一带种稻较多,其他地区种棉程度加强。"土性沙瘠,宜木棉,不宜禾,而禾与棉必相间种植,一年种稻,方可二年种棉,若专种木棉,则花为草窃,久雨又淹腐矣。惟沿海一带潮汐灌溉,不藉人力则又岁岁宜禾,内地则枝河淤塞,遇旱则无涓滴。植禾者又视其枯槁,莫能为力,故宝邑之农,视他邑为尤苦焉。"②播种方法一般是撒播,"棉籽播种,向用撒播"。③ 稻棉轮作的传统不单在于肥力之轮歇,更在于防止杂草,水田耕作时水淹与人耘并进,基本上无杂草,再种棉花时杂草就少。在宝山罗店镇,"其种亦宜木棉而不宜禾。然久种棉花又苦蔓草难图,故三年种花必须一年种稻,所谓七分棉花三分稻也"。由于草盛,锄草是江南棉花种植中最费人工的工作。施麟瑞《锄木棉》中有:

> 锄木棉,木棉乍出藨芜连,盘牙施瓣望眼断。槿叶初放几于钱,轻锄检点旧精铁,霍霍磨向茅茨边。斫竹为柄恰称手,草间一试如风旋。夏雨薄薄分牛脊,一望青葱满阡陌。呼儿挈妇齐下田,挥手运锄亟芟柞。运锄运锄相叹嗟,轻难去草重伤花。纵横周转如削玉,爱惜不啻培天葩。可怜赤日透疏笠,流汗沃田田亦湿。芟余荼蓼晒未干,骤雨更愁新草出。④

---

① （清）王昶:《（嘉庆）直隶太仓州志》卷二十,水利下。
② 光绪《宝山县志》卷十四,风俗。
③ 民国《宝山县再续志》卷六,实业志,农业。
④ 光绪《罗店镇志》卷一,风俗。

在既种棉又种稻的地段,春天农民在稻田提水种稻,在旱地荷锄锄棉,"椎髻村村锄吉贝,桔槔处处灌香秔"。① 这是熟地的状态。各地段的草被程度不一,除草难度也不一样。张朝桂的《木棉花谣》中有:"野田日炙风萧萧,木棉花开雪满条。我乡沙土不宜稻,稻宜下湿花宜高。今年夏雨有时节,秋来海上无风潮。花苓磊落大于栗,前村后村俱满苞。"江南多湿,冈身一带的棉田比北方更需要中耕除草,江南之地的杂草生长特别快。王畴之《木棉歌》有:"年年四月来牟黄,播种入田乘雨隙。迸芽发叶仅寸余,田中茂草先盈尺。挥锄流汗浃故衣,亦日中天痛如炙。半载辛勤秋九月,西风夜发苞初坼。幸逢稔岁霜信迟,照眼花丛如雪白。"②外冈土壤瘠沙,难于蓄水,也有棉花与其他蔬菜类的间作。"遇丰年亩可售五六千,下可一二千。秋瓜尽起,复种萝卜,至冬亩亦有一二千之息,一岁二熟,且培获易。"③这是棉花与萝卜轮作复种,一年二熟。与棉花相间种植的作物一般是豆类。在宝山的厂头镇,黑豆"为诸豆之魁,粒大于他邑。农人多种于棉花两沟之旁,恐棉花或败,犹冀获豆以抵租也"。黄豆,"惟秋获者,乡人用以打油,集渣作饼,则以餧猪,棉花沟两旁多植此种"。④ 日占时期,日本人对嘉定的棉豆间作有过调查。主作物是稻棉轮作,第二茬作物是豆类,一年二熟,棉作的前作如果是豆类作物,冬季一般休闲。棉花生长的后期,人们插播豆类作物,这些地块可以变成水田,棉花在台畦上播种,垄畦之间有排水沟,深度大约10—20厘米,台畦的宽度很宽,狭者大约有1.5米左右,长者3米,一

---

① 《安亭志》卷十一,孙岱:《暮投东田途中纪所见》。
② 光绪《宝山县志》卷十四,风俗。
③ 《外冈志》卷二。
④ 同治《厂头镇志》卷之八,土产。

般在2米左右,中间种棉花,贴近排水沟的两沿种豆。① 稻与棉对海潮都很敏感。在太仓,海潮对棉花经常形成的潮灾危害常与风灾同步。

> 太属水道无不受潮。海区最防秋泛。盖七八月间,正禾稻成熟、木棉繁结之时。如遇东北风,挟雨助潮,为患最大。②

长期的海潮使棉田土壤地力发生着变化。在月浦,"壤分三则亢卤之田,昔肥今瘠"。③ 河道淤塞到一定程度,土壤沙化或盐碱化严重,棉花种植也可能出问题。"考太仓水道,干支八百五十条,今存者有几。是以全境土田多坏,而东南乡滨海为尤甚。盖别区犹或棉稻相代,地力未竭,唯此处冈身斥卤,民鲜栽稻。岁植木棉,田亩日瘠。"棉花收入很少,一般农民完成赋税之后,濒于破产境地,清代甚至出现了因地力变化而移民的现象。"土著大姓,赋役破家。奴婢鬻之巨室,穷佃徒于熟乡。"生态环境也因此大变,"抛荒田地,盈百盈千,瓦椽无存,冢树尽伐,村落竹木不繁,池塘鱼鳖少产,东南之地,脉竭而生气尽矣"。④ 在月浦一带,一旦河道不浚,沙积严重,往往只好种棉。"邑人严衍《巳午叹》:嘉土本漏沙,朝庠夕便涸。稻既不堪栽,麦豆亦纤薄。吉贝仅相宜,又患飓作虐。"⑤由于潮水带浑,水道不定,农民也随机而处。宝山"南北二干河来水昼夜两潮,源源不绝,但海潮挟沙而上,本易淀积,况兼沿河田农,不虑远患,止贪近利,

---

① 满铁上海事务所调查室:《上海特别市嘉定区农村实态调查报告书》,昭和十四年十一月,第61—63页。
② 光绪《月浦志》卷之二,潮汛。
③ 光绪《月浦志》卷之七,木棉花赋。
④ 顾士琏:《太仓州新浏河志》,朱泾水利说。
⑤ 光绪《月浦志》卷之十,天人志。

此填彼筑,仅存一线。猝遇秋潮泛溢,禾棉艰于泄泻,必贻大患"。这一带种棉也必须有水利与之相辅,"十岁不浚,境内悉成平陆"。浚河有里河、外河之分,也有蓄、泄之分。曾任宝山县知县的赵昕在其《水利议略》中指出:"凡治近里河,以蓄为体,而可泄者其用地高下,使里河之底深于外河,愈里愈深,所以备旱;低洼之乡先噐稠泥以壅田;次挑干土以筑岸,所以备涝,束水于渠。清流常满,疾赴于江,与潮相距,所以备塞。"宝山与嘉定同处冈身,但通潮水平却不一样。宝山"河港悉与海通,潮汐往来,泥沙日淀,而浚之工数而难,嘉定之地其河港去海远,水清无泥,而浚之之工省而易"。① 从小环境而言,农民一般把棉花种于垄上。明人何平在盐铁塘附近观察到农民"种棉培娄上,薙草水田间"。② 在不同地块上有着不同的水旱分布。在宝山盛桥乡,棉居其七,稻居其三,夏季刚种完棉花就要插秧。

> 乡村夏日农家忙,才种木棉又分秧。高低陇亩皆需水,车声直接歌声长。朝咿哑,暮咿哑,老牛蹄穿眼影花。东家妇,西家妇,唤郎犀水去粮莠。赤日炎炎背上炙,踏车流汗衣尽湿。③

有清代,这一地区产生了一部关乎棉花的农学著作——《木棉谱》,作者褚华讲到了棉稻相代的土壤环境。他发现棉后种稻与稻后种棉各有一套模式,"种稻者,收棉后周田作岸,积水过冬。入春冻解,放水候,干耕锄,如法可种,亦不生虫"。稻后种棉也要有一套技术,"棉田秋耕为良,获稻后,即用人耕。又不宜耙细,须大垡岸起,令其凝冱,来年冻释,土脉细润,正月初转(再耕)耕,或用牛转,

---

① 光绪《宝山县志》卷四,水道。
② 清《黄渡镇志》卷三,水利上。
③ 民国《盛桥里志》卷之三,实业志,农业。

二月初转,此转必捞,盖令细。清明前作畦,畛欲阔,沟欲深,雨后更于白地上锄三四次,则土细而草除。除白一当锄青,二去草,自其萌芽故"。如果施肥,种棉肥料一般要求"或粪或灰或豆饼或生泥多寡,量田肥瘠"。植棉一般不施肥,主要依靠河泥。"惟生泥能解水土之寒,亦能去粪之热,使实繁而不蠹。谚曰:'生泥好,棉花甘国老'。但下粪须在壅泥前,泥上加粪并泥无力。"如果用绿肥,"掩豆后仍上生泥,生泥不止去热,亦令虫少"。① 在宝山厂头镇,汪价的《锄木棉诗》讲了肥土(河泥)的作用,"春旦负轻耒,鳞立青畦间。昨夕滋鲜雨,新叶醲佳颜。出耒拨肥土,平治道固艰。是花众所植,是草众所删"。② 在盛桥,栽培技术有粗放的,有精细的,精细的很讲究。"旧时种棉随手散布花子,疎密不匀,今则犁田之后每亩分列数行,耙土甚细,用锄打潭,加以肥料,播种而耰之,此即古者涿耕之法也。日后择棉之肥而长者摘去花头,俾横生枝节多结花铃,业此者颇获丰收,惟积习相沿,未能一律。"③由于河泥的作用,许多地区种棉都不施肥。在月浦,"习惯植棉之地不施肥料,每间二年种稻一次,始用灰粪、大草、河泥、豆饼等以培地力,为植棉之预计"。④

冈身一带的棉花栽培技术与感潮关系密切。为躲海潮盐重之害,农民一般实行早播。"凡种植以早为良,吾邑濒海,多患风潮,若比常时,先种十许日,到八月潮信,有傍根成实者数颗,即小收矣。"农民也会用混作技术保护麦苗过冬,"早种遇寒苗,出多死。今得一法于旧冬或新春初耕后,亩下大麦种数升。临种棉并麦苗掩覆之,麦

---

① 褚华:《木棉谱》。
② 同治《厂头镇志》卷之八,风俗。
③ 民国《盛桥里志》卷之三,农业。
④ 民国《月浦里志》卷五,实业志。

根在上,棉根遇之即不畏寒。用此法,可先他田半月十日"。这是混作防寒。还有一种叫麦杂花的混作技术,褚华对此评价不高:"种棉者或共大麦下种,夏获麦,秋则获棉,谓之麦杂花。沟中隙地皆种豆谓之豆沟,玄(元)扈先生曰:'田沟侧勿种豆,'虑伤灾,利其微获者,下农夫也。尺寸空余少,俟枝叶森布,补豆一簇,害苗十数,赤豆更甚,由此观之,麦杂花亦不可种。"①棉花与水稻都对风暴潮很敏感。陈钧《蕰藻筑坝即事诗》有:"去年六月雨翻盆,水浸郊原没远村。一望禾棉沉陆海,低田荒尽与谁论。新秋何地不欢讴,共说今年大有秋。白露乍来逢飓母,连宵风雨涨平畴。花铃成腐稻生芽,妇哭童号几万家。"这两种作物对旱灾也很敏感。康熙三十年大旱,月浦一带的练祁塘都干涸了,有人作诗《㞗水行》:"树头铜钲红欲烧,高低陇亩犹灰窑。火星无端缠五朔,三时雨断海缩潮。老牛蹄穿铁碾销,田沟龟坼草根焦"。② 在嘉定的望仙桥,朱石民记载了道光三年涝灾的影响。"七八月来,雨多如故,水淫洪如故。七日时午未又雨,连绵至九日未初才止,河水又涨,较五月间加二寸。问之西人,则云迤西递加四五寸不等,且非特雨而已也。八月东北风大作,九日西南又起大风,挟雨益壮,雨助风益骤,而高地木棉尽偃于泥淖,鲜花萎落大半,后又结花盘于上半截,鲜花灿发,乡人以为犹有望焉。未几,复阴雨浃旬,根腐者有之,叶萎者有之,幸而存则拳曲草间,求其花而实者寥寥焉。"宝山张涛有诗言:"潮汐势滔滔,阡陌平沟洫。去年五月时,禾苗青的的。今年六月时,木棉水淹湒。耒耜挂壁间,比户多忧色。直待黄梅边,始见好天日。荷锄才至田,田中草如织。"③

---

① 褚华:《木棉谱》。
② 光绪《月浦志》卷之十。
③ 光绪《望仙桥乡志稿》,灾异。朱石民:《水灾又记》。

经济和社会的因素无疑也影响着冈身植棉。川胜守分析了高地的赋税与佃户种植选择的关系。① 崇祯《太仓州志》中记载了太仓一带植棉既与水利有关,也与赋税制度有关,"肃乐论漕粮曰:州地高阜,水利不究,佃人便挟私而罔公上,喜树木棉。每亩输租七钱,赢得过当。虽严禁之,不可止"。② 明代的赋役不像清代那样统一,民间的市场与官方规定之间有博弈关系,官方往往不愿意看到农民赢利,为保护田主的利益,常常禁植棉花。明代国库以稻征税,稻米价涨,田主受不了,往往逼佃户交稻米。"承佃人遍种棉花,库米价腾贵,田主强责佃种稻。"为什么水稻利高,佃户却不愿意种植呢?其中原因非常复杂,水稻需水利,太仓可水可旱,变旱地为水田需要佃户投入很多,田主不愿意投入,佃户也不愿意自己修水利。"州地未必不宜稻,承佃人偏种棉花,库米介腾贵,田主强责佃种稻,又惜工本,不倡率开河。小民戽水艰难,且河道尽塞,无水可戽。"③ 种棉不需要这么多的投入,另外,佃户往往同时兼营棉纺织业。植棉可以令他们不受市场棉花价格的控制,有利可图。尽管棉花可能在风潮时受到很多损失,明中叶后仍有弃稻种棉的趋势。"若风潮惟棉花败,而州地宜稻者,亦十之六七,皆弃稻袭花。"④ 一处学田租的案例记述了官方与田主对佃户不种稻的对策:"愚谓:当履亩准民间田起租,亦如民间花稻兼收,盖娄佃图奸匿,多种木棉。即有秋,价不逾一两,所入不足当税粮。于是田主约上田七分米、花三之。甚下亦纳米三分,粮科

---

① 川胜守:《明清江南农业经济史研究》,东京大学出版会,1992 年,第 156—157 页。
② 崇祯《太仓州志》卷八,赋役志,秋粮。
③ 崇祯《太仓州志》凡例。
④ 崇祯《太仓州志》卷十五,琐缀志,灾祥。

本色,花视岁收等杀,则征学租有法。"①官方规定种植才能保证利益,单收棉花,田主与官方得利不多,而佃户可以靠纺织以补贴。稻与棉花皆收,利益才稍有保障。植棉长期以来受政策的影响,也受市场的影响。川胜守从乾隆年间的"刑科题本"中发现奉贤县有"种稻还稻,种花还花"的习惯。棉花价格受北方棉花市场影响,有一定的风险,田主需出卖棉花买米以纳税,有双重的市场风险;佃户兼纺织,则不受市场的剥削。稻米的价格总是稳中有升,国库征稻,负担在田主身上,故田主愿意收稻租。以花租顶稻租,田主不愿意,故常有主佃纠纷。② 民间的偷棉花之风也会影响棉花种植,光绪年间,在农村开始有人在棉花初花之时偷棉花。在罗店镇,"土产稻三棉七,农民生计惟赖木棉。向来棉花至九月终,大都收藏,所有余剩在田,至十月初即有贪利者撮取,名曰'捉野花'。小民以为遗弃在田取之无碍也,然究属取非其有。历蒙宪禁在案。迩年来更有一种棍徒,一俟七八月棉熟,招集无赖偷窃,名曰'发花袋',该无赖以有人嘱托,每至夜半,三五成群在野偷窃,名曰'捉露水花'"。③ 在乡村治安不好的环境下,这种风气必然影响到棉花种植。

三　杂粮与芡蒲

南宋以降,麦类栽培逐步有了一套成熟的技术体系。头茬作物如果是早稻,收获后要抓紧时间耕作施肥,种上二麦、蚕豆或蔬菜等类。晚稻收获后来不及种麦类,只好留茬冬季休耕,等明年残茬容易

---

① 崇祯《太仓州志》卷四,学校志,学田。
② 川胜守:《明清江南农业经济史研究》,东京大学出版会,1992年,第156—158页。
③ 光绪《罗店镇志》卷之一,风俗。

腐烂,节省牛力。① 徐光启在《农政全书》中所讲到的大、小麦栽培属于江南地区的技术,"早稻收割毕,将锄成行垄,令四畔沟洫通水。下种,以灰粪盖之"。他又说:"耕种麦地,俱须晴天。若雨中耕种,令土坚垎,麦不宜长;明年秋种,亦不易长。南方种大、小麦,最忌水湿,每人一日,只令锄六分,要极细,作垄如龟背。"麦沟清理是江南的技术特色,冬天清理麦沟,因田地常处于积水状态,冈身之地的稻麦复种也是如此。清理麦沟时"令深直泻水,即春雨易泄,不浸麦根。理沟时,一人先运锄将沟中土耙垦松细,一人随后持锹。锹土,匀布畦上。沟泥既肥,麦根益深矣"。② 春收作物一般称为小熟,冈身地区的小熟作物第一为小麦。嘉靖《太仓州志》中将麦列为第二作物,农民看水沟有没有水,以此判断是否种麦。秋谚曰:"三月沟底白,莎草变成麦。"就是指在水沟蓄水减少时种麦。冈身地带种小麦时有明晰的麦垅。嘉靖年间的都御史伍文定过娄城时作诗句曰:"青环麦陇连桑柘。"麦田边也种桑。嘉靖年间,太仓的植桑之地是在东北乡,"田畔多种之,能辟虫杀草"。③ 冈身的低洼地区也受积水之苦,稻麦复种需要良好的水利疏浚。在浏河入海口,清代的一次水利兴工后,"西水就平,低洼之区塍岸尽出,刈稻筑场,民享丰熟,仲冬水涸,栽麦遍野"。④ 低地地区还有油菜与水稻的水旱轮作。在信义,三月酿的酒称"菜花黄",这正是菜花纷开的时节。⑤ 油菜与稻的轮作在江南圩田区有普适性。《农事幼闻》记载:"自吴郡以东,地

---

① 《陈旉农书》,耕耨之宜篇。
② 徐光启《农政全书》卷之二十六,树艺,谷部下。
③ 嘉靖《太仓州志》卷三、五。
④ 顾士琏:《太仓州新浏河志》正集。
⑤ 光绪《信义志》卷之三,人物;卷之六,志事。

高种麦为多,我乡洼下,种菜为宜。"耕作制度的特色是"菜麦沟":"刈麦之后,垦田为高棱,旁界小沟或撒麦令自出或栽麦苗,若菜则必取秧培种,种后俟其生发,用包铁木铲再浚其沟,即以土壅菜麦。"①明清时期,甘薯种植在冈身地区和感潮沙积区有特别的发展,这种地块一般既不适合种稻,也不适合种棉。徐光启言:

> 吾东南边海高乡,多有横塘纵浦。潮沙淤塞,岁有开浚,所开之土,积于两崖,一遇霖雨,复归河身,淤积更易。若城濠之上,积土成丘,是未见敌而代筑距堙也,此等高地,既不堪种稻,若种吉贝,亦久旱生虫。种豆则利薄,种蓝则本重。若将冈脊摊入下塍,又嫌损坏花稻熟田。惟用种藷,则每年耕地一遍,剧根一遍,皆能将高仰之土,翻入平田。平田不堪种稻,并用种藷,亦胜稻田十倍。是不数年间,丘阜将化为平畴也,况新起之土,皆是潮沙,土性虚浮,于藷最宜,特异常土。②

龚大章是洪武时期的人物,晚年在西部低洼圩区的虞浦隐居,"独与一老婢居破庐中,有田三十亩,种豆植麻,歌咏自得"。这里提到了江南一种重要的杂粮作物——豆。叶梦珠曾对冈身杂粮作物有过描述,"吾邑土高水少,农家树艺,粟菽、棉花参半。向来种粳稻三种,而秫不与焉。其最贵者曰瓜熟稻,计渍种以及收成不过七、八十日,大约三月终下种,六月中便可登新谷,收成后尚可种绿豆也,然而收数不能丰,最上之田,亩不能过三斛。故种者亦罕"。③ 宝山东部的土壤沙质化较强,种木棉为宜。"吾邑之东半境,大都为砂质,土

---

① 民国《南浔志》卷三十,农桑一。
② 徐光启:《农政全书》卷之二十六,谷部,下。
③ 叶梦珠:《阅世编》卷七。

质松而便于翻耕,空气与水分之通泄亦易,惟肥料之吸收及其保固之能力甚微,故施肥宜少量而多次,植物宜棉、荳、杂粮,成熟时期每较他土为早,盖因养分之消耗速也;西半境大都为粘质土,即埴土,俗称够干地。植物宜禾(水稻)、黍、蔬、果、瓜等类。"① 水环境变干旱,种植业结构也会大变,旱地作物增长,水稻减少。土壤肥力也会处于下降的状态。冈身棉花有二种种植方式,"种棉有早晚之分,上年稻熟后未种春熟者,立夏前后即可下种,俗称稻板花,收获较丰。上年种春熟者,须春熟收获时下种,俗称晚花,收获较迟一月。就地力论,自以早下种为优,惟畏久雨,夏则草蔓,秋则铃坏;或夏秋之交,飓风挟雨,茎伤则铃开不足"。② 除了棉稻轮作外,还有稻豆轮作等,一年二熟。在嘉定,万历年间高地的干旱形势非常严重,植棉与种绿豆兴盛。小麦种在圩田的坡地地带或高地地区,这种地一般是中等地,当地人有诗曰:"中田有丘,瑞麦油油";"中田有坡,瑞麦孔多"。③ 旱灾到来时,冈身地区的人们种荞麦收避灾。"设令五、六月间,花稻俱荒,急令播种荞麦,至八、九月间,即可收获。唯乡民无知,无由觅此麦种。全赖仁人君子雇舟至北地一带,多籴荞麦种,散布乡间,使得人人播种。只须三月,已有收成。"④ 由于水肥条件的限制,冈身地区的多熟不如低田水稻的一熟。低地地区以水稻种植为主,尽管农民多施河泥,肥力仍显不足,要种绿肥以补肥力之不足。昆山低地多种苜蓿,苜蓿"肥田与蔬食颇佳"。⑤ 在冈身地区,人们在麦田中种草

---

① 民国《宝山县续志》卷一,面积,土质。
② 民国《宝山县续志》卷六,物产。
③ 万历《嘉定县志》卷之二十二,文苑,诗编。
④ 光绪《月浦志》卷之十,天人志。
⑤ 民国《昆新两县续补合志》卷三,物产。

头,即可做蔬菜,也可做绿肥。

田草八九月种,春时摘食,嫩苗谓之草头,亦名金花菜。小满后刈以壅田,最肥。农人与二麦并重,故动称麦草。蓼,俗名红花,亦可染绛,老则刈以壅田,与金花菜同天蓝。冬初下种,亦可壅田。萱,出茜泾,土人捆以为屦,名菅草鞋,邑农均赖之。蒲,乡中浜溇皆艺之,名曰蒲荡,刈织为包以囊。①

低地多积水,常种蒲草等水生植物。《吴郡志》记载当时的人种芦苇、蒲草与菰。郏侨论到吴淞江两岸形势时讲:"今则二并已绝,唯吴淞一江存焉。疏泄之道,既隘于昔。又为权豪[请]侵占,植以菰蒲、芦苇。"②早期有许多规定使圩田内的许多地方必须种茭芦类植物护岸,这样便形成特有的圩田生态湿地系统。在明初的圩田中,仍有大量的人工种植的水生植物。这对圩田湿地生态系统的维持有很大的意义。随着农业的发展,这种湿地也是由多到少。夏原吉发现吴淞江在"沙泥淤积,旋淤旋塞。自吴江长桥至下界浦(夏驾浦),约百二十余里,虽稍通流,多有浅窄;又有下界浦抵上海县南跄浦口,可百三十余里。潮沙壅障,茭芦丛生"。③ 吴伟业论销田法时言:"向者以河为田,而民受无穷之累。今者以田为河,而民又失有形之利,则谓之何? 曰:否否,凡民之有芦荡者,必其有老田者也。河开则老田尽熟,彼不喜田之熟而惜此芦荡哉? 则又有疑之者曰:芦政自有专管,衙门设令上请而所司坚持中挠,则奈之何。"④由此可见,一个人

---

① (清)王昶:《(嘉庆)直隶太仓州志》卷十七,风土下,草之属。
② 《吴郡志》卷十九,水利下。
③ 顾祖禹:《读史方舆纪要》卷十九,南直一,三江。
④ 嘉庆《直隶太仓州志》卷二十,水利下。

往往兼有芦苇之地和"老田"——稻作之地,圩田在芦苇之地的旁边,低田圩田区的芦苇种植非常之多,这种荡地也收税。顾士链曾就高乡地区水道疏理时的清理芦苇事项做出建议。

> 每当孟夏,严谕塘长,凡新芦有妨水道者,督民遍砍。有芦芽处,听民牧牛,务绝其种。及一应堰坝鱼簖,俱令撤去,便民通水溉秧,遣水官巡郊勘验,犯禁者重惩。盖高乡受旱,唯是贪芦苇之利者,通流俱被塞,即娄江尚遭其害,而况塘浦乎。所当申严禁者此也。①

总之,荡地与芦苇之地在高低之乡都占一个相当大的比例。高乡湿地资源少,人们更重视这些湿地植物。低地的农民往往既经营野生湿地,也经营圩田。明代倪瓒有诗曰:"钓缘水北菰蒲渚,窗俯江南桑柘村。"②正是在这种丰水环境中,积水之渚有野生的菰蒲,圩田岸有集约化经营的桑树种植。大量的莆草资源又会引起豪强势力的竞争。低地的芦苇有旱芦和水芦,旱芦"荒地随处丛生",冬天刈割。蒲草比芦苇更宜种植,在昆山北乡的"邹家、双泾、西薛塘、顾家泾等处,道咸时犹种植无多,自粤匪乱后,逐年加增,近约二千余亩,几成一出产之大宗。大抵低窳积水之田,以之种稻,则每多淹没,以之种蒲,则极易繁盛。"蒲草种植也有一套技术体系:"种蒲之法,择土质腴润污下,若潴之处。同他田于始苗时分根移植。"当时也施肥,说明蒲草已经实行精细耕作。收草时天气很热,人工代价也很大。"就邑境而论,终岁积水之田,不止西北一隅,苟择可种者推广以植之,亦足以补农业之不逮至。原志所载出吴淞江,种类似同,然

---

① 嘉庆《直隶太仓州志》卷二十,水利下。
② 嘉靖《昆山县志》卷十六,集诗,倪瓒:《鹿城隐居》。

生殖无多,不逮北乡之茂盛矣。"① 可以推断,蒲草自宋代以后一直在低地地区种植,随着商品经济的发达,这种经济作物进一步向低地水田进军。

四 中部干旱化

嘉定中部地区早期是种植水稻的旱涝保收之区。"按隋志:川泽沃衍,有海陆之饶。故今高下悉田,稻色多种,食物所出,水陆毕备。"② 宋代以后冈身灌溉系统崩溃,旱地作物增多。南宋时,吴淞江一带常有淤塞,低地地区塘浦环境也开始变坏,但昆山周边地区和嘉定西部地区仍处于丰水状态。隆兴三年大水时,范成大认为昆山一带地势较低,"昆山常受三江具区之委以入于海,其野甚平,而苦霖潦,时至则水多,高居必以横塘纵浦疏浚四出,然后民得污邪而耕之。今岁久弗浚涂泥沟满,夫地愈下而脉络壅底,则其沉涵独甚于它邑"。③ 明中叶以后,黄浦江的形成使吴淞江及其北部低洼地区的清水愈弱,潮淤加强,这引起冈身与低地交界处发生了敏感性变化,昆山和嘉定的部分地区出现干田化。"昆山之东南隅,嘉定之西南隅,青浦之西北隅,华亭之北隅,昔日沃壤,今皆硗确莫耕。"④ 这片连接四县的高起地区,正是形成于现代地形图上的吴淞江中下游四周的高地地区,在地图上可以有明显地表现。⑤ 在当时,昆山部分地区干田化的情形非常明显。

---

① 民国《昆新两县续补合志》卷三,物产。
② 杨譓:《至正昆山郡志》卷六,土产。
③ 万历《重修昆山县志》卷之二,水利。
④ 康熙《娄江志》卷下。吴荃原三江。
⑤ 中国科学院南京地理研究所、水利电力部太湖流域管理局:《太湖流域水系与地形图》,1987年10月。

自吴淞壅淤,则西南之水横溢,白茆阻塞,则东北之水进来,仅娄江一线,纤纤徐徐,引注入海,而近已填塞于海沙。则为昆山计,将如之何?四境田畴惟东南壤接嘉定者高亢苦旱,其南境之邻长洲、青浦者,即多卑洼,至于北乡皆障水成田,水弥弥行田外,常高于田数尺。①

归有光对此有很深入的观察。他发现中部部分地区"清流既壅,浑潮日涨。水利不通,农田渐荒"。认为这是二十多年以来的环境变化所致。"二十年以来,松江日就枯涸。惟独昆山之东、常熟之北,江海高仰之田,岁苦旱灾。腹内之民,宴然不知。逐谓江之通塞,无关利害,今则既见之矣。"归有光家住昆山顶脊泾,发现这种高田"田高,枯不蓄水,卒然雨潦,又无所泄。屡经水旱,百姓愁苦失业"。干地尽管可种棉花、绿豆,但与稻田相比,利益相差太大。在江南降雨量增大的年份,旱地难以排水,这些旱地作物也会受涝。归有光还描述了一次大水灾的状态:"大水没路,不通人行,遂至音问隔绝。此乡征连年亢旱,今岁却种花豆。淫雨滂烂,奈无圩岸,横水泛滥,莫能措手。昨两日雨止,觉水退一二寸。一年所望花豆,已无有矣。方令人翻耕,买秧插莳,倍费工本,又太后时,然不无万一之望。人来言:'西乡极恇扰'。非是此地高强,此间人耐荒,西乡人不耐荒耳。"②只要吴淞江仍是出水干道,尽管有一时之干旱,因众水汇吴淞江,仍可有水流保证稻作水环境。吴淞江不再成为太湖出水干道以后,旱情就无法改变了。无论南部、北部,河道的来水减少,稻田必受

---

① 《昆新两县续修合志》卷四十六,孙元凯昆山水利议。
② 归有光:《上总制书》,《奉熊分司水利集并论今年水灾事宜书》,《震川先生集》卷之八;《安亭镇揭主簿德政碑》,《震川先生集》卷之二十四。《与沈敬甫四首》,《震川先生集》别集卷之八。

其影响。万历年间,林应训也发现了这一地区旱地化趋势,有农民直接向他陈述当地的田地不再是水稻田。

> 为开浚吴淞江中段,久驻昆山县地方,时时亲到江上,督率工程。每一到江,则有该县十二等保区民潘环等群然泣告:本区安亭地方与嘉定县连界,地方沙瘠,花稻薄收,近来钱粮无措,男妇流移,举该区万余亩之地,俱成荒芜。①

高地种植依赖官方在河道水利上下功夫,只有疏浚了低地与高地的河道淤塞,干田化才能得到缓解。嘉定南接吴淞江,又与浏河相连,其水利非常有特点。张应武言:"载地既高,而江形又直,建瓴东注,自安亭港至李家洪,萦迂境内,百有余里。塘浦左右股引,足于清水而亦无壅溢之患。五季以前,江乡号称乐土。自吴江石堤既筑,清水之出于湖口者日微,不足以荡涤潮沙,松江屡浚屡堙。"②浏家河刚开时只是为分吴淞江水灾时之洪。为了保证农业条件,当地人不断地实行浚河并对引潮灌溉体系进行了维修。"国朝永乐初再浚,则以救水灾。历二百余年,下流横溢,每潮汐之至,境内西北诸塘浦借为咽喉。以嘉定之土田亢瘠,而其民犹得耕而食,则此河之利居多矣。"③清中叶的《安亭志》有:"吾安亭吴淞江环其前,娄江绕其后,而所资为灌溉、舟楫之便者,则有瓦浦、徐公、吴塘、顾浦诸小港。在五季之世,江乡一乐国也,自吴淞、娄江湮塞不通,而诸小港亦塞,田卒荒芜,即不免民就逃亡。"④从丰水环境变成干旱环境,不但稻作不

---

① 林应训:《议处荒田疏》,《安亭志》卷三。
② 万历《嘉定县志》卷之十九,文苑。
③ 万历《嘉定县志》卷十四,水利。
④ 《安亭志》卷二,水道。

成,许多生态湿地的资源也不再有,低地有野生食物资源,冈身高地无此资源,环境一变,人们也因此难以应对灾变。在昆山的菉溪镇,人们明显地感到这种状态:

> 太仆有光三区赋役水利书所谓三区,本县十一保、十二保、十三保之田是也,菉溪录十一保、十三保,俱号冈身,最为高仰之地,远不如低洼之乡。低乡之民,虽遇大水,有鱼鳖菱芡之利,长流采捕,可以度日。高乡之民,一遇亢旱,弥望黄茅、白苇而已。低乡水退,次年以膏沃倍收,瘠土之民,艰难百倍。①

这种水环境之变在当今社会也许不会造成什么问题,在对自然水流非常敏感的古代,水环境之变关乎一个地区百姓的生死。水环境稍变,高地要被迫做出产业调整,靠植棉与家庭纺织业以图生存。环境与作物结构已变,赋税却没有发生变化,官方仍然根据水稻田征赋。"太仓之田,其赋虽均,而其名尚有曰田、曰地、曰山、曰池、沟、荡、涂之异,而其赋各有等地。唯地则其名虽存,而赋实与田等,其未均时有所谓地者,只科夏税,而不科秋粮,谓之曰'丝麦田',实则其种宜稻者也。以今之冈身,名之曰地,夫谁曰不宜,诚得视周之园廛,今之山场以征其赋。"②早期的地因常种麦类作物收税轻,均田均税后田与地已经不分。③ 水环境导致作物结构发生了变化,赋税却并没有因此减轻,土地生产力已难以负担以前那么多的赋税。地方官员多方上疏,请求减免。有时虽然减免一点,不久后又恢复了原额。在这种情况下,百姓不得不投入更多的劳动,通过市场机制、利用其

---

① (清)《菉溪志》卷一。
② 嘉靖《太仓州志》卷十。
③ 弘治《太仓州志》卷之十,上。

他更艰苦的劳作完纳税收,这种艰苦劳作就是植棉与纺织。"国初承宋元之后,考之旧志,境内塘浦泾港大小三千余条,水道通流,犹可车戽。民间种稻者十分而九以故,与他县照常均派本色,充运尚能支持几二百年也。其后江湖壅塞,清水不下,浊潮逆上,沙土日积,旋塞旋开,渐浅渐狭。既不宜于禾稻,姑取办于木棉,以花织布,以布贸银,以银籴米,以米充军。运他邑之粟,充本县之粮。"明末的官方咨文表明此地多种棉花少种稻禾。"看得南直隶嘉定县粮塘:沙瘠,不种稻禾,专种木棉。"苏州府知府朱文科言:"看得嘉定县僻居海隅,地多冈塿,宜种花豆,鲜植稻禾,故往时小民完充未免卖花易米,以充漕粮。"嘉定县的知县朱廷益勘得"宜种稻禾田地,止一千三百一十一顷六十余亩,堪种花豆田地一万三百七十二顷五十余亩"。在高亢地段,"土脉沙瘠,种稻之田约止十分之一,其余止堪种花豆。但遇淫雨,则易于腐烂,遇旱暵则易于枯槁,又海啸之虞,不得有秋,十年之内,荒歉恒居五六"。由于高地变旱,加上"土瘠赋重",出现了土地荒废现象。知县韩浚核查土地时发现"抛荒卤薄,不种花豆之区"。地方政府在可以供樵采的地方仍"量为起科",只有土地退化到了"赤地不毛"的时候才完全免税。清水弱,潮水强,许多"滨江海斥卤高亢,较之各属之地,独称沙瘠"。① 明代的《外冈志》对各河道的情况进行了描述。顾河的状况是:"水清流既缓,潮汐浊流迅决,泥沙易淀淤涨,旱不能救,潦无所泄,深为民害。"低地的戈泾:"二都杨圩之田最为低洼,春雨浃旬,一望成湖。水所从泄,南惟庙泾,北惟戈泾,今北口湮塞,连岁水潦,蒿莱满目。"②明代王锡爵在其《永折漕

---

① 万历《嘉定县志》卷之七,田赋考下。
② 《外冈志》卷一,水利。

粮碑记》中指出:

> 吴淞南襟,娄江北带,皆在数十里之内,故淫潦泛溢之祸,常为诸县最,然而其民曾不得灌溉之利,米谷之入尚不足以自饱,而岁出十四万石以漕京师,非取之他县不能办也。盖他县之水皆江湖之清波,而嘉定独潮汐之所出入,浊泥浮沙日有积焉。余尝考其地志,塘浦之在界中者,凡三千余,昔人以治水为大政,故二百年常通流不废。正嘉之际,其遗烈犹有存者。至于今湮没者十八九,其存者如衣带而已。是以其民独托命于木棉,木棉之性,喜与水田相代,而嘉定之植数,十年不能易也。①

正是这一地区的环境变化使嘉定成为苏州地区农业环境最差的地区。徐学谟在《奉两台论折兑书》中指出:"夫苏州之有嘉定也,犹方舆之有沙漠也。其间膏腴陵瘠之相去,奚啻倍徙。兼之疏浚之费,风潮之警,又他县之所无也。"②韩浚在《复议减则田粮缘由》中也论述到这种现象,"嘉定盖海邦也,厥田高下,厥赋上上,自吴淞江湮而遂人之法不讲,于是十六等都六区三扇田率污莱"。治水者开浦通水,才使吴淞江两岸的田地稍微上水,但无法影响大局,农业条件一直难以改变。淤塞到一定程度后,官开水道。"水道渐开,民亦渐次垦辟,毕竟斥卤硗薄,不能尽利。"能够升科的地是"幸而不毛者,除额蒲苇者,量科其不宜稻而宜稌、棉、菽、麦者"。嘉定地区的农业恢复往往因水利周期而定。十六都等六区三扇之地,嘉隆年间因吴淞江淤塞而成荒,吴淞江重开时,部分地段得到了恢复。"开浚吴淞江,得资水利,荒者渐熟,瘠者渐者渐腴。""昔苦河淤田荒,今幸河通

---

① 万历《嘉定县志》卷之十九,文苑。
② 同上。

田熟。"①农业与水利的关系如此敏感,人民也常因水利变化而处于流动状态。归有光认为减少税额可以招回流民。"既减新额,又于逃户荒田,开豁存粮,照依开垦荒田事例,召募耕种。数年之间,又必有苏息之渐也。"他要求进一步地修水利,认为如果吴淞江不开,"数年之后,不独三区,而三州之民皆病也"。②总之,明中叶以后的水利与周边高地的开发,有着密切的联系。

水环境变化所引起的变化的确一度使人口减少。治水者也总是试图开水利以自救。万历年间,林应训在这一带考察时人口已经很少。"臣随行令苏州府水利同知王事圣带同该县水利官,查凡通水去处,如吴塘、顾浦之属,为之议浚,则水利既通,而田畴可辟也。至四月终,开江事浚,臣随五月内移向嘉定县地方。议开吴塘、顾浦等河,复见嘉定县十六、十七、十九等都粮长许诚等泣告:本区土瘠人稀,逃亡过半,即欲开河,孰与开之? 即欲垦田,孰与垦之? 责成虽勤,终为无益。臣复疑之,苏松之人,虽有勤惰不同,然多务本业农,可以率作兴事,未有不可耕之人也。或者躲避差役,驾言抛荒故耳。随同督粮参政徐用检亲至其地,乃见村居寥落,四望蒿莱,仅有一二遗民,苟延旦夕,大与他处不同。"尽管荒芜,赋税却没有减轻,明初时"每亩多从五升起科,较之他处粮额甚轻,复经派以官布等项轻赉,故小民犹得存活。至嘉靖十七年,概均三斗之粮,于是敛日重而民渐逃,田地自此而荒"。到嘉靖三十八年,"经抚按衙门委官勘覆,每亩减粮七升八勺,将麦地新增余米照数抵补,行之未几,即被奸书改减。自隆庆三年至今,复征三斗重额"。长期的民间上诉和官员

---

① 万历《嘉定县志》卷之七,复熟缘由。
② 归有光:《论三区赋税役水利书》,《震川先生集》卷之八。

勘查,最终都难以改变重税的命运。① 专制政治对生态变迁的态度往往是以不变应万变,不惜在一个生态条件日益恶化的地区课以重税,目的在于尽可能地榨取生态环境所能供给的一切资源,让人们以更低线的生存水平创造赋税。只有重赋使得人们逃离时,才可能做一定的调整。在石冈、广福一带,十九世纪初的赋税仍然较重。

> 厥土涂泥,我里泥润而黑,与横沥以西迥别,大约廿里中皆然,《练川记》所谓涂也。仅宜木棉,赋则上上。赋册皆三斗田。计口受田,不及一亩,即竭终岁之耕,不足供二三月费。故居常敝衣藿食,朝夕拮据,寒暑不辍,纱布为务,勉措夏税秋粮。富者专于心计,仅能支撑。如遇歉岁,比户向隅而泣焉。②

为了完税,农民不得已进行纺纱与织布行业,高赋税进一步促进了植棉业和棉纺织业的发展。这种手工业与农业的结合,成就了最低生存线。这一地区在清代仍然保持着旱地状态,为了改善这一地区的水利环境,人们仍致力于水利。在菉溪,人们仍致力于开河,特别是各个支流。

> 吴淞为水之经流,自夏驾口至安亭中间,不绝如线,经流既堙,支流亦塞。故三区之田无有不荒,则吴淞江宜开矣,犹恐以三区故。而濬吴淞江近于迂,不得已请行开瓦浦,以溉十一、十二保之田,开徐公浦以溉十三保之田,亦足为之支持。③

总之,这一地区疏浚吴淞江的工程,不单关系到太湖出水(因为太湖出水已大部归黄浦江),更主要的是关系到三区高仰之田的灌

---

① 林应训:《议处荒田疏》,《安亭志》卷三。
② 嘉庆《石冈广福合志》卷一,风俗。
③ (清)《菉溪志》卷一。

溉。每当开河以后,水利生态就好一点,淤后则又复堙。清代经常开河,菉溪情况因开水利有效而稍好。"民安物埠,时和年丰者,以吴淞经流及各乡支流能修水利故也。"①

五　小结

综上所述,各种因素的综合作用影响着明清时期的农业生态与农田生态环境。无论是稻作、棉作的选择,还是品种的搭配,明清时期浏河地区的作物布局主体上仍然在很大的程度上受限于水环境的变化,特别是与吴淞江相关的水利体系的变化。土壤环境只在一定程度上影响着作物选择,无论冈身还是低地,人们首选的作物是水稻。水利环境的大格局是冈身——低地河网变化下的格局,这种格局无时不受潮水、淤积和水利的影响。由于河泥的作用,许多人选择了棉花与水稻的轮作。棉花是干旱化环境下人们努力生存的选择,因为植棉可以为家庭纺织业提供原料。传统农业的作物结构也并不完全受制于零散的小农经济,大区域内的水土环境和社会政治也对传统江南的生态——经济——政治一体化格局仍然产生了多种影响。明中叶以后,太湖东部水系格局发生重大变化,嘉定的作物布局也在干地化的情况下发生重大变化,这种变化对引种棉花起到了推动作用,也是人口压力下人们适应官方高赋税的产物。环境变化了,官府的高剥削并没有变化,人们用棉花代替了水稻,然后更加辛苦地工作,这是中华帝国晚期民众在生态压力下努力工作以供赋税的一个缩影。有意思的是,这种生态压力下的产业改变,是借着商品经济的发展而推动的,人们通过市场和手工业进行生产的强化,使江南的重税得以持续。

---

① (清)《菉溪志》卷一。

第八章　华阳桥乡的生态系统

江南农业生态系统在丰水环境下孕育而成，延续了上千年。这一农业生态系统的持续力如何呢？闻大中先生曾以《补农书》为背景，对嘉湖地区桑—稻农业生态系统进行过生态学范式的研究。[①]本章以历史资料非常丰富的松江县华阳桥乡为典型，对吴淞江流域进行生态史分析。18世纪以后，传统乡村面临着肥料缺乏的压力，肥料通过土壤发生作用，对土壤生态产生影响。肥料的收集和施用还影响到人居环境，特别是水环境。水、肥和土的关系构成江南生态的基本特色，并在一定程度上影响着传统社会的运行。华阳桥乡位于松江县县城东部，长期是江南精耕细作的代表地区之一。到1950年代，这一地区的农业形态仍是最基本的传统精耕细作农业。徐光启《农政全书》中描述江南农业和姜皋《浦泖农咨》描述的稻作技术基本上代表这个乡明清时期的传统。1940年，天野元之助作为满铁调查队伍中的一员，参与了华阳桥乡四个自然村落——薛家埭、吴家

---

① 闻大中先生率先用生态学方法分析《补农书》所处时代的生态系统。Wen Dazhong and David Pimentel, "Seventeenth Century Organic Agriculture in China: I. corpping systems in Jiaxing Region", *Human Ecology*, 1986. 14（1）. 1-14; "Seventeenth Century Organic Agriculture in China: II. Energy Flows through an Agroecosystenm in Jiaxing Region", *Human Ecology*, 1986. 14（1）. 15-28。

埭、西里行浜、许步山桥的实态调查,并写出了调查报告。这一报告详细完善,成为许多农史学家研究江南不可或缺的资料。① 1983 年,黄宗智、周锡瑞、裴宜理等学者以及南京大学的部分学者对这些村庄进行了后续调查。除了以上这些村庄之外,华阳桥乡还有一个村具有典型性,这就是陈永康的长岸村。陈永康的技术对1950 年代的中国农业产生了重大影响,他的三黑三黄的稻作技术和他选育的"老来青"品种都代表着这个地区千百年来的农业传统。就目前所存在的资料而言,最详细的不是学者的调查,而是华阳桥乡 1950 年代的档案。两次土壤普查和陈永康任主任时的联民社合作社,都留下了各种类型的生态与生产记录。本章在这些资料的基础上,从形态上和数据上全面地揭示这个具有代表性地区的生态与社会多态互动状态。首先,对生态系统中一些重要物种和重要要素进行分析,然后就部分的数据进行生态学的投入与产出分析,多角度地分析传统生态系统的状态。

第一节 乡村生态环境

无论是以人为中心的乡村生态系统还是以作物为中心的农业生态系统,都被诸多环境因素制约着。在生态系统中,最基础的环境因素是水环境。就稻作而言,水的作用是第一位的,水环境稍有变化,人的生活和所有的生态环境都受到影响。水环境涉及水利与河道的方方面面,在历史早期,江南地区处于一片沼泽地带,所有的生物都在沼泽水环境的基础上进行循环。在稳定的稻作湿地生态系统出现

---

① 满铁上海事务所:《江苏省松江县农村实态报告调查书》,1940 年。

以前，丰富水环境所支持的湿地生态系统有着非常高的生产力。发展到稻田生态系统以后，水环境开始干湿交替。水面部分仍提供了一部分生物生产能力，但在逐步减少，生产能力主要发生在农田内，依人工投入和肥料的投入水平而定。除了水环境以外，第二个重要的生态环境是人居环境，生态系统大部分能量转化核心集中于乡村居所，粮食和其他食物在乡村中消费，转化成有机肥和人的体能。还有一部分秸秆和饲料在乡村通过养殖业进行转化。居住环境内的卫生状况是乡村生态环境的一个重要方面。第三个环境是农田，包括土壤生态系统和各种作物生态系统。乡村生态环境大致由这三个部分构成。

一 人居空间

水环境在江南的人居环境中，是影响人生活的第一生态因子。华阳桥乡位于松江县县城东边，镇驻地与泖泾和北部的黄浦江相连，同时通过横向的河道与不远处的虬泾和盐铁塘相连，盐铁塘的历史悠久，其历史可能长达2000年。[①] 光绪年间的圩图记载表明，当时的华阳庄的第三图部分有六个圩，"中乡田二十八顷八十九亩"。每圩合税亩482亩，华阳庄还有一处是第十图三个圩，"中乡田一十八顷四十九亩"，每个圩合税亩616亩[②]，税亩低于实际亩数，每个圩的大小估计在600—1000亩左右。清代以后，人们开始越来越多地散住在各处大小圩岸上。聚落的分布与演变过程各处不一，其定居史多与乾隆时期人口增长有关。光绪《张泽志》记载的许多村庄都是

---

① 《云间志》卷中，水，其中有："盐铁塘，在县（华亭）东南，长三十里，世传吴越王于此运盐铁，因以为名。"
② 光绪《续修华亭县志》卷七，田赋上。

乾隆年间的村庄开创者到某圩定居而产生的。光绪年间,几乎每个小圩都有几户人家,只有"八图之余字圩、二十一图之宙字圩无居民,其余皆鳞次栉比,鸡犬相闻"。① 可以推断,乾隆年间这一带的小圩大多还没有人住。华阳桥四个村的人口从太平天国战乱以后开始增长,到 1940 年,华阳桥镇有 800 户左右,分散居住。每个居民点只有 10 户左右,间隔 50—100 米左右。四聚落共有 9 姓。西里行浜 32 户,几个大姓人数最多。人口与聚落重建的时间只需要几代人即可完成②。西里行浜以家族为本位分成几个小聚落:高家埭、陆家埭和南埭,分别分布于相邻的几个圩岸上。黄宗智发现这几个小聚落有着"多层次的社区认同:对村外的人,他们以大村西里行浜相辨认;对西里行浜村社内的人,他们则以小村落相辨认"。他发现家族力量很有限,相互之间只用阿叔、阿姐等虚设的称谓相称。③ 小聚落因单个家庭分裂增长所致,圩岸限制聚落扩展成大村庄,人口增长到一定程度时多余的人要迁到其他圩子上去。

太平天国以后,华阳桥一带依托盐铁塘岸形成有特色的江南市镇。其他乡村有的附在大河道上,有的附在小河道的圩岸上,有宽有窄。陈永康的家乡长岸村,以一条官绍塘边上的长宽圩岸命名。"出松江南门,沿官绍塘南行约 3 里路,过小官绍塘,即可以见到一条豁然开朗,自北向东南走向的农村大道,人们把这条既宽又长的大道习惯称之谓'长岸',在'长岸'的周围,集聚着:北塘、厍里、朱家浜、

---

① 光绪《张泽志》卷三,村庄。
② 〔日〕天野元之助等:《江苏省松江县农村实态调查报告书》,满铁上海事务所,1940年,第 40—43 页。
③ 〔美〕黄宗智:《长江三角洲小农家庭与乡村发展》,中华书局,1992 年,第 150—151 页。

小桥头、汤洪浜、打铁桥东部分几个自然村,共约8、90户。当时属城东区长娄乡管理。陈永康的家就在'长岸'南面的汤洪浜村宅上。"① 当时的大道——长岸,对一般乡民而言是好走的路,对外人而言是泥泞难行之路。1955年,宋庆龄要看望陈永康和他的联民社,"从专区农场到联民社社员的居住地——汤洪浜,是一条二里多长的乡间泥路,雨后泥泞难行,他们就在水洼路窄地段铺上了稻草"。当时,"宋庆龄在陈永康和社员们的相陪下,步履艰难地起家完了二里多的泥巴小路。当宋庆龄走到村头小河边的陈永康家门时,她紧紧地握着陈永康老伴吴义芳的手不放,向她问好"。② 从外部世界进入到乡村内部,不那么容易,江南的水运与货运发达,人流却不行,这是江南方言分化严重的原因之一。

  传统时代的农田高低不平。1950年代,华阳桥有高泥墩30个,台基大坟滩25个,这都是历史上留下来的农田景观。江南风光的经典概念是树木与圩岸、水道与稻田。民国时期,这里几乎无树木,房前屋后只有一点竹林。因竹子"宜高平之地","下田得水即死",这里才有一点竹林。③ 江南早期有许多私家园林,后期因土地资源稀缺,富户便"代园种竹"。④ 树木的稀少使水道、民居、稻田、圩岸、树木形成的江南经典农业风光失色不少。这里的竹在1939年时不再专供人欣赏。竹子位于房子周边,从局部的照片看,在一个两户的房屋外围,有一层竹。种子场4村63户中种竹户12户,最大的只有半

---

① 黄德裕:《陈永康传略》,见《松江文史》第十四辑,第4页。
② 赵秀洲:《宋庆龄视察联民农业合作社纪行》,见《松江文史》第十四辑,第69页。
③ 《齐民要术》,种竹第五十一。
④ 《农政全书》,卷之三十九,种植。

亩。有人靠贩竹笋讨生活,但竹更主要的用途是当建筑材料出售。①1958年房屋要合并,许多人仍对小片竹林恋恋不舍,不愿意并归农场。联民社10队姚月英有竹园7分,年收入100元,对他儿子说:"办农场你去好了,我靠竹园也有哉。"②集体化开始后,因妨机耕,小竹林被整掉。③ 水面与圩岸也被重整,景观有了很大的变化。圩内不修沟道,圩四周的河道或渠道是最主要的水流景观。1949年以前,水面应该更多一点,农田方格化以后,许多小河被填,种子场4大队几十年"填了9条小河"。④ 集体化以后加强了集居。1958年合并成农场时,传统的散居生活仍有强大的影响力,有一部分人明显不愿意集中居住,集中居住所面对的空间相对狭小。一位老奶奶认为:"归一起,不舒服,一家人家,一个三开间(房屋),倒适适意意。"⑤由于圩岸的限制,这里一般人的养畜区与生活区只能相对分开,二区之间相隔甚近。薛家埭薛炳荣有34.5亩的土地,15人,两头水牛各占一个厩舍,两头猪各占一个猪舍。这里多有两家相连在一起的,有共同的院落或房前空间。这种格局多源于兄弟分家,为了更好地节省土地,一般也相连而居,两家中往往只有一家有养畜空间。有的畜舍与主屋并联,有的分离在外。西里行浜有2户主屋相连的高姓农民,

---

① 天野元之助等:《江苏省松江县农村实态调查报告书》,满铁上海事务所,1940年,第168页,附表。
② 《联民待社干群对并升农场的思想动态》,1958年8月17日。松江县档案馆藏,华阳桥乡档案,37—1—58。
③ 《以联民社为中心发展为集体农庄的规划草案》,1958年7月6日。松江县档案馆藏,华阳桥乡档案,37—1—58。
④ 《松江县华阳桥公社种子场解放前后阶级、生产、生活状况调查》,1981年4月。松江县档案馆藏,华阳桥乡档案,37—1—81。
⑤ 《联民待社干群对并升农场的思想动态》(1958年8月17日),松江县档案馆藏,华阳桥乡档案,37—1—58。

3头猪的猪棚和草堆独立于房南。即使如此,江南的住房质量在当时几乎仍是全国最好的,1940年左右,华北尽是些土房子,这里却有许多木结构瓦房。① 1949年左右,松江县的旧房子有50%是19世纪中期所造,正可见这些房屋的性能之好。住草棚的人达30%。② 联民社19队的金虎龙,抗战时屋被日本兵烧掉,1958年仍住在猪棚里。③

二 水利生态

宋以前吴淞江经常淤塞,故这里的地势因堆积而较高,许多水流通过南向的塘浦排入吴淞江中段,只有不多的水流通过东部的冈身排入大海。宋元时期官方的治水重点偏于西北部吴淞江一带,这一带的圩岸并不高,"华亭之田,地连冈阜,无暴怒之流,浚河不过一二尺,修岸不过三五尺,而田已大稔矣。然不逾二五年间,尚又湮塞"。④ 圩岸不高是因积水不深,易湮塞是因多感潮。黄浦江形成以后,排水环境更加方便,但东来的潮水也更加强盛,灌溉靠潮水损托。"夏原吉开范家浜引清入海,以泄泖淀及西南浙水。自后来源浸弱,浦潮日盛,濒浦支干各河向藉黄浦以泄水者,今反恃浦以纳潮。"明以前黄浦江水窄流缓,这里出水不利,潮汐的作用使排水不畅,西边三泖一带积水严重,这里出水也不畅。夏原吉治水后,华阳桥诸塘水归黄浦,主流通畅,但圩田外的丰水环境少了,要依靠潮水顶托淡水

---

① 天野元之助等:《江苏省松江县农村实态调查报告书》,满铁上海事务所,1940年,第211—215页,附表。
② 何惠民等:《松江县志》上海人民出版社,1991年,第958页。
③ 《联民待社干群对并升农场的思想动态》(1958年8月17日),松江档案馆藏,华阳桥乡档案,37—1—58。
④ 范成大撰、陆振岳校点:《吴郡志》卷十九,水利上。第272页。

灌溉。这里是相对高田区,受涝程度较低,但潮灌与淤积,会使水环境与土壤环境在微地貌上显出很大的差异。"今时水利与往昔异,一县水利与一府异,我邑水利与他邑异。"低洼地与冈埠区异,感潮区与非感潮区异。光绪初年,由于长期水利失修,除了主要干河仍与旧志相合外,许多旧河都已淤塞不见。光绪志中盐铁塘的枝河灌绵港、御史泾淤塞不见,流经华阳桥的邓泾也淤浅不见,长期做乡界的米市塘也淤浅。① 河浜此塞彼开,整体水网的末端经常变化,主干河道则不轻易变化。鸦片战争以后,清政府无力兴大工,太湖水系保留了道光时代的主干河道,变化主要发生在支流与微地貌上的淤塞方面。直到集体化以后,太湖水网才发生重大变化。尽管如此,19世纪以来的华阳桥仍然是少有旱涝的鱼米之乡。"浦(黄浦江)南河港南北为干,东西为支,而运港中横,则又为支中之干,绮交脉注,不畏旱干,而又不患水涝,故松之言膏腴者,必曰南亩。"现在,松江北部已成为工业发展区,黄浦江以南仍为农业区。与其他地区患水涝相比,此区对干旱更敏感一点。乾隆县志上载米市塘东部地区是畏涝区,其他地区"不忧涝而忧旱"。一旦河道受淤,出现"浦潮不至"的现象,天气干旱会出现"九年三熟"的局面。② 这里的水流来源有三,都受潮水影响。

> 自西北苏州震泽来者,经青浦、娄县会于金山县之横潦泾以达于浦;自西南天目秀州来者,经娄、金山二县分入于邑之溉泾,以会于浦;其东北自海来者,朝潮夕汐由清灌盈来,则浑浊汹涌,其势莫御,去则迟缓,淀积泥沙,而上源之水日弱,不能迅决冲

---

① 光绪《重修华亭县志》卷三,水利。
② 乾隆《华亭县志》卷四,水利。

涤,至诸河港渐皆淤塞。①

潮水活动有二次高峰,三月出现的潮水被称为菜花潮,八月潮最盛。人们根据潮水的活动引水灌溉。"海潮之淡者,迎而车升之"。在徐光启的水利理论中,这叫"用水之委"。海潮之水是在江河之水的末端形成,为委。② 潮灌必须用水车,"一钩残月潮初上,曲港咿哑踏水车"③,这是指利用夜潮灌水。8月份有日潮和夜潮。1953年8月5日,在陈永康互助组蹲点的机关干部黄德裕对夜里的引潮灌溉有很好的描述:"1个月没有下雨了,旱情显得严重起来。汤洪浜河床浅,日潮已不进港,只有夜潮才进港。而目前正是水稻需水的关键时刻,田里不能缺水。因此和永康、伯林商量,发动组员,晚上推车上水抗旱,还在外浜架一部脚踏水车,组织青年踏车上水。从晚上11点多钟开始和大家一道轮流推车,一直到凌晨3、4点钟,潮水退了才休息。"④这里的水稻几乎全是晚稻,华阳桥在小满前后车水灌入本田,积水后才耕地。插秧期是在芒种前后,这时期雨水充足,河里一般不缺水,合理地利用引潮,用水需求是不成问题的。⑤ 只是由于浑潮常淤河道,地方百姓在利用黄浦江以下的次级水系灌溉时,十分小心。除非圩岸、河道和闸坝建设非常完善,否则不会轻易引水,以防带来浑潮害田。次级河道一般都是弯弯曲曲、深深浅浅的河道,这样的河道妨碍浑潮直入,减少潮灾潮害。这种弯曲有其特殊的自然生

---

① 乾隆《华亭县志》卷四,水利。
② 徐光启:《农政全书》卷之十六,水利。
③ 顾翰:《松江竹枝词》(1870年左右),民国抄本。
④ 黄德裕:《在陈永康互助组蹲点日记摘抄》,见《松江文史》第十四辑,第80页。
⑤ 天野元之助等:《江苏省松江县农村实态调查报告书》,满铁上海事务所,1940年,第82—83页。

态适应性,同时,也是一种自然的水利生态,自宋代时就存在。1950年代华阳桥乡的水网,仍有这种特征。①

河流不一定越直越好,越深越好,水流也不是越快越好。在华阳桥,小径和小浜平年不浚,政府只负责黄浦江和直接入黄浦江的河塘。黄浦江水流急,清足抵浑,其他河塘常因流缓而致淤,淤积固然不好,水流缓慢却会使许多高地得到灌溉,过快的河水反而使一些稍高的田块上不去水。由于这种原因,枝河与小河在水利建设中特别重要,只是官府只管主干河道的修建。在华阳桥,盐铁塘自宋代以来就由政府负责修浚,所修之处主要在接潮口附近,常浚常塞。"吾郡水事之宜兴者,无如盐铁一浚。此其利人,人能言之。然持之数十年而功未奏者,何也? 曰浚塘似难而易,筑堰似易而难也。塘纳大浦,流蜿蜒旁入所灌溉,诚不下数万顷。然潮汐所过,下流稍涣,砂土立积。"②至于其余的小河小浜,一般由乡村自修,政府负责督导。枝河名称繁多,除了泾以外,还有溇、港、浜。《张泽志》中的泾、港稍长,长的达700多丈,短的也超过100余丈,浜、溇往往不足100丈,这是与圩岸相连最基层的水道。还有称为潭的,应是圩中积水之处。"浜以泄水,潭以蓄水,蓄泄之宜,……浜即俗谓浜兜,迄今乡村中在在皆是。"乡镇志中浜、溇有记,其他"均不细志"。③ 清代水利一般是"工(出工)不出区",小地域内各干枝河的修浚都由本地区的人出工。质量上要求"支干毕深,曲折并到,南阡北陌,水泽满盈"。还要在水口处设闸以控制潮水的流动,潮来一般要闭闸,潮平则开闸,潮

---

① 上海市资源普查队松江队编:《城东人民公社资源普查小结》,1958年12月。松江县档案馆藏,37—1—58。
② 崇祯《松江府志》卷十七,郡候方公重浚盐铁塘碑记。
③ 光绪《张泽志》小序,卷四。现在的华阳桥镇有一部分在清代属于张泽镇。

水带来的泥沙可以"淀于闸外,而不入于内"。① 枝河尽管要疏浚,由于规模小,清淤较容易。咸丰元年,这一地带的南官绍塘被淤,因有一条称为烂泾的感潮河灌入官绍塘,官方动员民力修浚,把这条感潮河截断,然后深浚。② 这些小泾一般直接通过黄浦江感潮。

> 受浦水浑潮之灌,其来也迅疾,其去也纤缓,淤积停滞,皆在枝河,每岁浚治,恒苦浅隘。然而大利所在,劳而不怨。③

黄浦江的潮水有时也会引起潮灾,潮水进入内河时往往会对农田造成危害。乾隆四十六年,"咸潮溢入内河,经半月水复淡"。④ 乾隆五十一年,黄浦江潮水通过华阳桥一带直接涌入松江府城,"河水如卤,两旬始退"。这次潮灾引起粮价大涨,说明已对粮食生产构成很大的损害。⑤ 在大风暴潮时期,排水不畅引起的灾情更重。"圩堤无人修筑,缺乏排灌,系统特别在潮汛时期,河道淤塞,东北风一吹加上暴雨地面水流河道,致使河水猛涨,四处奔串浸溢,破烂的圩岸阻拦不住,大片农田受到淹没"。大水时一般减产 200 斤左右。⑥ 治水以排淤为中心,治水者要对地势与潮水的动态一清二楚,深识水情,搞不好会出乱子。离华阳桥镇不远的朱泾在明代以来一直"户口殷繁,闾阎充实"。清中叶以后,一些"愚民"轻易改了河道,以致盗匪横行,且受旱灾之苦。原来流经朱泾的河道尽管浅水缓流,却是东接潮水,西接清水。"潮至则引申浦之水蜿蜒以西流,潮退则导泖湖之

---

① 乾隆《华亭县志》卷四,水利。
② 光绪《续修华亭县志》卷三,水利。
③ 光绪《张泽志》小序,卷四。
④ 光绪《续修华亭县志》卷二十三,杂志。
⑤ 乾隆《华亭县志》卷十六,祥异。
⑥ 《上海市松江县城东人民公社关于开展群众性土壤普查鉴定试点工作总结》(参考资料),1959 年 3 月 10 日。松江县档案馆藏,华阳桥乡档案,37—1—59。

水纡徐以东泻,不淤不疾,灌溉顺利,而奸宄不得出没其中。"缓流与较高水位使一些高田可以得到灌溉。以后乡民擅自开了河道,故道淤塞,新开河却因"水道径直,水不停留"。一些匪徒可以利用无阻挡的河道快速行动,"奸徒恣行,飘然莫御"。以后将河道改回旧样,才恢复了生机。① 只图水道快速通畅,却不知水流快也利于盗匪出没。旧河道水浅,得不到清水的冲刷而淤积,新开河道清水足盛,却会因潮水无力顶托而难成灌溉。由此可见,传统的水利生态的确十分微妙且难以掌握。黄浦江两岸因此成为水利最复杂的地区,水利之工常兴常败,不兴则淤。

> 浦潮倒灌而邑境之水难治。北境及南境,沿海之水犹易治,而濒浦支干各河之水则难治,何则?蓄清敌浑者,治水之常也,邑境受苏浙之水,既以上流淤而来源弱,今惟北境之盘龙塘,南境之运石河尚引清水以润旁近。濒浦支干皆为浊流,冲灌倒遏来源,且纵河病在分夺,则此强而彼弱;横河病在会潮,则朝浚而夕淤。于此而议闸水口以御浑,无论怒潮难障,即舟楫尤多不便。或议置夫设器,时为撩浅,而民力不堪常役,故曰难也。②

五代与唐宋时处于大圩时代,配有闸的制度解决潮水问题,明中叶以后吴淞江淤塞,大圩和闸废弃。清代的闸防治范围小。在三里桥,一闸即可分清浊两流,"潮到汀桥各一方,门前清浊水分行"。清末的三里桥汀系泖泾、盐铁二河潮水交会之处,"一河通流,则一河淤塞。故桥下向有闸以分水势"。③ 许多河流基本上靠弯曲的办法

---

① 《朱泾志》卷三,《修复朱泾买柴湾水道碑记》。
② 光绪《重修华亭县志》卷三,水利。
③ 顾翰:《松江竹枝词》(1870年左右)。

防潮淤，一些土地灌溉正常，一些土地失灌。顾家祠堂后面的一百多亩地进出水有困难，水稻土理化性状也不好，半个月不下雨，田里就不能耘稻，要用锄头来松土。连续下三天雨，田里水白茫茫一片"。①在种子场，1949年以前"土地绝大部分被地主占有，农民根本没有权利改变农田的条件，四个自然村方圆七百多亩土地，田间没有一条排水沟，大多数是'沉水田'、'天井田'。西里行浜社员陆海堂有14亩天井田，进水要从远离200公尺的盐铁塘河里取水。出水要过人家4亩稻田，再经过弯弯曲曲的300公尺小沟流入薛家河头"。尽管总体的地势难成涝灾，低地却是农业的难点。1945年，"雨水较多，积水排不出，病虫害大暴发，这一年，这四个村子有30%的水稻遭了灾，种的14亩天井田也遭到了同样命运，颗粒无收，最后忍痛在田里放了一把火，把瘟了的稻全部烧光了"。② 陈永康的联民社曾治理过天井田土壤。联民社有"400多亩长埭头'天井田'，部分为青紫泥，大部分为干沟泥，灌排水不便，土质粘重，去年(1957年)以前总施肥量超过50—60担就要发生倒伏"。③

乡村水利的重点之一在于圩岸修建。在华阳桥地区，以黄浦江相通的河道与圩岸应是水利的重点，人们称这些河道为外河，其他河为内河。旱灾时，外河水位下降，内河水枯干，不能引水灌溉。涝灾时，外河水位可能因入黄浦的出口过小而高涨，形成倒灌，长期不修圩便会有这种现象发生。各级河道之间不封闭，便会发生倒灌。大

---

① 华阳桥人民公社管理委员会：《关于中美学者首次来社调查研究的情况汇报》，1983年9月8日。松江县档案馆藏，华阳桥乡档案，37—1—83。
② 《松江县华阳桥公社种子场解放前后阶级、生产、生活状况调查》，1981年4月。松江县档案馆藏，华阳桥乡档案，37—1—81。
③ 《松江县东风人民公社一大队（原联民社）1958年单季晚稻丰产经验初步总结》，1958年10月27日。松江县档案馆藏，华阳桥乡档案，37—1—58。

河道的疏浚由官方负责,小河道的修筑与圩岸修理自然是乡村与农户的事。筑圩的土壤也是一种稀缺资源。在松江,习惯上由地势高的农家负责修圩田中的田岸,低田需灌水时,高田户不得阻拦。① 为了防旱,"每年农隙之时,须令佐贰官查勘,如有河港淤塞,堤岸损坏处,催令里民协为修复"。低洼之处要修圩埂,一旦圩埂不理,"一遇大水,捍御无策,便成灾祲"。务须于八九月水退之时,并力修筑,狭者培之,低者增之"。② 明清时期,农村水利由地方上的塘长或地方领袖兴修,难有整体的大工。地方政府强调整治水利和圩岸,甚至是小岸。圩岸体系需要年年维护,乡村社会的能力有限,维持往往中断。即使是像青浦那样曾兴工整治过的地区③,也会出现围岸体系崩溃的情况。由于圩内的排灌体系取决于地方乡村的组织,而地方水利社会对圩田的建设与维护能力往往很有限。即使在集体化初期的1957年秋,松江县"50天不下雨,外河水位下降,内河大部是见底,有7万多亩,遭到不同程度的旱象"。高低圩田之间的间隔仍未完全到位,沿江沿河的一些圩岸上还常有缺口漏洞。"未经常整修,遇有大水常形成倒灌"。④ 当时发动群众兴修水利已经有一段时间了,集体化初期仍有水利建设的障碍。

  1956年雨量较少,联民社因为地势较高,要求开河,当时和其他社协商,其他社因为生产任务较紧,一时又不那么迫切,本身的

---

① 何惠民等:《松江县志》,上海人民出版社,1991年,第949页。
② 乾隆:《华亭县志》卷六。
③ 孙峻:《治圩图说》,《续修四库全书》第976册,子部、农字美。上海古籍出版社,2004年,第527—534页。清代孙峻在青浦治圩岸,一时水利大治,但由于后期维护能力不够,圩岸体系崩坏。
④ 上海市松江县土壤普查办公室:《上海市松江县群众性土壤普查鉴定工作总结(初稿)》,1959年6月。松江县档案馆藏,松江县政府档案,6—11—13。

人力物力也不够,因而作罢。1957年雨水较多,利丰社地势较低,迫切要求开河,但同样缘故,也没有开成。公社成立,土地连片,人多力量大,抽调了2600个劳动力,很快就把这条大河开成。①

在政治的推动下,集体化时代大搞水利建设,技术内容却是传统的。以圩内排水沟为例,这种沟一般是王字形或井字形,"分主沟和支沟,主沟比支沟要深要宽一些,出口处低些,沟的上部带斜面外仰,免使水沟坍塌,保持水沟通畅。并经常修理圩埂,堵塞漏洞,防止倒塌开裂"。② 这种技术与明代没有什么区别,《天下郡国利病书》上也记载类似的技术。"圩之中专画界岸,高大坚固,与外岸同。圩有一顷者画以一字,三顷者画以二字,四顷者画以三字,五顷者画以十字,六顷者画以卝字,七顷者画以卅字,八顷者画以井字"。这些沟渠是为了"沟沟通之,盖各各界断,则户少而力齐,易齐易集而易救"。③ 1970年代,江南仍用水车。在松江县的低洼地区,1966年排涝工具缺乏,"机械数量不足,'三车'(风车、牛车、脚踏车)越来越少。一九六三年九月,两、三天中降雨二百四十七毫米,有十八万亩土地严重受涝,积水五十公分到一米,其中,有一部分排了七天七夜才脱险。对水稻有一定影响。还有许多地方由于高田低田之间不做隔岸,每逢暴雨,高田的积水都汇积低田,不能做到分级排水,因此低田的涝情就更加严重"。④ 水洞是排水用的。1949年以前土法修建,这种水

---

① 上海市松江县土壤普查办公室:《上海市松江县群众性土壤普查鉴定工作总结(初稿)》,1959年6月。松江县档案馆藏,松江县政府档案,6—11—13。
② 同上。
③ 《天下郡国利病书》第五册,苏下。
④ 松江县人民委员会:《松江县改造低洼地规划说明》,1966年9月28日。松江县档案馆藏,松江县政府档案,6—8—14。

洞容易在大雨积水时被塞子或其他填充物塞住,管理方法是传统的。联农大队二队的金关陆"不顾一切,为了把田里的水排掉,就脱掉了衣服钻到水里去拔水洞塞子。他试了几次,终于把塞子拔掉,把田里的水都排掉"。①

　　江南水资源丰富,没有北方那样的争水斗争,不过在一些特定时间内,仍存在着争水现象。"何家棣有二百多亩地,横靠泖泾江有五条支江,水源充足,不存在争水矛盾。而西里行浜四百亩田,只有三条支江,一条江上排靠十个车口,每逢干旱,就有争水矛盾。"一般是"经过协商,外江口水车要待内江能车水时才车水,这样矛盾就缓和了"。② 集体化以前所有权分散,业佃关系复杂,村庄根本没有统一的田地边界,水利难行,集体化时代有了边界,排水易行,但插花地的排水仍有问题。"原利丰社有2.5亩田插在原联民社中间,也特为安排一部水车,浪费很大。原星社有230亩田,插在联民社中间,由于田间管理差,历年每亩产量要比一般田少收100余斤,现经公社做了调整,全公社清除了五千多亩'插花地',耕作方便,并有利于合理布局。此外全公社有2200亩田头田尾零星土地,原高级社没有充分利用。现在全部种了蔬菜。"按惯例,同一圩内遇涝就要协同戽水,旱天灌水时则不用协同。戽水时正处农忙,且戽水的劳动量大,白天在地里干其他农活,晚上田里车水,干旱持续30天,农民会因疲劳而喊"救命"。公社时期,城里人也会下乡与农民一起奔忙。③ 这种高强

---

① 联农大队工作组:《生产总结》,1965年11月2日。松江县档案馆藏,华阳桥乡档案,37—2—65。
② 华阳桥人民公社管理委员会:《关于中美学者首次来社调查研究的情况汇报》,1983年9月8日。松江县档案馆藏,37—1—83。
③ 《松江县城东人民公社三级所有制的调查》,1959年12月1日。松江县档案馆藏,华阳桥乡档案,37—1—59。

度劳动一直持续到机电灌溉普及后才结束,机电灌溉说穿了是节省劳动力,对传统的水浆管理而言,似乎水车更合适一些。陈永康在集体化时代这么说:

> 有的地方用的机器,马力太大,车口(圩边放水车或抽水机的地方)安排得太集中;有的是灌水面积太大,有的是轮流上水。这样,就不能做到浅水勤灌,水浆管理不太方便。靠车口近的田,要脱水不能脱水;离车田远的田。有的时候,田里要水,偏偏另一条龙沟上水。这样,对稻生长有很大的影响。现在,我们的田,土质还是有好有坏,高低也不是一样平。几千亩田中间,有的田漏水快,有的田保水能力强,有的田高,有的田低。一个车口上水,就很难掌握,不容易达到要水有水、要干就干的要求。①

1950年代的农田水利仍是在传统水平上的治圩修圩。有意思的是,有些地方水利的推动力不是稻田水利本身,而是乡村生态环境。乡村水利计划是为了配合防治传染病,消灭钉螺才开展的。到以后,圩田改造规模越来越大②,以致形成方格化格局,各方格小块是平整划一的。方格化是继大圩时代、小圩时代以后第三次圩田变局,是"农业学大寨"下大规模人力投入的结果。③ 传统的圩田一直到1960年代仍然大规模地存在,联民大队黄桥生产队1964年仍有二进田与三进田。"这个队的河浜比较少,大部分土地都是二、三进

---

① 陈永康(讲):《陈永康水稻丰产经验》,农村读物出版社,1965年,第91页。
② 何惠明主编:《松江县志》,上海人民出版社,1991年,第361页。
③ 《松江县一九六六年上半年农业生产总结》,1966年7月8日。松江县档案馆,松江县政府档案,6—18—14。

田,出水不便。"①以后水利建设是平整田地、填沟填河。种子场大队几十年来不但填了河,还平整了20多个坟墩。薛家埭一年平了7个坟,历来横卧在田中的3亩多"野猫"坟也搬平了。"过去四个村没有一条像样的排水沟,而今,纵横三条拖拉机路,4条全长3千多公尺的进水龙沟,7千多公尺田间进出水沟,将全场732亩田格成三百七十五块水田,做到能灌能排,旱涝保丰收。"②地面和水面不断地被平整,形成时新格子平整统一,景观上高度有序,四四方方。"大田改小田,长井田改短井田,低田改高田。""田块平整,方向一致,自立门户,灌溉灵活,水旱两用,一田多种,土肥泥活。"这时才可以说传统的圩田消失了,圩之大小不再因地形和圩岸而确定,可以人为地改变水道而组合其大小。防洪时可以随意并连水道,将很大的一个区域并成一个系统。1966年,政府准备在松江的低洼地带将全县50多万亩地分成35个控制区,控制区面积在1万亩以上的有23个。每一个控制区有一定数量的水闸,这些水闸在抽水机的制动下控制区内水位。华阳桥方格化以后利用退潮把内河水位控制在低水位上。③

三 土壤与耕作

水稻土是圩田系统下水旱耕作以后形成的土壤。随着外面河水中的泥土进入稻田,一层层的淀积伴随着一层层的叠加,每一层代表

---

① 《城东公社联民大队一九六四年农业生产经验总结》,1965年2月21日。松江县档案馆,37—1—65。
② 《松江县华阳桥公社种子场解放前后阶级、生产、生活状况调查》,1981年4月,松江县档案馆,37—1—81。
③ 《松江县改造低洼地规划说明》,1966年9月28日。松江县档案馆,6—18—14。

着一个具体的历史时期。松江境内的土层一般都存在着腐泥层,厚度在20厘米左右,有机质含量很高。经测定,最早的土层形成于一千五百三十年以前,相当于六朝末期,正是江南大圩开发时代,由于这些大圩在很大的程度上仍处于沼泽状态,土壤长期浸水,植物茂盛,故有这样的土层存在。唐宋以后耕作时段加长,麦稻轮作使土壤干田时间比较长,形成比较稳定的水稻土。这里的水稻土为青黄泥或青黄土类型的潴育型水稻土①,是太湖地区最好的水稻土。由于涝灾不重,随着用地程度加强,土壤水旱轮作也加强,一季晚稻,一季绿肥,土壤有相当长的干田化时间,故形成潴育化水稻土。这种水稻田会有很高的产量。姜皋说:

> 天时常旱潦,岁不常有也。吾所忧者,地力之不复耳。昔时田有三百个稻者,获米三十斗,所谓三石田稻是也。自癸未大水,后田脚逐薄。有力者膏壅者所收亦仅二石,下者苟且插种其所收,往往获不偿费矣。地气薄而农民困,农民困而收成益寡,故近今十年,无岁不称暗荒也。②

这种三石田在松江青浦一带有一定的数量,家在青浦的陈云1956年访问联民社时,提到只有地主富农因施肥多可使其田成为三石田,有能力向土地投入肥料的人,往往就是这批人。其次是像陈永康这种会钻研技术的人,因有一套种田经,又勤于积肥,他的稻田也是三石田。③ 至于姜所讲的"暗荒",是土壤积水而成的灾害。大水

---

① 何惠民等:《松江县志》,上海人民出版社,1991年,第110—112页。
② 姜皋:《浦泖农咨》,《续修四库全书》第976册,子部,农字类,上海古籍出版社,2004年,第214—215页。
③ 张秀龙:《一次难忘的会见——记陈云副总理访问陈永康》,姚静秋:《回忆外公陈永康》,见《松江文史》第十四辑,第66、118页。

不排,水稻土会一直持续在还原状态。农民灾后放弃整地,也会使暗荒长期持续。水环境是如此重要,土地价格不以肥力为中心,而与水环境相关联:"若村落稠密,人户殷繁,进水出水便当,即下田亦如上田之值。惟田亩窄狭者,虽田脚膏腴而农人多恶之。"① 除了大水,潮水对土壤的破坏也很明显。米市渡九队1949年以前叫里沈家浜,19户,耕地260亩。按一般水平可以过上好日子,但由于潮水的影响,"潮吞水淹外浜港,九年三熟里家浜"。土壤受潮水影响不能被耕作熟化,"田板像洋干石",一般年景只有一石左右的产量。② 积水田也难以种红花草改良土壤,只有解决了积水问题,才能种红花草,也才能改良土壤。联民社的天井田积水时为粘重青紫泥,一直未得改良,1958年水利建设时将"小官绍塘和三家桥塘修直圩岸,加深河床(原4尺深加深到7尺左右),畅通了水流,一般水位比过去降低2尺左右,同时还将100个稻长(约100公尺)以上的'天井田'加开了宽3尺、深2尺的龙沟,因此,改善了排灌水,提高了土壤的通透性。今年红花草生长,迅速从去年10担左右,提高到60担,增施肥料后,全部发展为'黄泥土'"。③

影响熟制的另一个重要因子是肥料。天野元之助来到华阳桥四村时,卜凯的观点正在学术界占主流——长江以南的熟制决定于气候,天野在华阳桥却敏感地发现了肥料对熟制的限制。种子场4村的冬作有90%是紫云英,只有少部分种小麦和油菜。第1年稻作如

---

① 光绪《重修华亭县志》卷二十三。
② 《三十二年来的巨大变化——米市渡七队解决前后经济状况的调查》,1981年8月6日。松江县档案馆藏,华阳桥乡档案,37—1—81。
③ 《松江县东风人民公社一大队(原联民社)1958年单季晚稻丰产经验初步总结》,1958年10月27日。松江县政府藏,华阳桥乡档案,37—1—58。

果2石/亩,不投入肥料第2年减产7—8斗,第3年比第2年减产5斗,不种绿肥而种小麦,第二年的水稻减产5斗左右。绿肥是必不可少的。他还讲了许多其他条件:当地无饲料养牛,绿肥也是不可或缺的饲料;在生育期上,当地的水稻主要的晚稻,无法与小麦相配合,人们又不接受早稻,难以形成早稻——小麦的二熟制;许多田为低田,干田化不易,难种小麦。① 在这些条件中,影响熟制提高的关键是肥力高不是气候。以后推广双季稻,淹水时间加长,土壤产生潜育化。由于肥料投入不达标,双季稻往往成为被动应付的政治任务。1949年以前的农民对土壤肥力与熟制的认识是天然的:"种麦拔田脚","多种拉地荒"②,"小熟拔田脚,花本钱不合算"③。地力条件不允许多熟种植。1950年代的双季稻不多,大部分地区只种一季水稻。种子场4村如此,联民社"过去都是一年一熟晚稻,秋耕面积只有5%左右,1954年以逐年发展三麦,油菜等秋播作物"。④ 在大跃进的1958年,公社总结报告上仍然承认双季稻推广得很少。全公社6万亩耕地,双季稻只有8千亩左右。⑤ 随着群众积肥运动的开展,加上政治上的推动,1960年代末才达到了一年二熟,1970年代发展到三熟制,但"三三得九不如二五一十"。三熟使积水时间过长,土壤发

---

① 天野元之助等:《江苏省松江县农村实态调查报告书》,满铁上海事务所,1940年,第100—102页。
② 《城东公社联民大队一九六四年农业生产经验总结》,1965年2月21日。松江县档案馆藏,华阳桥乡档案,37—1—65。
③ 松江县农林局:《关于1958年夏熟作物生产经验初步总结》,1958年5月25日。松江县档案馆藏,农林局档案,13—1—15。
④ 松江县城东乡委员会:《以联民社为中心发展为集体农庄的规划》,1958年7月。松江县档案馆藏,华阳桥乡档案,37—1—58。
⑤ 《松江县城东乡联民社水稻栽培经验》,1958年10月。松江县档案馆藏,华阳桥乡档案,37—1—58。

生次生潜育化。当时华阳桥公社存在一种黄泥底的青紫泥,那明显是长期淹水后潜育化的结果。这时的产量几乎没有增长。1978年以前,亩产量只有1100斤/亩左右。①

高地一般实行稻草轮作,寒露前后将草子撒于稻肋下后不再进行管理,割稻后任绿肥自然生长,春天种稻前翻压,土壤"不日即肥不可言"。这种田块属肥力上乘的"上地",华阳桥土地的大部分属于此类地块。② 低地因涝种不上绿肥,就成了差地。"冬春雨雪,田有积水,草亦消萎",这样的地块往往只能用用河泥肥田,既然是差地,用河泥也起不到多少作用。为了提高产量,1950年代借土壤耕作技术的改良将红花草推向低地,绿肥加土壤改良比低地河泥有效得多。当时因稻麦两熟后无法种红花草,对土壤耕作技术有新的要求:"一耕、三耙、二捞沟。"愈塘二社水稻收割后种麦,耕耙3—4遍,晒垡2天。涝沟泥削轮头,做成鲤鱼背式的轮,再耙一次,然后播种,播种后进行轻耙,捞尽畦沟,细盖种籽。③ 多耕改良了土壤结构,配合种绿肥才有效。红花草少了,土壤肥力仍难有改进。为了防止水涝,水稻收获后人们细密地开沟排水。像嘉湖地区一样,这里也有三沟配套,出水沟为主干,出水沟低于边沟和田间的沟。农民也像嘉湖农民敲麦菜沟那样地敲"草沟",且要"敲得细,敲得匀,使泥壅聚根边"。④ 稻麦两熟后又推广双季稻三熟,这使土壤向潜育化方向发

---

① 《华阳桥公社土壤普查报告(初稿)》,1981年。松江县档案馆藏,华阳桥乡档案,37—1—689。
② 光绪《松江府续志》卷五,疆域志。
③ 松江县农林局:《关于1958年夏熟作物生产经验初步总结》,1958年5月25日。松江县档案馆藏,农林局档案,13—1—15。
④ 《松江县1964年红花草栽培技术的意见》,1963年9月8日。松江县档案馆,松江县政府档案,6—15—12。

展。"改制后土壤淹水时间的延长,用地和养地的比例失调,加上耕作培肥和治涝改土等生产措施尚欠适应,就难免对土壤肥力和理化性状产生这样或那样的影响。"耕作层变浅,以前5寸厚的浅耕作层分布在远村田,且数量不多,后期普遍起来。土壤僵板现象开始普遍。"群众反映近年来土壤发僵板结,……过去一敲就散,一犁就松的耕作层,现在是敲敲一个洞,垒垒一条缝。"1981年的华阳桥土壤分布图上显示,青紫泥占了优势。① 这主要是盲目扩大熟制造成的。

> 由于不断地扩大三麦,减少红花草和蚕豆;有机肥不足,化肥施得多,在作物安排上,连年迭种,不能合理轮作,不能调换茬口等等因素,造成土壤板结,因而有一部分土地田脚越种越瘦。②

众所周知,大跃进时期全国把深耕做过了头。陈永康还是理智的,他在联民社进行了相应的控制。"耕耙次数的多少,应根据土质而有不同。土质好的田不宜多耕多耙,有3耕6耙就可以,土质差的就应该多耕多耙。"顾有根有5亩高产田,黑泥头土,1952年由于耕耙过多,泥土浮烂,稻苗不札根,生长缓慢。费伯根有一块低产田,五耕十三耙,产量由原来的400斤提高到800余斤。当时对插秧前田的整地有一个形象的指标:"平、光、烂。"③联民社为了改良青紫泥和

---

① 《华阳桥公社土壤普查报告(初稿)》,1981年。松江县档案馆藏,华阳桥乡档案,37—1—689。
② 《松江县一九六六年上半年农业生产总结》,1966年7月8日。松江县档案馆藏,松江县政府档案,6—18—14。
③ 《松江县城东乡联民社水稻栽培经验》,1958年10月。松江县档案馆藏,华阳桥乡档案,37—1—58。

干沟泥,也采取过一些耗时耗力的办法,特别是"采取'客土法'和地力肥沃的土壤换土,借以提高土壤肥力。要求深耕一尺,换土5寸,达到深耕1.5尺的要求"。在低洼地区,"结合平整土地,在深耕1.5尺的基础上,采取填土、挑泥的办法,达到深耕2尺的要求"。泥土资源在古代处于私有化状态,集体化时代不再有障碍。联民社有30个泥土墩,合7万方土,"可挑泥210万担",远距离的挑土大大地改变了田间地貌。① 动工与多施肥并未达到所有的地块,多耕作与多施肥的田地一般是离村庄距离较近。"土壤肥力不同的主要原因,除了小地形影响之外,耕作施肥是一个因素。一般离村庄较近,离肥源较近,进水便出水爽的田,容易形成肥力高的土壤。人们只注意村庄附近,肥源附近的这些农田,施重肥精耕细作,管理得当,一年一年地保持和提高了肥力。离村庄远,施肥不便的田,往往是耕作粗糙,基肥不足。"高肥力土壤靠近村庄和圩岸,是一进田。远离村庄的田,距出水河浜约100米的地方,往往是二进田或三进田。因积水潜育化,这种土壤妨碍作物根系的发育。② 由于长期施有机肥,一直到1980年左右,各村土壤肥力分布仍然明显地呈同心圆式分布,离村愈近,土壤有机质愈高。③

四 肥料

明清时期,肥料紧缺使豆饼的来源扩展到华北和东北。相对富

---

① 《以联民社为中心发展为集体农庄的规划草案》,1958年7月6日。松江县档案馆藏,华阳桥乡档案,37—1—58。
② 上海市松江县土壤普查办公室:《上海市松江县群众性土壤普查鉴定工作总结(初稿)》,1959年6月。松江县档案馆藏,松江县政府档案,6—11—13。
③ 《华阳桥公社土壤普查报告(初稿)》,1981年。松江县档案馆藏,华阳桥乡档案,37—1—689。

庶的江南有足够能力吸引其他地区豆饼以扩大肥源。松江地区施肥的程度是"三通",就是施三次肥。头通"红花草",绿肥就地翻压,此为基肥;二通猪榭,一般为自家厩肥,也有人从城镇甚至上海购买粪肥;三通豆饼,一出东北,海路运输,"出关东者为大饼,个重六七十斤"。二出华北,从运河而来,浒墅关卸货,"个重二十四斤"。① 绿肥与猪榭的成本很大,贫农往往只能简单地使用一点豆饼,甚至不借贷款购买。

> 三通膏雍惟富农有之,若贫农荒秋湖口尚艰,奚假买草撒田为来岁膏壅计,又无力养猪,只赊豆饼壅田,其壅力暂而土易坚。②

单施豆饼,土壤有板结化趋向,富人三通,土壤肥力相对稳定。到1940年左右,阶层差异主要体现在土粪使用量的差异上。上流农家有牛有猪,土粪多。西里行浜的地主陆根生家里猪舍与牛舍相连,牛粪与猪粪共同收集在猪圈内。一般人家单独养猪,猪圈与北方挖粪坑式的积肥方式不同,从地面向上堆叠粪灰地下水位高,难用粪坑。江南粪肥多是追肥,农民单独收集人粪,在门外置一个粪缸。其次才是畜粪。畜舍以砖瓦、板和栅木为材料,高约1.5米左右,圈内堆积一般在1米以上。粪肥不像北方那样掺许多土,主要作追肥用。为了防止舍内浸水和滋生蚊蝇,农民用稻灰铺圈,农家一日燃20多斤稻秸。积粪量明显与家庭收入和地亩面积有关③,养猪在于积肥,

---

① 姜皋:《浦泖农咨》。
② 光绪《松江府续志》卷五,疆域志。
③ 天野元之助等:《江苏省松江县农村实态调查报告书》,满铁上海事务所,1940年,第103,145—151页。

养牛在于耕地。在华阳桥,1头水牛负担35亩耕地,1头黄牛负担25亩。① 稻蒿、干草既是燃料,又是饲料,牛与人争草就形成生态问题。1949年以前,只有少数像陈永康这样的人才关注这个问题,陈种田多,养了不少猪,只是垫圈缺灰。他是一个极其聪明的人,农闲季节他每天打发他的儿子挑着一担稻草到松江县城里换草灰。② 只是麦麸、米糠、农家残渣物、酒粕和其他酿造留下的酢粕是专喂牛的。牛与田争绿肥,紫云英、棉籽饼是肥料也是饲料。尽管少有荒地,为了养好牛,每年夏天要尽量地寻青草给牛吃。稻秸是主要的粗饲料,与精饲料拌匀后饲喂。水牛每日可吃32斤,黄牛20斤,棉花饼和麦麸每日都要2斤。夏日劳动量增加,水牛一日需干草80斤,青草40斤,还要加许多精饲料。投入量如此之大,只有不多的农户才能够养牛。抗战以前种子场4个村的养猪养牛户较后期为多。③ 肥料的短缺,在许多时候并不是像北方那样无法解决,由于江南的资源丰富,通过精心收集,可以解决有机肥的短缺问题。

1949年以前,饼肥几乎是最重要的。抗战爆发以后,许多上海油厂停业,化肥的销量因此增加。华阳镇的主导商人是米店老板,1940年左右,镇上7家米行全都经营豆饼和化肥,米行老板通过化肥控制了下层农民。5—6月份是需肥期,许多农民手中无钱,不得不借贷买化肥,受制于米行。④ 低地地区清代已施泥肥,低洼地带多

---

① 驻城东公社县委工作组:《城东公社九大队几项管理制度》,1959年3月5日。松江县档案馆藏,华阳桥乡档案案,37—1—59。
② 陈良才:《怀念父亲陈永康》,见《松江文史》第十四辑,第111页。
③ 天野元之助等:《江苏省松江县农村实态调查报告书》,满铁上海事务所,1940年,第31—33、85—86、143—144页。
④ 同上书,第86、184—185页,附表九。

有积水,不易种绿肥,只好施泥肥。红花草"非上等高田不能撒草"。① 尽管几乎人人都知道种红花草肥田,各人的技术不一样,对红花草的翻压时机也各有差异,故培肥地力的水平也不一样。陈永康父亲以前未待红花草开花就耕翻,陈永康通过长年累月在田头的观察,发现未开花翻压是浪费的,他父亲不听他的意见,直到 1939 年他当家以后,才改变了作法。② 赊销豆饼化肥有着极重的剥削。有个叫侯宝峰的工商地主,赊销大豆饼及"狮马牌"化肥。许步山桥的杨小法秋里向他赊二张大豆饼,牌价半石米,赊价却要一石米。③ 1942 年,物价飞涨,米商以实物借贷,向米行借一石大米,秋后要还一石五斗,"农民赊大豆饼,利息更高。当时一石米卖五张豆饼,但赊销,一石米赊二张豆饼,利息 250%"。在这种高利贷的控制下,华阳桥镇的米行控制了土地和经济。"协昌、许公记、李恒记等大米商,一般是兼有土地,他们用米行赚来的钱买土地,他们都有上百亩土地。"④ 豆饼的销售 1950 年代以后才消失,1954 年以后豆饼停售,改换成菜饼和棉饼,菜饼和棉饼是当地的,再以后,化肥成为唯一的追肥。⑤ 尽管追肥十分重要,但如果让追肥非常有效地起作用,在于合理施肥。陈永康的看苗施肥,实际上也是在这种肥料限制的压力下产生的,因为这样可以让肥料最大化地转化成产量,减少不必要的氮素流失。他的老来青品种和看苗技术使他种的水稻亩产达到千斤

---

① 光绪《松江府续志》卷五,疆域志。
② 陈良才:《怀念父亲陈永康》,见《松江文史》第十四辑,第 113 页。
③ 《松江县华阳桥公社种子场解放前后阶级、生产、生活状况调查》,1981 年 4 月。松江县档案馆藏,华阳桥乡档案,37—1—81。
④ 华阳桥人民公社管理委员会:《关于中美学者首次来社调查研究的情况汇报》,1983 年 9 月 8 日。松江县档案馆藏,华阳桥乡档案,37—1—83。
⑤ 何惠民等:《松江县志》,上海人民出版社,1991 年,第 337 页。

水平。尽管如此,他仍然感到肥料的缺乏。1952年成立互助组时,陈永康本人领导几户农民在广找肥源上下功夫,由于他们的养猪数量不多,购化肥又没有那么多的钱,只好割草积肥,将草沤成肥料。"这种做法当地是从来没有人做过的。"① 由此可见,长期以来华阳桥在扩大肥源积肥上做得也有限。

清末从美国来的土壤学家金博士考察上海时发现苏州河上有大量的粪船。1908年上海租界每年有7—8万吨的收集量。② 农民可以从华阳桥镇粪行中买到粪肥,有的从泗泾镇购得。除粪行外,还有流动的粪头经营粪肥,他们从上海往松江贩粪。1940年,由于豆饼等肥料涨价,土粪也涨价。③ 集体化以后,农民到上海运粪,陈永康所在的联民大队有21条农船,"人停船不停,川流不息到上海、城区(松江县城)等地进行运肥,靠近公路的生产队,还动员社员自行车投入运肥行动"。上海运肥的任务定户定船④,不用钱,各郊区农村却都有份,故数量有限。许多船在苏州河挖河泥,免费清理城市清理环境。华阳桥"组织船只定期用拖船到上海运黑泥等杂肥,每月5次,每次3000担,一年可积18万担"。⑤ 这种积肥行为大大有利于上海河道环境。随着农村地区有机肥的弃用,上海市现在要花费巨

---

① 郭玉汉:《难忘的老来青——追忆陈永康同志》,费伯贤:《回忆陈永康互助组》,见《松江文史》第十四辑,第20、73—74页。
② F. H. King:《东亚四千年の农民》,山本俊朗译,栗田书店刊,昭和十九年三月,第142—143页。(原书英文标题为:Farmers of Forty Centuries or Permanent Agriculture in China, Korea and Japan)。
③ 天野元之助等:《江苏省松江县农村实态调查报告书》,满铁上海事务所,1940年,第107页,附表九。
④ 《城东公社联民大队积肥情况》,1963年4月24日。松江县档案馆藏,松江县政府档案,6—15—12。
⑤ 《以联民社为中心发展为集体农庄的规划草案》,1958年7月6日。松江县档案馆藏,华阳桥乡档案,37—1—58。

额的清淤费用。积肥和运肥不但改变了田间和村庄的卫生环境,还改变了松江和上海市的环境,这是化肥时代不可想象的。传统的水环境也与积肥有关,血吸虫疾病直到1964年才得到了根治,当时除了灭螺防治外,还要重整原来在河边的粪便池和积肥场所。长期以来,人们随意在河道里洗马桶促进了病原菌繁殖。干部使用了各种办法,包括设立清水缸供农民冲刷便桶,甚至动员专人挑水诱导农民改变习惯。还尽量找一些不通河滨的死水之地供倒污水,减少传染机会。尽管河水有诸多问题,以前的村民却可以喝生水。① 1965年左右这里还因卫生的缘故打了89眼水井,江南井的水位低,地下水易受污染。所以,井位离猪、羊、牛棚、河浜一般9尺开外,打好的井也要加盖加锁。②

粪肥在华阳桥主要作追肥用。至于江南地区所常用的泥肥和草肥,直到集体化初期,华阳桥的人仍有不施土杂肥的记忆。1964年联民社动员大积土杂肥和水草,一些人说:"水草不壮,积来无益,种田靠猪榭红花草,不够是化肥。"③在华阳桥西边,稻田因"湖水澄清,底泥淤烂,农夫罱取壅田,年复一年,田愈美而湖愈深"。在华阳桥的感潮区,河泥不适合作肥料,"浊潮灌田,沙积田中,田力日薄,一遇大雨,沙渗禾心,苗生渐槁,而所收亦薄"。④ 华阳桥有种植绿肥的传统,外加猪榭、豆饼即可满足肥料需求。由于地势高,积泥肥要到

---

① 松江县城东卫生院:《一九六四年除害灭病卫生工作计划(草案)》,1964年1月24日。松江县档案馆藏,华阳桥乡档案,37—1—64。
② 城东公社党委:《松江县城东公社今冬明春卫生工作具体意见》,1965年11月20日。松江县档案馆藏,华阳桥乡档案,37—1—65。
③ 《城东公社联民大队一九六四年农业和产经验总结》,1965年2月21日。松江县档案馆藏,华阳桥乡档案,37—1—61。
④ 光绪《续修华亭县志》卷三,水利。

别处去挖,得不偿失,何况这里的泥因感潮的原因不宜做肥料。1950年代末,提倡稻麦两熟和双季稻,绿肥没了生态空间,化肥投入又少,巨大的肥料缺口只得靠大积土杂肥填补。1950年代,推广的水稻品种老来青产量可达千斤以上,必须多施肥才能增产。当时提倡密植,密植也同样需要加大肥料投入。1949年每亩有水稻1—1.4万棵,1950年代末发展到几十万棵。① 当时农民与农业技术措施的使用,基本在政治运动的框架内进行。

> 由于贯彻了深耕密植,必然需要增施大量肥料,但在我国目前化肥创造,暂时还不足的情况下,从去冬以来,不断发动群众,大搞积肥运动。提出"担肥斤粮","要吃白米饭,河底翻一番","苦战三昼夜,积肥千万担"等生动口号。将近一年来,全体社员不顾天寒地冻,日晒雨淋,共积到肥料7172万担,相当于过去十几年来的总和。②

这是一个天文数字,不但比过去十几年总和多,也比过去几百年多,明清时期这里不积土杂肥。群众运动使积肥变成了刮土,在大量动土的情况下,稳定的土壤生态环境遭到破坏。1958年,作为当时典型农业社领导的陈永康,比一些科学家更大胆地顶住了荒唐的作法。县里领导要求联民社和许多农业社每个社搞40亩样板高产田。③ 要求的投入数量把陈永康吓了一跳。

> 每亩田由县里提供100斤化肥,5张大豆饼,并规定每亩基

---

① 《松江县城东乡联民社水稻栽培经验》,1958年10月。松江县档案馆藏,华阳桥乡档案,37—1—58。
② 陆德法:《学习陈永康同志事实求是的优良品德》,见《松江文史》第十四辑,第91页。
③ 同上。

肥施 2 张豆饼,100 斤菜饼,50 斤田粉,100 提河泥,30 担大粪。如果同意,明天就可把全部肥料装回去,陈永康听了头上直冒汗。但他还是当场说:"这么多肥料施下去,稻要疯长的,3000 斤产量也是收不到的。"①

1950 年代的积肥和粪便处理,对乡村环境的改变产生了前所未有的变化。"天上的星星数不清,地上肥料积不尽,头上肥,脚踏肥,屋内、屋外、屋前、屋后都是肥。"将垃圾和灰尘都当成了肥料,种类多样。坑缸泥,是长期在缸底下面被压被覆盖的泥土;场地泥,是人群活动较多的场所留下的泥土;熏土泥,牛醮沟泥、阴沟泥、鸭棚泥,……不一而足。当时要求"河底翻身,五棚翻身"。所谓"五棚"就是猪棚、牛棚、羊棚、鸡棚、车棚,反复清理收集垃圾。一些脏水也成肥料——汤水肥,包括浴汤水、马桶水、咸鱼水、猪汤水。② 积肥深入到乡村居住环境的方方面面。联民社"1958 年每亩施肥量计划达到 7000 担(原肥),比解放初期增加近百倍"。③ 由于肥效差,大积肥对土壤结构和乡村环境的影响,远大于对作物产量的影响。反复地"动土",改变了土壤的紧实程度和空隙度。以前不挖河泥的华阳桥,也不断地挖沟、挖河。李家浜生产队开了一条河,"河泥没有挖尽。通过检查评比,这个生产队又继续开挖第二次,以增积了 6000 担河泥。由于有了积肥组织,又开展了竞赛,因此积肥速度很快,至

---

① 陆德法:《学习陈永康同志事实求是的优良品德》,见《松江文史》第十四辑,第 91 页。
② 《城东人民公社 1958 年水稻丰产经验总结》,1958 年 12 月 8 日。松江县档案馆藏,华阳桥乡档案,37—1—58。
③ 《以联民社为中心发展为集体农庄的规划草案》,1958 年 7 月 6 日。松江县档案馆藏,华阳桥乡档案,37—1—58。

4月18日统计,全大队单开河积泥一项就搞了大小河二十一条"。①大力积肥一直是公社时代的技术走向,但过度的积肥不可持续,领导们在事实面前逐渐放弃了大积土杂肥的偏好。1966年,政府发文对那些只注意"罱河泥、拾鸡污、运垃圾"而放松了绿肥种植的单位提出了批评。②

五 小结

水环境是江南农村生态环境的中心,丰富的水资源为江南农业提供了一种可持续的发展潜力。在平常年份不存在水用限制,明清时期,农业产量提高的主要限制来自于肥料。稻麦两熟制推广得非常缓慢,肥力限制是一个重要的原因。松江的农业到达稻肥两熟时,农民很难在这个基础上再追加额外的肥料和劳动投入以提高熟制。河道水利处于一种自然生态状态,利用天然的弯曲以防潮淤。圩田的水环境与土壤环境对江南农业的生产活动有一种自稳态作用。传统技术手段下的努力在一定程度上引起生态环境的改善。1950年代,人们在水利、肥料与多熟种植上做出了巨大的投入,生态景观与水土环境也发生了变化,形成了千年未遇的农田方格化的生态景观。大积有机肥也使乡村甚至城市的环境都得到了自动维持。随着高产品种和化肥的引入,生产达到了一个新的高度,但1970年代的三熟制开始使土壤退化。以后,乡村工业开始大幅度地对农村水环境形成破坏,工路网的修建也破坏了有序的水流格局。到21世纪,尽管

---

① 《城东公社联民大队积肥情况》,1963年4月24日。松江县档案馆藏,松江县政府档案,6—15—12。
② 《松江县一九六六年上半年农业生产总结》,1966年7月8日。松江县档案馆藏,松江县政府档案,6—18—14。

更多的人们享受现代化的城市生活,人的眼目需求仍喜爱传统的生态景观,更愿意看树木、小桥、流水、人家,愿意吃只施有机肥的粮食,如何重建或恢复传统的江南生态,应是政府考虑的一个重要问题。

第二节 物 种

物种是生态系统的一种重要表征,尽管江南水乡的物种多种多样,传统时代末期的物种仍处于减少阶段。在人口压力增加的同时,一般人养不上牲畜和猪。沈家浜"三分之二的农户不养牛,三分之一的农户不养猪"。① 种子场4个村60%以上缺耕牛,养猪人家占30%,70%养湖羊。② 1892年,上海附近的岛屿出现了一种外来植物——革命草,这种草极易扩展,水陆两生,对环境的适应能力极强。这种草有着很大的生态风险,会堵塞航道,排挤其他植物,使群落物种呈单一化发展。③ 但在1970年代,这种草甚至得到了推广,因当时极需要饲料,革命草可解饲料困乏,双季稻对绿肥的排斥迫使生产集体利用水面种植革命草。当时官方提出了"大河两边青,小河条条绿"的口号。黄浦江边有了青饲料,稻田中有了稻田养萍,田边地角、房前屋后也种了各种草。④ 用地程度的提高,迫使农民将饲料和肥料的来源推向一个更广阔的生态空间。这一地区最主要的物种是

---

① 《三十二年来的巨大变化——米市渡七队解决前后经济状况的调查》,1981年8月6日。松江县档案馆藏,华阳桥乡档案,37—1—81。
② 华阳桥人民公社管理委员会:《关于中美学者首次来社调查情况的汇报》,1983年9月8日。松江县档案馆藏,华阳桥乡档案,37—1—83。
③ 李家乐等编著:《中国外来水生动植物》,上海科学技术出版社,2007年,第158页。
④ 《松江县一九六六年上半年农村多种经营情况及今后工作意见》,1966年。松江县档案馆藏,松江县政府档案,6—18—14。

河道里的鱼类和水田中的水稻。华阳桥乡的河道有多种鱼类,肯定比唐宋时期更少。作物的类型也有很多,主要的物种是水稻。水稻品种的生态群落在历史时期也有不同的变化,农业生态系统内部的种群也处于一种发展变化之中。

一 鱼类

黄浦江传统的水流水质好,鱼类十分丰富,数量也很多,方志里甚至有大量鱼群富集的记载。

> 顺治四年八月,黄浦群鱼大上,皆长尺许,网之日得五、六万头,凡四五日止。①

黄浦江的水质量一直到1950年代中期仍是好的,"有机养料和浮游生物多,是鱼蟹的良好栖息场所和回游路线。江中有青鱼、花鲢、鲫鱼、松江鲈鱼(史上有名)、黄鳝、鳗鲡和中华绒蟹等成长,年产鱼约万担"。1950年代以后,由于污水的进入,许多鱼类的生殖回游路线被破坏,产量减少,以至于到最后绝迹。② 尽管生态系统中有如此丰富的的食物,一般人仍不去捕鱼。生态系统中的野生食物十分丰富,农民仍以稻作生产为主。由于离海较近,摸鱼抓虾经济效益很小,捉鱼只是贫人的副业。"许步山桥中的十八户有十五户靠捉泥鳅、螃蜞过日子,一到冬天,他们天不亮就起身,带了两个饭团,摸黑赶到洞泾北首(约廿几里路)挖泥鳅。一斤泥鳅廿个铜板。一天可挖五到六斤鳅,收入一百个铜板。籴几斤米湖口。"许步山桥的杨小法父母双亡,欠交租米,结果被地主收了租佃权——"铲田"。"逼得

---

① 乾隆《华亭县志》卷十六。
② 段绍伯编著:《上海自然环境》,上海科学技术文献出版社,1989年,第67页。

走投无路,全家靠挖泥鳅、捉螃蜞过日子。"①一人一天可以捕到五六斤泥鳅,正可见水环境之清洁、物种之丰富。在沈家浜,19户人家中有9户"靠捉螃蜞,吊黄鳝"等维生。②由于资源丰富,螃蜞之类甚至被当作肥料。1958年左右,"长娄一社妇女张宝全(妹)听到办农场,当夜就捉螃蜞30余斤(肥料)"。③不但水沟里有螃蜞,稻田里也有。陈永康非常重视这些生物,不单是为了吃,更是为了洞穴漏肥问题。"田里有黄鳝、螃蜞(一种红色小螃蟹)、蟹,这些东西都会打洞。所以,施肥以后,一天要到田里去看两三次,看到哪里漏水,就要把田埂修好,不让肥料跟着水漏掉。"④

水流产生的钉螺与地区传染病有联系。血吸虫病的寄主是钉螺。黄浦江位于华阳桥乡的南部,潮水涨落显著,水流很急,"钉螺生长不适应",血吸虫病病原体少。北部"新桥与城北两个公社相连"的地方,水流缓慢,利于钉螺生长,1949年以前的血吸虫病基本上局限于北部地区。共有"四个大队,四千余人受到病害威胁。一般农民的患病率非常之高,达30%左右"。"不少劳动者患病之后,得不到及时治疗,完全丧失劳动力,发展成晚期血吸虫病。"⑤血吸虫病直到1960年代才得以根治。

---

① 华阳桥人民公社管理委员会:《关于中美学者首次来社调查研究的情况汇报》,1983年9月8日。松江县档案馆藏,华阳桥乡档案,37—1—83。
② 《三十二年来的巨大变化——米市渡七队解放前后经济状况的调查》,1981年8月6日。松江县档案馆藏,华阳桥乡档案,37—1—81。
③ 《联民待社干群对并升农场的思想动态》,1958年8月17日。松江档案馆藏,华阳桥乡档案,37—1—58。
④ 陈永康(讲):《陈永康水稻丰产经验》,农村读物出版社,1965年,第86页。
⑤ 《松江县城东人民公社一九六四年灭光钉螺规划报告》,1964年1月19日。松江县档案馆藏,华阳桥乡档案,31—1—64。

二 早、中、晚稻

水稻是最重要的栽培植物,水稻品种长期以来是人对环境适应的产物,既是技术的,也是生态的。因着选择与生态条件的不同,品种表现为诸多的生态型,实际上都是人与环境关系的产物。人选择的水稻品种要适应生态环境,也要适合人的口味。在不同的历史时期,选择往往有不同的要求,有时只求果腹,有时要优中选优。由于政治的作用,近现代的水稻品种有了社会意义。在这品种选择过程中,松江和华阳桥乡的水稻品种显得多姿多彩。明清时期,松江县水稻品种已经多种多样,那是农民对各种环境因素长期选择适应的结果。首先,水稻品种的早、中、晚三种,表现为不同的时间播种。徐光启言:

> 五月而种,九月而熟,谓之"红莲",其粒尖、色红而性硬。四月而种,七月而熟,曰:"金城稻",是惟高仰之所种,松江谓之"赤米",乃谷之下品,其粒长而色斑。五月而种,九月而熟,松江谓之"胜红莲"。性硬而皮茎俱白,谓之"种稻"。其粒大、色白、秆软而有芒谓之"雪里拣",其粒白、无芒而秆矮。五月而种,九月而熟,谓之"师姑秔"。《湖州录》云:言其无芒也。四月谓之矮白,其粒赤而稃芒白。五月初而种,八月而熟,谓之早白稻,松江谓之小白,四明谓之细白。九月而熟,谓之"晚白",又谓"芦花白",松江谓之"大白"。其三月而种,六月而熟,谓之"麦争场"。其再莳而晚熟者谓之"乌口稻"。在松江,色黑而能水与寒,又谓之冷水结,是为稻之下品。其粒白而大,四月而种,八月而熟,谓之中秋稻。在松江,八月望而熟者,谓之早中秋,又谓之"闪西风",其粒白而谷紫。五月而种,九月而熟,谓之紫芒

稻。其秀最易,谓之"下马看",又谓之"三朝齐"。①

品种名称往往多以外观命名。一些品种以生产特点命名,像中秋稻、闪西风、下马看等等。相对于现代品种中的阿拉伯数字,传统命名更体现品种的外观特点,也更具文化特色。太湖东部地区以晚粳稻为主,从生物学上看,这是一熟制下人们对高产与优质的追求造成的。古人似乎没有对这种选择的生物学意义多加细究,但早、中稻不高产,晚稻高产优质的观念是存在的。清代已经有人对这个问题进行分析。《珠里小志》中有这样的记载:

> 按谷之属有粳、有糯,随地异名,种类至繁,不外早、晚、中秋三种。早稻收时,米价稍昂,而收成稍薄,故农人多种晚稻。中元前后,或有大风,秋禾含穗,风战易损。中秋前后,或遇酷热,则枝节间易一螟螣,结实不坚,多青腰白脐。故夏秋间田禾茂盛,喜为丰岁,转盼而成歉岁,毕坐此也。②

可以看出,选择晚稻也有许多其他原因,自然灾害也对农民的品种选择也起到了很关键的作用。从丁颖对早稻的论述来看,早稻很早就存在,宋代又有一次占城籼的引进与推广。在清代中叶,由于双季稻的引入和稻作向次等地的推广,早稻在全国又有一次全面的推广和提倡。为了推广早稻,李彦章编辑了《江南催耕课稻篇》。在太湖东部,双季稻较少,在麦稻两熟制中,早稻被小麦所排斥。李彦章言:"吴民纵不欲行区田法,而于两熟之利,岂独无动于衷乎。然春耕之废久矣,诘其故,则宿麦在地,不可以播谷也。盖吴俗以麦予佃

---

① (明)徐光启撰、石声汉校注:《农政全书校注》卷之二十五,树艺,上海古籍出版社,1979年,第623页。

② (清)《珠里小志》卷四,物产。

农,而稻归于业田之家,故佃农乐种麦,不乐早稻,而种艺之法,亦以失传。"另外,早稻多籼,江南的赋税要求是粳稻,而粳稻一般是晚稻。① 像宋代占城稻的推广一样,早稻的推广,多在次等地或旱地上展开。宋时人口压力较重,人们开始将一些高地或冈身之地开发以种稻。当时推广的早稻,大多是生育期较短的品种,种在干旱高地。由于高地在水稻晚期易受旱,往往早种以避干旱。如果低地要进行两熟种植,也会种早稻。总之,早稻的推广更多是人地矛盾引起的,人口压力推动人们重视次等地,或在好地上行二熟制度。在低地,为了躲避晚期到来的水灾,人们也会种早稻以避水灾。无论在哪里,早稻种植都是人口压力下的产物。"吴农随其力之所及,择其土之所宜,以次种焉。"②大多是在次等地上种植。

《田家五行》云:"早稻宜用下田。"《齐民要术》曰:"凡下田停水处,燥则坚垎,湿则污泥,难治而易荒;硗埆而杀种,如水涝不得种,九月一转,至春种稻万不失一。凡种下田,不问秋夏,候水尽地白背时,速耕耙耢,频翻令熟。二月半种稻为上时,三月为中时,四月初及半为下时。渍种令开口,耧構掩种之,即再遍耢,苗长三寸,耙耢而锄之。锄欲速,每经一雨,辄耙耢苗,高尺许,则冒雨薅之。科大如概者,五六月中霖雨时拔而栽之,入七月不复任栽。"今闽中有占城种,即黄籼也,性耐旱,高仰处皆宜种谓之旱占。其米粒大而且甘,早种、早熟六十日即可获。为早稻佳种,北方水源颇少,惟陆地沾湿处种稻,其耕锄薅拔一如前法。③

---

① (清)李彦章:《江南催耕课稻篇》,清刻榕园全集本。
② 弘治《吴江志》土产。
③ (清)李彦章:《江南催耕课稻编》,早稻之法。

《田家五行》所描述的稻作代表了宋元时期江南农民对早稻的看法,而《齐民要术》的内容为六朝时期的旱稻栽培技术。李彦章视早稻在江南为下等地的作物,以为古人也将早稻与旱稻等同看待,其实,具体的事实是多种多样的。在松江一带,东乡与西乡尽管地势不同,早稻的种植已经深入民间,一般农人可能都种一点早稻。种早稻可以救饥,越到后期,贫困现象增多,人们余粮不多,小农家庭会种早稻应付荒灾。明末有一种早稻为"麦争场","以三月种,六月熟,谓与麦争场也。松江耕农稍有本力者,必种少许,以先疗饥。《农遗杂疏》曰:此种早熟,农人甚赖其利,新者争市之价贵,若荒,新稔则倍称矣"。① 至于晚稻,乃是农人的主要品种。在太湖东部湖田与荡田区,亦有早稻种植,民国年间嘉湖地区《乌青镇志》对这个问题分析得很清楚。

> 又有荡田(名旱田)。盖由客民开荡成田,较水田为高(荡田高,水田低,荡田出水,常以水田为邻国之壑,故每遇一沟洫之争,土客交涉,有涉讼经年不鲜者)。荡田多种早稻,处暑前后既可收谷。土厚田高,不畏水潦,只忌旱干。乡民所种晚稻,往往荒歉,而早稻则常丰收,盖以时间可短,不独水灾少逢,虫灾等害,亦易避免。②

这里的荡田,实际上既是高田,又是新开之田,被认为是次等地。在这种田地上,晚期可能有灌溉困难,早期因雨量较多,积水较丰,可以避免干旱的影响,故以早稻为上。灌排条件较好的圩田,一般种生育期较长的晚稻。

---

① 崇祯《松江府志》卷六,物产。
② 民国《乌青镇志》农桑。

吴俗以春分节后种,大暑节后刈者为早稻;芒种及夏至节后种,白露节后刈者为中稻;夏至节后十日内种,至寒露节后刈者为晚稻。过夏至后十日,虽种不生矣。今吾松最早必交立夏节,其或雨水不时,大暑后种者亦生,但不盛耳。东乡迟种而早收,西乡早种而晚收,风土之不同如此。然稻之晚收者,必佳种也。①

松江的晚稻生育期也不尽相同,东乡地处高冈,迟种而早收,生育期短,难以丰产;西乡是水乡,生育期可以延长,可以种植产量高的晚稻品种,早种晚收。明清时期,冈身之地与低乡之地都有相应的土壤耕作措施,在不同的土壤与水分条件下,早、晚稻的搭配也因环境条件及耕作技术而异。

如高仰与低田高下二三尺不等,盖高低甚则行少,行少则垄畎阔,垄畎阔则积土厚,种后再加培土壅根。故低田垄背日高,何愁水大之被浸也。高乡患旱,所种早稻在畎,至培土功到,其田已平。所种之稻根深厚,即大旱酷日亦不忧燥,彻田底也。所以分行者,为早稻宜旱、晚稻宜水。《天工开物》云:"凡苗自函活以及颖粟,早稻食水三斗,晚稻五斗。"故平壤种早籼于陇背,晚秔则种于畎内。如高仰坚土不独晚秔种畎内,即早籼亦种于町。其所空之垄作培土用,如低者可补种晚稻,平者补种大豆。②

农民利用技术搭配不同稻种于不同的微生境之中。1950年代,

---

① 康熙《松江府志》卷四,土产。
② (清)奚诚:《畊心农话》清钞本。

松江县的"早稻(早粳)主要分布在漕泾、亭林等高亢地区"。早稻分布于高乡。人们已经开始变传统的早、中、晚稻的因地制宜转变为现代化的单种高产晚稻。"如能疏通河道,充足水源,发展机灌,改善灌溉条件,并注意治螟,早稻可改为晚稻。"松江县的中稻分布在一些低洼地区,"主要分布在天昆、枫泾等低洼地区,因荡田排水不良,宜于种植籼稻(中稻)"。在这种的地区,要改种晚稻,就要兴修水利,改善排水。① 1950年代末,政府推动双季稻的推广,早稻又被提及。1959年的松江县早稻、中稻和晚稻都有种植,搭配也推陈出新。

> 为了配合茬口,调济劳力,还选用了部分成熟比较早的,如"老虎种"、"黄种"等品种;及成熟比较迟的,如"矮脚老来青"、"晚绿种"等品种。双季连作晚稻多数采用"老来青"、"铁粳青"等品种。②

双季稻是以粮为纲的产物,对土壤和肥料要求都非常高。尽管现代投入和灌溉技术可以满足这些条件,但所要求的劳动力高投入使得双季稻种植在农民收入增加的1980年代以后就变得十分困难了,现代的江南在大部分地区又像晚清一样盛行晚稻一熟。

三 品种选择

如果从文献上看,尽管当时的水稻产量不高,古代的品种的选用至少比20世纪的大多数时间更重视优质。实际上,在饥荒频仍的古代,人们最关注产量,但传统的低产水稻本身具有优质特性。从吴江

---

① 《松江县农业生产状况》,1955年5月9日。松江市档案馆,农业局档案,5—7—11。
② 《松江县1959年水稻生产情况介绍》,1959年8月29日。松江市档案馆,农业局档案,6—11—20。

县1953年的一份档案看,20世纪中叶的水稻品种仍有"成熟一致"之类的性状需要在留种时进行选择,而这种选择从农业起源时代就有。当时选种要求"生长旺健,棵株整齐,耐肥不倒,经精耕细作有增产前途者"。要求"产量高而稳定,发棵大,出穗成熟齐一,穗长粒密,不易发芽"。还要求"品质好,壳薄,出米多"。打稻时"碎米少,"吃饭时"吃口好,胀性大"。① 这都是农民长期选择的性状。明代崇祯《松江府志》中记载了松江特别显著的十三个品种有"箭子稻、香稻、红莲稻、紫芒稻、白花珠、大小白、麦争场、一丈红、早中秋、再熟稻、松江赤、金钗糯、冷粒糯"。其中有五种水稻品种都是因香而著名。最好的品种是箭子稻,"其粒细长而白,味香而甘,以九月熟,稻品之最高者,即晚白而更胜,今海内共推江南晚米,此种尤第一"。至于香稻,"《农圃四书》云:'香秔'"。② 在松江一直以香味著名,清末依然如此。"其在松江,粒小而性柔,有红芒、白芒之等,七月而熟,曰'香秔',其粒小色斑,以三五十粒入他米数升,炊之芬芳。"③红莲稻、紫芒稻、白花珠也都有香味。其他八种主要为高产增收型品种,多为适应恶劣环境的品种。"一丈红"是一种深水稻,这是晚期垦荒向深水区进军的一种水稻,为早稻。"吾乡垦荒者,近得籼稻曰一丈红,五月种,八月收,绝能耐水,水深三四尺,浸散种其中,能从水底抽芽,出水与常稻同熟,但须厚壅耳。松郡水乡,此种不患潦,最宜植之。"还有一种松江赤,也是在特异生态环境下的稻种,因其"性不畏卤,近海口之田,不得不种之"。总之,文献多介绍水稻品种的环

---

① 《吴江县一九五二年秋季水稻选种实施办法(草案)》,1952年。吴江市档案馆,农业局档案,2011—7—13。
② 崇祯《松江府志》卷六,物产。
③ (清)杨巩:《中外农学合编》卷一,农类谷种。清光绪三十四年刻本。

境适应特点,几乎没有提到高产性状。但实际上,民间选种皆以高产为目标。陈永康用传统的育种法,即"穗选对比"和"一穗传",在1949年以前育出"老来青"品种,1951年的局部产量达到1433斤/亩。① 传统的一穗传的方法对育种人的细致程度有很高的要求。档案上这样介绍"一穗传"选种法:

> 这种选种方法是选种技术中比较细致的,须要较长的时间。我们现在所种的"老来青"就是20多年前,从别人田里选来一个稻穗,经过用"一穗传"的选种法不断选育而成的。方法是水稻开始抽穗时,结合"望田头"(巡田),选择植株粗壮,穗大粒密,没有病虫害,生长正常的单穗数个,做出记号。在整个灌浆结实期,观察其生长情况,到成熟时,如果谷粒不饱满,发生病虫害,生长不好就淘汰,选择其中最好的一个单穗,单独摘下保存。到第二年春天,以这一单穗中较饱满的谷粒单独播种,播得比一般更稀,使其秧苗粗壮。②

陈永康用的是传统的巡田之法,就是望田头之法,这是老农的技术。民间的传统技术力量长期关注着高产基因。1949年以后,官方也迫切想找到高产良种。基层党组织积极地寻求技术高手,最后终于找到了陈永康。陈永康讲他最早选到"老来青"的时间是在1940年代。

解放初期,松江水稻产量很低,亩产仅3、4百斤。有一天,在松江镇南门外找到一位姓林的农民,他的晚稻亩产达7、8百

---

① 黄德裕:《陈永康传略》,《松江文史》第十四辑,1992年2月,第5页。
② 《松江县城东乡联民社水稻栽培经验》,1958年10月,松江区档案馆,华阳桥乡档案,37-1-58。

斤。我们问他为什么稻长得那么好,是什么品种。他告诉是"葡萄青",产量还不及陈永康的"老来青"。他还说陈永康种田有经验,稻长得更好,等等。他的话引起了我们的重视,我们立即去长岸村找到了陈永康,看了他种的水稻,产量都在千斤以上。当时,陈永康是一个普通农民,对实报产量有顾虑,因为解放前他吃过粮食高产后地主加租的苦头。经过我们多次访问和思想工作,他才说出了高产品种"老来青"的来历。四十年代有年秋季,秋稻即将成熟,陈永康去外地走亲回家途中,看到一块田里稻的长势特别好,就摘了三四穗长得饱满的穗子,经过几年穗选对比,用"一穗传"的方法繁育出一种新品种,取名"老来青"。①

陈永康在民间有名声,这种名声的形成与找他换稻种的农民有关。农民的换稻种习惯几乎是传统时代改良品种的唯一手段,是一种自发的改良品种过程。他们看了谁家的稻田长得好,就与谁换稻种,主人肯换,便是一种交情。陈永康出了名,就是因为他在1949年以前育成了"老来青",农民都要与他换稻种。"他的种田本事,本来就有点名气,一些比较贫苦的农家,就经常靠'命里穷,换稻种'的办法,向陈永康换稻种。"陈永康因此在地方农民中人缘极好,名闻遐迩。② "命里穷,换稻种"这句农谚说明农民有换稻种、寻求优良水稻品种的动力,一般农民都在寻求高产优质的水稻品种。

在"以粮为纲"的政治目标下,高产品种在20世纪下半叶的集

---

① 郭玉汉:《难忘的"老米青"——追忆陈永康同志》,《松江文史》第十四辑,1992年2月,第20页。
② 黄德裕:《陈永康传略》,见上海市松江县政协文史工作委员会、上海市松江县华阳桥乡人民政府:《松江文史》第十四辑,1992年2月,第5页。

约化时代被提高到政治的高度。从科研人员到农民,几乎都在寻求高产性状。他们对晚稻的观察很仔细,提出这样的植株要求:小暑发棵,大暑长粗,立秋长穗,处暑根生谷。认为这样的植株特征可以高产。"根生谷"不是再生稻,而是幼穗从基部向上延伸。又有:"白露白咪咪,稻分稻秀齐,寒露无青稻,霜降一齐倒,立冬无竖稻。"①尽管当时仍以传统农业为主,1950年代的品种选择已略有不同,由于在积肥运动下肥料条件略有变化,人们准备抛弃那些不耐肥的品种。1959年的档案中有:

> 选用良种是保证获得高额而稳定产量的基础。过去我们应用品种有"黑种"、"葡萄青"等,由不耐肥,易感病害和倒伏,不能适应高额丰产的要求,因此逐渐为"老来青"所代替,今年"老来青"种植面积占75%,"铁粳青"占15%。此外,搭配部分成熟较早的"早十日",以命名调剂劳力和茬口。②

有意思的是,松江县1950年代的品种选择动态也具有世界化的倾向,这种倾向就是高产、耐肥、耐水。高产的关键在于矮秆、晚熟。老来青当时还没有达到后期高产矮秆品种的功能,随着化肥的推广,高产品种选育逐步脱离了地方化特点,全国范围内形成相对单一化的高产品种。陈永康的老来青,一定程度上毕竟是传统品种,后期的高产品种要求更加矮秆化。1964年,苏州地区在全面推广了"老来青"和陈永康的"三黑三黄"技术时,有人已经关注更加矮秆品种的潜力了。

---

① 松江县农林局编:《松江县1958年单稻晚粳稻丰产经验》,农业出版社,1959年,第8页。
② 《松江县城东公社新生生产队水稻生产经验》,1959年9月29日。松江区档案馆,华阳桥乡档案,37—1—59。

当时来参观的人中,有识之士很多。武进县的一位县委书记曾提出这样一个问题:陈永康的"老来青"每亩可收1000多斤,你看"老来青"和"农垦58"那个品种容易获得高产?我当时的体会是"老来青"是一个高秆大穗型品种,掌握好陈永康的高产栽培技术,是可以高产的,但是如果把陈永康全套高产经验应用到矮秆多穗的"农垦58"上,则更容易被群众所掌握,而获得高产,正因为如此,武进县以后扩种"农垦58"成了高产县。①

矮秆品种一统稻作品种之后,古代那种多样性水稻品种布局开始逐步消失。杂交水稻使全国的稻种呈单一化方向发展,与之相配套的化肥和杀虫剂技术体系,也对稻田环境产生了更大的影响。水稻推广的政治和文化也随着品种的改变而改变。古代品种的多样性布局在于人们选择的多样性和技术水平的传统性,由此也产生了乡村生态与人文多样性。高产品种是现代技术的产物,要求人们更加依赖政府或现代化公司所提供的品种与肥料服务。现代品种也导致了品种文化的单一性。技术提高了产量,也限制了品种的广谱性和小农文化的多样性。

第三节 稻田生态系统的效率分析

自闻大中先生首先利用中国的古农书《补农书》分析嘉兴地区17世纪传统农业生态系统以来②,中国传统农业生态系统的高效性

---

① 汤玉庚:《关于总结和推广陈永康水稻高产经验的几点体会》,见上海市松江县政协文史工作委员会、上海市松江县华阳桥乡人民政府:《松江文史》第十四辑,1992年2月,第43页。

② Wen Dazhong and David Pimentel, "Seventeenth Century Organ Agriculture in China", *Human Ecology*, 1986, Vol. 14. No. 1, pp. 1—14; No. 2, pp. 12, 15—28.

和持续性受到了国际有关专家的重视。康奈尔大学的艾尔青博士在中国做博士后期间,曾以太湖地区传统农业为课题进行研究工作。但就目前来看,太湖地区传统农业生态的分析仍处于初步阶段。人力、技术、肥料的投入水平是一个生态系统的效率指标,但这些投入是被环境制约的,水环境、土壤环境都制约着投入,有了良好的土壤生态,良好的出水与进水,稻田生态系统才能稳定地发挥作用。肥料只有被土壤吸收,氮素营养才能转化成产量。在水环境与土壤环境相对稳定时,投入的效率如何就决定了生态系统的效率。用于投入与产出分析的史料要求数据性。日本南满洲铁道株式会社上海事务所的调查非常翔实,是研究传统农业生态系统极好的材料。1930年代末,在天野元之助的带领下,有关人员对松江县华阳镇四个村庄63家农户——也就是种子场生产大队的前身,进行了实态调查。

　　凡涉及投入,必须考虑到人口规模,因为人口本身是生产和消费的转化器。人口规模越大,系统循环的规模越大。松江县在太平天国时人口大量减少,以后开始恢复。1881年大约有人口60万,密度为857人/平方公里;民国时期人口减少,1932年只有389,719人,密度为556.7人/平方公里。抗战爆发后,松江县人口一度大幅度下降,从战前的41.66万人下降到7.9万人,不足原来的20%,直到1946年,人口才恢复到1930年代初的水平,达38.07万人。单就人口对土地的压力而言,人口变化的影响相对小,就调查地华阳镇而言,抗战前人口达八百多户、3,800多人,抗战暴发后人口有所下降,但到满铁调查部进行调查时,人口恢复到原来的90%,人口压力基本上未发生很大变化。1922年耕地的公布数字为96.97万亩,1933年为92.88万亩[①],人均

---

① 上海市松江县地方史志编纂委员:《松江县志》,上海人民出版社,1991年,第298页。

耕地约为 2.38 亩。由于调查期间整个地区的人口压力相对缓解,畜牧业比重在这阶段有所上升。满铁所调查的 63 家农户中牲畜数量增长明显。水牛和黄牛数量从战前的 25 头增长到 30 头,增长 20%;山羊和绵羊的数量从战前的 9 只增加到 19 只,增长了 111%;猪从 23 头增长到 42 头,增长了 82.6%。① 一般而言,人均耕地越少,单位面积内投入的肥料与人工可以越多一些。由于中国精耕细作的长期性,这种投入往往相对不变。太平天国战争以后,江南地区一度人口稀少,技术却相对稳定。1869 年李希霍芬在浙江杭州附近旅行时指出一项重要的事实:

> 这片休耕(太平天国之乱以后)的地区,曾是一片沃土,供养过大量人口;至今大部分还没有耕种。原因似乎在于中国利用土地的方法取决于一定规模的有效人口;如果规模太小,甚至不能耕种一小块土地。……在这个国家,耕地的规模,似乎与一定数量的人所提供的肥料之间有一个固定的关系。如果这些人中有一部分由于疾病或战争死去,所提供的肥料也就下降。于是潜在的耕地规模就要减少。因此如果有一半人口死亡,就有一半土地不能耕种"。②

可以看出,在人口压力下降时,劳动力和技术不是均等地于全部耕地上出现下降,而是在少数土地上维持一个较高水平的投入。每个地区有每个地区的特殊性,人们的投入依生态环境与农民的技术水平而定。

---

① 满铁上海事务所:《江苏省松江县农村实态报告调查书》,1940 年,第 126 页。
② 李希霍芬:《中国旅行日记》,海老原正雄译,庆应书房,昭和十八年,第二卷,第 79—80 页。

一 产投分析

尽管自宋代以后长江下游普遍推广稻麦两熟制,由于传统农业生产力的限制,稻麦二熟和双季稻所占比例并不大。华阳桥镇的63户的农户调查显示,耕地占71.7%,宅地占16.5%,墓地占9.5%,竹林占2.3%。就农田耕地而言,水田占90%以上,其余为旱地。各种水稻品种也有相对应的生态条件,这一地区明清时期早稻不多,以晚稻为主。松江县的复种率为58%,其中90%是绿肥,其余的不足10%的为油菜、大豆和小麦。稻、麦复种面积不超过1%。就一般作物轮作而言,浦南及松江东北一带实行稻棉轮作制,有一年稻一年棉,一年稻二年棉及一年稻三年棉,松江西南部多实行水稻连作。由于调查期间整个地区的人口压力条件相对缓解,畜牧业比重有所上升。①

传统农业生态系统依赖于施有机肥维持。在松江,肥料主要来源于养猪和种植绿肥,其他有机肥种类是豆饼、菜饼和人粪尿。自1924年起,松江地区就有硫酸铵(肥田粉)销售,但老百姓很少施用。抗战爆发以后,上海油厂减产,东北豆饼又遭到日军的禁运,硫铵的使用量才有所提高。华阳镇战前硫铵销售量为700包,1939年增长到2,500包,合250吨。满铁调查部在1939年对63户农民的调查中发现,已有35户购买硫铵,购化肥农户的亩施化肥量达20斤。抗战前每包硫铵28—30元,1939年价格达120元/包。传统投入的缺乏推动着农民使用化肥,并改变了传统的观念。在这之前,因害怕硫铵使土地变劣,农民很少使用化肥。豆饼的施用量在战前为每亩一

---

① 满铁上海事务所:《江苏省松江县农村实态报告调查书》,1940年,第44、98页。

枚,一枚豆饼的重量约45—50斤。豆饼是和猪粪一起作为不可缺少的追肥而施用的。华阳桥镇抗战前的豆饼需求量约35,000枚,合计157.5—175万斤,1939年的使用量减至900枚,价格从战前的2.8—3.0元/枚上涨到3.4—4.0元/枚,价格上升幅度小于硫铵。除豆饼外,63农户中还有17户还使用菜饼做肥料。每亩施用量一般为120斤左右,在田间作业中,猪粪作稻田第一次追肥,菜饼往往做第二次追肥。① 来自农家系统自产的有机肥主要为紫云英、猪粪灰和人粪尿。松江县紫云英的播种面积在抗战前约占耕地的50%左右,新编《松江县志》记载1940、1950年代亩产鲜草达1,000—1,500公斤。② 满铁调查资料显示,华阳桥镇58户水稻栽户中有31户栽培紫云英,每亩紫云英产量为70—100斤,一部分被当作牛的饲料,大部分成为绿肥材料。猪榭是主要的追肥,第一次施用往往在小暑前后,每亩施用量达7—8担,满铁调查数字为亩施7—10荷(1荷约为80旧斤)。松江农民所施用的人粪尿大部分源自自家,一部分购自城镇。据1940年《中华日报》报道,由于肥田粉、豆饼涨价,人粪尿也涨价,其价格约10荷(一荷约80旧斤)1元。作为追肥,人粪尿大部分用于旱地作物和水稻育秧。耕作面积较大的农家养牛,牛粪的产量每年约40—50担,牛粪的肥效差,羊粪的肥效较大,产量也少,一般农户年产羊粪只有30担。③ 表8.1—8.3将农户分为使用化肥农户和不使用化肥农户两类,可以代表相对传统和相对现代化的农户。两类农户的投入与产出规模各不相同,物质流与能量流的

---

① 满铁上海事务所:《江苏省松江县农村实态报告调查书》,1940年,第106页。
② 上海市松江县地方史志编纂委员:《松江县志》,上海人民出版社,1991年,第320页。
③ 满铁上海事务所:《江苏省松江县农村实态报告调查书》,1940年,第152、168页。

产投数据也有差异。

表 8.1　两类农户经营规模

项　目	施化肥农户	不施化肥农户
户数	35	28
人口数	153	134
小牛(头)	4	4
黄牛	18	6
猪(头)	32	10
栽培面积(公顷)	25.12	11.42
户均栽培地面积(公顷)	0.72	0.4

施化肥农户种植紫云英种植面积为189.61亩,购入硫铵数量为7,900斤;豆饼12枚,约600斤;人粪尿32担,共3,200斤;菜饼4,900斤。不施肥的农户,紫云英种植面积为102.80亩,菜饼为11,000斤。从华阳桥米行购入豆饼者2户,大约购入780斤豆饼;购入牛粪猪粪12,800斤;还从华阳桥粪行购入人粪尿约112担,合11,200斤。就产量而言,施化肥的农户植稻面积为362.43亩,产稻6,104斗,亩产16.84斗,合360.38斤;不施化肥的农户植稻156.4亩,产稻2,658斗,亩产16.99斗,合363.59斤,基本上无显著差别。

资料来源:满铁上海事务所:《江苏省松江县农村实态报告调查书》,1940年,附录,统计表。

表 8.2　两类农户购入肥料投入水平比较

项　目	施化肥用户(公斤/亩)	不施化肥农户(公斤/亩)
菜饼	6.8	36.56
豆饼	0.84	2.59
购入猪牛粪	——	42.55
购入人粪尿	4.46	37.23
硫铵	10.02	——

资料来源:满铁上海事务所:《江苏省松江县农村实态报告调查书》,1940年,附录,统计表。

表 8.3 松江县农户水稻生产土壤营养物质投入分析(kg/ha)

项 目	施用化肥的农户			不施用化肥的农户		
投入	氮(N)	磷(P_2O_5)	钾(K_2O)	氮(N)	磷(P_2O_5)	钾(K_2O)
紫云英 a	26.19	6.35	18.25	33.83	8.20	23.58
菜饼	4.69	2.53	1.43	25.22	9.07	7.67
豆饼	0.88	0.21	0.30	2.71	0.66	0.93
购入猪粪肥	——	——	——	3.57	2.55	2.80
购入人粪尿	0.40	0.20	0.17	3.35	1.68	1.40
自产猪牛粪 b	22.64	16.17	17.79	16.41	11.72	12.90
自产人粪尿 c	14.42	5.61	5.64	30.14	11.72	11.79
硫铵	30.06	——	——	——	——	——
其他 d	11.2	4.4	0.4	11.2	4.4	0.4
投入合计	110.48	35.47	43.98	126.43	50.00	61.47

a. 根据《松江县志》紫云英亩产鲜草 1000—1500 公斤,由于一部分紫云英做饲料,故以每亩产 1,000 公斤鲜草估计。

b. 根据调查报告中表九肥料种类施用状况表部分有记载的农户统计得出。

c. 根据每人每年产人粪尿中含 N2.25 公斤;P_2O_5 0.875 公斤;K_2O 0.88 公斤折算。

d. 包括种子和雨水中的 N、P、K 含量。

资料来源:满铁上海事务所:《江苏省松江县农村实态报告调查书》1940年,附录:统计表。

从肥料投入来看,不施化肥的农户向单位面积的土地投入了更多的有机肥,氮(N)、磷(P)、钾(K)的投入水平明显高于施化肥的农户,N、P、K 投入的水平分别高出 14.44%,41.36% 和 39.77%,水稻产量却基本上相同。说明传统农业时期,产量受氮(N)素影响明显,正由于化肥中的 N 素易于被作物吸收,可以与较多的有机肥中的 N 素相当,增产效益才比较明显。但同时也表明这样的事实,富人多施有机肥,土壤肥力更好一些。

至于能量投入。一亩水田所需的人工和役畜投入,详细情况如表 8.4 所述,表 8.5 是根据图表所做出的转换分析。

表 8.4 劳力和畜力投入状况

作业名	人工数(个/亩)	役畜(头/亩)	农具
耕地	0.25	0.25	犁
车水	0.20	0.20	
整田	0.40	0.40	犁、耙、兜
插秧	1.00	——	植绳
中耕及除草	4.00	——	等
追肥	2.50	——	粪、箕,二回分施。
灌水	2.00	1.50	水车
收获	1.50	——	镰刀
搬运	1.00	——	扁担
脱谷	1.50	——	回转脱谷器、稻床等
调制	2.00	——	砻、扇车、筛
秧田作业	2.00	0.02	犁、铁塔
合计	17.85	2.37	

注:一个人工单位为一个成人一天的劳动量,畜工单位为一头役畜(黄牛)一天的作业量。

资料来源:满铁上海事务所:《江苏省松江县农村实态报告调查书》,1940年,153—158页,附录:统计表。

表 8.5 水稻生产的能量投入和产出

项 目	数量(Quantity/ha)	能量(Kcal/ha)
投入		
人工	2142.0hr	1,103,130
畜工	284.44hr	1,300,276
稻种	75kg	272,250
工具	2.0kg	41,424
合计		2,717,080
产出		
水稻产量	2726.90kg	10,089,511.5
能量产投(Kcal output/input) 按不施化肥农户计算		3.71
人工产投(Kcal output/labor.hr)		4,710

资料来源:满铁上海事务所:《江苏省松江县农村实态报告调查书》,1940年,附录:统计表。

二 讨论

从以上分析看，松江县华阳镇四村 63 农户的农业生态系统在 30 年代末的投入、产出水平无论从物质上还是能量上都未达到如 17 世纪《补农书》所达到的水平。说明江南各个地区各个时代的集约化水平不一样，劳动效率也有很大的差异。《补农书》所反映的农业状态实际上不是一般太湖地区农村的情况，是嘉湖地区桑基农田独特的高生产效率。其稻麦两熟的产量非常之高，"况田极熟，米每亩三石，春花一石半有余"。[①] 水稻亩产达 642 斤，春花 224 斤，粮食单产达 866 斤，如此高的单产面积产量在江南并不多见。《松江县志》记载 1949 年前当地的亩产量为 150—200 公斤[②]，当时大多数只是一季晚稻。江苏省立稻作试验场 1936 年的调查证明，华阳镇一带最好的农家品种铁梗青的亩产量最高达 516.8 斤，最低为 307.2 斤，平均为 405.4 斤。这种水平达不到陈永康的生产水平。从肥料投入方面看，不施化肥农户的氮素投入水平仍然相当高，大部分地播种绿肥，还从本地区外购入大量豆饼、菜饼等有机肥，1930 年代末松江的水稻生产水平不会比以前低，可以代表传统农业的一般或较差的水平。从分析上看，水稻产量基本受制于氮素投入水平，实际上，松江地区稻麦复种不能推广的一个重要原因在于肥料的缺乏。种了小麦就不能种绿肥。从表 8.3 可以看出，绿肥的氮素投入在各类有机肥投入中最多，如果实行稻麦复种，肥料投入水平往往不够，第二年的水稻

[①] 张履祥辑补、陈恒力校释、王达参校：《补农书校释》，农业出版社，1983 年，第 101 页。

[②] 上海市松江县地方史志编纂委员：《松江县志》，上海人民出版社，1991 年，第 324 页。

产量会下降5斗左右,而小麦单产也不过5—8斗,稻麦复种因此失去增产意义。正是肥料的短缺抑制了集约化的进一步发展和产量提高。从肥料投入上可以看出,松江的传统农业生态系统已不像其他传统农业类型那样是一个地域性封闭的系统,豆饼和菜饼通过市场来自较远的地区。表8.3的数据表明,不施化肥的农户购买其他肥料的氮素量占农户氮素投入总量的27.6%。施化肥农户占到32.6%,所产的水稻亦大部分商品化,满铁调查的63家农户水稻收量为10,619.2市斗,市场销售量达4,580.0市斗,商品化率达42%。①

很难确定江南农业是否存在着"过密化"迹象。松江地区的人工劳动力由于双季稻和稻麦复种制较少,劳动力投入量并不多。表8.5中我们可以看到每小时人工所产出的食物能为4,710千卡,就江南地区而言,这是一种普遍现象。当时的稻作基本上都是一季晚稻,不进行麦稻复种。闻先生所分析的《补农书》中两种稻麦复种制劳动投入为4,100hr和2,910hr,每小时人工所产出的食物能高达4,499千卡和6,157千卡。② 产量与复种指数的提高并没有引起劳动力效率的递减。历史时期的产量难以确定,据现有的研究表明,江南农业的单产从唐代起就高产。③ 唐代行休耕制度,宋代以后,连作制广泛存在,稻麦复种制没有推广。气候条件允许江南农业有相当程度的稻麦复种制,正是肥料与土壤肥力的限制才没有发生这种集约化进一步提高的现象。种桑养蚕的集约化提高是没有肥料约束的,

---

① 满铁上海事务所:《江苏省松江县农村实态报告调查书》,1940年,第76、97页,附录:统计表。
② Wen Dazhong and David Pimentel, "Seventeenth Century Organ Agriculture in China", *Human Ecology*, 1986, Vol. 14. No. 2, pp. 12,15—28.
③ 李伯重:《唐代江南农业的发展》,北京大学出版社,2009年,第114—115页。

故嘉湖地区发生了进一步的提高。由于各地的肥料资料不一样,水环境与土壤环境的也不一样,农业的产量似乎在许多地区可以有较大的提升空间。许多迹象表现,太湖地区传统农业产量增长可以在一种高生产率下完成增长,只是依生态与技术条件而定。华阳桥四村处在一个相对高地地区,没有河泥资源,生态环境限制了产量的进一步增长。桐乡县有河泥资源,有桑基和蚕桑业,可以通过劳动力投入而增加氮肥投入,也可以增加人工而增加收入。大多数情况下,由于生物资源的有限,田野也没有更多的肥料资源,农业增长到了一定的极限就会停止,不会长期出现那种过密化的增长。总之,江南地区的农业限制因素较少,不像北方那样存在着水限制,限制江南农业增长的要素是肥料。在以有机肥为主的传统农业时代,水环境丰富,往往先要通过施肥和水利完成土壤生态的优化,使增产潜力提升,然后再进一步施肥外加提高复种指数以提高单产,江南的农业增长是一条生态农业的道路。只是一般人达不到《补农书》或陈永康那样的技术与投入水平,产量往往也就上不去。

第九章 地方性知识中的人与环境

生态系统有物质流与能量流,人是生态系统的调控者,对生态系统的认知所形成的信息流对生态系统的运行起非常重要的作用。传统江南农民对周边环境的管理能力取决于一系列的对土壤、动植物和天气等因素的认知。在现代科学知识进入乡村以前,传统时代有各种认识环境的方法,基本上属于地方性知识的范畴。一些内容与现代科学类似。比如古人也用数量化的手段管理生态系统。大多数的认知方式局限于现场性的肉体感觉,特别是肉眼。在看天气方面,农民有许多地方性知识。农民也会用肉眼的观察分析土壤。现代土壤学的那些分类方法,农民无法掌握,他们使用原有的一套也相当有效。以下所讲的是农民环境认知的两个个案,一个是对水灾排涝中的环境管理,一个是田间看苗的环境管理,都体现传统知识体系的广博与实际,其中既涉及自然,也涉及社会制度。

第一节 排涝场景中人与环境关系

明清时期,河道水系紊乱,涝灾加剧,涝灾防御能力大大下降。以道光三年南汇县的水灾为例。"春二月苦雨,至夏五月始略止,止秋七月又苦雨,禾稼尽淹,九月亦如之,平地积水高三四尺,舟行街巷,水退地生毛,通邑大饥,米石钱六千。"①造成真正绝产意义的涝灾并不多见。明末湖州尽管多有水患,"而淹没无收,止万历十六年,三十六年,崇祯十三年,周甲之中不过三次耳"。② 防灾与临时性抗灾的措施被广泛地重视。防涝灾的地方性知识自古就非常发达。《田家五行》成书以后,地方性知识有许多已经上升为普通知识了,但还有许多天气知识在非常小的范围内使用。只有少数人通过特殊的自我经验才会感觉得到。地方农谚也是少数人的知识。松江农谚有:"秋分白云多,处处田中有晚禾。"科学的意指是:"高气压的天气,风平天晴,气层稳定,地面的水汽和尘埃,集结在近地的低空,成为白漫漫的云雾。这种天气有利于稻花的秀实"。在这种情况下,农民可以放心,不有水灾的影响。③ 当然,更多的农谚用于判断水灾,一旦水灾来临,只有以人力抗灾。办法无非有二,一是修筑圩岸,二是戽救。这两种方法都有其地域性与生态性。在现代技术下,人们借助修闸与抽水机,可以不太理会地形与水面的知识。传统技术下的修岸与戽水都涉及到一系列的地方性知识,这些地方性知识对防水与戽水的效率有很大的影响。江南的岸制有地方特点。清代孙峻的《筑圩图说》提到了一系列关于圩岸的地方性知识,这些知识有浓厚的地方特色。1868年大雨时,刚到青浦县新任知县的陈其元频繁接到乡民报灾,当时他比较惊奇,"询之父老,习见不惊"。第二年,青浦又受水灾,"区图之报灾者仍复日数十百人。询其圩岸,则云不没也;问其田畴,则云被淹也"。田畴是指圩田内的小岸,由于

---

① 民国《南汇县志》,杂志,详异。
② 张履祥辑补、陈恒力校释、王达参校:《补农书校释》,农业出版社,1983年,第72页。
③ 上海市文物保管委员会编:《上海农谚》,中华书局,1961年,第27—29页。

圩田内的小岸不修,才导致水灾的加重。他细究民情,发现一位当地的排涝专家孙峻。孙峻的修圩筑堤法1814年在青浦全县推广,这种地方性圩岸知识体系在治水中的运用使"青邑无水患者几三十载"。到1849年大水以后,圩岸残破,其法才废而不行。①

一 岸制与地方知识

孙峻的办法说明㟁水的成功与各级田岸的维持有关系。长期以来,太湖地区存在着圩田与圩岸的规模与分级。唐宋以来的农业开发形成了水面分割,宋代的太湖地区有两种圩田,大圩田往往为军队或"有力之家"所占,"筑土作堤,环而不断,内容顷亩千百,皆为稼地"。在这种水田进行排涝是需要很大的组织系统和动员系统。另一种是小圩田,即"柜田"。这种圩田"似围而小",四面俱设水洞。"若遇水荒,田制既小,坚筑高峻,外水难入,内水则车之易涸。"②非常适合于排涝。农民平时可以随时加固加高圩岸,水灾时也很容易将水排出,适合小农生产。太湖地区的农民非常精明,他们会看着天色而防止水灾的发生,比如"一番晕添一番湖塘"就是指立夏看天空有无日晕,有则要挖塘加土,修固圩岸以防水灾。③ 在一般的圩田区,为了联合防涝与管理,圩与圩之间各有名号,这些名号往往与传统文化中的一些日用话语有关。用一个字命名单个圩田,用一句话将相连的圩田连接起来。这种制度一直存在着。"田以圩分,圩以

---

① (清)孙峻、(明)耿橘撰:《筑圩图说及筑圩法》,陈其元:重刻《筑圩图说》序,第1页。
② 王祯撰、缪启愉译注:《东鲁王氏农书译注》,农器图谱集之一,上海古籍出版社,1994年,第598页。
③ 江苏省建湖县《田家五行》选释小组:《〈田家五行〉选释》,中华书局,1976年,第67页。

字别,棋布绳联,纵横相望,可为涝备。"① 某字圩、某字圩,不单是圩的定位,也是乡村村落的定位。圩内的小块田也会成为小农的定位。陈瑚言:

> 古者阡陌之世,凡圩皆有围,凡田皆有岸。即通力合作,八家而止。近世大朋车之法,牵连百家,此后世权宜之术,而非古人之制也。故围田无论大小,中间必有稍高稍低之别,若不分彼此,各立戗岸,则高低互相观望,围岸虽筑不能全熟。法于围内,细加区分,某高、某低,某稍高、某稍低,某太高、某太低,随其形势截断,另筑小岸以防之,此家自为守,人自为理之法。②

陈瑚说出了乡村共同体通力合作的情景。宋代或宋以前的大圩时期,大圩内岸式分明。在嘉兴地区,北宋嘉祐三年,"转运使王纯臣,上言诏县令民作田塍,位位相接"。③"位"是当时的一种地方性田岸知识,指田位。太湖周边有大圩,圩内岸制有序,各种岸非常有序。芙蓉圩面积近十万亩,外高内低,"形如仰釜,渐进渐低,内画纵横水岸。如遇水涨,高水不入于中,中水不入于下,下水不入于低。每年冬水既涸,春涨未来,起土挑筑"。外层的基本圩岸在明初很完备,"阔一丈八尺,高八尺,内帮子岸高四尺,界堤阔一丈二尺,高六尺。形如坦盆,四围隆起,中心极度洼下"。圩内有岸,"内四周作抵水岸,逐层而下,若楼梯焉"。这样的大圩,可以抵二尺的雨水。④ 在昆山,陈瑚在其家乡一带仍强调二种岸制,即正岸与子岸制度。岸制

---

① 张国维:《吴中水利全书》卷二,沿海纳潮泄水港浦图说。
② (清)陈瑚:《筑围说》,清娄东杂著本。
③ 光绪《嘉兴府志》卷二十九,水利。
④ 光绪:《无锡金匮县志》卷三,水利。

成为具有地方性知识的地方制度。

> 古人云:有田无岸与无田同,岸不高厚与无岸同;岸高厚而无子岸,与不高厚同。子岸者,围岸之辅也,较围岸又卑一二尺,盖虑外围水浸易坏,故内又作此以固其防。围岸一名圩岸,又名正岸;子岸一名副岸,又俗名塌肮。今议得正岸面阔三尺,脚阔六尺;塌肮面脚俱阔三尺,一齐修筑。①

岸制在大多数地区早已不存。为了便利,官方反而因排涝而分圩。明代松江府的张弼认为"分大圩益东南水田",陈瑚所说的大圩其实也不大,"一圩之田,多或至于二三千亩,少或不及百亩"。这种圩与民国时期的规模差不多。分大圩时期已经过去了。"小圩之田,民力易集,塍岸易完,或时遇水,则车戽易遍,水潦易去。虽有巨浸,莫能为害。而大圩之田,塍岸既广,备御难全,雨潦冲激,东补西坍,皆荡然淹没矣。纵使修举令民车戽积水,然居民有远近之不同,民力有富贫之不一,地形有高下之不均。故大圩之田,遇灾不救者十居八九。"所以,陈瑚建议"较田圩之大者,取而分之,以二三百亩为率,因其高下,督民取土里以塍岸,则田圩之形成矣"。② 塍岸即是圩内小岸。小圩田的排水优越性一直引人注意。乾隆年间太湖周边地区往往"溃堤决岸,顷刻沉于水底"。吴江的儒林六都由于"皆小圩,无有合二三千亩为一圩者。圩小则人力易齐,而便于车救"。由于地势较高,"小水难犯"③,受灾亦轻,低田遭灾时,高田相对无恙。灾后农民买苗,也是从附近高地地区购买。在大水灾时,一般可以车戽

---

① 陈瑚:《筑围说》。
② 崇祯《松江府志》卷十八。
③ 乾隆《儒林六都志》土田。

救灾的地区往往也是高田地段。崇祯十六年,湖洲桐乡一带的许多地区遭水灾,"高阜者幸无大害,只费车戽"。其他地区则是一片汪洋,"水势经月不消,有苗无种,百千圩岸,悉成沼池"。① 少数地区在圩岸上下功夫,低田有收而高田遭灾。在太仓县双凤里,康熙"庚申大水,高田皆涸,低田有岸者熟";道光年间还是这样。"庚子三月雨,大水,高乡多淹,低田有坝者熟。"② 江南地区清代大规模水利建设以干河水利为重点,乡村地区以各种田岸的修筑为主。耿橘在《常熟县水利全书》中对抢岸的修法讲得很详细,他用城墙和院墙比围岸与抢岸。在筑岸时,低洼地带水中筑岸,抢岸最为难修;稍低之地次难,平地筑岸;稍高之地最易。③ 耿橘是北方人,对本地的岸制的地方俗语不熟悉,其用语基本上是常见的语句。

> 查省得本区第二图,平安荚荡、吴刺史、霍巷等圩,皆腹下极低圩也。低圩急在筑岸,而该圩之围岸已经段知县筑完,称永利矣,惟内溇未浚,戗岸未筑,是以旁塘之田称稔,而旁溇之田皆荒也,筑法必大筑戗岸,深浚内溇,始克有济。④

耿橘只用了一些常见的圩内名词。孙峻是本地人,其《筑圩图说》中用了大量的地方名词命名圩岸与沟塍。他列举了许多种圩田的形态,都有相应的地形描述与水势描述词,利于农民把握水环境的状态。最外的河岸称围岸,有的地方圩岸和塍岸叫戗岸,这里的外圩岸叫抢岸。"纵横条直,有捍格左右不通高下之势,名抢圩之田,必

---

① 张履祥:《补农书》。引自陈恒力、王达:《补农书校释》,农业出版社,1983年,第170页。
② 道光《双凤里志》卷六,杂缀志。
③ 张芳:《明清农田水利研究》,中国农业科技出版社,1998年,第75—88页。
④ 耿橘:《常熟县水利图说》卷六。

有高下者,田之种必有多寡者,高低围截大小分抢,不但势均担,易施戽救,抑且免人躲乖观望,少风浪鼓荡伤禾。"另外,围岸也叫塘岸,可见河岸与圩岸实际上是合一的。外港河为上塘,溇沼河为下塘。有一幅图为《上塘下塘图》,其文字说明有:"沿河港者上塘。上塘平易,有筑三寸、五寸者,有筑一尺、尺五者,有可弗筑者;沿溇沼者下塘,下塘险峻无畔,易废。下塘岸趾低下,塘岸孤危,必筑畔岸以严其防。"这里的上塘与下塘,是一块圩田的高处塘岸与低处塘岸。上塘岸与外河高地相连,下塘岸与低洼溇沼处相连,都是大圩岸,上塘岸较高,下塘岸较低。他提出"塘岸、围岸、抢岸且高且阔"。如果围岸不修,一二处进入而淹及全圩的现象叫"走圩"。"若无围岸抢岸拦截,上塍内泻,天雨三四寸,小圩(大圩内)没腿齐腰,外潮骤涨,即有塘岸捍御,试问下塘阙口不塞,必外潮翻入淹没中塍及小高塍矣。"① 除了要高大外圩之岸,他也像其他治水者一样,重视建设小岸,也就是畔岸。

> 下塘、围、抢诸岸,凡在高下相邻之处,不筑畔岸,以坚实本岸基趾,则暗莩莫支,必动废之岸心,盖外潮淹禾,有推足之候,莩水害苗,无间断之时,随施戽救,则反为水弄,徐图潮退,则苗渐消磨,是徒有圩岸之空名,而难施戽救之实力也。②

随后,他提出筑畔岸之五利:一、断上塍暗莩水(侧渗水之意),俾下塍戽救有效;二、利牧牛有草;三、有十分阔大,需泥六分,有十分工程,力劳六分(因为这种岸低于正岸一、二尺,相比大圩岸的修护,省工省料。);四、杜豪强犁钼兼并侵佔;五、保大岸根牢柢固,永无坍

---

① 孙峻:《筑圩图说》。
② 同上。

废。"他对抢岸不修的大圩田提出十分严重的警告:"大圩大分水倾泻入小圩小分内(高塍地区的水泻入低塍地区),大圩泻水一寸,小圩顿深几寸。若无围岸、抢岸拦截上塍内泻,天雨三、四、五寸,小圩没腿齐腰。"没有内部小圩岸,很容易造成"走圩淹禾"。孙峻还特别地指出没有畔岸的五种弊端。第一种弊端他称之为"漂膏雍",膏雍乃"肥力"之意,农民挖河泥,垫入田内,戽水时搅动水浑,将肥水戽出圩外,形成漂膏雍。在没有畔岸的地方,"畔泄清水下田",通过侧渗和漂流,把土壤肥分带到下田,下田浑水被戽出圩外,也造成肥水外流;第二个弊端是"养草脚",水深则耘田难行,导致草长;第三个弊端是"招观望",有了畔岸可以使各塍田的人充分动员以戽水,在没有畔岸的条件下,由于低塍田的戽水使高塍田的水流自然渗于下田,高田种植者会因此观望,他们可以坐等水干;第四个弊端是惹风波,水不及时排除,雨天带风,使波流揉苗,造成缺苗;低田戽水,有时越戽越多。① 他将一进田称之为高塍田,高塍田内的积水称为上塍水,中间的称为中塍田,积水称为中塍水。下洼的地区称为下塍田,其水为下塍水。排水的过程就是:

> 撤除上塍水,沿河港多开阙口,民情贪便泻下,厌闻开阙;倒拔中塍水,从上塍田内撒倒沟;疏消下塍水,相度中圩低陷处,疏凿漊沼通泾,漊口启闭,兼资蓄洩。②

在传统时代,以这种分区的圩田排水最有效率。圩周边的高塍田从阙口排水,阙口就是从头塍田圩岸上的排水口;二塍田从倒沟放水,倒沟是从二塍田通到圩外的排水口;下塍水从那条由圩心到圩外

---

① 孙峻:《筑圩图说》。
② 同上。

的溇沼放水。孙峻对地方田间的地形知识了解得非常之多,这些关于圩内不同场所的名词,为地方民众操纵水环境管理所必需。

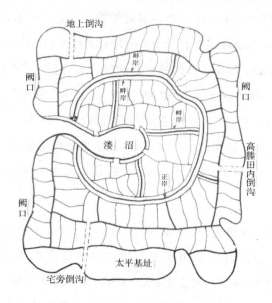

图9-1 阙口、倒沟在圩田中的位置

资料来源:孙峻:《筑圩图说》。

有的圩田不是严格地按高低划分,而为了排水方便简单地将圩田再细分一次,形成一个个小块,每小块田挖一个排水沟直通大圩岸以排积水。费孝通的家乡在震泽镇附近。村里的圩大小不等,大的有900亩左右。为了排水的方便,将大圩分成较小圩为"排水单位"。以他所描述的西长圩为例,这个圩被分成四个小圩,每个小圩都可以有直通大圩岸的排水沟。圩边与排水沟相连的地方,就是一个水车点,人们也可以在这里用戽斗排水。西长圩是一个长方形的圩,分成4个小圩后有四个集体排水点。小圩称"墥",各"墥"之间有较大的田埂,是块与块之间的道路。小圩块内仍又分小田块。①这也是一种递进结构。许多圩并不像西长圩那样可以分割完成。较大、较方的圩田内很难挖多条直通圩心的排水沟。在孙峻画的圩田结构图中,所有的圩田都有一条直通圩心的排水沟,在不同的圩田中有不同的称谓。称为溇沼的排水沟实是一可以排水、时干时湿的沼泽长条。这种沼泽面积如果较大,则称其为"内塘",与圩外河道——"外塘"相对应。有的排水沟修得比较好,称为"长沟"。由于当时的人并不具备现代的排水设备,低洼之处长年积水,难以耕种,溇沼、内塘、长沟都与外河直接相通。② 他还提出一种"官沟"与"私沟"的概念。

> 凡圩中沟道,在初原系版荒科则草荡,圩人各擅爬挖成渠,以便沿腔高田出水,日久成例,遂名官沟私沟者,荒荡渐次垦熟,从上倒拔,阻于人之上塍;从下撒沟,格于人之下塍。于是议偿租值起沟。俗有出水租、过水米名色。或倒拔从上,或顺撒从下,各式其式,名曰私沟。③

孙峻指出了两个问题,一是圩内之沟起于不垦之处,二是沟有官沟、私沟之分。从孙峻的各种圩田图式上也可以看出这种方式的变迁。"外塘里塘图"的圩田模式是一种低地积水圩田,圩内大面积的低洼地只是"牧牛草荡",稻田只在沿河高地。在"未经疏凿图"的圩田中,低陷处也已成田。低田与外河只有一条长沟相连,在开垦低洼

---

① 费孝通:《江村经济——中国农民的生活》,商务印书馆,2001 年,第 141—144 页。
② 孙峻:《筑圩图说》。
③ 同上。

中心区时形成此沟。① 乡村一般规定共同水沟有公沟的性质,个人开的水沟是私沟,私沟权益归个人,别人从此过水要付出一定的代价并征得沟主人的同意。开弦弓村是一个沿湖的湖田村,圩田四围低中间高,也有自身的一套地方性排水知识。后续调查者对圩田排水习惯又进行了调查,发现了这样的习语:"敲锣头、七瑾,困五瑾,坐六瑾,踏水踏死二、三瑾。"瑾为大圩田中的田块,按序号排列。头瑾与七瑾沿河边,是最低之地,易涝。二、三瑾是圩田中的低田,五、六瑾在圩田中央,不易涝。遇水灾时,先被淹的是河边,头、七瑾的人敲锣也没有用,二、三瑾的人拼命踏水车不见得有效。五、六瑾的人睡觉也没有事,人家排了涝,水自然就退了。②

二 水车与人群

孙峻的圩田建设方案曾在青浦得到过一定程度的推广,在他的家乡孙家圩推广之后,效果甚好。"始则免其赔荒,继而渐臻成熟,得丰收焉。"这种技术体系在乡村共同体下可以操纵,圩内小岸需要年年修。"田中之小岸必每年一筑,大岸则数百年如故也。"③长期以来,圩长体制并不完善。共同体制度也依赖官方推动,官方不动员,乡村难兴水利。另外,乡村内部和主佃冲突也困扰乡村水利。冲突往往在各进田之间发生。外进田有排水之便,这种田常常为豪强所有,如果有很强的乡村权势,圩长与塘长对他们也没有办法。豪强不但不愿意为修小岸出工,甚至在水淹己田时放水嫁祸于他人。明代

---

① 孙峻:《筑圩图说》。
② 沈关宝:《解放前的江村经济与土地改革》。见潘乃谷、马戎主编:《社区研究与社会发展》上卷,天津人民出版社,1996年,第349页。
③ 乾隆《吴江县志》卷四十三。

金匮县有魏国公的庄田,其田比其他人的田高2尺,"庄官恣横,旱则决塘引灌,潦则泄水民田,大为民病"。地方乡绅无力插手,知府欧阳东凤只让人在"庄田北筑坝抵之"了事。① 小农的自私心态也使围岸筑难废易。种高塍田的人与种低塍田的人对小岸有不同水平的利益关系,故有不同的态度。"种高丘者,十之五,不筑虽减收,亦无大害,筑则似为低区。""种低丘者,亦十之五,不筑惟希冀水之不来,筑则高丘之人不肯协力,遂致力有不逮。"泥土问题也是冲突的一个来源。农田之间共享的小岸,往往被双方在两侧挖坏。水不来时,可以任人任意铲削小岸——"斩岸",大水时则形成水涝。农民对圩内有限的共同地,有侵占之习。青浦农民在种田插秧时"斩岸脚",挖土坏岸。护岸用的杂草也是一个问题,农民平常铲掉岸上草肥田,但"草有护岸之益",应该"禁人肆掠"。清代是一个缺肥的时代,农民不断挖泥捞草以雍田,必然损岸。农民春天积肥时往往"连根和土"将小岸上的杂草铲掉,也挖去许多土,这叫"占饕岸趾"。其上如种禾苗,禾苗的固土作用很差,也难以保岸。总之,小岸筑难毁易,民众采取各种不同的方法侵削圩岸,剥公共之土以雍私田,这是明清时期乡村共同体衰退的一个重要方面。"低区大岸,犁锄侵占者,本系种高坵之贪心,乃有大驿官路,界在高下丘者,于种下坵之人,忍心残剥一遭,水潦之年,并其所得而亡之。"②这种状况也因地而异,乡村风化好一点的地方就好一些。

尽管人心自私,每到大水时,紧迫的环境还是能够将村民集中到一起共同戽水。圩戽水体制又称为大棚车制度。大棚车的发起时必

---

① 光绪:《无锡金匮县志》卷三,水利。
② 孙峻:《筑圩图说》。

有大一点的水灾,小水时乡民自己可以戽出圩去。在桐乡,一般的"旱入涝出",由小农自己负责。"遇大雨连绵,河水泛溢,则集合圩之车戽水以救,谓之大棚车"。① 南浔地方管理水车的人称车埠头,这种车埠头水涝时召集村人上圩戽水,迟到者罚。有的地方还将水车的轴拴上绳子,戽水所转的回数就可以通过绳结的多少得到估计,回数少的人受责。② 圩岸水车点上往往有几辆水车共同工作。这种习惯一直持续到集体化时代。昆山县石牌乡有7个大圩子,耕地面积达1万多亩,他们的集体排涝叫"车大滨",他们的圩田是三进、四进,圩田都有3—5处车口。"过去的每个车口,因地方狭小只能放3—5部水车。"1954年抗涝时农民将车口扩大,扩大后的车口叫"大棚基",可容纳10—30部3人轴的水车一起工作。尽管如此,这么多的水车大概也只有一部抽水机的效率③,劳动中还要轮休。在吴县,"农家遇大水则集秸槔以救之,鸣金击柝以建作息,建瓴滴水以时番休,号大棚车"。④ 大棚车制度还关系到乡村地区的安全。水灾一发,如不众志成城,及时救助,后果严重。能够组织起来的地区往往有良好的乡村秩序。在盛湖一带,道光二十九年的水灾令一些人发出社会秩序败坏的叹息。"水利久不讲,恒雨辄损田。我生五十载,六度水毁年。"地方社会的失序导致水利不兴,水灾时主佃双方关系也极其紧张。"始时田未没,佃农争筑防。费钱索田主,什佰哄满堂。众欲稍不逐,公然为寇攘。"一名可能是外乡新田主的人被佃农

---

① 光绪:《桐乡县志》,卷七,食货志下,农桑。
② 森田明:《清代水利社会制度史研究》国书刊行会,1990年1月,第227—228页。
③ 江苏省昆山县人民委员会:抓住圩田特点,采取多种多样的排涝方法:石牌乡基本上取得了防涝斗争胜利,1957年9月。见中华人民共和国水利部:《水利是农业的命脉》,第二集。水利出版社,1958年,第525—533页。
④ 民国《吴县志》卷五十二上,风俗一。

们捆绑后仍到田间淹死。① 从费孝通书中所提供的照片分析,圩岸上的水车和人夫成排成行,踏车戽水,车上有棚。② 水车除了排水之外还有灌水之用,灌水时不用全体动员,一家一户可以随意地灌水,排水时却需要集体协同。

古人将大棚车制当成一种习惯,有的士大夫将之与古代村社制度相对比。陈瑚竟将这种制度与井田制相对比。"古者阡陌之世,凡圩皆有围,凡田皆有岸。即通力合作而八家而止。近世大朋车之法牵连百家,此后世权宜之计术,而非古人之制也。"他对一般的圩田建设也有具体的技术指导。"围田无论大小,中间必有稍高稍低之别,若不分彼此,各立抢岸。则高低互相观望,围岸虽筑,不能全熟。"③圩岸修建不但有利于排水,还利于巩固大棚车制度,免除一部分人的投机取巧心理,即所谓"招观望"。上塍田的人由于水流低地而不与大家一起戽救,没有小岸,水流合一,有人不动,立抢岸后,该戽水的人都要戽水。快速戽水还取决于政府与乡村的互动人气。

> 夫水之泛滥者,筑堤障之,壅遏者疏渠导之,而停积者若不竭力车戽,则何从而减乎。然民之贫乏者无力,豪狯者持顽以致互相推调,坐视陆沉,在乎上之人激劝而安集之尔。往年水患初作,上自长贰,下至簿史,无不躬亲看视,奔走道路。④

车戽兴起的关键在于一套动员机制,这种动员与民风和凝聚力有一定的关系。在民情懒惰、上下异心的地方,即使设有水官,也难

---

① 光绪《盛湖志》卷三,灾异。
② 费孝通:《江村经济——中国农民的生活》,商务印书馆,2001年,书前照片。
③ 光绪:《昆新两县续修合志》卷五,水利。
④ 乾隆《吴江县志》卷之四十一,治水。

以形成动员。一些客民开发地区,由于客民群体有强内聚力组织,上下同心,排涝往往成功。江北和宁波的一些客民在青浦一带开发低田。"其耕种法颇与邑民异,善筑堤,堤高寻丈,逐层用檀木捣坚,厚四五尺,遇久雨则可捍御客水倒戽。积潦戽水用人力踏车,车床甚大,非四五人不可转踏。时打锣鼓,唱田歌,悠扬赴节,声闻远近。""或风雨溃堤,则昼夜巡视,并力抢救,其耐劳苦有如此者。"①

在 20 世纪大部分时间内,水车一直在起作用。由于水车早就被上层所认可,农书上所载的水车知识差不多一样,不像地形知识那样具有地方化。以元代王祯对筒车的描述看,每安置一水车,都有其特定的环境与之对应,他把水车的技术与环境的关系讲得非常明白。

> 筒车,流水筒轮。凡制此车,先视岸之高下,可用轮之大小。须要轮高于岸,筒贮于槽,乃为得法。其车之所在,自上流排作石仓,斜搬水势,急凑筒车。其轮就轴作毂;轴之两傍,搁于桩柱山口之内。轮辐之间,除受水板外,又作木圈缚绕轮上,就系竹筒或木筒。谓小轮则用竹筒,大轮则用木筒。于轮之一周,水激轮转,众筒兜水,次第下倾于岸上所横木槽——谓之天池——以灌田稻。日夜不息,绝胜人力,智之事也。

> 若水力稍缓,亦有木石制为陂栅,横约溪流,旁出激轮,又省工费。或遇流水狭处,但垒石敛水凑之,亦为便易。此筒车大小之体用也,有流水处俱可置此。②

松江地区水车的使用有低地和高地差异。龙骨水车往往被用之

---

① 民国《青浦县续志》卷二十四,遗事。
② 王祯撰、缪启愉译注:《东鲁王氏农书译注》农器图谱集之十二,舟车门,上海古籍出版社,1994 年,第 629 页。

于高乡,"风车不常用"。① 也有人认为风车更用之于防涝。《天工开物》的作者宋应星认为,风车一般是为救潦,"欲去泽水,以便栽种。盖去水非取水也,不适济旱"。② 牛动力水车更复杂一些。明清时期牛少,人力水车多,牛力水车少。水车的发展似乎越来越简单,实是动力资源不足所致。松江的脚踏水车可以三个人直接踏车戽水。既可用人亦可用牛的水车有一个车盘,车盘与上水的车板子之间有轴连接。水扳子的部分一般称为车棚。③ 一般的农民只根据地形高低计算费用,配齐上车与下车。

  水车,有牛打、人踏两种。然惟上车异而下车同也。上车用车盘、用车棚、用眠轴,其价至少十余千,小者曰荷叶车,不过四五千而已。下车亦各不同,近水者车幅不过八十余练头,如之,若岸高者百四五十练不止。车筒须价三四千文,练每十六文,幅每六七文,练与幅随用随坏,随坏随修,所费亦莫计也。④

  在石门县,"农人戽水,全资人力。不若他邑之借力于牛。其耕作悉是丁男,不若他邑杂以妇女"⑤。大户人家用牛拉车。在吴县,数十亩以上的农户排灌均用牛车以代人力。⑥ 在宝山县,民国时期一台水车约30元,一架播种机只有20元,常用的铁搭只有4—5角。⑦ 水车是最贵的农具,却是种稻农民之必备。戽水时水车的使用与灌溉时稍有区别,除了车尾的地点不同外,排涝时的戽水往往在

---

① 崇祯《松江府志》卷七。
② 宋应星:《天工开物》,乃粒。
③ 满铁上海事务所:《江苏省松江县农村实态调查报告书》,1940年,第104—112页。
④ 姜皋:《浦泖农咨》,清道光刻本。
⑤ 道光《石门县志》卷四。
⑥ 民国《吴县志》卷五十二上,风俗一。
⑦ 民国《宝山县再续志》卷六,农业。

阴天有雨的情况下发生,故要有车棚。青浦县民国时期一份水灾农具损失表明,水车(车盘)和车棚对农家都很重要。农家第一位重要的是犁,第二位是耙,水车和车棚大约排第五位和第六位左右。① 造车集中地往往也是低洼易涝区。青浦低洼易涝,是水车集中产区,"车为田家戽水必需之具,或以人力或以牛力,形式不一,制作必秘。而他处皆不擅此。"②

　　戽水劳动主要由男人负责,由于排涝戽水非常紧急,平日不参加大田劳动的妇女也会出来戽水。开弦弓村也像石门县一样,妇女不参加耕作,遇涝时则上田车水。③ 在许多地方,妇女什么农活都干,松江府的女子明代就已经"耘获车戽率与男子共事"。戽水时女性的加入的确为劳动场面增加了不少特色。文人非常敏感地观察到这一点,写了许多诗。"妾生田舍家,自小能踏车。从知力稼穑,不但执桑麻。东吴土卑下,水畔殊火畲。瘠硗每失养,旱潦尤所嗟。时俗颇骄脆,内匮外示奢。丰年饭不足,凶岁生保涯。开河兵车久,税赋时和加。需徭令益迫,愁苦声愈哗。"由此可见,在生态与社会环境很紧张的时期,女子不得不从小参加戽水劳动。戽水时,平日的施粉打扮一扫而光,"一方青布齐裹头,赤脚踏车争卷水"。④ 旧式水车都是木和铁做的,润滑功能很差,声音很大,众多的水车一同戽水,响声也是远处可闻。"脚痛腰酸晓夜忙,田头车戽响浪浪。"⑤枯燥艰辛的工作中,人们唱歌助兴。自宋代以来,稻田边就曾设有薅鼓,薅鼓摆

---

① 《农具损失情形调查》,1946 年 8 月 26 日。青浦县档案馆,82—2—544。
② 民国《青浦县续志》卷二,风俗。
③ 费孝通:《江村经济——中国农民的生活》,商务印书馆,2001 年,第 152 页。
④ 崇祯:《松江府志》卷七。
⑤ 邝璠:《便民图纂》农务之图。

于田头,薅草耘田时人们击打助兴。① 田歌也有类似的作用,戽水时人群聚集,人们会唱起田歌。"种田唱歌最妙。盖田众群聚,人多口杂。非闲话即互谑,虽严禁之不可止。惟歌声一发,则群嚣寂然,应节赴工,力齐事速"。② 江浙一带的文人创作了不少的戽水之歌,元人张庸的戽水歌不但注意到了戽水场面,还通过对个别女子的描写反映了当时乡村劳役的苦情。

> 高田水,低田水,田田积水车不起。去年有水民薄收,今年又水朝廷忧。岸圩自是农夫事,工程赖有官催修。东家妇,西家妇,唤郎去劚荒田土。车沟里昨日里外平,断塍紧待新泥补,踏车正忙儿又啼,抱儿踏车力不齐。车捩轴轴转,横牙伤妇足,妇忘嗟怨抚儿哭。水深未易干,怕郎受笞辱。愿天晴,怯雨阴,入夏无苦旱,至秋无苦霖。上宽天子忧民心,吾农饱暖长讴吟。③

文人的诗太过文雅,太过于苦情,又有政治意义,农民不会唱这个。顾颉刚先生对太湖地区的民歌进行了收集和整理,许多田歌直观简单,很可能是农民的戽水歌。江阴民歌有:"啥个圆圆在天边,啥个圆圆在地面;……太阳圆圆在天边,水车盘圆圆在地面。"④天一直下雨,戽水的前景不定。久雨不晴,形成灾情,戽水失败。一次水灾,不同的田块有不同的情景,救与不救不一样。戽水失败的地区往往"菜麦不及收矣,秧苗不及栽矣,即栽腐烂矣"。如果一个地区大部分戽水失败,少数胜利者也非常劳苦。"间有可救者,皆数十百人

---

① 天野元之助:《中国农业史研究》,御茶水书房,1981年,第247—249页。
② 陈世仪:《思辨录辑要》卷十一,修齐类。
③ 光绪《宝山县志》卷四。
④ 顾颉刚等辑:《吴歌·吴歌小史》,江苏古籍出版社,1999年,第573页。

共踏大朋水车。男罢耕,女罢织,甚则皮穿脚肿矣。"①这不是一两天就可以结束的工作,悲壮集急,悠然自得的歌声不会出现。戽水失败的经历也会出现在诗歌中。在震泽,嘉庆九年大水,文人张蕚的《水车叹》一诗记叙戽水失败:"苗稍没车鸦轧,十里五里声不绝,自朝至昏脚蹩躃。低田已连湖,高田多漏穴。穴水冲急堤防崩,阡陌依然浪头白。浪头白,雨云黑,愁肠饥,车轴折。"②水车都坏了,也不见水退,真是一种不可挽回的失败。

三 水与苗

在踏车戽水过程中,农民会不时地抬头看天,盼着天晴。长期以来,人们对水灾心存恐惧,不断地观察天色判断是否有雨。娄元礼是元末吴江县人,住在太湖边。他记载当地农民可以通过湖色推断是否阴雨持续,"水年只怕北江红"。北江是太湖,这种像霞一样的"红"的水面,反映天空是红色的云彩,预示以后每天都是阴雨。③ 踏水车的农民看到太湖上空这种天象之时,必然引起失望与焦急,他们不断地观察田间水面,希望尽快地从水面中看到秧苗。圩田积水的时节也是江南梅雨季节,许多人对梅雨季节的雷声有敏感。

> 老农云:"芒种后半月内不宜雷",谓之禁雷天。谚云:梅里一声雷,时中三日雨。又谚云:迎梅雨送时雷,送了去,并勿回。④

---

① 崇祯《松江府志》卷十三。
② 道光《震泽镇志》卷三,灾异。
③ 江苏省建湖县《田家五行》选释小组:《〈田家五行〉选释》,中华书局,1976 年,第 25 页。
④ (清)邹存淦:《田家占候集览》卷五。《续修四库全书》,上海古籍出版社,2002 年,子部,农家类。975 册,第 577 页。

农民词汇中有许多反映了禾苗与积水环境,这些词比现代科学用语更直观地反映㳽水时的水面状态。科学用语以地面积水多少毫米、降水多少毫米为标准,农民听了这种报道后可能还不知道稻苗怎么样。清代太湖边的农民听到了"水里苗",就知道水已淹苗了。传统社会有哪一方面的生活侧重点,其词汇量必然甚多。草原社会有许多的草地和牲畜词汇,传统中国是精耕细作的农业社会,有丰富的作物和土壤词汇。江南以水环境为主,当然有许多水环境词汇,特别是一系列天气与水涝词汇。这些词汇大部分藏于民间,不为农书所记。农民形成了许多关于秧苗的常用语。除了"水里苗"外,还有"没稻眼"。在开弦弓村,当时人认为"如果水太多,淹过'稻眼'时,稻就会淹死"。稻眼位置是在水稻上方叶与茎的连接点,在大多数时期内,这就是孕育幼穗的部位。当地人认为这部分被淹了,六七天之内,稻就会枯萎。费孝通当时怀疑村民的观点。① 从栽培学上讲,村民讲得极其正确,正在分化的幼穗往往处于花粉母细胞的减数分裂期,这时期细胞对呼吸作用极为敏感,这一部位被淹到六七天,生殖生长基本上就会停止。即使水退后成颗长穗,也是不结实的空穗。夏秋之季,从稻穗分化期开始,水稻对水淹的敏感期就开始了。穗分化期淹水 10 天,颖花分化受到抑制,稻穗虽可伸长,但不能出穗结实。在孕穗期,淹水 6 天即可使大部分水稻不能出穗;到出穗期,淹水 2—4 天,出水后尚能开花结实,6 天以上,因花粉、花药死亡,出水后虽开花不能授粉,穗子枯干不实。愈到后期,水稻对水灾愈敏感,灾后的排水也愈加重要。② 松江地区浦泖一带的农民对"没稻眼"有

---

① 费孝通:《江村经济——中国农民的生活》,商务印书馆,2001 年,第 141 页。
② 丁颖主编:《中国水稻栽培学》,农业出版社,1961 年,第 471 页。

更深刻的认识:

> 曰禾长成未秀也,先有三眼,盖最上之三叶。其根皆有紫晕耳。于是乡人谓之做身分,又云做堂肚。此时不可遇风,一遇风潮,则稻穗之胎蕴于中者受伤不浅,及其秀出,逐多瘪谷白穗。又遇大水之年,水没第一眼者,逾三日不退,稻根即浮烂。没第二眼者,可二日。没第三眼者,一日不退,堂肚中之嫩穗皆烂矣。但没第一眼虽当日即退,而秀时往往苞谷不开穗,分旁苗,俗谓三丫枪,其穗尤短,瘪者尤多。①

"堂肚"的概念直观、拟人化,用眼、肚来描述水稻是传统社会天人合一思想的表现。这一概念在元代就有,《田家五行》中说:

> 喜雨谚云:"麦秀风摇,稻秀雨浇",此言将秀得雨,则堂肚大,谷穗长,秀实之后,雨则米粒圆,见收数。②

长江中下游一带有"稻怕秋水"之说。不但是淹水,淋了雨都有空穗的危险。"稻花见日则吐,遇雨则收"。在白露以后,"当盛吐之时,暴雨忽至,卒收不及,逐至有白飒之患。圣人所谓秀而不实者,有矣夫"。③ 在知识分子那里,也有许多对水情与苗情的描述,林则徐对道光十三年的水灾的描述也表达了许多地方知识。

> 江苏连年灾歉,民情竭蹙异常,望岁之心,人人急切。今夏雨旸时,若满望得一丰收,稍补从前积歉。乃自六月闲,江湖盛涨,沿江各县业已被灾。其时苏松等属棉稻青葱,犹冀以江南之

---

① 姜皋:《浦泖农咨》。
② (明)娄元礼:《田家五行》卷上,明张师说校订本。
③ (元)娄元礼撰、(明)茅梠增编:《田家五行》,八月类。

赢,补江北之绌。盖本省漕赋在江北仅十之一,而江南居十之九。故苏松等属秋成关系尤重,惟所种俱系晚稻,成熟最迟,秋分后稻始扬花,偏值风雨、阴寒,遂多秀而不实,然大概犹不失为中稔。迨九月后,仍复晴,少雨、多昼,则雾气迷蒙,夜则霜威寒重,虽已结成颗粒,仅得半浆,乡农传说暗荒。臣犹不信,于立冬前后亲坐小舟密往各处察看,见一穗所结多属空稃,半浆之禾,变成焦黑,实先前所不及料。然犹盼望晴霁,庶可收晒上耷,不意十月以来滂沱不止,迅雷、闪电昼夜数番,自江宁以至苏松,见闻如一。①

江南水稻一般是晚稻,"成熟最迟,秋分后稻始扬花"。穗分化期之后是水稻的成熟期,籽粒灌浆,此时遭灾后果严重,成熟期前段遭灾容易形成半浆之禾。"值风雨阴寒,遂多秀而不实"。林则徐认为当年的收成差不多应达到"中稔"水平。九月以后,天气仍是"晴少雨多,昼则雾气迷蒙,夜则霜威寒重,难结颗粒,仅得'半浆'"。"浆"与作物栽培学上"灌浆"一致。中国的现代栽培学正是吸收了农民的概念才描述了这种过程。"半浆"指达到一半水平的籽粒灌浆。农民认为荒年将到,林则徐不信,考察后发现"一穗所结多属空稃半浆之禾,变成焦黑,实先前所不及料,然犹盼望晴霁,庶可收晒上耷"。成熟期后段遭灾依灾情而定,这时稻穗下沉,易与水面接触发芽霉烂。林则徐最后发现农民的预测完全正确。农民对抽穗以后的稻穗也很关注。传统时代的水稻植株较高,对稻穗的支持能力较差。结实时稻穗下垂程度大,容易着水而生谷芽。宝山的月浦一带处

---

① (清)林则徐:《林文忠公政书》卷十,道光十三年十一月十三日江苏巡抚林则徐片奏,清光绪三山林氏刻林文忠公遗集本。

"当稻实之时,秋水涨溢,稻穗下垂,即生谷芽"。① 乾隆五十二年七月底,"连雨四昼夜,田中积水五、六尺,花铃腐,稻生芽"。② 这是排水之后仍生芽的水稻。此时正值成熟之时,可以水中收割,农民甚至乘船捞穗。钱邦彦记载了昆山一带的灾后状态:"深者四五尺,浅者二三尺,亦间有露岸者。其禾用镰割取,倒于田者随水东西,或沉或浮,望如野凫。"③捞穗往往还能够有些收成。光绪十五年昆新一带"低田尽没于水",由于"稻已成熟",一些人捞穗,"取谷不少"。④ 在昆山,"光绪十五年乙丑九月,大雨兼旬,成熟之稻沉浸水中,仅露芒穗,农人置舟于田,没股以刈"。⑤ 低乡在稻熟又遭遇水灾时,往往用竹制稻识"缚驾水面,用以承稻,令干以便收载"。⑥

与后期的发育相比,水稻早期的淹水相对并不太危险,但淹水总会使呼吸作用受阻,进而危害稻苗。分蘖期的早稻由于稻苗矮,极易形成水灾,但恢复能力很强。水淹2—4天后排水使稻苗出水,基本上不影响生长;淹水6—10天,地上部分均腐烂,但茎生长点和分蘖节组织仍未死亡,出水后分蘖节仍可重新发叶,只是淹水愈长,生长愈慢。⑦

清代早稻种植少,水稻一般夏天种植,这时正值梅雨,降水量处于高峰,排水时间相对充裕,即使水灾很严重也有解救办法。徐光启曾描述松江府的一次水灾,"农田表里弥漫,巨浸茫茫,不浃旬而水

---

① 《洞庭东山物产考》卷二,民国五年。
② 光绪《月浦志》卷之十,天人志,祥异。
③ 民国《昆新两县续补合志》卷十八,集文。
④ 民国《昆新两县续补合志》卷二十二,杂记。
⑤ 光绪《信义志》卷十九,灾疫。
⑥ (清)周厚地纂:《干山志》,卷之五。
⑦ 丁颖主编:《中国水稻栽培学》,农业出版社,1961年,第471页。

底之苗尽为韭茹"。徐光启向他家乡父老发表告成乡里文,鼓励低田重灾区的乡亲让已坏烂的稻田复生稻苗。"近日水灾低田淹没,今水势退去,禾已坏烂。我农人切勿任其抛荒,若寻种下秧,时又无及,六十日乌可种,收成亦少。"他提出两套解决方案,一是从邻近乡买苗种稻。由于高乡稻苗价高,贫穷人家常常无力购买。所以他又大胆地提出第二套主案,就是利用旧有烂苗田地,令旧稻复发分蘖。"无力买稻苗者,亦要车去积水,略令湿润,稻苗虽烂,稻根在土,尚能发生培养起来。"徐光启已经试验过此种方法,"余尝亲验之"。当时"水利不兴,太湖无法泄泻",他建议将这种方法在江浙一带推广。① 这种方法要求在水退之后继续排水,将田庠干。那些买苗的人要求留余水以插秧,故常有冲突。秧苗淹水的极限是多少天,张履祥记载他家乡桐乡在崇祯年间的一次水灾中,早插秧的人其稻田在水退后有些秧苗复生。那一年"正月十三日大雨雪,至十八日乃霁。五月初六日雨始大,勤农急种插,惰者观望。种未三之一,大雨连日夜十有三日。平地水二三尺,舟行于陆。旬余,稍退。田畴始复见,秧苗尺死,早稻者复生,秋熟大少"。② 浸水的时间充其量15天左右,早插者因秧苗已经有根系的生长,分蘖才能在水退后复生。

在积水落干的过程中,低田与高田的干田过程不同步。同一时间内高田与低田有不同的苗色。孙峻在一个有着良好围岸与抢岸、"水淹易施庠救"的圩田内划出同一时间内的多种苗情。外塍田处于"青绿依然"、"蚂蝗搭"、"露梢"、"没稻眼",内塍田是"游青"和"水里苗"。"青绿依然",就是一片青绿,秧苗不受害;"没稻眼"前

---

① 崇祯《松江府志》卷六,七。
② 光绪《桐乡县志》卷二十,祥异,《张杨园桐乡灾异记》。

文已有所述;"蚂蝗搭"是指这种苗在水退之后的状态,由于苗叶粘苔,水退后随苔而落,如蚂蝗之搭于其上,为"蚂蝗搭";第四种苗情叫"露梢",已经没过稻眼,只留一梢在水面上。孙峻认为,即使露梢也很难得,露梢的稻苗往往是早种之苗,水浸虽深,"其梢挺露无恙"。由于播种期不同,同样的外塍田会出现四种不同的苗情。与外塍田相比,内塍田苗情普遍严重。"游青"是一种水大漂苗的状态,青苗在水退之时漂浮于水面上称游青,比"蚂蝗搭"严重多了。还有一种名为"水里苗"的苗情,顾名思义,是一种彻底被淹的苗,有时称为"水底耗"。还有一种叫"杳没无踪",指一大片田的苗情。各块田同时处于"水里苗"时,整个一片就是"杳没无踪"。农民对稻苗积水的反应也有观察,诸如"新苗遭水三、四寸即白"①,淹水后不见光,稻苗失去光合作用所应有的叶绿素而变白。苗情用语到1950年代仍然应用,一份文件这样描述1957年的松江涝情:

受涝299600亩,占总面积30%,其中:带白帽子76519亩,稻眼睛156412亩,一般受淹66670亩。②

这里又出现了许多地方性知识词汇,带白帽子明显是全部淹没、不露稻梢的状态,稻眼睛与没稻眼是一样的含意。排水过程中,农民盯着田面,盼着天晴,"桔槔勤所务,转运使水出,滑滑无停注,但愁云叶繁。未见秧针露,如彼中酒人,沉湎不能吐"。③ 将淹水田形容为醉汉,刚露出的稻梢被称为秧针。辛勤的戽水往往换来失望。

---

① 孙峻:《筑圩图说》。
② 上海市松江县土壤普查办公室:《上海市松江县群众性土壤普查鉴定工作总结(初稿)》,1959年6月。松东县档案馆,6—11—13。
③ (清)周厚地纂:《干山志》卷之五。

"水车日轧轧,溃堤日潺潺。下有垂死苗,根烂叶色殷。老农犹自慰,日蘖芽其间。水固始分明,什一无余残。"灾情比徐光启所述的还要严重,这时田间苗已经没有分蘖能力了。有的地方官提倡补秧,往往是为了不让乡民免赋。在秧苗烂死、民力不济的状态下,无法补秧。在盛湖,道光三年水灾发后,农民到城报灾:

> 里正率乡老,入城纷报灾。报灾官不信,谓俟亲勘来。俟之日复日,忽布条告催。大书时雨后,农时毋迟回。低区暂淹没,水退堪补栽。呜呼田中水,已迫灭顶危。新秧尽已烂死,不识当补谁。①

康熙年间的一次水灾,桐乡有的地方"老幼男女群聚而戽救者历六十余昼夜",最后还是失败。② 如果及时地退了水,还可以补秧。道光三年,嘉定大部分地区被淹,"冈身西稻田水深至膝,农人筑堤抒水,竭二三日之功,秧梢才出水,淹死者三之一;其尤洼下者,水几及腰以上,抒之无可抒。及六月初沟塍能辨时,则已插者方谋补莳,未插者急欲立苗,然多苦于无秧"。③ 已插者就是那些早已插秧的人,他们的田较早地排了水,不再对秧苗复生抱希望,放弃了旧秧苗,水退以后重新插秧。因高乡不受灾,买苗之地往往就是附近的高地。在湖州和桐乡一带,人们的买苗也有地方性知识。

> 其买苗,必到山中燥田内,黄色老苗为上;下船不令蒸坏,入土易发生。切不可买翠色细嫩之苗,尤不可买东乡水田之苗,种下不易活。生发即迟,卒遇霜早,终成秕穗耳。④

---

① 光绪《盛湖志》卷三,灾异。
② 光绪:《桐乡县志》卷七,食货志下,农桑。
③ 民国《望仙桥乡志稿》,灾异。
④ 张履祥辑补、陈恒力校释、王达参校:《补农书校释》,农业出版社,1983年7月,第72页。

紫堤村村民在道光二十九年水灾时到西乡去"买秧翻种稻"。必须赶早,"早尚有收,晚则不及"。一些人拖到七月份还未插上秧,只好翻种绿豆。① 有的人在立秋时才插秧,这时不能下肥,下肥会使苗贪青晚熟,"枝多穗晚,有稻无谷"。② 什么叫"有稻无谷",就是因种植时间晚,遇上霜冷,稻不结实。特别的时候,立秋后八、九天插秧仍有收。在嘉定的望仙桥乡,"嘉庆甲子岁大水,淡南一图沈虎官于七月十三日插秧,前初四日已立秋矣,每亩计收七八斗"。③ 不买苗的话,农民必须在大水时提前预备,浸种生秧,水退后补种。道光三年水灾后,嘉定钱门塘的农民"有力者纷纷重为浸种,重为落秧"。有力者"棹舟远出,买秧买稻"。无力买苗者的选择很有限,他们老实本分,只能在水干之后补种"赤、绿二小豆"。种稻与种绿豆差异很大,不种稻米的亏损很大。一些不老实的人偷苗以补己田。"更为乡里无籍小夫,贪夜揠近处稻苗,偷插己田,或私售邻右,得钱醵赌为乐,如是者迄六月梢才止。"④ 在嘉庆九年,水灾过后盛湖一带低地戽水失败,只好买苗,"东北地势高,苗长可易钱。向前问价值,一亩钱十千,悉索倒筐篚,且缓计米盐。非轻钱十千,侥幸秋有年"。有钱者以如此高价格购苗,真是迫不得已,在高价格驱动下,整个地区出现了偷苗群体。"东家有良苗,西家起强暴。夜来星月黑,田间走虎豹。青青卷一空,望望但泥淖。"⑤

从徐光启到一般读书人,许多乡绅都掌握一定的地方性知识,甚

---

① 咸丰《紫堤村志》,灾异。
② 张履祥辑补、陈恒力校释、王达参校:《补农书校释》,第169页。
③ 民国《望仙桥乡志稿》,灾异。
④ 民国《钱门塘乡志》,杂录志。
⑤ 光绪《盛湖志》卷三,灾异。

至替代老农倡导某项技术。乡绅一般提倡早种避涝灾。早插秧,早长苗,苗长大后防涝就相对容易。北方的作物季节紧,要抢收抢种。江南只种一季水稻,播种时间很充裕。由于肥力的限制,麦稻两熟的地区并不多,大多数地区只种一季水稻,稻田放水冬沤,可以早播种,早插秧,也可以夏季插秧,甚至可以秋天插秧。早插秧,早成苗,苗高于水面,战胜梅雨期普通涝灾的可能性就大一些。如果让幼小的秧苗处在梅雨期季节,很容易遭灾。在杭嘉湖地区,不怎么早种,都提倡施足底肥以促长苗避水。

> 凡种田总不出粪多、力勤四字,而垫底尤为紧要,垫底多,则虽遭大水,而苗肯渗长浮面,不至淹没。①

19世纪中期,苏州乡绅潘曾沂提倡早种不插秧,目的就为了抗涝。"才发的苗,是吃不起风浪的。所以要赶紧忙早种,种得早,到底省多少惊赫。下种后不用拨秧,自然根底牢硬,耐得水旱。后首恶雾风潮等变卦,往往在八月中。若这时候,已经收割,是不怕的了。所以劝你们要赶忙早种。"他还批评了那些贪二熟的人,"吴人贪有小麦以为接济,直待刈麦毕后莳秧。近年有迟延至六月内方得莳秧者。正当吃紧之时,旱涝难必。苗嫩根浅,极易受伤"。② 以此看,太湖地区麦稻两熟之不兴,除了与肥力有关外,涝灾也是一个原因。种了麦易使水稻遭灾。李彦章也有相同的看法。"麦毕刈,田始除,秧于夏,委于秋,及冬乃获,故常有雨雪之患。"种麦是救灾之法,水稻不收,排水后种麦亦可期待明年有收,这是减灾和恢复生产的最好办法。如果水大到"冬田积水,不能种麦"的地步,那实在是大灾之年

---

① 张履祥辑补、陈恒力校释、王达参校:《补农书校释》,第29—30页。
② 潘曾沂《潘丰豫庄本书》,潘丰豫庄课农区种法直讲,清光绪《区种五种》本。

了,水灾的影响时间会很长。① 一般的条件下,农家可以通过麦收达到减灾。"谁云田家苦,田家亦可娱。上年虽遭水,禾黍多荒芜。今年小麦熟,妇子尽足哺。"②

四 持续

综上所述,从圩岸到车水,从买苗到种植,都在一系列的地方性知识下运行。大棚车的防涝之制一直持续到集体化和人民公社时代,有时甚至更加兴旺。生产队集体出工,戽水更加壮观。丁颖在《中国水稻栽培学》中总结的排水经验代表着1950年代集体排涝的规范。他提倡群众运动,组织人力、物力,集中一切排水工具,大力抢救。排水的顺序是先排高田、再排低田,必要时也可以舍低救高,先排青苗田,后排白水田。③ 水泵从民国时期就已引入,推广速度却很慢,许多地区在1950年代仍然使用水车。1957年青浦县涝灾,仍然有戽水工具不足的问题,也有部分的圩田因"圩内高低田间,未做隔堤,而后积水流入低田,增加了低田排水负担"。④ 在松江县的低洼地区,1966年排涝工具缺乏,"机械数量不足,'三车'(风车、牛车、脚踏车)越来越少。一九六三年九月,两、三天中降雨二百四十七毫米,有十八万亩土地严重受涝,积水五十公分到一米,其中,有一部分排了七天七夜才脱险。对水稻有一定影响。还有许多地方由于高田低田之间不做隔岸,每逢暴雨,高田的积水都汇积低田,不能做到分

---

① 李彦章:《江南催耕课稻编》,清刻《榕园全集》本。
② 光绪:《月浦志》卷之十,天人志,详异。
③ 丁颖主编《中国水稻栽培学》,农业出版社,1961年,第473页。
④ 青浦县农村农林水利局:《青浦县沔荡乡沔淀农田水利规划》,1957年9月26日。青浦县档案馆,23—1—17。

级排水,因此低田的涝情就更加严重"。① 戽水景观在1970年代才真正实现了改变。江南稻田实现了方格化后,加上机电与暗管,排涝不再需要密集人群在田边踏车戽水了。现今的江南更是发生了大变化,工业化的扩展使上海的青浦、松江很少见到农田,更不用说看到人力水车与戽水。随着这种劳作的减少,人们对一系列的地方性知识也失去了记忆。传统的人文景观消失了,但不会那么快地从人们的感情中失去,那些住在都市圈内的人,在现代化的居住小区内制造水车与流水的景观,却不知这种景观所包含的辛苦劳作以及所涉及的地方性知识。

第二节 望田头:技术中的观察

中国农民对自然环境和动植物生长状态的观察十分发达,许多知识在口传与家传中保持。上文中讲到水灾时农民对水稻苗情的认识,苗情的范围更广范,是江南地方性知识的重要一部分。从知识体系上讲,苗情和其他农情的观察在农书上很少记载,知识分子很难深究深存于民间的知识,只有《补农书》对苗情与苗色提到一点。这是一种更深层次、更细节化的知识,农民中的技术高手对这部分传统知识的掌握得相当丰富。令人高兴的是,在1950年代的江南农村调查中,这部分知识被揭示了一些。当时强调群众运动,高举老农经验,这种知识才被调查。观察苗情在农村中称为"望田头"。1957年的一份嘉兴专区文件上说明看苗情是乡村生活中的重要一环:

---

① 松江县人民委员会:《松江县改造低洼地规划说明》,1966年9月28日。松江县档案馆,6—8—14。

许多社员反映:"去年工作讲劲头,不讲细致,满足于大呼隆。过去农民对自己田稻子长得好环,非常着重。每天都要去'望田头'。去年由于未严格建立田间管理责任制,也就很少有人去'望田头。'"①

合作化以后,农民放弃了一项传统的农田活动——望田头,就是在田边看秧苗的长势和田里环境的变化,根据苗情和环境及时采取生产措施。以前提到陈永康的老来青育种材料是在巡田时发现的植株,松东的望田头又叫巡田。望田头广泛地存在于江南地区。

一　土壤与水

望田头不单是望苗,也要观察土壤,特别是要观察地势与土壤以及土壤与水的关系。《陈旉农书》讲究地势之宜,就是看地之高下及其与水的关系。"若高田,视其地势高,水所会归之处,量其所用而鉴为陂塘,约十亩田即损二、三亩以潴蓄水。""其下地易以渰浸,必视其水势衡突趋向之处,高大圩岸环绕之。"②中国农民对土壤墒情有非常好的观察经验,北方的观察传统甚至可以回溯到汉代。春耕时分用木棍插在地中以观察地气——墒情,并以此确定耕作和播种的时机:"土长冒橛,陈根可拨,耕者急发。"③江南的水稻土处淹水状态,观察更为复杂。以秧田为例,1953—1954年嘉兴专区的许多农民育秧时出现了烂秧现象,但"许多有经验的老农却年年秧苗很好",其经验来自于他们对秧田的观察与感觉。他们认为"秧田背阴

---

① 嘉兴专员公署农业局:《单季晚稻增产技术措施的意见》,1957年3月。桐乡县档案馆,55—1—40。
② 《陈旉农书》,地势之宜篇。
③ 《齐民要术》,耕田第一。

吃风,花草未经腐烂,灌溉用水不洁及秧田做得不平",都会影响出苗。什么时候水清,什么时候水浑,花草到什么程度腐烂,必须在实践中把握,没有现代科学的指标,只能凭感觉去做的。秧田垄田时,"必须选有经验的人来垄,同一块秧田中,垄田的人不能过多,以免高低不平",怎么把握,可能只有老农才行。还有一种状况,"幼芽冒青后如遇到浓霜、暴雨,均应灌水护秧或第二天早晨灌水洗霜,但不论灌水护秧或灌水洗霜,均不能淹没苗稍,并在大雨过后,或日出前后,即需将水排出,保持原来水位,施用速效肥料恢复生机"。① 这种操作必然在感受中进行。一些农田的轮作也是看出来的。换田种植叫换田轮作,农民称为"迎亲田"。不同水稻品种之间换田轮作称"轮稻"。不同品种之间的根际利用土壤的能力不同,换品种时,农民凭着眼力,就会看出不同品种在不同地块的差异,此种观望称为"看田轮稻"。②

土壤肥力被称之为"田脚"。在望田头时,农民察看土壤也很仔细。不同水平的农民看苗识土的能力不一样,水平高一些的农民会看清土壤、环境与秧苗的关系,根据不同的土壤采取不同的烤田技术对策。松江农民对蚝头泥、青紫泥等保水性强的土壤往往进行重烤,对黄泥头等保水性差的土壤,稍微落干即可,或不烤。③ 1959 年左右,嘉兴专区的调查人员请了八位农民"土专家"座谈。他们的观察经验几乎到了无与伦比的水平,总能将各种田间迹象与土壤的肥瘦、

---

① 浙江省嘉兴专员公署农业局:《培育壮秧,防止烂秧》,1957 年 3 月 25 日。桐乡县档案馆,55—1—40。
② 嘉兴专员公署农业局:《单季晚稻增产技术措施的意见》,1957 年 3 月。桐乡县档案馆,55—1—40。
③ 上海市松江县城东人民公社单季晚稻丰产经验调查研究报告(初稿)》,1959 年 12 月 25 日。松江县档案馆,6—11—20。

死活联系起来。活土与肥土在晒田的时候就可以看出来:"裂缝细小,条数较多,田里干时人踏上软脱脱,用手按土面有指纹,稻根的蒲头总是开化化的(根系很繁茂)";"裂缝大如弄,土块很大,坚硬死坂,赤脚踏上去有痛觉,用手按土面有没有指纹",这是瘦田或死土。对于秧苗的生长状态与土壤肥力的关系,他们的经验更多。肥田活土的秧苗"生长快、整齐、粗壮,大多扁蒲秧。插秧后转青快,起发早",较一般肥力的土壤早 10 天。不同肥力水平下的秧苗对灾害的反应也不一样,"如遇秋旱,田面同样受旱晒白,壮田稻叶迟卷先摊,瘦田稻叶早卷后摊"。壮田稻苗密,通风透光差,个体可能长得差;瘦田稻苗稀,少数稻苗反而好。"瘦田虽然长得臭(差),可是几粒谷子总是长得胖胖的。"农民能察觉出野草与野菜在肥田与瘦田中的差异。肥田中的野草一般是水葫芦、水马齿、夜来盲、藻、冬草、早稗和田芒莱等,野菜一般是荠菜、马齿苋、猪娘藤等;瘦田杂草一般有牛毛毡、鸭舌头草、野荸荠、三棱草、羊舌头草等,瘦地的野菜类一般有茅草、蓬头草、香附子、小辣蓼等。从田间的动物也可以断定土壤肥瘦。稻田养鱼在江南有很长的历史,肥田与瘦田的泥鳅差异被农民观察出来了:肥田泥鳅头稍圆,体肥胖,全体粉灰白,行动迟钝;瘦田泥鳅头稍尖,体略扁,个小,活泼善跳,性喜钻泥。蚯蚓也是一种动物,蚯蚓越多,肥力越高。蚂蟥会对人体造成伤害,是农民秧田工作时最为敏感的小动物。农民察看到不同肥力田块蚂蟥的差异:个头大的大蚂蟥一般生长在肥田环境下,小蚂蟥在一般肥力水平的稻田中,2 寸多一点的饿煞蚂蟥叮人很痛,在肥力较差的山区。①

---

① 嘉兴专区土壤普查土地规划工作委员会编:《土壤志》,1959 年 10 月,附录一,嘉兴地区农民识土经验。

二 水浆管理

水稻是淹水作物,灌水管理又称为水浆管理。秧田期的水浆管理技术十分丰富,"秧好半年田"。他们长期观察什么样的秧是好秧。《补农书》讲"若秧色太嫩。不妨阁干,使其苍老"。① 拨秧时嫩秧易受损伤,大田恢复时间拉长,故老秧好。特征表现为老、大、壮的,即是好秧。潘曾沂言:"秧田内刚要发科,拨了起来插莳。这一拨伤得不小。等醒转过来,直要到六月里方才发科。所以科头瘦小,结的穗头短,秕谷多,升合少,都是这个缘故。"②秧田的苗为黄秧,大田秧为苗秧。插秧时所插的秧是黄秧,要浅插,如果是别处移来的大田秧,则要深插。"浅种黄秧深插苗,夏至黄秧处暑苗。"到处暑时节,育秧已晚,只好用大田的稻秧作苗。有经验的农民插秧时利用混水,"混水种田随手转"。泥土下沉后可把秧根压牢,容易成活。③ 水深水浅也有讲究,"插秧时保持3—5分水,水深容易漂秧。水少插秧'眼子'无水影响活棵"。④"眼子"位于稻苗上部的中心部位,"活棵"、"漂秧"也是地方知识词汇。明清时期一年一作,农时不紧,插秧时重视雨情观察。等雨时农民看天,下雨有水才可插秧。"若本处有水种田,则芒种前后插莳为上;若旱年,车水种田,便到夏至也无妨。只要倒平田底,停当生活,以候雨到。"车水种田时,他们会看地的不同气色,整地后等地的热气散尽才插秧,使之无"虫蛀之患"。⑤

---

① 张履祥辑补、陈恒力校释、王达参校:《补农书校释》,第67页。
② 潘曾沂:《潘丰豫庄本书》,潘丰豫庄课农区种法直讲。
③ 嘉兴专署农业局:《嘉兴专区农谚集》(初稿),1960年2月22日。湖州市档案馆,68—12—5。
④ 《松江县城东乡联民社水稻栽培经验》,1958年10月。松江县档案馆,37—1—58。
⑤ 张履祥辑补、陈恒力校释、王达参校:《补农书校释》,第28—32页。

至于插秧的密度,做活之人靠眼睛观察行距与株距,"凡秧行最宜整,莳秧最不宜速,速则秧行乱矣,乱则疏密失宜"。田主要亲自下田察看。潘曾沂的家乡一般要求"每行横莳六稞,每稞相去八寸,此定法也"。许多农户"或互相换工,或唤人代莳包莳,奸人偷力,多将秧稞莳开,每稞相去或至一尺外及尺许不等者。则一亩地几减秧稞大半,收获鲜少"。田主须站在田头严格督察,才能防止以类事情发生。① 许多材料表明,田头监控必不可少,松江地区几乎是全国精耕细作最发达的地区,民食艰难,贫农长期得不到营养,当雇工时才能吃点肉,许多人因喜欢吃肉甚至宁愿荒了自己的地而在农忙中当雇工——"吃了大肉,荒了大熟"。② 只有勤加看管,田主才能保证将秧插好。老农称秧苗为娘稻,他们长期以来熟练地以密度控制娘稻与分蘖的关系。种单季稻时强调密植,因为生长期较长,稀植有利于分蘖,不影响产量。在推广双季稻时,早稻密植是不行的,桐乡老农认为只能密植连作的晚稻,特别是密植娘稻来保证产量。③

农民对插秧后的秧苗形态有形象词汇予以标记。丁颖根据农民的地方性知识,列举出一系列不好的秧态:"翻根秧"、"高低秧"、"断头秧"、"起节秧"、"病早秧"、"折腰秧"。④ 集体化时代的技术部门称之为三类苗,一般而言,三类苗是要消灭的。三类苗是为上级部门制定的,标准粗糙简单,便于技术员掌握。其实,老农对苗的认识,远超过当时的农技人员。集体化后期农技人员取代了老农,望田头的

---

① 陆世仪:《思辩录辑要》,卷十一,修齐类。
② 中共松江地委办公室:《充分发挥农业社的优越性,进一步超过上中农的生产、生活水平》,1957年8月29日—9月17日。松江县档案馆,5—9—8。
③ 《低洼地区水稻生产的调查总结报告》,1958年。桐乡县档案馆,55—1—46。
④ 丁颖主编:《中国水稻栽培学》,农业出版社,1961年10月,第366页。

人也不再是老农,而是各级领导和各种各样的参观评比人员。他们不像老农那样负责任,且没有经验,他们为了政治任务而行动,各种弄虚作假现象应运而生。松江张泽公社通过"插白旗"推广秧苗标准,对"三类苗"进行了检查。这个公社"以片为单位的检查评比共300余次"。评比也有讲法,"有走马观花,下马看花,粗看细查"等。"不论省、地、县的检查团,社委都予先告诉社员,明确检查的意义、目的和内容、应抱态度,组织突击迎接检查,作为推动工作的巨大力量"。① 这种以官员表面视觉为标准的生产催督导致了许多灾难性后果。老农的望田头与这些人相比,仍具有强大的生命力。在民国时期,乌青镇率先插秧的行动称为"开圩",开圩者是在观察天气方面有经验的老农。② 稻苗颜色的深浅,稻苗与杂草的区别,江南的老农有这些方面的经验,现代技术人员则不具有这种能力。

  芒种后三时内拔秧,洗根去泥,拣出稗草,趁天阴时侯急忙挿莳。约六茎为一丛,六稞为一行,稞行宜直,以便耘挡。浅插则易发稗,与秧宜辨,叶上光滑色微黑者为稗,叶有锋芒色微黄者为秧。③

关于秧苗生长状态的观察,江南农书较少描述,一般农民却很熟。苏北兴化有关于"苗脚"——秧苗状态的描述。上好的苗脚要求插秧后反复耕耘,"如是者两三度,禾苗乃发荣滋长。倘在小暑节前后,更得时雨,由根起叉放枝(分蘖),与正头争长无异。其时高过

---

① 《松江县张泽人民公社一九五八年度农业生产初步总结》,1958 年。松江县档案馆,46—1—12。
② 民国《南浔志》卷三十,农桑一。
③ (明)陈继儒:《致富奇书》卷一,谷部蔬部木部果部,插莳,清乾隆刻本。

尺余,密不露行,是谓上好苗脚,足征天时、人事之皆宜。过此以往,能再得风雨调匀,或尽人事而管水得宜,多放小枝,俗名'常肚',一名'捉胞'"。① 有这么多专有名词,足证苗情在生产中的重要。陈永康是个望田头的专家,他的"老来青"品种和"三黑三黄"技术,全在望田头中取得。作为望田头的专家,他常被别人请去观望。到集体化时代,也被其他地区邀去观稻。后人回忆陈永康望田头时,有这样的描述:

> 一个风和日丽的早晨,陈永康从常熟城出发,到莫城公社沈巧根那里看稻。沈巧根年近六十,当过长工,有40多年种田经验,我们叫他老沈。一到那里,老沈喜出望外,忙领着陈永康走遍了一百多亩稻田的田头,介绍了这些田的土质、品种、施肥管理等情况。陈永康边看边说,进行田头指导。他在小桥头的一块早稻田旁蹲下来,摸着稻叶子说,稻子中后期叶子挺起来就好,不挺就是不壮,不结实,肥料多了,发虚胖,看看叶子宽,秆子粗,实际茎秆里内积累的养分少,那当然叶子要弯下去,挺不起来。有的田前期施肥料施得比较多,中后期脱力,这种稻苗制造的养分少,叶片也会弯下来。②

陈永康不但对叶子的颜色有研究,对叶子形状也有直感。在水稻的农田管理中,水浆管理依赖于人们的水层观察。农书和方志上上记载的水层管理技术不多,基本上限于"六月不干田,无米莫怨天"之类的话。《补农书》讲得稍细一点,讲到烤田时看裂缝,"必要

---

① 民国《兴化县小通志》卷二。
② 颜景秀:《陈永康是我们学习的榜样——回忆老师陈永康传授水稻高产经验片断》,见《松江文史》第十四辑,第104页。

田干缝裂方好"。① 地方谚语倒是很复杂。上海奉贤的农谚有:"一天三朝水,天天换清水,白天瓜皮水,晚上一拳水,天冷灌深水,天暖吃露水,下雨灌深水,雨后放雨水,大风解决风赶水。"上海的农民特别重视处暑的水:"千车万车,不及处暑一车。"处暑之时蒸发量大,要保证丰收,灌溉极为重要。② 1959年,松江县强调浅水勤灌,要求对一类苗在大暑前进行适当的开沟搁田,控制其徒长。大暑至立秋前后,保持干湿循环,促使稻苗粗健。描述时仍采用了民间的名词,要求在孕穗期间达到"水塘肚"——灌1寸左右的水。③ 有时,因地面低洼不平,又加上施肥不均,部分低洼之处的秧苗因水肥多而贪青晚熟,形成"黑塘"。④ 水浆管理兼有杀草的功能。"火耕水耨"就是灌水杀草。在深浅方面,古代也有一定的量化指标,对秧田的要求也很多。

> 秧田宜平宜松撒,秧宜匀宜浅,初落时宜稍干,干则根入泥不深,异日拔时不至脱根也。芒已出土,亟宜灌水,不可过大,夜则放之以受露也,日则灌之以敌日也,随放随灌,早晚不停,若田脚薄甚者,又浇粪两三次以接地力,更以稻草灰匀铺于其上,一月之后可以分矣,俗谓之满月秧。⑤

插秧时对大田的水层有标准。《松江府续志》记载"田中水不可

---

① 张履祥辑补、陈恒力校释、王达参校:《补农书校释》,农业出版社,1983年,第28—32页。
② 上海市文物保管委员会编:《上海农谚》,中华书局,1961年10月,第228—229页。
③ 《松江县1959年水稻生产情况介绍》,1959年7月19日。松江县档案馆,6—11—20。
④ 《上海市松江县城东人民公社单季晚稻丰产经验调查研究报告(初稿)》,1959年12月25日。松江县档案馆,6—11—20。
⑤ 姜皋:《浦泖农咨》。

过半寸许"。① 集体化时代总结的老农经验远不止于此。那种干干湿湿的变化,实在是一种非常难掌握的技术。桐乡县的技术人员用较为科学的术语描述这种干湿与深浅的过程:深,1—1.5寸(还苗期)——浅,0.3—1寸(分蘖期)——干、搁2—3天(结合耘田)——拷、晒田(拨节初期)——深,1—2寸(孕穗期)——浅,浅灌勤灌(灌浆期)——干、轻搁(黄熟)——排干(黄熟后期)。② 这些指标化管理在大跃进时期提出来,是老农的经验被技术员总结到科学高度上,贯彻到基层时,老农反而对这些科学标准无法判断。实际操控者还是那些有经验的老农按着经验进行指导。这样的陈述农民相对容易理解:"耘耥结束后,立秋处暑之间,保持干干湿湿,其间应搁田2—3次,但必须根据土质情况,黑泥田烂必须搁,黄泥易板结的田不能搁,泥烂的田适当进行搁田,可以促进白根(新根)生长,增强吸肥能力;同时使茎秆健壮,稻苗清秀。""'唐肚'(孕穗期)期间需水较多,不缺水。一般保持7分至1寸,以免脱水"。"'秀稻'前泥头烂的,仍应排水搁田,以补前期搁田不足。"③ 上件文件中掺了更多的地方性知识词汇,传达到基层时农民就容易明白。

尽管如此,现存的技术档案多是科学化、定量化的管理记录。在所谓的科学实验田里,水浆管理并没有多少记录。档案中关于各时期水层深度和烤田状况在图表中的预留处常是空白,其他部分内容也不多。④ 填表者是年青的技术人员,他们对水浆管理也是模糊的。

---

① 光绪《松江府续志》卷五,疆域志。
② 《1959年桐乡县早稻栽培技术操作规程(草案)》,1959年。桐乡县档案馆,55—1—57。
③ 《松江县城东乡联民社水稻栽培经验》,1958年10月。松江县档案馆,37—1—58。
④ 松江县张泽乡全民社新华队:《水稻生长情况记载卡:群力104号》,1958年。松江县档案馆,46—1—12。

当时的科学语境已经走到了一个极端,亩产万斤的论证也用科学术语表达。水浆管理倒保留了一些土词,因水浆管理更多地靠肉眼看与感觉。1962年左右,公社里还用老农管理水浆,因他们在这方面有着特殊的能力。松江县城东联民大队的一些地方没有水浆管理,导致草荒。"有三十多亩田经常脱水,造成草荒;还有三十多亩田却经常灌深水,稻苗不发棵,产量很低。"为了提高耘耥和施肥质量,"要求耥稻掌握'薄板水',耘稻保持'脚壳水',耘稻后适时'还水',浆杀杂草"。土词的应用说明老农经验被重新重视。水深到底有多少,只有当事人能从这些地方知识的话语中清楚。水浆管理在肥料施用中非常精细。"施猪榭前灌一寸左右的深水,施榭后收汤二次,再经常灌浅水"。1963年,这个大队仍让有经验的老农掌权。"挑选有经验的老农五人,由生产队长领导,成立管理小组,以片定人(每人负责管理三十亩左右),交代任务(负责水浆,掌握苗情,检察耕作质量,汇报病虫害发生情况)。"[①]松江县在1950年代末还推广了一种叫"干花湿子"的灌溉制度,即稻子开花时搁田,乳熟期浅水。[②] 农业技术员与农民的观察差异,与明清时期知识分子与普通农民的差异应该差不多,但乡绅们更重视老农,这一传统源于儒学传统。当有人问孔子农业问题时,他说自己不如老农。江南乡绅多居住于城镇,很难完全理解地方性知识。即使是最好的农书也不可能全面地展示地方性知识。乡绅们也知道那一部分难以明白,只好让农民自己去掌握。潘曾沂在提到水浆管理时说:"田里车水搁水,仍

---

① 人委联民工作组:《城东公社联民大队李家浜生产队在于搞好今年晚稻大田和管理的意见》,1963年6月15日。松江县档案馆,6—15—12。
② 《1959年松江县单季晚稻丰产经验总结提纲》,1959年。松江县档案馆,37—1—59。

旧照你们的法则,不用更改。"①他知道农民们更会凭感觉处理好车水的管理。

三 耘稻、施肥与黑黄变化

最为出名的望田头察苗观色是陈永康总结的"三黑三黄",这一技术的推广几乎把望田头推向全国。陈永康的经验只是江南老农望田头经验的历史总结。《补农书》已经提到过看苗施肥,"下接力,须在处暑后,苗做胎时,在苗色正黄之时。如苗色不黄,断不可下接力;到底不黄,到底不可下也。若苗茂密,度其力短。俟抽穗之后,每亩下饼三斗,自足接其力。切不可未黄先下,致好苗而无好稻"。苗色转黄是追肥之机。这种秧色观察是江南人极看重的。"盖田上生活,百凡容易,只有接力一壅,须相其时候,察其颜色,为农家最要紧机关"。苗做胎在穗分化期,这时叶色转黄,也就是由黑转黄,可施追肥;第二个叶黄是在稻灌浆结实期。《补农书》讲了二黑二黄,与陈永康的后二黑二黄一致。② 陈的三黑三黄中还有一黑一黄在晚稻的分蘖期。黄色与黑色的观察不是一般人可以随便看出来的,那是老农长期望田头的结晶。三黑三黄推向全国时,一些年青人把握不住,技术人员要反复强调黑与黄的理论与实践表达。陈永康所说的黑,是叶色由淡转浓而不是叶子发黑或软弱披垂之时的黑,黄是叶色稍微发淡而不是叶子黄瘦缺肥的时候。在分蘖初期施小暑发棵肥,叶色转绿,出现第一黑;分蘖末期养分自然落力,出现第一黄;然后供水供肥,叶色转绿,出现第二黑;在幼穗分化初期通过烤田,叶色转

---

① 潘曾沂:《潘丰豫庄本书》,潘丰豫庄课农区种法直讲。
② 张履祥辑补、陈恒力校释、王达参校:《补农书校释》,第35—38页。

淡,形成第二黑;接着水层灌溉,又在立秋前施速效肥,叶色形成第三黑,最后在抽穗前因土壤肥力下降,又加上轻度烤田,出现第三黄。江苏农科院曾对三黑三黄的生理基础进行过研究,结果发现那是一系列极度复杂的生理代谢。每次出现黄后,氮素的活动中心发生改变,这些转变对水稻各器官的生长协调至关重要。①

"三黑三黄"在后期使水稻栽培学理论有了相当程度的发展,以前许多人认为黄是缺肥的特征,实际上黄黑变化是水稻生理机能正常的表现,只黑不黄,稻苗贪青晚熟,只会导致减产或倒伏。松江县农民将每次转黄的时机称为"一黄"、"二黄"和"三黄"。② 对黄的认识进一步推动了水浆管理,因"黄"与烤田密切相关,农民在施肥时特别注意烤田前后的苗情。松江县农民认为:"烤田前施肥长叶不长茎,烤田后施肥长茎不长叶。"③丁颖主编的《中国水稻栽培学》只是列出了一些当时科学家用科学指标对黄与黑的分析,诸如叶片中可溶性氮和蛋白质氮的比值变化等等。实际的生理生化过程,就是现在的科学家也很难在分子水平上分析得明白。老农的经验却很简单,这是在长期的观察中得到、并在实践中将这种技术发展并传递下去。④ 在实践中,这种经验并非一般人所能把握,这是老农长期的田头经验。他们的看苗施肥经验建立在他们对稻苗生长的经验观察之上。比如这句话:"小暑发棵,大暑长粗,立秋长穗",就是一种乡村植物学的原始观察。在这种基础上,他们开始观察生长状态与产量

---

① 中国农业科学院肥料研究所:《中国肥料概论》,上海科学技术出版社,1962年,第76页。
② 《松江县1959年单晚稻栽培技术总结》,松江县档案馆,13—1—21。
③ 《上海市松江城东人民公社单季晚稻丰产经验调查研究报告(初稿)》,1959年12月25日。松江县档案馆,6—11—20。
④ 丁颖主编:《中国水稻栽培学》,农业出版社,1961年10月,第378—381页。

的关系,将各时期的苗形态与产量相联系。某些时期不能施肥,施肥反而贪青晚熟。与其他地区相比,陈永康家乡松江县的农技人员对三黄的理解非常准确:"晚粳稻施肥做到'三黑三黄',稻苗生长一定粗状、坚硬,病虫害少。三黄是:分蘖结束,叶色稍微落黄,抑制无效分蘖;'拨三眼'前长粗后,稍为落黄,老叶削落,秆硬、叶宽。出穗整齐,不易倒伏,谷粒饱满,谷壳薄、谷色金黄"。① "拨三眼"是一种土词,就是水稻的上三叶的生长。在1963年。松江县城东公社的联民大队李家浜生产队,在小暑前后"用田粉捉一次黄塘,控制稻苗前期生长平稳,叶色青秀"②。"黄塘"是形容一种因叶色而形成的田间景观。松江农民还有"吊稻穗"的经验,"在孕穗期间,叶色有转淡现象的,每亩施硫酸铵5—6斤"。除了黑色的叶色外,农民一般还根根天气、季节和秧苗形态追肥,并且是相互结合的。松江农民早就掌握在晚稻的追肥方面,有"小暑发棵,大暑长粗,立秋长穗"的经验。他们还知道要"前轻、中重、后补足"。③

望田头不但可以看出苗色,还可选出品种。陈永康有推广到全国的"三黑三黄"技术,还有推广到许多地区的"老来青"水稻品种。这个品种是他看出来的。陈永康是农业技术人员在农村偶然发现的,他们对他的经验进行了"科学总结"——实是一种科学文化的包装,然后进行推广。④ 陈永康所在的松江是一个有着丰富农业经验的地区,知识分子有著农书的传统,上有徐光启的《农政全书》,下有

---

① 《松江县城东乡联民社水稻栽培经验》,1958年10月。松江县档案馆,37—1—58。
② 人委联民工作组:《城东公社联民大队李家浜生产队关于搞好今年晚稻大田管理的意见》,1963年6月15日。松江县档案馆,6—15—12。
③ 《松江县1959年水稻生产情况介绍》,1959年8月29日。松江县档案馆,6—11—20。
④ 据2005年现任的松江县档案局局长反应,她的父亲就是当年发现陈永康经验,并将他的经验整理推广的一位普遍农业技术人员。

姜皋的《浦泖农咨》,都有地方经验的反映。1951年推出陈永康之后,全国都对其农业经验有所重视,但官方仍在科学话语上进行推广。基层政府在集体化时代推广农业时,"把本地区的一些主要丰产经验,提高到科学道理上来分析总结是十分必要的"。当时重点分析的技术环节是烤田、浅水灌溉、灌溉制度、三黄三黑、看苗追肥等,这些经验都是以看苗为中心。① 三黑三黄以后引起了学术界重视,加上大跃进以后对群众经验的重视,陈永康成了江苏农科院副院长。陈永康的出现固然是群众运动的产物,中共的领导人要在群众中选出这样的人物,为了在政治上体现群众是真正的英雄。只是越到后期越走向政治化,"在推广陈永康的丰产经验中,始终贯穿着先进与落后的斗争"②,到后期的农业学大赛,则与阶级斗争有关了。在那个年代,政治化是民间农业技术精英的必然走向。

传统时代的施肥水平差异大。江南的农民通达到"三通"的水平。"头通红花草",也就是在稻旁种绿肥;二通是猪践;三通豆饼。第三次追肥,一般的贫农"荒贫湖口尚艰","赊豆饼壅田,其壅力暂而土易坚,故其收成每歉"。③ 一点豆饼只施于关键时刻,满足不了三黑三黄的施肥要求。在南浔一带,富家用豆饼,他们的豆饼足以施三次肥,贫家无豆饼,只好施腐草,"贫家力不能致饼,则用猪、羊栏中腐草"。④ 腐草的肥效差,养分释放速度慢,很难赶上水稻的黄黑变化。所以,由于肥料的不足,不能对江南传统农民的看苗施肥水平

---

① 《1959年松江县单季晚稻丰产经验总结提纲》,1959年。松江县档案馆,37—1—59。
② 《松江水稻十年》(草稿),1959年9月9日。松江县档案馆,6—11—20。
③ 光绪《松江府续志》卷五,疆域志。
④ 咸丰《南浔镇志》,引自王达等:《中国农学遗产选集——稻》(下),农业出版社,1993年,第148页。

估计过高。陈永康这套技术的推广,与1950年代的积肥运动有关系,一般农民达不到这样的水平。施肥与耘草也有关系,耘草后草埋于稻根,也是肥料。耘地可以更新根际土壤肥力环境。在松江,当地普通农民的俗语是"有草无草(插秧后)廿天耥稻"。耥稻也可以引起稻苗的黄黑变化。"单季晚稻在芒种插秧后20多天,叶色就开始退淡,及时耥稻耘,即使不施追肥,稻草也能转绿。"因为耘地改善了土壤根际营养,第一次耘稻的时机一般也讲究苗色,如果稻苗没有返青,也不能耘稻。"稻耥黄秧草耥芽",就是说稻苗一返青就要耥稻,返青俗称"黄芽"。① 松江一带的农民也知道"耥稻要耥芽",且更有一套地方知识,"泥烂的耥时水不能太深,只须一层薄水,如果水深,耥耙易浮起,草看不清除不尽;土硬的水少耥耙拖不动,水稍深,可使什草漂浮,容易除尽。耥稻时'埂要细',二头要'截通','耥埂粗,二头不截通,中间有'蟹乌头'的质量不好"。这种埂到底是什么位置上的埂?两头通是在稻行的中间地带,还是以稻行为中心两边耥稻?只有地方上的人才知道。耥稻与水浆管理非常密切,"第一次耥稻后隔一夜灌2—3分水,水多草抓不住,水少可以把草'湖脱',要做到落手重'剥棵耘';耥稻兜圈子,草虽拖倒,但除不尽。耘后灌7—8分水,洗去稻泥,使斜倒的稻苗容易竖起"。② 这种民间经验的实际可能只能口传了。

四 小结

传统农业的技术体系建立在地方农民的观察基础之上,这种观

---

① 《上海市松江县城东人民公社单季晚稻丰产经验调查研究报告(初稿)》,1959年12月25日。松江县档案馆,6—11—20。
② 《松江县城东乡联民社水稻栽培经验》,1958年10月。松江县档案馆,37—1—58。

察发展了传统农业并形成传统技术的实际操作。现代科学过多地依赖仪器观察,与农田的整体相对脱节,传统的观察与整体的生态环境有较强的联合,注重口、眼与身体的感受,农民易于掌握,但难于外传。育种学家现在仍然依赖传统的眼看、手捏、嘴尝发现新品种。许多人认为农民是落后的、原始的。实际上,传统的江南农民在他们自己的环境中,几乎是无与伦比的,现代农学也只能在一定程度上解读这种技术的一部分。随着绿肥革命的推广,杂交稻和化肥的应用,中国农业的吃饭问题得到了解决,科学技术解放了人的辛勤劳作,传统所依赖的观察基础也消失了。现代的农民看一些说明书,使用各种现代化成分很高的种子、除草剂和杀虫剂。农民不再去整体地观察自然,观察环境,有机地利用自然,而是使用了许多对环境造成难以逆转的破坏后果的手段。将来的农民绝不应这样。传统的苗情环境管理处处倾心竭力地在环境和秧苗生产之间寻求契合点,更为人性化、生态化,尽管更加辛苦。尽管这种地方性知识的载体是没有多少文化的老农,其所达到的高产、高效以及人与环境的动态平衡,不是用几句简单的科学术语可以表达的。1950年代,传统的观察在化石能源投入太少,现代技术还没有大扩展的时代仍然盛行,陈永康、吴吉昌和陈永贵等有较高地方性知识的人在农村中脱颖而出,并主导了很长一段时间的乡村政治潮流。学术界不理解传统的地方性知识,单凭现代的一些西方社会学理论和自然科学知识去理解中国的"三农",这是远远不够的。

后　记

作为一项社会科学的研究成果,本书首先得益于以下几个项目资助:(1)国家重大社会科学基金项目"宋代以来长江三角洲环境变迁史研究",批准号09&ZD068;(2)教育部人文社会科学重点研究基地基金资助项目"9—20世纪太湖地区圩田水利与农业环境史研究",批准号06JJD770008;(3)复旦大学哲学社会科学创新基地项目"长三角地区农业生态和水利过程的重建",批准号05FCZD023;(4)复旦大学丁铎尔中心项目"气候、水土环境与江南生态史(9—20世纪)"。

另外,本书的研究和出版还得益于清华大学国学研究院提供的机会与资助。

江南地区有很深的学术积累的学术基础,本人有幸在历史地理研究所工作,得益于长期在江南自然历史地理做了大量工作的许多前辈的指导,包括邹逸麟先生、张修桂先生、王文楚先生和赵永复先生。在农学史的研究中,本人得益于南京农业大学农遗室的诸位先生,特别是章楷先生和王达先生。在研究工作中,本人还得益于复旦大学生命科学院的李博和潘晓云等先生的指导。还要感谢王家范先生、李伯重先生、张佩国先生和曾雄生先生等许多江南研究者对一些问题的看法,这些看法对本人帮助良多。王家范先生在一次会议上曾就满铁资料的数据统计真实性问题发表过高见,本人收获良多;他是昆山人,对江南圩田和江南农业的都有第一手的观察与感觉,他的一些观点都是既有直观性又有学术性,对本人帮助良多,这里特别表示谢意。另外,还要特别感谢姚大力先生、刘东先生对本书的写作和出版的支持。我的研究生孙景超、周晴、张蕾,史地所研究生张莉、葛州子、刘灵坪,中文系研究生周硕,帮助校对了样稿,在此一并表示感谢。

王建革

2012 年于复旦大学